供给侧改革与
现代绿色薯业技术创新

黄 钢 沈学善 王 平 屈会娟 等 著

科学出版社
北 京

内 容 简 介

本书以深化供给侧结构性改革为主线，从分析国内外薯类市场新变化着手，按照"市场新变化—产业新需求—发展新动能—创新新成果—转型新路径"的构思展开，提出了发展现代绿色薯业的新方向及其主要措施，阐述了技术创新与产业创新紧密结合的科技成果转化双创战略、双创互动三环模式、技术创新五级价值增值原理，以及现代绿色薯业"构建技术创新链—延伸产业创新链—提升科技价值链"的三链联动转型升级机制。在现代绿色薯业主食化发展关键路径的经济学分析基础上，重点介绍了近十年四川省在马铃薯、甘薯科学研究和成果转化上取得的主要进展，探讨了未来现代绿色薯业高质量发展阶段如何进一步提升现代薯类产业技术创新链，为薯类产业转型升级提供强大的科技支撑。最后两章讨论了现代绿色薯业与双创人才培养和薯类品牌建设的关系。

本书致力于将技术创新管理学的最新研究成果与薯类产业技术创新的最新进展紧密结合，主要面向科技人员、领导干部、管理人员、企业家、农技干部、基层农技人员、新型经营主体领办人，以及有志于从事现代农业的研究生和高年级本科生。

图书在版编目（CIP）数据

供给侧改革与现代绿色薯业技术创新 / 黄钢等著. —北京：科学出版社，2017.12
ISBN 978-7-03-056004-9

Ⅰ. ①供… Ⅱ. ①黄… Ⅲ. ①薯类作物–经济发展–研究–中国 Ⅳ. ①F326.11

中国版本图书馆 CIP 数据核字（2017）第 309694 号

责任编辑：马 跃 李 嘉 / 责任校对：严 娜 王晓茜
责任印制：霍 兵 / 封面设计：无极书装

科学出版社 出版
北京东黄城根北街 16 号
邮政编码：100717
http://www.sciencep.com

北京通州皇家印刷厂 印刷
科学出版社发行 各地新华书店经销

*

2017 年 12 月第 一 版　开本：720×1000　1/16
2017 年 12 月第一次印刷　印张：31 1/2
字数：630 000

定价：252.00 元
（如有印装质量问题，我社负责调换）

作者简介

黄　钢　管理学博士，二级研究员。长期从事作物耕作栽培与现代农业研究，1995年以来，重点研究薯类作物耕作栽培、加工及技术创新管理。四川省有突出贡献的优秀专家，四川省学术技术带头人，国务院政府特别津贴获得者。2001年以来，主持国家、部、省重大科研项目12项，主持重大国际合作项目2项。先后任国家现代农业产业技术体系四川薯类创新团队首席专家、四川省薯类产业链关键技术研究与集成示范项目首席专家、国家"十二五"科技支撑计划甘薯主食工业化项目首席专家。获省部级科技成果奖21项，其中，国家科技进步奖二等奖1项，部、省级一等奖7项，二等奖7项，三等奖6项。在国内外刊物发表论文140余篇，出版《农业科技价值链系统创新论》等专著5部，获授权专利15项。

沈学善　农学博士，管理科学博士后，副研究员。四川薯类创新团队岗位专家。在四川省农业科学院土壤肥料研究所主要从事马铃薯、甘薯高产高效栽培、生理生态研究。主持国家自然科学基金、公益性行业（农业）科研专项、四川省科技支撑计划、四川省软科学项目10余项。发表论文100余篇。出版专著1部，编写科普读物3部。制定四川省（区域性）地方标准2项，获国家发明专利8项。获全国农牧渔业丰收奖农业技术推广合作奖和中华农业科技奖各1项，四川省科技进步三等奖1项。

王　平　高级农艺师，曾任国家开发银行规划局副局长，现任四川省农业科学院副院长，国家马铃薯产业科技创新联盟副理事长，四川省农业工程学会副理事长。从事薯类栽培技术研究与成果转化工作。四川省农业科学院科技成果中试示范与转化能力提升工程"薯类两熟新模式推广示范"项目首席专家，四川薯类创新团队顾问。发表论文30余篇，获国家发明专利1项，实用新型专利4项，出版《马铃薯产业周年生产供给体系的构建与管理》等专著3部。获部省二等奖1项、三等奖1项。

屈会娟　农学博士，副研究员。在四川省农业科学院生物技术核技术研究所从事甘薯、马铃薯高产高效栽培、生理生态研究工作。主持国家自然科学基金，公益性行业（农业）科研专项，四川省应用基础研究项目10余项。发表论文21篇，出版专著1部，编写科普读物3部。制定四川省（区域性）地方标准1项。获授权专利5项。获全国农牧渔业丰收奖农业技术推广合作奖和中华农业科技奖各1项。

序

习总书记在党的十九大报告中强调:"确保国家粮食安全,把中国人的饭碗牢牢端在自己手中。"这使我们农业科技工作者备受鼓舞,进一步增强了我们的使命感!马铃薯、甘薯都是世界性的大作物,大力发展现代绿色薯业对于确保国家粮食安全、增加农民收入、推进精准扶贫,以及增加人民绿色健康食品供给都具有十分重要的意义。近年来,按照党中央、国务院加快发展现代农业的要求,四川省委省政府高度重视马铃薯产业的发展,将其作为特色优势农业产业之一大力推进,取得了重大进展,马铃薯、甘薯面积和总产量均位居全国第一。四川薯类创新团队及广大科技人员为该省薯类产业的壮大发展提供了重要的科技支撑。

习总书记2015年11月10日在中央财经领导小组第十一次会议上首次提出:"在适度扩大总需求的同时,着力加强供给侧结构性改革,着力提高供给体系质量和效益,增强经济持续增长动力。"习总书记这段话是对供给侧结构性改革的目的和重大意义的精辟论述。国家"十三五"规划和2017年中央一号文件强调了深入推进农业供给侧结构性改革的重要性。习总书记在党的十九大报告中将"深化供给侧结构性改革"列为建设现代化经济体系的首要任务,进一步凸显了其在新时代经济建设中的突出地位。由国家现代农业产业技术体系四川薯类创新团队首席专家黄钢研究员牵头撰写的专著《供给侧改革与现代绿色薯业技术创新》,以深化供给侧结构性改革为主线,将市场需求分析、技术创新管理学理论与薯类产业技术创新实践紧密结合,深入分析供给侧结构性改革与提升现代绿色薯业技术创新链之间的关系,是一部将供给侧改革的指导思想与现代农业产业技术创新紧密结合的力作。

该书给我印象较深的有三点。其一,该书以深化薯类产业供给侧结构性改革为主线,从分析国内外薯类市场新变化着手,按照"市场新变化—产业新需求—发展新动能—创新新成果—转型新路径"的构思展开。在分析国内外薯类消费市场新变化的基础上,提出了发展现代绿色薯业的新方向及其按照供给侧改革的要求应该采取的主要措施。其二,该书第二章围绕深化供给侧结构性改革与发展现代薯类产业,提出技术创新与产业创新紧密结合的科技成果转化双创战略,阐述了双创互动三环模式、技术创新五级价值增值原理,以及现代绿色薯业"构建技术创新链—延伸产业创新链—提升科技价值链"的三链联动转型升级机制。其三,该书概括介绍了四川省近十年所取得的15项部省级获奖科技成果,并进一步探讨了提升现代绿色薯业产业技术创新链的重点研究领域，把供给侧改革与发展现代绿色薯业、培育科技双创人才、新型职业农民、新型经营主体、农业产业化龙头企业及品牌建设等紧密联系起来。我感到，该书这三点充分反映了作者的思维高度、视野宽度和思考深度，这三方面的新观点、新探索对于深化农业供给侧结构性改革和发展现代绿色农业具有可借鉴的普遍性，值得研读。同时，我也为四川薯类创新团队和科技人员近年来取得的重大科研进展及其成果感到高兴，祝愿他们在新时代新征程上继续奋斗，再创辉煌！

唐华俊

中国农业科学院 院长

中国工程院 院士

2017 年 10 月

前　言

　　习近平总书记在党的十九大报告中将"深化供给侧结构性改革"列为建设现代化经济体系的首要任务，凸显了供给侧结构性改革在新时代中国经济现代化建设中的重要地位。自 2015 年 11 月习近平总书记首次提出供给侧结构性改革指导方针以来，它就成为贯穿我国经济工作的主线。2016 年 2 月，农业部发布的《关于推进马铃薯产业开发的指导意见》明确指出："推进农业供给侧结构性改革，转变农业发展方式，加快农业转型升级，把马铃薯作为主粮产品进行产业化开发，树立健康理念，科学引导消费，促进稳粮增收、提质增效和农业可持续发展。" 2017 年中央一号文件进一步要求，深入推进农业供给侧结构性改革，加快培育农业农村发展新动能，开创农业现代化建设新局面。供给侧结构性改革成为我国破解三农难题、实现农业现代化的主线。如何深刻理解供给侧结构性改革与农业科研和成果转化的关系？供给侧改革对农业科技创新、成果转化和产业发展有哪些重要的指导意义？具体到马铃薯、甘薯为主的现代绿色薯业，如何贯彻落实供给侧结构性改革的指导方针？在经济发展新常态和深化供给侧结构性改革的背景下，现代薯类产业发展的短板在哪里？现代绿色薯业技术创新的重点在哪里？这正是作者希望与读者共同探讨的主题。

　　中国特色社会主义进入新时代，我国社会主要矛盾已经转化为人民日益增长的美好生活需要和不平衡不充分的发展之间的矛盾。近五年来，中国马铃薯产业发展取得了举世瞩目的成绩，在保障国家粮食安全、增加农民收入、产业精准扶贫等方面都起到了重要作用，马铃薯主食化对推动薯类加工产业发展、满足市场丰富多彩的消费需求已初见成效。据国家统计局数据，2015 年我国薯类种植面积 883.87 万 hm^2，薯类折粮产量 3326.06 万 t。我国马铃薯、甘薯总产量均为全球产量第一，马铃薯产量占全球总产量的 25% 左右，甘薯产量占全球总产量的 75% 左右，在数量上具有绝对的资源优势。但是，以马铃薯、甘薯为主的中国薯类产业存在着不平衡、不充分发展的诸多突出问题。在发展不平衡方面，一是薯类产业本身发展不平衡，甘薯产业发展明显没有受到应有的重视；二是市场供需不平衡，大宗的低端薯类农产品出现阶段性市场供给过剩，但是薯类中高档优质安全产品却远远不能满足中高端消费市场的需求；三是加工产业不平衡，与主要粮食作物和经济作物比较，薯类加工产业明显落后，马铃薯加工比例维持在 10% 左右，而且薯类精深加工比例和档次也不高。薯类产业在发展不充分方面主要体现在：一是科技成果转化率有待提高，经过多年积累，我国科研院校已在薯类产业方面形成了大批科技成果，如优质专用品种、脱毒种薯繁育技术、提质增效标准化生产技术、安全储藏及精深加工技术等，但大批科技成果应用转化率有待提高，薯类产业在精准扶贫和助农增收方面作用未能充分发挥；二是薯类科技创新有待进一步提高，特别是在专用型优质育种、现代脱毒种薯体系建设、薯类大规模机械化生产、精深加工及中高端产品供给等方面离国际先进水平尚有相当大的距离；三是薯类产业正处于转型升级阶段，过去多年来我国薯类产业基本上处于外延式的数量型增长，从供给侧结构性改革讲，薯类产业必须向高质量发展阶段转型，在壮大新型经营主体、发展产业化龙头企业、培育具有国际竞争力的现代绿色薯业产业集群等方面百事待兴。中国是薯类生产大国，但不是薯类产业强国。因此，我们科技工作者应在习近平新时代中国特色社会主义思想的指引下，联系薯类科研和成果转化的实际，深入分析薯类产业发展的新动态和市场消费的新变化，在不断深化供给侧结构性改革的进程中，按照新时代的新要求和新部署全力补短板，在薯类产业短板领域集中力量加强研究，加强突破，加强成果转化，为现代绿色薯业发展提供强大的科技支撑。

本书以深化供给侧结构性改革为主线，从分析国内外薯类市场新变化着手，按照"市场新变化—产业新需求—发展新动能—创新新成果—转型新路径"的构思展开。在分析国内外薯类消费市场新变化的基础上，提出了发展现代绿色薯业的新方向及其按照供给侧改革的要求必须做到的主要措施。围绕深化供给侧改革与发展现代薯类产业，阐述了技术创新与产业创新紧密结合的科技成果转化双创战略、双创互动三环模式、技术创新五级价值增值原理，以及现代绿色薯业"构建技术创新链—延伸产业创新链—提升科技价值链"的三链联动转型升级机制。作者认为，前两章提出的现代绿色薯业的发展新方向及其主要措施、科技成果转化双创战略及三链联动转型升级机制等新观点对科技创新和成果转化具有普遍指导意义。第三章围绕现代绿色薯业主食化发展的关键路径进行了经济学分析。第四章至第二十章围绕马铃薯、甘薯产业技术创新展开，重点介绍了近十年四川薯类创新团队与科技人员在马铃薯、甘薯科研上取得的重大科技成果，这些成果有待下一阶段在四川省及相似生态地区进一步加强推广应用。同时，作者讨论了未来现代绿色薯业高质量发展阶段如何进一步提升现代薯类产业技术创新链，为薯类产业转型升级提供强大的科技支撑。第二十一和二十二章讨论了现代绿色薯业与双创人才培养和薯类品牌建设的关系。

本书致力于将技术创新管理学的最新研究成果与薯类产业技术创新的最新进展紧密结合，以中观层面为主体，重点与读者交流研究思路与科研成果。没有局限于薯类作物或产业的具体的技术细节，也没有脱离技术创新实际抽象地讲述管理学的理论。

前　言

本书的研究成果先后得到国家自然科学基金青年科学基金（四川盆地弱光胁迫影响紫马铃薯花青素合成的酶学机制与调控途径研究，31401345；钾元素对紫色甘薯花青素合成的影响机制研究，31401346）、农业部公益性行业（农业）科研专项（旱地两熟区耕地培肥与合理农作制，201503121-08；西南丘陵旱地粮油作物节水节肥节药综合技术集成与示范，201503127-03）、国家现代农业产业技术体系四川薯类创新团队项目（川农业[2014]91号）、四川省软科学研究项目（主粮化与供给侧改革背景下四川马铃薯创新团队的构建与管理，2017ZR0090）、"十三五"省财政创新能力提升专项公益性研究深化工程（紫色薯专用新品种提质增效生产技术研究，2016GYSH-027）和"十三五"四川省农作物及畜禽育种攻关项目（突破性粮油作物新品种提质增效关键栽培技术研究与示范，2016NZ0098-24）等国家级与部省级项目的资助。在此，向项目资助管理部门的同志和所有在研究工作中做出辛苦努力的科技人员表示衷心的感谢。

本书凝聚了作者及其研究团队十年来15项部省级重要科技成果奖的核心内容（详见附录）和大量科研成果积累，是四川省薯类科技人员协同创新的共同成果。本书的结构由黄钢、沈学善和王平研究形成，经过两次专家研讨会，写作提纲初步成型。黄钢主笔撰写第一、二、四、十四、二十章，沈学善主笔撰写第五、九、十九章，屈会娟主笔撰写第十七、十八章，王平、何卫、王西瑶、余金龙、刘波薇、任丹华、桑有顺、徐成勇、张千友、郑顺林、蒲志刚、饶天琳等各主笔撰写一章，多位专家参与了本书有关章节的撰稿或提供了相关资料，本书各章都列出了该章作者的署名。谢开云、李文娟、朱炎辉等专家为本书提供了重要资料，他们被列为相关章节的署名作者。本书各章节的修改和初审由黄钢、沈学善、王平负责，各章节都进行了多次修改、补充和完善，屈会娟、黄静玮负责全书所有图表、文中数据及参考文献的审核校对。王西瑶、梁远发、余金龙、李育明、何卫参加了本书有关章节的审核校稿工作，全书由黄钢统一终审修订。国家现代农业马铃薯产业技术体系首席专家金黎平研究员、国家现代甘薯产业技术体系首席专家马代夫研究员长期对四川薯类产业发展进行指导并为本书提供了重要资料，特此表示衷心感谢和敬意！国内一些知名的薯类产业化龙头企业和四川省内多家薯类新型经营主体也为本书提供了相关资料，在此一并表示衷心的感谢。本书参阅了大量中外文献，并尽可能在相关各章主要参考文献中列出，在此向所有参考文献作者诚致谢意。

本书完稿后，得到了中国农业科学院院长、中国工程院院士唐华俊先生的肯定，并欣然提笔为本书作序，这是对我们四川薯类创新团队和科技人员的极大鞭策和鼓励。在此，我们特致衷心的感谢和深深的敬意。

作　者

2017年10月

目 录

第一章 市场新需求与现代绿色薯业产业创新 ································ 1
 第一节 供给侧改革与薯类主食化 ······································ 1
 第二节 国际薯类产业发展新动态 ······································ 7
 第三节 中国薯类消费市场新变化 ····································· 13
 第四节 引领现代绿色薯业新方向 ····································· 15
 第五节 供给侧改革要素优化重组 ····································· 19
 第六节 现代绿色薯业改革新路径 ····································· 23
 参考文献 ··· 26

第二章 产业转型与现代绿色薯业双创战略 ······························ 28
 第一节 科技成果转化双创战略 ······································· 28
 第二节 双创互动三环模式案例 ······································· 31
 第三节 双创互动价值增值过程 ······································· 34
 第四节 技术创新五级增值原理 ······································· 36
 第五节 三链联动转型升级机制 ······································· 40
 参考文献 ··· 50

第三章 现代绿色薯业主食化关键路径 ·································· 52
 第一节 中国马铃薯生产长期变化趋势分析 ····························· 52
 第二节 中国马铃薯生产波动周期规律分析 ····························· 60
 第三节 中国马铃薯成本收益长期变化趋势 ····························· 67
 第四节 中国马铃薯市场价格波动规律分析 ····························· 75
 第五节 推进现代绿色薯业主食化关键路径 ····························· 84
 参考文献 ··· 87

第四章 构建现代绿色薯业技术创新链 ·································· 88
 第一节 建立周年生产供给技术体系 ··································· 89
 第二节 选育薯类高产优质主导品种 ··································· 91
 第三节 原原种脱毒苗快繁关键技术 ··································· 93
 第四节 种薯发育特性及其高效扩繁 ··································· 94
 第五节 高产高效简化栽培关键技术 ··································· 95
 第六节 农机农艺融合机械种收技术 ··································· 97

第七节　主要病害综合防控关键技术……………………………………………98
　　第八节　安全贮藏保鲜控芽关键技术……………………………………………99
　　第九节　加工关键技术及新产品研发……………………………………………101
　　第十节　双创互动与延伸薯类产业链……………………………………………103
　　参考文献………………………………………………………………………………104

第五章　马铃薯周年生产供给技术体系……………………………………………106
　　第一节　研究背景、存在问题与技术路线………………………………………106
　　第二节　创新马铃薯多季高效种植新模式………………………………………108
　　第三节　不同季节马铃薯种植新模式研究………………………………………110
　　第四节　季节性品种筛选和生态区域布局………………………………………119
　　第五节　季节专用品种高产栽培关键技术………………………………………120
　　第六节　多季种植周年生产技术体系集成………………………………………124
　　参考文献………………………………………………………………………………127

第六章　马铃薯脱毒原原种繁育关键技术…………………………………………129
　　第一节　四川马铃薯种薯供给现状………………………………………………129
　　第二节　脱毒原原种繁育技术创新………………………………………………131
　　第三节　技术经济指标及其先进性………………………………………………140
　　第四节　应用推广和社会经济效益………………………………………………141
　　参考文献………………………………………………………………………………143

第七章　马铃薯脱毒种薯高效扩繁关键技术………………………………………144
　　第一节　不同世代脱毒种薯高效扩繁技术研究概况……………………………144
　　第二节　马铃薯脱毒种薯生长发育及群体生理特性……………………………146
　　第三节　马铃薯种薯高效扩繁关键技术研究与应用……………………………160
　　参考文献………………………………………………………………………………172

第八章　马铃薯高产优质多抗新品种选育…………………………………………173
　　第一节　拓宽遗传基础……………………………………………………………173
　　第二节　创新育种目标……………………………………………………………173
　　第三节　创新育种方法……………………………………………………………174
　　第四节　选育专用品种……………………………………………………………177
　　参考文献………………………………………………………………………………189

第九章　马铃薯高产高效简化栽培关键技术………………………………………191
　　第一节　根系吸收特性与块茎发育生理效应……………………………………191
　　第二节　马铃薯高产高效种植关键技术集成……………………………………194
　　第三节　紫色马铃薯提质增效关键栽培技术……………………………………205
　　参考文献………………………………………………………………………………214

第十章　马铃薯农机农艺融合机械化生产技术 ·················· 215
第一节　马铃薯机械化种植技术参数研究 ···················· 215
第二节　关键机具改进与机械化技术优化 ···················· 218
第三节　全程机械化生产模式研究与示范 ···················· 221
参考文献 ································· 226

第十一章　马铃薯主要病虫害综合防控关键技术 ·················· 228
第一节　马铃薯晚疫病和病毒病研究 ······················ 228
第二节　品种及育种亲本抗病性评价 ······················ 236
第三节　马铃薯病虫害综合防控技术 ······················ 239
参考文献 ································· 249

第十二章　马铃薯安全贮藏关键技术及分子机理 ·················· 250
第一节　四川省马铃薯品种贮藏期调查 ····················· 250
第二节　种薯生理年龄时空调节新技术 ····················· 251
第三节　植物源物质控芽保鲜绿色贮藏 ····················· 251
第四节　块茎萌芽重要调控基因的挖掘 ····················· 255
第五节　种薯催芽壮芽促进结薯新方法 ····················· 257
第六节　马铃薯块茎安全贮藏技术集成 ····················· 261
参考文献 ································· 262

第十三章　成都平原马铃薯主食化关键技术创新与示范 ··············· 263
第一节　马铃薯主食化专用品种引进鉴定与选育 ················· 263
第二节　马铃薯脱毒种苗种薯快繁关键技术创新 ················· 264
第三节　马铃薯主食化专用品种标准化生产技术 ················· 272
第四节　冷冻薯泥加工关键技术及系列产品研发 ················· 273
参考文献 ································· 279

第十四章　提升马铃薯现代绿色薯业技术创新链 ··················· 280
第一节　加强品质育种主攻特色专用新品种 ··················· 280
第二节　种薯快繁技术创新与良繁体系提升 ··················· 282
第三节　绿色安全生产技术与周年供给体系 ··················· 283
第四节　农机农艺深度融合机械化技术体系 ··················· 284
第五节　主要病虫害的预警与绿色防控技术 ··················· 286
第六节　休眠萌芽调控与安全贮藏技术提升 ··················· 287
第七节　新产品市场开发与加工新技术研究 ··················· 288
参考文献 ································· 290

第十五章　专用型甘薯新品种选育与应用 ····················· 292
第一节　四川甘薯产业发展现状 ························ 292

第二节　专用型品种育种新路径……293
　　第三节　高淀粉甘薯新品种选育……297
　　第四节　紫色甘薯特色品种选育……299
　　第五节　高β-胡萝卜素强化育种……302
　　第六节　食用型甘薯新品种选育……304
　　第七节　专用型新品种示范推广……307
　　参考文献……308

第十六章　甘薯生物技术育种研究……310
　　第一节　分子标记辅助选育方法的应用……310
　　第二节　悬浮细胞再生与遗传转化体系……314
　　第三节　重要功能基因克隆与遗传转化……314
　　第四节　黑斑病分子生物学研究及应用……316
　　第五节　脱毒快繁技术与健康种苗培育……318
　　第六节　辐射诱变创制甘薯育种新材料……320
　　参考文献……325

第十七章　紫色甘薯提质增效栽培关键技术……327
　　第一节　新品种产量和主要品质特性差异比较……327
　　第二节　新品种覆膜高效育苗与移栽关键技术……332
　　第三节　紫甘薯需肥特性与施肥关键技术研究……343
　　第四节　紫色甘薯主要病害杂草防治技术研究……351
　　第五节　果蜡复合涂膜对紫色甘薯的保鲜效果……358
　　第六节　紫色甘薯优质高效栽培技术体系集成……361
　　第七节　优质紫色甘薯周年生产技术模式探讨……364
　　参考文献……365

第十八章　高淀粉甘薯提质增效栽培关键技术……367
　　第一节　高淀粉专用型甘薯新品种筛选……367
　　第二节　培育壮苗与适期早栽关键技术……369
　　第三节　需肥特性与控氮增钾关键技术……371
　　第四节　新品种地膜覆盖高产栽培技术……378
　　第五节　高淀粉品种简化高效栽培技术……381
　　第六节　空中甘薯嫁接栽培系统新技术……386
　　参考文献……394

第十九章　甘薯加工关键技术研究与新产品开发……395
　　第一节　花青素营养成分保护技术……395
　　第二节　加工工艺技术研究与应用……404

第三节　全粉微波熟化加工新技术 ……………………………… 409
　　第四节　紫薯原料对酿酒品质影响 ………………………………… 412
　参考文献 …………………………………………………………………… 418

第二十章　提升甘薯现代绿色薯业技术创新链 …………………………… 420
　　第一节　优异种质利用与特色专用品种选育 ……………………… 420
　　第二节　加强生物技术在甘薯育种中的应用 ……………………… 421
　　第三节　脱毒种薯技术研究与良繁体系建设 ……………………… 422
　　第四节　周年绿色生产技术体系研究与示范 ……………………… 423
　　第五节　主要生产环节机械化技术体系构建 ……………………… 425
　　第六节　建立轻简化绿色综合防控技术体系 ……………………… 426
　　第七节　挖掘调控块根萌芽特性的关键基因 ……………………… 427
　　第八节　主食化加工产品与加工新技术研究 ……………………… 428
　参考文献 …………………………………………………………………… 429

第二十一章　现代绿色薯业与双创人才培养 ……………………………… 431
　　第一节　建设双创人才队伍 ………………………………………… 431
　　第二节　磨炼产业创新人才 ………………………………………… 438
　　第三节　培育新型经营主体 ………………………………………… 440
　　第四节　孵化青年双创人才 ………………………………………… 443
　　第五节　打造创客空间平台 ………………………………………… 451
　参考文献 …………………………………………………………………… 455

第二十二章　现代绿色薯业与薯类品牌建设 ……………………………… 456
　　第一节　薯类产业品牌建设的背景 ………………………………… 456
　　第二节　薯类产业品牌建设的现状 ………………………………… 457
　　第三节　国内外薯类品牌建设案例 ………………………………… 461
　　第四节　薯类品牌建设存在的问题 ………………………………… 466
　　第五节　品牌建设与文旅融合发展 ………………………………… 467
　参考文献 …………………………………………………………………… 470

附录 …………………………………………………………………………… 471
　附录一　四川省薯类主要科研人员简介 ……………………………… 471
　附录二　四川省薯类获部省科技成果奖统计表（2008～2017年） … 482
　附录三　四川省薯类授权专利统计表（2008～2017年） …………… 484

第一章　市场新需求与现代绿色薯业产业创新

习近平总书记在党的十九大报告中指出，必须坚持质量第一、效益优先，以供给侧结构性改革为主线，推动经济发展质量变革、效率变革、动力变革，提高全要素生产率。自 2015 年 11 月习近平总书记首次提出供给侧结构性改革指导方针以来，它就成为贯穿我国经济工作的主线[1]。2017 年中央一号文件进一步要求，深入推进农业供给侧结构性改革，加快培育农业农村发展新动能，开创农业现代化建设新局面。供给侧结构性改革成为我国破解三农难题、实现现代农业化的主线。党的十九大报告将"深化供给侧结构性改革"列为建设现代化经济体系的首要任务，更进一步凸显供给侧结构性改革在当前政策体系和经济工作中的重要地位。

我们作为科技工作者和基层一线的实践者，如何深刻理解供给侧结构性改革与农业科研和成果转化工作的关系？供给侧结构性改革对农业科技创新、成果转化和产业发展有哪些重要的指导意义？具体到以马铃薯、甘薯为主的现代绿色薯业，如何贯彻落实农业供给侧结构性改革的指导方针？在经济发展新常态和深化供给侧结构性改革的背景下，现代薯类产业发展的短板在哪里？现代绿色薯业技术创新的重点在哪里？

中国特色社会主义进入新时代，我国社会主要矛盾已经转化为人民日益增长的美好生活需要和不平衡不充分的发展之间的矛盾。很显然，面对新时代、新常态、新需求，我国薯类产业发展不平衡不充分的问题是相当突出的，薯类优质专用品种的选育、绿色生产标准化基地建设、精深加工与中高端加工产品的供给等都是产业发展的短板。我们科技工作者应在习近平新时代中国特色社会主义思想的指引下，联系薯类科研和成果转化的实际，深入分析薯类产业发展的新动态和市场消费的新变化，在不断深化供给侧结构性改革的进程中，按照新时代的新要求和新部署全力补短板，在薯类产业短板领域集中力量加强研究，加强突破，加强成果转化，为现代绿色薯业发展提供强大的科技支撑。

第一节　供给侧结构性改革与薯类主食化

深化农业供给侧改革，首先应深入分析经济发展新常态下国内外薯类消费市场的新变化，以市场新需求为导向，开拓现代绿色薯业新市场。

现阶段中国农业的主要矛盾已由总量不足转变为结构性矛盾，突出表现为阶段性供过于求和供给不足并存，矛盾的主要方面在供给侧。农业部《关于推进马铃薯产业开发的指导意见》明确指出："推进农业供给侧改革，转变农业发展方式，加快农业转型升级，把马铃薯作为主粮产品进行产业化开发，树立健康理念，科学引导消费，促进稳粮增收、提质增效和农业可持续发展。"农业部提出马铃薯主粮化的发展战略，首次将马铃薯纳入国家主粮管理范畴，这本身就是粮食政策上的重大改革，大大提升了薯类作物在现代农业中的地位，大幅度增加了各级政府对薯类产业的多方面支持，对于深化农业供给侧改革，确保国家粮食安全，促进农民增收和精准扶贫都有着极其重要的意义，也为现代绿色薯业大发展提供了难得的机遇。

有两个范畴需要明确。一是现代绿色薯业与薯类主粮化、主食化的关系。主粮化是主食化的基础，主食化是主粮化的延伸，是薯类作物主粮化全产业链增值提升的过程。现代绿色薯业则是薯类主粮化和主食化的全产业链转型升级的必然结果，也是薯类主粮化、主食化发展的高级阶段。从深化农业供给侧改革的角度讲，本书探讨的是从农田到餐桌的薯类全产业链增值过程，因此，将现代绿色薯业作为研究的方向。二是现代绿色薯业以马铃薯和甘薯为主，这两个薯类作物都是世界性的大作物，均属具有巨大增产潜力和营养丰富的地下根茎类作物[2]。以马铃薯、甘薯为主的薯类作物是继谷类作物之后的人类第二大植物类食物来源，在生产季节、生产条件、生态环境和地域分布等诸多方面有所不同，薯类作物可与谷类作物及多种经济作物搭配形成多种各有特色的产业布局，有利于各地推进农业供给侧改革，发展各地特色农业优势产业。无论从世界范围还是国内情况看，甘薯都是大宗粮食作物，在世界卫生组织推荐的健康食品中名列前茅。可以确信，不久的将来，甘薯也必将受到各国政府和全人类高度重视。当然，广义的薯类作物还包括木薯、山药、魔芋等根茎类作物，本书专注于马铃薯、甘薯，围绕以马铃薯、甘薯为主要作物的现代绿色薯业发展及其关键技术展开讨论。

针对中国农产品消费市场的新变化和供给侧改革的新需求，发展中国现代绿色薯业的重大意义集中体现在五个方面。

一、国家粮食安全的重要保障

中国作为世界第一人口大国，确保粮食安全始终是经济工作的基础和产业发展的根基，也是国家政治经济社会稳定的重要基础。薯类作物因其巨大的增产增收潜力成为确保中国粮食安全的重要组成部分。

全球大宗粮食作物主要有小麦、水稻、玉米、马铃薯和甘薯。薯类作物由于过去若干年没有受到应有的重视，其单产潜力远远没有得到发挥。多年来，中国薯类科技界广大科技人员长期在艰难的条件下坚持科技攻关，在薯类新品种、新技术等方面积累了大量的科技储备，完全有能力为中国薯类作物大面积单产翻一番提供科技支撑[3]。从产量潜力分析，中国近年马铃薯、甘薯的超高产记录多在60t/hm²以上，是中国现阶段常年薯类单位面积产量的3倍以上。加之薯类作物对环境条件和生产条件要求比较低，适应性强，尤其是在许多条件恶劣的贫瘠土地上，薯类作物仍然可以取得一定的收获。农业部提出要实施藏粮于地、藏粮于技的战略，由于薯类作物具有适应性强、生长期短、产量潜力高、栽培技术简化高效和用途广泛等特点，发展薯类作物非常适宜这一战略。

从薯类作物的资源占有量分析，我国马铃薯、甘薯总产量均为全球第一，马铃薯产量占全球总产量的25%左右，甘薯产量占全球总产量的75%左右，具有绝对的资源优势，这是我国未来粮食安全的最重要的保障之一，也是我国生物资源开发的优势领域之一[4]。当前我国许多省市区已把薯类作为农业产业结构调整中的优势作物，并逐步向效益型经济作物转变，加工和食用薯类的比例不断提高。从我国西南地区主要粮食作物生产潜力分析，薯类单产再翻一番是完全有可能的。以四川省五大作物近十年高产纪录与其在当年全省单产平均数之比为例，小麦、水稻、玉米、马铃薯和甘薯高产纪录分别是当年同一作物全省平均单产的2.80倍、2.06倍、3.52倍、2.54倍和2.91倍（表1-1）。当然，薯类作物的高产潜力远不止表1-1的水平。2017年7月乐陵希森马铃薯产业集团有限公司在山东胶东进行的马铃薯高产创建活动中，利用马铃薯新品种'希森6号'通过超高产栽培，最高单产达到140.7t/hm²，创造了世界纪录。

表1-1 四川省粮食作物高产纪录与全省平均单产比较

品种	年份	高产纪录/(kg/hm²)	四川省单产/(kg/hm²)	高产纪录与全省单产比较/倍
小麦	2017	10665	3810.0	2.80
水稻	2015	17010	8254.5	2.06
玉米	2015	19230	5461.5	3.52
马铃薯	2008	73965	29088	2.54
甘薯	2014	60075	20658	2.91

注：用十年内高产纪录与当年同一作物全省平均单产比较；马铃薯、甘薯产量为鲜薯重。

推进农业供给侧改革，必须调整优化农作物种植结构、产品结构和产业结构。薯类作物是新一轮种植结构调整较适宜发展的主要作物之一。将马铃薯、甘薯作为种植结构调整的重点作物，扩大薯类作物种植面积，推进薯类加工产业开发，延长薯类产业链，有利于推进中国农业产业转型升级。

二、健康绿色食品的重要来源

随着中国成为世界第二大经济体，富裕起来的中国人民的食品消费已由温饱型向美食、营养、优质、健康、时尚的享受型消费转变。薯类作物营养丰富，特别是富含膳食纤维、维生素、矿质元素和人体必需的十八种氨基酸，有独特的营养和保健作用，完全可以作为满足中国广大消费者农产品消费结构升级和食品优质安全需求的主要植物类食品来源。

以农业供给侧改革为主线，必须树立绿色发展理念，大力推进薯类产业的绿色生产。从绿色生态的角度讲，薯类作物本身就是典型的绿色作物，其用水用肥较少，水肥利用效率高，农药使用量少，尤其是广大贫困地区的薯类作物基本不用化肥和农药，是纯天然的优质生态农产品。从绿色农产品和有机食品认证的角度讲，在多数情况下，由于薯类作物生产环境本身就比较符合绿色生产要求，马铃薯、甘薯达到绿色和有机标准的成本相对于其他作物也要低一些。近十年来，四川省有一批新型薯业经营主体实现了马铃薯、甘薯的有机或绿色农产品认证。例如，"大凉山马铃薯""万源马铃薯""空山马铃薯"等通过了绿色认证，遂宁市安居区"524 红苕"、南充市西充县的"薯宝宝"、资阳市安岳县的鸿安合作社"尤特牌"等甘薯通过了有机认证。

健康食品的开发已成为全球食品产业发展的主流。在食品加工领域中，薯类全营养粉、全营养薯泥、非油炸薯条和薯片等是重要的健康食品来源。近几年一些加工企业已经将薯类全营养粉应用于全薯粉丝、糕点、膨化食品等加工食品，如四川光友薯业有限公司的全薯粉丝，四川紫金都市农业有限公司生产的紫薯泥全营养面条、面包、馒头，天伦食品有限公司利用甘薯全粉开发的品种丰富的各类糕点等。国内外一些企业从薯类中提取的胡萝卜素、活性蛋白、活性多糖、花青素、黄酮、异黄酮、膳食纤维可作为食品加工的重要绿色农产品原料。中国广大消费者对薯类作物的营养保健作用已普遍认同，对于美食、营养、优质、绿色、时尚、健康的中高端薯类食品的追求已成为引领市场消费的新趋势。

紫色薯类产业开发是当前国际薯类产业发展的新方向。随着对花青素研究的不断深入，人们对紫色薯类的营养保健作用日益关注。国内外对紫色薯类花青素苷的组成与结构、生理保健功效、产品加工新技术等方面的研究都取得了十分突出的进展，为紫色薯类产业化开发奠定了重要的科研基础。近十多年，一大批自主选育的优质、抗病、高产的紫色薯类新品种相继问世，例如，四川省近十年就选育审定了 10 个紫色甘薯新品种，占同期审定品种数的 38.5%；四川省绵阳市农业科学研究院选育的'绵紫薯 9 号'不仅花青素含量高、抗病性强、耐储藏，而且产量潜力高，2014 年在四川省创造了单产 60.08t/hm^2 的紫色甘薯高产纪录；同时,在紫薯标准化安全生产和紫薯全粉及其系列产品加工新技术新工艺方面都取得了重要进展。当前,中国紫薯及特色专用薯类品种加工大规模产业化的条件已基本成熟。

三、具有国际竞争力的优势产业

从产业竞争潜力分析,薯类加工产业是中国具有国际竞争力的优势产业。一是原料规模优势。由于我国马铃薯、甘薯生产总量均居世界第一,而薯类产业加工产品在国内外市场上的消费量与日俱增,数量巨大的原料优势是加工产业可持续发展的基础。二是种植低成本优势。随着农业产业结构的调整及劳动力成本的大幅度提高,欧美等发达国家和地区薯类作物种植面积近 40 多年一直处于下降趋势,而以中国、印度等发展中国家则由于巨大的粮食需求压力,薯类种植面积一直呈现上升趋势。从全球比较,中国薯类作物种植的成本比较低,即使在机械化生产条件下,中国薯类作物的生产成本相对较低,因而薯类是中国具有国际竞争力的优势农作物之一[5]。三是中国薯类科技界在薯类品种选育、绿色栽培和产品加工等方面已有相当丰厚的积累,各方面投资资金来源丰富,加之各级政府不断出台有利于绿色农产品加工的招商引资政策,薯类加工产业有可能成为中国未来具有国际竞争力的优势农产品加工产业之一[6]。当前,薯类食品加工产业发展滞后是一大问题,优质的食材还必须有优质的加工制品和烹饪制品,才能真正使薯类食品行业在中国巨大消费市场中具有产业竞争力。中华民族是世界上喜爱美食、会做美食和享受美食的最大消费群体,换句话说,当今中国食品消费者对薯类食品开发的要求比较高。据研究,中国人吃马铃薯有 300 多种烹饪制作方法[5]。如何将中国食品加工传统风味与现代加工技术有机结合,在保持丰富多样的美食的同时,挖掘出市场占有率超过欧美炸薯条的中国特色的薯类加工制品,是中国食品加工业的重大课题。中国薯类食品加工产业必须牢牢占稳中国中高端消费市场,在中国食品市场具有竞争力,在国际食品市场才会有竞争力[6,7]。

在中国,每年有 15%以上的薯类农产品储藏损失率。薯类作物是价廉物美的酒类原料,大量利用薯类产品作酒类原料,不仅可以解决中国酒类行业过多消耗水稻、小麦、玉米等谷类作物粮食原料的问题,也可以开发出更有特色的多种原料酿造的功能性新型酒类产品,四川省农业科学院和四川大学在这方面都有多年研究,四川省一些酒类企业也已利用薯类原料开发白酒和果酒,大大降低了成本,提高了酒类产品竞争力。此外,有燃料乙醇生产条件的地方,特别是薯类生产量大、储藏条件差、地处边远的地区,也可以将相当一部分薯类原料用于发展生物质能源[8]。

四、促进农民增收的重要途径

马铃薯、甘薯是中国贫困地区、高原山区和民族地区的主要口粮作物,也是广大薯类主产区农民增收致富的重要作物。全国 11 个集中连片特困地区中,有 7 个是薯类作物主产区,四川省的贫困地区都是薯类作物主产区[4]。实践证明,大力发展薯类作物,通过利益联结机制构建价值不断提升的薯类产业科技价值链,是带动农民可持续增收,实现脱贫奔康的有效途径。在构建现代绿色薯业科技价值链的进程中,需要产学研用紧密结合,薯类科研创新团队提供科技支撑,构建现代绿色薯业技术创新链;农业产业化龙头企业抓产品加工和市场营销,延伸现代绿色薯业产业创新链;农民合作社等新型经营主体带动广大农户建立规模化、标准化的薯类绿色生产基地,形成从农田到餐桌的现代绿色薯业科技价值链,让广大农户和大批新型农业经营主体、加工龙头企业及产品营销企业等在现代绿色薯业科技价值链的延伸中分享增值收益。例如,位于四川省大凉山的宁南县白鹤滩马铃薯专业合作社十年来长期从事马铃薯鲜薯开发,在四川薯类创新团队科技人员长期指导下,通过引进新品种,实行绿色规范种植,由合作社统一为成员或农户提供种薯、药品等农用物资,按统一种植技术标准生产,由合作社统一按保护价回收并进行统一销售。2009 年,该合作社被核准登记使用"凉山马铃薯"地理标志;2010 年,该合作社基地被列为全国绿色食品马铃薯标准化生产基地。合作社长期坚持按照国家绿色食品标准来规范种植技术,2017 年核心基地 133.3hm^2,带动面积 2000hm^2,年产新鲜冬季马铃薯 60000t。合作社先后荣获省级示范社和国家农业部等九部委评定的国家级农民合作社示范社等荣誉。

16 岁就从事红薯开发的新型职业农民黄晓艳现任资阳市尤特薯品开发有限公司董事长,她领导的公司采用"公司+基地+专业合作社+家庭农场+农户"的经营模式,带动了四川省安岳县 12 个乡镇 4000 余户农户致富增收,推广到乐至、资中、云南、贵阳等地面积达 2000hm^2,带动 2000 余名留守妇女居家灵活就业,2016 年产值实现 3203 万元,利税 420 万元。仅红薯种植一项,种植户人均年增收至少 500 元。2017 年公司建成了良种繁育基地 3.3hm^2,有机认证园区 90hm^2。红薯还没有收获,就已接到 700 多吨订单,总产量预计 2000 多吨。2017年 9 月,该企业被命名为"四川省带动脱贫攻坚明星农业产业化龙头企业"。

五、发展资源节约型农业的有效途径

马铃薯、甘薯具有耐旱、耐瘠、适应性强、节水、节肥、节药等特点,适种范围广,增产增收潜力大,是发展资源节约型、环境友好型农业的适宜旱地作物,尤其是在干旱和半干旱条件下，薯类作物节水抗旱效能更加突出。中国旱地农业生理生态的开拓者山仑院士研究了马铃薯和玉米对干湿交替环境的反应，结果表明，以充分供水的全湿润条件下的单产为 100%，马铃薯在干旱和干湿交替条件下的产量分别为充分供水处理的 48.22%和 91.54%，玉米相应处理则为 6.06%和 27.4%[9]。

第二节　国际薯类产业发展新动态

马铃薯、甘薯原产于南美洲的安第斯山脉，16 世纪西班牙人将马铃薯、甘薯从南美洲带回欧洲。400 多年来，马铃薯、甘薯因其营养丰富、产量高、适口性好、耐旱耐贫瘠、适应性强而传遍了全世界，成为影响人类生存发展的世界性主要粮食作物之一。

进入 21 世纪以来，国际薯类产业呈现出迅速增长的趋势。联合国将 2008 年设为世界马铃薯年，进一步加强了各国政府对于马铃薯作为人类主粮的重要性认识，促进各国政府制定相关政策和措施，加快马铃薯及甘薯生产系统的可持续发展，充分发挥薯类作物作为主要粮食的巨大潜力[10]。

一、全球薯类总产增长强劲

进入 21 世纪以来，以马铃薯为主的国际薯类产业发展的第一个主要特点是：全世界薯类作物总产量增长呈强劲势头。据联合国粮食及农业组织（Food and Agriculture Organization of the United Nations，FAO）数据，从 1969 年至 2014 年，全球马铃薯总产量增加 41.1%，而种植面积降低 13.8%，马铃薯总产的增加主要依赖于单产的增加，这与马铃薯生产技术和生产效率的提高密不可分。世界马铃薯的平均单产在 2011 年首次超过 19t/hm^2，并在 2014 年达到 20t/hm^2。按照 45 年来马铃薯产量的变化趋势，预计 2018 年，全球马铃薯单产将达到 21t/hm^2，总产将达到 4 亿 t[11]。

总体来看（图 1-1），马铃薯生产在全球各大洲的变化有所不同，其中，亚洲马铃薯种植面积和总产量迅速增加，总产量增长主要靠面积扩大，单产提高缓慢。而欧洲马铃薯的种植面积和总产量均迅速下降，但单产保持连续增长。此外，非洲马铃薯的种植面积也呈现上升的趋势，尤其是在近 20 年表现尤为显著。

如图 1-2 所示，2014 年全球马铃薯种植面积为 1909.83 万 hm^2，较 2013 年下降 1.9%；总产量达 3.8 亿 t，较 2013 年增加 3.69%。亚洲马铃薯种植面积和产量分别占世界的 52%和 49%；欧洲分别占 29.4%和 32.6%；而美洲、非洲和大洋洲总共仅占 20%左右。马铃薯单产水平在不同洲的差异也较大，大洋洲平均单产已达 40.8t/hm^2，而非洲平均单产仅有 13.7t/hm^2。

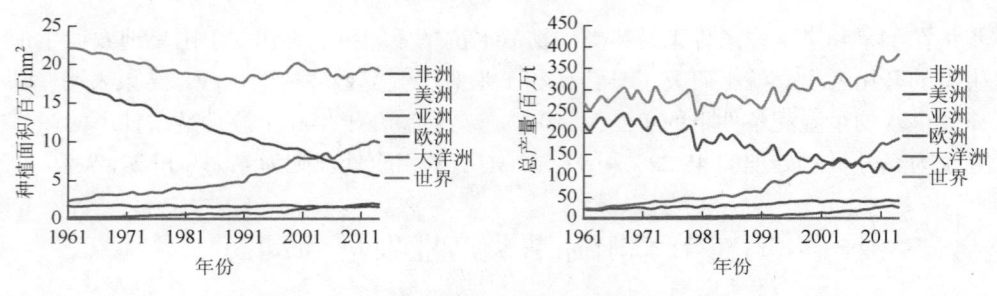

图 1-1 世界各大洲马铃薯种植面积和产量变化趋势（1961~2014 年）

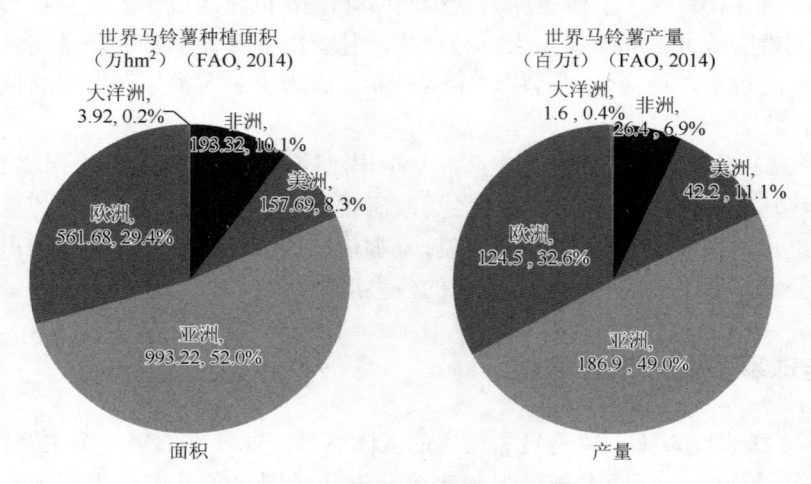

图 1-2 2014 年世界马铃薯种植面积和产量

近二十年来，发达国家马铃薯单产持续增长。美国、加拿大 2013 年的马铃薯单产比 1993 年提高 24.6%，总产量增加了 7.5%，面积下降 13.7%。2013 年，欧盟 5 个马铃薯产业核心国（德国、荷兰、法国、英国和比利时）的种植面积与 1993 年基本持平，但单产提高到 40t/hm² 以上。其中，荷兰、比利时的全国平均单产高达 45t/hm²。而发展中国家则主要是靠扩大面积增加总产量。中国作为全球第一大马铃薯生产国和消费国，过去 20 年马铃薯总产量增长了 108.9%，种植面积扩大 82.1%，而单产仅提高 14.8%。应该指出，这一外延式增长趋势在全世界都是比较特殊的，因为同期大多数国家，包括多数发展中国家单产提高的幅度都超过了中国。例如，1993~2013 年二十年间，同期全世界马铃薯平均单产提高 18.2%，非洲单产提高 33%，亚洲单产提高 25.2%，欧洲、北美洲、南美洲、大洋洲平均单产分别提高 19.0%、24.6%、33.6%和 27.4%[12]。由上可见，近二十年来发达国家马铃薯增产是依靠科技提高单产，是内涵式增长方式。而发展中国家尤其是中国提高总产主要靠扩大面积，采用的是外延式增长的方式。这种外延式增长是不可持续的，对中国马铃薯产业造成的负面影响正在逐步显现，中国薯类产业下一阶段的发展必须坚定不移地深化薯类产业供给侧结构性改革,走创新驱动发展之路。

发展中国家薯类作物总产量迅速增加的内生动力是薯类产业在粮食安全和扶贫脱贫中的突出作用。世界上有 10 多亿人以马铃薯为主粮。粮食安全始终是人类生存发展的头等大事。FAO 对"粮食安全"的定义是:当"所有人在任何时候都能够在物质上、社会上和经济上获得足够、安全和富有营养的粮食,来满足其积极和健康生活的膳食需要和食物喜好"时,才实现了粮食安全。粮食的可供性、可获性、质量和供应的稳定性是粮食安全的四大要素[13]。薯类作物的发展完全可以满足这四个条件。国际马铃薯中心创造出"扶贫品种"(pro-poor varieties)这个概念,意指马铃薯就是专用的"扶贫品种",是能够帮助贫困群体的作物品种和技术[14]。国际马铃薯中心和中国的扶贫脱贫实践都反复证明,薯类产业是一种成本低、风险小、见效快、技术易掌握和可持续的环境友好型扶贫产业,由于薯类作物易于栽培、适应性强、营养价值高,因而其在发展中国家扶贫脱贫中作用十分显著,其生产量和消费量多年来稳定增加。

二、薯类进出口贸易持续增长

国际薯类产业发展的第二个特点是:国际市场进出口贸易量连续数年持续增长,加工产品贸易额在总贸易额中所占比例不断提高。据全球贸易情报(Global Trade Information Service,GTIS)数据,2014 年与 2009 年相比,薯类进口和出口产品总交易额分别增加 36.4%和 35.3%,其中,马铃薯、甘薯进口分别增加 34.9%和 146.7%,出口分别增加 34.2%和 138.3%,马铃薯在进口和出口贸易额中分别占 97.4%和 98.2%,甘薯比例不足 4%。马铃薯加工制品薯条、薯片、脱水产品、种薯、雪花粉、马铃薯粉、冷冻马铃薯和商品薯都呈现不同程度的增长。发达国家薯类产品出口以加工制品为主,发展中国家薯类产品出口以鲜薯为主,进口以薯类加工制品为主。

从薯类进出口贸易比例看,2010~2015 年,马铃薯加工产品贸易额占贸易总额的比例最高,其进口额占总进口额的 64%~74%;出口额占总出口额的 67%~73%;鲜薯的进口额占总进口额的 21%~29%,出口额占总出口额的 21%~25%;种薯的进口额占总进口额的 5%~7%,出口额占总出口额的 6%~8%。

如图 1-3 所示,从不同马铃薯加工产品的贸易结构看,2010~2015 年,马铃薯加工产品进出口量和进出口额均呈显著的增加趋势,其中进口量增加 17.2%,进口额增加 39.3%;出口量增加 16.7%,出口额增加 38.9%。主要马铃薯加工产品包括薯条、薯片、雪花粉、颗粒粉及其他冷冻产品。其中,薯条的贸易额和贸易量排在第一位,进出口额占加工产品进出口额的 65%以上,进出口量占加工产品进出口量的 75%以上;排在第二位的是薯片,进出口额占加工产品进出口额的 23%以上,进出口量占进出口量的 11%以上[15]。

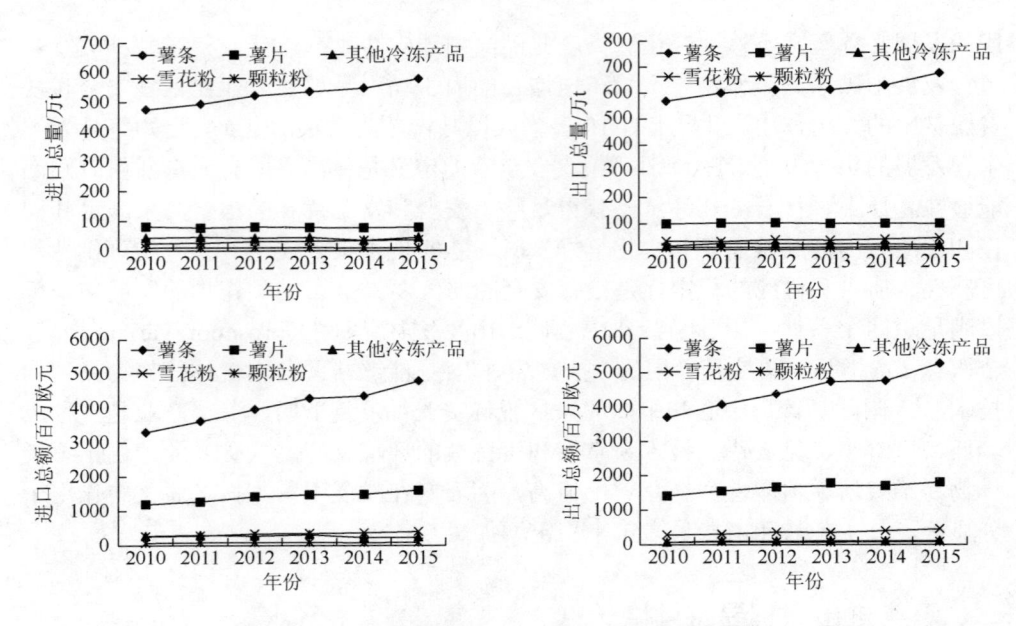

图 1-3 不同马铃薯加工产品进出口总量和总额的变化

近年来,薯条的贸易量增加最为显著。2015 年,薯条出口量达 673.6 万 t,出口总额达 52.43 亿欧元。比利时是最大的薯条出口国,美国、加拿大、荷兰、法国、比利时、德国、英国这 7 个国家的出口额占薯条总出口额的 92%。美国是最大的薯条进口国,其次为法国、英国、荷兰和日本。据 74 个国家薯条出口量统计,欧盟和北美发达国家是全球薯条出口增长的主要来源。而薯片的贸易量近年来变化不大,2015 年,薯片的出口量为 98 万 t,出口总额为 18 亿欧元,荷兰是世界最大的薯片出口国,占世界总出口量的 30%;而薯片的进口量为 78.3 万 t,法国和德国是全球最大的薯片进口国,占总进口量的 34%。

马铃薯淀粉也是主要的马铃薯加工产品。2015 年,马铃薯淀粉总出口量为 76.7 万 t,德国和荷兰是主要的马铃薯淀粉出口国。其中,德国马铃薯淀粉出口总量为 34.8 万 t,出口总额为 2 亿欧元;荷兰马铃薯淀粉出口总量为 22.1 万 t,出口总额为 1.3 亿欧元。美国是最大的马铃薯淀粉进口国,进口量为 11.1 万 t,荷兰进口量排在第二位,进口量为 7.7 万 t,中国和韩国进口量排在第三位,进口量约为 6.5 万 t。

如图 1-4 所示,从不同马铃薯产品价格看,薯片的进出口价格显著高于其他马铃薯产品,2010~2015 年,薯片的进出口价格呈显著上升趋势,2015 年薯片进出口价格分别达到 2047 欧元/t 和 1832 欧元/t。而其他马铃薯产品在 2010~2015 年间的波动不大,价格由高到低排列为:雪花粉＞颗粒粉＞薯条＞其他冷冻产品＞种薯＞鲜薯。鲜薯价格最低，平均进出口价格分别为237欧元/t和234欧元/t[15]。薯片的进出口价格分别是鲜薯的8.63倍和7.83倍。

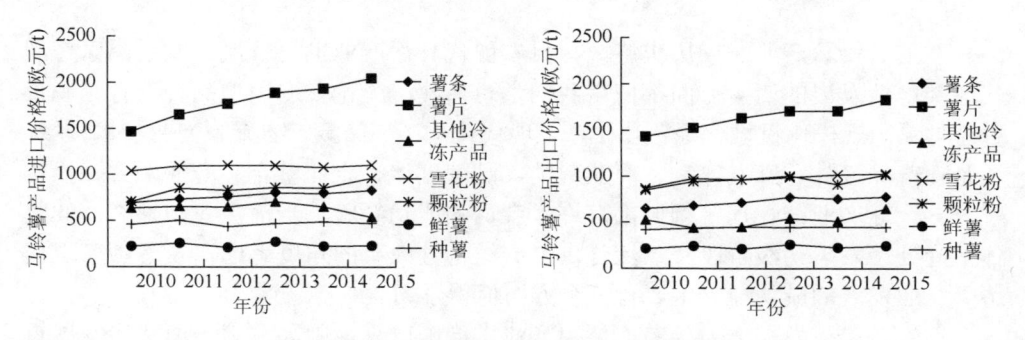

图1-4 不同马铃薯产品价格变化趋势

马铃薯的进出口贸易在荷兰、德国、法国、比利时、美国和加拿大等欧美发达国家较为活跃，在这些地区，马铃薯的消费以加工制品为主，所以，加工类产品贸易量在总贸易量中占有重要的比例。而在亚洲的发展中国家，马铃薯消费多以初级加工产品为主，而且贸易量较小。从中国马铃薯贸易结构看，2015年出口以鲜薯为主，主要流向东南亚；进口以冷冻马铃薯为主，主要来自欧美地区。

三、薯类产业投资大幅增加

国际薯类产业发展的第三个主要特点是：对薯类种薯和加工产业的投资大幅度增加，发达国家跨国公司全球马铃薯产业链竞争力逐步增强。发达国家持续在全球范围投资马铃薯种薯生产和加工企业，其跨国公司一方面大力整合北美和欧洲市场马铃薯产业，另一方面不断在中国、印度等新兴市场国家扩大马铃薯产业投资。例如，比利时过去20年用于加工的马铃薯增加了5倍，2013年达到380万t。增加的主要原因是大规模产业投资，18个主要加工商仅2014年一年就投资了1.15亿欧元。鲜食马铃薯产业的投资主要由法国、英国和北美的一些大型马铃薯公司带动的产业整合。新的增长领域包括彩色品种、冷藏马铃薯及指形薯的消费。对甘薯的交易与需求也有所增长。近年来，发达国家薯类产业投资的重点转向发展中国家。例如，发达国家马铃薯企业近年在中国马铃薯生产和加工方面的主要投资有：兰布西通过购买泰美马铃薯公司在内蒙古商都建立新工厂；内蒙古凌志马铃薯科技股份有限公司与荷兰法姆福瑞合资建设薯条加工厂；百事公司在上海投资马铃薯研发中心，主要研发丰富多样的马铃薯零食；中国的雪川马铃薯加工企业主要股份被荷兰爱味客收购；日立公司在克山投资一个淀粉加工厂用于生物酒精生产等[12]。

四、发达国家薯类产业发展的成功经验

欧美马铃薯产业发展历史悠久,日本现代甘薯产业世界一流。发达国家在现代薯类产业发展的诸多方面都值得我们学习借鉴。无论在专用型品种选育、脱毒种薯体系、规模化机械化绿色化生产、现代化加工、储藏、物流等产业技术领域,还是在产品设计、开发谋划、商业营销、品牌创造、企业整合、产业融合、投资融资、全球产业链管理等领域都有许多宝贵的成功经验。当前,我国薯类产业整体上尚处于发展初级阶段,从深化供给侧结构性改革的角度考虑,发达国家现代薯类产业发展的成功经验主要有三个方面值得学习。

首先,以市场需求为导向,薯类产业供给侧以满足中高端市场消费为发展重点。人类对农产品的主导需求是随着经济发展阶段的变化而演变的,农产品供给侧生产结构分为低端、中端、高端三个阶段。在经济不发达阶段,农产品供不应求,农产品生产的主要目标是维系人类生存和繁殖延续,农产品及薯类产品生产以数量型生产为特点,市场消费以低端产品为主,欧美国家薯类产业在20世纪60年代前的400年发展历程一直处于这种数量型低端消费阶段。当经济进入较发达阶段,农产品供给侧供给数量已不是主要矛盾,市场消费层次上升,以质量优良、价格合理的中端农产品消费为主导需求,称为中端消费阶段。20世纪70~90年代,欧美经济进入现代化阶段,对农产品供给侧的需求逐步提高到以加工产品为主的中端消费阶段,在马铃薯产业方面突出表现为以薯条、薯片为主的马铃薯加工产业的快速崛起,以专用型优质品种和冷冻、冷藏马铃薯加工产业技术为支撑,以麦当劳、肯德基为主的全球快餐连锁业6万余家连锁店超过600亿美元的销售收入的快速发展,使马铃薯成为全球快餐业最重要的主食产品之一。进入21世纪以来,发达国家消费市场对高端农产品需求大幅度增加,农产品供给侧以满足中高端农产品消费为主。薯类高端农产品的特点是:以美食、营养、绿色、健康、时尚和享受为目标,加工产品类型丰富多样,往往以复合原料为主,质量优良、价格较高,安全性好,达到绿色和有机食品标准,如多种薯类饮料、糕点、旅游休闲食品和功能食品等。

其次,以种薯和加工跨国公司为龙头在薯类产业供给侧构建完整的现代薯类全球产业链。随着薯类产业育种、种薯快繁和产后加工技术的快速进步,发达国家薯类产业不仅促进了薯类产业内部的国际化、专业化分工,规模化生产,品牌化经营,还大大拓展了薯类产业在生产、生态、生活等方面的多功能作用,形成了以种薯和加工跨国公司为龙头的结构完整的现代薯类全球产业链,涌现出一批专业化的薯类跨国公司。这导致薯类产业生产经营的组织形式发生了根本性变化,薯类种薯和原料生产模式向"企业+合作社+农场"订单生产模式转变。种薯和加

工产品的营销完全转变为现代专业化营销方式。薯类产业内部分工细化，实行专业化经营和工程化管理，薯类产业生产的产前、产中、产后及农产品的运输、储存、销售和加工等均由专业化的农业产业化企业完成。

最后，以产业需求为导向，在薯类产业供给侧构建完整的现代薯类产业技术创新链。发达国家薯类产业经过百余年的发展，形成了以企业投资为主、以产业需求为导向的强大的技术创新链。其技术创新链包括薯类专用型品种选育、脱毒种苗种薯快繁、规模化机械化安全生产、主要病虫害预警与综合防控、储藏与物流、精深加工技术等各个关键产业技术环节。薯类技术创新链支撑现代产业链延伸，现代产业链通过创新驱动和现代管理不断推动薯类产业价值链提升，使在薯类产业价值链转型升级的链条上的各个节点的参与者（消费者、企业、农户、政府及科研机构）都能不同程度地分享价值链提升所带来的发展利益。

第三节 中国薯类消费市场新变化

中国现代经济发展进入新常态以来，农产品及食品消费市场正在发生重要变化，薯类产品消费市场也发生相应的变化，把握这些市场新变化对于从事薯类产业的企业家、科技人员和新型经营主体领办人都是非常重要的。

一、市场需求向中高端层次消费阶段转型

中国薯类产品消费市场最重要的新变化是，薯类产品消费正在从低层次消费阶段向以中高端消费层次为主的阶段转型，这种转型具有不可逆转性。2015年以来，中国农业部提出马铃薯主粮化发展战略，得到了各级政府和社会各界的积极响应，大大推进了全国薯类产业的进一步发展，加快了中国马铃薯主食产品的开发。据国家统计局数据，2014年，中国马铃薯种植面积已达557.33万hm^2，折粮（5:1）总产量1910.30万t，约占全球总产量的25%。我国甘薯种植总面积336.70万hm^2，折粮总产量的1426.1万t，约占全球总产量的75%。2015年薯类种植面积883.87万hm^2，薯类折粮产量3326.06万t。结合中国主要粮食作物供给量分析，可以肯定地说，中国薯类产业供给数量已不是主要矛盾，市场消费层次正在向中高端层次转型。

中国薯类产品消费市场需求层次明显发生了较大的变化，一方面，中档的大众消费仍然是主流，与众多的蔬菜比较，马铃薯作为大宗蔬菜，价格相对较低而稳定、耐储藏及烹饪方式多种多样。与谷物粮食比较，又是营养丰富、质

优价廉的主食产品，颇受大众喜爱。同时，薯条、薯片是快餐业最大的主食产品之一，因而大量的薯类产品供给仍然坚持中档消费为主的方向。中国薯类产品市场消费从总体上已经进入以质量优、价格合理的中端农产品为主导需求的中端消费阶段。

另一方面，中国薯类消费市场当前及未来的市场需求对薯类高端产品提出了更多更丰富的要求，美食、营养、绿色、健康、时尚和享受是其重要的产品特征。中国薯类产品市场的高端消费需求正在迅速增长，特别是出于对农产品安全的考虑，马铃薯、甘薯由于本身在生产过程中施用的肥料、农药在农作物中是相对较少的，农药及重金属残留物少，其农产品安全系数相对较高，因而受到广大消费者的青睐。中国富裕起来的中高收入阶层对薯类农产品优质及特色品质的要求越来越高，消费市场对薯类产品的质量和特色品质的消费需求越来越丰富，消费层次明显拉开档次，为薯类高端农产品的开发和农民增收提供了极具增长潜力的市场空间。以中国大城市薯类鲜食产品为例，普通马铃薯、甘薯鲜销市场价格每千克2~4元，而特色有机和知名品牌的马铃薯、甘薯品种鲜销市场价格可高达每千克12~24元，如四川省遂宁市安居区的'524'特色有机甘薯品种，四川省通江县空山的紫色有机马铃薯。居中价格每千克6~10元的品种也不少。四川省的光友薯业有限公司开发的薯类全薯方便粉丝、紫金薯业生产的紫薯营养粉、四川省天伦食品有限公司和山东泗水利丰食品有限公司开发的多种薯类糕点、福建紫心生物薯业有限公司开发的丰富多彩的薯类糖果等都颇受国内外市场消费者的青睐，供不应求。但是，我国薯类加工业产量目前在总产量中的比例较低，马铃薯仅占10%左右，甘薯加工比例稍高一些，但明显落后于市场发展，薯类加工产品在品种的多样性和档次方面远远落后于市场需求。

二、大宗普通薯类产品出现阶段性过剩

经过近二十年的快速增长，中国薯类产业供求关系发生了重要变化。大宗普通薯类产品生产总量快速增长，出现了阶段性过剩。2013年中国人均马铃薯生产量达到67.76kg，比世界平均水平高出26.70%，人均马铃薯消费达到62kg，高出世界人均消费14.81%。中国市场以鲜食消费为主，加工比例偏低，加工消化的马铃薯原料少，产业链条偏短。目前中国马铃薯人均消费增速递减，市场需求趋于饱和。市场价格周期性波动剧烈，"薯贱伤农"现象频发。与此同时，马铃薯生产成本不断攀升，近十年人工成本年增长率达23.95%，土地成本年均增长19.47%，生产直接费用年均增长6.49%，生产投资利润率显著下降。甘薯产业也有类似情况。

薯类作物在中国出现阶段性过剩，主要是因大宗普通薯类产品过剩，市场中

高端薯类消费品的供给量远远跟不上市场需求，因而出现薯类中高端产品供不应求，大宗低端消费产品供大于求的市场供给格局，市场价格周期性剧烈波动。破解这一难题的根本性途径在于深化薯类产业供给侧结构性改革，从供给侧源头上抓起，要在稳定面积的基础上着力提质增效，转变薯类产业发展方式，把特色优质专用品种、绿色安全标准化生产、精深加工制品、中高端消费加工制品供给等现代绿色薯业科技价值链的关键节点抓实抓好，大力推进薯类产业向现代绿色薯业转型升级。

三、现代绿色薯业潜在市场需求巨大

从长期来看，中国现代绿色薯业潜在需求仍然很大，但完全释放出来还需要较长时间。首先，薯类作物营养价值正逐渐被越来越多的人接受。薯类作物营养价值丰富全面均衡，含有人体必需的全部七大类营养物质；脂肪含量低；蛋白质品质高，其氨基酸构成接近大豆蛋白，而热量远远低于小麦和玉米。其次，中国市场消费结构升级将拉动薯类中高端加工制品消费。随着收入水平的提高，人们对薯类加工中高端消费品的需求逐步增多。最后，马铃薯主食化战略推进薯类产业供给侧结构性改革。2015年国家政府启动中国马铃薯主食化战略，一大批适合国人消费习惯的主食产品、方便食品及其他高附加值的薯类产品相继涌现，将进一步引领开拓我国现代绿色薯业主食化食品消费市场升级。

第四节 引领现代绿色薯业新方向

推进薯类产业供给侧结构性改革，必须实施创新驱动战略，明确经济新常态下现代薯类产业发展新目标，引领现代绿色薯业发展新方向。

一、现代绿色薯业主要产业特征

深化薯类产业供给侧结构性改革的核心目标是大力发展现代绿色薯业。什么是现代绿色薯业？其基本概念是：以生态环境保护为前提，现代产业装备为基础，绿色薯业技术为标准，新型薯业经营主体为载体，现代薯业产业化龙头企业为主导的生产经营薯类绿色农产品及加工制品的现代化产业体系。

现代绿色薯业是薯类产业现代化的最新升级版。现代绿色薯业有三点重要产业特征：第一，是现代化，现代绿色薯业是薯类产业现代化发展的必然结果，是在薯类主粮化和主食化基础上向现代加工产业为主体的产业化发展的转型升级结果。不再是盲目地扩大种植面积，不再是简单地树立几片超高产示范区，也不再是生产出一批粗制加工制品,更不是各类粮食不够吃用薯类作物替代,而是深化农业产业供给侧结构性改革的必然结果,它涉及薯类产业能否与快速现代化的中国经济同步协调发展,薯类产业能否现代化的问题。第二,是绿色化,现代绿色薯业充分体现了绿色发展理念。在农业文明时代,薯类作物在自然状态下本身是"绿色"的,在工业文明时代受到多种环境污染因素的影响开始变得不太"绿色"了。在中国建设生态文明的新时代,薯类产业发展必须是"绿色"的,薯类产业如果不坚持绿色发展,就是自毁前程!中国薯类产业发展决不能走牺牲质量而盲目追求数量发展的老路。现代绿色薯业与以前提倡的薯类产业的根本区别在于强调绿色发展,强调绿色生产的全过程控制和产品的安全品质标准,既要强化对生产环境的生态保护和绿色生产全过程的绿色生产技术控制,又要强调现代绿色薯业的农产品及其加工制品必须达到绿色农产品或有机食品的标准。第三,现代绿色薯业是以工业化方式组建全产业链进行集约化、规模化、标准化、工程化的生产经营管理。它必须是以农业产业化龙头企业为核心组建从农田到餐桌的全产业链,它必须具有在激烈的市场竞争中力克群雄的核心竞争力,这种核心竞争力是其他企业无法复制、不可替代的。目前,在薯类产业发展初级阶段,靠生产经营鲜薯和初级加工制品是可以获得一定效益的,但在现代绿色薯业发展的中高级阶段,从事薯类产业的大多数新型经营主体和中小企业都不得不加入以大型现代薯类企业为主的现代绿色薯业产业链,形成现代薯类产业集群发展的格局。

二、现代绿色薯业发展主要目标

从上述概念可以明确,实现现代绿色薯业的产业发展目标,必须做到"六个强化"。

1. 强化生态环境保护前提

良好的绿色生态环境是进行现代绿色薯业绿色生产的基础,土壤、水、空气等环境基本要素必须达到绿色生产的环境标准,而且不能有造成环境污染的因素。一般而言,由于薯类作物具有节水、节肥、节药和防止水土流失等特性,种植马铃薯、甘薯本身是有利于保护环境的。近年来四川省从事薯类产业原料生产的新型经营主体都是把生产基地建在绿水青山的怀抱中。例如,四川省通江县空山马铃薯专业合作社的种植基地就建在山清水秀的秦巴山区空山天盆风景区,空山乡地处川东北,属喀斯特地貌下的高原盆地景观,包括低山、中山山地和山间盆地,空山坝为最大的山间盆地,风景奇特,是国家级贫困地区。科研人员发现种植于空山乡的马铃薯相比盆地、高原、平原的马铃薯有其独特的优势,产量高、抗病性强、口感佳，当地政府决定打好这张特色农产品优势牌，建立了空山马铃薯合作社、空山马铃薯研究所，积极招商引资，建立了产学研用结合的空山马铃薯产业链，并获得了"空山马铃薯"国家地理标志，四川薯类创新团队还在空山建立了马铃薯工作站，空山已成为省内优质马铃薯的产业基地。

2. 强化现代工业产业装备基础

现代绿色薯业对现代工业产业装备的要求是相当高的，田间生产全程机械化生产装备，储藏、运输、加工机械化装备及全程人工智能化装备，水肥药一体化的现代灌溉设施设备，山水田林路的治理改造设施，现代设施农业装备，农产品互联网营销的电子商务平台，薯类农产品质量可溯源分析系统等，这些无一不是以现代工业产业装备为基础，离开了现代工业，就不可能有现代绿色薯业。有人会说，薯类作物大多数种植在丘陵山区，多为坡台地，以碎片化的小块耕地为主，而且大多为间套作种植，根本无法机械化生产。这确实是我国薯类产业主产区普遍存在的问题，但是这一现状必须改变，否则，就不可能建成现代绿色薯业。可以因地制宜发展多种类型的机械化，即使暂时不能实现全程机械化，也可以在薯类作物生产的主要环节尽可能实现机械化，尤其是在农业劳动力短缺、人力成本不断上涨的情况下，机械化作业对于降低劳动成本和作业强度、实现标准化生产、控制质量、提质增效至关重要。四川薯类创新团队结合四川马铃薯生产特点，确定了以中小型机械为主的机械化技术路线和解决方案，以适应性改进为主，以农机农艺融合、全程机械化发展为引领，因地制宜，以拖拉机配套、马铃薯播种、中耕、收获等关键机具为改进与优化对象，涵盖了中小型机组，提出以 0.90m、1.00m 垄距为主的机械化技术模式 4 套，以适应不同规模的新型经营主体。甘薯在丘陵地区坡台地上采用主要生产环节中小型机械化，除移栽和捡薯之外，其余生产环节均实行机械化作业，与全程人工成本比较，马铃薯、甘薯分别可降低总成本 25%和 30%。作为薯类作物商品化生产基地，如果在 5~10 年之内仍然不能实现机械化生产，面对激烈竞争的市场，要么转产，要么被淘汰。

3. 强化绿色薯业生产技术标准

现代农业强调生产、储藏、物流、加工等各个环节技术标准化，现代薯类绿色产业技术标准化势在必行。按照市场需求，薯类作物是作为绿色健康食品而生产的，因此，大面积生产上应该以绿色农产品生产技术标准为基本要求，有条件的地方还可以发展一批薯类有机食品生产加工基地。例如，遂宁市安居永丰绿色五二四红苕专业合作社是高度重视甘薯绿色生产技术标准的新型经营主体。该合作社坚持以科技为支撑，以市场为导向，以集约化、专业化、标准化生产为依托，绿色生产技术规范化管理，全产业品牌化运营的经营策略。坚持"六统一分"管理模式（即统一品种、统一标准、统一管理、统一采收、统一包装、统一销售、分户生产）。在遂宁建设'524红苕'绿色标准化种植基地667hm^2。四川省农业科学院派出了6人组成的专家服务团队，常年为合作社提供科技服务。合作社实施了全产业链全过程质量管理，通过二维码等高科技手段对'524红苕'种植、管理、采收、仓储、销售各环节全过程质量无缝管理，实现了来源可溯、去向可追。

4. 强化新型薯业经营主体基础地位

在土地高度碎片化、大多数农户超小型经营的基础上，是不可能建成现代农业的，也不可能建成现代绿色薯业。从世界范围看，所有实现了农业现代化的国家，其现代农业无一不是建立在规模化经营的家庭农场和农民合作社等农业社会化组织基础上的，从现代农业技术管理的角度讲，没有懂技术、善经营、会管理的较高素质的新型职业农民，是无法适应现代农业新技术应用和激烈的农产品大市场竞争的，必须大力培育新型职业农民和农业新型经营主体。要从新型职业农民的源头抓起，在大力培育已有新型经营主体的同时，吸引返乡农民工、大学生、城镇居民、工商企业及科技人员从事现代绿色薯业生产经营。深化薯类供给侧结构性改革，新型农业经营主体是引领力量。通过新型经营主体的培育，引入发展现代绿色薯业新理念、增加新技能，是深化供给侧结构性改革的重要内容。新型经营主体按照其组织形式，可分为种养大户、家庭农场、合作社、龙头企业、社会化服务组织、新农人等类型。近几年薯类产业发展的实践反复证明，哪个地方的薯业新型经营主体搞得红火，哪个地方的现代薯类产业就热火朝天。现代绿色薯业是一个面向国际市场激烈竞争的现代农业产业，对薯业新型经营主体的要求更高。近年来，全国各地薯类主产区涌现出大批薯类产业新型经营主体，它们在新品种繁育、薯类作物规模化机械化标准化生产及服务、病虫害统防统治、储藏、物流、加工、营销及品牌创造等多方面为薯类产业发展做出了重要贡献。

5. 强化产业化龙头企业主导地位

中国现代绿色薯业面临的是高度国际化的大市场和巨型跨国公司全球产业链的激烈竞争。目前，中国消费市场薯类加工制品已经完全处于国际市场竞争中，但中国薯类产业尚处在初级发展阶段，进入国家级农业产业化重点龙头企业的薯类龙头企业很少，有一批进入省级重点的农业产业化龙头企业。但这些龙头企业从各方面比较，都难与国际化跨国公司较量。中国薯类企业是在国内外薯类市场竞争日趋激烈的背景下生存发展的。这种竞争不仅关系到薯业技术创新源头的争夺，而且涉及现代薯类产业科技价值链的多个重要环节的控制；不仅是薯类企业之间科技、经济实力的博弈，更是薯类产业链系统之间的激烈较量；不仅是国家之间现代薯业科技水平的竞争，更是涉及科研、转化、生产、加工、销售、金融等多要素组合的薯类产业科技价值链创新体系之间的系统对抗。历史悠久、科技经济实力强大、管理规范和擅长市场谋略的现代薯类跨国公司为发达国家在现代薯类产业上的国际竞争优势奠定了坚实的基础。必须清醒地看到，仅仅靠高度分散的薯业新型经营主体和大量的中小型薯类企业单打独斗，是难以在与发达国家薯业高科技跨国公司的激烈竞争中取胜的。中国必须充分发挥社会主义制度的优越性，充分发挥多元化创新主体的协同创新作用和系统创新优势，整合资源，加快培育以薯类产业化龙头企业为主导的中国现代薯类产业链，积极参与薯类产业全球分工体系建设，积极参与国际竞争与合作，大力提升中国现代绿色薯业的国际竞争力。

6. 强化建设现代绿色薯业产业体系

现代绿色薯业产业体系，从横向看，包括生产体系、储藏物流体系、加工体系、经营体系和市场管理体系；从纵向看，有若干个以大型薯类公司为核心的现代绿色薯业产业链，包括以大型种薯企业为核心的种薯产业链，以薯类绿色生产社会化服务企业为核心的商品薯产业链，以薯类鲜薯销售企业为核心的鲜薯产业链，以大型加工企业为核心的薯类加工产业链，也有以薯类产品产供加销一体化为核心的巨型薯类综合产业链。通过培育这些多种形式、多种层级的薯类产业链，将全国乃至全球大市场与成千上万的薯类新型经营主体和广大农户链接起来，扩大有效供给，增强现代绿色薯业供给侧的结构适应性和灵活性，使薯类产品供给更加契合消费者需求和薯类资源优势的发挥，更有利于薯类生产生态环境保护和构建高效益薯类生产供给体系，使现代绿色薯业的产品质量和数量更适合消费者需求，品质更优，效益更高，实现薯类产业供给侧创新产品与需求侧的市场消费需求的高效对接。各级政府及业务部门在薯类产业供给侧结构性改革的过程中主要应做好政策引导、财力支持、项目支撑、产业示范、税务优惠、质量监管、市场管理和技术服务等。

第五节　供给侧改革要素优化重组

作为全球薯类第一大生产国和消费国，要建设现代绿色薯业这一宏大工程，可以说是势在必行，但也是极其艰难的。如此大范围、大规模实现现代绿色薯业生产经营，技术上确实有较大的难度，但是最难的是为了实现这一宏大目标所必须进行的农业供给侧四大要素的结构性改革。

一、供给侧四大要素的结构优化

农业供给侧结构性四大要素是指劳动力、土地、资本和创新。农业供给侧结构性改革的核心是通过供给侧四大要素的优化重组，改善生产力与生产关系的配置，提升经济增长质量和效益，提升中国现代农业产业的可持续增长动力[1]。从中国薯类产业发展总体现状看，供给侧四大要素现阶段的配置结构是不符合现代绿色薯业发展需要的。

一是农业劳动力现状不适应。中国农业经营规模严重偏小，超小规模的农业经营对农业新技术采纳缺乏积极性，加之农业劳动力技术吸纳能力差，必然导致中国农业劳动生产率低，农业有机构成低，农产品技术含量低。近四十年来，中国农村青壮年劳动力大量转移至城市，在农村务农的剩余农业劳动力主要是妇女、老人和少年儿童，这种劳动力现状将难以支撑中国现代农业发展，也无法满足现代绿色薯业对农业劳动力的要求。必须大力培养新型职业农民，大力培育新型薯业经营主体。新型薯业经营主体是建设现代绿色薯业的基本微观组织。中国农业和现代绿色薯业的发展始终面临着人多地少、人增地减、资源紧缺和环境保护的严峻现实，对绿色薯业技术创新和科技成果转化的依存度越来越高，原有的超小型农户高度分散经营的模式远远不能适应现代绿色薯业发展的新需求，需要中国薯类产业在生产经营组织、土地经营管理、产业增长及农产品经营方式等多方面发生根本性变革。

二是农用耕地现状不适应。大多数农用耕地处于高度分散、高度碎片化的状态，根本无法满足现代绿色薯业规模化机械化标准化生产经营的需要，必须按照国家农用耕地"三权分置"的原则，积极促进农用耕地经营权的流转，推进现代绿色薯业适度规模经营。

三是投资环境现状不适应。发展现代绿色薯业需要大量投资。一方面是政府应加大公共财政投资，如薯类生产基础条件设施的改造，高标准农田建设，山水田林路及水利设施的综合治理，以薯类产业为主的贫困地区的大量扶贫资金项目投资，薯类生产农机化、设施化、良种化、绿色化等综合补贴，薯类产业技术创新转化示范及培训，新型职业农民和大批农业新型经营主体的培育等。另一方面需要大量的各类社会商业化投资。薯类种薯产业体系、薯类储藏物流基地、薯类精深加工及薯类新产品现代营销等都需要大量引进各类社会商业化资本投资，特别是在薯类精深加工领域，尤其需要引进发达国家薯类加工跨国公司的技术、投资和管理，这需要各级政府提供创新、开放、公平、公正的产业生态环境和多方面投资政策支持。

四是体制机制技术创新现状不适应。创新是推进农业供给侧结构性改革最重要的要素，只有创新才能将劳动力、土地和资本等要素优化重组，才能真正激活各个要素动能。创新包括体制机制和技术创新,具体体现在政策、投融资环境和管理上。从四川省乃至全国 2012~2016 年的薯类主产区产业发展现状看,通过改革所激发的创新活力是最明显的,凡是改革措施到位、政府风清气正的地方,薯类新型经营主体活跃,新技术推广迅速,大量社会投资涌入,薯类产业快速健康发展,广大农户从薯类产业发展中持续增收。本书所列举的四川省薯类产业效果好的新型经营主体和农业产业化龙头企业,无一不是受到当地政府各方面的大力支持。

二、培育科技型薯类经营主体

根据四川省薯类产业发展的经验,推进薯类产业供给侧四大要素优化重组落地的关键是大力培育以科技为支撑的薯类产业新型经营主体。在培育新型经营主体过程中,积极发挥广大科技人员的作用,鼓励广大科技人员直接深入薯类企业、合作社、家庭农场和种植大户中去,大力培育以科技为支撑的多种新型薯类产业经营主体,对于转变薯类产业生产经营方式,提高农民组织化程度,推进薯类新型经营主体专业化、标准化、规模化、集约化、产业化,具有十分重要的意义。

一是转变农业经营方式的需要。近五年来,中国农村新型薯类产业经营主体有了较快的发展。但从总体上看,以科技为支撑的新型薯类产业经营主体比例还比较低,多数属于薯类生产型、贸易型等合作组织。二是推进科技创新要素向农村流动的需要。必须培育一大批愿意采纳现代绿色薯业新技术,并且有能力将新技术转变为新生产力的现代绿色薯业的微观经济组织,这种组织形式主要包括薯类农业产业化龙头企业和大量的新型薯业经营主体。培育以科技为纽带的新型薯业经营主体,以高效、生态、安全为目标,有利于薯类产业新品种、新技术加快推广,促进薯类产业科技创新要素向农村流动。三是组建现代绿色薯业科技产业链的需要。现代绿色薯业科技产业链的运行涉及农业科技价值链的多种要素,包括农业科技成果从技术创新源到大规模化生产应用的全过程,也就是现代绿色薯业生产中的整合上中下游各节点资源。培育以科技为支撑的新型薯类产业经营主体,有利于通过现代绿色薯业的产前、产中、产后及薯类产品的运输、储存、销售和加工等薯类产业内部分工的专业化、规模化经营和科学管理,降低生产和流通成本,同时通过延伸现代绿色薯业产业链,提升薯类产品附加值,增加农民收入。

三、推进不同层次的适度规模经营

培育薯类新型经营主体要高度重视适度规模经营。究竟多大规模是现代绿色薯业原料生产基地的适度规模经营呢?从中国农用耕地面积实际情况看,有三种层次的规模经营。

第一种是自营流转型规模经营。新型经营主体将农用土地经营权直接流转到自身直接生产经营。北方平原有利于薯类机械化生产，薯类产业规模经营面积大，有许多 50~100hm² 的新型经营主体；西南丘陵山区地块小，多数不利于大型农机作业，采用中小型农业机械化种植，薯类新型经营主体直接流转的面积一般在 10~30hm²，超过 70hm² 的很少。这种自营流转型规模经营目前占多数，以家庭农场为主。例如，位于四川省凉山州的宁南县邱洋种植家庭农场，其农场经营者是 1988 年出生的大专生邱洋，2016 年被评为省级示范家庭农场。该家庭农场有家庭成员 4 名，劳动力 4 人，长期聘用 1 名工人，主要从事冬季马铃薯种植、销售。该家庭农场以国家马铃薯产业技术体系凉山综合试验站、四川薯类创新团队为技术依托，2016 年桑园间作套种冬季马铃薯 24.3hm²，实现了集中成片机械化种植，降低了生产成本，提高了桑园资源综合利用率，实现鲜薯总产 76.65 万 kg，产品于春节期间上市，销往成都市百家农贸市场，供不应求，实现销售收入 148.7 万元，利润 81.4 万元。四川省三台县旭日升家庭农场位于绵阳市盐亭县毛公乡，种植面积 45hm²。该家庭农场现有家庭成员 3 人，劳动力 2 人，长期聘用人员 1 人，主要从事冬作马铃薯种植与鲜薯销售。该家庭农场以四川薯类创新团队为技术依托，开展了马铃薯全程机械化种植、水肥一体化、大棚双膜高产高效栽培技术的示范，平均产量 52530kg/hm²，创四川省马铃薯全程机械化高产记录。该家庭农场还集成了一套"冬马铃薯-饲料玉米-胡萝卜"一年三熟全程机械化种植模式，走出了一条农业产业机械化、可持续化发展的路子。

第二种是"主体+农户"业主带动型规模经营。即由一家新型经营主体牵头联合多家农户，实现大规模的生产经营。牵头的新型经营主体负责生产计划、下达订单、统一技术和质量管理、市场开拓、产品营销和品牌建设等，自身也有小规模的流转土地，但其主要精力放在产品的营销管理上，成为新时期的农民企业家，其带动的经营规模远远大于自营流转规模。这种规模经营模式适合中国人多地少、小农户多、新型职业农民少的实际情况，有利于迅速扩大业主的经营规模和提高经营效益，降低生产经营成本和风险，有利于培育新型职业农民企业家，对广大小农户而言，有利于产业扶贫，稳定增加农民收入，增加农民就业，将高度分散的小农户与大市场联结起来。目前这种业主带动型规模经营在中国薯类产业中已发展成为主要模式。

位于安州区花荄镇兴隆村的益昌薯类种植专业合作社创立于 2010 年，现任理事长谭小燕带领 13 户农民探索红薯产业发展之路。该合作社实行"三统二自一保底"的经营模式，即统一提供生产资料和薯类优良品种，统一收购加工，统一品牌销售；成员自愿选择种植面积，自愿选择合作社提供的品种；合作社与成员签订不低于市场价格的保底收购合同。在四川薯类创新团队专家指导下，2016 年合作社成员发展到 156 户，带动周边 4200 多户老百姓种植各种红薯品种，合作社种植面积由原来的 15.3hm² 发展到 833.3hm²，生产红薯 2 万 t，产值 3700 多万元，成员户均销售增收 2.5 万元。紫薯、粉丝等产品获"绵阳市消费者信得过产品"称号。合作社产品供不应求，可分配利润达 50.9 万元，按成员交易额二次返利 30.56 万元，解决剩余劳动力千余人，进一步促进农民增收。

西充薯宝宝专业合作社于 2009 年 9 月创立，主要从事红薯生产、有机商品薯和薯种销售及鲜薯专业储藏，是"国家级甘薯中试与示范基地"，首批六部门联合评定的"省级示范农民专合组织"。其商标"苕国"获四川省地市级知名商标。入社农户 960 户。合作社订单价 2 元/kg，农户年收入 15000～48000 元。八年来合作社带动西充县上万亩[①]红薯产业，通过与入社社员和订单农民的合作，实现收购统销，产品销往全国各地。

第三种是全产业链辐射型规模经营。这种规模经营方式是指由一个薯类加工龙头企业或种薯龙头企业为主导牵头组建的薯类全产业链，辐射带动其生产基地一大批业主和成千上万的小农户，所形成的规模经营范围往往在万亩至数万亩，乃至数十万亩，带动成千上万的农户就业和稳定增收。这种全产业链辐射型规模经营模式，形成产业规模放大的乘数效应，已在中国一些省市做出了样板，与第二种业主带动型规模经营模式相比，具有共同的优点，但带动规模更大，农民增收效益更稳定，技术和质量管理要求更高，但对龙头企业的社会责任和领办人的素质品德要求也更高。这种规模经营模式为龙头企业在原料生产基地奠定了坚实的基础。全产业链辐射型规模经营将是未来十年中国现代绿色薯业农用耕地规模经营的主要方式。

第六节　现代绿色薯业改革新路径

中国发展现代绿色薯业必须要以深化农业供给侧结构性改革为主线，当前要重点抓好调结构、提品质、促融合、去库存、降成本、补短板六大任务。

一、调结构：将薯类主食化作为产业结构调整重点

调整优化薯类产业的品种结构、生产结构和区域结构，增加市场紧缺薯类专用型优质新品种的生产供给，为消费者提供多样化的薯类优质产品。过去十余年，中国薯类作物面积和总产量得到了迅速增长，推广的品种主要以菜用、高产为特点，对于各种类型的鲜食、加工专用型品种重视不够。生产结构和区域结构布局也应根据市场需求和加工企业布局进行优化调整。应加强特色专用型品种选育，

---

① 1 亩≈666.7m²。

明确淀粉专用型、油炸专用型、全粉专用型等各种加工专用型和鲜食型、菜用型、水果型等主导品种。

二、提品质：提质增效加强薯类产品绿色生产管理

随着社会经济的发展和全社会对食品安全的重视，人们对薯类产品的安全品质和营养品质越来越重视。在薯类产业生产、储藏、加工等过程中，应以提质增效为重点，着力提高薯类产品质量安全水平，适应薯类产品向中高端消费升级的需要，推进薯类标准化生产、品牌化营销。要逐步减少普通大宗食饲兼用型薯类品种的生产供给量，大幅度增加优质专用薯类产品生产供给量，推进薯类产地区域优势产业，发展特色薯类产业链，创建特色薯类区域和企业知名品牌。确保薯类产品质量安全，加快推行现代绿色薯业标准化生产，加强薯类产品质量安全和投入品监管，建设全程可追溯的薯类产品质量安全信息平台，建立从农田到餐桌的薯类产品质量安全监管体系。

三、促融合：探索现代绿色薯业产业融合发展路径

发展现代绿色薯业不能长期局限于只抓单一薯类生产或加工的格局，应开拓新视野，大力推进现代绿色薯业与多种现代农业发展模式的深度融合。要充分发挥现代农业多功能特性，走多种产业融合发展之路，实现现代绿色薯业效益最大化。一是薯类产业与种植业内部多种经营的融合发展。充分发挥薯类作物耐间套种、适应性强、不与其他粮经作物争地争季节的优势，合理发展薯类作物与谷类作物、经济作物、蔬菜菌类的间套种植，推广合理轮作制。二是薯类产业与林下经济的融合发展。在果园、桑园、经济林木中大力发展林下种植，提高果桑林园综合利用效益。三是薯类产业与循环农业的融合发展。充分发挥薯类作物在种养加综合发展中的物质循环减量化再生产再利用的生态循环效应。四是薯类产业与文化旅游、康养产业的融合发展。薯类产业发展历史悠久，其中有大量的薯类文化瑰宝有待开发。"绿水青山就是金山银山"，薯类作物生产基地往往山清水秀，有条件的地方可以将薯类产业基地打造成乡村旅游景区和康养胜地。五是薯类产业与智慧农业的深度融合发展。智慧农业是指全方位利用互联网、物联网信息技术进行农业生产经营全程管理的新型农业形态，是互联网+现代农业的新型业态。智慧农业可分为农业3.0和农业4.0两个阶段。智慧农业3.0是指以高新科技为主的互联网+现代绿色农业的发展阶段，产品按需定制。智慧农业4.0是指充分应用现代信息技术成果，集成应用计算机与网络技术、物联网技术、音视频技术、3S技术、无线通信技术及专家智慧与知识，实现农业可视化远程诊断、远程控制、

灾变预警等智能管理，包括农业电子商务、食品溯源防伪、农业信息服务等方面的内容[16]。六是积极探索薯类产业与创意农业的融合发展。中国农业科学院自主创新的"空中结薯"技术发明专利，在国际上率先创建甘薯"营养根-块根"根系功能分离连续结薯技术（发明专利，ZL200710122589.2），通过根系功能分离技术专利将埋在地下的红薯挂在空中，在国际设施农业界产生了重要影响，被美国、日本等多国引进，也成为中国许多地方发展创意农业的主要展示技术。薯类作物还可以和现代植物工厂多种新技术结合，如家庭微型植物工厂新技术等[17]。要大力推进薯类产业体系转型升级，延长薯类产业链，提升薯类价值链，发挥薯类产业与多种产业融合的乘数效应。

四、去库存：减少库存损失加强薯类周年生产供应

薯类在粮食作物中的耐储性是相对较差的，其鲜薯产品储藏损失率在主要粮食作物中较高。据中储粮成都粮食储藏科学研究所调研报告，近年来马铃薯、甘薯的农户储藏损失率分别为14.8%和15.7%，比稻谷和玉米高出一倍以上。对此，近十年来，四川薯类创新团队一方面加强对薯类储藏保鲜技术的研究推广，减少薯类储藏损失率，新技术可将薯类产品储藏损失率降低到5%以下。另一方面，加强薯类周年生产供给技术体系的研究，实现了马铃薯由一季春薯为主向春、秋、冬薯多季高效种植制度转型，形成了马铃薯周年生产周年供给的产业体系，四川省近十年马铃薯没有出现集中上市卖薯难的问题。同时，以甘薯早育苗早移栽为突破，研究形成了夏收早甘薯和秋收晚甘薯新型两熟制。周年生产供给体系稳定增加了农民种植薯类的效益。

五、降成本：规模化机械化生产降低生产经营成本

着力降低薯类产业的生产成本、流通成本、营销成本。减少化肥农药不合理使用，把薯类作物大田生产成本降下来。通过开展薯类作物专业化、规模化技术服务，实现节本增效。推进多种形式薯类新型经营主体适度规模经营，这是降低成本、提升农业竞争力的根本举措。大力发展互联网农业、订单农业、会员制农业，通过互联网营销，将薯类主产区的优质安全适口性好的绿色、有机薯类产品销往中国各中心城市。四川薯类创新团队青年专家、四川农业大学在读博士生彭洁在互联网营销方面进行了积极探索。她在大四阶段创立了自任总经理的成都千盛惠禾农业科技有限公司，采取贫困村建紫色马铃薯基地，公司负责统一收购和销售的经营模式，将紫色马铃薯基地建在古蔺、北川、南部、甘孜等地贫困村，主要通过互联网营销。彭洁创建的土豆传奇创业团队，2013年荣获美国加利福尼

亚大学举办的全球社会创业大赛（GSVC）中国赛区第二名，并代表中国赴美参加全球总决赛获优秀奖。2016 年公司紫色马铃薯产量近 1000t，创造了 100 余万元效益，带动了贫困村农民增收。2016 年荣获"成都市最年轻特聘专家"称号。

六、补短板：推进现代绿色薯业主食产品精深加工

加工落后是中国薯类产业的最大短板，必须大力发展现代绿色薯业精深加工产业。20 世纪 90 年代以来，中国薯类加工量年均增长速度保持在 10%以上，薯类加工技术取得了较明显的进步。近十年来四川薯类创新团队与薯类加工企业合作，研究开发了薯类全薯粉丝、全粉、薯泥、快餐营养粉和含薯类全粉的面条、馒头、糕点、饼干等系列薯类主食加工新产品、新工艺。四川省薯类主食新产品远销国内外。但是，中国薯类加工产业仍然存在诸多问题：加工比例小，综合利用率低，加工产品不够丰富，生产成本居高不下，环保设施差，高新加工技术供给不足，中高端加工产品少，加工制品档次不高、不精、不时尚，远远不能满足市场日益增长的中高端消费产品的需求。中国农业部实施马铃薯主食化发展战略，大大推进了中国薯类产业的快速发展，薯类作物种植面积迅速扩大，这为薯类主食化加工提供了充足的原料。另外，也进一步表明中国现代绿色薯业精深加工已到了必须加快推进的加速阶段。建立健全薯类加工产业体系，丰富薯类中高端加工产品，提升薯类加工产业技术水平，是深化薯类产业供给侧结构性改革需要重点解决的产业瓶颈。要推动薯类农产品加工业转型升级，支持薯类主产区发展薯类深加工，支持建设薯类加工产业技术集成示范基地，培育一批薯类产品精深加工领军企业和国内外知名品牌。

（本章作者：黄　钢　王　平　李文娟　卢学兰　谢开云　黄静玮）

参 考 文 献

[1] 任仲文. 供给侧改革：引领"十三五"推动新发展. 北京：人民日报出版社，2016.
[2] Joseoh G. 马铃薯. 吕博等译. 北京：中国海关出版社，2004.
[3] 屈冬玉，金黎平，谢开云. 中国马铃薯产业 10 年回顾. 北京：中国农业科学技术出版社，2010.
[4] 屈冬玉，谢开云. 中国马铃薯产业的可持续发展. 2015 年北京世界马铃薯大会论文集，2015: 2-13.
[5] 屈冬玉，谢开云. 中国人如何吃马铃薯. 新加坡：新加坡世界科技出版社，2008.
[6] 李树君，杨炳南，等. 中国马铃薯加工技术的发展与未来趋势分析. 2015 年北京世界马铃薯大会论文集，2015: 79-80.
[7] 屈冬玉，谢开云，金黎平，等. 中国马铃薯产业发展与食物安全. 中国农业科学，2005, 38 (2): 358-362.
[8] 马代夫，李强，曹清河，等. 中国甘薯产业及产业技术的发展与展望. 江苏农业学报，2012, 28 (5): 969-973.
[9] 山仑，苏佩，郭礼坤，等. 不同类型作物对干湿交替环境的反应. 西北植物学报，2000, (2): 164-170.
[10] 秦军红，李文娟，卢肖平，等. 世界马铃薯产业发展概况. 中国马铃薯大会论文集. 2016: 7-14.

[11] FAO. The State of Food Insecurity in the World. 2015.
[12] Cedric P, Guy F. 世界马铃薯市场：趋势，投资，洲际交易及对未来的影响. 2015 年北京世界马铃薯大会论文集, 2015: 26-49.
[13] Percy W M. 全球粮食和农业. 2015 年北京世界马铃薯大会论文集, 2015: 13-17.
[14] Barbara H W. 马铃薯在全球粮食安全中的作用. 2015 年北京世界马铃薯大会论文集, 2015: 20-26.
[15] Guy F, Cedric P. 2016 Potato market and trade review. Kent: Agri Markets Ltd, 2016.
[16] 刘健. 供给侧结构性改革——互联网+重塑农业产业链. 北京：人民邮电出版社, 2016.
[17] 杨其长, 魏灵玲, 刘文科, 等. 植物工厂系统与实践. 北京：化学工业出版社, 2012.

第二章　产业转型与现代绿色薯业双创战略

引领现代绿色薯业新方向，必须以深化农业供给侧结构性改革为主线，实施创新驱动战略，大力推进技术创新与产业创新紧密结合的双创战略，实现薯类产业的转型升级。

第一节　科技成果转化双创战略

一、双创战略的基本概念

双创战略，是指科技成果转化过程中将技术创新与产业创新紧密结合的系统创新战略[1]。技术创新是产业创新的基础，产业创新是技术创新的归宿，成果转化则是连接技术创新和产业创新的桥梁。尤其在我国科研系统与产业系统体制性分离的条件下，科技成果转化必然成为支撑产业发展的最重要的途径之一。薯类产业科技成果转化的双创战略，则是指以市场为导向，以薯类产业技术创新为基础，将技术创新与产业创新紧密结合，大力推进薯类高新科技成果产业化的系统创新战略。

发达国家现代薯业发展历程表明，大力推进薯类技术创新与产业创新紧密结合，是发展现代绿色薯业的重要途径。离开科技成果转化，技术创新是不可能成功的，产业创新也难以形成核心竞争力，不可能出大成果，也不可能实现现代绿色薯业大发展[2]。因此，必须大力实施技术创新与产业创新紧密结合的双创战略，采取多种激励措施促进科技要素向薯类创新创业一线流动。实施双创战略，是以"构建技术创新链—延伸产业创新链—提升科技价值链"为目标，突破条块分割的体制性障碍，着力培育科研、开发、示范、转化一体化的双创实体，打造双创团队，培养双创人才，实施双创项目，搭建双创平台，构建双创园区，以科技创新引领产业创新，以产业创新推动科技创新。

二、双创互动的三环模式

双创战略的核心是双创互动，即技术创新与产业创新循环往复的互动，促进科技成果的成熟和转化。薯类产业科技成果转化的双创战略是建立在技术创新学和农业科技价值链系统创新论的基本原理基础上的。薯类科技成果转化是技术创新向产业创新的合乎逻辑的延伸。按照科技价值链系统创新理论，完整的技术创新链由研发创新环、孵化创新环和市场创新环三个关键创新环组成，一项技术创新从创新来源到大规模的产业化必须依次经过这三个相互紧密连接的关键创新环，才有可能取得成功[3]。也就是说，在技术创新过程中，技术生命有机体在其发育成长的三个阶段形成了由相关功能节点按技术创新的生长逻辑连接而成的三个关键创新环，即研发创新环、孵化创新环和市场创新环，它们分别对应技术创新的孕育期、婴儿期和成长期。技术创新与产业创新通过研发创新环、孵化创新环和市场创新环的交织互动，循环往复，直至技术创新逐渐成熟，最终完成一个周期的产业创新。这一技术创新与产业创新的互动模式称为基于科技价值链的双创互动三环模式，简称"三环模式"（图2-1）。

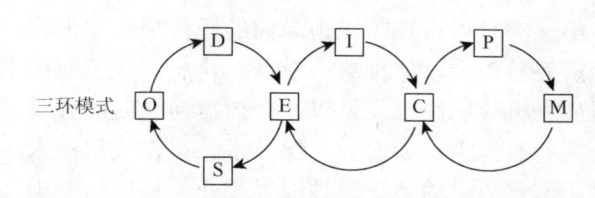

创新环	研发创新环	孵化创新环	市场创新环
技术发育期	技术孕育期	技术婴儿期	技术成长期
技术创新发育阶段	研发创新阶段	孵化创新阶段	市场创新阶段
功能节点构成	S,O,D,E	E,I,C	C,P,M

图2-1 基于科技价值链的双创互动三环模式

S：创新来源；O：原创构想；D：技术设计；E：实验原型；I：技术孵化；
C：技术商品；P：标准产品；M：市场开发

基于科技价值链的双创互动的单链型三环模式，是最基本的双创模式，实际情况远比这一模式复杂得多，其衍生演变、进化模型有多种形式，有双链型、多链型等。最有创新价值的是以科研院校为主体的技术创新链与以企业为主体的产业创新链相互紧密结合，构成技术创新链与产业创新链双创互动的三环模式。

长期以来，中国科研院校多数研究采用的是 S→O→D→E 这种封闭循环的单环式研发模式，大量研究成果停留在论文、教科书及实验报告中，真正进入孵化创新环和市场创新环的技术创新成果较少，与企业连接普遍较差。目前中国农业科研院校科技成果转化的技术孵化平台建设较差，而企业在技术孵化平台建设的投资有限，这是中国农业科技成果转化率低的制约瓶颈因素之一[4]。

从中国科技价值链系统创新的实际运行看,以科技成果孵化为主要功能的孵化创新环是技术创新链中最容易发生断裂的环节。一方面,中国多数农业科研机构主要在研发创新环内进行研发小循环,多数未能与孵化创新环紧密连接,导致大量科技成果未能在市场上应用而半途夭折。另一方面,多数农业企业局限在市场创新环内小循环,习惯于在技术引进基础上进行修饰改进的短平快项目,对自主技术创新投资少,导致企业核心竞争力差。由于孵化创新环未受到足够重视,科技与经济脱节现象相当严重[5]。

三、成果转化的双创模式

薯类产业技术创新有其自身的特殊性,如外部性强、风险高、周期长、独占性差、带动性广、扩散性强等,最突出地表现在以社会效益为主。薯类产业技术创新分为两类,第一类是以市场需求为导向的经营型技术创新,以创新者、生产者和经营者的经济效益为主,如种薯、农药、化肥、加工新技术、新产品、新工艺、新设备、新型农机等;第二类是以社会效益为导向的公益型技术创新,以生态效益和社会公共利益为主,如农业环保技术、耕作栽培技术、绿色食品生产、质量检测技术等。本章所讲的薯类科技成果产业化是指第一类经营型技术创新的产业化。据对科技部公布的中国农业科技成果统计数据分析,经营型农业科技成果约占农业科技成果总量的1/4。

在市场经济条件下,经营型薯类产业技术创新成果主要是通过企业为主的产业创新运作方式实施转化的。近些年来,中国薯类科技产业快速发展,突破了技术创新与产业发展严重脱节的体制性障碍,大大促进了薯类产业科技创新成果向市场的快速延伸和高效转化,构建起紧密联系市场需求的薯类科技价值链网络系统,形成了技术创新链与产业创新链紧密结合的薯类产业科技成果转化的双创模式。

薯类科技成果转化的双创模式的最大特点,就是把从技术创新源到大规模技术市场化开发的全过程视为多元化创新主体以利益为纽带连接而成的多元化组织节点链条集合体,通过现代绿色薯业科技产业链条上中下游所有组织节点的紧密合作,降低交易成本,提高专业化水平,增强协同创新效率,从而达到现代绿色薯业科技产业链系统中的所有组织节点运作效率最优化、利益最大化的目的,促进科技成果沿着科技价值链网络系统迅速而高效地转化为企业的核心竞争力[6]。

四、双创模式的实施主体

现代绿色薯业科技价值链,包括创新来源、原创构想、技术设计、实验原型、技术孵化、技术商品、标准产品、市场开发等多个功能节点，新型薯类经营主体、薯类产业化龙头企业、科研院校、投资机构、政府、中介机构、推广机构等多元创新实施主体分别承担着不同的创新功能。其中，最重要的创新实施主体是从事薯类科技产业开发、科技经济一体化的科技型企业，而不是一般的生产贸易型企业。

经营型薯类产业科技成果转化双创模式的实质是运用高新技术和现代产业组织方式作为新的生产力要素，向薯类产业的产前、产中、产后各个环节渗透，从而促进现代绿色薯业科技产业链条向市场环节不断延伸，使创新产品不断增值，形成全新的现代绿色薯业科技价值链网络系统。高新科技成果和现代产业组织方式二者缺一不可，若只有高新技术的应用，虽然可以在一定程度上提高薯类产业技术水平和产出能力，但不会形成社会化的现代绿色薯业大产业。若只有现代产业组织形式，而不应用现代高新农业技术，则不可能实现经济增长方式的转变和获取高效益，而只是规模化的粗放经营。

薯类科技成果转化双创模式是技术创新与制度创新等要素相结合的系统创新，是链接技术创新与产业创新的关键链条，是促使新技术从概念、创意到大规模产业化的有系统的链接过程，是技术创新与制度创新等相结合的综合体系创新。中国农业科技成果转化的双创模式是涉及多因素、多层次、多目标的庞大的系统工程，不仅要以技术创新为核心，还要求技术创新与机制、体制、市场、服务、政策等多方面创新紧密结合，特别要强调协同创新[7]。

第二节　双创互动三环模式案例

为了进一步阐明经营型薯类产业科技成果转化的双创互动三环模式，特以薯类作物的种薯科技成果转化为例。种薯科技成果转化的双创互动三环模式是指从薯类品种技术创新源到品种产业化开发的全过程中，由一系列相互独立、相互联系的创新主体链接起来的，使其科技开发价值不断增值的种薯科技创新链条集合体。这一创新链条集合体包括从品种创新来源、原创构想、技术设计、实验原型、技术孵化、技术商品、标准品种技术到品种市场开发8类功能节点，种薯龙头企业、科研机构、大学、投资者、政府、中介机构、推广机构等若干创新主体都是种薯科技价值链中的网络组织成员，它们在种薯科技价值链构建中分别承担着不同功能节点的创新功能。从种薯科技价值链增值及种薯企业科技价值链系统创新管理的共性分析，种薯科技价值链的功能节点及结构特征如表2-1所示。

表 2-1 薯类产业种薯科技价值链结构功能分析

功能节点	代表符号	主要功能	阶段性成果	创新主体
品种创新来源	S	种薯科技价值链的起始点，种薯技术创新的基础：种质资源收集、保护；创新、利用；薯类育种和生物技术创新	以各类专利、专有技术及新品种权为标志	大学、研究机构、企业、专业协会、投资及中介机构等
品种原创构想	O	从知识和技术向市场和应用转变的关键转折点；市场导向的育种目标创新；实现育种目标的方法创新；围绕目标的种质资源创新	以具有市场应用前景的育种创新方案为标志	大学、研究机构、企业、专业协会、投资及中介机构等
品种技术设计	D	育种创新方案的技术细化；资源、方法、技术、目标的整合；可操作方案的具体化	以可操作的品种创新方案为标志	大学、研究机构、企业、专业协会、投资及中介机构等
品种实验原型	E	育种创新方案的产品化：选育新品系、新组合；预备试验；区域试验；生产试验；农艺学试验；品种登记或审定	以形成具有市场应用前景的新品种权为标志	大学、研究机构、企业、新品种实验体系
品种技术孵化	I	新品种产业化开发：育种家基础种→原原种→原种→生产种；新品种三级种薯体系；多点生产试验与示范；种薯快繁标准化栽培技术研究与示范；种薯生产标准化和基地培训；农场种薯繁育与种薯质量控制	以成熟的产业化新品种、新技术为标志	种薯龙头企业为主，研究机构、推广机构、农民专业协会
品种技术商品	C	将成熟的新品种在商业化中推广应用；脱毒种薯大规模生产标准化管理；种薯加工、储藏、物流；质量控制；签证、检验；营销网络建设与销售；种薯高产示范与售后技术服务	以新品种市场占有率逐步提高为标志	种薯龙头企业为主，研究机构、经销商推广机构、新型薯类产业经营主体
标准品种技术	P	种薯繁育、高效扩繁栽培及薯类加工技术，质量控制等技术标准	薯类新品种技术标准	薯类龙头企业为主，研究机构、经销商推广机构、新型薯类产业经营主体
品种市场开发	M	薯类新产品在市场中大规模应用；种薯大面积生产标准化；质量控制；薯类加工、贮藏、物流；市场开发与营销拓展；广告宣传与高产示范；售后技术服务	品种创新收益超过投资，占有率大幅度提高，形成知名品牌	薯类龙头企业为主，经销商推广机构、新型薯类产业经营主体

现代种薯产业已发展成为以薯类优良新品种脱毒种薯为对象，综合集成现代育种技术、生物技术、工程技术和种植技术，按照育种科研→品种推广→种薯生产→种薯营销→技术服务→产后加工→终端市场的种薯科技价值链系统进行运作管理的规模化、程序化、高新技术化的现代科技产业体系[8]。

薯类作物品种技术生命周期包括品种研发创新、孵化创新、市场创新、品种扩散和品种衰退五个阶段。薯类品种创新从技术创新源到品种进入市场推广要经过品种研发创新、孵化创新和市场创新三个阶段。品种投放市场3~5年后，进入大面积推广扩散阶段。随着综合性状更好的新品种问世，已推广多年的退化老品种进入品种衰退期，其推广面积将逐步减少，直到消失。

薯类品种创新的过程是从品种创新来源到商品种薯大规模产业化的创新链条

的连接过程。将种薯科技价值链的 8 个功能节点有序链接就形成了品种创新三环模型,每一个创新链环代表一个创新阶段(图 2-2)。

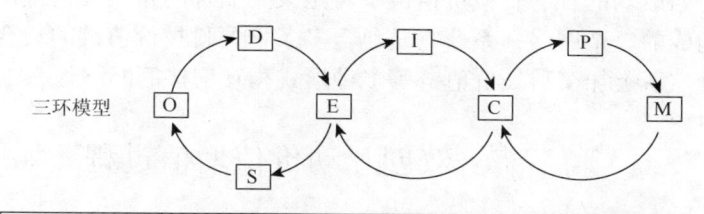

图 2-2 基于科技价值链的品种创新三环模型

创新环	品种研发创新环	品种孵化创新环	品种市场创新环
技术发育期	品种技术孕育期	品种技术婴儿期	品种技术成长期
技术创新发育阶段	品种研发创新阶段	品种孵化创新阶段	品种市场创新阶段
功能节点构成	S,O,D,E	E,I,C	C,P,M

图 2-2 基于科技价值链的品种创新三环模型

S:品种创新来源;O:品种原创构想;D:品种技术设计;E:品种实验原型;I:品种技术孵化;C:品种技术商品;P:标准品种技术;M:品种市场开发

基于种薯科技价值链的品种创新三环模型分为下述三个创新阶段。

(1)研发创新环:包括从品种创新来源(S)→品种原创构想(O)→品种技术设计(D)→品种实验原型(E)四个功能节点,以及由这四个功能节点构成的多重循环创新链环。

(2)孵化创新环:包括品种实验原型(E)→品种技术孵化(I)→品种技术商品(C)三个功能节点,以及由这三个功能节点构成的多重循环创新链环。品种技术孵化创新阶段则是指品种登记或审定后到商品种薯进入市场的过程。品种经过登记或审定,具备了在商业上使用的准入证,但还有大量的品种技术孵化创新工作。

(3)市场创新环:包括品种技术商品(C)→标准品种技术(P)→品种市场开发(M)三个功能节点,以及三个功能节点构成的多重循环创新链环。从技术发育的角度讲,此阶段创新技术已基本成熟,以初步商品化的形态投放市场,进入技术成长期。在品种技术创新方面,继品种技术商品进入市场进行商品化销售之后,市场创新阶段仍然有大量的品种技术标准化和品种市场创新工作,也是决定能否最终回收品种技术创新投入,能否取得数倍或数十倍高于技术创新投入的关键时期。

种薯科技价值链是一个涉及多个子系统、多要素和多目标的网络系统,其运转受到企业生态环境多个要素的影响,国家种子立法与行业管理、宏观经济政策和市场相关要素变化、国家农业技术创新整体水平及相关研究、农业技术服务体系建设、农业政策等子系统都是对种薯科技价值链起重要作用的企业环境生态要素。近年来,随着全球科技经济竞争的加剧,跨国种薯公司的种薯科技价值链终点已延伸到市场终端用户。不仅关注农户能否增产增收,更关注新品种收获后能否升值,种薯科技价值链从种薯向产后初加工→精深加工→产品制造→市场终端消费者延伸。成功的种薯科技价值链不再是某一品种的科技价值链,而是多条科技价值链构成的复杂网络体系。它是包含多条种薯科技价值链的集合体,是种薯科技价值链与薯类加工科技价值链等多种形式相互连接的网络体系[9]。

第三节 双创互动价值增值过程

技术创新与产业创新紧密结合的双创互动,其本质是通过新技术、新知识在社会实践中的应用实现其使用价值的增值。如果没有使用价值的增值,技术创新和产业创新都是失败的。如何理解、把握双创互动价值增值的规律,促进技术创新与产业创新更紧密结合实现快速增值,是科技与产业管理的重要课题。

本章所论述的技术创新链增值过程限定在"经营类技术创新链"范畴内。从技术创新源到大规模成果市场化的过程,也就是双创互动通过科技价值链各功能节点的逐级连接,实现价值增值的过程。技术创新链的价值,对于创新者来说是创新收益;对于主持或参与创新的企业来说,是企业的价值增长和利润增长;对创新产品的用户来说,是顾客愿意为创新产品支付的价格。因此,技术创新链的价值应该是技术价值、企业价值和顾客价值的有机统一。如果一项技术创新成果通过双创互动最终完成科技价值链3个阶段8个功能节点的有效连接,则必然为企业、顾客和创新者带来创新价值。反之,若未能完成有效连接,或胎死腹中,或半途夭折,或进入技术休眠期,或给企业带来巨大损失[10]。

技术创新链与产业创新链双创互动的三环模式主要技术创新参数呈现连续性变化的趋势,对不同创新阶段的技术管理具有一定的参考价值。表 2-2 分析了双创互动三环模式 20 项技术创新相关参数的变化趋势。概括起来讲,有以下三个方面的变化特征。

表 2-2 双创互动三环模式技术特征值变化趋势

技术特性	研发创新环	孵化创新环	市场创新环
创新频率	高	→	低
创新投入	低	→	高
创新风险	低	→	高
创新淘汰	高	→	低
技术价值	低	→	高
期权价值	高	→	低
投资回报	高	→	低

续表

技术特性	研发创新环	孵化创新环	市场创新环
竞争能力	弱	→	强
技术保护	低	→	高
技术稳定	弱	→	强
技术新颖	强	→	中
技术标准	低	→	高
商业开发	低	→	高
顾客满意	低	→	高
生产成本	高	→	低
生产投资	低	→	高
盈利特性	低	→	高
内部协同	弱	→	强
环境和谐	低	→	高
组织控制	弱	→	强

一是创新投入逐步增大。在研发创新阶段，创新思路是最活跃的时期，创新频率高，创新淘汰率也高，投资主要用于前期论证、技术设计、实验室试验及样品生产等，因而创新投入低，创新风险也相对较低。当创新进入孵化及市场创新阶段之后，主导设计、主导产品和主流工艺已成型，需要稳定创新技术，并实现技术产品标准化，因而创新频率降至最低，创新淘汰率也随之降低，由于大量专用设备及产业开发周转资金需求激增，创新投入成倍或数倍增加，创新风险也随之增大。

二是创新价值持续增值。从研发创新环到市场创新环，是技术创新链价值不断增值的过程。在研发创新阶段，由于创新思想活跃，创新技术处于不断变化中，因而其预期技术价值不稳定，技术评估值低。正因为如此，研发创新阶段的技术交易价低，一旦低价买入，其技术期权价值升值空间巨大，投资回报率数倍乃至数十倍于原始投资，这是高技术风险投资市盈率高的根本原因。随着技术创新进入市场创新阶段，主流技术、主导产品和主流工艺定型，其核心技术竞争力迅速提升，技术价值增值迅速，但其技术交易价格高，因而其技术期权价值预期回报降低，甚至远低于研发创新阶段的预期值。

三是创新管理逐步强化。研发创新阶段，要求创新管理环境宽松，鼓励不同的创新思想、技术思路的交流与碰撞。随着技术创新进入孵化和市场创新阶段，技术价值迅速增加，技术稳定性增强，技术标准化逐步完善，对创新技术领先者的跟踪、模仿甚至违法侵权屡屡发生。因此，为了实现创新收益最大化，创新管理需要逐步强化。

第四节 技术创新五级增值原理

双创互动的根本目标就是使技术创新链的创新价值最大化。实践表明,技术创新链价值增值是有规律可循的。从技术创新效益最大化的角度讲,一个完整的经营类薯类产业技术链的价值增值过程分为梯次上升的五个层级,即技术创新的项目化、产权化、产品化、产业化及资本化[11]。

一、一级增值:技术创新项目化

技术创新项目化是指将技术创新的构想、创意、方案、设计等处于技术创新过程中的阶段性进展及成果以项目资助的形式给予资金支持。瑞士洛桑国际管理学院 Vijay K.Jolly 教授研究指出,许多技术的失败并不是因为技术本身的问题,也不是因为市场定位,而是因为不能适时获得适当的投资支持[12]。他强调技术创新成败的关键在于项目投资。这也反映了科技资源占有量与科技成果产出率之间的关系。"十五"之前,相当长一个时期,中国薯类科技界得到的科技项目经费少,成为制约中国薯类科技创新发展的瓶颈。

项目资金支持对处于各个阶段的技术创新都是十分必要的。研发创新阶段的项目资金支持是技术创新链实现一级价值增值的基础。从创新来源到原创构想,若没有项目资金支持,技术创新不可能进行。从应用研究、技术开发到产业化示范,需要的项目资金大幅度增加,国际上一般称为 10 倍投资定理(1∶10∶100),即技术创新越接近产业化,所需的投资就越大。基于技术创新链的一级价值增值原理,科研管理部门的首要任务是争取大量的项目资金支持。用这一规律来考察我国薯类科技投入现状,薯类科技成果转化项目投资少是其最大的体制性问题。

二、二级增值:技术创新产权化

技术创新产权化是指技术创新的阶段性成果以知识产权的形式明确创新者的创新权利,这是实现技术创新链价值增值的第二步。在技术创新的各个阶段都应高度重视知识产权创造、利用、保护和管理。技术创新形成的知识产权越多,得到进一步的项目支持和开发投资的机会也越大,实现技术转移的概率也越高。技术创新管理的过程,实质上就是知识产权的创造、利用和保护的管理过程。

技术创新链的生成、构建、运转、升值的过程,需要多元化创新主体之间的协同创新,需要知识产权在多元化创新主体之间的转移升值。因而,知识产权保护的本质是为促进技术创新而设置的产权利益及交易规则。知识产权包括技术创新的所有权、处置权、使用权、监护权、名誉权、转让权、收益权等。知识产权既有普遍性、排他性、可转让性等一般财产权特性，又有其特殊性，包括占先性、无形性、流动性、时间性、可复制性、地域性、唯一性及有限性等[13]。正因为有知识产权保护制度，才使投资者、经营者、创新者对技术创新具有内生的驱动力，才有可能在企业科技价值链技术创新的各个阶段，不断地有新的投资者、经营者、创新者进入或退出，才有可能通过技术创新各阶段成果的技术交易实现技术转移和资源重组。基于技术创新链二级价值增值原理，知识产权数量和质量是科技竞争力最重要的指标之一，薯类科技人员获得的知识产权越多，科技竞争力越强，争取的科研项目越多，获得的科技开发投资越大，成果转化效果越好。

三、三级增值：技术创新产品化

技术创新产品化是指以新产品试验原型或中试孵化产品或技术商品的形式所体现的阶段性创新成果。实验原型即中试产品原型，是通过技术研发，将技术设计概念具体化为一种工作模型或商业化产品的初始模型。在实验原型开发过程中，需要进行多次原型测试、产品经济性测试及技术经济评价。实验原型加上知识产权进一步提升了技术创新的价值。

这一阶段最重要的工作是将实验原型或中试产品进行技术孵化。技术孵化是指对实验原型产品或中试产品进行工业化或规模化开发。创新的重点是实验原型产品或中试产品的生产工艺创新，完成实验室技术向产业部门的技术转移，实验原型向规模化批量生产产品的转移和市场测试，确认创新产品、工艺或服务的经济可行性和产业技术可行性。技术孵化的创新成果主要是定型的工业化新产品、新工艺和新服务，以及一系列专有技术、专利、品种权、商标等。

技术商品是指创新产品或创新技术的初次商业化开发的功能节点。在这一阶段，创新成果以技术商品或服务的形态投放市场。随着销售量的增加，原有小批量生产的设备及组织形式已不适应，更换为高效率的专用设备。生产线和生产运作组织也进行相应调整，产品结构已渐趋定型，工艺创新处于更重要的地位。在大规模工业化生产条件下，降低成本、提高质量和生产效率、完善产品的定型设计是其主要内容。

在孵化创新阶段，创新组织以企业为主。在合作创新形式下，大学、科研院所的科学家、技术人员往往起着重要的指导作用。基于技术创新链的三级价值增值原理，科研院校和薯类产业化龙头企业都应高度重视技术创新阶段性成果的技术孵化工作，通过多种途径加强技术孵化平台建设，加强产学研用协同创新。

四、四级增值：技术创新产业化

技术创新产业化是指创新产品或技术、服务的市场化开发过程。本阶段从技术发育的角度讲，创新技术已基本成熟，以初步商品化的形态进入市场，进入技术成长期。其功能节点包括标准产品和市场开发。这一阶段，随着主导设计和主导产品的定型，生产工艺日益标准化，新产品生产制造规模迅速扩大，销售量日趋上升，按照新的工艺标准，生产过程、生产设备和企业组织日趋专业化，操作程序化，产品创新和工艺创新速度迅速下降，主要是围绕降低成本、提高效率、确保质量标准而进行一些小的技术改进，技术创新逐步进入稳定期。实现技术创新成果市场化，其产业开发成功的临界指标是创新收益大于创新成本，并促进了企业品牌的提升、经营规模的扩大和效益提高。

基于技术创新链四级价值增值原理，应高度重视技术创新成果的产业化。从中国薯类产业技术创新能力的实际情况和农业科技创新的规律看，在相当长的历史时期内，国有农业科研院所始终是现代绿色薯业技术创新的主力军，是薯业科技价值链的创新源头，是中国现代绿色薯业产业创新的核心技术研发基地。薯类科技型企业和薯类产业化龙头企业等是科技成果转化和产业创新的主体。大力推进技术创新链与产业创新链的双创互动，在科技成果转化工作中的作用越来越重要，对于农业科研院校的激励创新、培养人才、成果转化、技术孵化、市场反馈、调整科研结构和补充科研经费不足的多种功能具有重要的不可替代性，是经过长期实践检验的、体现中国特色社会主义制度优势的农业科技创新体系的不可分割的有机组成部分。这部分工作应进一步加强。

五、五级增值：技术创新资本化

技术创新资本化是指技术创新的重大成果和核心技术以无形资产形式作为资本投入到高科技企业，实现技术成果与金融资本的股权融合。高科技战略性新兴产业是引领当今世界创新型经济发展的主流，以高新技术和金融资本紧密结合为基础的高科技上市公司已成为该技术产业的创新主体。同时，高科技上市公司也理所当然成为高科技创新成果的主要转移途径。21世纪以来，全球高科技上市公司的比例越来越高，高科技战略性新兴产业的制高点多为高技术上市公司抢占。实践反复证明，高科技成果与金融资本的一体化融合，奠定了高技术产业快速发展的坚实基础，有利于加快高技术创新的速度，提高高技术创新的效率，快速推进技术创新产业化进程，快速提升该技术产业的核心竞争力。

基于技术创新链五级价值增值原理，应重视现代绿色薯业高科技创新成果的资本化开发，通过多种途径促进现代绿色薯业高科技成果和核心技术与多元化的金融资本的一体化结合。现代绿色薯业有几个关键产业领域可以做高科技上市公司，如薯类特色优质专用新品种选育与脱毒种薯种苗高效扩繁领域的高技术种薯公司、薯类加工产业高科技公司、薯类农机化高科技公司、薯类产品互联网营销信息化产业高科技公司、薯类生物质能源高技术开发公司、薯类主导加工产品及特色餐饮连锁服务公司等，这些产业关键领域都有待风险投资行业挖掘。由于上市公司管理的专业性、多元性和风险性，科研院校以高技术创新成果资本化为主要途径实现与多元化社会工商资本一体化融合，共同组建以高技术参股的上市公司可能成为未来我国现代绿色薯业高科技上市公司的主流。

六、促进双创互动增值对策

一是加强现代绿色薯业技术创新产业化示范项目运作。项目资金的稳定支持是技术创新和产业化示范的必要条件，要多渠道增加薯类科技项目资金投入，确保技术创新链一级价值增值。科研开发选题立项是构建现代绿色薯业科技价值链的起始节点，关系到技术创新源的产业发展空间。提升现代绿色薯业科技价值链系统创新能力的关键之一，在于拥有丰富的技术创新源和具有独创性、先进性的核心技术。应在加强科研院所科技创新项目投入的同时，大幅度增加科技成果转化投入。

二是加强现代绿色薯业技术创新的全过程知识产权保护。技术创新链生成、构建、运转、升值的全过程，都需要加强知识产权的创造、保护、开发与利用，这是确保技术创新链实现二级价值增值的关键。应加强现代绿色薯业新品种、新专利、新成果、新产品、新配方、新工艺等自主知识产权的创造、运用、管理和保护。加大品种权、专利权、技术秘密等可转让的经营性知识产权研发力度，加大技术咨询、技术检测、技术转让、技术承包等高附加值的智力产业技术研发力度。加强知识产权价值的科学评估，促进其转化交易程序的公开、公正和规范化，提高转化效益。建立形式多样的现代绿色薯业技术孵化园，加快薯业技术成果的孵化、熟化和转化工作。

三是实施现代绿色薯业技术创新链与产业创新链更紧密结合。成果转化则是链接技术创新和产业创新的桥梁。尤其在中国科研系统与产业系统相分离的条件下，农业科技成果转化必然成为科技支撑经济发展的最重要的途径之一，也是确保技术创新链实现三级、四级及五级价值增值的重要途径。应在现代绿色薯业科技成果转化的过程中，大力实施双创战略，采取多种激励措施促进科技要素向薯类产业第一线流动。

第五节 三链联动转型升级机制

在深化供给侧结构性改革的进程中,首先需要变革自己的思维方式。一些科技人员以往的科研设计思维模式习惯于固守"点式思维"、"线性思维"、"平面思维",即针对某一节点的问题,局限于研究该节点的技术问题,至于这一节点的技术问题与相关技术链其他技术节点问题之间的复杂关系,这一技术问题与相关技术链、产业链和价值链之间的复杂关系,往往没有考虑,或者没有想到需要考虑,或者无法考虑,甚至拒绝考虑。这些习惯性思维模式,在解决简单技术问题,或是在较低层面上研究线性简单问题还是可行的。但在大产业、大科学、大科技等复杂问题面前,在科技竞争日新月异、日趋激烈的新常态下,这种思维方式显得苍白无力,难以适应。"欲穷千里目,更上一层楼",科技人才肩负着技术创新的历史使命,而创新最大的阻力往往来自自己。因此,创新必须从变革自己的习惯思维方式开始,更新思维模式,变"点式思维""线性思维""平面思维"为"链式思维""网式思维""多维空间思维"等系统科学思维方式,做好高水平的顶层设计。十余年来,在推动四川薯类产业发展的进程中,作者将"农业科技价值链系统创新论""农业科技成果转化双创理论""技术创新链五级价值增值理论"等技术创新学理论与四川薯类产业发展的实践相结合,提出了现代绿色薯业"构建技术创新链—延伸产业创新链—提升科技价值链"的三链联动转型升级机制[14,15],如图 2-3 所示。作者认为,这种"三链联动转型升级机制"在现代高新科技产业发展中具有普遍适用性。

一、构建技术创新链

构建技术创新链是"三链联动转型升级机制"的基础支撑环节,技术创新链对于产业创新链具有基础性、对应性和支撑性。

1. 明确产业需求,研发技术架构

技术创新是产业创新的基础,产业创新是市场需求响应与技术创新能力的有机结合。技术创新链必须能够支撑产业创新链,二者有一一对应关系。前者决定了后者的效益和能级。因此,应在明确现代绿色薯业重大需求的基础上,对与产业发展相关的重要技术环节进行系统分析,提出支撑产业创新链的相关研发技术体系。

四川薯类创新团队在"十二五"薯类科技产业链关键技术研究与集成示范项目总体设计上,将科技价值链系统创新理论与四川省薯类产业发展实践紧密结合,

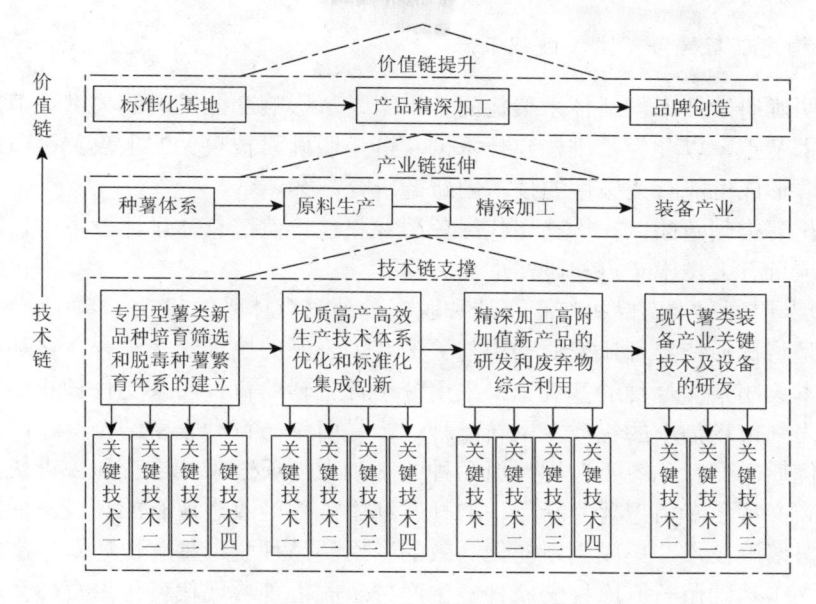

第二章　产业转型与现代绿色薯业双创战略

图 2-3　现代绿色薯业三链联动转型升级机制

在深入市场调研、明确产业重大需求的基础上,针对以往薯类产业技术研究中侧重于单项或几项技术的改进而设计系统性和整体性差,难以从整体优化角度形成支撑产业链延伸和价值链提升的现代薯类产业技术链的问题,进行了项目设计思路上的变革创新。按照"创新技术链—延伸产业链—提升价值链"的技术路线,以支撑现代绿色薯业产业链为总体目标,以市场需求为导向,以培育现代绿色薯业技术链为系统设计依据,将主要研究内容分为专用型薯类新品种培育筛选和脱毒种薯体系的建立、优质高产高效生产技术体系优化和标准化集成创新、精深加工高附加值新产品研发和薯类资源综合利用、现代薯类装备产业关键技术及设备的研发四个方面。项目以科研院校为主要技术创新源,以国家级农业产业化龙头企业为产业开发主体,通过产学研用紧密结合实施产业技术链协同创新,将薯类专用良种筛选、脱毒快繁、标准化栽培、安全贮运、精深加工、产品创新、装备研制等产业链核心环节的关键技术创新链与产业链紧密结合,着力构建薯类技术创新链,支撑薯类产业创新链,提升薯类产业科技价值链的整体价值和市场竞争力,以期实现促进薯类主产区农户增产增收和推进中国现代绿色薯业的可持续健康发展[16,17]。在"十三五"项目设计中,四川薯类创新团队又根据市场新变化和产业新需求,提出了现代绿色薯业"构建技术创新链—延伸产业创新链—提升科技价值链"的三链联动转型升级机制。

2. 构建创新链条，主攻关键节点

在明确研发技术创新体系架构的基础上，从影响产业发展的关键环节提炼出关键技术节点，以此为基础构建技术创新链，明确科技攻关的主攻关键节点和主导技术，形成可能有突破性的技术创新链研究方案。

四川薯类创新团队在构建现代绿色薯业科技价值链总体设计方案中，进一步明确了项目五大技术难点和研发重点。

1）专用型薯类新品种培育筛选和脱毒种薯繁育体系的建立

一是将优质特异种质资源利用与关键基因资源的挖掘紧密结合，在加强专用薯类亲本集团杂交育种的基础上，采用分子标记辅助育种与杂交育种相结合选育适应国内外市场需求的优质专用新品种；二是引种与育种紧密结合，在广泛筛选国内外优质高产特色薯类专用型新品种的基础上，通过系统选育和脱毒快繁，加快优质高产特色专用型薯类新品种的开发利用；三是改进现有的高成本低效益的脱毒种薯繁殖技术，集成创新简化高效的专用新品种脱毒种薯快速繁殖产业技术链，建立"基础苗—原原种—原种—生产种"脱毒种薯现代良种繁育体系，构建育苗专业户和企业工厂化育苗的产业技术链网络体系，为加快发展中国现代绿色薯业种薯产业提供科技支撑。

2）专用型新品种的提质增效标准化生产技术链的集成创新

一是按照薯类专用品种类型开展优质高产高效标准化、优化技术研究与集成示范，包括专用型新品种抗逆高产优质高效关键技术、新型种植模式、现代设施栽培、新型生物农药、生物肥料与综合防治相结合的绿色防控技术链研究与集成示范；二是研究以节本省劳双减增效农艺措施为核心的简化高产高效栽培技术体系，将农艺与农机研发深度融合，实现轻型农机化与省力减量化高产高效栽培的统一。

3）专用型新品种标准化贮藏技术链的构建

一是分层级、分类型集成创新专用型新品种标准化贮藏技术链，分农户、企业两个层级和鲜食型、加工型、种薯型三种类型建立专用型新品种标准化贮藏技术标准体系，各层级和各类型还可再细分为若干子类型，如加工型再细分为淀粉类、食用类、全粉类、薯泥类、薯条类等多种子类型；二是研发专用型新品种的标准化贮藏技术链核心节点共性关键技术，包括研究薯类适宜收获期、分选技术、收获后薯块贮藏期控芽保鲜技术、新型绿色贮藏控芽保鲜剂研发、适合农户小型分散贮藏技术及设施、适合企业规模贮藏的技术及设施，提出贮藏的最佳技术标准、贮藏设备的经济性要求，最大限度降低贮藏成本，保证四川省薯类周年生产与供应情况下种薯、加工薯与鲜食薯的安全贮运及均衡供给。

4）高附加值精深加工新产品研发和薯类资源综合利用

一是利用精深加工高新技术改造现有加工工艺和技术，以薯类绿色保健食品产业技术链开发为重点，用新一代薯类全薯营养方便粉丝类新品种取代原有淀粉类方便粉丝，以薯类全粉、全营养薯泥系列新产品取代营养价值低的淀粉类加工食品，以薯类变性淀粉深度开发新品种取代普通淀粉类产品；二是加强原薯主食制品及薯类营养保健功能的深度挖掘、高附加值精深加工新产品及精深加工工艺研发；三是以零排放、全利用为目标，加强薯类加工清洁化技术链的研发，建立布局合理的初加工与精深加工相结合的薯类加工技术链网络体系，构建薯类多种类型专用品种的综合利用链式开发加工技术体系，研究开发薯类节能高效环保加工工艺及设备。

5）现代绿色薯业技术链各关键环节的高效链接与技术链优化集成

品种选育、标准化栽培、贮藏、加工等各环节实质上是一个完整的产业技术链条的关键节点。在研发现代薯类产业技术链的过程中，要重视"点—链—网"的互动关系，重点在于现代绿色薯业价值链、产业链和技术链的高效链接和三链联动。薯类科研由以往的散点式研发思路转变为技术链创新管理思想指导下的三链联动高效链接的系统思维。在项目实践中，各种相关技术整合形成对产业链具有支撑引领作用的现代产业技术创新链，与技术链优化集成相结合，为"构建技术链—延伸产业链—提升价值链"三链联动转型升级顶层设计方案实施奠定坚实基础。

3. 整合科技资源，建设创新团队

将技术创新链构建方案转换成科技攻关重大项目，并整合多渠道多方面的科技创新项目投资，实现技术创新链一级增值。构建和运作技术创新链与产业创新链的双创互动，需要多学科、跨部门、宽领域人才开展产学研用紧密合作。因此，必须建设与之相匹配的创新团队。要持续推进现代绿色薯业，必须建立可以得到长期稳定项目经费支持的多学科、多专业、跨单位高素质人才组成的薯类创新团队。

在充分论证的基础上，上述现代绿色薯业科技价值链关键技术研究与示范项目得到了四川省农业厅、科技厅和国家科技部的有关项目支持，组建了由首席专家牵头，多学科、跨部门、宽领域人才参加的四川薯类创新团队。十年来，在部省重大项目支持下，四川薯类创新团队突破条块分割的体制性障碍，整合科技资源，加强科技攻关，在薯类科技创新、成果转化、产业扶贫和人才培养等方面都取得了突出的成绩。

二、延伸产业创新链

延伸产业创新链是"三链联动转型升级机制"双创互动的高效率阶段，是产业转型升级的关键实施阶段，也是技术创新链实现二级至四级价值增值的决定性阶段，这一阶段的实施效果决定了产业链能否延伸、能否创新、能否竞争胜出。

1. 理清结构短板，延伸产业链条

现代绿色薯业涉及多条产业链的构建与创新，应该因地因时制宜地确立各阶段发展目标。在构建产业创新链的过程中，首先应理清供给侧结构性改革中制约产业链发展的短板，抓住主要矛盾和矛盾的主要方面，延伸现代绿色薯类产业创新链[18]。

四川薯类创新团队成立初期，通过深入调研，明确了四川省薯类产业存在的六个主要问题：一是缺乏专用品种；二是种薯繁育体系不健全；三是栽培管理粗放、生产水平低；四是薯类生产季节和种植模式单一；五是贮藏落后，贮藏损失率达 15%～30%；六是缺乏精深加工技术。根据当时的实际情况，四川薯类创新团队确定了"突破关键共性技术，创新现代绿色薯业技术链"科技攻关六个重点，并且明确了两个制约四川省薯类产业发展的短板和延伸薯类产业创新链的突破口。一是发展种薯产业链，加强专用薯类新品种选育，加快建设薯类新品种良繁体系和新品种脱毒种苗扩繁。二是发展薯类精深加工产业，加强薯类加工专用品种的精深加工与综合利用，加强马铃薯、甘薯精制淀粉与快餐粉丝的生产加工新工艺新产品的研发、薯类全粉与全粉制品的新工艺新产品研发、紫薯花青素、胡萝卜素及食用纤维等功能产品的研发、精制淀粉与全粉新工艺研究开发、休闲食品的研发等。进入"十三五"以来，四川薯类创新团队又将农机农艺深度融合，加快推进薯类主要生产环节机械化作为补齐短板、延伸薯类产业链的重点。

2. 加速双创互动，突破关键领域

技术创新链与产业创新链之间的双创互动是提高创新效率的核心。"双创互动"关系包括技术创新链对产业创新链的引领作用、推动作用，也有后者对前者的拉动作用及二者的联动作用。这种双创互动的良性关系并非一劳永逸，而是技术创新与产业创新之间的多次反复循环。特别是在关键产业技术领域，只有通过边试验、边中试、边孵化，反复多次，循环往复，才有可能实现重大突破，梯次实现技术创新产权化、产品化和产业化，直到技术创新成果成熟稳定，经过市场检验，达到科技价值链市场创新环的产品标准化关键节点，大批量投产销售。

十年来，四川薯类创新团队高度重视技术创新链与产业创新链之间的双创互动，通过加强与四川省薯类产业化龙头企业、新型农业经营主体等长期紧密合作，取得了一系列双创互动创新成果，在薯类产业关键领域实现六大突破。一是构建了具有四川特色的薯类周年生产技术体系，实现马铃薯由一季春薯为主向春、秋、冬薯多季高效种植制度转型。二是自主选育薯类新品种 59 个，其中 13 个品种被列为部省主导品种。三是创新脱毒种薯高效扩繁关键技术体系，构建了省级三代种薯繁育体系，使马铃薯脱毒基础苗合格率从 68%提高到 100%，原原种和原种合格率从 73%提高到 99%。马铃薯脱毒种薯推广面积已占种植面积的 30%。四是集成创新薯类高产高效种植关键技术。研究集成薯类优化栽培技术体系 26 项，其中 8 项技术被列为部省主推技术。五是集成创新薯类贮藏技术。贮藏损失率由 15%以上降低到 5%以下，贮藏期由 60d 延长至 150d。六是集成创新薯类加工新工艺和新产品，研究开发了薯类全薯粉丝、全粉、薯泥、快餐营养粉和含薯类全粉的面条、馒头、糕点、饼干等系列薯类主食加工新产品、新工艺。

3. 创新主导产品，拓展市场空间

产业创新链能否具备市场竞争力，能否在激烈的市场竞争中脱颖而出、俯瞰群雄，关键在于其主导创新产品的市场占有率。在国内外市场需求发生重大变化的新常态下，按照深化供给侧改革的指导思想，现代绿色薯业产业创新链成败的关键，在于其主导创新产品在中高端消费品细分市场中不断上升的占有率。

十年来，四川省薯类产业化龙头企业高度重视技术创新链与产业创新链的双创互动，通过产学研用紧密结合，取得了一系列科技创新成果，在产业创新和市场开发方面硕果累累，创新全薯粉丝等系列主导产品远销国内外市场，创新产品在龙头企业总产值中占比大幅度提高。承担甘薯主食加工产业链项目的龙头企业四川光友薯业有限公司，在"十二五"期间通过产学研用紧密结合，针对薯类产业链关键技术及产业化示范的共性技术开展研究与示范，加强加工新品种的推广，建成优质加工原料生产基地 2000hm^2。开展薯类产业链生产中原料预处理技术研究、薯类全粉加工工艺研究，泡食型、煮食型的全薯粉丝等系列食品开发研究。重点开发薯类全粉、全薯粉丝、营养早餐等系列主食产品。建成年产 1000t 薯类全粉、全薯粉丝生产线各 1 条，建成"全国主食加工业示范企业"，获发明专利授权 9 项，申请发明专利 6 项。集成甘薯原料生产相关技术体系 4 项，制定企业标准 4 个。完成食品生产许可证取证 2 项，完成出口生产企业备案 1 项，完成加工食品生产工艺 4 套及工艺标准 4 套。

三、提升科技价值链

提升科技价值链是衡量"三链联动转型升级机制"成败与否的能级转换环节，需要分析评估技术创新链和产业创新链"双创互动"的增值效能，分析判断"三链联动"对科技价值链整体价值提升的效果，衡量科技价值链能否转型升级到新的产业层级，并启动新一轮"三链联动"。

1. 坚持双创互动，培育核心能力

评价科技价值链价值是否可持续增值，主要看其企业或产业的核心竞争力。衡量其"三链联动转型升级机制"成败与否的关键，是分析评估技术创新链和产业创新链"双创互动"的增值效能，其最终体现在企业创新产品的市场占有率，创新产品在企业总产值的占有比例。双创互动增值效果好，增值效能高，必然体现在其核心竞争力的增强。坚持双创互动，不断培育增强企业和产业的核心竞争力，是提升科技价值链的长期任务。

四川紫金都市农业有限公司（以下简称紫金公司）是专门致力于紫薯加工产业开发的科技型企业，自2006年创立以来，一直高度重视技术创新与产业创新的紧密结合，大力培育企业核心竞争力。企业与四川薯类创新团队及科研院校一直有着相当紧密的科技合作。尤其是近五年，该公司在紫色马铃薯、紫色甘薯新品种基地建设、紫薯全粉、薯泥及其系列创新产品方面通过技术创新链与产业创新链的高效率双创互动，在紫薯主食产品开发方面大大提升了企业的核心竞争力。该企业牵头的双创团队从研发思路上突破了薯类主食化加工前期只着眼于全粉加工的局限，攻克了鲜薯冷冻薯泥加工关键技术难题，在薯泥研磨过程中率先采用胶体磨均质和冷冻脱水新工艺，在原料预处理、熟化、脱水处理、制泥、配方优化和专用配套设备研制等方面实现了成套工艺的技术集成创新，以薯泥直接添加面粉连续机制馒头等一系列主食产品，降低了能耗与成本，促进了紫薯加工的提质增效。2015年新工艺生产线建成投产，进行了工业化批量生产。2017年6月，已形成年产2000t马铃薯薯泥和日产8t薯泥机制加工馒头的生产能力，累计加工鲜薯600t，生产冷冻薯泥550t，各种馒头、包子等薯类主食化产品80t，累计实现产值450万元，创造利税124.15万元，税后实现利润40.15万元。该公司开发的紫薯全粉及紫薯牛奶、糖果、蛋苕酥、面条、蛋糕等产品，颇受中高端市场消费者喜爱。推出的紫薯营养羹、紫薯粉条、紫薯面包粉、彩薯丁等多个系列化紫薯主食产品颇受成都消费者青睐，并进入北京、上海、广州、重庆等地。同时，该企业经环境评价表明，生产过程中产生的废渣，已经粉碎和无害化处理，干燥后生产出复合肥；车间冲洗及清罐废水，处理达标后排入城市污水管网中，采用该工艺生产不存在"三废"问题，不破坏生态平衡。生产工艺先进，安全环保。经过十年探索，紫金公司在紫薯加工领域已获得过6项科技成果奖励。

2. 坚持品牌建设，提升产业价值

品牌是商海中的灯塔。在高新科技产业中，所有国内外知名品牌的背后都有强大的科技价值链作支撑。因而，科技型企业创新产品的品牌价值是分析判断"三链联动"对科技价值链整体价值提升效果的可靠指标。在薯类产业深化供给侧结构性改革的进程中，必须高度重视品牌建设，不断提升现代绿色薯业科技价值链的品牌价值。

在知名品牌建设方面，四川光友薯业有限公司（以下简称光友薯业）堪称中国薯业先锋。光友薯业创立25年来，始终将技术创新与产业创新紧密结合，以"创新薯类主食，打造光友品牌"为核心，研发薯类方便主食，推进方便粉丝行业产品安全升级和持续发展。一是构建技术创新链，增强核心竞争力。光友薯业引领薯类粉丝重要技术创新，发明精白粉丝、方便粉丝、无明矾方便粉丝、全薯营养粉丝、非油炸薯类方便面等创新产品，先后获70多项国家专利，其中26项发明专利，20余项国际、国内金奖，承担并完成部省薯类科技产业化项目6项，荣获部省级科技进步奖5项。二是发挥品牌优势，推进产业创新链换档升级。2016年，光友薯业牵头成立"中国薯类方便主食科技创新联盟"，承担科技部"十三五"重大科技项目"薯类挤压重组方便主食加工关键技术及装备研发与示范"。三是创建电商平台，提升光友薯业价值链。光友薯业现有薯类加工产品7大系列150余种单品。自2015年起依托淘宝、京东等知名电商平台，积极创建"光友旗舰店"，大力发展光友主食电商市场。光友薯类健康美味方便主食系列产品畅销北京、上海、成都、西藏、西安等地，还出口日本、美国、澳大利亚、英国等国。四是坚持三链联动，持续加强知名品牌建设。光友薯业公司高度重视与国家薯类产业体系和四川薯类创新团队的全方位合作，通过技术链、产业链和价值链的"三链联动"不断推进企业转型升级。连续八年被农业部、国家发改委等七部委授予"农业产业化国家级重点龙头企业"荣誉称号。十余年来，先后被授予"国家薯类加工技术研发分中心""农产品加工企业技术创新机构""全国农产品加工业示范企业""全国主食工业化示范企业""全国食品工业优秀龙头食品企业"等荣誉称号。"光友粉丝"被国家质量监督检验检疫总局授予"中国名牌"称号，"光友"商标被认定为"中国驰名商标"。

3. 坚持三链联动，推动转型升级

"构建技术创新链—延伸产业创新链—提升科技价值链"的三链联动转型升级机制，是从实践中凝练出来的科技成果转化的重要规律，是深化供给侧结构性改革的重要路径，是创新驱动战略的具体体现，在现代高新科技产业发展中具有普遍适用性。科技价值链三链联动转型升级机制符合科技成果高效转化内在规律，是基于六个方面原因。

一是有利于快速提升企业核心能力。任何企业的技术创新资源总是有限的，尤其是在高新科技突飞猛进的时代，为了构建企业强大而持久的竞争优势，企业总是期望其技术创新有竞争制胜的技术独特性和超额营利性。因此，优秀的企业家总是期望将全社会的科技创新资源作为其构建技术创新链的创新来源，必然要加强与大学、科研机构及相关企业的协同创新。中国多数薯类企业尚不具备自主创新能力,通过科技价值链三链联动转型升级机制,大力加强产学研用结合,可迅速提升企业核心竞争力[19]。

二是有利于实现资源互补共享。任何企业优秀科技人才的资源总是有限的,企业在技术创新及成果转化、创新产品经营等诸多方面必须与外部合作,包括大学、科研机构及相关企业,形成长期稳定的科技经济合作网络组织。在现代绿色薯业科技价值链三链联动转型升级机制中,各成员单位在共同目标下分工协作,有利于科技创新资源的互补与共享,活跃技术创新思路,提高技术创新效率,使企业走出孤军奋战的怪圈,为企业创造更多的发展机会[20]。

三是有利于创造协同创新效应。协同创新是指创新系统内相关要素有机配合,通过复杂的非线性相互作用产生单独要素无法实现的整体协同效应的过程。企业科技价值链产生的协同创新效应包括外部协同效应和内部协同效应。协同效应的特点是整体大于部分之和。任何一种有效链接都必须有协同效应,产生 1+1>2 的协同效果。如果没有协同效应,则这一链接点将自动断裂,重新组织。协同效应是科技价值链三链联动转型升级机制形成、运转和发展的主要内生因素。

四是有利于降低创新风险和成本。随着高新技术产业的发展和市场创新产品竞争的加剧,企业技术创新的风险和成本都有明显增加的趋势。技术创新平台建设的费用激增;人力资源成本激增;技术创新的难度激增;知识产权保护费用激增;原始性技术创新的投入激增,周期延长;技术创新的孵化、中试等中间阶段的各种费用大幅度上升等。建立现代绿色薯业科技价值链三链联动转型升级机制,有利于降低合作各方的创新风险和成本。

五是有利于发挥新技术革命的引领作用。产业革命的历史表明,新技术革命引发产业革命,进而推动企业管理革命是企业管理转型升级的基本进化轨迹。在中国能够对产业革命起到引领作用的重大技术突破往往在科技人才密集的科研院校。因此,运用好现代绿色薯业科技价值链三链联动转型升级机制,能够迅速整合大学、科研机构和企业各方的创新资源,加快市场响应速度,快速研发和应用新技术革命成果,在短期内迅速完成新产品的研发、试制、生产和营销循环链接,抢占产业创新先机,抢先获取市场超额利润,引领产业发展新方向。

六是有利于发挥市场全球化的拉动作用。在市场全球化和科技全球化挑战面前,企业技术创新和产业创新面临两种选择,或者主动参与全球化竞争,成为某一全球科技价值链网络系统的一个组织部分,或者被排挤出全球科技价值链网络系统竞争之外,被边缘化或破产倒闭,别无他择。尤其对于众多的中小型薯类企业,充分利用现代绿色薯业科技价值链三链联动转型升级机制,做自己最擅长的核心业务,成为现代绿色薯业全球科技价值链系统中的组织成员,在全球科技价值链系统创新管理中获得协同效益、范围效益和学习优势,是与时俱进的理性选择。

十余年来，乐陵希森马铃薯产业集团有限公司（简称希森集团）迅速崛起的实践充分证明，只要坚持"构建技术创新链—延伸产业创新链—提升科技价值链"的三链联动转型升级机制，就能强有力地推动企业不断转型升级，促进现代绿色薯业的可持续发展。

希森集团成立于 2006 年 12 月，注册资金 1.5 亿元，是集马铃薯新品种选育、脱毒种薯生产、马铃薯全粉及主食产品加工于一体的综合性企业，是中国种子协会马铃薯分会副会长单位、全国工商联农产商会副会长单位、中国种业 50 强企业、山东省农业产业化重点龙头企业。集团现有员工 750 人，总资产 12.3 亿元。在山东乐陵、北京延庆两地建有马铃薯脱毒种薯原原种生产基地，建设了 4 万 m² 现代化脱毒苗组培车间，35 万 m² 微型薯繁育温室，在内蒙古、张家口建设了三年轮作模式的种薯繁育基地 2.67 万 hm²，年种植面积 6667hm²，年产马铃薯脱毒种薯原原种 2.5 亿粒、种薯 30 万 t，规模与产能均位居全国第一。

2007 年，希森集团获国家科技部批准组建"国家马铃薯工程技术研究中心"，2011 年通过验收。该中心位于山东省乐陵市黄夹镇许家希森新村，组建了国内领先、国际先进的马铃薯创新团队和产业技术创新链，按照集团产业创新链的重大需求，在五个关键技术领域开展科技攻关：①马铃薯种质资源筛选与利用、专用型新品种选育和配套技术研究与开发；②马铃薯高产配套综合集成技术研究推广；③马铃薯脱毒种薯生产技术及繁育体系建设研究与开发；④马铃薯机械化生产配套设备研制与利用；⑤马铃薯主食化新产品加工和工艺研发等。中心现有研究开发、工程技术及管理等各类人员 55 人，其中固定人员 40 人，客座人员 15 人，拥有博士 9 人，硕士 13 人，本、专科学历 33 人。中心下设遗传育种、脱毒繁育、栽培生理、主食化加工、机械工程、成果转化等六个实验室，拥有各种先进的仪器设备 101 台套，总价值 6412 万元；中心还建设了 1 座保存 2004 份资源的马铃薯种质资源库和 1 座现代化人工智能气候室。

国家马铃薯工程技术研究中心是希森集团三链联动转型升级机制运行的核心机构。希森集团领导层很清楚，必须充分依靠国内外马铃薯科技领域的一流科技双创人才，加快集团自身科技价值链的快速提升。希森集团通过国家马铃薯工程技术研究中心先后与中国农业科学院、中国农业大学、山东农业科学院等 15 所科研院校和英国哈顿研究所、荷兰瓦格宁根大学、哈萨克斯坦赛福林农业技术大学等科研院校及国际组织积极开展产学研用合作创新研究。

在大量凝聚马铃薯科技双创人才的基础上，国家马铃薯工程技术研究中心先后承担国家及省级科研项目 12 项，参与制定国家行业标准 2 项，获得专利 10 项，审定马铃薯新品种 7 个，研发出马铃薯传统面食、饮品、糕点、薯麦混合粉、休闲食品 5 大系列 60 余种主食产品，取得一大批优秀科技成果。中心选育的早熟鲜食马铃薯品种希森 3 号累计推广面积已达 67 万 hm²；希森 6 号通过国家品种鉴定，为菜用、加工兼用型品种，炸条性状优良、品质好、产量高，2017年7月在山东胶东进行的高产创建竞赛活动中，最高单产达到140.7t/hm^2，创造了世界纪录；希森7号、8号、9号为彩色营养型马铃薯新品种，花青素含量高达21.31mg/100g鲜薯以上，总酚含量高达117.58mg/100g鲜薯，具有极高的营养保健功能。中心每年扩繁希森系列新品种脱毒苗9000万株，生产微型薯原原种2.5亿粒，生产优质脱毒种薯30万t，脱毒种薯销往全国15个省市，累计推广面积达100多万hm^2，提高了中国脱毒种薯的普及率。中心在带动农民增收、马铃薯产业扶贫等方面也取得了巨大的社会经济效益。

为响应国家"一带一路"倡议，2016年2月，希森集团和哈萨克斯坦赛福林农业技术大学展开合作，利用双方各自的资源和技术优势，针对"一带一路"沿线国家农业生产特点，开展马铃薯种质资源评价、鉴定及筛选，创制高产、优质、抗病、抗虫、抗逆等各种性状的种质资源；运用现代育种技术，培育优良品种，调整本区域马铃薯品种结构，开展新品种示范推广，提高脱毒种薯利用率和生产管理水平，促进"一带一路"沿线国家马铃薯产业健康发展。2017年9月，国家马铃薯工程技术研究中心哈萨克斯坦分中心正式挂牌成立，希森集团将以马铃薯产业为契机，示范带动中国农业企业与哈萨克斯坦在农业领域进行深入、全面科技交流与合作，为企业发展拓展更大的空间。

（本章作者：黄　钢　王　平　王　宏　黄静玮　朱炎辉　谢开云）

参 考 文 献

[1] 黄钢. 农业科技成果转化的双创理论与实践. 农业科技管理, 2011, 30 (1): 1-5+13.

[2] Guenthner J F. 马铃薯. 吕博, 刘永义, 等译. 北京: 中国海关出版社, 2004.

[3] 黄钢, 徐玖平. 农业科技价值链系统创新论. 北京: 中国农业科技出版社, 2007.

[4] Huang G, Li Y, Peng Y. The study on the status of systematic innovation of science-technology value chain of the national agricultural enterprises in China. Proceedings of the Third International Conference on Management Science and Engineering Management (EI), Bangkok, Thailand, November2-4, 2009: 252-256.

[5] 黄钢, 李颖, 刘晓刚, 等. 转型期我国农业技术创新面临的突出矛盾与路径选择. 软科学, 2009, 23 (10): 65-68.

[6] 黄钢, 李颖, 王宏. 农业资源型技术创新三环模式及链接特性. 中国人口·资源与环境, 2011, 21 (2): 124-129.

[7] 黄钢, 徐玖平, 李颖. 科技价值链及创新主体链接模式. 中国软科学, 2006, (6): 67-75.

[8] 黄钢, 李颖, 王玲, 等. 从发达国家现代种业发展看种子科技价值链创新管理. 西南农业学报, 2007, 20 (6): 1387-1393.

[9] 黄钢, 李颖, 王玲, 等. 论种子科技价值链系统创新管理. 西南农业学报, 2009, 22 (3): 865-869.

[10] 黄钢, 徐玖平. 论科技价值链管理与农业科技创新. 农业科技管理, 2005, 24 (4): 1-5.

[11] 黄钢. 技术创新五级价值增值原理及应用. 农业科技管理, 2012, 31 (1): 1-6.

[12] Jolly V K. Getting From Mind to the Market: The Commercialization of New Technology. Cambridge: Harvard Business School Press, 1997.

[13] 黄钢, 张鸿, 刘晓刚, 等. 新品种保护制度是现代种子产业发展的基础. 软科学, 2006, 20 (6): 85-88.

[14] Shen X S, Qu H J, Liang N, et al. Theory of innovation management of potato science-technology value chain. Proceedings of the Fifth International Conference on Management Science and Engineering Management, Macau, P. R. China, November 7-9, 2011: 83-87.

[15] Qu H J, Shen X S, et al. Application of sweet potato science-technology value chain in Sichuan sweet potato industry. Proceedings of the Fifth International Conference on Management Science and Engineering Management, Macau, P. R. China, November 7-9, 2011: 62-66.

[16] Shen X S, Qu H J, et al. Rely on science-technology value chain, strength the management of technological innovation strategic alliance of potato industry. Proceedings of the Fifth International Conference on Management Science and Engineering Management, Macau, P. R. China, November 7-9, 2011: 95-99.

[17] Qu H J, Shen X S, et al. Constructing modern industrial chain of sweet potato to develop sweet potato industry. Proceedings of the Fifth International Conference on Management Science and Engineering Management, Macau, P. R. China, November 7-9, 2011: 218-221.

[18] 黄钢. 构建科技价值链打造红薯大产业. 农产品加工, 2009, (12): 10-11.

[19] 黄钢, 李颖, 王玲, 等. 科技价值链创新是提升农业科技企业技术创新力的关键路径. 农业科技管理, 2007, 26 (6): 1-4, 26.

[20] 黄钢. 新时期中国农业高科技企业的管理变革. 经济体制改革, 2006, (1): 127-130.

第三章　现代绿色薯业主食化关键路径

习近平总书记指出,"马铃薯越是贫困的地方种植越多,要从扶贫开发的角度发展马铃薯,多加支持"①。

也有文献指出:"营养健康的马铃薯还没有成为我国的主粮,要通过主食化开发,培养大众消费马铃薯的习惯。"②中国是薯类生产大国,但不是薯类产业强国。发达国家已形成了完备的技术装备和产业体系,加工比例超过 70%,而中国薯类产业的技术装备自动化智能化水平不高、加工比例不足 10%,严重制约了中国薯类产业做强做优和转型升级。鉴于薯类作物的特性和中国自然资源的现状,中国现代绿色薯业将有广阔的发展前景。种植面积在前一个时期迅速扩大的基础上需要优化调整结构,单产水平尚有巨大的提升潜力,加工利用的种类和规模有待大力拓展,随着"一带一路"倡议的实施,薯类种薯、商品薯和加工制品的国际贸易将有大幅度跃升的机会。为此,本章将在分析中国马铃薯三十多年来生产长期趋势、周期波动规律、成本收益变化及市场价格波动的基础上,结合甘薯产业发展的现状与进展,探讨中国现代绿色薯业实施主食化战略的关键路径。

第一节　中国马铃薯生产长期变化趋势分析

2016 年 2 月,农业部正式发布《关于推进马铃薯产业开发的指导意见》,提出立足中国资源禀赋和粮食供求形势,顺应居民消费升级的新趋势,树立大食物观,全方位、多途径开发食物资源,正式决定将马铃薯作为主食产品进行产业化开发。本研究根据国家统计局公布的 1982~2013 年统计资料,利用马铃薯播种面积、单产水平、总产量三项统计指标,分析马铃薯生产的长期趋势变化,运用多元回归模型分析单产水平、播种面积对总产量的贡献程度,采用自回归滑动平均模型(ARMA 模型)预测 2020 年马铃薯播种面积、单产水平及总产量;利用 H-P(Hodrick-Prescott)滤波法分析全国马铃薯生产周期成分,并对比分析马铃薯主产区的变化特征和规律[1]。

---

① 习近平考察甘肃:找准发展路子　早日脱贫致富[N]. 兰州晨报,2013-02-18.
② 王小萱. 你家餐桌有马铃薯主食吗? [N]. 中国食品报,2016-11-07.

一、变化趋势

三十多年来，受到马铃薯消费需求和工业加工需求强劲增长的影响，以及政府的引导和扶持，中国马铃薯生产面积和总产量增长趋势突出。

1. 播种面积明显上升

如图 3-1 所示，从总体上来看，中国马铃薯播种面积呈现强劲上升趋势，期间略有波动，但波动幅度较小，长期增长趋势明显。从三十余年的变化趋势来看，可以划分为几个阶段。第一阶段（1982～2000 年）：平稳上升阶段，马铃薯播种面积基本呈现上升趋势，累计增长 2268.77 千 hm^2，增长 92.44%，年均增长率 3.69%。第二阶段（2001～2006 年）：马铃薯播种面积处于徘徊起伏阶段，并小幅回落。在 6 年间，马铃薯播种面积累计减少 507.46 千 hm^2，下降 10.75%，年均增长率 -1.92%。第三阶段（2007～2013 年）：进入新一轮的上升期。马铃薯播种面积处于连续上升阶段，到 2009 年播种面积超过 500 万 hm^2。8 年间，马铃薯播种面积增长 1341.66 千 hm^2，累计增长 30.28%，年均增长率 3.82%。

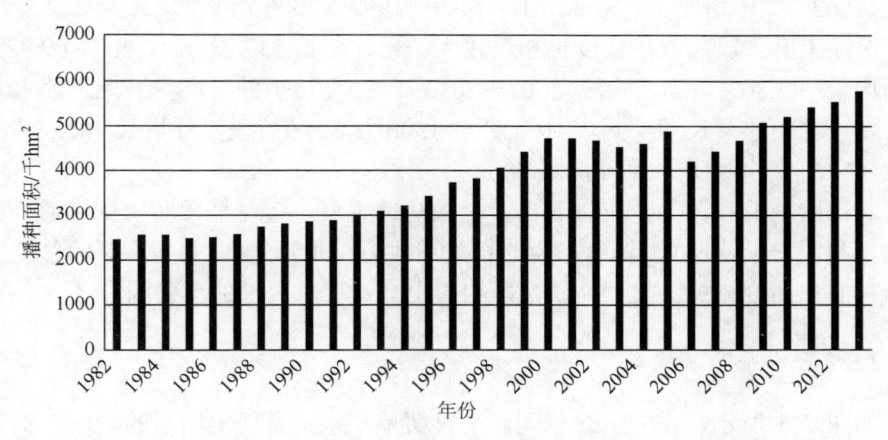

图 3-1　1982～2013 年全国马铃薯播种面积变化趋势图

资料来源：中国历年统计年鉴，下同

2. 总产量快速增加

如图 3-2 所示，中国马铃薯总产量长期增长总趋势比播种面积增长趋势更强劲。总体上呈现上升趋势，其间存在一定波动，波动幅度要大于种植面积。在三十余年间，马铃薯总产量在波动中逐步上升，除了 2006 年和 2007 年下降幅度比较大以外，其他年份都在起伏中逐步上升。

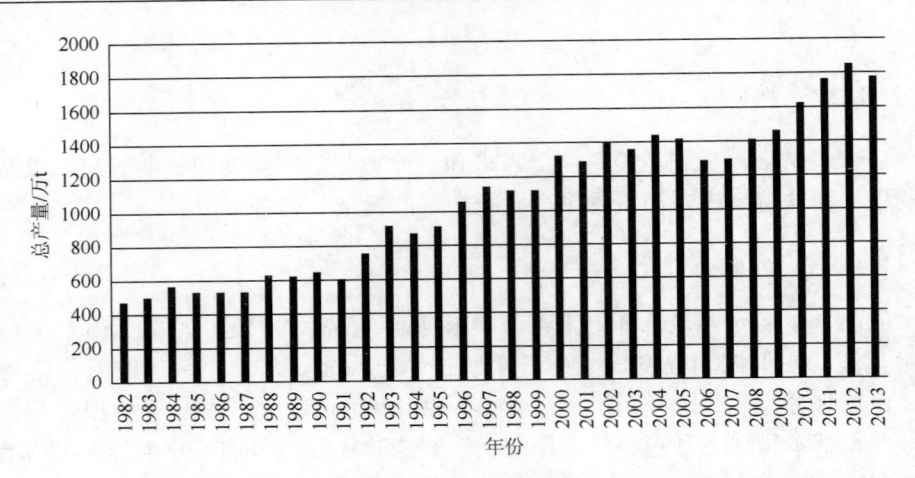

图 3-2　1982～2013 年全国马铃薯总产量变化趋势图

产量为折粮值，折粮比 5∶1，下同

总体上看，可划分为以下几个阶段。第一阶段（1982～1991 年），马铃薯总产量比较平稳，维持在 500 万 t 左右，此阶段马铃薯总产量累计增长 131.6 万 t，增长 27.62%，年均增长 2.87%。第二阶段（1992～2006 年）：中国马铃薯总产量处于快速上升阶段，波动幅度也相对较大；累计增长 530.73 万 t，增长 69.92%，年均增长率 3.86%。第三阶段（2007～2013 年）：马铃薯的总产量开始迅速上升，进入新一轮快速增长期，到 2010 年突破 1500 万 t。该阶段累计增长 482.69 万 t，增长 37.25%，年均增长率 4.60%。

对比图 3-1 和图 3-2 可以看出，全国马铃薯总产量与播种面积变化趋势相对一致，利用 Eviews6.0 测算出二者的相关系数为 0.985。这说明马铃薯的总产量与其播种面积高度相关，播种面积是影响国内马铃薯总产量的重要因素之一。

3. 单产水平明显提高

如图 3-3 所示，在三十余年间，马铃薯单产水平呈现出明显的阶段性上升特性，但上升的幅度小于总产量和面积。第一阶段为 1982～1991 年，马铃薯的单产处于 2400kg/hm² 以下；第二个阶段为 1992～2010 年，马铃薯单产上了一个新的台阶，平均水平提高 34.81%，在近二十年内围绕 2900kg/hm² 上下波动；第三个阶段为 2011～2013 年，单产水平又有了一个较大的提升，平均水平达到了 3303.47kg/hm²，比第二阶段增加 14.75%，比第一阶段增加了 54.70%。

4. 生产影响因素分析

如图 3-4 所示，马铃薯总产量、单产、播种面积对比分析结果表明，三十余

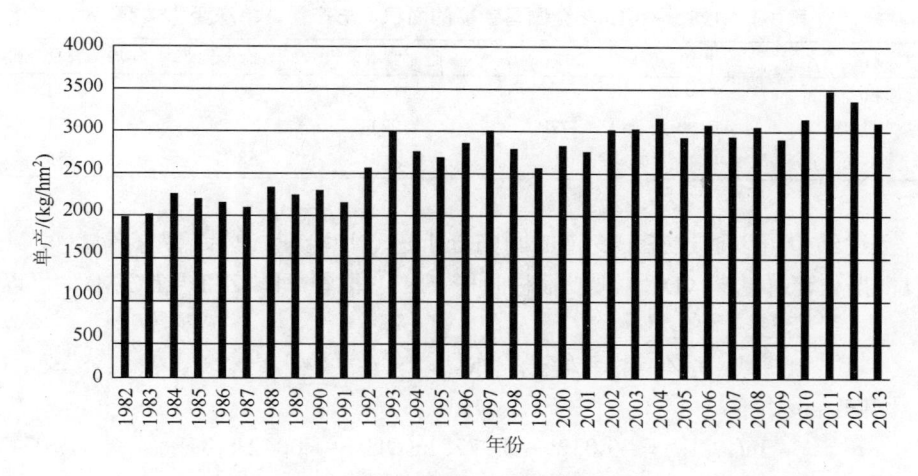

图 3-3 1982～2013 年全国马铃薯的单产

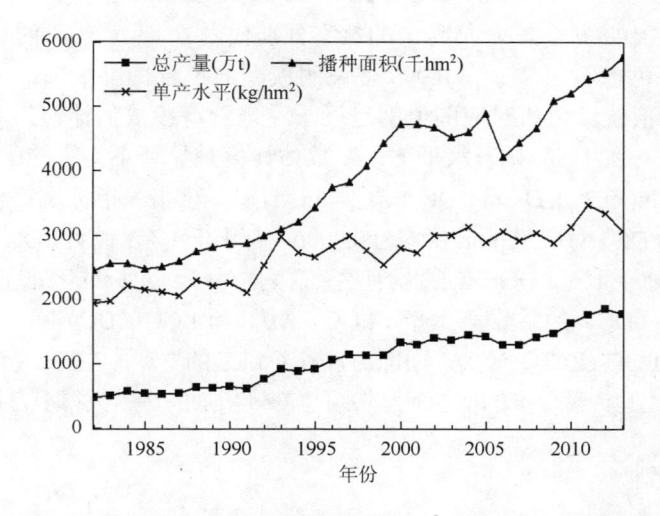

图 3-4 1982～2013 年全国马铃薯的播种面积、总产量和单产

年中国马铃薯总产量增长幅度最大,播种面积也不断增加,但增加幅度小于总产量,远远大于单产。种植面积扩大是总产量增长的主要因素。

如表3-1所示,在三十余年间,播种面积增加3317.60千 hm^2,累计增长135.17%,年均增长2.80%。总产量增加1302.0万t,累计增长273.24%,年均增长4.34%。单产累计增加 1139.84kg/hm^2,增长 58.71%,年均增长 1.51%。由此可见,过去三十余年,中国马铃薯生产主要依靠土地等要素投入,是一种外延式、粗放式的增长方式,技术贡献还有很大的发挥空间。

表 3-1 1982～2013 年全国马铃薯的面积、总产量、单产变化情况

项目	1982 年	2013 年	绝对值增量	增长百分比/%	年均增长百分比/%
播种面积/千 hm²	2454.4	5772	3317.6	135.17	2.80
总产量/万 t	476.5	1778.5	1302.0	273.24	4.34
单产/(kg/hm²)	1941.41	3081.25	1139.84	58.71	1.51

上述结论可以通过三个变量的回归分析进一步验证。马铃薯总产量（ZCL）可以根据马铃薯单产（DC）乘以播种面积（MJ）得到，即 ZCL = DC·MJ。可以设定如下计量模型：

$$\ln(\text{ZCL}_i) = \beta_0 + \beta_1 \ln(\text{DC}_i) + \beta_2 \ln(\text{MJ}_i) + \mu_i \tag{3-1}$$

回归结果如下：

$$\ln(\text{ZCL}_i) = -9.0329 + 0.9728\ln(\text{DC}_i) + 1.0042\ln(\text{MJ}_i) \tag{3-2}$$
$$(-79.31)\quad(36.04)\quad(63.44)$$
$$R^2 = 0.999, F = 22439.18, D.W. = 2.180$$

式（3-2）中将 u_i 省略，括号中的数字分别代表 β_0、β_1、β_2 的 t 统计量。从上面回归结果可以看出，$R^2 = 0.999$，说明模型的拟合优度很高，从截距项和斜率的参数估计值统计量所对应的值都趋近于零来看，参数估计值为零的概率接近零。也就是说，在 1%的显著水平下，参数估计值是显著不为零的。

再令 $Z_i = \ln(\text{ZCL}_i), D_i = \ln(\text{DC}_i), M_i = \ln(\text{MJ}_i)$，对相关指标进行标准化，LOG（MJ）和 LOG（DC）对应的 prob 值均为 0.0000，都小于 1%，说明 LOG（MJ）和 LOG（DC）在 1%的水平下对 LOG（ZCL）均有显著影响。由于经过标准化处理，此时，LOG（MJ）和 LOG（DC）的系数表示，当 LOG（MJ）和 LOG（DC）有一个标准差变动时，将会影响 LOG（ZCL）有 0.654 和 0.371 个标准差的变动。在三十余年间，马铃薯面积的增加要比马铃薯单产的增加对马铃薯总产量增加的贡献大得多，接近两倍。

二、发展预测

2016 年 2 月，农业部正式发布的《关于推进马铃薯产业开发的指导意见》提出，到 2020 年，马铃薯种植面积扩大到 667 万 hm² 以上，平均产量提高到 19500kg/hm²，总产达到 1.3 亿 t 左右。那么，按照现有马铃薯生产规模和发展速度，需要回答能否达到既定目标、达到既定发展目标还面临哪些困难、重点需要加强哪些环节和领域工作等问题。

1. 年总产量模型与预测

对马铃薯总产量建立时间序列模型。在具体自变量选择上，采用 ARMA 模型，用时间变量模拟长期趋势，用 ARMA 模型来拟合随机波动。对 1982～2013 年

马铃薯总产量数据做自相关和偏自相关分析,以确定ARMA模型的阶数[2],由于存在长期增长趋势,同时对序列进行1阶差分。根据自相关-偏相关分析,马铃薯总产量的时间序列模型为

$$y_t - y_{t-1} = \alpha + \beta t^{1/2} + AR(1) + MA(1) + \varepsilon \quad (3\text{-}3)$$

式中,y_t为第t年的马铃薯总产量;AR(1)和MA(1)为由自相关和偏相关分析得到的移动平均模型的阶数;α为模型常数;β为系数;t为时间;ε为随机扰动项。利用1982~2013年马铃薯总产量数据,用Eviews6.0对式(3-3)的时间序列模型进行分析。

如表3-2所示,AR(1)、MA(1)均在1%水平下显著,均在单位圆之内,AIC和SC信息准则显示模具效果良好,DW统计量的值在2附近,模型残差不存在1阶序列相关。模型通过各种检验,总体效果良好。

表3-2 马铃薯总产量的时间序列分析

	估计值	标准误差	T统计量	P值
$t^{\frac{1}{2}}$	0.008	0.003	2.975	0.006
AR(1)	0.822	0.134	6.149	0.000
MA(1)	−0.944	0.066	−14.397	0.000
R^2	0.039	—	AIC值	−2.021
DW值	1.988	—	SC值	−1.880
AR单位根	−0.82	—	—	—
MA单位根	0.94	—	—	—

为检测模型对现有数据的拟合效果,确保预测的精度,运用静态预测方法(static forecast method),采用式(3-3)对1984~2013年的马铃薯总产量进行模拟,并将模拟数据与实际数据进行对比,如图3-5所示。

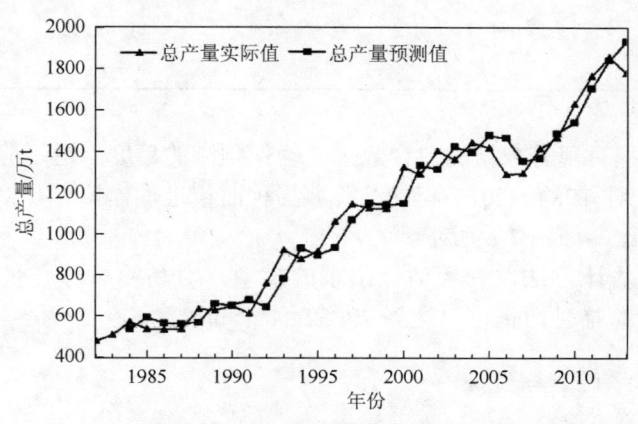

图3-5 1984~2013年马铃薯总生产量实际值与预测值

运用动态估计方法（dynamic forecast method），利用估计出来的模型，对马铃薯总产量进行预测，到 2020 年，马铃薯产量可以达到 2406.14 万 t。如果按照 5∶1 的比例还原成为鲜薯计算，2020 年马铃薯总产量将达到 12030.70 万 t。

2. 播种面积模型与预测

与马铃薯总产量时间序列类似，对 1982～2013 年马铃薯播种面积数据做自相关和偏自相关分析，以确定 ARMA 模型的阶数，由于存在长期增长趋势，同时对序列进行 1 阶差分。根据自相关-偏相关分析，马铃薯总产量的时间序列模型为

$$y_t - y_{t-1} = \alpha + AR(2) + MA(1) + MA(2) + MA(3) + \varepsilon \tag{3-4}$$

式中，y_t 为第 t 年的播种面积；AR（2）和 MA（1）、MA（2）、MA（3）为由自相关和偏相关分析得到的移动平均模型的阶数。利用 1982～2013 年播种面积数据，用 EVIEWS6.0 对式（3-4）的时间序列模型进行分析。

如表 3-3 所示，AR（2）、MA（1）、MA（2）、MA（3）均达 1%显著水平，均在单位圆之内，AIC 和 SC 信息准则显示模型效果良好，DW 统计量的值在 2 附近，模型残差不存在 1 阶序列相关。模型通过各种检验，总体效果良好。

表 3-3　马铃薯播种面积的时间序列分析

	估计值	标准误差	T 统计量	P 值
AR（2）	−0.821	0.067	−12.320	0.000
MA（1）	−0.915	0.133	−6.892	0.000
MA（2）	0.926	0.194	4.774	0.000
MA（3）	−0.980	0.083	−11.788	0.000
R^2	0.563	—	AIC 值	−3.239
DW 值	2.074	—	SC 值	−3.049
MA 单位根	0.99	—	—	—

为检测模型对现有数据的拟合效果，确保预测的精度，运用静态预测方法，采用式（3-4）对 1984～2013 年的马铃薯播种面积进行模拟，并将模拟数据与实际数据进行对比，如图 3-6 所示。

运用动态估计方法，利用估计出来的模型，对马铃薯总产量进行预测，到 2020 年，马铃薯播种面积可以达到 7965.904 千 hm^2。

3. 单产水平模型与预测

与马铃薯总产量和播种面积时间序列类似，对 1982～2013 年马铃薯单产水

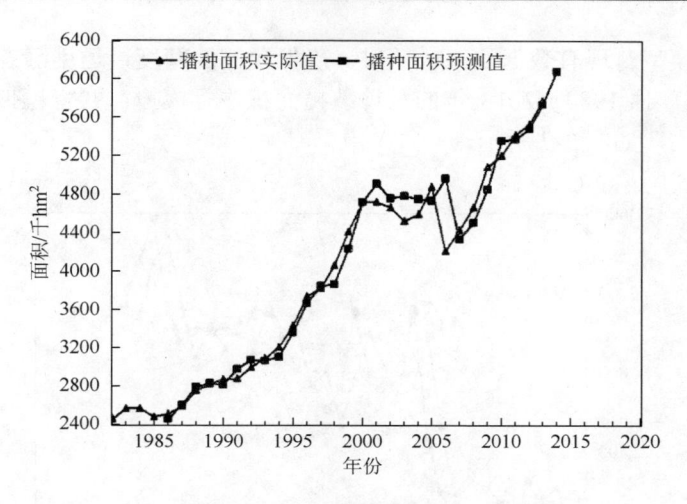

图 3-6　1982～2012 年马铃薯播种面积实际值与预测值

平数据做自相关和偏自相关分析，以确定 ARMA 模型的阶数，由于存在长期增长趋势，同时对序列进行 1 阶差分。根据自相关-偏相关分析，马铃薯单产的时间序列模型为

$$y_t - y_{t-1} = \alpha + AR(1) + MA(2) + \varepsilon \tag{3-5}$$

式中，y_t 为第 t 年的马铃薯单产水平；AR（1）和 MA（2）为由自相关和偏相关分析得到的移动平均模型的阶数。利用 1982～2013 年马铃薯单产数据，用 EVIEWS6.0 对式（3-5）的时间序列模型进行分析。

如表 3-4 所示，AR（1）、MA（2）均在 1%水平下显著，均在单位圆之内，AIC 和 SC 信息准则显示模型效果良好，DW 统计量的值在 2 附近，模型残差不存在 1 阶序列相关。模型通过各种检验，总体效果良好。

表 3-4　马铃薯单产水平的时间序列表

	估计值	标准误差	T 统计量	P 值
AR（1）	−0.960	0.057	−16.808	0.000
MA（2）	−0.924	0.040	−22.937	0.000
R^2	0.611	—	AIC 值	−2.251
DW 值	2.067		SC 值	−2.157
AR 单位根	−0.96			
MA 单位根	0.96			

为检测模型对现有数据的拟合效果,确保预测的精度,运用静态预测方法,采用式(3-5)对 1984~2013 年的马铃薯播面积进行模拟,并将模拟数据与实际数据进行对比,如图 3-7 所示。

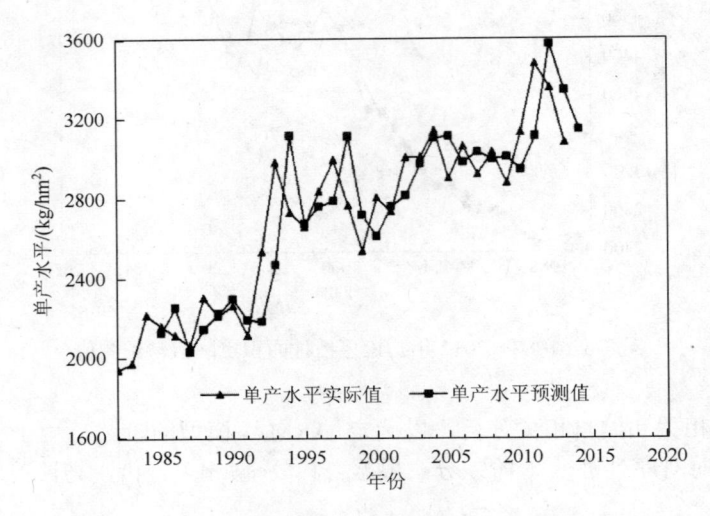

图 3-7　1985~2013 年马铃薯单产水平实际值与预测值

因马铃薯单产水平波动频率较快,运用动态估计方法,利用估计出来的模型进行预测的结果不够理想,因此本研究运用 2020 年马铃薯总产量和马铃薯播种面积两个指标联合预测马铃薯单产水平,其结果为 3020.550kg/hm^2,按照 5∶1 的折算比例,换算成为鲜薯单产水平为 15102.75kg/hm^2。上述预测结果表明,如果按照过去三十年的马铃薯产量增长方式,继续外延式增长,进一步扩大种植面积,则中国马铃薯单产将呈现出负增长趋势,中国的马铃薯产业发展是不可持续的,必须转变增长方式。

第二节　中国马铃薯生产波动周期规律分析

生产波动一般可以从宏观、中观和微观三个层面进行研究。宏观层面主要是研究国民经济总产出的波动;微观层面主要研究微观个体产出量的波动;而中观层面则介于上述两者之间,主要研究某一产业总体产出的波动[3]。本研究属于中观层面,拟通过建立指标模型,结合统计数据,全面揭示中国马铃薯生产波动的基本特征;利用 H-P 滤波法对 1982~2013 年中国马铃薯生产波动周期进行研究,测定马铃薯产量波动周期。对马铃薯生产波动进行研究,有利于增进对马铃薯生产规律的认识,继而为采取有效措施平抑马铃薯生产波动强度、稳定市场、促进马铃薯产业健康发展提供依据。

一、指标说明

测定马铃薯生产波动周期采用什么指标，目前学术界还没有较成熟的说法。本研究认为，马铃薯生产涉及的因素很多，用任何单项指标去描述评价它都是很有限的，应该采用多个指标从不同侧面对马铃薯生产状况进行描述。同时，鉴于数据的可获得性，本研究选用马铃薯播种面积、总产量和单产三个指标来分析马铃薯生产波动周期。其中，马铃薯总产量可以反映当年的播种面积，而单产则反映播种面积和总产量的增减速度。三个指标既有联系，又相互区别，可以从不同侧面较充分地反映马铃薯生产波动状况。以下从马铃薯播种面积、总产量和单产三个方面来描述中国马铃薯产业生产波动的特征和规律。

二、数据来源

采用《中国统计年鉴》提供的统计数据，如表 3-5 所示。

表 3-5　1982~2013 年中国马铃薯播种面积、总产和单产

年份	面积/千 hm²	总产/万 t	单产/(kg/hm²)	年份	面积/千 hm²	总产/万 t	单产/(kg/hm²)
1982	2454.4	476.5	1941.41	1998	4064.22	1125.16	2768.46
1983	2562.13	505.5	1972.97	1999	4417.67	1122.08	2539.98
1984	2561.6	568	2217.36	2000	4723.17	1325.50	2806.38
1985	2477.53	535	2159.41	2001	4718.79	1291.31	2736.53
1986	2506.8	530	2114.25	2002	4667.45	1403.75	3007.52
1987	2588.4	533.5	2061.12	2003	4522.27	1361.89	3011.53
1988	2747.27	632.4	2301.92	2004	4596.68	1444.14	3141.71
1989	2822.53	624.26	2211.03	2005	4879.83	1417.39	2904.60
1990	2865.2	648.4	2263.02	2006	4211.33	1289.73	3062.53
1991	2879.27	608.1	2112	2007	4430.34	1295.81	2924.86
1992	2994.70	759	2534.48	2008	4663.40	1415.58	3035.51
1993	3087.14	920.8	2982.70	2009	5080.81	1464.60	2882.63
1994	3207.70	875.91	2730.65	2010	5205.06	1630.67	3132.85
1995	3433.90	914.4	2662.86	2011	5424.01	1765.81	3475.46
1996	3736.27	1060.84	2839.30	2012	5531.95	1855.25	3353.69
1997	3823.96	1145.27	2994.98	2013	5772.0	1778.5	3081.25

三、研究方法

目前，经济变量波动测量方法主要有三种：速度法、剩余法和 H-P 滤波法。速度法以经济变量的年环比增长率来衡量经济强度，寻找增长率的波峰、波谷，以此来研究波动的规律，这种方法的特点是简单易行，直接明了，缺点是测定结果具有较大局限性，不能有效剔除长期趋势，易受相邻年份数值的影响。剩余法将经济变量的变动分解为长期趋势和波动分量两部分，利用某一方法剔除长期趋势，其余部分即为经济变量的波动成分，剔除趋势变动的方法主要有回归分析法、移动平均法、阶段平法等，与速度法相比，剩余法可以有效地消除长期趋势，被学者们广泛使用。H-P 滤波法由 Hodrick-Prescott 在分析第二次世界大战后美国经济周期的论文中首次提出并被广泛采用，该方法是一种非线性回归技术，其优点是运用灵活、拟合效果较好，缺点是运用起来比较烦琐[4-6]。

在分析计算过程中，本研究分别采用回归分析法和 H-P 滤波法剔除长期趋势，发现两种方法得到的波动分量变化基本一致，波峰、波谷也大致相同。但是由 H-P 滤波法分解出来的波动分量更加平稳，同时考虑马铃薯生产变化的长期趋势并非线性，故最终选择 H-P 滤波法对马铃薯生产波动周期进行测定。

H-P 滤波法的基本思想：设 $\{Y_t\}$ 是包含趋势成分和波动成分的时间序列，$\{Y_t^d\}$ 是其中含有的趋势分量，$\{Y_t^c\}$ 是其中含有的波动分量，则 $Y_t = Y_t^d + Y_t^c, (t = 1, 2, \cdots,)$。计算 H-P 滤波就是从 $\{Y_t\}$ 中将 $\{Y_t^d\}$ 分离出来，即选择一个时间估计序列 $\{Y_t^d\}$，最小化实际值和样本点趋势值。$\{Y_t^d\}$ 常被定义为下面损失函数的最小化问题的解：

$$\min \sum_{t=1}^{T} \left\{ (Y_t - Y_t^d)^2 + \lambda \sum_{t=1}^{T} [(Y_{t-1}^d - Y_t^d) - (Y_t^d - Y_{t-1}^d)]^2 \right\} \quad (3-6)$$

H-P 滤波依赖于参数 λ，该参数需要先给定，λ 越大，估计出的趋势线越光滑，反之越弯曲。但参数的取值存在争议，对于年度数据，较为常见的取值是 $\lambda = 100$[7]，也有学者主张 λ 应该取 6.25。本研究分别使用 $\lambda = 100$ 和 $\lambda = 6.25$ 对年份数据列进行 H-P 滤波，发现二者各有利弊：前者的趋势线更加平滑，波动值起伏大，对较大的波动反应更加敏感；后者趋势值与实际值贴近，趋势线更加曲折，但波动反应更细致，既能反映大的波动变化，也能显示较小的年度起伏。经权衡比较，本研究也认为 $\lambda = 6.25$ 时的滤波结果更能反映中国马铃薯生产波动的实际情况，因此选用 $\lambda = 6.25$ 来进行滤波。

利用 H-P 滤波法求得 $\{Y_t\}$ 的趋势分量 $\{Y_t^d\}$ 后，再用 $\{Y_t\} - \{Y_t^d\}$ 求得波动周期分量。进一步计算变异率（ratio of variation，RV）：

$$RV = \{Y_t^c\} \div \{Y_t^d\}$$

它反映经济变量在特定时间上对长期趋势的偏离幅度，反映经济变量的短期波动情况。本研究将以变异率 RV 作为波动周期划分的主要依据。

四、周期成分

周期成分是剔除长期趋势后反映波动情况的波动值。从波动周期成分来看，周期性波动是中国马铃薯产业的显著特征。为此，本研究分别对马铃薯播种面积、总产量和单产进行了周期成分分析。

如图 3-8～图 3-10 所示，1982～1999 年，中国马铃薯播种面积的周期值处于相对稳定状态，但 2000 年以后，中国马铃薯播种面积的周期值呈现出新的特征，波动幅度明显加大，波动频率加快。马铃薯总产量的波动幅度较小，但波动频率很快，大波动与小波动相间。中国马铃薯单产的周期波动与总产的周期波动具有一致性，但单产的波动幅度更大，更明显。

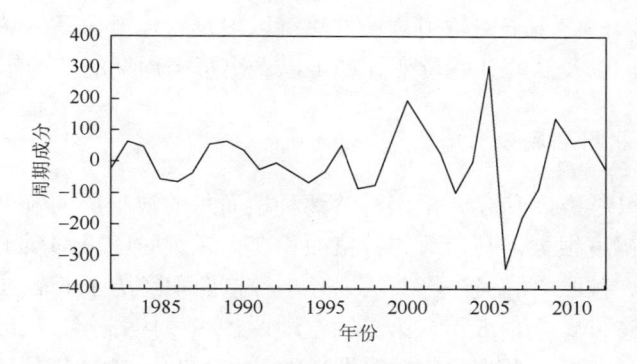

图 3-8 马铃薯播种面积波动周期值

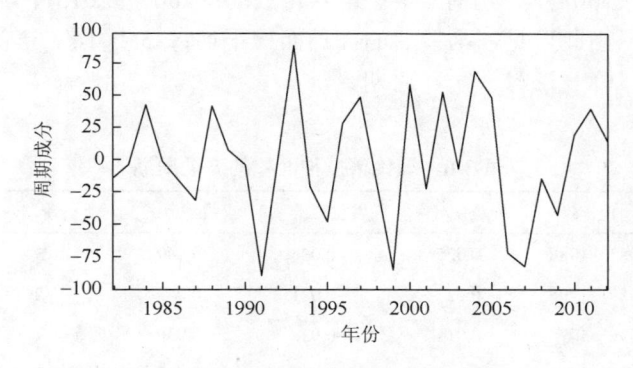

图 3-9 马铃薯总产波动周期值

变异率是用周期值除以长期趋势值得到的，是反映波动周期的重要相对指标。本研究采取"峰-谷-峰"法进行周期分析，具体从首个下降年份开始到低谷再回升至峰顶年份作为一个完整的周期。根据历史时期数据资料的特点，确定周

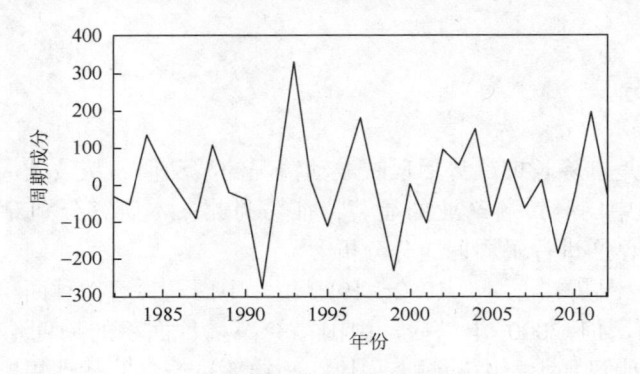

图 3-10 马铃薯单产波动周期值

期划分标准为：每次波动变异率的"峰-谷"落差和"谷-峰"落差都大于 2%，且波峰大于零，波谷小于零。用这种方法可以很直观地看出马铃薯生产波动周期的多少和长短，以及从峰、谷位变异率可以看出每个周期的波动幅度。

1. 种植面积周期成分

如表 3-6 和图 3-11 所示，中国马铃薯种植面积的波动周期较少，但周期持续时间长，波动幅度很大，马铃薯的种植面积在大多数时间里都属于上升阶段，且增长幅度较大。按照"峰-谷-峰"法划分，种植面积经历了 6 轮波动。第一轮波动：1983～1988 年，历时 6 年；第二轮波动：1989～1995 年，历时 7 年；第三轮波动：1996～1999 年，历时 4 年；第四轮波动：2000～2004 年，历时 5 年；第五轮波动：2005～2008 年，历时 4 年；第六轮波动：2009～2013 年，但该阶段即将进入反弹阶段。由此可见，马铃薯的播种面积平均每 5.2 年有一轮波动，形成一个相对完整的"峰-谷-峰"循环周期。

表 3-6 马铃薯播种面积的波动周期

周期序号	起止年份	峰位变异率	谷位变异率	峰谷落差	上升阶段年数	周期长/年
1	1983～1988	0.025	-0.024	0.049	3	6
2	1989～1995	0.022	-0.021	0.043	2	7
3	1996～1999	0.014	-0.022	0.036	2	4
4	2000～2004	0.044	-0.023	0.067	3	5
5	2005～2008	0.067	-0.076	0.143	1	4
6	2009～2013	0.028	—	—	—	—
平均	—	—	—	0.068	—	5.2

注："—"表示周期不完整或没有达到一个周期划分的标准，没有计算相应指标。

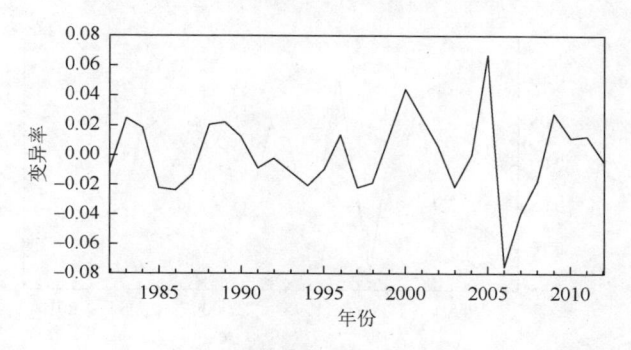

图 3-11 马铃薯播种面积变异率

2. 总产量的周期成分

如表 3-7 和图 3-12 所示，中国马铃薯总产量的波动周期较多，平均周期时间短，波动频率较大。1982~2013 年，按照"峰-谷-峰"法划分，共经历了 8 轮波动。第一轮波动：1984~1987 年，历时 4 年；第二轮波动：1988~1992 年，历时 5 年；第三轮波动：1993~1996 年，历时 4 年；第四轮波动：1997~1999 年，历时 3 年；第五轮波动：2000~2001 年，历时 2 年；第六轮波动：2002~2003 年，历时 2 年；第七轮波动：2004~2010 年，历时 7 年；第八轮波动：2011~2013 年，处于快速增长阶段。由此可见，马铃薯的总产量平均每 3 年有一轮波动，形成一个相对完整的"峰-谷-峰"循环周期。

表 3-7 马铃薯总产量的波动周期

周期序号	起止年份	峰位变异率	谷位变异率	峰谷落差	上升阶段年数	周期长/年
1	1984~1987	0.084	−0.056	0.140	1	4
2	1988~1992	0.074	−0.128	0.198	2	5
3	1993~1996	0.109	−0.050	0.159	2	4
4	1997~1999	0.046	−0.071	0.117	1	3
5	2000~2001	0.048	−0.017	0.065	1	2
6	2002~2003	0.040	−0.005	0.045	1	2
7	2004~2010	0.051	−0.053	0.104	3	7
8	2011~2013	0.024	—	—	—	—
平均	—	—	—	0.118	—	3

注："—"表示周期不完整或没有达到一个周期划分的标准，没有计算相应指标。

3. 单产水平周期成分

如表 3-8 和图 3-13 所示，中国马铃薯单产的波动周期较多，周期历时也较

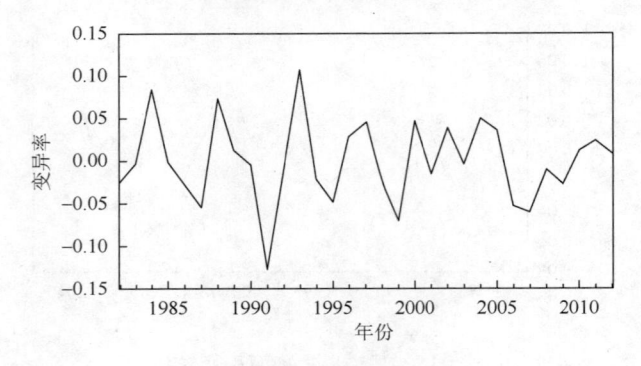

图 3-12 马铃薯总产量变异率

长，但平均上升年数只有平均波动周期的一半，这表明在平均波动周期中，马铃薯的单产一半时间在增加，也有一半时间在减产，而且，在波动时间短的周期中，谷位变异率大于峰位变异率，也就是说，在这些周期中，马铃薯的单产减少幅度大于增加幅度。按照"峰-谷-峰"法划分，马铃薯单产共经历了 9 轮波动。第一轮波动：1984～1987 年，历时 4 年；第二轮波动：1988～1992 年，历时 5 年；第三轮波动：1993～1996 年，历时 4 年；第四轮波动：1997～1999 年，历时 3 年；第五轮波动：2000～2003 年，历时 4 年；第六轮波动：2004～2005 年，历时 2 年；第七轮波动：2006～2007 年，历时 2 年；第八轮波动：2008～2010 年，历时 3 年；第九轮波动：2010～2013 年。在第 2、5、7、8 轮波动中，马铃薯的单产减少幅度大于增加幅度。马铃薯单产的波动范围较小，但仍然可以看出：从 2010 年开始，马铃薯的单产增加幅度较大，在稳定中增加。由此可见，马铃薯的单产平均每 3.375 年有一轮波动，形成一个相对完整的"峰-谷-峰"循环周期。

表 3-8 马铃薯单产的波动周期

周期序号	起止年份	峰位变异率	谷位变异率	峰谷落差	上升阶段年数	周期长/年
1	1984～1987	0.065	−0.044	0.109	2	4
2	1988～1992	0.050	−0.118	0.168	2	5
3	1993～1996	0.125	−0.041	0.166	3	4
4	1997～1999	0.067	−0.085	0.152	1	3
5	2000～2003	0.003	−0.039	0.042	3	4
6	2004～2005	0.051	−0.029	0.080	1	2
7	2006～2007	0.024	−0.023	0.047	1	2
8	2008～2010	0.006	−0.062	0.068	1	3
9	2010～2013	0.059	—	—	—	—
平均	—	—	—	0.104	—	3.375

注："—"表示周期不完整或没有达到一个周期划分的标准，没有计算相应指标。

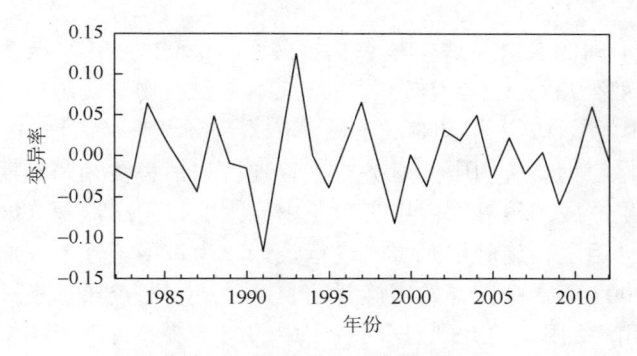

图 3-13　马铃薯单产水平的变异率

总而言之，从 1982～2000 年，马铃薯总产量和单产处于同步波动阶段，波动幅度都很大，但马铃薯总产的波动幅度大于单产的波动幅度，马铃薯总产的增长幅度也大于单产的增长幅度。2001～2011 年，马铃薯总产的波动周期减少，波动幅度也较小，从 2005 年开始，马铃薯总产处于快速上升阶段，但马铃薯单产依然在频繁地波动。马铃薯播种面积的波动一直较平稳，但在 2006 年的波动较大，而且波幅日趋增大。和马铃薯播种面积相比，马铃薯的单产和总产量恰好相反。总体而言，马铃薯播种面积的波动性高于产量的波动性，且产量的波动先于播种面积的波动。

第三节　中国马铃薯成本收益长期变化趋势

成本收益分析是指以货币单位为基础对投入与产出进行估算和衡量的方法。在市场经济条件下，任何一个经济主体在进行经济活动时，都要考虑具体经济行为在经济价值上的得失，以便对投入与产出关系有一个尽可能科学的估计。经济学中成本收益分析方法是一个普遍的方法，成本收益分析方法的前提是追求效用的最大化。从事经济活动的主体，从追求利润最大化这一终极目标出发，总要力图用最小的成本获取最大的收益。

中国是世界马铃薯生产和消费第一大国，而马铃薯产业发展却较为落后，国际竞争力不强，2010 年马铃薯产品出口额仅占世界的 1.29%。马铃薯的成本收益状况与马铃薯在国际市场上的竞争力和薯农收入密切相关。本研究根据历年《全国农产品成本收益资料汇编》，基于研究目的及数据可获得性等因素，对 2001～2013 年全国马铃薯生产成本和收益进行分析，展示马铃薯生产成本收益的变动规律[8,9]。

一、成本变化

成本是价格构成的主体，是计算利润的一大重要因素。从 1992 年以来，中国使用过三套不同的农产品成本核算指标体系。1992~1997 年使用的农产品成本核算体系（简称 92 版）中，马铃薯生产成本主要由物质费用、用工作价、税金和成本外支出构成。1998 年又对成本核算体系进行调整（简称 98 版），新增加期间费用项，将原物质费用中的财务费、管理费和销售费划归到期间费用中；将土地承包费纳入生产成本核算中；用工数量由原来的按生产流程（翻耕整地用工、种子准备与播种用工、施肥用工等）进行统计改为按用工性质（雇工数量、用工数量）统计。2004 年，中国开始实施新的农产品成本调查核算指标体系（简称 04 版），取消了期间费用，将 98 版期间费用中的财务费、管理费和销售费重新划到物质费用中；税金划归到物质费用中；在 98 版的基础上，新增自营地折租项，与土地承包费一起作为土地成本；用工作价细分为家庭用工折价和雇工费用。

由于不同生产成本的核算方法和指标体系具有一定的差异，因此，需要将三种不同成本核算中的项目指标进行拟合，形成新的核算指标进行比较：①对成本核算中相同的指标项目予以保留，即保留种子费、化肥费、农家肥费、农药费、农膜费、机械作业费、排灌费、畜力费、燃料动力费、材料费、其他直接费用；②税金、财务费、管理费、销售费纳入物质费用中，期间费用中的管理费和管理及其他间接费用合并为管理费；③用工作价包括家庭用工折价和雇工费用；④土地成本由流转地租金和自营地折租构成。中国马铃薯的成本构成主要由土地成本和生产成本构成。

1. 投入成本

马铃薯生产总成本是指生产过程中耗费的资金、劳动力和土地等所有要素的成本。其计算公式为

每公顷总成本＝每公顷生产成本＋每公顷土地成本

＝每公顷物质与服务费用＋每公顷人工成本＋每公顷土地成本

生产成本是指直接生产过程中为生产该产品而投入的各项资金（包括实物和现金）和劳动力的成本，反映了为生产该产品而发生的除土地外各种资源的耗费，其计算公式为

每公顷生产成本＝每公顷物质与服务费用＋每公顷人工成本[10]。

如图 3-14 所示，根据《全国农产品成本收益资料汇编》数据，2001~2013 年，全国马铃薯公顷平均投入总成本和公顷生产成本总体上均呈现上升趋势。根据投入成本曲线变化趋势，可以将投入成本分为两个阶段：第一阶段是 2001~2008 年，成本曲线呈波浪形缓慢增长，第二阶段是 2009~2013 年，成本呈线性快速增长。

第一阶段（2001~2008 年）：2001 年马铃薯投入总成本和生产成本分别为 8247.60 元/hm^2、7365.75 元/hm^2，2008 年投入总成本和生产成本分别为 15161.70 元/hm^2、12938.70 元/hm^2，分别增长了 83.83%、75.66%，年均增长分别为 9.09%、8.38%；从图 3-14 中可看出，投入总成本与生产成本的走势基本相

同。因此，2001～2008 年投入的生产成本与总成本的增长趋势相对较为缓和，呈现波浪形缓慢增长的特征。

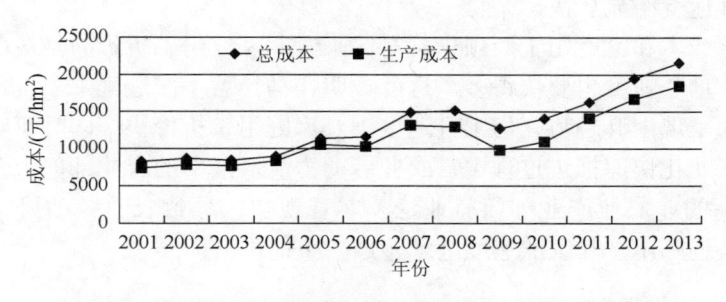

图 3-14　全国马铃薯平均投入总成本和生产成本

第二阶段（2009～2013）：2009 年投入总成本和生产成本分别为 12719.55 元/hm²、9804.30 元/hm²，2013 年投入总成本和生产成本分别为 21601.35 元/hm²、18444.45 元/hm²，分别增长了 69.83%、88.13%，年增长率分别为 14.16%、17.11%，且马铃薯投入总成本与生产成本的变化趋势基本相同。在这 5 年期间，马铃薯生产投入成本增加速度很快，年均增加速度都在 10% 以上，远远高于第一个阶段，成本呈现直线攀升态势，连续创下历史新高。

2. 土地成本

土地成本，也称为地租，指土地作为一种生产要素投入到生产中的成本，包括流转地租金和自营地折租。由于 2001～2003 年全国马铃薯土地成本数据欠缺，因此该指标研究期间调整为 2004～2013 年。从长期变化趋势来看，马铃薯生产中土地成本和家庭用工折价呈现上升势头。2004 年全国平均土地成本为 636.75 元/hm²，2013 年全国平均土地成本为 3156.90 元/hm²，年平均增长率为 19.47%；根据 2004～2013 年土地成本的变化，土地成本分为三个阶段：一是持续上升阶段（2004～2010 年）；二是下降阶段（2010～2011 年）；三是新一轮上升阶段（2011～2013 年）。

3. 家庭用工

家庭用工折价是指生产中耗费的家庭劳动用工按一定方法和标准折算的成本，反映了家庭劳动用工投入生产的机会成本，家庭用工折价的计算公式为

$$家庭用工折价 = 劳动日工价 \times 家庭用工天数$$

从长期变化趋势来看，马铃薯生产中家庭用工折价呈现上升势头。如图 3-15 所示，2004 年全国平均家庭用工折价为 2698.20 元/hm²，2013 年全国平均家庭用工折价为 7672.50 元/hm²，年平均增长率为 11.13%；根据 2004～2013 年家庭用工折价的变化，家庭用工折价分为两个阶段。一是波动上升阶段（2004～2010 年），

即家庭用工折价在上升趋势中略有波动，但上升趋势总体上未发生改变；二是加速上升阶段（2011~2013 年），从 2011 年以后，家庭用工折价呈现加速上升的势头，上升速度明显加快。

从土地成本和家庭用工两项指标对比来看，家庭用工折价的绝对值远远高于土地成本，增长速度也要快得多。这就说明在马铃薯生产过程中，土地资源成本在长时间内呈现上升趋势，但上升速度不及家庭用工折价快；同时反映了在国家城镇化、工业化快速推进过程中，农业劳动力从低效率的农业部门大量流出，进入效率更高的非农业产业部门就业这一客观现实，导致农业劳动日工价水涨船高，尤其是近几年，其上涨速度远远超过了土地价格。

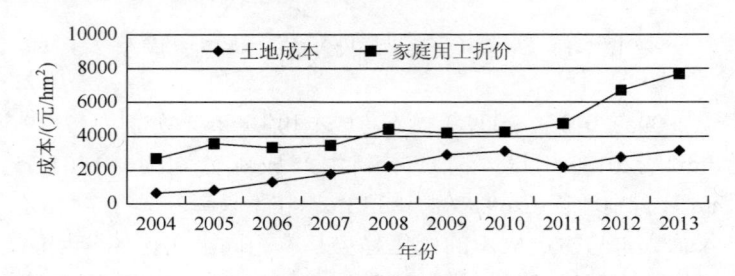

图 3-15 全国马铃薯土地成本和家庭用工折价

4. 人工成本

人工成本是指生产过程中直接使用的劳动力成本，包括家庭用工折价和雇工费用两部分。如图 3-16 所示，可将 2001~2013 年人工成本分为三个阶段：基本稳定阶段（2001~2004 年），年平均增速仅为 1.36%；缓慢增长阶段（2004~2010 年），年平均增速为 6.99%；快速增长阶段（2010~2013 年），年平均增速为 23.95%。2015 年中央一号文件提出，"国内农业生产成本快速攀升，大宗农产品价格普遍高于国际市场，如何在'双重挤压'下创新农业支持保护政策、提高农业竞争力，是必须面对的一个重大考验"。马铃薯人工成本的变化趋势进一步印证了上述判断，随着"人口红利"的消失，马铃薯种植机械化的需求迫在眉睫，尤其是广大山区，如何实现从播种、灌溉、施肥到采收的全程机械化，降低生产成本，成为中国马铃薯产业降本增效的重要突破口。

近十年期间，马铃薯人工成本构成中家庭用工折价占比较高，平均在 85%，雇工费用占比平均为 15%；从近四年的趋势来看，雇工费用增加的趋势比较明显。在马铃薯主产区，农忙时节季节性缺工现象时有发生；近些年，一些民间资本也投资马铃薯生产，在内蒙古、宁夏等马铃薯主产区建立种植基地，雇佣全日制农业工人直接从事马铃薯生产，雇工时间增加从侧面也反映了马铃薯生产市场化程度的提高。

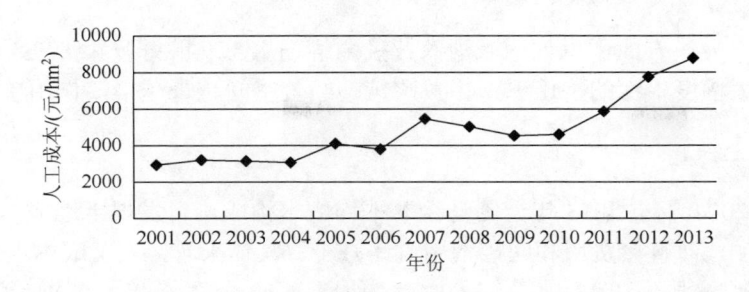

图 3-16　全国马铃薯人工成本

5. 物质费用

物质费用包括直接费用和间接费用。其中直接费用包括种子费、化肥费、农家肥费、农药费、农膜费、租赁作业费、机械作业费、排灌费、燃料动力费、技术服务费、工具材料费、修理维护费、其他直接费用；间接费用包括固定资产折旧、保险、管理费、财务费、销售费、税金等。

如图 3-17 所示，2001~2013 年直接费用增长趋势明显，尽管 2008~2010 年期间有所波动，但是整体上涨趋势没有改变，13 年间，累计增长 112.39%，年平均增长 6.49%。间接费用变动的趋势不太明显，呈现下降趋势，但下降幅度不大，下降空间越来越窄，13 年间，累计下降 26.98%，年平均下降 2.66%。从结构占比来看，也发生了重要变化。2001 年直接费用为 4240.50 元/hm²、间接费用为 915.60 元/hm²，分别占总物质费用的 82.24%、17.76%；2013 年直接费用为 9006.60 元/hm²、间接费用为 668.55 元/hm²，分别占总物质费用的 93.10%、6.90%。

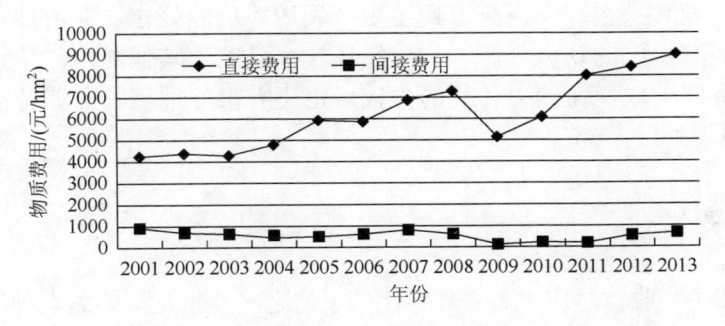

图 3-17　全国马铃薯物质费用

从以上数据可看出，在物质费用中直接费用占大部分，而间接费用仅占小部分，且间接费用投入所占比例越来越小，直接费用投入比例越来越大。一方面，反映了马铃薯生产中农资价格不断攀升，折射出马铃薯种植户增产不增收的现实

"悖论"；另一方面，也说明取消农业税金等强农惠农的好政策，在马铃薯直接生产费用大幅度上涨的挤压下，相关政策的绩效空间越来越小，作用十分有限。

6. 成本结构

对比 2004 年与 2013 年全国马铃薯平均成本构成，可发现土地成本和人工成本占比增加，而直接费用和间接费用占比减少。具体来看，人工成本占比由 2004 年的 34.30%增加到 2013 年的 40.60%，增加了 6.30 个百分点，年均递增 0.7 个百分点；这主要是由于农村富余劳动力大量转移到非农部门就业，包括广大山区，青壮年劳动力几乎转移殆尽，带动农业劳动日工价的提高，在机械化水平没有大改变的情况下，农业生产的劳动力需求量维持不变，最终使马铃薯生产中人工成本占比大幅上升。土地成本占比由 2004 年的 7.11%增加到 2013 年的 14.61%，增加了 7.50 个百分点，年均递增 0.83 个百分点；折射出由于工业化、城镇化加速推进，部分耕地被征用，土地面积减少，导致土地租金日益显化，租种土地费用上升；同时由于农业用地转变为建设用地以后，增值效果明显，这也对农业用地价格的上涨产生推动作用。直接费用占比由 2004 年的 53.46%下降到 2013 年的 41.69%，下降了 11.77 个百分点，年均下降 1.31 个百分点；间接费用占比由 2004 年的 5.12%下降到 2013 年 3.09%，下降 2.03 个百分点，年均下降 0.23 个百分点。

对比 20 世纪美国在农业现代化过程中，农业投入结构的变化趋势：劳动力投入占比越来越少，资本和不动产投入占比不断上升。而中国马铃薯生产成本的变化趋势正好与此相反，出现了一种"逆现代化"的现象。其中原因，一方面是在中国工业化过程中，农业比较效益偏低，导致农业劳动力大量转移到非农部门就业，农业部门劳动力价格上涨；另一方面，中国农业现代化、机械化相对滞后，尤其是在广大山区马铃薯生产领域，仍然处在农业内部相对封闭的循环体系，其生产的动力来源、物质循环较少借助于其他部门，传统的马铃薯生产还没有跟上农业劳动力转移的步伐，也没有很好地填补农业劳动力转移后形成的成本空间。

二、收益变化

马铃薯生产收益是广大薯农最关注的事情之一，也是影响薯农种植积极性的重要因素之一。本研究采用马铃薯单位面积产量、单位面积产值、每 50kg 利润、成本利润率等收益统计指标，分析马铃薯生产收益的变化趋势和特征。

1. 单位面积产量和产值

如图 3-18 所示，2001～2013 年，马铃薯单位面积产量累计增长 1.24%，年平均增长率仅为 0.10%。中国马铃薯单位面积产量总体上保持稳定，期间略有波动，但很快恢复平均水平，处于"均衡"状态，难以突破。马铃薯产值总体上呈现稳中有升的变化趋势，尽管 2007~2011 年略有下降，但近年来产值迅速拉升，且速度明显加快，单位面积产值累计增长率为 97.36%、年平均增长率为 5.83%。从绝对指标来看，2001 年产量和产值分别为 22225.50kg/hm²、17080.80 元/hm²，平均价格为 0.77 元/kg；2013 年产量和产值分别为 22501.05kg/hm²、33711 元/hm²，平均价格为 1.50 元/kg。2001~2013 年间，单产基本上没有变化，但是产值却有较大变化。这表明，从全国平均水平来看，马铃薯单产没有大的提高，产值的提高主要是马铃薯市场价格一路走高所致。然而，结合上述成本指标可以发现，在 13 年中，马铃薯市场平均价格上涨一倍时，马铃薯生产的人工成本、农资价格也同步大幅上涨，也就是说，广大薯农得到的收益并没有增加多少。

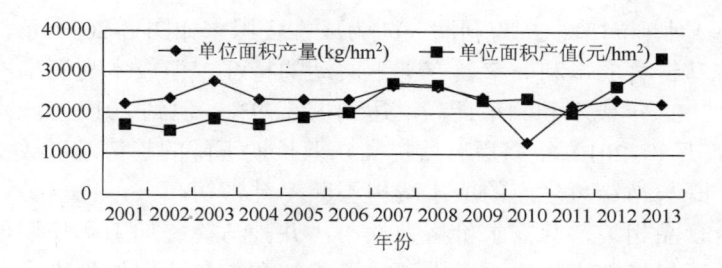

图 3-18　全国马铃薯单位面积产量和产值

2. 每 50kg 利润

如图 3-19 所示，2001~2013 年种植马铃薯每 50kg 利润的总体趋势变化不大，但是波动频繁，尤其在 2009~2013 年，每 50kg 利润呈现大起大落。2001~2009 年每 50kg 利润的波动幅度在 15~25 元之间，基本围绕 20 元轴线上下波动，总体呈上升趋势。2010 年以 37.72 元/50kg 的利润达到近 13 年来利润最高，但第二年马铃薯种植的利润又跌入低谷，每 50kg 的利润已经低于 10 元，又创下历史新低。2011 年和 2012 年又开始大幅度回升。2013 年又已经超过 2009 年以前的平均利润水平。

每 50kg 马铃薯出售的价格与每 50kg 马铃薯利润的变化趋势基本一致。由此可见，近年来"薯贱伤农"与"薯贵伤民"的现象在国内马铃薯产业发展中交替上演，极不利于马铃薯产业的健康持续发展。因此，国家实施马铃薯主食化战略，有关领导部门应考虑如何建立马铃薯市场价格调控机制，以维持市场价格行情基本稳定，维护薯农、消费者及马铃薯加工企业的利益。

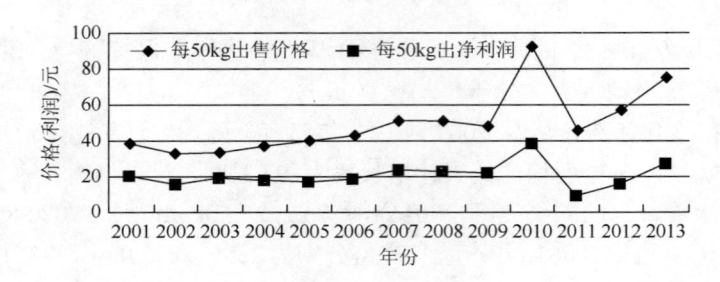

图 3-19　全国马铃薯每 50kg 出售价格及净利润

3. 成本利润率

成本利润率是指一定时期内产品销售利润与同期产品销售成本之比，即
$$R = P/C \times 100\%$$
式中，R 为成本利润率；P 为利润；C 为成本费用。如图 3-20 所示，从长期趋势看，尽管马铃薯成本利润率具有上下波动的特征，但成本利润率不断走低的趋势明显。2003 年成本利润率最高，达到 126.99%，但到 2011 年成本利润率只有 23.30%，尽管 2012 年以后有所提高，但长期下降的趋势难以改变。这种局面的出现，既与马铃薯生产的成本费用不断攀升密切相关，也与马铃薯属于大宗低档消费食品相关，其需求价格弹性小，并且马铃薯加工率长期偏低，结果导致马铃薯原材料销售价格难以上涨或者维持在一个稳定的价格水平。此外，还与中国尤其是广大山区马铃薯生产效率低、物流运输成本高有关，如小农户经营、缺乏马铃薯脱毒种薯和马铃薯科学储藏设施、无法使用农机替代劳动等因素。

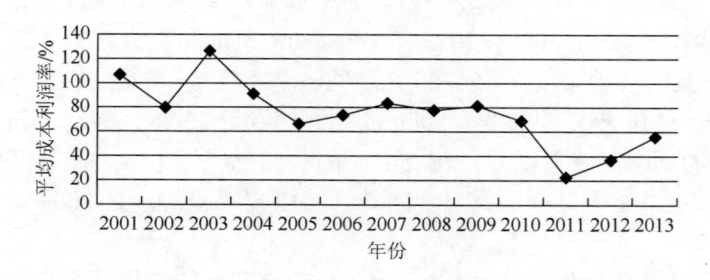

图 3-20　全国马铃薯单位面积平均成本利润率

确保广大薯农"爱种"是国家实施马铃薯主食化战略重要的一关。因此，如何保证马铃薯生产的成本利润率稳定在一个可以接受的水平，调动广大马铃薯种植户的积极性，已经成为一个亟待解决的问题。

第四节 中国马铃薯市场价格波动规律分析

中国马铃薯市场接近完全竞争市场,供求决定价格,价格反映供求。完全竞争市场又称纯粹竞争,是一种不受任何阻碍和干扰的市场,部分农产品市场接近完全竞争市场的结构。该市场具有两个特点:一是厂商的数量很多,进出该市场门槛低;二是市场上的产品无明显差别,或者极其近似。完全竞争市场存在的条件是:市场上有许多生产者和消费者,他们都只是价格的接受者,竞争地位平等;商品同质,不存在产品差别;资源自由流动;市场信息畅通。在国内马铃薯的市场,比较接近完全竞争市场的基本假定。

一、供求形势

认清中国马铃薯产业发展的供求形势,才能更好地引领产业可持续发展。从宏观层面来看,国内马铃薯产量经过近三十多年的快速增长,面临着宏观经济进入新常态,农业发展进入新阶段,深入推进供给侧结构性改革,市场价格波动剧烈,"薯贱伤农"现象频发;以鲜食消费为主,加工比例偏低,产业链条偏短;马铃薯生产供给快速增长,出现了阶段性过剩,马铃薯消费可能受抑制;马铃薯人均消费增速递减,市场需求趋于饱和等重大挑战。

1. 马铃薯供给快速增长,出现了阶段性过剩

如图 3-21 所示,与世界马铃薯人均产量对比,中国马铃薯人均生产量在 2002 年首次超过世界平均水平,2013 年达到 67.76kg,比世界平均水平高出 26.70%。从国内近三十年的数据来看,马铃薯供求基本平衡,供给略大于需求。马铃薯总产

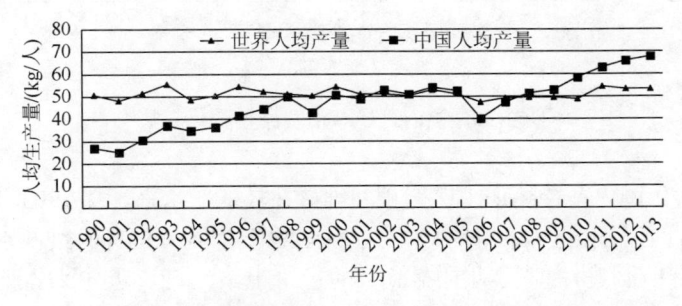

图 3-21 中国与世界马铃薯人均生产量对比

根据 FAO 数据库整理所得

量与总消费量基本保持同步变化,绝大多数年份总产量与总消费量的差额都在250万t以内,从相对比重来看,供给和需求之间的缺口占总产量和总消费量的比重非常低,长期维持在2%~3%,个别差额较大的年份缺口比重也不超过10%。再加上中国马铃薯以国内消费为主,基本是国内自产自销,进出口占总量的比重较少。从未来长期趋势来看,预测到2020年,马铃薯的总消费为1.090亿t,马铃薯总产量为1.125亿t,供给大于需求350万t,预测到2030年,马铃薯总产量为1.3585亿t,马铃薯的总消费量为1.3280亿t,供给大于需求305万t[11]。

2. 以鲜食消费为主,加工比例偏低,产业链条偏短

马铃薯消费广义上包括食用、饲料、种用、加工用及损耗等。其中,马铃薯食用消费是世界马铃薯消费增长的主要动力。每年全球马铃薯的消费量在3亿t左右,人均消费在32kg左右,其中食用大约占消费量的65%。长期以来中国马铃薯消费以鲜食为主,如图3-22所示,1994年以后,马铃薯食用消费占比从35.45%一路呈上升趋势,到2005年达到74.84%的最高水平。此后略有下降,但仍然保持在60%以上的较高水平。

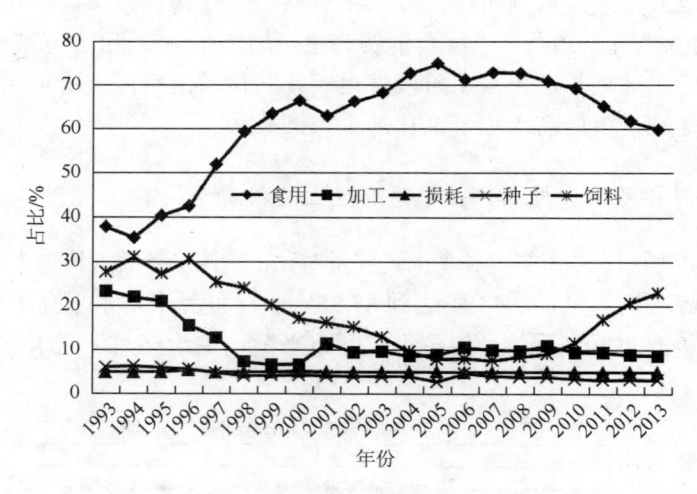

图3-22 国内马铃薯消费结构变化趋势

与此同时,国内马铃薯加工比例长期维持在较低的水平。从1993年到2000年,国内马铃薯加工占比处于下降阶段,从23.42%下降到6.83%的最低水平,此后加工比例尽管有所回升,但长期围绕10%的水平上下波动,近年来占比又呈现新的下降趋势。全国平均水平尚且如此,对于贫困山区来说,交通条件滞后,工业化水平较低,马铃薯加工比例更低,结果导致马铃薯的消费方式单一,商品率不高,

主要被用于自己食用或者喂牲口，以"煮洋芋""烤洋芋"等温饱型消费方式为主，产业链条短。

3. 马铃薯人均消费增速递减，市场需求趋于饱和

如图 3-23 所示，从短期来看，消费需求趋于饱和。2002 年中国马铃薯人均消费量首次超过世界平均水平，2013 年中国人均马铃薯消费达到 68kg，世界马铃薯人均消费达到 54kg。中国人均消费量已经超过世界平均人均消费量的 14.81%。近年来，马铃薯人均消费量的增长速度呈现递减趋势，市场需求逐步趋于饱和，供略大于求。

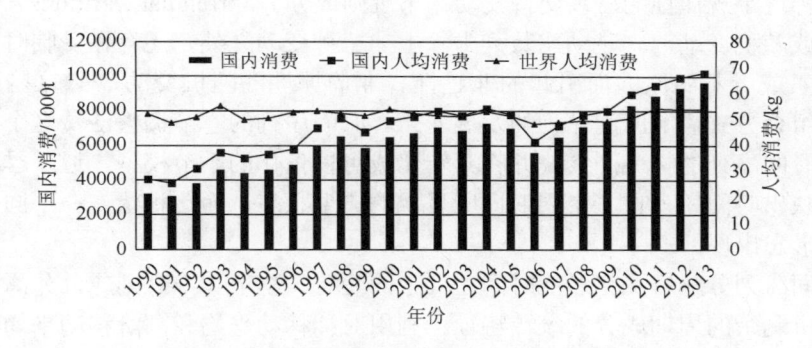

图 3-23　中国与世界人均马铃薯消费量对比（kg/人）

从长期来看，国内马铃薯潜在需求较大，但完全释放出来还需要较长时间。首先，马铃薯营养价值正逐渐被越来越多的人所接受。其次，中国消费结构升级将拉动马铃薯加工品消费。随着收入水平的提高，人们对马铃薯加工品的需求逐步增多。最后，马铃薯主食化战略推进马铃薯供给侧结构性改革。2015 年启动中国马铃薯主食化战略，一大批适合国人消费习惯的主食产品、方便食品及其他高附加值的马铃薯产品相继涌现，将进一步引领开拓中国马铃薯主食化和方便食品消费市场。

二、价格波动

农产品经营价格，是指农产品经营企业销售农产品的价格，包括农产品批发价格和零售价格。本研究讨论的马铃薯市场价格是指马铃薯批发价格，为了提高马铃薯价格数据的可比性，反映马铃薯批发价格变化的真实情况，本研究采用马铃薯批发市场价格指数来代表马铃薯批发价格。

1. 研究方法

马铃薯价格周期是指马铃薯市场价格围绕其长期趋势扩张和收缩而体现出的周期性波动。X11 季节调整法是美国官方公布的以经济时间序列数据进行季节调整的标准方法，它完全可用于序列中各种周期性成分的识别与提取。

该方法的核心思想是时间序列 y_t 是由 4 种成分构成的，它们分别是：趋势成分 T_t（trend），即由各个时期普遍和长期起作用的基本因素引起的变动；季节成分 S_t（seasonal fluctuation），即由自然季节变换和社会习俗等因素引起的有规律的周期性变动；周期成分 P_t（periodicity），或者称为循环变动，即社会经济发展中的一种近乎规律性的盛衰交替变动；不规则成分 I_t（irregular varitions），即剩余变动或随机变动，它是动态数列中除上述三种变动之外，还存在受临时的、偶然的因素或者不明原因而引起的非趋性、非周期性的随机变动[12]。这些成分通过不同组合方式影响时间序列的发展变化。时间序列的季节调整法从这个角度出发理解时间序列的构成因素，并将其转化成可以量化的季节模型。通过季节模型能够反映出时间序列在一个周期内所呈现的典型状态，而这种状态在不同周期以基本的形态出现。

时间序列分解旨在将经济时间序列中的趋势、季节和不规则成分分离出来，然后分析剩余的周期成分的统计特征。利用对称移动平均和高阶移动平均，通过多次迭代，最终分离出原序列 y_t 的趋势成分（T_t）、季节成分（S_t）和不规则成分（I_t），得到剔除季节成分的调整后的序列 y_t^*[13]。

由于趋势成分和周期成分在季节调整中被视为一体，因此，需要将趋势成分和周期成分分开。去除趋势成分较常用的方法是 H-P 滤波法。H-P 滤波法本质上是一种线性滤波方式，采用线性滤波方式的优点在于分解过程当中不会引入伪非对称性[14]。设 P_t 只是包含趋势成分和周期成分的经济时间序列，P_t^T 是趋势成分，P_t^C 是周期成分，即 $P_t = P_t^T + P_t^C$。

本研究首先通过 X11 季节调整方法对马铃薯价格指数的月度资料进行季节调整，在此基础上使用 H-P 滤波法获得周期成分，然后分析周期成分的统计特征，从而对马铃薯价格周期做出判断和分析。

2. 数据来源

本研究中有关马铃薯价格的数据资料采用了中国薯网提供的 2011 年 1 月 1 日至 2015 年 12 月 31 日的全国马铃薯市场价格指数，以及内蒙古、甘肃和山东三个马铃薯主产省份的市场价格指数，并通过分组处理，将马铃薯价格每天的指数转换成月度数据。本研究是基于该月度数据进行的。

3. 长期趋势

如图 3-24 所示，价格指数从 2011 年 1 月 1 日开始，至 2015 年 12 月 30 日，该 5 年时间序列呈现出以年为单位的季节效应。全国的数据历史最高值出现在 2013 年 5 月 20 日，指数值为 2.90；最低值出现在 2011 年 11 月 6 日，指数值为 1.36。

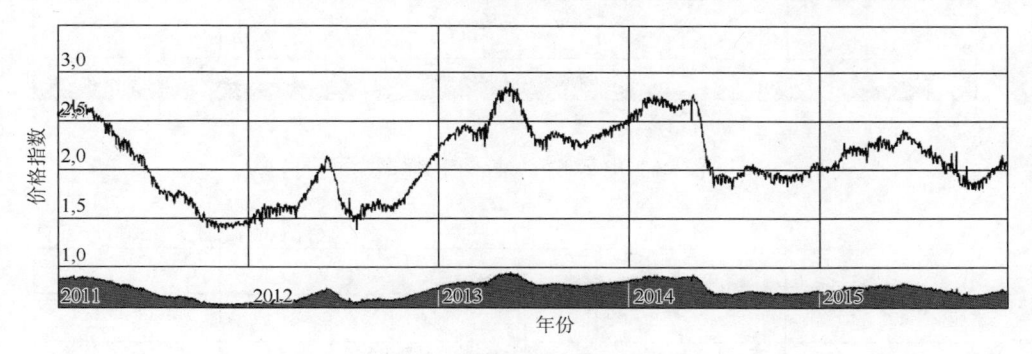

图 3-24　全国马铃薯价格指数变化趋势

如图 3-25～图 3-27 所示，马铃薯全国价格水平和主产区价格水平的波动一直比较频繁，主产区价格波动幅度要高于全国的价格波动幅度，并且全国的价格波动与各主产区的价格波动几乎同步。总体而言，山东的价格指数水平最高，与全国价格指数波动幅度最相近；甘肃的价格指水平最低，波动也最为剧烈；内蒙古介于二省之间，波动幅度相对较小。

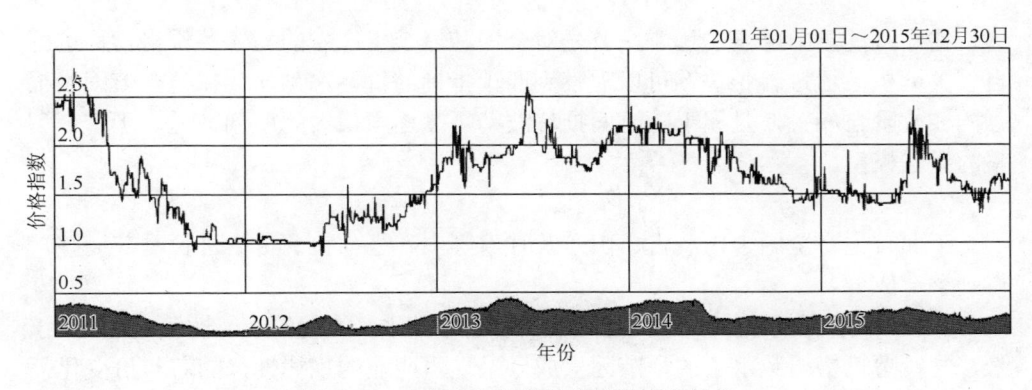

图 3-25　内蒙古马铃薯价格指数变化趋势

4. 季节分析

1）序列相关检验

马铃薯价格时间序列均存在与季节因素很强的自相关。为了进一步验证马铃

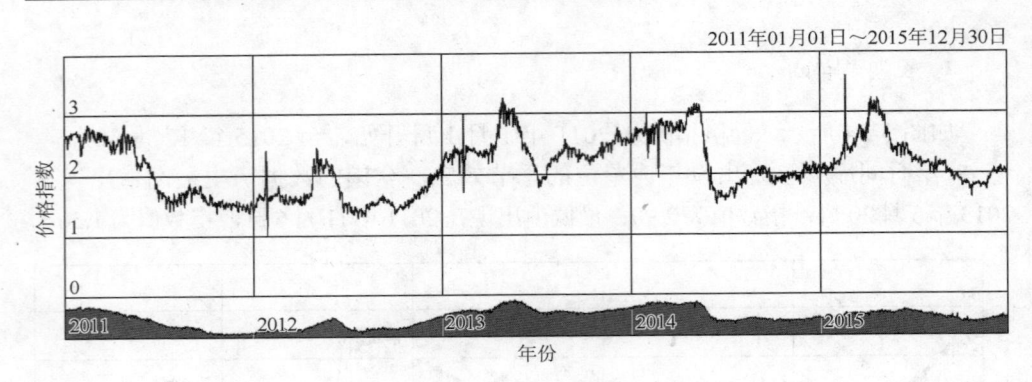

图 3-26　山东马铃薯价格指数变化趋势

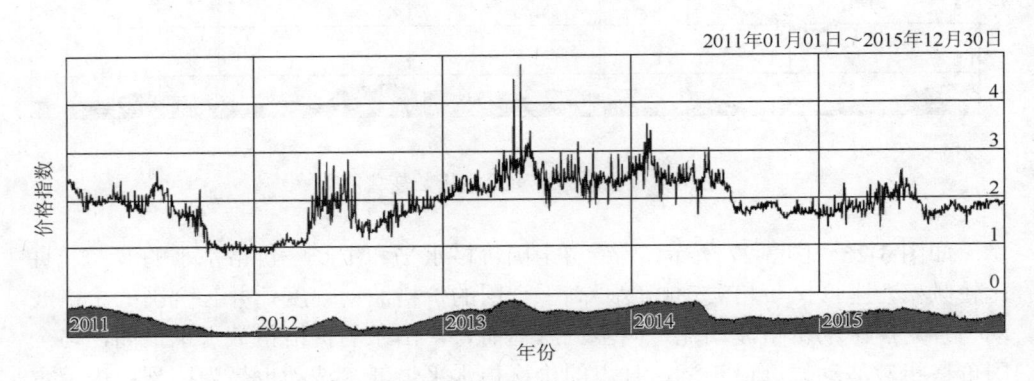

图 3-27　甘肃马铃薯价格指数变化趋势

薯价格序列的季节因素的影响，首先对全国和三个主产省的马铃薯价格指标进行自相关分析。通过自相关图可以观察到四项指标的价格序列均存在与季节因素很强的 24 阶自相关，且属于随时间推移波动幅度逐渐增大的序列，适用于季节调整的乘法模型。

2）季节因素分析

下面首先对全国、内蒙古、山东及甘肃等主产区马铃薯价格进行季节调整，得到季节成分。

从季节因素成分分析图，可见马铃薯价格指数水平波动的季节性较强。近5年来，马铃薯价格指数水平的季节因素成分呈现出明显的规律性，随着年份变化，季节周期波动幅度呈现相对稳定的趋势。马铃薯价格指数水平最高点与最低点存在的差异主要与当地马铃薯上市时间的早晚有关。

如图 3-28 所示，就全国马铃薯市场价格指数水平的季节因素成分变化趋势来看，每一年价格指数水平的最高峰出现在 5 月及其前后，价格指数水平的最低谷出现在当年的 10 月及其前后，每一年的最高点与最低点交替出现，时间节点保持高度一致。具体来看，每一年的 5 月马铃薯价格指数水平达到最高点以后，6～10 月，马铃薯价格指数水平一路走低，到 10 月达到最低点，随后，从 11 月到次年 5 月，马铃薯价格又上涨，到 5 月达到最高点，形成一个完整的波动周期。在此期间尽管略有起伏，但其基本趋势没有改变。

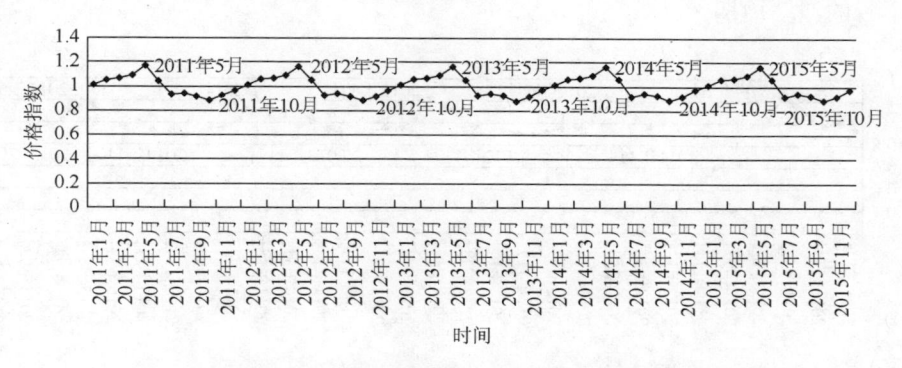

图 3-28　全国马铃薯价格指数季节因素成分

如图 3-29 所示，与全国相比，内蒙古价格指数季节因素成分的波动要明显得多，其最高点要滞后 1 个月，即出现在每年的 6 月及其前后，但价格指数水平的最低点与全国基本保持一致，即出现在每年的 10 月及其前后。具体来看，内蒙古价格指数水平从每年 6 月达到最高点以后，6～10 月价格一路下跌，一直到当年 10 月，价格指数水平达到最低点，从 11 月开始，价格指数水平开始回升，到次年 2 月价格又开始新一轮下跌，直到 5 月结束下跌，到 6 月价格创出新高，从而形成一个完整的周期。

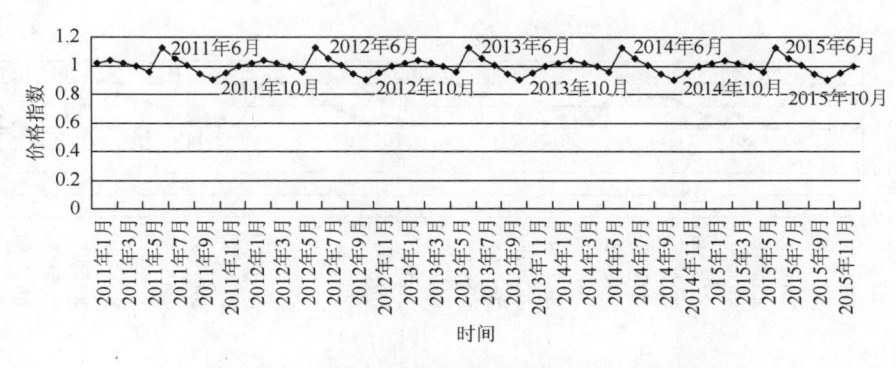

图 3-29　内蒙古马铃薯价格指数季节因素成分

如图 3-30 所示，甘肃省马铃薯价格指数水平的最高点和最低点均要比全国滞后 1 个月，最高点出现在每年的 6 月及其前后，价格指数水平的最低点出现在每年的 11 月及其前后。波动周期为每年的 6 月（峰）—11 月（谷）—次年 6 月（峰）。具体来看，甘肃马铃薯市场价格每年的 5~6 月价格较高，之后下降，7~10 月价格走低，之后下降到当年的 11 月达到全年最低价格；之后回升，1~3 月小幅振荡，继而大幅度回升到 5~6 月，达到全年新的最高点，完成一个周期为 12 个月的波动周期。

图 3-30　甘肃马铃薯价格指数季节因素成分

如图 3-31 所示，山东省马铃薯价格指数水平的最高点与全国一致，即同样出现在每一年的 5 月及其前后，最低点要比全国提前 3 个月，即出现在每年的 7 月及其前后。波动周期为每年的 5 月（峰）—7 月（谷）—次年 5 月（峰）。具体来看，山东马铃薯市场价格每年的 4~5 月价格较高，之后下降，6~7 月价格一路走低，下降到当年的 7 月达到全年最低价格；之后回升，9~10 月小幅振荡，继而大幅度回升到次年 4~5 月，达到全年新的最高点，完成一个周期为 12 个月的波动周期。

图 3-31　山东马铃薯市场价格指数季节因素成分

3）周期特征

为了量化地获得马铃薯价格波动的周期特征，本研究在季节调整的基础上进行 H-P 滤波分析，得到全国马铃薯价格指数时间序列的趋势成分和周期成分，如图 3-32 所示。

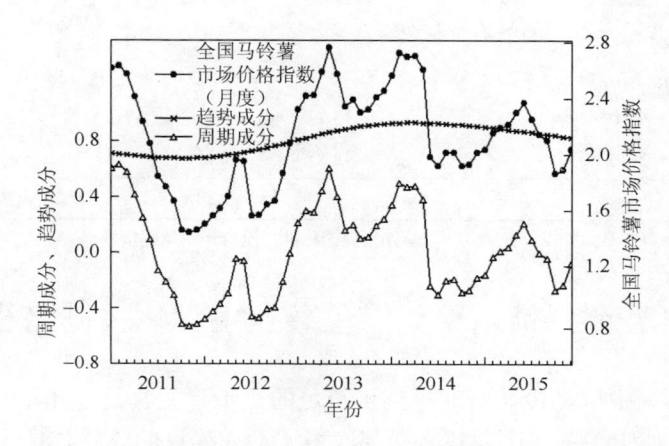

图 3-32　马铃薯价格指数时间序列 H-P 滤波分解（$\lambda = 14400$）

周期成分是剔除长期趋势后反应波动情况的波动值。变异率是用周期值除以长期趋势值得到的，是反应波动周期的重要相对指标。全国马铃薯价格指数变异率如图 3-33 所示。

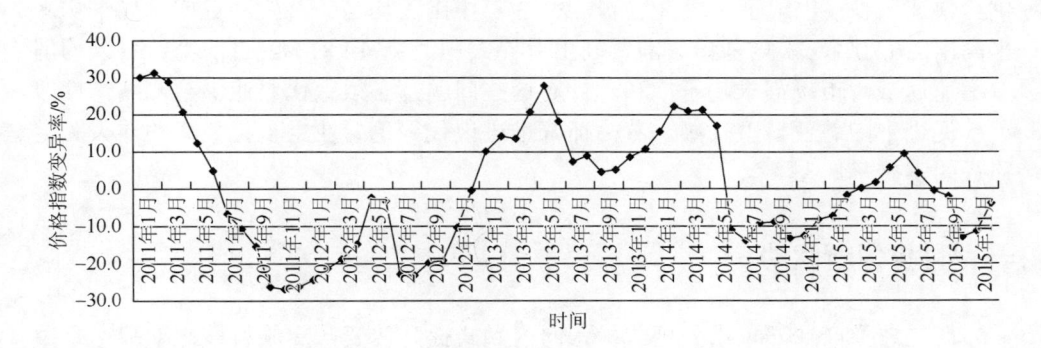

图 3-33　全国马铃薯价格指数变异率

马铃薯市场价格波动呈现明显的周期性，且谷峰落差存在缩小的趋势。为较全面反映中国马铃薯价格波动情况，结合马铃薯价格指标的实际波动情况，本研究采用如下标准来识别周期：每次波动变异率的"峰—谷"变异率落差大于 5%；每次波动变异率的"峰—谷"落差和"谷—峰"落差都大于 3%。中国马铃薯价格的波动周期划分如表 3-9 所示。

表 3-9　中国马铃薯价格的波动周期划分

周期序号	起止时间(年.月)	峰位变异率/%	谷位变异率/%	峰谷落差	上升阶段月数	周期长/月
1	2011.1—2012.5	31.4	−27.0	58.4	6	17
2	2012.5—2013.5	27.8	−23.1	50.9	8	13
3	2013.5—2014.2	27.8	4.5	23.3	5	10
4	2014.2—2015.6	22.4	−13.7	36.1	10	17
5	2015.6—2015.12	9.4	−12.8	—	—	—
平均	—	—	—	42.18	7.25	14.25

注："—"表示周期不完整或没有达到一个周期划分的标准，没有计算相应指标。

第五节　推进现代绿色薯业主食化关键路径

三十多年来中国马铃薯产业得到了长足的进步，尤其是近几年马铃薯主食化战略的实施，使中国薯类产业各方面都取得了世人瞩目的成就。但是，必须看到，中国薯类产业发展面临着一些严峻的问题。一是外延式增长方式不可持续。在三十余年间，马铃薯总产量的增加主要靠面积扩大，面积对总产量的贡献大约相当于单产的三倍以上，"薯贱伤农"常有发生。二是投资回报率逐年下降。2003 年成本利润率达到 126.99%，但到 2011 年成本利润率只有 23.30%，马铃薯人工、土地、物质费用等生产成本费用不断攀升。三是供求关系发生了重要变化。马铃薯供给快速增长，出现了阶段性过剩，2013 年中国人均马铃薯生产量比世界平均水平高出 26.70%，人均马铃薯消费高出世界人均消费 14.81%。目前马铃薯人均消费增速递减，市场需求趋于饱和。针对这些问题，必须深化农业供给侧结构性改革，促进中国薯业转型升级，着力抓好推进现代绿色薯业主食化战略的四大关键路径的实施落地。

一、科技创新驱动

促进薯类产业开发由外延式扩张向内涵式提升转变，实施科技驱动战略是关键。过去中国薯类产业开发主要处于外延扩张阶段，薯类总产量的增加主要是依靠播种面积的增加，这种外延式的粗放增长模式是不可持续的。必须转变中国薯类增长方式，以科技创新驱动作为推进主食化战略的转换新动能，通过实施现代绿色薯业三链联动转型升级机制，推进中国薯类产业跃升到一个新台阶。一方面，要大力推广已有的薯类科技成果，加强薯类新模式、新品种、新技术、新工艺、新产品的推广应用。另一方面，应进一步加强薯类产业科技攻关，进一步提升科技创新链的产业支撑能力。就四川省而言，具体技术详见本书第四章至第二十章，详细介绍了四川省近十余年在薯类科研方面取得的成果,下一步应在大面积生产上加强科技成果转化推广,同时,也对下一步应该如何提升现代绿色薯业技术创新链进行了讨论。概括地讲,应该把绿色生产、专用品种、提质增效、精深加工、提升产业链核心竞争力作为实施创新驱动的重点。

二、培育经营主体

推进现代绿色薯业的主食化战略发展,必须积极发展适度规模经营,大力培育各类新型薯业经营主体和服务主体。通过经营权流转、股份合作、代耕代种、土地托管等多种方式,加快发展土地流转型、服务带动型等多种形式规模经营。积极引导农民在自愿基础上,通过村组内互换并地等方式,实现按户连片耕种。针对近年来中国薯类生产成本不断攀升、投资利润率不断下降、供给出现阶段性过剩等问题,当前中国以超小型农户为主的高度分散的经营方式是无法适应这种"逆现代化"生产格局的,必须大力培育新型职业农民,通过新型经营主体实现薯类作物良种专用化、种薯脱毒化、生产绿色化、作业机械化、经营集约化、产品品牌化。通过专业合作社、家庭农场、种植大户等新型主体,有效降低薯类流通费用,提高流通效率,实现"小农户"与"大市场"的对接。要采取针对性扶持政策,激活各类人才到现代薯类产业领域创新创业,规范新型农业经营主体的生产行为,做好产前、产中及产后的生产服务工作。

三、发展精深加工

促进马铃薯产业由卖原料产品向卖高附加值系列制成品转变,是现代绿色薯业主食化战略实施的客观要求,也是薯业实现供给侧结构性改革的重要内容。马铃薯、甘薯都属于具有高加工潜力和高附加值的农作物,经过精深加工,可以增值几倍甚至几十倍。以超市出售的某品牌马铃薯泥为例,该产品的超市定价标准为 5.00 元/盒,含马铃薯全粉不到 32g(还包含有其他相关配料)。如果换算成 100g 来计算,该系列土豆泥产品可以达到 15.63 元/100g,也就是说 500g 马铃薯泥的价格可以卖到 78.15 元。如果按照 6∶1 的比例换算,加工 500g 马铃薯全粉需要 3000g 马铃薯鲜薯,再按照 0.815 元/500g 的鲜薯价格计算,加工 500g 马铃薯全粉的原料成本仅仅为 4.89 元,由此可见用马铃薯鲜薯加工该马铃薯泥产品的增值收益为 73.24 元,增值了将近 15 倍[15]。薯类休闲食品受到广大消费者青睐。随着人们收入水平的提高,对薯类鲜食消费比重逐步降低,对加工制品,尤其是冷冻制品的消费量将大幅提高。从世界薯类产业发展趋势看,发达国家卖品牌、卖技术、卖设备、卖产品,而发展中国家只能卖原料,发展中国家与发达国家最主要的差距体现在加工上。加工兴则产业兴,没有强大的加工业,中国薯类产业的整体开发水平将受到严重限制。因此,开发现代绿色薯业,应该坚持走主食产业化的道路,把扶持薯类加工龙头企业确定为推进薯类产业开发的重要抓手,促进薯类在原产地就地就近加工增值,尽快改变山区薯类加工业发展滞后的现状。

加快制定薯类主食产品分类标准,构建符合中国国情、与国际接轨的薯类主食产品标准体系,提高标准对产业发展的技术支撑作用。建立和完善薯类主食产品加工质量安全控制体系,加快相关企业诚信体系建设,引导和支持企业建立诚信管理制度、严格执行国家和行业标准。建立薯类主食产品质量追溯制度,强化薯类主食产品的质量监管,提高行业安全管理水平。

四、引导市场消费

推进现代绿色薯业的一个关键路径是薯类中高端消费市场的开拓,其中,以薯类绿色美食产品为主业的加工业和餐饮业将起到至关重要的作用。要积极引导消费者由温饱型消费向营养健康消费转变。对于鲜食薯类产品,要积极开发各类特色优质、适口性好的专用品种。对于加工业和餐饮业,不仅要开发各种专用品种,更重要的是要积极开发各种美味、健康、时尚、享受型的美食制品及其相关的加工和烹饪新技术。事实上,现代绿色薯业能否成功,最终取决于市场。只有广大消费者爱吃薯、爱买薯,餐饮业和加工企业才会爱做薯,新型经营主体和广大农户才会爱种薯。

应加强对广大消费者的薯类营养功能科普宣传,引导人们消费薯类主食产品。建议积极开展马铃薯主食产品营养功能评价,建立健全营养功能评价体系,坚持政府引导,企业主体,科研院所参与的模式,建设主食产品消费体验站,指导街道社区、大型超市、集体食堂及相关企业参与产品消费体验站建设,把产品消费体验站建设成为产品消费引导、营养知识科普的互动平台。让马铃薯系列产品(如马铃薯馒头、面条、米粉等)走进中小学生营养午餐、驻地武警官兵、医院系统、高等院校等人员密集场所的公共食堂,通过他们的引领示范,逐步使广大老百姓接受马铃薯系列产品。

加强现代绿色薯业信息服务平台建设,组织薯类生产经营企业参加各种产销对接活动,扶持各类专业协会及产业联盟发展。探索建立区域性薯类产品产地批发市场或物流中心,促进产销衔接和市场流通。发展薯类绿色主食产品直接配送,搭建产销直挂平台,推动产销双方建立长期稳定的购销关系。加强薯类产品产销信息的监测统计和分析预警,指导薯类产品跨区域有序流通,增强对市场突发异动的应对能力和调控能力,防止出现卖薯难。

积极开发薯类美食餐饮业,积极研发薯类美食烹饪艺术和特色烹饪制品,努力挖掘富有中国特色、深受广大消费者喜爱的薯类主导美食产品。积极举办马铃薯甘薯文化美食节。依托薯类主产区丰富的旅游资源和民族文化资源，举办现代绿色薯业相关节庆活动。整合现有旅游基础资源，打造具有地方特色的马铃薯花赏花节、"土豆宴"、"红薯宴"等美食节。利用广播、电视、网络、报纸、图书等形式，加大在当地主流媒体和新型媒体上的宣传力度，向公众普及薯类营养知识、推广薯类产品。举办富有地方特色的薯类营养活动周、产品交易会和营养餐计划推广等活动。

同时，还要加快建立薯类主产区现代流通体系，大力发展订单农业，加强薯类品牌建设，建立紧密的产销关系，提高农户抵抗市场风险的能力。实施"互联网+"战略，创新销售模式，利用互联网缩短薯类主产区在时间与空间上的市场距离，拓展鲜薯销售渠道，完善市场信息体系。

（本章作者：张千友　黄　钢　彭正松　李佩华　王　平　黄静玮）

参 考 文 献

[1] 张千友, 罗雪妹. 马铃薯生产的长期趋势、影响因素与目标预测研究. 农村经济, 2016, (7): 60-64.
[2] 张晓峒. EViews 使用指南与案例. 北京: 机械工业出版社, 2007.
[3] 刘汉成. 我国水果生产的波动特征及主要影响因素分析. 中国果业信息, 2007, 24 (3): 1-5.
[4] 陈蓉. 我国生猪生产波动周期分析. 农业技术经济, 2009, (3): 77-86.
[5] 岳冬冬, 王征兵. 我国生猪生产波动周期研究. 农业技术经济, 2010, (10): 18-25.
[6] 贾天宇. 湖北省生猪生产波动周期实证分析. 新疆农垦经济, 2012, (2): 22-25.
[7] 高铁梅. 计量经济分析方法与建模. 北京: 清华大学出版社, 2006.
[8] 张千友, 刘巧茹. 马铃薯主粮化战略面临的挑战与应对——基于成本收益的实证研究. 天府新论, 2016, (4): 113-119.
[9] 屈冬玉, 谢开云. 马铃薯产业与小康社会建设. 马铃薯产业与小康社会建设. 2014.
[10] 国家发展和改革委员会价格司. 全国农产品成本收益资料汇编. 北京: 中国统计出版社, 2001-2013.
[11] 米健, 罗其友, 高明杰, 等. 马铃薯中长期供求平衡研究. 中国农业资源与区划, 2015, 36 (3): 27-34.
[12] 李洁明. 统计学原理. 上海: 复旦大学出版社, 2010.
[13] 毛学峰, 曾寅初. 基于时间序列分解的生猪价格周期识别. 中国农村经济, 2008, (12): 4-13.
[14] 刘金全, 范剑青. 中国经济周期的非对称性和相关性研究. 经济研究, 2001, (5): 28-37.
[15] 张千友. 中国马铃薯主粮化战略研究. 北京: 中国农业出版社, 2016, 11: 134.

第四章　构建现代绿色薯业技术创新链

四川省薯类科研事业始于20世纪40年代。1940年四川省农业改进所（现四川省农业科学院）杨鸿祖先生从美国引进'南瑞苕'在四川省繁殖、观察、鉴定、试种，产量高而稳定，品质特优，适应性强，深受广大农户欢迎。50年代推广面积迅速扩大，1959年达87.46万 hm^2，占当年全省甘薯面积的55%，比地方品种增产50%以上。直到1985年该品种累计种植面积达1466.67万 hm^2[1]。四川省南充地区农科所（现南充市农业科学院）谭民化先生牵头育成的甘薯突破性品种'南薯88'，1992年荣获国家科技进步奖一等奖，是迄今中国薯类科技界荣获的最高科技进步奖。在马铃薯育种上，四川省农业科学院于1947年引进马铃薯杂种实生苗'B76-43'，1951年秋鉴定出该材料具有晚疫病抗性，1955年定名为'巫峡'洋芋，向全国21省累计推广面积133万 hm^2。1956年，四川省农业科学院作物研究所从东欧引进的一批品种中鉴定出'米拉''疫不加''南湖塔'等抗晚疫病高产品种，60年代陆续向全国推广。1978年，四川农业大学胡延玉教授和谢贞汉教授开展甘薯和马铃薯引种、生理和栽培的科学研究与人才培养。1979年，四川省农业科学院开始进行马铃薯脱毒技术研究。1980年6月，四川省农业科学院开始与国际马铃薯中心（CIP）开展科技合作，38年来与国际马铃薯中心在薯类种质资源引进、品种选育、脱毒种薯扩繁、耕作栽培、贮藏保鲜、产后加工、服务企业、科技扶贫、产业经济和人才培养等多方面开展了广泛而富有成效的合作[2, 3]。回顾这些历史，在于激励四川薯业同仁，发扬光荣传统。

马铃薯、甘薯是四川省第四和第五大粮食作物，不仅对粮食安全、农业结构调整和农民持续增收意义重大，对于确保贫困山区和民族地区口粮安全、精准扶贫也具有特殊重要作用。但由于种种原因，相当长的一个时期内薯类作物未能受到应有的重视。十几年前，四川省薯类产业存在的主要问题是科研资金匮乏、科技人员流失、创新转化能力弱化、新品种少、种薯混杂退化、栽培技术落后、种植模式单一、病虫害严重、贮藏损失大、加工比例低、面积不断萎缩、单产长期低而不稳。

2003年以来，四川省委省政府高度重视薯类产业发展，启动实施了"马铃薯专用品种引进及良种体系构建"等马铃薯产业发展项目。2004年，四川省农业厅把马铃薯生产任务纳入对各市州农业局的目标考核，成立了以厅长为组长的马铃薯产业发展领导小组，组织实施了一系列马铃薯项目。2006年以来，农业部出台了9号文件《农业部关于加快马铃薯产业发展的意见》，四川省人民政府将马铃薯纳入重点发展的特色优势产业和四川省新增 100 亿斤[①]粮食生产能力建设规划纲要，制定并发布了马铃薯产业发展规划，不断加大对马铃薯产业项目投入。依托四川省马铃薯良繁体系建设、马铃薯产业发展提升行动、粮食生产能力建设、现代农业发展工程、国家原种补贴、农业部高产创建、粮油绿色高产高效创建、"天府英才"马铃薯良繁体系攻关人才培养、中国农业科学院和国际马铃薯中心马铃薯种薯体系灾后重建等项目，切实加大投入。2008 年，随着国家马铃薯现代产业技术体系的启动，四川省农业厅于 2008 年年底在全国率先启动了国家现代农业产业技术体系马铃薯创新团队项目，2014 年扩展为薯类创新团队。2006～2016 年通过四川省农业厅粮油系统实施的马铃薯项目资金近 5.2 亿元。

四川省薯类创新团队在深入市场和产业调研的基础上，按照"创新技术链—延伸产业链—提升价值链"的技术路线，以支撑现代薯类产业链为总体目标，将薯类周年生产供给、专用品种选育、脱毒种薯快繁、高产高效栽培、主要病虫害防控、贮藏保鲜、精深加工与装备研制等产业链核心环节的技术创新链与产业创新链紧密结合，着力构建薯类产业科技价值链，以期提升薯类产业链的整体价值和市场竞争力，实现促进薯类主产区农户增产增收和现代薯业可持续健康发展。2016 年，四川省薯类种植总面积 128.38 万 hm^2、鲜薯总产量 2655.5 万 t。其中，马铃薯面积为 80.70 万 hm^2、鲜薯总产量 1611.5 万 t，甘薯面积为 47.68 万 hm^2、鲜薯总产量 1044.0 万 t，马铃薯、甘薯面积和总产均位居全国第一。

第一节 建立周年生产供给技术体系

四川及我国西南地区生态条件适宜薯类作物多季种植。一直以来，四川省薯类生产以一季为主，春马铃薯和夏甘薯种植面积占绝大多数，适宜多熟种植的生态条件优势远远没有发挥出来，种植模式单一成为制约四川及西南地区薯类发展的瓶颈。项目组在深入分析生态条件比较优势的基础上，以创新马铃薯多季高效种植模式为突破口，扩大秋冬马铃薯种植面积，大幅度提高三季马铃薯单产和效益，形成了马铃薯周年生产、周年供给的产业链发展格局。同时，以春甘薯早育早栽为突破口，初步形成早春薯和夏秋薯两季甘薯周年生产新型种植制度[4]。

一、创新马铃薯多季高效种植模式

运用亚热带立体气候类型区多元共生作物时空协调理论，利用秋、冬温光资源和空闲田土，结合马铃薯生育期短、适宜间套种植的特性及四川不同区域的生

---

① 1 斤 = 500g。

态特点，创新马铃薯多季高效种植时空调控技术和模式，发展多熟间套作栽培，分区构建 9 套马铃薯多季高效种植模式。实现马铃薯由一季春作为主向春、秋、冬马铃薯三季高效种植协调发展的种植制度转型，形成了马铃薯周年生产、周年供给的产业链发展新格局。

二、筛选季节专用品种优化生态布局

针对生产上马铃薯品种多、乱、杂，春、秋、冬品种不分的问题，以生育期、种薯休眠期、薯块膨大期和多熟制马铃薯主要病害抗性等为主要评价指标，根据不同熟制气候及生态特点，制定了春、秋、冬马铃薯不同熟制季节性品种筛选标准。利用育成品种和择优引进的省外品种共 86 个，分春、秋、冬季在盆周山区、川西南山地、平原丘陵三个生态区域的 164 点次进行比较试验，优选出适宜多熟制条件下的品种 48 个（含自育品种 33 个）。对不同生态和熟制进行马铃薯新品种合理布局，全省换种率达到 90%以上。

三、春、秋、冬马铃薯高产栽培关键技术

根据不同季节马铃薯群体生理特点和生产上存在的主要问题，明确春、秋、冬高产高效栽培关键技术，集成创新春、秋、冬马铃薯高产高效栽培技术体系，大幅度提高各季马铃薯单产和耕地使用综合效益。马铃薯高产高效栽培关键技术在大面积生产上的示范推广取得了显著的增产增收效果。多年多点试验表明，盆周山区春马铃薯增产幅度 10.27%～17.99%，平均达到 14.78%。秋马铃薯高产高效栽培关键技术多年多点试验表明，增产幅度 11.96%～20.58%，平均达到 15.45%。冬马铃薯高产高效栽培关键技术多年多点试验表明，增产幅度 11.02%～22.01%，平均达到 16.39%。

四、周年生产高产高效技术体系集成

优化集成春、秋、冬马铃薯高产高效栽培技术体系 3 套，明确了其核心技术与配套技术，制定了 5 套相应的地方标准；确定四川省马铃薯产业三个优势区域。建设了马铃薯核心示范县 41 个和良繁基地县 20 个；形成了春、秋、冬马铃薯三季增产全年增效的周年生产、周年供应产业发展格局。四川省春、秋、冬马铃薯上市时间长，效益稳定，避开了北方主产区马铃薯集中上市的时间，近年来没有出现一季马铃薯集中上市、大量滞销、薯农利益严重受损的情况，提高了广大薯农种植马铃薯的积极性。

第二节　选育薯类高产优质主导品种

收集薯类遗传资源 2252 份，创新薯类品种选育技术，创制薯类新材料 412 份，选育出川芋、川凉薯、川薯、南薯、绵薯系列等新品种 59 个，其中 13 个品种被列为部省主导品种。同时，加强生物技术育种，开展薯类功能基因研究，为薯类育种取得更大的突破奠定了坚实的基础[5]。

一、拓宽遗传基础

针对我国马铃薯育种资源遗传背景狭窄、抗病虫害、抗逆、专用等特异资源贫乏的问题，通过从国内外引进马铃薯种质资源，筛选出多份抗晚疫病、病毒病、青枯病、癌肿病、高产、高淀粉、加工专用、适应性和抗逆性强的马铃薯核心种质。采用现代生物技术与常规育种技术相结合的方法，创制具有多种优良基因的育种材料，培育一批骨干亲本，拓宽了马铃薯遗传资源基础。从甘薯遗传资源中筛选出大批有价值的核心种质，创制出一批高干物质、高淀粉、高花青素、高 β-胡萝卜素、高抗黑斑病（black rot）和病毒病的育种新材料，扩大了甘薯育种遗传基础，突破了遗传背景狭窄的瓶颈。

二、创新育种目标

针对以往过于偏重产量育种目标、多熟薯类品种品质专用型不强的问题，将专用型品质育种作为重点，创新育种目标。在马铃薯育种方面，一是根据周年生产需要，选育适宜于多熟制条件下种植的春、秋、冬不同季节专用的马铃薯品种。二是根据市场用途不同，制定了本地鲜食型品种、加工型品种、外销鲜食型品种专用型品质育种目标。在甘薯育种方面上，从传统的兼用型品种为主，转变为以加工、鲜食、特用三个方向为主的专用型品质育种，制定了高干型、高淀粉型、春薯食用型、夏薯食用型、紫肉食用型、高花青素紫肉加工型、高 β-胡萝卜素强化营养型等各类专用型品种选育的具体目标和选育计划。

三、创新育种方法

在马铃薯育种上，一是通过穿梭育种，采用优质多基因定向聚合的技术路线和多生态鉴定选择方法，选育适宜季节性专用的春、秋、冬马铃薯品种。二是用现代生物技术倍性育种手段，将高频率 $2n$ 配子突变体技术与常规育种技术相结合，进行优质多基因定向聚合重组，筛选培育出一批优质高干、多抗高产新品种。三是选择具有水平抗性的亲本作为抗晚疫病育种的骨干亲本，利用室内抗性鉴定和晚疫病高发期田间抗性鉴定相结合的方法，选育出适宜多熟种植条件下的抗晚疫病新品种。四是创新实生籽设施育苗法，研制了一种马铃薯实生籽设施育苗技术，从而能扩大杂交后代群体，减少杂交后代优质遗传的丢失率，提高育种效率。

在甘薯育种方面，一是实现集团杂交育种策略新突破，通过集团杂交和轮回选择，增加遗传变异度，提高选择概率，聚合优良基因，成功选育出了'南紫薯008'等系列紫色甘薯新材料。二是提出了以"带蔓收获、综合评判和多点鉴定"为核心内容的甘薯专用型品种选育技术，大大提高了育种效率，确保品种选育的成功。三是利用辐射诱变与生物技术结合创制育种新材料。

四、应用生物技术

克隆了2个马铃薯营养转录因子StWRKY2和StWRKY6，过量表达StWRKY6马铃薯能够耐低钾胁迫，该基因及其功能已经获得发明专利授权。同时利用拟南芥 *CIPK23* 基因导入，获得了耐低钾马铃薯株系；针对磷高效品种'大西洋'，进行了转录组测序，发掘出磷高效基因和分子标记，为磷高效育种和开发相关分子标记奠定了基础。从马铃薯'米拉'品种中获得无性系变异株系，筛选到遗传稳定的优良无性系突变材料'RSY17'。'RSY17'在大部分营养指标上优于'米拉'，在鲜食和加工马铃薯全粉、淀粉方面较'米拉'更具优势。

大批量成功建立了甘薯悬浮细胞培养与再生转化体系，对悬浮细胞进行 ^{60}Co 辐射诱变处理，定向筛选耐盐植株；开展了甘薯重要功能基因的克隆转化系列研究，在淀粉合成关键酶基因克隆与转化、块根贮藏蛋白启动子克隆及功能验证、黑斑病分子生物学研究、黑斑病菌的分离、紫薯黑斑病菌的抗性鉴定、黑斑病分子标记的建立、抑制性差减杂交文库构建及ESTs分析等方面的研究都取得了重要进展[6]。

五、选育主导品种

15年来，四川省育成33个马铃薯新品种和26个甘薯新品种，13个新品种被列为部省主导品种。

在马铃薯育种上，一是新育成早熟、中早熟品种干物质（淀粉）含量高，主要品质指标明显改进，还原糖低于国家标准。二是抗性育种成效显著。选育的新品种均对晚疫病表现出抗性或高抗性，并兼抗两种或两种以上的病毒病。三是新育成的品种综合性状好，适应性强，稳产性好。适宜做多熟制的春马铃薯主导新品种 22 个，适宜做秋马铃薯的主导新品种 4 个，适宜做冬马铃薯的主导新品种 7 个。

甘薯新品种育种上的主要进展体现在特色专用品质选育方面。一是紫色甘薯选育。新育成审定紫色甘薯新品种 10 个，占同期四川省审定甘薯品种的 45.4%。二是加工型品种选育。育成加工型新品种 9 个，其中，淀粉加工型品种 7 个，食用加工型品种 2 个。三是食用品质育种。选育出食用专用型新品种 4 个。选育出通过国家鉴定的四川省第一个菜用型甘薯新品种的选育'川菜薯 211'。四是强化胡萝卜素甘薯育种。选育出高 β-胡萝卜素甘薯新品种'南薯 010'、'南薯 012'及高 β-胡萝卜素系列甘薯新品系。

第三节　原原种脱毒苗快繁关键技术

着力构建高效率高质量的三代种薯体系，加强良繁技术研究和种薯基地建设，建立种薯全程质量监控体系。研究创新马铃薯原原种脱毒种薯繁育关键技术，繁殖效率提高 40%，成本降低 30%，突破四川省马铃薯产业发展中原原种脱毒快繁的技术瓶颈[7]。

一、高效脱毒快繁新技术研究

改传统茎尖剥离多步成苗为一步成苗并优化离体一步成苗配方，通过一步成苗法和正选择方法的创新，简化了脱毒程序，缩短了脱毒周期，提高了脱毒效率，构建 2 套脱毒技术新模式，成为四川省马铃薯脱毒基础苗生产基本模式。开展从外植体（薯芽）处理、茎尖剥离、诱导愈伤组织到分化成苗的系列研究，探索高效脱毒基础苗生产的突破性技术。

二、试管薯高效生产技术创新

通过对影响试管薯的关键诱导因素的系列实验，研究形成了提高试管薯生产力和产出效率的关键技术体系，研究了磷营养对马铃薯试管薯及连生试管薯发生的影响；试管薯的产量、形态、品质及相关生理指标在不同磷浓度下的差异；大量元素不同浓度组合对试管马铃薯结薯的影响及其最优组合；利用脱毒试管苗底茬瓶苗诱导提高试管薯生产效率的诱导技术；水杨酸（SA）和烯效唑（PP333）组合对马铃薯试管薯形成的影响；不同浓度水杨酸对马铃薯试管薯诱导的影响，明确了不同类型品种试管薯生长与水杨酸浓度之间的动态变化关系。

三、水雾培关键技术研制创新

通过马铃薯脱毒试管苗水培关键技术研究,创新脱毒微型薯高效生产的可调控式立体雾培技术,提高获得高度整齐一致的健康壮苗的效率,解决了雾培生产原原种定植苗的供苗问题,优化水培营养液配方,创新马铃薯水培育苗技术,成功实现一年两季雾培生产,形成不同品种的雾培繁育配套技术体系。雾培技术的植物群体光能转化率比常规技术高40%左右。建立了雾培新系统下原原种生产动态控制管理模式和建立物联网系统。

四、率先构建省级三代种薯体系

通过建立种薯良繁网络、种薯质量监控系统,率先在全国构建了三代种薯繁育体系及质量追溯系统,将整个种薯繁育周期缩短至三代,理顺了种薯分级,形成较为完善的马铃薯良繁体系网络,加强了规范化、标准化和产业化的三代种薯生产基地建设,强化了种薯生产经营管理和种薯质量控制,建立了由5家科研单位组成的四川省基础苗供应中心。由中心统一向企业提供基础苗,脱毒基础苗合格率从68%提高到100%;原原种合格率从73%提高到95%;原种合格率从74%提高到99%。2004~2012年,四川省马铃薯脱毒种薯推广率从6.5%提高到30.4%。

第四节 种薯发育特性及其高效扩繁

主要研究不同世代脱毒种薯生长发育特性不清楚和专用高效扩繁技术缺乏两大科学问题,重点解决脱毒种薯(尤其是原原种)休眠期长、种薯小、抗逆能力弱带来的成苗率低、保苗难度大和长势弱、单株结薯能力差带来的扩繁效率低两大技术难题,取得了脱毒种薯田间高效扩繁理论与技术的重大突破[8]。

一、明确不同世代脱毒种薯萌芽与发育特性

系统研究了不同世代脱毒种薯休眠特性及其萌芽的酶学与激素生理、原种和生产种扩繁的生长发育动态及其产量形成差异,明确了不同世代脱毒种薯休眠期的梯级变化规律和优质种薯的生理质量特征,揭示了原种扩繁产量低的原因及其高产途径,建立了脱毒种薯扩繁块茎横向和纵向分布距离、不同重量块茎空间分布的数学模型,明确了不同世代脱毒种薯的萌芽与生长发育特性及其差异,为分类制定高效扩繁技术提供理论依据。

二、探明了不同世代脱毒种薯扩繁生理特性

深入研究了不同世代种薯扩繁的养分吸收利用特性及其差异,明确了肥料运筹对脱毒种薯扩繁养分吸收利用、光合特性、抗旱性及块茎发育激素生理的影响规律,探明了不同世代脱毒种薯扩繁的营养、光合与块茎发育生理特性。揭示了脱毒优质种薯扩繁的光能利用特性,为氮肥合理运筹、提高马铃薯光能利用提供了理论依据。

三、优化集成原种和生产种高效扩繁技术

创新优质种薯生理质量调控、增密优配高效群体构建、肥料高效运筹技术促生长、化学调控平衡物质分配的"调、增、促、控"四大关键技术,并在此基础上分类优化集成了原种和生产种高效扩繁(专用)技术规程,扩繁产量提高30%以上,生产成本降低20%以上。

四、构建脱毒优质种薯高效推广应用体系

按照"构建技术创新链—延伸产业创新链—提升科技价值链"的科技价值链三链联动转型升级机制,构建政产学研用高效协同推广模式,构建了以种薯龙头企业为骨干网络,辐射川西南、川东北、攀西、藏区的脱毒种薯良繁网络体系,与种植大户、专业合作社形成利益共享、风险共担的推广应用网络。

第五节 高产高效简化栽培关键技术

以高效、安全、简化为目标,开展马铃薯专用品种调优高产配套栽培技术研究,集成创新薯类不同品种、不同种植模式、不同播栽期、不同熟期优化栽培技术体系26项,其中8项技术被列为部省主推技术。

一、根系吸收特性与块茎发育生理效应研究

研究了不同氮效率品种根系吸收动力学特性差异;明确了马铃薯产量和品质对氮营养的响应特性;探明了营养水平和外源激素促进块茎发育和解除休眠机理;发现了蕾期摘心可改善块茎内源激素水平促进块茎发育;发现利用外源赤霉素调节种薯内源激素对种薯休眠的解除效应。对根系吸收特性与块茎发育生理效应的研究,为制定相应的高产高效栽培技术提供了重要的科研依据。

二、集成创新马铃薯高产高效种植关键技术

针对薯类生产上的共性问题，在系统研究关键栽培技术的基础上，集成创新了五改高产高效栽培技术。即改"稀大窝"为高质量合理密植栽培，构建高光效能群体；改平作为高厢垄作双行错窝播种，改善结薯土壤环境；改偏施氮肥为全程平衡配方施肥，保障块茎营养供给；改盖泥土为地膜或秸秆覆盖栽培，提高抗逆生长能力；改粗放管理为肥促化控精细管理，促进光合物质积累。同时，重点研究提出了秋马铃薯稻田免耕高产高效栽培新技术和集成山区春马铃薯高产高效栽培技术体系。

三、紫色马铃薯提质增效关键栽培技术

围绕紫色马铃薯提质增效关键栽培技术开展系统研究，探明了不同灌水时期对紫色马铃薯产量和花青素含量的影响，在川中丘陵区旱地仅灌水 1 次条件下，现蕾期或开花期灌水可获得较高鲜薯产量，而出苗期灌水块茎花青素含量较高。明确了不同光照地区对马铃薯花青素含量及品质的影响，盆周山地强光照区收获的紫色马铃薯花青素含量显著高于成都平原弱光照区。明确了不同海拔高度对紫色马铃薯产量、品质及花青素含量的影响，紫色马铃薯块茎表层花青素含量普遍高于中间薯肉，海拔主要影响薯块表层花青素含量[9]。

四、紫色甘薯提质增效关键栽培技术

围绕紫色甘薯生理特性和提质增效关键栽培技术开展了系统的研究，集成创新了紫色甘薯高产高效栽培技术体系[10]。研究了紫色甘薯新品种主要产量和品质性状差异；覆膜高效育苗移栽关键技术；移栽密度和种植模式对紫色甘薯产量和品质的影响；紫色甘薯新品种需钾肥特性；不同类型肥料对紫色甘薯产量和品质的影响；主要病虫草害防治技术研究；果蜡复合涂膜对紫色甘薯保鲜效果。在上述系统研究基础上，结合高产高效栽培示范，集成了以"优质种、双膜提早育苗、垄作免耕保墒、及早移栽、增密种植和平衡施肥"为要点的紫色甘薯优质高产高效栽培技术体系[11]。

五、高淀粉甘薯提质增效关键栽培技术

以高淀粉甘薯共性调优高产栽培技术创新为突破口，以充分发挥高淀粉甘薯

的品种产量潜力和品质潜力为目标，开展高淀粉甘薯新品种调优高产简化高效栽培技术研究与示范。系统研究了高淀粉甘薯新品种筛选及育苗移栽关键技术；高淀粉甘薯需肥特性及关键技术；不同淀粉型甘薯品种密肥耦合试验、高淀粉甘薯新品种控氮增钾高产栽培技术试验、蘸根免浇轻简化栽培技术试验、地膜覆盖栽培技术试验示范、新品种'川薯217'优化栽培技术试验示范。在上述系统研究基础上，集成了以"优质种、高密度、垄作免耕保墒和平衡施肥"等技术为核心的高淀粉专用型甘薯优质高产高效栽培技术体系[12]。

第六节 农机农艺融合机械种收技术

四川省马铃薯70%以上种植在山区坡地、自然条件和农田设施差的不规则中小地块上，土壤较为黏重，机械作业困难，耐用适用中小型机械缺乏，保有量少，区域适应性和可靠性差；生产仍采用传统的栽培模式，小农户种植，面积小，用工多，劳动强度大，马铃薯规模化种植程度低；以间套种为主，种植模式多，种植技术变化大，与机械化要求严重脱节。针对这些问题，四川省薯类创新团队以实现马铃薯生产"节本、省工、提质、增效"为目标，开展了马铃薯主要环节机械化关键技术研究[13]。

一、马铃薯机械化种植关键技术研究

对马铃薯机械化生产的关键技术参数进行了研究。在凉山州的布拖、冕宁、昭觉等县开展了马铃薯高厢双行垄作与传统种植对比试验、马铃薯机械化种植密度等试验，依据试验所确立的高厢双行垄作模式和合理的种植密度等，按照农机农艺充分融合，拖拉机参数与作业机具参数、农艺参数相结合，以及拖拉机轮距与垄距相匹配的原则，确立了四川马铃薯机械化种植主要技术参数。分别选用2CM-4、2CM-4（改进型）、2CM-2、2CM-1/2四种机型在双流区、盐源县、盐亭县、甘孜县进行适应性验证。

二、关键农机具改进机械化技术优化

结合四川马铃薯生产特点，确定了以中小型机械为主的机械化技术路线和解决方案，针对现有拖拉机、种植机、中耕机、培土机、收获机等机具的适应性问题提出了研究改进和技术优化方向。以适应性改进为主，以农机农艺融合、全程机械化发展为引领，以拖拉机配套、马铃薯播种、中耕、收获等关键机具为改进

与优化对象，涵盖了中小型机组，提出以 0.90m、1.00m 垄距为主的机械化技术模式 4 种，以适应不同规模的新型经营主体。

三、全程机械化生产模式研究与示范

主要对马铃薯机械化生产耕整地、机械化播种、机械中耕培土、机械化植保、机械化杀秧和机械化收获等主要技术环节进行了集成研究，将机具选型、农艺要求、作业要求有机结合，经反复试验确定主要机型和动力机械及技术规程。在此基础上，确立了四川省马铃薯全程机械化生产技术路线：即机械化耕整地—机械化起垄播种施肥—机械化中耕培土施肥—机械植保—机械杀秧—机械适时收获。并按机械化作业规程要求，形成了适合四川特点的马铃薯全程机械化生产技术模式。

第七节 主要病害综合防控关键技术

系统研究了四川省马铃薯晚疫病、病毒病等主要病害的发病规律，集成马铃薯主要病虫害的绿色防控技术，为马铃薯品种的布局、抗病品种选育和病虫害综合治理提供理论依据[14]。

一、系统研究马铃薯晚疫病菌发病规律

明确了马铃薯晚疫病菌菌丝生长的最适温度、培养基、pH 范围和光照条件，以及在不同温度条件下孢子囊的变化动态和影响释放游动孢子的营养条件，掌握温度、湿度等因素对晚疫病菌侵染能力的影响，为马铃薯晚疫病的流行规律与防控技术提供了科学依据。

二、马铃薯新品种遗传抗性评价与利用

明确了四川马铃薯晚疫病菌生理小种组成，马铃薯晚疫病菌群体中各毒性基因的发生频率差异，同时挖掘新的抗源，加快抗病品种选育进程。制定了《马铃薯抗晚疫病性田间鉴定技术规范》(DB51/T 723—2007)和《马铃薯抗晚疫病性室内鉴定技术规程》(DB51/T 1024—2010)两项四川省地方标准。依据此两项四川省地方标准，积极开展省区试马铃薯品种的抗病性鉴定评价，鉴定马铃薯品种和品系 226 份次，经过马铃薯晚疫病和马铃薯病毒病抗性鉴定，累计推荐抗病品种和品系 50 余份，促进了四川马铃薯抗病育种进程。

三、多熟种植条件下主要病虫害防控技术

开展了多熟种植条件下四川马铃薯主要病虫害的种类、发病规律和防治研究，明确四川不同生态区马铃薯病虫害发生和潜在威胁程度，春、秋、冬马铃薯的主要病虫害发生特点及对应防控关键技术。研究了马铃薯病虫害发生与气象条件之间、品种抗性与发病程度之间的关系，掌握病虫害防治关键时期，并筛选出一批高效、低毒、低残留杀菌剂及组配。

四、马铃薯晚疫病预警与防控技术

建立了以比利时 CARAH 模型为基础的马铃薯晚疫病监测预警系统，研究了监测预警系统在不同品种、不同海拔、不同生态区的适应性，明确关键施药时期及配套防治药剂，并在四川春作、秋作和冬作马铃薯上应用于马铃薯晚疫病的防控，融合农艺措施和植保技术，构建了马铃薯病虫害的综合防控技术体系。集成创新了以农业措施为基础，化学防治为主，物理防治为辅的绿色防控技术。

第八节 安全贮藏保鲜控芽关键技术

四川省每年因种薯萌芽时间与播种期的不一致、鲜食块茎萌芽等问题造成 15%以上的贮藏损失。针对马铃薯贮藏中的控芽和保鲜问题[15]，以马铃薯安全贮藏技术及分子机理研究为重点开展科技攻关。

一、紫茎泽兰活性成分对种薯贮藏控芽保鲜技术

利用植物源成分延长薯类贮藏期研究表明，紫茎泽兰萃取物对贮藏种薯具有延长贮藏期、可逆性调控发芽期与播种期契合、减少烂薯率和降低重量损失的作用。对从紫茎泽兰中分离、纯化、鉴定的控芽保鲜活性物质进行生物安全性检测。创新"利用紫茎泽兰对马铃薯种薯贮藏保鲜"技术，贮藏损失率由 15%以上降低到 5%以下，结合冷藏设施，贮藏期由 60d 延长至 150d。

二、创制种薯生理年龄时空调节技术模式

研究种薯生理年龄和休眠作用机制，创制种薯生理年龄时空调节技术模式，显著促进早发壮苗。通过物理和农艺方法打破休眠的时空调控种薯生理最佳年龄的技术，即脱毒原原种高山繁殖→原种低海拔春季繁殖→冷藏变温和散射光种薯

处理→秋作防病栽培,使种薯生理年龄达到最佳。采用马铃薯种薯不同来源的调控方法和途径,优化了四川省种薯供应体系。

三、植物生长调节剂对块茎休眠与萌芽生理效应

研制出利于解除块茎休眠萌芽的植物生长调节剂及其处理方法。研究不同试剂处理对马铃薯原原种打破休眠的影响。发现并验证油菜素内酯(BR)是块茎解除休眠和萌芽所必需的信号物质,其作用方式与赤霉素(GA_3)既有区别也有联系。研究了外源油菜素内酯处理对块茎萌芽和芽生长的影响。利用人工生产的油菜素内酯类似物 24-表油菜素内酯(24-eBL)解除块茎休眠,并与赤霉素复配使用,改善了传统赤霉素单独催芽处理造成的种薯特别是原原种萌芽不整齐、芽纤弱问题,使块茎达到更佳生理状态,提高产量10%以上。

四、樟脑抑芽及块茎萌芽调控基因挖掘

借助高通量测序平台 Illumina Solexa 研究了休眠、萌芽、樟脑处理抑芽、恢复发芽四种状态下块茎芽眼部位的基因表达谱,通过GO、Pathway分析寻找涉及块茎休眠和萌芽的重要生理过程和基因,并从分子角度解析樟脑的抑芽作用机制。利用高通量测序技术分析了不同生理状态下的块茎转录组差异,从分子水平解析块茎萌芽过程和抑芽物质作用机理,为后续新型可逆型抑芽剂开发提供了新的思路和理论支持。

五、耐贮藏品种筛选及轻简散射光贮藏技术

对四川省近年筛选的适应不同区域不同熟制类型的专用品种开展休眠期调查,筛选出一系列耐贮藏品种。简易散射光贮藏技术特别适合试验研究及小农户少量马铃薯种薯的贮藏。研制了新型7级分级机,应用于微型薯分级包装和销售。集成创新马铃薯安全贮藏技术。编制地方技术标准(颁布)《马铃薯种薯贮藏技术规程》(DB51/T809—2008),推动了种薯贮藏安全标准化。解决薯类在储运过程中的保鲜、抑芽、防病等问题,分类制定四川鲜薯大规模集中和小型分散贮藏技术体系,在主产县指导马铃薯种薯贮藏和鲜食薯贮藏技术,降低了贮藏腐烂率,避免块茎提前萌芽造成的损失,取得了良好的示范效果。

六、多功能薯类贮藏保鲜库和通风保温贮藏库

对薯类产业化大规模贮藏创新技术进行了系统研究,结合在多功能农产品贮藏保鲜库的应用,对温度、湿度、气体、消毒等参数实行全程全自动监控的贮藏,

形成了适合贮藏甘薯、马铃薯产业化大规模贮藏，获国家发明专利"多功能农产品贮藏保鲜库"。针对农户需求研究了中小型农场薯类贮藏技术和设施设备，形成了专利技术"农产品通风保温贮藏库"。该贮藏库能调节温度、湿度、气体、消毒等参数，投资小，特别适合冬季比较冷凉的地区和较高海拔地区。

第九节 加工关键技术及新产品研发

四川薯类创新团队与20余家薯类加工企业结合，研发了薯类全薯粉丝、全粉、薯泥、快餐营养粉和含薯类全粉的面条、馒头、糕点、饼干等系列主食加工新产品、新工艺[16]，薯类主食新产品远销国内外。

一、马铃薯冷冻薯泥主食化加工关键技术与系列产品

创新以冷冻薯泥为原料的马铃薯加工关键技术和设备，研发出主食化系列产品。一是研制马铃薯原料预处理与营养成分保护技术，有效防止花青素的氧化，减少鲜薯营养成分流失，提高产品复水性。二是研究马铃薯薯泥控温熟化新工艺，减少高温对马铃薯蛋白质、膳食纤维、维生素等营养物质的破坏，提高产品花青素含量。三是率先采用马铃薯薯泥胶体磨均质新工艺，提高了产品口感。四是创新了节本增效的马铃薯冷冻薯泥三级脱水工艺，经过三级脱水使其含水量降至57%左右。五是集成创新马铃薯冷冻薯泥加工工艺，解决规模化生产冷冻薯泥营养成分易氧化分解的技术难题，率先研制出以马铃薯薯泥直接添加面粉连续机制馒头工艺及配方，配套研发了专用关键设备。开发了馒头、包子、蒸糕与面条等12种马铃薯主食化食品，均已获得食品生产QS认证，并制定了企业生产标准3个。率先在西南地区形成了年产2000t马铃薯冷冻薯泥和日产8t马铃薯薯泥机制加工馒头的生产能力。

二、集成薯类全粉加工工艺研发

以薯类全粉为基础原料，开发生产多种薯类主食加工产品和特色风味产品，如全薯粉丝、紫薯冷冻薯泥、加入薯类全粉的馒头、面包、面条、快餐营养粉、烘焙食品、冰淇淋、速溶即食食品等多种产品。

1. 生全粉加工工艺

薯类生全粉采用预脱水、气流干燥新工艺代替回填气流干燥工艺，从鲜薯到加工成全粉成品整个流程缩短1/3，干燥能耗下降30%以上。

2. 薯类全粉微波熟化加工新技术

其核心专利技术"甘薯全粉加工新技术研究与应用"被农业部评为 2015 年度农产品加工业十大科技创新推广成果。该成果适用于不同的生产规模,一是大型生产规模的薯类全粉微波熟化加工技术,通过连续螺旋挤压机捣泥和护色调质工艺,将"覆盖微波处理"与"闪蒸气流干燥"处理有机衔接,形成以"微波熟化结合无回填闪蒸气流干燥"为特色的薯类全粉加工新工艺。二是中、小型生产规模的薯类全粉微波熟化加工技术,以覆盖微波熟化与温湿度动态调控的节能热风干燥结合,形成特色的全粉加工新工艺,对设备投资要求低,适合在产地农村进行中小规模量产。上述薯类全粉加工技术可生产不同熟化的甘薯、马铃薯全粉,降低干燥成本 35%。

三、紫色甘薯营养成分保护技术研究

由于紫色甘薯花色苷容易氧化,颜色由紫变黑,导致产品质量不稳,这是紫色甘薯加工业的一个核心质量问题。基于此,以颜色为指标,进一步研究了紫色甘薯浓缩液的稳定性。探讨了光照、pH、温度、浓缩和预处理对紫色甘薯浓缩液稳定性的影响[17]。研究表明,水提法加工具有良好的操作和环境友好性,为了保持紫色甘薯浓缩液颜色稳定性,生产中可先采用蒸煮预处理,再进行提取,浓缩液在室温、避光和弱酸性条件下保存较好。通过对紫色甘薯丁护色工艺的研究,发现在薯丁尺寸 1cm^3 条件下,先经蒸煮灭酶,然后采用柠檬酸和抗坏血酸混合液进行护色处理,最后干燥至 10%含水量,所得紫色甘薯丁色泽品质优,且颜色稳定性较佳。本研究可用于紫色甘薯深加工制品的护色处理。

四、甘薯淀粉类加工技术研究与应用

建立鲜薯薯渣预脱水与气流干燥新工艺,提高了精制淀粉产品质量。采用精加工与粗加工结合方式,适于中小型加工户加工精制淀粉。甘薯粉皮的低温冷却老化新工艺,缩短了加工时间,采用保鲜新技术,产品保质期达 6 个月。在保鲜粉皮方面,采用挤压式一次熟化成型可以有效地降低能耗和人工。通过实验数据确定连续老化最佳时间,甘薯粉皮挤压法生产粉皮比传统生产方式节约 10h 以上。

五、紫色甘薯原料对白酒品质的影响

课题组探索了在中国浓香型白酒工艺上选用富含花青素的紫色甘薯作原料的酿酒效果[18],通过紫甘薯与多粮粉的五种不同原料配比酿酒试验,用气相色谱法测定了酒中43种微量成分，结果表明酒中甲醇和甲酸乙酯含量较高，尤其是酮类化合物有显著增加，酒中类黄酮化合物与酒的老熟密切相关，且都与使用紫甘薯原料的多少呈正相关，为利用紫甘薯酿造浓香型白酒提供了技术依据。研究明确了紫甘薯酿酒可能成为中国白酒品质提升的新路径，紫甘薯酿酒丰富了中国白酒的原料选择。花青素属于酚类化合物中的类黄酮类，通过长期发酵有利于生态转化，可以有效提高酒中酮类化合物含量，有利于中国白酒健康品质的提升。上述技术已获中国发明专利授权。

第十节 双创互动与延伸薯类产业链

四川薯类创新团队在加强科技创新的同时，把科技成果转化应用放在更加突出的地位，按照"构建技术创新链—延伸产业创新链—提升科技价值链"的三链联动转型升级机制，大力加强技术链与产业链的双创互动，通过农科教企、产学研用紧密结合大力加强示范推广[19]。

一、加强重点示范，在重点县建立核心基地

建立重点示范县和多功能核心示范基地，完成与重点示范县的对接工作。创新团队以重点示范县为核心区，带动全省薯类新品种、新技术、新模式、新机制推广。岗位专家坚持以多功能核心示范基地为依托，形成创新转化一条线的技术推广模式，在示范片的规模、质量、科技含量上狠下功夫。

二、开展高产创建，建立薯类科技推广网络

创造多季多点高产高效典型，高产纪录不断刷新。通过技术创新与高产创建相结合，加强"三新"联动、"五良"配套，春、秋、冬马铃薯分别创造了最高亩产 79.53t/hm^2、43.91t/hm^2 和 58.44t/hm^2 的历史高产纪录。紫色甘薯'绵紫薯9号'高产高效栽培技术，鲜薯最高产量 60.10t/hm^2，创国内紫色甘薯高产纪录。

三、开展技术培训，培育薯类新型经营主体

四川省薯类创新团队专家采用"创新团队+企业+合作社+农户"的方式，指导多家龙头企业、公司和专业合作社等新型薯类经营主体。十年来，四川省薯类创新团队主办和承办薯类科技培训班258次，培训基层技术人员2.5万人次，培训农民专业大户8.47万人次，发放技术资料10.95万份。扶持专业合作社28个，

种植大户 106 户，在合作社基地集中开展新品种、新技术、新产品与新机械示范；以特色薯产业为切入点，指导企业 23 家，开发脱毒种薯、有机商品薯和食品等产品。

四、助力精准扶贫，加强贫困地区技术推广

2015 年党中央提出精准扶贫的总动员令以来，薯类创新团队进一步将助推精准扶贫作为产业技术推广服务的重中之重[20]。一是积极行动，落实责任，组建 5 个工作小组，分赴 14 个市州，与当地农技部门对接，开展巡回指导和技术培训。二是深入调研，对口帮扶，进村入户开展调研，掌握各地薯类生产现状、存在问题和产业扶贫技术需求。分片区召开了所有团队成员参与的薯类产业扶贫研讨会。通过调研和研讨，进一步明确了四川省贫困地区薯类产业发展六个方面的重大技术需求。强化对各类主体的培育与服务。三是加强培训，强化示范，在贫困地区建立创新团队 3 个工作站，有针对性地开展薯类产业技术培训和示范工作。已向 8 个市州的 16 个县市区 47 个贫困村，派出专家 55 名，建立产业示范基地 30 个。四是突出凉山，带动全省，以大小凉山为重点，派出多批专家，分赴昭觉县、喜德县、美姑县等县进行薯类产业技术帮扶指导工作。

（本章作者：黄 钢 沈学善 王 平 屈会娟 王西瑶 黄静玮）

参 考 文 献

[1] 李仁霖. 四川省农业科学院志 1950-1985.

[2] 《四川省农业科学院志》编委会. 四川省农业科学院志 1986-2005. 成都：四川科学技术出版社, 2008.

[3] 卢肖平, 谢开云. 国际马铃薯中心在中国——30 年友谊、合作与成就. 北京：中国农业科学技术出版社, 2014.

[4] 刘莉莎, 周全卢, 沈学善, 等. 关于四川省甘薯早栽早收技术的生产建议. 四川农业科技, 2015, (7): 16.

[5] 徐成勇, 杨绍江, 陈学才, 等. 四川马铃薯周年生产季节性专用品种选育策略. 中国种业, 2015, (2): 11-15.

[6] 曾绍华, 张聪, 蒲志刚, 等. 黑斑病菌诱导的紫薯抑制性差减杂交文库构建及 ESTs 分析. 西南农业学报, 2014, 27 (1): 53-58.

[7] 谢开云. 中国马铃薯种薯生产体系和种薯技术的演变. 马铃薯产业与现代可持续农业. 中国作物学会马铃薯专委会. 2015.

[8] Zheng S L, LI J H, Cheng F Y, et al. Effects of pre-elite seed size and planting density on development and propagation efficiency of two virus-free potato cultivars in Sichuan Province, China. Africa African Journal of Agricultural Research, 2016, 11 (25): 2231-2239.

[9] 王平, 沈学善, 屈会娟, 等. 灌水时期对川中丘陵区旱地紫色马铃薯产量和花青素含量的影响. 中国农学通报, 2017, 33 (1): 11-17.

[10] 郑顺林, 张仪, 李世林, 等. 不同海拔高度对紫色马铃薯产量、品质及花青素含量的影响. 西南农业学报, 2013, 26 (4): 1420-1423.

[11] 沈学善, 黄钢, 屈会娟, 等. 施钾量对南紫薯 008 干物质生产和硝酸盐积累的影响. 南方农业学报, 2014, 45 (2): 235-239.

[12] 屈会娟, 沈学善, 黄钢, 等. 基于正交试验的高淀粉甘薯新品种川薯 217 优化栽培技术研究. 西南农业学报, 2012, 25 (6): 1995-1999.

[13] 任丹华, 沈学善, 黄钢, 等. 西南地区马铃薯中小型机具的研究与应用. 农业开发与装备, 2017, (7): 116-117.

[14] 李洪浩, 彭化贤, 席亚东, 等. 四川马铃薯晚疫病菌交配型、生理小种、甲霜灵敏感性及 mtDNA 单倍型组成分析. 中国农业科学, 2013, 46 (4): 728-736.

[15] Peng M L, Wang X Y, Li L Q. The Effect of Plant Growth Regulator and Active Charcoal on the Development of Microtubers of Potatoes. American Journal of Plant Sciences, 2012, 3 (11): 1535-1540.

[16] 邹光友, 郑天力. 方便粉丝发展现状与未来趋势. 食品与发酵科技, 2010, 46 (3): 14-17.

[17] 何秀丽, 李学理, 陈大贵, 等. 紫甘薯浓缩液成分及颜色稳定性研究. 中国粮油学报, 2014, 29 (1): 26-29.

[18] 廖建民, 黄钢, 姚万春. 紫薯用于酿造中国浓香型白酒的分析. 中国酿造, 2012, 31 (11): 153-154.

[19] 沈学善, 屈会娟, 黄钢, 等. 四川马铃薯创新团队的合作机制与技术推广模式. 农业科技管理, 2014, 33 (2): 69-72.

[20] 李华鹏, 王平, 沈学善, 等. 美姑县、昭觉县马铃薯产业精准扶贫新方法与建议. 四川农业科技, 2017, (4): 57-58.

第五章　马铃薯周年生产供给技术体系

从深化马铃薯产业供给侧结构性改革的角度讲,首先应构建马铃薯周年生产、周年供给的市场供需关系。其一,大批量的马铃薯过于集中在短期内上市,市场供给阶段性过剩,薯贱伤农;其二,市场消费者需要有多种多样的选择,按市场经济学的基本原理,一个产业为消费者提供的选择越多,这个产业发展的潜力越大;其三,建立周年生产、周年供给的产业格局,需要研究生态的可行性、品种的可能性、栽培模式和栽培关键技术的适应性。从生态条件上讲,四川省属于西南多季马铃薯混作区,生态条件多样,适宜马铃薯多季种植,在全国马铃薯种植区域规划中属于西南单双季混作区[1]。但一直以来马铃薯以一季春薯为主,种植季节单一,品种类型单一,缺乏适宜秋冬种植的马铃薯季节性专用品种,栽培技术落后,严重制约马铃薯产业发展。项目组通过 20 年系统研究和示范推广,以马铃薯多季高效种植模式和周年生产技术体系构建为核心,在新种植模式、新品种、群体生理生态特性深度挖掘基础上,研究提出了春秋冬马铃薯简化高效栽培关键技术,优化集成了春秋冬马铃薯高产高效栽培技术规程,集成创新了马铃薯周年生产技术体系,形成了春秋冬马铃薯三季增产全年增效的周年生产、周年供给产业发展格局。

第一节　研究背景、存在问题与技术路线

四川盆地平原丘陵区光热资源三季不足,两季有余,盆周高山区两季不足,一季有余,光热资源尚有 0.5 熟可以利用。[2]一直以来,四川省马铃薯的多熟种植未得到应有的重视。20 世纪 90 年代中期以前,四川省马铃薯以一季春作为主,种植模式单一成为制约四川马铃薯发展的瓶颈。同时,生产中缺乏适应多熟高效种植的专用品种和栽培技术,种植粗放,产量低而不稳。虽然在部分平原丘陵区,农民在水稻收获后自发零星种植一季秋马铃薯,但品种不对路,单产偏低,面积很小。四川省适宜马铃薯多熟种植的生态条件未得到充分利用,马铃薯增产增收的潜力远远没有得到发挥。

如何利用剩余的 0.5 熟光热资源,在有限耕地上,在不影响大宗粮食作物生产前提下,通过填闲复种和间套增种,扩大马铃薯面积,提高单产和效益,实现马铃薯由一季春作为主向春、秋、冬三季高效协调发展?项目组在认真分析四川多熟制生态条件和马铃薯生育特性的基础上,认为发展四川马铃薯的切入点不宜

局限在单一季节上与其他作物争夺种植面积，而应以春、秋、冬马铃薯多熟高效种植新模式为突破口，创新马铃薯多熟高效种植时空调控技术和模式，充分利用四川不同生态地区丰富的光热资源和马铃薯品种类型多、生长周期短、抗逆性强、适应性广、产量潜力高、经济效益好、周年供给、错季上市、市场需求旺等特点，发展马铃薯多熟高效种植制度，合理开发秋冬闲田土，扩大秋冬马铃薯种植面积，大幅度提高各季马铃薯单产和效益，实现四川马铃薯由一季春作为主向春、秋、冬马铃薯多熟种植转型[3]。马铃薯周年生产技术体系如图5-1所示。

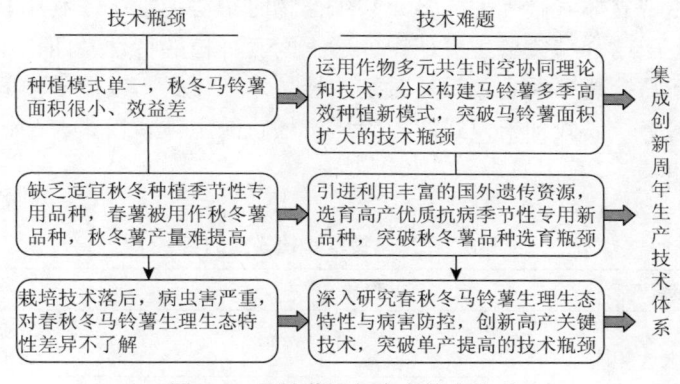

图5-1 马铃薯周年生产技术体系

项目组通过20年系统研究和大面积示范推广，以马铃薯多季高效种植新模式和周年生产体系构建为核心，扩大秋冬马铃薯种植面积，大幅度提高三季马铃薯单产和效益，形成了周年生产、周年供给的马铃薯产业创新链，技术路线如图5-2所示。

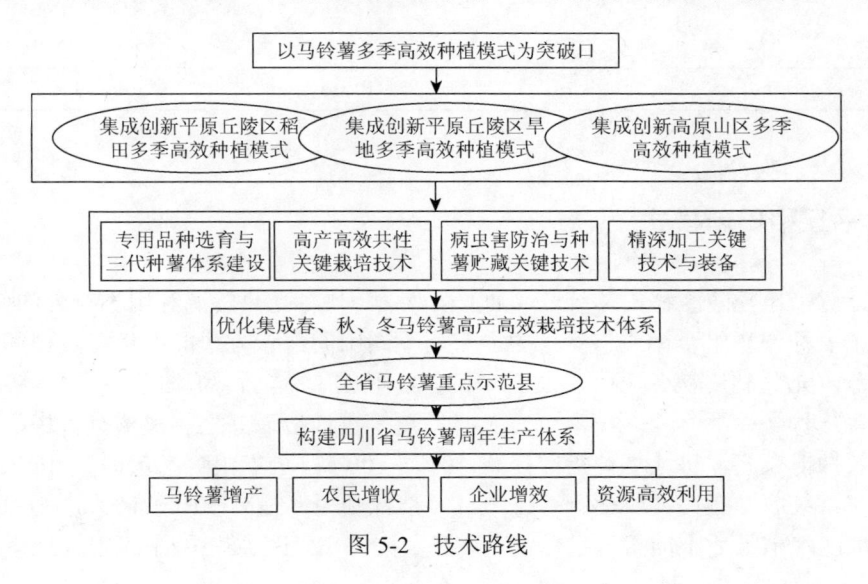

图5-2 技术路线

第二节 创新马铃薯多季高效种植新模式

构建了 9 套马铃薯与多种作物协调共生周年高产高效多季种植新模式，突破限制马铃薯面积扩大的时空瓶颈，实现马铃薯由一季春作为主向春、秋、冬马铃薯多季高效种植协调发展的种植制度转型，拓展了马铃薯产业发展的时间和空间，构建了马铃薯周年生产、周年供给的产业链发展格局。

运用亚热带立体气候类型区多元共生作物时空协调理论，利用秋、冬温光资源和空闲田土，结合马铃薯生育期短、适宜间套种植的特性及四川不同区域的生态特点，创新马铃薯多季高效种植时空调控技术和模式，发展多熟间套栽培，分区构建马铃薯多季高效种植模式，成为增产增收的主体新模式。马铃薯种植模式的变革具体如表 5-1 所示。

表 5-1 四川马铃薯种植模式的变革

区域范围	传统种植模式	项目实施后主要种植模式
平原丘陵区稻田	小麦（油菜）-水稻	秋马铃薯/油菜-水稻 冬马铃薯-水稻-秋马铃薯
	中稻-绿肥	水稻-秋（冬）马铃薯
平原丘陵区旱地	小麦/玉米/甘薯	冬马铃薯/玉米/甘薯 冬马铃薯/玉米/大豆 春马铃薯/玉米-秋马铃薯 小麦//冬马铃薯/玉米/甘薯（大豆） 小麦/玉米/甘薯（大豆）/秋马铃薯
高原山区	马铃薯或玉米单作	春马铃薯/玉米

一、平丘稻田新模式

针对平原丘陵区稻田传统麦（油）稻两熟、秋冬光热资源利用不充分的问题，开展了多种作物组合模式与宽、中、窄厢不同田间配置方式的多年多点田间试验与示范，充分利用秋冬空闲田发展马铃薯，形成了秋马铃薯/油菜-水稻、冬马铃薯-水稻-秋马铃薯[4]、水稻-秋（冬）马铃薯等薯油协调共生、薯稻有机搭配的多熟高效种植模式，耕地复种指数提高 50%~100%，全年粮食产量提高 12.97%~49.56%，纯收益提高 44.86%~215.78%，秸秆利用率提高 50%~100%。在川南、川东地区水稻收后不能蓄水过冬的高塝田、漏筛田，改原"中稻-绿肥（或空闲）"

模式为"水稻-秋（冬）马铃薯"新模式，新模式周年增产鲜薯 15000~30000kg/hm², 新增纯收益 15000 元/hm² 以上。有效地推动了当地耕作制度的改革，大大提高了耕地复种指数和年原粮产量。平原丘陵区稻田主要种植模式比较如图 5-3 所示。

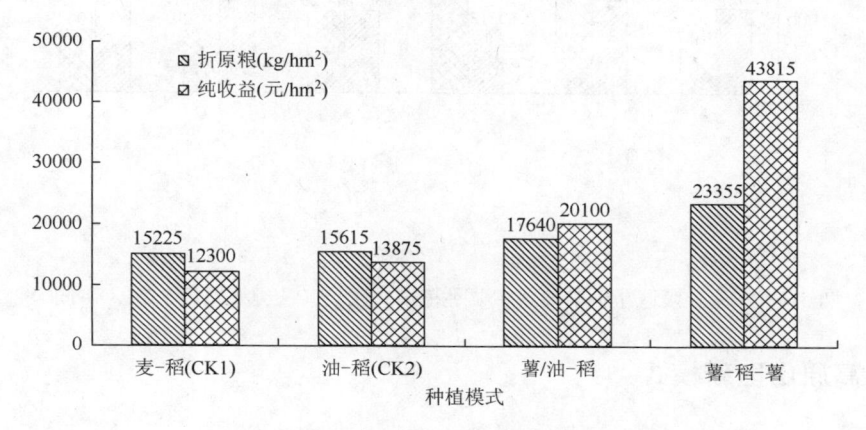

图 5-3 平原丘陵区稻田主要种植模式比较

二、平丘旱地新模式

针对平原丘陵区旱地传统"小麦/玉米/甘薯"种植模式地力消耗大、经济效益低、田间配置不合理、作物间共生矛盾突出等问题，开展了马铃薯与多种作物组合模式和不同田间配置方式的多年多点试验研究，如表 5-2 所示，形成了冬马铃薯/玉米/甘薯、冬马铃薯/玉米/大豆、春马铃薯/玉米-秋马铃薯、小麦//冬马铃薯/玉米/甘薯（大豆）、小麦/玉米/甘薯（大豆）/秋马铃薯等马铃薯与多种作物协调共生、周年高产高效的新型多熟高效种植模式 5 种。与传统种植模式相比，新模式周年总产值增加 45.10%~147.83%，耕地复种指数提高 50%，全年纯收益增加 32.36%~314.49%。平原丘陵区旱地马铃薯主要种植模式比较如表 5-2 和图 5-4 所示。

表 5-2 平原丘陵区旱地主要种植模式比较

种植模式	折粮/(kg/hm²)	产值/(元/hm²)	纯收益/(元/hm²)
小麦/玉米/甘薯（CK）	14258.85	26997.30	7887.30
冬马铃薯/玉米/甘薯	14636.60	58097.10	23147.10
冬马铃薯/玉米/大豆	10713.40	43872.75	20616.75
春马铃薯/玉米-秋马铃薯	13927.85	66907.20	32692.20
小麦//冬马铃薯/玉米/甘薯（大豆）	15320.65	39491.70	10529.10
小麦/玉米/甘薯（大豆）/秋马铃薯	15233.70	39172.50	10440.00

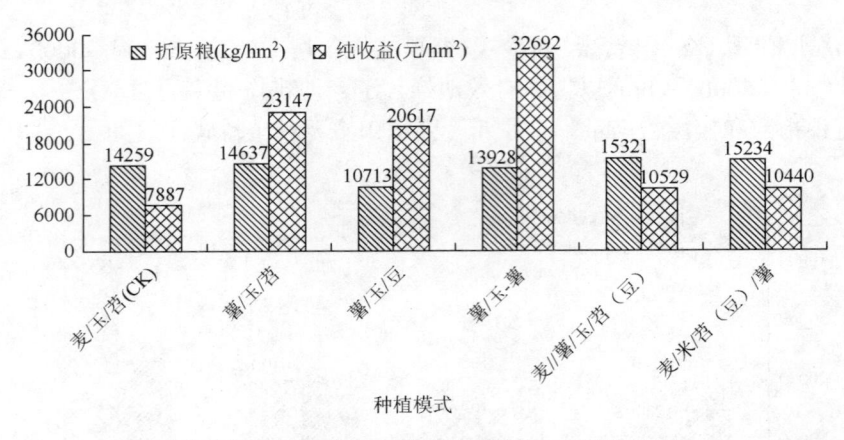

图 5-4 平原丘陵区旱地马铃薯主要种植模式比较（薯类折原粮 5∶1，下同）

三、高原山区新模式

针对高原山区光温资源一年一熟有余两熟不足特点，以薯玉套作为基本模式，深入开展不同带宽、不同行比系统研究，形成薯玉协调共生的多熟高效种植模式[5]，变一年一熟为一年两熟，耕地复种指数提高 100%，与传统的玉米单作相比，薯玉 1∶1 套作新模式全年原粮产量增加 46.58%，纯收益增加 284.27%。高原山区薯玉套作不同带宽和行比效益比较如图 5-5 所示。

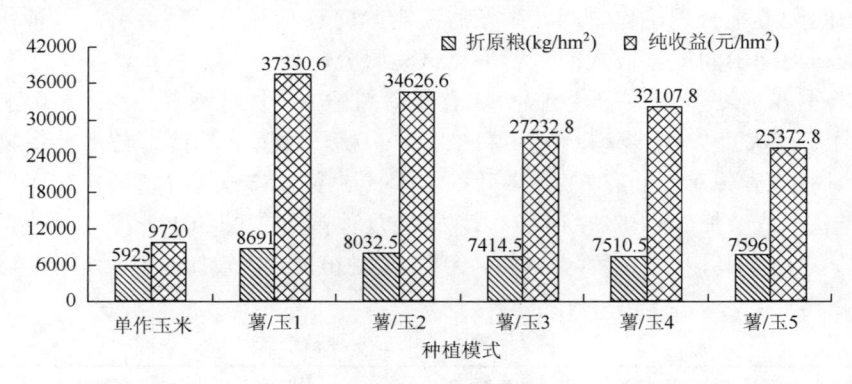

图 5-5 高原山区薯玉套作不同带宽和行比效益比较

第三节 不同季节马铃薯种植新模式研究

一、春马铃薯种植模式

春马铃薯主要分布在盆周山区、川西南山地区，平原丘陵区有零星种植。

1. 川东北旱地马铃薯多熟高效种植新模式效益分析

川东北地区包括资阳市、遂宁市、内江市、自贡市全部，德阳市、成都市、绵阳市、乐山市、眉山市、南充市、达州市、广安市、泸州市、宜宾市的丘陵县。该区土多田少，自然生态条件较好，年平均气温 16~18℃，无霜期 290~330d，年降雨量 900~1300mm，年日照 1200~1400h。该区旱地传统种植模式有小麦/玉米/甘薯，油菜-玉米/甘薯等。传统的旱地套作模式以粮食作物产量为重点，周年产值不高，在农业供给侧结构性改革背景下，亟待探索适应市场需求且经济效益较高的周年生产新模式。在"麦/玉/苕"模式的基础上，构建"春马铃薯/玉米/甘薯"和"小麦//冬马铃薯/玉米/甘薯"两种多熟种植新模式，在南充市顺庆区连续开展两年控制性试验，分析其周年产量产值、物质投入和经济效益。

1）不同种植模式茬口衔接、产量和产值变化

如表 5-3 所示，不同种植模式的原粮产量差异达到显著水平。两年间，均表现为模式 2 原粮产量显著高于模式 1 和对照，两年平均值中，模式 2 原粮产量分别较模式 1 和对照高 25.07%和 16.71%。模式 1 的原粮产量在 2015 年显著低于对照，但在 2016 年和两年平均值均与对照差异不显著。

表 5-3 不同种植模式中各作物的茬口衔接、产量及产值

年份	模式	作物	播种期/（年/月/日）	收获期/（年/月/日）	产量/(kg/hm²)	折原粮/(kg/hm²)	产值/(元/hm²)	原粮产量/(kg/hm²)	总产值/(元/hm²)
2015	模式 1	春马铃薯	2015/01/02	2015/05/25	13671.00	2734.20	30076.20	16858 c	77587 b
		玉米	2015/03/27	2015/07/28	6976.50	6976.50	15348.30		
		甘薯	2015/06/09	2015/11/02	35736.00	7147.20	32162.40		
	模式 2	小麦	2014/11/26	2015/05/13	3397.50	4518.68	8493.75	22422 a	92274 a
		冬马铃薯	2014/12/04	2015/03/25	14941.50	2988.30	32871.30		
		玉米	2015/03/27	2015/07/28	7048.50	7048.50	15506.70		
		甘薯	2015/06/09	2015/11/02	39336.00	7867.20	35402.40		
	CK	小麦	2014/11/26	2015/05/13	3739.50	4973.54	9348.75	18817 b	55764 c
		玉米	2015/03/27	2015/07/28	6906.00	6906.00	15193.20		
		甘薯	2015/06/09	2015/11/02	34692.00	6938.40	31222.80		
2016	模式 1	春马铃薯	2016/01/01	2016/05/25	25816.50	5163.30	56796.30	17580 b	111828 a
		玉米	2016/03/22	2016/07/25	6252.00	6252.00	11878.80		
		甘薯	2016/06/02	2016/10/24	30823.50	6164.70	43152.90		

续表

年份	模式	作物	播种期/（年/月/日）	收获期/（年/月/日）	产量/(kg/hm²)	折原粮/(kg/hm²)	产值/(元/hm²)	原粮产量/(kg/hm²)	总产值/(元/hm²)
2016	模式2	小麦	2015/11/15	2016/05/12	3502.50	4658.33	9106.50	20647 a	97122 b
		冬马铃薯	2015/12/18	2016/03/21	13893.00	2778.60	30564.60		
		玉米	2016/03/22	2016/07/25	6867.00	6867.00	13047.30		
		甘薯	2016/06/02	2016/10/24	31717.50	6343.50	44404.50		
	CK	小麦	2015/11/15	2016/05/12	3591.00	4776.03	9336.60	18084 b	68714 c
		玉米	2016/03/22	2016/07/25	6624.00	6624.00	12585.60		
		甘薯	2016/06/02	2016/10/24	33423.00	6684.60	46792.20		
平均	模式1	春马铃薯			19743.75	3948.75	43436.25	17218 b	94707 a
		玉米			6614.25	6614.25	13613.55		
		甘薯			33279.75	6655.95	37657.65		
	模式2	小麦			3450.00	4588.50	8800.13	21535 a	94698 a
		冬马铃薯			14417.25	2883.45	31717.95		
		玉米			6957.75	6957.75	14277.00		
		甘薯			35526.75	7105.35	39903.45		
	CK	小麦			3665.25	4874.78	9342.68	18451 b	62239 b
		玉米			6765.00	6765.00	13889.40		
		甘薯			34057.50	6811.50	39007.50		

注：1. 各作物当季均价，2015年，小麦2.5元/kg，玉米2.2元/kg，甘薯0.9元/kg，马铃薯2.2元/kg。2016年，小麦2.6元/kg，玉米1.9元/kg，甘薯1.4元/kg，马铃薯2.2元/kg。总产值精确到整数。
2. 图中不同字母表示差异显著性，下同。

马铃薯多熟种植新模式的总产值年际间变化较大。2015年，模式2的总产值显著高于模式1，2016年则相反。在两年平均值上，模式1和模式2的总产值差异不显著，但均显著高于对照，两模式的总产值分别较对照提高了52.17%和52.15%。

2）不同种植模式的周年物质投入变化

如表5-4所示，模式1和模式2的周年物质投入远高于对照模式，分别是对照周年物质投入的4.38倍和5.21倍。分析原因，主要是由于马铃薯季的用种量较大，农家肥投入较多，且春马铃薯需地膜覆盖，冬马铃薯需地膜+小拱棚覆盖。其中，春马铃薯季和冬马铃薯季物质投入分别占模式1和模式2周年物质投入的84.33%和80.79%。

表 5-4　不同种植模式中各作物的物质投入

模式	作物	种子（种薯） 数量/(kg/hm²)	种子（种薯） 成本/(元/hm²)	肥料 数量/(kg/hm²)	肥料 成本/(元/hm²)	农药 喷药次数/次	农药 成本/(元/hm²)	地膜 数量/(kg/hm²)	地膜 成本/(元/hm²)	物质投入/(元/hm²)
模式1	春马铃薯	1500	4800	22950	12180	3	600	150	1800	22980
	玉米	30	600	750	735	2	300	—	—	
	甘薯	562	1124	300	840	—	—	—	—	
模式2	小麦	67	335	975	1012	4	300	—	—	27330
	冬马铃薯	1500	4800	22950	12180	3	600	375	4500	
	玉米	30	600	750	735	2	300	—	—	
	甘薯	562	1124	300	840	—	—	—	—	
CK	小麦	67	335	975	1012	4	300	—	—	5250
	玉米	30	600	750	735	2	300	—	—	
	甘薯	562	1124	300	840	—	—	—	—	

注：小麦种子 5 元/kg，玉米种子 20 元/kg，甘薯种薯 2 元/kg，马铃薯种薯 3.2 元/kg。肥料施用总量包括尿素、过磷酸钙、复合肥和渣肥。尿素 2.5 元/kg，过磷酸钙 0.6 元/kg，复合肥 2.8 元/kg，渣肥 0.5 元/kg。农药投入计算喷药次数和农药物质投入成本。地膜 12 元/kg。两年间各作物物质成本基本相同，物质投入精确到 10 元/hm²。

3）不同种植模式的周年机械作业成本

如表 5-5 所示，不同种植模式的周年机械作业成本差别主要体现在播种和收获环节上。由于马铃薯播种机成本较高，且需一次性完成播种、覆土、喷药、覆膜等工序，造成其播种成本较小麦和玉米高 1 倍，但其机械化收获仅是将薯块挖出，后续还需人工捡拾，故其收获成本较小麦和玉米低 33.33%。在各作物播前整地作业成本相同的条件下，模式 1 和模式 2 的周年机械作业成本较对照分别增加 6.25% 和 50.00%。

表 5-5　不同种植模式中各作物的机械作业成本

模式	作物	整地/(元/hm²)	播种/(元/hm²)	收获/(元/hm²)	机械作业成本/(元/hm²)
模式1	春马铃薯	1200	2400	1200	10200
	玉米	1200	1200	1800	
	甘薯	1200	—	—	
模式2	小麦	1200	1200	1800	14400
	冬马铃薯	1200	2400	1200	
	玉米	1200	1200	1800	
	甘薯	1200	—	—	
CK	小麦	1200	1200	1800	9600
	玉米	1200	1200	1800	
	甘薯	1200	—	—	

注：整地费为翻耕、旋耕（起垄）费用。甘薯为人工移栽和收获。两年间各作物机械作业成本基本相同。

4）不同种植模式的周年劳动力投入成本

模式 1 和模式 2 的周年劳动力投入成本较对照分别高 13.04%和 34.78%。其中，由于甘薯育苗、移栽和收获环节都难以机械化，甘薯的人工成本投入分别占模式 1、模式 2 和对照周年人工成本投入的 57.61%、48.32%和 65.22%。而马铃薯由于基本实现了机械化播种和半机械化收获，其人工成本投入分别占模式 1 和模式 2 周年人工成本投入的 26.91%和 25.82%。不同种植模式中各作物的劳动力投入成本如表 5-6 所示。

表 5-6 不同种植模式中各作物的劳动力投入成本

模式	作物	育苗/（工/hm²）	起垄/（工/hm²）	移栽/（工/hm²）	田间管理/（工/hm²）	收获/（工/hm²）	用工量/（工/hm²）	劳动力成本/（元/hm²）
模式 1	春马铃薯	—	—	—	75	30	105	31200
	玉米	—	—	—	60	—	60	
	甘薯	30	45	30	30	90	225	
模式 2	小麦	—	—	—	60	—	60	37200
	冬马铃薯	—	—	—	90	30	120	
	玉米	—	—	—	60	—	60	
	甘薯	30	45	30	30	90	225	
CK	小麦	—	—	—	60	—	60	27600
	玉米	—	—	—	60	—	60	
	甘薯	30	45	30	30	90	225	

注：一个劳动力工作 8h 为一个工。田间管理用工包括追肥、喷药、除草、灌水、破膜、搭拱棚等，机械作业不计人工。劳动力价格 80 元/工。两年间各作物劳动力投入成本基本相同。

5）不同种植模式的经济效益分析

如表 5-7 所示，在两年平均值上，模式 1 和模式 2 的总产值基本一致，分别较对照高 52.16%和 52.15%；在净产值上，模式 1 和模式 2 分别较对照高 29.83%和 11.77%。扣除劳动力成本后，模式 1 的纯收益较对照提高 53.24%，而模式 2 的纯收益较对照降低了 20.32%。劳动净产率反映了劳动耗费与劳动力资源利用的经济效益。模式 1 的劳动净产率比对照高 14.85%，而模式 2 则较对照降低了 17.07%。

表 5-7 不同种植模式的经济效益分析

指标	模式 1 2015 年	模式 1 2016 年	模式 1 平均	模式 2 2015 年	模式 2 2016 年	模式 2 平均	CK 2015 年	CK 2016 年	CK 平均
劳动力成本/（元/hm²）	31200	31200	31200	37200	37200	37200	27600	27600	27600
物质成本/（元/hm²）	33180	33180	33180	41730	41730	41730	14850	14850	14850

续表

指标	模式 1			模式 2			CK		
	2015 年	2016 年	平均	2015 年	2016 年	平均	2015 年	2016 年	平均
总产值/(元/hm²)	77587	111828	94707	92274	97123	94699	55765	68714	62240
净产值/(元/hm²)	44407	78648	61527	50544	55393	52969	40915	53864	47390
纯收益/(元/hm²)	13207	47448	30327	13344	18193	15769	13315	26264	19790
劳动净产率/(元/工)	113.86	201.66	157.76	108.70	119.12	113.91	118.59	156.13	137.36
成本收益率	1.21	1.74	1.47	1.17	1.23	1.20	1.31	1.62	1.47
边际成本收益率	1.00	1.97	1.48	1.00	0.78	0.89	—	—	—

注：物质成本＝物质投入＋机械作业成本；净产值＝总产值–物质成本；纯收益＝总产值–物质成本–劳动力成本；劳动净产率＝（总产值–物质成本）/用工量；成本收益率＝总产值/总成本；模式 1 边际成本收益率＝（模式 1 产值–CK 产值）/（模式 1 成本–CK 成本）；模式 2 边际成本收益率＝（模式 2 产值–CK 产值）/（模式 2 成本–CK 成本）；本次计算不计税金。

综上，两年平均值计，"春马铃薯/玉米/甘薯"模式的原粮产量与传统模式差异不显著，但其总产值和纯收益则显著高于传统模式；而"小麦//冬马铃薯/玉米/甘薯"模式的原粮产量和总产值显著高于传统模式，但其纯收益则较传统模式低 20.32%。"春马铃薯/玉米/甘薯"新模式纯收益为 30327 元/hm²，较对照高 50%以上，随着农业机械化水平的提升，其机械作业成本和劳动力投入成本还有降低的空间，劳动净产率和资金利用效率会进一步提升，该模式可作为传统模式的替代方案进行推广应用。

2. 高原山区套种早春马铃薯收益分析

宁南县位于四川省凉山州南部，地处亚热带季风气候区，全年无霜期达 320d，年均日照时数为 2257h，年平均气温 19.3℃，具有丰富的光热资源优势，适合多种经济作物生长。该县甘蔗为一年一熟的宽窄行净作。由于甘蔗前期生长缓慢，在甘蔗地宽行间套种 1 行早春马铃薯，可充分利用当地的光热和土地资源，增加田间复种指数，提高单位面积的经济收入。

如表 5-8 所示，试验设 4 个处理：A 表示新种植甘蔗地套种马铃薯、B 表示新种植甘蔗地净作、C 表示宿根甘蔗地套种马铃薯、D 表示宿根甘蔗地净作。马铃薯品种为'会-2'。

A 处理和 B 处理扣除成本后总经济收益分别为 36081 元/hm²、23595 元/hm²，A 处理比 B 处理增加收入 12486 元/hm²，增收幅度为 52.92%。

C 处理和 D 处理扣除成本后的总经济收益分别为 51907 元/hm²、37995 元/hm²，C 处理比 D 处理增加收入 13912 元/hm²，增收幅度为 36.62%。

表 5-8　甘蔗/马铃薯模式的产量与经济效益

处理	产量/(kg/hm²) 马铃薯	甘蔗	产值/(元/hm²) 马铃薯	甘蔗	投入/(元/hm²) 马铃薯	甘蔗	收益/(元/hm²) 马铃薯	甘蔗	合计
A	25186	43600	25186	21800	6000	4905	19186	16895	36081
B	—	57000	—	28500	—	4905	—	23595	23595
C	21012	83600	21012	41800	6000	4905	15012	36895	51907
D	—	85800	—	42900	—	4905	—	37995	37995

注：甘蔗为宿根种植，种一次可收获 3 年，（种子费 8625 元+肥料 2940 元）/3 年/hm²，追肥 1050 元/hm²，平均年投入 4905 元/hm²。马铃薯种子费 3000 元/hm²，肥料 3000 元/hm²，年投入 6000 元/hm²；投入只计算种子、农家肥和化肥的费用，人工费未计算在内。甘蔗当年收购价为 0.50 元/kg，马铃薯当年收购价为 1.00 元/kg。

结论：宁南县的生态气候条件能满足甘蔗地套种早春马铃薯后两种作物的正常生长发育，且不影响茬口衔接。新种植甘蔗地套种马铃薯和宿根甘蔗地套种马铃薯分别较甘蔗净作增收 12486、13912 元/hm²，增收幅度分别为 52.92%和 36.62%。在金沙江一带甘蔗主产区，可适当推广甘蔗地套种马铃薯模式，能充分利用当地的光热资源优势，提高单位面积上的经济收益。

二、秋马铃薯种植模式

主要分布在四川海拔 300～800m 的平丘地区和河谷地带。气候温暖，雨量充足，农业生产三季不足，两季有余。可以利用水稻、玉米收获后，小春作物播栽前的空闲时间，通过合理间套，增种一季秋马铃薯。

四川秋马铃薯播种时间为 7 月下旬至 9 月下旬，但普遍集中在 8 月下旬至 9 月上旬。其中，山区及凉山州安宁河谷播种较早，在 7 月下旬至 8 月上旬播种（称为早秋马铃薯），平坝、丘陵区普遍在 8 月下旬至 9 月上旬播种，其中川南的宜宾、泸州、乐山个别地方可推迟到 9 月中下旬播种。秋马铃薯收获时间可根据生长情况、下茬种植需要和市场需求等提前或推迟，可从当年的 11 月中下旬延至次年 1 月上中旬收获。

1. 稻田秋马铃薯

在水稻收后，利用秋季光温资源，增种一季秋马铃薯，秋马铃薯可与油菜套作，变过去的"小麦-水稻"或"油菜-水稻"两熟为"中稻-秋马铃薯/油菜"三熟。秋马铃薯在 8 月下旬至 9 月上中旬播种，10 月下旬至 11 月上旬套栽油菜，12 月中下旬收获马铃薯，4 月底至 5 月上旬收获油菜，然后栽水稻。

2. 旱地秋马铃薯

在原"小麦/玉米/甘薯（大豆）"基础上，在玉米收后增种一季秋马铃薯，形成"小麦/玉米/甘薯（大豆）/秋马铃薯"模式，是一种深度开发晚秋资源的种植方式。对于播种较迟和生育期较长的秋马铃薯，到小麦播种时如未成熟收获，可与小麦套作共生一段时间。

3. "薯-稻-薯"新模式

"小麦（油菜）-水稻"是成都平原的主体种植模式，但其效益较低。在深入研究春马铃薯和水稻超高产栽培技术基础上，系统集成了"春马铃薯-水稻-秋马铃薯"超高产三熟新模式。在品种选择与周年茬口衔接上，要实现周年三熟栽培和超高产目标，春马铃薯最好能在4月20日前后收获，才能为下茬水稻实行强化栽培奠定基础。因此，春马铃薯品种以早熟类型为佳。水稻品种上，既要考虑超高产问题，也要考虑为秋马铃薯提供早茬口，最好能在8月底至9月初收获。秋马铃薯则要考虑早熟、耐秋季低温问题。

三、冬马铃薯种植模式

四川冬作马铃薯首先在光热资源丰富的川东南和攀西安宁河谷部分区域发展，随后，种植范围扩大到川中、川西的丘陵、平原地区，甚至在广元、巴中及乐山的部分海拔300m左右的低山区域也能成功种植。充分利用当地冬春季较好的温光资源，在小春预留行、沿江河谷地带和冬闲田、地内增种一季冬马铃薯。冬马铃薯在10月下旬至12月中下旬播种，翌年2月下旬至5月上旬收获。冬马铃薯播种和收获期比春马铃薯提前1~3个月，不影响大春作物播栽，马铃薯上市时间恰是省内商品马铃薯紧缺季节，效益超过正季作物，成为当地农民增产增收的重大措施。经过近几年的发展，冬作马铃薯优势区域逐步形成即形成了川南、川东、凉山州安宁河流域和川中川西冬作马铃薯区。

小麦//冬马铃薯/玉米/甘薯（大豆）：川东南及川中地区，在原"小麦/玉米/甘薯"的基础上，利用改制的预留空行增种一季冬马铃薯，马铃薯收后种植一季迟春玉米或早夏玉米。

冬马铃薯-水稻：川南、川东地区水稻收后不能蓄水过冬的高塝田、漏筛田，改"绿肥（或冬闲）-中稻"为"冬马铃薯-水稻"两熟，冬马铃薯实行净作，单产可达15000kg/hm^{2}以上。

果树（林木）//冬马铃薯：在一些幼龄果园、桑园和苗木地，形成了"果树//冬马铃薯""林木//冬马铃薯"等农林结合高效种植模式，如宁南、南部的"桑树//冬马铃薯"模式。

四川省2017年一些典型冬马铃薯示范基地调研表明[6]，单位面积产值多数在2.0~3.5万元/hm^2，有些地方单位面积产值达到5万元/hm^2。具体调研情况如下。

1. 成都平原稻田冬马铃薯

1) 崇州市稻田冬马铃薯

示范基地位于崇州市桤泉镇，周年生产模式为"冬马铃薯-水稻"，示范面积 1.0hm^2，示范品种为'费乌瑞它'和'川芋117'。种植密度90000株/hm^2，单垄双行，垄距90cm，行距20cm。基施氮磷钾复合肥750kg/hm^2，无中耕培土，'费乌瑞它'晚疫病防治3次，晚熟品种'川芋117'晚疫病防治4次。2016年12月15日播种，2017年5月4日收获，经现场机收测产，'费乌瑞它'鲜薯产量为19618kg/hm^2，'川芋117'鲜薯产量为25875kg/hm^2。马铃薯统货出售，售价为1元/kg。

2) 双流区冬马铃薯

示范基地1位于双流区彭镇，周年种植模式为"菜-冬马铃薯"，示范面积3.33hm^2，示范品种为'兴佳2号'。采用机械化栽培，种植密度67500株/hm^2，单垄双行，垄距90cm，行距20cm。基施硫酸钾复合肥1050kg/hm^2，中耕培土1次，晚疫病防治3次。2016年12月26日播种，2017年5月2日收获，现场机收测产，鲜薯产量33000kg/hm^2。商品薯率80%，薯块100g以上的售价为1.3元/kg，薯块100g以下售价为1.0元/kg。

示范基地2位于双流区黄水镇，周年种植模式为"菜-冬马铃薯"，示范面积1.0hm^2，示范品种为'川芋18'。采用马铃薯全程机械化种植集成技术，种植密度67500株/hm^2，单垄双行，垄距90cm，行距20cm。基施硫酸钾复合肥1200kg/hm^2，中耕培土1次，晚疫病防治3次。2016年12月21日播种，2017年5月16日收获，现场机收测产，鲜薯产量44917kg/hm^2。商品薯率80%，薯块100g以上的售价为1.3元/kg，薯块100g以下的售价为1.0元/kg。

2. 成都平原旱地冬马铃薯

示范基地位于彭州市濛阳镇，周年种植模式为"菜-冬马铃薯"，示范面积3.33hm^2，示范品种为'中薯5号'。种植密度为55500株/hm^2，一垄单行，垄距90cm。基施氮磷钾复合肥750kg/hm^2，无中耕培土，晚疫病防治1次。2017年1月10日播种，5月20日收获，现场机收测产，鲜薯产量24450kg/hm^2。商品薯率75%，由于靠近成都濛阳农副产品综合批发交易中心，薯块100g以上的售价为1.2元/kg，薯块100g以下的售价为0.6~0.8元/kg。

3. 川中丘陵区旱地冬马铃薯

盐亭县冬马铃薯：示范基地位于盐亭县毛公乡，周年种植模式为"菜-冬马铃薯"，示范面积43.33hm^2，示范品种为'费乌瑞它'。种植密度为66750株/hm^2，单垄双行，垄距100cm，行距30cm。基施氮磷钾复合肥1950kg/hm^2，中耕培土1次，晚疫病防治3次。2017年1月8日播种，5月18日收获，受3~4月低温影响，鲜薯产量较往年偏低，为25500~30000kg/hm²。薯块150g以上的售价为1.2元/kg，薯块150g以下的售价为0.6元/kg。

4. 川东北旱地冬马铃薯

示范基地位于顺庆区李家镇，周年生产模式为"幼果木//冬马铃薯"，示范面积6.67hm²，示范品种为'费乌瑞它'。种植密度45000株/hm²，单垄双行，垄距90cm，行距20cm。基施农家肥3750kg/hm²，氮磷钾复合肥600kg/hm²，中耕培土1次，晚疫病防治3次。2016年12月26日播种，2017年5月22日收获，经现场机收测产，鲜薯产量31705kg/hm²，商品薯率80%，薯块100g以上的售价为1.4元/kg，薯块100g以下的售价为0.8元/kg。

5. 盆周山区冬马铃薯调查

示范基地位于峨边县宜坪乡，周年生产模式为"马铃薯/玉米"，示范面积6.67hm²，示范品种为'青薯9号'。种植密度37500株/hm²，单垄双行，垄距80cm，行距30cm。整地前撒施土杂肥15000kg/hm²，起垄后穴施150kg/hm²硫酸钾型马铃薯专用复合肥（18-7-20），无中耕培土，晚疫病防治3次。2016年12月20日播种，2017年6月30日现场测产，鲜薯产量为25110kg/hm²。商品薯收购价2.0元/kg。

第四节　季节性品种筛选和生态区域布局

根据不同熟制气候及生态特点，制定了春、秋、冬马铃薯品种选用标准，填补了国内外多熟制马铃薯品种筛选标准制定的空白。选育及引进筛选适宜多熟制高效种植品种，对不同生态和熟制进行马铃薯新品种合理布局，有效解决了马铃薯主栽品种种植混乱、混杂和春、秋、冬作品种不分等问题，为实现春、秋、冬马铃薯高产高效栽培奠定了品种基础。

一、制定不同熟制季节性品种筛选标准

针对多熟制条件下马铃薯品种选育及筛选无明确标准，生产上马铃薯品种多、乱、杂，春、秋、冬品种不分的问题[7,8]，以生育期、种薯休眠期、薯块膨大期和多熟制马铃薯主要病害抗性等为主要评价指标，分春、秋、冬三季设置多年多点多因素试验，依据试验结果制定不同熟制马铃薯品种筛选标准，如表5-9所示。

表 5-9　春、秋、冬马铃薯季节性品种筛选标准

季节	筛选标准	生态区域
春马铃薯	盆周山区生育期 85d 以上；淀粉含量 14%以上；芽眼较浅，抗晚疫病和 1 种以上主要病毒病，抗癌肿病	川南及盆周山区的凉山州、阿坝、甘孜等及巴中、达州、广元、绵阳等部分山区县，平丘区早春马铃薯等区域
	平丘区生育期 80d 以上；块茎膨大早，淀粉含量 12%以上，芽眼较浅，商品性好，大中薯率 80%以上，抗晚疫病	低山平丘区的巴中、达州、广元、绵阳等部分山区县及盆中平丘区
秋马铃薯	生育期 70~85d；休眠期短；耐高温高湿；抗晚疫病和主要病毒病，抗疮痂病；商品性好，大中薯率 80%以上	川南宜宾、自贡、泸州等地县市及凉山、攀枝花低山河谷流域及川中部分县市
冬马铃薯	生育期 75~90d；块茎休眠期中等；耐寒性强；抗晚疫病和 1 种以上病毒病；商品性好，大中薯率 80%以上	川南及盆周山区凉山州、阿坝、甘孜等及巴中、达州、广元、绵阳等部分山区县，平丘区早春马铃薯等区域

二、筛选季节性新品种，实现品种生态区域优化布局

利用育成品种和择优引进的省内外品种 86 个，分春、秋、冬季在盆周山区、川西南山地、平原丘陵三个生态区域的 164 点次进行比较试验，对四川省自主选育的 33 个品种进行分类和合理布局，研究明确了不同季节性马铃薯新品种的区域适应性和产量潜力，如表 5-10 所示。

表 5-10　四川省育成的适宜春、秋、冬作的马铃薯新品种

品种类型	增产	品质改善	抗病性增强
适宜春作品种 22 个：'川芋 6 号'、'岷薯 4 号'、'川芋 117'、'川芋 802'、'川芋彩 1 号'、'凉薯 8 号'、'川凉薯 1 号'、'川凉薯 2 号'、'川凉薯 3 号'、'川凉薯 4 号'、'川凉薯 6 号'、'川凉薯 7 号'、'川凉薯 8 号'、'川凉薯 10 号'、'川凉芋 1 号'、'川凉芋 12 号'、'川凉芋 11 号'、'西薯 1 号'、'西芋 3 号'、'西芋 4 号'、'达薯 1 号'、'达芋 2 号'	10%~32%	淀粉增加 3%~8%，干物质增加 16%~38%、还原糖低于国标达 0.1%以下	高抗晚疫病、病毒病（PVX、PVY、PVS、PLRV、PVA）和癌肿病等
适宜秋作品种 4 个：'川芋 10'、'川芋 18'、'川芋 19'、'蓉紫芋 5 号'	12%~24%	淀粉增加 2%~3%，干物质增加 10%~15%、还原糖低于国标达 0.2%以下	高抗晚疫病和病毒病（PVX、PVY、PVS），抗疮痂病
适宜冬作品种 7 个：'川芋 8 号'、'川芋 12'、'川芋 16'、'抗青 9-1'、'川凉薯 5 号'、'川凉薯 9 号'、'西芋 2 号'	14%~35%	淀粉增加 2%~3%，干物质增加 10%~15%、还原糖低于国标达 0.1%以下	高抗晚疫病和病毒病（PVX、PVY、PVS）

第五节　季节专用品种高产栽培关键技术

系统研究春秋冬马铃薯群体生理生态特性与调控机理，发现春秋冬马铃薯群

体光合特性差异、光合物质积累分配与营养供给特性差异和高光效群体质量指标体系差异,为研究春秋冬马铃薯不同季节栽培关键技术提供科学依据。

一、春秋冬马铃薯群体光合生理特性及调控机理[9]

1. 春秋马铃薯生长发育差异

秋薯生育前期温度高,生长快,始增期和全生育期均短,单株干物质和块茎干重最大增长速率低,虽植株更高,但各器官生长量低,加之后期温度低,物质转化慢,块茎干物质分配率和收获指数低,产量不及春薯高。春秋薯在种植密度、肥料运筹等多方面有重要差别。春秋马铃薯各器官的生长动态如图5-6所示。

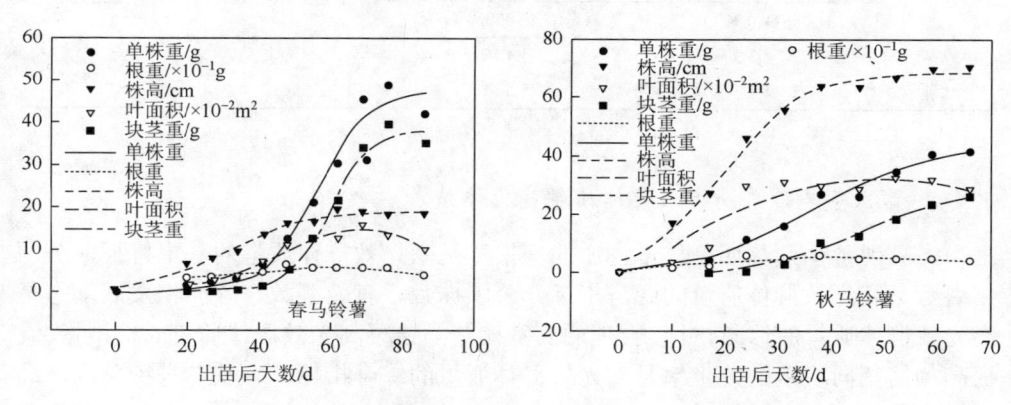

图5-6 春秋马铃薯各器官的生长动态(2010年,成都)

2. 春秋马铃薯光合特性差异

春薯最大净光合速率(A_m)、光补偿点(LCP)和饱和点均显著高于秋薯。春薯功能叶A_m、表观量子效率(Ψ)随施氮增加而提高,秋薯A_m和Ψ则随氮肥增加先增后减。适增氮肥可提高春薯最大光化学效率(F_v/F_m)、实际光化学效率($\Phi PsⅡ$)和电子传递速率,降低光化学猝灭系数和非光化学猝灭系数,增加PsⅡ天线色素对光能的捕获效率,降低光能热耗散,提高PsⅡ光化学效率。秋薯高效利用光能的机理是最大限度降低LCP,提高A_m。春秋马铃薯光合特性比较如表5-11所示。

表5-11 春秋马铃薯光合特性比较(2008~2009年,雅安)

季节	最大净光合速率 /[μmol/(m²·s)]	表观量子效率 /(CO₂/photon)	光补偿点 /[μmol/(m²·s)]	光饱和点 /[μmol/(m²·s)]
春薯	23.0	0.032	72.9	791.4
秋薯	22.4	0.048	12.3	481.2

3. 春秋马铃薯群体光合物质积累分配与营养供给特性差异

光合物质和营养元素向块茎转化分配比例春薯为 85.7%，秋薯为 67.2%。每生产 1000kg 鲜薯所需纯氮量春薯为 4.4kg，秋薯为 5.5kg。氮磷钾需求比例春薯为 3∶1∶3，秋薯为 2∶1∶3。提出春马铃薯"适施基肥，二期追肥"、秋马铃薯"基肥一道清"、冬马铃薯"重施基肥，一次追肥"的平衡高效施肥模式。春秋马铃薯主要生育特点与需肥特性比较如表 5-12 所示。

表 5-12 春秋马铃薯主要生育特点与需肥特性比较（2010 年，雅安）

季节	需肥特性 N∶P₂O₅∶K₂O	吸氮量/[kg/1000kg 鲜薯]	干物质积累量	块茎分配率/%
春薯	3∶1∶3	4.4	高	85.7
秋薯	2∶1∶3	5.5	低	67.2

4. 春秋冬马铃薯高光效群体质量指标体系

提高现蕾至开花期群体干物质的积累量是高光效群体质量的基本特征，公顷结薯数是高光效群体质量的经济指标，公顷株数、有效茎数与叶面积发展动态是高光效群体质量的诊断指标，合理的高宽比是马铃薯高光效群体质量的株型指标；提高匍匐茎向块茎的发生率是高光效群体质量的综合指标。春秋冬马铃薯高产高效群体主要质量指标如表 5-13 所示。

表 5-13 春秋冬马铃薯高产高效群体主要质量指标（平丘区净作，2010 年，雅安）

季节	L-HDW	株数/(万/hm²)	有效茎数/(万/hm²)	叶面积指数	结薯数/(万/hm²)	H/W	TDR/%
春薯	51	5.25~6.75	15.9~20.1	4.5	63~81	0.85	52.3
秋薯	64	7.5~9.0	14.55~16.95	4.1	52.5~63	0.94	44.6
冬薯	58	6.0~7.5	17.1~22.8	4.8	48~60	0.87	49.7

注：L-HDW 为蕾期至花期干物质占总干物质比例；TDR 为块茎发生率；H/W 为马铃薯株型高宽比。

二、春秋冬马铃薯高产高效栽培关键技术

根据上述不同季节马铃薯群体生理特点和生产上存在的主要问题，明确了春秋冬马铃薯高产高效栽培关键技术。

1. 春马铃薯高产高效栽培关键技术[10-12]

春马铃薯群体生理特点：生长发育期长、前慢后旺、群体光合效率高，春薯

功能叶最大净光合速率、表观量子效率随施氮增加而提高,适增氮肥可提高春薯最大光化学效率、实际光化学效率和电子传递速率,降低光化学猝灭系数和非光化学猝灭系数,增加 PsⅡ天线色素对光能的捕获效率,降低光能热耗散,提高 PsⅡ光化学效率。光合物质和营养元素向块茎转化分配比例春薯为 85.7%。氮磷钾需求比例春薯为 3:1:3。

生产上存在的主要问题:播种偏晚,群体密度偏低,中后期生长旺盛,结薯期遇高温高湿气候,易发生晚疫病,防治不及时等。

高产高效栽培的关键技术:1~2月适时早播,双行垄作,合理密植,基本苗达到 75000~105000 窝/hm^2,地膜覆盖,适时引苗,肥促化控,底肥适当增加氮肥,追施提苗肥,加强晚疫病防治。

2. 秋马铃薯高产高效栽培关键技术[13-15]

秋马铃薯群体生理特点:生育前期温度高,生长快,单株干物质和块茎干重最大增长速率低,虽植株更高,但各器官生长量低,加之后期温度低,物质转化慢,块茎干物质分配率和收获指数低,产量不及春薯高。秋薯功能叶最大净光合速率、表观量子效率随氮肥增加先增后减。光合物质和营养元素向块茎转化分配比例为 67.2%,比春薯低。每生产 1000kg 鲜薯所需纯氮量为 5.5kg;氮磷钾需求比例为 2:1:3。秋马铃薯"基肥一道清"是其平衡高效施肥模式。

生产上存在的主要问题:播种出苗季节气温高、湿度大,易发病,产量低而不稳,效益低等。

高产高效栽培的关键技术:选择适宜品种;深沟排湿;切块消毒、催芽炼芽;带芽播种,抢时早播;加大种植密度至 90000~120000 窝/hm^2;增加稻草覆盖;增加磷钾肥底追一道清;强化管理,控苗防徒长;重点防治青枯病、疮痂病、晚疫病等病害。

3. 冬马铃薯高产高效栽培关键技术[16]

冬马铃薯群体生理特点与春马铃薯相似,但冬马铃薯播种更早,生长期更长。高产高效栽培技术大体与春马铃薯相同,但需重视四项不同于春马铃薯的关键技术。一是选好品种,做好种薯准备。应选生育期适中、耐寒性强、丰产性好、品质优、抗病性强的品种。提倡用小整薯做种,特别是播种时湿度较大、雨水较多的地区和地块,不宜切块。二是适时早播,防寒抗冻,强化地膜(稻草)覆盖。冬马铃薯易受霜冻冷害的影响,严重时造成马铃薯冻伤冻死,在栽培上可采取健身栽培和农业措施防止或减轻冻害。如覆盖保温,如遇严寒还可采取地膜加秸秆双重覆盖;增施热性肥料;施用延缓剂;灌水保温等。三是增加密植至 105000~135000 窝/hm^2。四是底肥增施磷钾肥,二次增氮追肥,肥促化控。

第六节　多季种植周年生产技术体系集成

集成创新春、秋、冬马铃薯高效生产技术体系，优化春、秋、冬马铃薯区域布局，创新推广应用机制，创造了多季多点高产高效典型，构建了覆盖全省的马铃薯周年生产体系。

一、多季马铃薯高产高效技术集成创新

在研究创新马铃薯高效种植模式和生产关键技术基础上，优化集成了春、秋、冬马铃薯高产高效栽培技术体系 3 套，明确了其核心技术与配套技术，制定了 5 套相应的地方标准，构建了马铃薯周年生产技术体系。

1. 春马铃薯高产高效生产技术体系

在技术措施上突出"五改"：即改播种偏晚为适时播种，将播种期安排在 1 月至 3 月；改稀大窝平作为双行带状垄作；改偏施氮肥为科学平衡施肥；改粗放管理为科学管理，综合防治病虫草害；改大小薯混收混储为分级收储。多年多点试验表明，春马铃薯高产高效栽培技术增产幅度为 10.27%～17.99%，平均达到 14.78%。春马铃薯高产高效栽培技术与常规种植产量比较如表 5-14 所示。

表 5-14　春马铃薯高产高效栽培技术与常规种植产量比较

处理	布拖	昭觉	万源	汉源	叙永	朝天	平均
高产高效栽培/(kg/hm^2)	33979	31963	23572	25872	27364	20827	27263
常规种植/(kg/hm^2)	29223	27322	19978	23461	24187	18348	23753
比对照增产/%	16.28	16.99	17.99	10.27	13.13	13.51	14.70

2. 秋马铃薯高产高效生产技术体系

研究集成了以稻田免耕稻草覆盖栽培为主的秋马铃薯高产高效栽培技术体系，即选好稻田，免耕开厢，选择排水条件好的壤土和沙壤土田块，挖沟开厢，防除湿害；严格播种期，以旬均气温稳定降至 25℃以下为宜；种薯处理，带芽播种；合理密植，施足基肥；备足稻草，均匀覆盖；加强管理，分批采收。多年多点试验表明，秋马铃薯高产高效栽培技术增产幅度 11.96%～20.58%，平均 15.45%。秋马铃薯高产高效栽培技术与常规种植产量比较如表 5-15 所示。

表 5-15 秋马铃薯高产高效栽培技术与常规种植产量比较

处理	彭山	崇州	金堂	嘉陵	达县	平均
高产高效栽培/(kg/hm²)	13195	15516	14682	16867	14526	14957
常规种植/(kg/hm²)	11299	13858	12976	13989	12652	12955
比对照增产/%	16.78	11.96	13.14	20.58	14.81	15.45

3. 冬马铃薯高产高效生产技术体系

针对四川省冬马铃薯易受冻害的问题,除采用春马铃薯的关键技术措施外,重点围绕防寒、防冻,选好品种,确定播期和种植密度。即适期播种,川南地区冬季基本无霜,可在 10 下旬至 11 月中旬播种,川东地区冬季有轻霜,可在 11 月下旬至 12 月中旬播种;覆膜防冻,川东地区一般采取双膜覆盖,即紧贴地面盖一层超微膜(破膜出苗),然后盖一层拱膜,川南地区只盖一层拱膜或不盖膜;重底早追,增大密度;加强田管,综防病虫。多年多点试验表明,冬马铃薯高产高效栽培技术增产幅度 11.02%~22.01%,平均 16.39%。冬马铃薯高产高效栽培技术与常规种植产量比较如表 5-16 所示。

表 5-16 冬马铃薯高产高效栽培技术与常规种植产量比较

处理	广安	龙马潭	宜宾	大竹	江安	平均
高产高效栽培/(kg/hm²)	17488	17745	20826	15913	14016	17197
常规种植/(kg/hm²)	14334	15220	17671	14334	12319	14775
比对照增减/%	22.01	16.59	17.85	11.02	13.77	16.25

春、秋、冬马铃薯高产高效种植技术体系如表 5-17 所示。

表 5-17 春、秋、冬马铃薯高产高效种植技术体系

技术体系	关键技术	配套技术	增产/%	高产纪录/(kg/hm²)
春马铃薯高产高效种植技术体系	双行垄作、肥促化控、重防晚疫病	中晚熟品种、适时早播、增加密度、平衡配方施肥	14.78	会东县 79515
秋马铃薯高产高效种植技术体系	开沟排湿、带芽播种、重防晚疫病	短生育期品种、适时抢播、增加密度、稻草覆盖、平衡配方施肥	15.45	成都市 43905
冬马铃薯高产高效种植技术体系	覆膜保温、全程平衡施肥	耐寒品种、适时早播、增加密度	16.39	峨边县 58425

二、优化区域布局,构建周年生产体系

确定了四川省马铃薯产业三个优势区域,建设了马铃薯核心示范县 41 个和良繁

基地县 20 个，在民族地区凉山州建设了 10 万 hm^2 的全国绿色食品原料标准化生产基地，获得了凉山马铃薯、万源马铃薯、曾家山马铃薯、峨边马铃薯、空山马铃薯、宁南冬季马铃薯等国家农产品地理标志。由于马铃薯周年生产体系的建立，形成了马铃薯周年供给格局，全年市场价格周期性波动幅度较小，避开了北方马铃薯集中上市的高峰期和马铃薯市场价格的低谷期，近年来，四川省没有出现马铃薯集中上市导致大量滞销、薯农利益严重受损的情况，形成了四川省马铃薯产业可持续发展的新常态。实行脱毒基础苗统供制度及种薯病毒检测合格证发放制度，建立了可追溯的脱毒种薯质量控制体系，为马铃薯周年生产奠定了良种基础。四川省春秋冬马铃薯面积和总产比例如图 5-7 所示，马铃薯产业周年生产供给体系如表 5-18 所示。

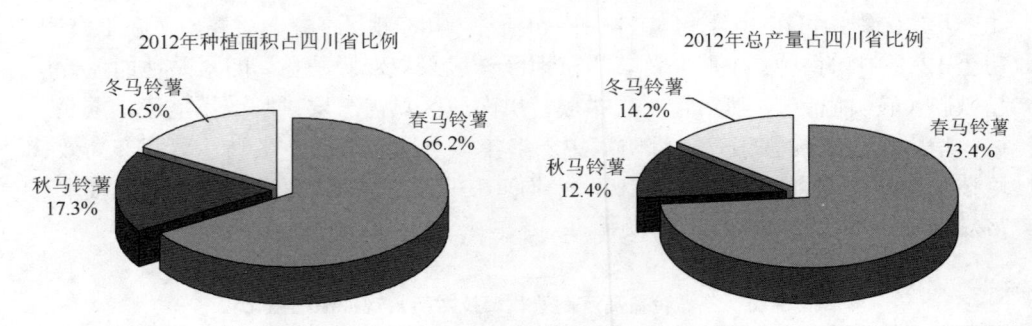

图 5-7　四川省 2012 年春秋冬马铃薯面积和总产比例

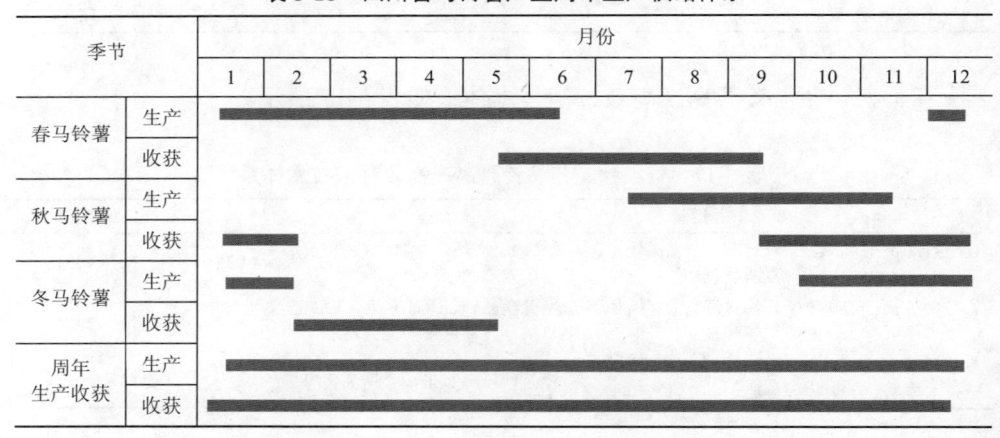

表 5-18　四川省马铃薯产业周年生产供给体系

季节		月份												
		1	2	3	4	5	6	7	8	9	10	11	12
春马铃薯	生产	━━━━━━━━━━━━											━
	收获					━━━━━							
秋马铃薯	生产							━━━━━━━					
	收获	━━								━━━━━━━			
冬马铃薯	生产	━━									━━━━━━		
	收获	━━━━━━━━━											
周年生产收获	生产	━━━━━━━━━━━━━━━━━━━━━━━━											
	收获	━━━━━━━━━━━━━━━━━━━━━━━━											

三、加强高产创建，创造多季多点高产高效典型

通过技术创新与高产创建相结合，加强"三新"（新模式、新品种、新技

术）联动、"五良"配套（良壤、良种、良制、良法、良机），创建了大批马铃薯多季高产高效典型。2008～2012 年，建立万亩（667hm^2）示范片 221 个，面积 20.6 万 hm^2。项目区平均产量从 2007 年的 26145kg/hm^2 提高到 2012 年的 32025kg/hm^2。春、秋、冬马铃薯均创造了历史高产纪录。单个田（地）块最高单产记录：凉山州会东县春马铃薯净作最高产 79515kg/hm^2，达州市万源春马铃薯净作最高产 73965kg/hm^2，广元朝天区春马铃薯套作最高产 58924kg/hm^2，自贡市荣县秋马铃薯最高产 37575kg/hm^2。

四、社会经济生态效益显著

新模式充分利用了不同生态地区丰富的光热资源，合理开发秋、冬闲田土，扩大了秋冬马铃薯种植面积，耕地复种指数提高 50%以上，秸秆利用率 70%以上。率先在全国马铃薯主产区构建了三季马铃薯与多种作物多元共生、多熟高效的新型种植模式，实现了马铃薯由一季春作为主向春、秋、冬马铃薯多季种植转型，构建了周年生产、周年供给的产业链格局，提高了资源利用率和生产效益，促进了市场供需平衡、农民增收效益稳定、马铃薯产业可持续发展的良性循环，是深化马铃薯产业供给侧结构性改革的重要技术途径。为中国同生态区推广应用马铃薯高产高效多季种植模式提供了科技支撑和典型示范。

（本章作者：沈学善　黄　钢　王　平　屈会娟　余显荣　李　艳）

参 考 文 献

[1] 梁南山, 郑顺林, 卢学兰. 四川省马铃薯种植模式的创新与应用. 农业科技通讯, 2011, (3): 120-121.
[2] 黄钢, 沈学善, 屈会娟, 等. 亚热带立体气候区马铃薯多熟高效种植模式的构建 (英文). 农业科学与技术: 英文版, 2013, 14 (9): 1344-1346.
[3] 汤永禄, 黄钢, 郑家国, 等. 川西平原种植制度研究回顾与展望. 西南农业学报, 2007, (2): 203-208.
[4] 汤永禄, 黄钢, 吴飞, 等. "马铃薯—水稻—马铃薯" 超高产种植新模式. 耕作与栽培, 2007, (2): 9-10, 29.
[5] 郑顺林, 王良俊, 万年鑫, 等. 密度对不同生态区马铃薯产量及块茎空间分布的影响. 西北农林科技大学学报, 2017, 45 (7): 15-23.
[6] 王平, 刘丽芳, 沈学善, 等. 四川省冬马铃薯不同生态区品种引进与筛选. 中国马铃薯, 2017, 31 (1): 1-6.
[7] 卢学兰. 四川省马铃薯周年生产与品种应用. 马铃薯产业与现代可持续农业. 中国作物学会马铃薯专委会. 2015.
[8] 梁南山, 陈文红, 王晓琴, 等. 四川盆周山区马铃薯超高产栽培技术. 现代农业科技, 2015, (12): 103, 117.
[9] 王良俊, 郑顺林, 钟蕾, 等. 不同密度对四川盆地春、秋季马铃薯生长、产量和经济效益影响. 生态学杂志, 2015, 34 (6): 1572-1578.
[10] 徐成勇, 杨绍江, 陈学才, 等. 四川马铃薯周年生产季节性专用品种选育策略. 中国种业, 2015, (2): 11-16.
[11] 沈学善, 屈会娟, 黄钢, 等. 四川省春马铃薯超高产栽培的技术途径与措施. 中国马铃薯, 2012, 26 (5): 277-280.

[12] 郑顺林, 袁继超, 李德林, 等. 马铃薯、玉米套作模式下田间配置及群体优化. 中国马铃薯, 2010, 24 (2): 80-83.
[13] 蒲晓斌, 吕世华, 汤永禄, 等. 油菜免耕套作马铃薯栽培技术. 农业科技通讯, 2009, (10): 148-149.
[14] 卢学兰. 四川省秋马铃薯生产特点和存在问题分析. 马铃薯产业与粮食安全. 中国作物学会马铃薯专委会. 2009.
[15] 郑顺林, 袁继超, 马均, 等. 春、秋马铃薯氮肥运筹的对比研究. 西南农业学报, 2009, 22 (3): 702-706.
[16] 何卫. 四川省冬作马铃薯的发展状况. 2006年中国作物学会马铃薯专委会年会暨学术研讨会论文集, 2006.

第六章　马铃薯脱毒原原种繁育关键技术

深化薯类产业供给侧结构性改革，必须大幅度提高马铃薯种薯的质量和农民种植马铃薯的效益，其中马铃薯原原种脱毒繁育技术的创新和成果推广至关重要。植物脱毒技术已经应用几十年，在马铃薯上应用规模最大，成效最好[1,2]。国内外大量研究和实践证明马铃薯脱毒种薯较未脱毒的退化种薯增加单产30%以上[3,4]。欧美国家和地区的马铃薯脱毒种薯的比例占生产用种薯的90%以上，而四川乃至全国这一比例不到20%。这是导致四川及全国马铃薯单产水平低，并低于世界平均水平的主要因素。据联合国粮食及农业组织统计，2005年荷兰马铃薯的平均产量为44850kg/hm^2、美国为42750kg/hm^2、欧盟15国平均为35100kg/hm^2，而中国仅为14535kg/hm^2，四川马铃薯单产仅为16500kg/hm^{2}左右。种薯问题成为阻碍四川及全国马铃薯产业发展的一大瓶颈[5]。良种繁育体系脆弱，马铃薯脱毒种薯数量少、质量差、价格高，制约着脱毒种薯的广泛应用。因此，加快提高脱毒种薯的数量和质量，成为促进马铃薯产业发展的关键环节。从长远来看，通过推广脱毒种薯提高单产和效益是马铃薯产业发展的巨大潜力和优势所在，对提高粮食产量、确保粮食安全具有重要的战略意义。

针对马铃薯产业发展中存在的良繁体系不健全导致的种薯繁殖慢、数量少、质量低、贮藏损失严重等问题，着力构建高效率高质量的三代脱毒种薯体系，加强品种选育和脱毒良繁技术研究，加强各代种薯基地建设，建立脱毒种薯全程质量监控体系。通过马铃薯脱毒种薯高效繁育关键技术的研究，突破四川马铃薯产业发展种薯繁育环节的技术"瓶颈"，创建了高起点、深层次、规模化的农业科技转化平台，大幅度提高了四川马铃薯单产、总产和品质，取得了显著的社会效益、经济效益和生态效益，为四川省马铃薯产业的持续稳定高效发展提供了有力的科技支撑。

第一节　四川马铃薯种薯供给现状

十余年前，由于良种繁育体系不健全，生产上存在的主要问题是优良品种缺乏，优良品种应用比例仅为50%左右，品种混杂退化严重，脱毒种薯基地规模小，种薯繁育系数低，生产上普遍以商品薯作种薯使用，脱毒种薯应用很少，增产效果不佳。主要表现在以下几方面。

一、脱毒苗和原原种快繁技术缺乏突破[6]

中国马铃薯脱毒薯快繁技术自 20 世纪 70 年代末兴起以来,在解决马铃薯种薯退化导致的低产问题中发挥了显著的作用,经历了 20 世纪 70 年代末至 90 年代初由各级政府支持开展的马铃薯脱毒种薯技术的应用,增产效果明显。但其发展道路曲折,很多项目在短短几年内就结束,未能持续,原因是缺乏后续经费的支持和市场需求,加之技术不稳定且不成熟及企业看不到前景而未能涉足。20 世纪 90 年代至 21 世纪前几年,脱毒种薯技术有所提高,病毒检测水平有了改进,以双抗夹心酶联方法 DAS-ELISA 为主,分子检测为辅,从扦插苗和试管薯的繁殖转向主要以脱毒小薯(原原种)生产为主,个别企业开始参与种薯生产和经营。但是,所采用的脱毒方法仍然烦琐、成苗时间偏长、脱毒效率低、脱毒小薯繁殖效率低,并且脱毒方法仍然没有大的突破,例如,对要求脱除的 6 种病毒中的 S 和 M 病毒难以脱除,花费的人力物力较大,培养基、培养条件和培养模式长期不变,试管苗不够健壮,生产脱毒薯的单株效率仍然较低,且费时费工,成本难以进一步降低,企业效益不明显。

二、种薯繁育体系远未健全,种薯质量差[7]

四川省从 20 世纪 80 年代开始研究、推广脱毒种薯,但长期以来脱毒种薯体系一直未建立,脱毒种薯缺乏,生产上多采用商品薯作种薯,单产低,种薯问题成为阻碍四川马铃薯产业发展的一大瓶颈。

中国实行了多年的马铃薯质量标准是参照欧美标准按种薯的病害检测质量等级来制定的,虽颁布多年,但实际运用较难。主要原因是该标准系为 5 年制种薯繁育体系,周期长,在中国现有气候和经济条件及技术水平下质量控制难度大,操作难度也大。所以亟待提出符合中国种薯生产实际,这有利于在短时间内迅速提高种薯数量和质量水平的脱毒种薯繁育的新理念和新方法,以便简化脱毒种薯生产过程,缩短繁育周期,利于质量监督与控制,有效避免脱毒种薯分级混乱带来的种薯质量差等问题。

三、病毒检测和质量控制体系尚未建立

由于四川及全国长期缺乏种薯病毒检测和监管机构,使现有的质量标准难以实施,种薯生产单位各自为政,种薯质量参差不齐,影响新品种产量潜力的发挥,甚至给生产造成损失,引发各种质量纠纷。

四、种薯贮藏方法设施落后，贮藏损失大

种薯和商品薯贮藏是马铃薯生产体系中重要的环节之一，但长期以来贮藏设施和技术的匮缺而导致薯块贮藏过程的重量和病害损失高达 15%以上，甚至种薯生理性休眠期的不佳（过老或过幼的生理年龄）导致的减产可达 30%以上。

第二节 脱毒原原种繁育技术创新

通过马铃薯脱毒试管苗水培技术的研制，获得高度整齐一致的健康壮苗，解决了雾培生产原原种定植苗的供苗问题，克服了长期以来基质培养幼苗时间长、成活率低、苗弱、消毒不彻底、隔生薯导致杂薯污染、对环境温度要求较高、效率低等系列难题。

可调控式立体雾培系统从设施箱体的布局、分层、调温和可移动等方面的重大改进，到营养液和栽培管理技术的全面优化，较常规基质栽培的单株结薯数提高 15 倍以上，较其他现有雾培设施和技术的单位面积结薯数提高 30%以上，减少网室用地 40%左右，显著降低了原原种生产成本。该技术的推广实现了大批量高效优质脱毒原原种的规模化、工厂化、自动化生产。

通过品种选择和密度、营养液的优化及组培苗的植株根系管理进一步提高了结薯效率，提高单位面积结薯量 21.2%~148.4%；通过喷雾频率的优化，提高结薯量 7.4%~59.3%；通过采摘方式的改进，提高结薯量 46.9%。

一、高效脱毒快繁新技术研究

茎尖脱毒组培技术，即利用植物茎尖分生组织含病毒量少或不含病毒的特点，采用生物技术将茎尖细胞人工培养成无毒试管苗，并快速繁殖生产脱毒复壮的微型种薯。针对传统技术周期长、效率低、种性（遗传）易变异的问题，通过病毒检测、培养基（激素配比）及培养条件（温、光）优化调控和控制遗传变异等手段，开展从外植体（薯芽）处理、茎尖剥离、诱导愈伤组织到分化成苗的系列研究，探索高效脱毒基础苗生产的突破性技术。

1. 一步成苗法高效脱毒技术

通过正选择健康带芽种薯，精准显微操作剥离茎尖分生组织，培养条件优化，PCR 与酶联（ELISA）结合检测病毒，SSR 分子检测追踪遗传变异等研究，突破

了诱导愈伤组织直接分化成苗的难题，形成了脱毒周期短、效率高、种苗遗传变异低的一步成苗法高效脱毒技术。

2. 改进组培室光源

光是植物生长发育的重要物理环境因素之一，通过调节光质，控制植株形态建成是设施栽培领域的重要内容[8,9]。不同波长的光线对于植物光合作用影响不同，蓝色光有助于植物光合作用，能促进绿叶生长、蛋白质合成，而红色光能促进植物根茎生长，因此400～500nm蓝色光线及610～720nm红色光线对光合作用贡献最大。传统荧光灯发出的是全光谱，而植物仅需要红光和蓝光，因此传统荧光灯光能浪费大，效率低。LED植物生长灯功率小，可发出植物需要的特定红光和蓝光，提高效率，降低成本。

通过改进组培室光照系统，用LED灯取代传统荧光灯，电费成本降低50%，控温费用降低30%。

二、试管薯高效生产技术创新

1. 磷营养对马铃薯试管薯及连生试管薯发生的影响

磷营养对试管薯及连生试管薯发生及产生有规律性的影响；适当降低磷浓度，利于增加试管薯粒数、重量及连生试管薯比例，但试管薯直径及大薯率下降；连生试管薯含水量低于非连生试管薯；试管薯淀粉含量随磷浓度下降而降低，可溶性糖含量则随磷浓度下降而升高；连生试管薯淀粉含量低于非连生试管薯，而连生试管薯可溶性糖含量则高于非连生试管薯。

2. 大量元素不同浓度组合对试管马铃薯结薯的影响

大量元素在MS培养基中用量最大，N、P、K整体浓度加至2倍，大量元素其他成分浓度不改变为试管薯经济效益的最优组合；不加P素，大量元素其他成分浓度不改变为试管薯数量的最优组合；不加N素，P、K浓度加至2倍，大量元素其他成分浓度不改变为试管薯直径的最优组合。

3. 利用脱毒试管苗底茬瓶苗诱导试管薯的研究

底茬瓶苗结薯情况优于接种苗；全黑暗培养条件下结薯情况优于散射光培养；白糖浓度为8%的液体培养基所诱导结薯的数量和质量均优于浓度为4%和6%的培养基，两个品种的底茬瓶苗在结薯数量和结薯重量方面明显优于对照。利用底茬苗诱导试管薯不仅节省材料，还能得到优良试管薯，提高试管薯的生产效率。

4. 不同浓度水杨酸（SA）和多效唑（PP333）组合对马铃薯试管薯形成的影响

不同浓度水杨酸和多效唑处理有利于提高试管薯结薯率和大薯率，同时提高干物质的含量。不同品种间最适激素配比存在差异，生产中需根据不同品种来选择最适的诱导培养基。水杨酸和多效唑间存在互作效应，对结薯数有显著影响。

5. 不同浓度水杨酸对马铃薯试管薯诱导的影响

水杨酸显著影响试管薯的产量及品质，川芋早品种的结薯重量、结薯数量、大薯率、干物质含量随水杨酸浓度的增加呈先升高后降低的趋势；费乌瑞它品种的结薯重量、结薯数量、大薯率、干物质含量随水杨酸浓度的升高，先降低后升高。

三、水雾培技术研制与创新

1. 优化水培营养液配方创新马铃薯水培育苗技术

针对组培苗和基质苗作为雾培定植苗长势弱、成活率不高、繁殖效率低等局限性，系统开展水培育苗的定植密度、营养液配比、配套管理措施改善等研究，并改进设施设备，集成了水培方式培育马铃薯脱毒试管苗的方法，成功实现了一年两季雾培生产。

2. 脱毒微型薯高效生产的可调控式立体雾培技术

1）雾培繁育技术体系

雾培马铃薯原原种的生长发育受到诸多因素的影响。马铃薯自身基因型、气候条件、根际温度、培养液的pH、水胁迫、种植密度、马铃薯块茎的收获次数及氮肥的施用情况等均会影响块茎的形成及其生理活动。影响马铃薯雾培生产的设施因素主要有：温室的高度和宽度、培养箱的设计、通风设计、供水系统的设计和温控设计等。培养体系是影响雾培马铃薯原原种生产的直接因素，如营养液里面的营养元素、pH及植物激素，根部喷雾的频率、电导率，根际温度控制及空气流通状况等因素都会影响雾培马铃薯的生长发育。

利用脱毒苗在严格控制病毒感染条件下生产的无病毒微型薯称为原原种。针对传统原原种繁育技术效率低、成本高等问题，开展雾培技术及配套设施研究，探索高效原原种生产的突破性技术。针对基质生产原原种诸多问题，系统开展了雾培马铃薯原原种生产的关键技术研究，集成以"高产抗病品种+营养液分期调控+

关键期农艺措施管理"为核心的原原种雾培高效生产技术体系。根据四川马铃薯主推品种的遗传特点及生物学特性，研究形成不同品种的雾培配套技术体系（营养液、定植密度、营养液喷施时空调控）。

2）雾培生产原原种最佳氮磷钾比例优化

雾培营养液的最佳氮磷钾比例为 2∶1∶5，每平方米结薯数较传统对照增加 547 粒，提高 64%。

3）雾培生产原原种最佳定植密度

如图 6-1 所示，最佳定植密度为 63 株/m²，每平方米结薯数较对照提高 143 粒，提高 10%，产量提高 11%。定植密度对雾培马铃薯原原种结薯数量和产量均有显著影响，随着定植密度从 16 株/m² 增加到 95 株/m²，单株结薯数量和产量显著下降。而单位面积的原原种数量和产量却随着密度的增加先上升后下降，整体趋势表现为先急剧上升至最大值后缓慢下降，当定植密度为 80 株/m² 时达到显著峰值，品种'川芋117'的峰值要大于品种'米拉'。

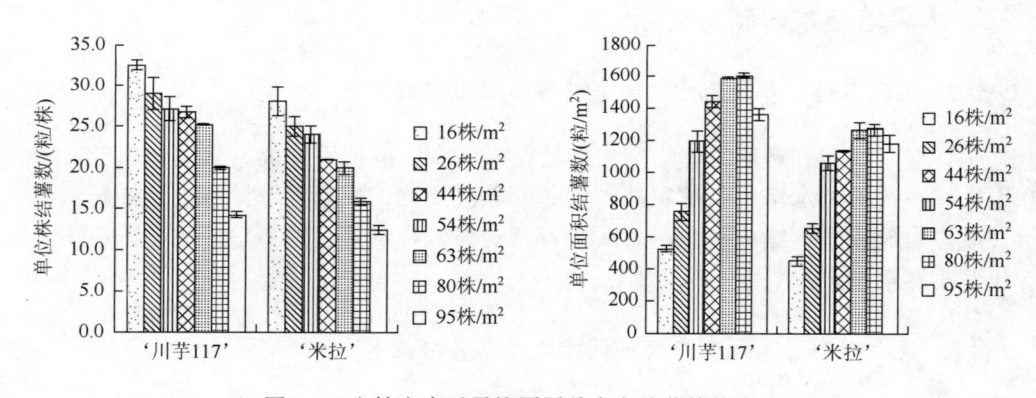

图 6-1 定植密度对雾培原原种生产结薯数的影响

4）雾培生产原原种最佳收获方式和喷施频率

如图 6-2 所示，改进小薯采收方式及营养液喷施液压、频率和时间，每平方米结薯数增加 322 粒，提高 21%。喷雾频率对单株结薯数量有显著影响，随喷雾间隔的延长，'川芋117'的单株结薯数量显著降低，降幅为 17.1%，米拉的单株结薯数量则稍有降低，两个喷雾频率对单株结薯的产量影响均不显著。

如表 6-1 所示，分次收获比一次收获可以获得更高的结薯数，'川芋117'分次收获单株结薯数量为 33.8 粒/株，较一次收获单株可以提高 4.5 粒，不同收获方式差异显著；分次收获方式下，'川芋117'和'米拉'的单株结薯重量为 53.8g/株和 33.4g/株，两种收获方式下，结薯重量上相差不大；无论是分次收获还是一次收获，在总收获数量上，品种之间均未达到极显著差异。

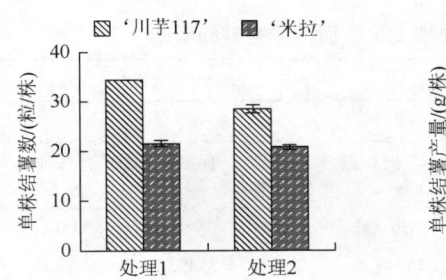

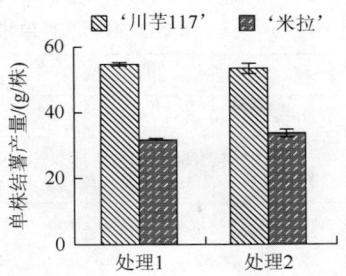

图 6-2　不同喷雾频率对原原种生产的影响

处理 1 间隔 10min 喷雾 30s；处理 2 间隔 20min 喷雾 30s

表 6-1　不同收获方式单株结薯数及产量

指标	品种	第1次收获 A	第1次收获 B	第2次收获 A	第2次收获 B	第3次收获 A	第3次收获 B	合计 A	合计 B
单株结薯数/(粒/株)	'川芋117'	—	2.9 a	—	3.5 a	—	27.4 a	29.3 a	33.8 a
	'米拉'	—	2.5 a	—	3.8 a	—	16.6 b	19.5 b	22.9 b
单株结薯产量/(g/株)	'川芋117'	—	9.9 a	—	10.4 a	—	33.6 a	54.0 a	53.8 a
	'米拉'	—	10.2 a	—	7.5 a	—	15.7 b	31.4 b	33.4 b

注：A 为一次采收，B 为多次采收。

5）苗源及激素处理对雾培原原种生产影响

如表 6-2 和表 6-3 所示，水培苗较组培苗可以显著提高单株及单位面积结薯产量，'川芋 802' 和 '米拉' 单株结薯产量分别提高 19.6%和 24.4%，叶面喷施 GA_3 可以显著提高单株及单位面积结薯数量，单位面积结薯数较对照分别提高 9.3%和 24.7%。

表 6-2　苗源对单株及单位面积结薯产量的影响

激素	'川芋 802' 组培苗 单株产量/(g/株)	'川芋 802' 组培苗 单位面积产量/(g/m²)	'川芋 802' 水培苗 单株产量/(g/株)	'川芋 802' 水培苗 单位面积产量/(g/m²)	'米拉' 组培苗 单株产量/(g/株)	'米拉' 组培苗 单位面积产量/(g/m²)	'米拉' 水培苗 单株产量/(g/株)	'米拉' 水培苗 单位面积产量/(g/m²)
CK	61.6 a	3325.6 a	76.7 a	4143.8 a	54.6 b	2950.5 c	78.1 a	4218.7 a
GA_3	65.6 a	3540.6 a	73.1 a	3948.8 a	74.9 a	4042.7 a	90.9 a	4910.1 a
ABA	57.4 a	3101.6 a	74.2 a	4005.0 a	52.5 b	2836.8 c	58.0 b	3132.1 b
GA_3+ABA	61.7 a	3334.0 a	70.8 a	3823.7 a	64.3 ab	3469.8 b	79.5 a	4294.7 a
平均	61.6 b	3325.5 b	73.7 a	3980.3 a	61.6 b	3324.9 b	76.6 a	4138.9 a

表 6-3 苗源对单株及单位面积结薯数的影响

激素	'川芋 802'				'米拉'			
	组培苗		水培苗		组培苗		水培苗	
	单株数/(粒/株)	单位面积数/(粒/m²)	单株数/(粒/株)	单位面积数/(粒/m²)	单株数/(粒/株)	单位面积数/(粒/m²)	单株数/(粒/株)	单位面积数/(粒/m²)
CK	21.0 b	1132.8 ab	22.8 ab	1230.0 ab	17.7 b	958.1 b	21.4 b	1156.0 b
GA₃	23.9 a	1291.8 a	24.9 a	1344.6 a	27.7 a	1493.5 a	26.7 a	1441.0 a
ABA	19.2 b	1034.9 b	19.9 b	1071.9 b	18.3 b	987.8 b	16.7 c	899.9 c
GA₃+ABA	21.6 ab	1164.5 ab	20.5 b	1104.3 b	20.2 b	1091.2 b	22.2 b	1200.0 b
平均	21.4 a	1156.0 a	22.0 a	1187.7 a	21.0 a	1132.6 a	21.7 a	1174.2 a

6）带根全株苗与顶端扦插苗对雾培原原种生产的差异

对比分析带根全株苗与顶端扦插苗在雾培生育期内各项农艺性状动态变化与产量的差异，结果如表 6-4 和表 6-5 所示。结果表明：生长前期，带根全株苗的株高、根长、匍匐茎及其分支数目、叶面积指数及叶绿素含量（SPAD）值均大于顶端扦插苗，具有生长优势；生长后期，除匍匐茎及其分支数目外，顶端扦插苗的生长势均优于带根全株苗；带根全株苗较顶端扦插苗更早完成各器官的形态建成，且带根全株苗匍匐茎的形成能力强于顶端扦插苗；四个马铃薯品种的结薯率在雾培生育期内均呈"S"型曲线变化，且顶端扦插苗均滞后于带根全株苗 5~8d 进入块茎形成盛期；除'米拉'顶端扦插苗的产量（73.0g/株、3942.0g/m²）显著高于带根全株苗（54.3g/株、2932.2g/m²），其他品种的产量在两定植苗间差异不显著，即带根全株苗前期较强的生长优势并未对产量带来明显效益。整体来说，对于生育期较短的品种，优先考虑带根全株苗，利于营养期植株形态的快速建成；对于生育期较长品种，优先考虑顶端扦插苗，实现脱毒苗的多次被剪尖利用，降低生产成本，提高生产效益。

表 6-4 单株结薯产量及结薯数比较

定植苗	单株产量/(g/株)				单株粒数/(粒/株)			
	'费乌瑞它'	'川芋 117'	'川芋 802'	'米拉'	'费乌瑞它'	'川芋 117'	'川芋 802'	'米拉'
带根全株苗	53.7 a	56.1 a	50.3 a	54.3 b	12.3 a	19.6 a	15.8 a	18.1 a
顶端扦插苗	50.6 a	53.9 a	53.3 a	73.0 a	10.4 b	16.7 b	18.7 a	18.6 a

表 6-5 单位面积结薯产量及结薯数比较

定植苗	单位面积产量/(g/m²)				单位面积总粒数/(粒/m²)			
	'费乌瑞它'	'川芋 117'	'川芋 802'	'米拉'	'费乌瑞它'	'川芋 117'	'川芋 802'	'米拉'
带根全株苗	2899.8 a	3029.4 a	2716.2 a	2932.2 b	664.2 a	1058.4 a	853.2 a	977.4 a
顶端扦插苗	2732.4 a	2910.6 a	2878.2 a	3942.0 a	561.6 b	901.8 b	1009.8 b	1004.4 a

对于早熟品种来说，全株栽培优于顶端扦插栽培，'费乌瑞它'带根全株苗的单位面积结薯产量及粒数均高于顶端扦插苗，分别提高了6.1%和18.3%。对于'米拉'等中早熟及晚熟品种顶端扦插可以实现脱毒水培苗两次利用，降低脱毒苗成本50%，'米拉'顶端扦插苗的单位面积产量3942.0g/m^2，较带根全株苗显著增产34.4%；而在单株粒数方面，顶端扦插苗的单位面积粒数为1004.4粒/m^2，较带根全株苗增产2.8%。

7）雾培原原种生产中最佳铵硝比

硝态氮有利于植株营养生长及匍匐茎发生，促进块茎的形成，铵态氮则有利于促进块茎膨大。如表6-6所示，全硝态氮供给下，单株结薯数最高，但1g以下小薯比例高，随着铵态氮比例的增加，其单株1g以上大薯数量也呈下降趋势。铵硝比为25∶75可以获得结薯产量和数量上的平衡，即保证获得一定产量的同时，获得理想的结薯数。

表6-6　雾培生产原原种中不同铵硝比对单株及单位面积结薯数的影响

品种	NH_4^+∶NO_3^-	单株结薯数/(粒/株)（膨大至匍匐茎2倍直径的小薯）	单株结薯数/(粒/株)（＞1g）	单位面积结薯数/(粒/m^2)（＞1g）
'米拉'	0∶100	135.5 a	24.7 a	1356.3 a
	25∶75	81.5 b	24.3 a	1335.0 a
	50∶50	29.3 d	11.9 c	662.9 d
'川芋802'	0∶100	35.8 cd	19.2 ab	1066.4 b
	25∶75	53.5 c	19.2 ab	1063.6 b
	50∶50	22.8 d	14.5 bc	807.9 c

8）明确雾培生产原原种最佳氮素水平

氮素水平对'川芋117'和'米拉'的结薯数量和产量均有显著影响，如表6-7所示，随着氮素水平增高，结薯数量和产量先增高后显著下降，氮素浓度为240mg/L时，两品种单位面积结薯数量及产量达到峰值，较高氮处理，增幅分别为71.6%和107.8%、91.8%和83.1%，显著高于高氮处理。

表6-7　不同氮素水平对原原种结薯数和产量的影响

品种	氮素浓度/(mg/L)	单位面积结薯数/(粒/m^2)	单位面积产量/(g/m^2)	单株结薯数/(粒/株)	单株结薯产量/(g/株)
'川芋117'	120	1249.7 bc	2803.4 cd	23.1 bc	51.9 cd
	240	1338.1 b	2904.1 bc	24.8 b	53.8 cd
	360	1070.3 d	2494.1 cde	19.9 d	46.2 d
	480	805.7 e	1746.7 de	14.9 e	32.3 e
	600	779.6 e	1514.5 e	14.4 e	28.0 e

续表

品种	氮素浓度/(mg/L)	单位面积结薯数/(粒/m²)	单位面积产量/(g/m²)	单株结薯数/(粒/株)	单株结薯产量/(g/株)
'米拉'	120	1119.8 cd	3365.4 bc	20.7 cd	62.3 bc
	240	1582.6 a	4440.6 a	29.3 a	82.2 a
	360	1184.9 bcd	3947.5 ab	21.9 bcd	73.1 ab
	480	1055.7 d	2962.1 bc	19.6 cd	54.9 cd
	600	761.6 e	2425.8 cde	14.1 e	44.9 d

9）雾培技术群体光能转化率提高

雾培马铃薯群体光能转化率如图 6-3 所示。

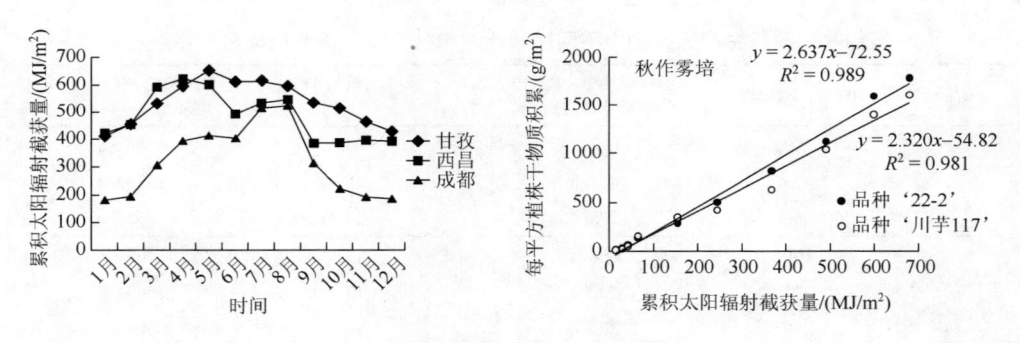

图 6-3　雾培马铃薯群体光能转化率

雾培基地（成都、西昌、甘孜等）的太阳辐射能变化雾培植株的太阳能转化率（成干物质）研究

生态学研究表明雾培技术的植物群体光能转化率比常规技术高 40%左右（2.63g/MJ）。植物群体吸收的太阳有效生理辐射能由 $I_a = (1-\rho_c) \times I_o \times (1-e^{-K \times LAI})$ 得出。I_o 表示辐射初始值，ρ_c 表示作物反射光合有效生理辐射能 PAR（400～700nm），K 表示消光系数，其值由比尔法则确定，LAI 表示叶面积指数。

10）雾培新系统下原原种生产动态控制管理模式[10]

根据品种特性、数量、大小和需求，精确安排生产任务，建立了雾培原原种生产动态控制管理模式：种薯数与种薯大小和密度的拟合方程式 $Z = -190.42 + 172.71x + 4.49y - 20.9x^2 - 0.01y^2$。

11）建立物联网系统实现自动化和信息化精准生产

在雾培自动化研究的基础上，率先建立了物联网系统，即通过传感探头，从电脑和手机终端储存、显示、监控和分析雾培及贮藏等全系统各参数（温度、湿度、光照、二氧化碳等），更好地实现自动化和信息化精准生产。

四、脱毒种薯繁育体系构建

从获得基础苗、扩繁试管苗，到生产原原种、原种和生产种，多个环节构成脱毒种薯繁育体系。针对脱毒种薯繁育体系分级混乱、各代种薯繁育脱节、种薯质量难以控制等问题，研究建立规范、可操作性强的脱毒种薯繁育体系及全程质量追溯系统。

通过建立种薯良繁网络、种薯质量监控系统，率先在全国构建了省级三代脱毒种薯繁育体系及质量追溯系统，如图 6-4 所示，解决了种薯分级混乱、各代种薯繁育脱节、种薯质量难以控制等问题。四川省马铃薯三代脱毒种薯繁育体系如图 6-5 所示。

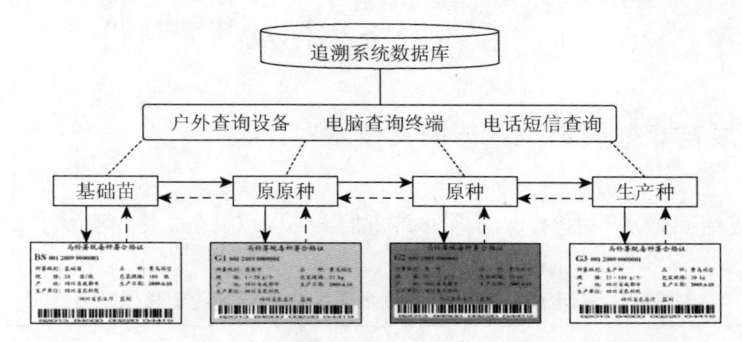

图 6-4　四川省马铃薯三代脱毒种薯繁育体系及质量追溯系统

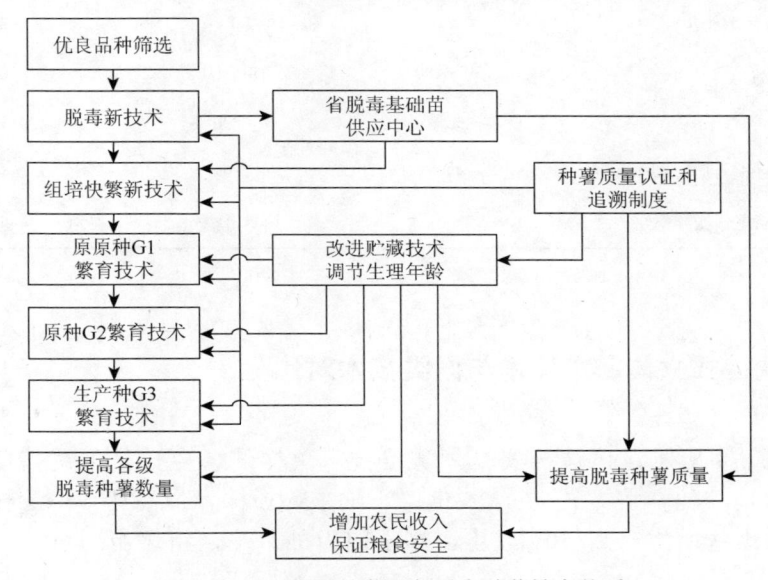

图 6-5　四川省马铃薯三代脱毒种薯繁育体系

良繁体系：建立了由 5 家科研单位组成的四川省基础苗供应中心。由中心统一向企业提供基础苗，企业规模化生产原原种能力达 1000 万粒/a 以上。建立原种和生产种基地，规模 667hm² 以上的企业 6 家，形成了覆盖全省马铃薯主产区的良繁体系网络。

质量监控：种薯抽检样品数逐年增加，种薯质量明显提高。脱毒基础苗合格率从 2008 年的 68%提高到 2011 年以后的 100%；原原种合格率从 2008 年的 73%提高到 2009 年的 95%，2011 年和 2012 年均达到 99%；原种合格率从 2008 年的 74%提高到 2009 年以后的 99%；抽检的部分生产种合格率达到 95% 左右。

第三节 技术经济指标及其先进性

一、一步成苗高效脱毒技术与同类技术对比

一步成苗高效脱毒技术与国内外常规脱毒技术对比如表 6-8 所示。

表 6-8 一步成苗高效脱毒技术与国内外常规脱毒技术对比

技术指标	国内外常规脱毒技术	一步成苗脱毒技术	对比
分化成苗步骤	3	1	-2
成苗时间/d	160~180	50~60	-100
脱毒率/%	55	>90	>35
S 和 M 病毒脱除率/%	44	>90	>46
脱毒苗遗传变异率/%	2~3	<0.6	<-1.4

二、可调控式立体雾培技术与同类技术对比

如表 6-9 所示，可调控式立体雾培技术单株结薯粒数是传统基质生产的 16.7 倍，是其他雾培方式的 1.25 倍，平均 25 粒/株，最高达 66 粒/株，单位面积产量比基质生产高 50%以上，高于国内外水平，组培苗用量仅为基质的十分之一。

表 6-9 可调控立体雾培与国内外其他雾培方式对比

栽培方式	定植苗数/(株/m²)	单株结薯/粒	结薯数量/(粒/m²)	脱毒薯成本/(元/100 粒)
国内外其他雾培	54	20	1080	9.2
可调控立体雾培	63	25	1575	6.3
对比/%	17	25	46	−32

三、可调控式立体雾培设施改进

箱体改传统顶部开启为两侧滑动，便于分批采收及日常管理。改传统单层喷雾为分层喷雾，营养生长期上层喷施营养液，利于生根，提高成活率。结薯期上层喷干燥空气，减小种薯皮孔开放，利于贮藏，下层喷施营养液，提高结薯效率。可调控营养液温度，减少高温或低温对马铃薯的影响，延长雾培苗生育期，提高结薯效率。箱体移动式设计，减少操作通道，提高土地利用率。

四、三代脱毒种薯繁育体系实施前后对比[11-16]

一步成苗高效脱毒技术与常规脱毒技术对比如表 6-10 所示。

表 6-10 一步成苗高效脱毒技术与常规脱毒技术对比

项目实施前	项目实施后
（1）国内现状是多代（五代以上）的种薯繁殖，种薯质量低，脱毒种薯推广难度大 （2）种薯管理混乱，缺乏有效的种薯质量监控，基础苗合格率低于 70%，原原种合格率低于 75%	（1）建立三代脱毒种薯体系，减少繁育代数，提高了种薯质量，加快良繁推广应用，形成覆盖全省马铃薯主产区的较为完善的良繁体系网络 （2）组建脱毒种薯基础苗供应中心，实行统一供苗，构建种薯质量追溯系统，基础苗合格率从 68%提高到 100%；原原种合格率从 73%稳定提高到 95%以上，大大提高了各级（代）种薯的质量

第四节 应用推广和社会经济效益

一、推广应用情况

1. 合理布局，构建完善三代脱毒种薯繁育体系

根据马铃薯产业发展规划，按照"条件适宜、就近供种"的原则，合理布局种薯基地，加强规范化、标准化、产业化的种薯生产基地建设。形成了覆盖全省

马铃薯主产区的较为完善的马铃薯良繁体系网络，全省各种原原种生产防蚜网室面积达 175503m^2，其中自动化雾培设施面积 11510m^2，原原种生产能力达 1.5 亿粒以上；在 10 个县建立了原种生产基地，原种生产能力达 1.5 万 t 以上，在 30 个县建立了生产种生产基地，一级生产种薯生产能力 40 万 t 以上。各代种薯生产规模逐年扩大，种薯数量逐年上升。

2. 质量溯源，建立种薯全程质量监控体系

构建马铃薯脱毒种薯质量（条码）追溯系统；发布了《马铃薯脱毒种薯生产技术规程》（DB51/T 818—2008）；组建了马铃薯脱毒种薯基础苗供应中心，实行脱毒基础苗统一供应，从源头上控制种薯质量，降低原原种生产成本，缩短生产周期，快速提高原原种产量和质量。

3. 增产显著，全省脱毒种薯推广率提高

马铃薯脱毒种薯在四川推广率不断提高，促进了马铃薯单产的提高和农民增收。2004～2012 年，四川省马铃薯脱毒种薯推广率从 6.5%提高到 30.4%，其中项目区脱毒种薯推广率从 7.4%提高到 34.6%；马铃薯增产量对四川粮食增产的贡献率自 2008 年以来稳定在 30%以上。

二、经济效益

2007～2012 年，项目累计生产原原种 2.3 亿粒，原种 3.8 万 t，生产种 141 万 t，脱毒马铃薯累计推广 84.4 万 hm^2，合计取得经济效益 43.94 亿元。

三、社会效益

1. 社会生态效益良好

高效脱毒快繁技术及生物源种薯贮藏保鲜技术大大降低了成本，减少了病害的发生，节约了资源，减少了化肥和农药施用，提高了马铃薯种薯质量，保护了生态环境。

2. 抗灾减灾成效显著

整体技术适宜灾后改种补种，增强了农业抗灾减灾能力，提高了粮食产业结构对干旱、冻害、洪涝等多种自然灾害的抗灾减灾适应能力。在四川省 2006 年大旱、2008 年冰冻雨雪灾害、5·12 特大地震和 4·20 地震灾害后的农业恢复重建中发挥了重要作用。

3. 技术进步效果突出

项目技术成为四川和其他相关省区新的主导性马铃薯脱毒快繁技术。水培雾培技术在四川的应用规模居全国之首，其由于高效节本的优势将逐步扩大应用。马铃薯脱毒种薯繁育关键技术创新与三代种薯良繁体系构建及应用方面取得了显著的成效，构建了可追溯的质量监控体系，实行"马铃薯脱毒种薯病毒检测合格证"发放制度。

（本章作者：何　卫　唐铭霞　王克秀　宁　红　卢学兰　王西瑶）

参 考 文 献

[1] 豆松涛. 推广马铃薯脱毒抗病良种增产效果显著. 云南农业, 1998, (5): 7.
[2] 刘卫平. 黑龙江省马铃薯脱毒种薯繁育发展现状与对策研究. 北京: 中国农业科学院硕士学位论文, 2013.
[3] 聂洪光. 我国马铃薯产业化发展现状及策略. 农业科技与装备, 2010, (6): 118-119.
[4] 闫东升. 马铃薯脱毒种薯行业发展前景分析. 呼和浩特: 内蒙古大学硕士学位论文, 2012.
[5] 李佩华, 蔡光泽, 普晋, 等. 四川省马铃薯脱毒种薯生产现状及发展对策浅析. 西昌学院学报 (自然科学版), 2012, 26 (3): 16-19, 26.
[6] 付翔. 马铃薯试管薯大田育苗栽培生产种薯的研究. 武汉: 华中农业大学硕士学位论文, 2007.
[7] 白艳菊, 李学湛. 马铃薯种薯质量标准体系建设现状与发展策略. 中国马铃薯, 2009, 23 (2): 106-109.
[8] 张欢. 光环境调控对植物生长发育的影响. 南京: 南京农业大学硕士学位论文, 2010.
[9] 邸秀茹. 不同光谱能量分布的 LED 光源在植物组培中的应用. 南京: 南京农业大学硕士学位论文, 2008.
[10] 胡建军, 何卫, 王克秀, 等. 马铃薯脱毒种薯快繁技术及其数量经济关系研究. 西南农业学报, 2008, (3): 737-740.
[11] 白金达, 何卫, 李天, 等. 诸因素基质栽培对马铃薯种薯生长和产量的影响. 西南农业学报, 2010, 23 (2): 469-474.
[12] 谢开云, 卢学兰, 梁南山, 等. 四川省马铃薯种薯体系现状、问题和对策. 中国马铃薯, 2010, 24 (4): 242-248.
[13] 王克秀, 何卫, 胡建军, 等. 马铃薯脱毒组培苗繁殖效率分析研究. 西南农业学报, 2010, 23 (3): 660-664.
[14] 唐铭霞, 何卫, 胡建军, 等. 四川省马铃薯主栽品种的遗传多样性分析. 西南农业学报, 2010, 23 (6): 1805-1808.
[15] 唐铭霞, 何卫, 胡建军, 等. 利用分子标记鉴定四川省马铃薯品种. 中国马铃薯, 2013, 27 (1): 6-8.
[16] 万林, 何卫, 李天, 等. 培养条件和品种对马铃薯试管薯的影响. 西南农业学报, 2012, 25 (5): 1596-1600.

第七章 马铃薯脱毒种薯高效扩繁关键技术

马铃薯从脱毒原原种到生产用种的大田繁殖过程存在的问题仍然较多。种薯大田生产周期长，繁殖系数低，不仅增加了种薯再次感病退化的概率，还增加了生产成本和推广难度。针对上述问题，从2006年开始，项目组开展了针对不同世代脱毒种薯田间扩繁的生长发育特性与生理特点等高效扩繁理论研究，创新了脱毒种薯田间高效扩繁四大关键技术，并分类优化集成原种和生产种高效扩繁技术规程，主要解决了不同世代脱毒种薯生长发育特性不清楚和专用高效扩繁机理缺乏两大应用基础理论问题，同时，攻克了因脱毒种薯（尤其是原原种）休眠期长、种薯小、抗逆能力弱而带来的成苗率低、保苗难度大和因长势弱、单株结薯能力差带来的扩繁效率低两大技术难题，脱毒种薯田间高效扩繁理论与技术取得了较大进展。

第一节 不同世代脱毒种薯高效扩繁技术研究概况

一、不同世代脱毒种薯的萌芽与生长发育特性

1. 不同世代种薯的休眠特性和优质种薯的生理质量特征

系统比较研究了原原种、原种和生产种的休眠特性及其萌芽生长的生理变化过程，明确了不同世代脱毒种薯的萌芽动态差异及其生理机制[1]。发现三代种薯休眠期长短顺序为原原种＞原种＞生产种，原原种的发芽期较生产种平均晚14d，原种的发芽期较生产种平均晚7.3d；与生产种相比，原原种和原种不仅发芽期晚，而且休眠幅度大、发芽不整齐、持续时间长，这是其田间出苗慢、出苗少而不齐的重要原因。在种薯贮藏到发芽期间，芽（眼）开始生理活动，脱落酸（ABA）含量降低，生长素（IAA）、赤霉素（GA$_3$）和玉米素（ZR）含量上升，α-淀粉酶、谷氨酰胺合成酶GS、蔗糖酶活性增强，薯肉内淀粉、蛋白质开始分解，含量降低，尤其是芽开始伸长以后。在整个过程中，原原种与生产种相比，IAA、GA$_3$和ZR含量及α-淀粉酶、GS、蔗糖酶活性较低，到达峰值的时间较晚，ABA和淀粉、蛋白质含量较高，说明原原种在贮藏到发芽期的生理活动相对较弱，这是其休眠期较长的重要生理机制。

2. 不同世代种薯扩繁的生长发育与产量形成差异

脱毒种薯扩繁时植株各器官的生长及其干物质积累均符合 Logistic 函数,但原种扩繁(原原种到原种,下同)和生产种扩繁(原种到生产种,下同)各器官的生长动态存在显著差异。原原种与原种相比,种薯小、芽眼少,扩繁原种时单株有效茎少 39.4%~65.9%,植株矮 10.8%~50.4%,茎粗小 39.4%~44.4%,分枝少 32.2%~42.2%,匍匐茎数少 38.7%~52.4%,单株结薯数少(−12.8%~44.9%,秋繁时减少幅度大)和单薯重小(12.7%~50.8%,春繁时减小幅度大)而减产 1/3~1/2。

原种扩繁的单株和块茎的最大干物质积累量 W_m 和最大积累速率 V_m 小,但达到最大干物质积累速率的时间 t_0 较晚,快增期 Δt 较长,表明其生长起步较晚,衰老较慢,可以通过加强后期管理,适当延迟收获来提高其产量。相关和通径分析表明,原种春季扩繁时应主攻单株结薯数,秋繁时应主攻有效株数;生产种春季扩繁时应主攻单薯重量,秋繁时应主攻单株结薯数。

二、不同世代脱毒种薯营养与块茎发育生理特性

1. 不同世代种薯扩繁的营养生理特性

生产种扩繁各时期对氮磷钾的吸收积累量均显著高于原种扩繁;与生产种扩繁相比,原种扩繁每生产 1t 鲜薯需要的氮、磷、钾量较低,但 P_2O_5:N 和 K_2O:N 较高,原种和生产种扩繁 N:P_2O_5:K_2O 分别为 1:0.32:1.05 和 1:0.30:0.95,在生产上应适当提高磷和钾的比例。

早期适施氮肥有利于提高原种扩繁的叶绿素含量,改善干旱胁迫下叶绿体和线粒体结构,提高根系活力和 POD(过氧化物酶)、SOD(超氧化物歧化酶)活性,降低 MDA(丙二醛)含量,增强苗期抗旱性。

随着氮肥水平的增加,脱毒种薯扩繁每生产 1t 鲜薯的需氮量增加,需磷量降低,需钾量先增后降;随着追肥比例的提高,每生产 1t 鲜薯的氮、磷、钾需要量及 P_2O_5:N、K_2O:N 比降低;硝态氮和铵态氮 1:1 配施、N:P_2O_5:K_2O = 2:1:2 配方有利用于提高生产种扩繁时对氮磷钾的吸收利用。

2. 脱毒优质种薯扩繁的光能利用特性

脱毒种薯春繁与秋繁相比,光饱和点和补偿点较高,光合生产能力更强;适量增施氮肥因提高了功能叶的叶绿素含量而增强了其净光合速率及其对光照强度和 CO_2 浓度的响应;随施氮水平提高,块茎形成期的光补偿点、表观量子效率、

最大净光合速率、表观暗呼吸速率、羧化效率及光能转化效率均逐渐提高,这为合理氮肥运筹,提高马铃薯光能利用提供了理论依据。

3. 块茎发育过程中激素生理变化规律

深入研究了氮肥水平对生产种扩繁块茎发育过程中内源 IAA、GA$_3$、ZT、ABA、JS（茉莉酸）及其比例的动态变化规律[2],明确了块茎在不同发育时期适宜的内源激素水平,发现合理的氮肥水平可以通过调控块茎内源激素平衡而促进块茎的膨大发育。

三、创新脱毒种薯扩繁关键技术

1. 创新脱毒种薯扩繁的"调、增、促、控"四大关键技术

系统研究了 GA$_3$、ABA、氯苯胺灵（CIPC）、烯效唑（S$_{3307}$）等植物生长调节剂对不同世代脱毒种薯休眠期、休眠幅度和萌芽动态的影响及其生理机制,创新优质种薯生理质量调控技术,促进出苗保全苗；以不同大小原原种和原种为材料,分别在汉源和雨城春季、温江春季和秋季等生态条件下研究了种植密度对原种和生产种扩繁的产量形成和扩繁效率（粒数、粒重和重量繁殖系数）的影响,创新增密优配高效群体构建技术,提高群体质量,增加光合物质积累；系统研究了氮素形态、氮磷钾配比、施肥水平和底肥与追肥比例对脱毒种薯扩繁养分吸收利用、物质生产与扩繁效率的影响,创新肥料高效运筹技术,促生长、壮个体、多结薯；通过多年多点和春秋两季试验,深入研究了 S$_{3307}$ 的抗逆效应和延缓效果,创新高肥水、大群体条件下的化学调控技术,控上促下结大薯。

2. 分类制定了原种和生产种高效扩繁技术规程

分别优化集成了"以优质种薯为基础,增密优配为核心,肥料高效运筹和化控抗逆保苗为保障"四大关键技术为核心的原种和生产种高效扩繁专用技术规程,并进行了大面积推广应用,提高了不同世代脱毒优质种薯的扩繁效率和效益增产 30%以上,降低了优质种薯成本 20%以上,加速了脱毒种薯的推广应用。

第二节　马铃薯脱毒种薯生长发育及群体生理特性

一、不同世代种薯的休眠特性与萌芽生理

以同期成熟收获的'中薯 2 号'、'费乌瑞它'和'米拉'的原原种（G1）、

原种（G2）和生产种（G3）为材料，研究了原原种、原种和生产种休眠过程中酶活性和激素的影响，为解除休眠和延长休眠提供依据。

1. 不同世代种薯休眠顶芽和基芽酶活性变化

不同世代种薯和不同位置的休眠芽在贮藏和萌芽期间的蔗糖酶活性表现为原种大于原原种，顶芽大于基芽。'中薯2号'、'费乌瑞它'和'米拉'原种顶芽蔗糖酶活性平均较原原种高37.2%、64.7%和16.5%，基芽相应地高26.6%、50.1%和1.0%。GS表现为原种的活性高于原原种，顶芽的活性高于基芽。'费乌瑞它'、'米拉'及'中薯2号'原种的顶芽GS的活性平均较原原种高46.8%、16.1%、10.4%，基芽相应地高78.8%、76.7%、39.1%。

2. 不同世代种薯顶芽内源激素变化

在整个贮藏期内，3个品种顶芽的GA_3含量均表现为先增后降的变化趋势；品种内GA_3含量差异比较大，'费乌瑞它'、'米拉'及'中薯2号'原种顶芽GA_3含量平均较其原原种高59.78%、230.43%和141.25%，而且GA_3含量达到最高值的时间较其原原种早8d左右。顶芽的ZR含量均表现出增长的趋势，且原种顶芽的ZR含量一直高于原原种，'费乌瑞它'、'米拉'及'中薯2号'原种顶芽ZR含量比原原种ZR含量平均高55.91%、67.42%和31.53%。顶芽的IAA含量均表现前期增长、后期降低的趋势；各品种原种顶芽的IAA含量高于原原种，'费乌瑞它'、'米拉'及'中薯2号'原种顶芽IAA含量比原原种总体含量高22.3%、108.8%和41.1%。顶芽ABA含量均表现前期降低，后期回升的趋势，这与GA_3含量变化趋势相反，且各品种原原种顶芽的ABA含量一直高于原种，'费乌瑞它'、'米拉'及'中薯2号'原原种顶芽ABA含量比原种总体含量高23.6%、54.9%和45.0%。

3. 种薯休眠调控生理机制

以'川芋117'生产种为供试材料，研究GA_3、CIPC和ABA处理对种薯休眠及其生理机制的影响。

1) 药剂处理对马铃薯块茎碳代谢的影响

各处理块茎贮藏期淀粉含量以萌发期为界限总体呈先增加后减少的趋势。GA_3、CIPC和ABA处理的马铃薯块茎分别在处理后14d、56d、28d左右含量升至最高，此后开始下降，但各处理降低的幅度不同。GA_3、CIPC和ABA处理的块茎淀粉含量在处理84d后分别比刚处理时低13.36%、5.93%和11.30%。在贮藏前期，各处理间块茎淀粉含量差异不显著，在处理42d后才开始出现显著差异；在贮藏后期，GA_3处理和对照处理间，CIPC处理和ABA处理两者间的差异均不显著，但GA_3和对照处理的块茎淀粉含量显著低于CIPC和ABA处理。各处理块茎可溶性糖含量在贮藏期的变化规律不同，GA_3、CIPC 和对照处理呈逐渐减少的趋势，而 ABA 处理呈先降低后升高再降低的变化趋势。各处理块茎可溶性糖含量的降低幅度也不同。

2）药剂处理对马铃薯贮藏期碳氮比的影响

不同药剂处理下的马铃薯块茎碳氮比在贮藏过程中呈逐渐降低的趋势，但 ABA 处理的块茎在处理后 42d 左右碳氮比有所上升，随后逐渐降低。在整个贮藏过程中，蛋白代谢不活跃，可溶性蛋白含量变化幅度小，且各处理之间差异不显著。而可溶性糖含量变化幅度大，出现碳氮比随贮藏时间逐渐减小的现象。不同药剂处理对马铃薯块茎的碳氮比影响不一致，GA_3 处理可提高整个贮藏过程中块茎的碳氮比，而抑芽剂处理则会有效降低碳氮比，但 ABA 处理在萌发期左右块茎的碳氮比突然增加，发芽后碳氮比逐渐降低。

综上，GA_3 可使块茎提前完成休眠，休眠解除后发芽迅速，营养物质消耗多，淀粉含量下降，但可溶性糖含量和碳氮比较高；CIPC 可有效抑制块茎芽的萌发及生长，营养物质消耗少，中后期的淀粉含量较高，碳氮比较低；ABA 可延长块茎的休眠，块茎出芽整齐，后期营养物质消耗多。

二、不同世代种薯生长发育特性

选用 3 个不同熟期（早熟型、中早熟型、中晚熟型）的 4 个品种（'中薯 3 号'、'费乌瑞它'、'川芋 117'、'夏波蒂'）的脱毒原原种和生产种为试验材料，研究脱毒马铃薯全生育期内全株干物质及矿质元素的吸收与运转、在各器官中分配的动态变化及对产量的比较，为脱毒优质种薯的生产及高产栽培提供理论依据。

1. 原原种与生产种出苗及形态特征差异

不同世代脱毒马铃薯的株高、茎粗均随生长进程而增加，其中原种和生产种在整个生育进程中均高于原原种和商品薯，不同世代脱毒马铃薯的产量有显著差异。研究表明，脱毒马铃薯原原种的出苗率均高于生产种，'中薯 3 号'、'夏波蒂'、'川芋 117' 和 '费乌瑞它' 原原种出苗率分别比生产种高 0.88%、3.29%、0.66% 和 2.63%。原原种与生产种出苗率均具有差异，原原种以 '中薯 3 号' 最高，其次为 '川芋 117'，'夏波蒂' 和 '费乌瑞它' 最低；生产种以 '中薯 3 号' 和 '川芋 117' 最高，其次为 '费乌瑞它'，'夏波蒂' 最低。由此可知，脱毒种薯的出苗率均处于较高水平，但不同级别的种薯间存在微小差异。

原原种与生产种植株形态特征差异也比较明显，在苗期、块茎形成期、块茎膨大期和成熟期，原原种株高均低于其生产种。原原种与生产种株高在其生育期均差异较大，尤其以块茎膨大期差异最大，成熟期差异最小，'川芋 117' 原原种与生产种株高间差异表现最为明显。苗期、块茎形成期、块茎膨大期和成熟期原原种茎粗均低于生产种。原原种茎粗在生育期内均低于生产种且差异均较大，'川芋117'原原种与生产种间茎粗均比其他品种大。

生产种有效茎和分枝数均高于其原原种，'中薯3号'、'夏波蒂'、'川芋117'及'费乌瑞它'有效茎分别比其原原种高48.00%、58.97%、73.33%和67.00%，分枝数分别比其原原种高65.63%、98.15%、62.50%和193.33%。在同一级别种薯中，有效茎个数及分枝数均以'中薯3号'最高，'费乌瑞它'最低，原原种和生产种大小顺序均为'中薯3号'>'川芋117'>'夏波蒂'>'费乌瑞它'。

原原种与生产种匍匐茎数相比，'中薯3号'、'夏波蒂'、'川芋117'和'费乌瑞它'的生产种与原原种匍匐茎数在出苗后20~48d均呈递增趋势并且生产种的匍匐茎数均高于原原种。同一级别种薯间匍匐茎数不同，以出苗后48d为例，'中薯3号'与'费乌瑞它'生产种匍匐茎数较多，达到10.88和10.75，'川芋117'和'夏波蒂'分别为9.00和7.42；而'中薯3号'、'夏波蒂'、'川芋117'和'费乌瑞它'原原种匍匐茎数差异较小，分别为6.88、4.25、5.13和4.50。4个品种原原种在出苗后48d内匍匐茎的数量均低于其生产种，匍匐茎数量较少导致块茎形成数量少，最终导致产量形成较低。

研究表明，叶片总面积与马铃薯产量存在很大的正相关性，随着微型薯（原原种）增大，单株叶面积增大，且与地上部干重之间呈高度正相关关系，不同大小的微型薯（原原种）单株叶面积均呈单峰曲线变化。在整个生育期原原种与生产种单株叶面积变化趋势基本一致，但远低于生产种。不同熟期的四个品种的原原种与生产种单株叶面积差异均较大，以'川芋117'最为突出。4个品种原原种单株叶面积最大值均在出苗后76d，而生产种不一致，'费乌瑞它'和'川芋117'均为出苗后69d，'中薯3号'和'夏波蒂'分别为出苗后62d和76d。'中薯3号'、'夏波蒂'、'川芋117'和'费乌瑞它'生产种单株叶面积最大值分别是其原原种的2.47倍、3.34倍、3.08倍和4.37倍。因此，不同熟期的脱毒马铃薯的原原种与生产种的单株叶面积变化趋势基本一致，但其单株叶面积最大值出现时间及二者间差值均存在差异。

2. 原原种与生产种干物质积累量动态变化

1）单株干物质积累量动态变化

无论是生产种还是原原种，出苗后单株干物质积累增长均符合Logistic方程，但生产种的干物质积累量均高于原原种，并随生育进程的推进差异增大，出苗76d后差异达最大，之后开始缩小。生产种的干物质最大积累量W_m和最大积累速率V_m均较原原种高（或长），但原原种达到最大干物质积累速率的时间t_0较晚，快增期Δt较长，表明原原种生长的起步较晚，后期持续时间较长，直到出苗86d时干物质还在增长，而生产种大多在出苗后69~76d已达到最大，之后不再增长。

原原种与生产种单株干物质 Logistic 方程参数与次级参数如表 7-1 所示,单株干物质积累量 Logistic 曲线拟合如图 7-1 所示。

表 7-1 原原种与生产种单株干物质 Logistic 方程参数与次级参数

种薯世代	品种	W_m/g	a	b	R^2	t_0/d	t_1/d	t_2/d	Δt/d	GT/(g/株)	V_m/[g/(d·株)]
原原种	'中薯3号'	24.8373	6.5261	−0.0983	0.9959	66	53	80	27	16.3548	0.6104
	'夏波蒂'	18.6422	8.5085	−0.1326	0.9795	64	54	74	20	12.2755	0.6178
	'川芋117'	27.6825	8.7059	−0.1150	0.9886	76	64	87	23	18.2283	0.7957
	'费乌瑞它'	18.0456	6.4574	−0.1025	0.9989	63	50	76	26	11.8826	0.4624
生产种	'中薯3号'	46.1289	7.2442	−0.1302	0.9953	56	46	66	20	30.3749	1.5012
	'夏波蒂'	40.1361	8.0937	−0.1427	0.9893	57	48	66	18	26.4288	1.4314
	'川芋117'	59.5946	7.9193	−0.1343	0.9887	59	49	69	20	39.2418	2.0009
	'费乌瑞它'	45.0720	7.7984	−0.1411	0.9854	55	46	65	19	29.6790	1.5896

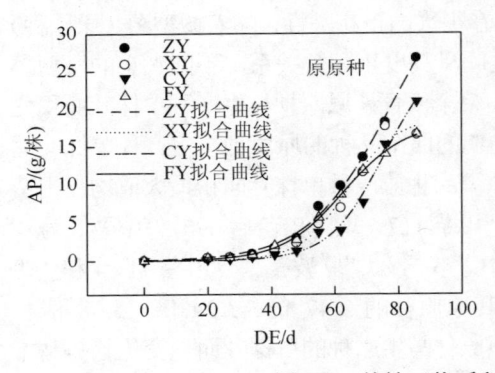

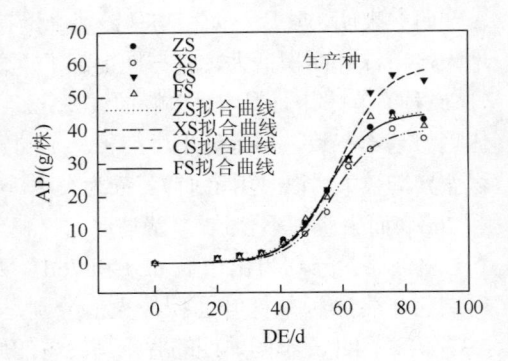

图 7-1 单株干物质积累量 Logistic 曲线拟合

注:ZY、XY、CY、FY 分别代表'中薯3号'、'夏波蒂'、'川芋117'和'费乌瑞它'原原种,ZS、XS、CS、FS 分别代表'中薯3号'、'夏波蒂'、'川芋117'和'费乌瑞它'生产种;AP 代表单株干物质积累量;DE 代表出苗后天数,下同

2)块茎干物质积累量动态变化

马铃薯块茎的干物质积累也符合 Logistic 函数。生产种块茎的干物质积累速率和积累量也大于原原种,4 品种平均,生产种的干物质最大积累量 W_m 和最大积累速率 V_m 分别较原原种高 111.4%和 197.8%,最大干物质积累速率的时间 t_0 较原原种早 9.2d,快增期 Δt 短 6.7d。原原种与生产种块茎干物质 Logistic 方程参数与次级参数如表 7-2 所示,块茎干物质 Logistic 曲线拟合如图 7-2 所示。

表 7-2 原原种与生产种块茎干物质 Logistic 方程参数与次级参数

种薯世代	品种	W_m/g	a	b	R^2	t_0/d	t_1/d	t_2/d	Δt/d	GT/(g/株)	V_m/[g/(d·株)]
原原种	'中薯 3 号'	19.2224	7.4124	−0.1103	0.9918	67	55	79	24	12.6575	0.5303
	'夏波蒂'	15.8358	9.6694	−0.1458	0.9875	66	57	75	18	10.4275	0.5774
	'川芋 117'	21.9536	9.1719	−0.1177	0.9927	78	67	89	22	14.4560	0.6461
	'费乌瑞它'	16.8341	6.9710	−0.1050	0.9975	66	54	79	25	11.0849	0.4417
生产种	'中薯 3 号'	38.2606	8.9549	−0.1512	0.9978	59	51	68	17	25.1938	1.4463
	'夏波蒂'	32.0141	10.1848	−0.1701	0.9958	60	52	68	15	21.0780	1.3615
	'川芋 117'	48.0480	11.4907	−0.1824	0.9949	63	56	70	14	31.6386	2.1913
	'费乌瑞它'	37.8004	9.5113	−0.1631	0.9922	58	50	66	16	24.8908	1.5408

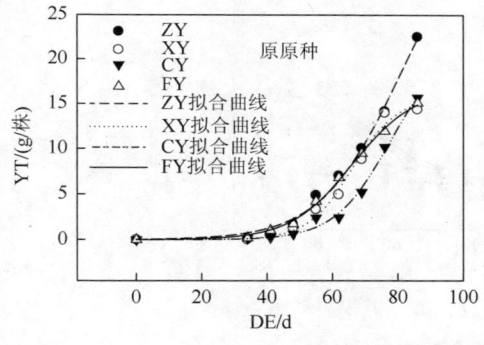

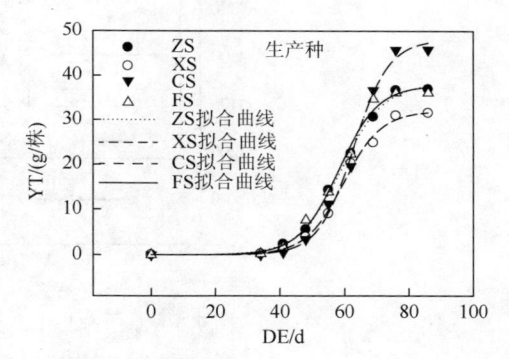

图 7-2 块茎干物质 Logistic 曲线拟合

YT：块茎干物质积累量

3. 原原种与生产种扩繁的氮、磷、钾积累量动态及其需肥特性

1) 氮磷钾积累量动态变化

随着植株的生长，马铃薯的氮、磷、钾吸收积累也随之增长，其中氮和钾的吸收积累量较多，磷的吸收积累量较少，无论是氮、磷还是钾，生产种各时期的吸收积累量均大大高于原原种。

无论是原原种还是生产种，马铃薯单株氮、磷、钾的吸收积累量均符合 Logistic 函数，其中生产种大约在出苗后 76d 达到最大值，之后不再增长甚至还有所下降，特别是氮和磷，而原原种直到出苗后 86d 还在增长，尤其是磷，这与其干物质积累量的变化趋势基本一致。4 个品种平均养分积累动态如表 7-3 所示，原原种与生产种氮、磷、钾积累动态如图 7-3 所示。

表 7-3　4 个品种平均养分积累动态 [$Y = a/(1+be^{-kx})$]

养分	种薯世代	a	b	k	R^2
N	原原种 Y	521.6	485.12	−0.09143	0.9890
	生产种 S	1008.5	321.53	−0.11013	0.9842
P_2O_5	原原种 Y	96.3	328.06	−0.07264	0.9906
	生产种 S	131.0	163.37	−0.09227	0.9923
K_2O	原原种 Y	493.6	410.10	−0.08484	0.9952
	生产种 S	799.3	208.30	−0.10449	0.9858

注：Y 和 S 分别代表原原种和生产种。

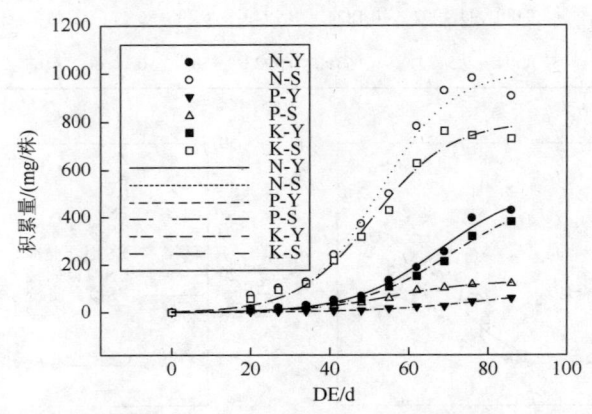

图 7-3　原原种与生产种氮、磷、钾积累动态

4 个品种均值，Y 和 S 分别代表原原种和生产种

2）养分需要量及利用效率

生产 1000kg 鲜薯氮、磷、钾吸收量除'川芋 117'原原种高于生产种外，其余均为原原种低于生产种。原原种与生产种对氮钾的需求均大于磷，原原种对钾和磷的需求比生产种相对更多，因此要求的 N：P_2O_5 和 N：K_2O 更低，4 品种平均，原原种和生产种 N：P_2O_5：K_2O 比例分别为 1：0.32：1.05 和 1：0.30：0.95。

养分的利用效率（每单位养分所生产的干物质量）除'中薯 3 号'原原种高于生产种外均低于生产种，而养分的生产效率（每单位养分所生产的块茎重量）品种间有较大差异，原原种与生产种相比也互有高低。

在肥料三要素中，磷的收获指数较高，氮和钾的收获系数相对较低，生产上更应注意补充施用磷肥。原原种和生产种各养分的收获指数互有高低。原原种与生产种养分吸收利用差异及 1000kg 产量养分吸收量如表 7-4 所示，原原种与生产种 100kg 产量养分利用效率和块茎收获指数如表 7-5 所示。

表 7-4 原原种与生产种养分吸收利用差异及 1000kg 产量养分吸收量

种薯世代	品种	养分吸收量/(kg/1000kg)			养分收获指数			养分生产效率		
		N	P_2O_5	K_2O	N	P_2O_5	K_2O	N	P_2O_5	K_2O
原原种	'中薯3号'	4.43	1.33	4.66	0.70	0.80	0.69	321.97	941.94	308.76
	'夏波蒂'	4.57	1.52	4.60	0.78	0.84	0.79	279.00	782.37	275.87
	'川芋117'	5.62	1.69	6.11	0.54	0.67	0.60	328.26	878.02	274.71
	'费乌瑞它'	3.84	1.30	4.01	0.87	0.91	0.83	299.79	844.78	302.21
	平均	4.62	1.46	4.85	0.72	0.81	0.73	307.26	861.78	290.39
生产种	'中薯3号'	5.12	1.43	4.97	0.76	0.83	0.73	258.18	845.07	276.56
	'夏波蒂'	4.75	1.45	4.36	0.74	0.80	0.73	286.00	859.69	313.39
	'川芋117'	4.36	1.31	4.21	0.71	0.79	0.73	323.95	961.91	325.56
	'费乌瑞它'	4.68	1.54	4.40	0.80	0.84	0.79	266.74	771.17	288.07
	平均	4.73	1.43	4.49	0.75	0.82	0.75	283.72	859.46	300.90

注：表中数据均以收获期计算。养分收获指数＝植株块茎中养分积累量/全株养分积累量。养分生产效率：每一个重量单位的养分能生产马铃薯块茎的单位数。

表 7-5 原原种与生产种 1000kg 产量养分利用效率和块茎收获指数

种薯世代	品种	养分利用效率			$N:P_2O_5:K_2O$	块茎收获指数
		N	P_2O_5	K_2O		
原原种	'中薯3号'	49.48	164.94	46.99	1：0.30：1.05	0.846
	'夏波蒂'	45.89	164.11	47.22	1：0.33：1.01	0.873
	'川芋117'	47.16	142.06	46.79	1：0.30：1.09	0.754
	'费乌瑞它'	47.61	155.73	51.91	1：0.34：1.04	0.910
	平均	47.54	156.71	48.23	1：0.32：1.05	0.850
生产种	'中薯3号'	42.95	142.95	39.51	1：0.28：0.97	0.859
	'夏波蒂'	50.25	166.65	51.96	1：0.31：0.92	0.846
	'川芋117'	50.67	149.36	48.52	1：0.30：0.97	0.834
	'费乌瑞它'	50.63	153.51	53.85	1：0.33：0.94	0.878
	平均	48.63	153.12	48.46	1：0.30：0.95	0.850

注：养分利用效率＝植株干物质产量/植株吸收养分量。块茎收获指数＝块茎干物质积累量/全株干物质积累量。

三、脱毒种薯光合营养与块茎发育生理特性

1. 脱毒种薯扩繁的光合特性与光合效率

以'青薯2号'、'川芋117'和'坝薯10号'3个品种脱毒原种为材料，在固定施用 P_2O_5 60kg/hm²、K_2O 135kg/hm² 田间试验条件下，氮肥设4个纯氮（用尿素折算）处理水平：0kg/hm²、75kg/hm²、150kg/hm² 和 225kg/hm²，秋薯分别用 AN_0（对照）、AN_1（低氮）、AN_2（中氮）和 AN_3（高氮）表示，春薯分别用 SN_0（对照）、SN_1（低氮）、SN_2（中氮）和 SN_3（高氮）表示，研究对马铃薯脱毒生产种扩繁的光合及叶绿素荧光特性的影响。

1）生产种扩繁光合色素含量

增施氮肥可以显著提高春薯叶片的 SPAD 值（反应叶绿素含量的相对值），低氮、中氮和高氮处理的 SPAD 值分别较对照高 7.0%、11.7%和 12.8%，SPAD 值随施氮水平的提高而提高。

增施氮肥也能在一定程度上提高秋薯功能叶的叶绿素含量，但提高的幅度相对春薯较小。两供试品种平均，低氮、中氮和高氮处理的叶绿素 a 和叶绿素 b 含量分别较对照高 0.5%、1.4%、0.3%和 3.1%、5.3%、1.3%，氮肥对叶绿素 b 的影响大于叶绿素 a，无论是叶绿素 a、叶绿素 b、还是总叶绿素含量均以中氮处理最高，过多的氮肥并不能进一步提高叶绿素含量，因此氮肥用量要适宜。

2）需光特性

氮肥水平影响马铃薯叶片光合特性。根据倒数第 3 片功能叶光合速率对光照强度的响应曲线计算主要光合参数，如表 7-6 所示，从中可看出，适量的氮肥可显著提高马铃薯叶片的最大净光合速率和表观量子效率。秋薯的最大净光合速率和表观量子效率均随氮肥水平的提高而先升后降，以中氮处理（AN_2）最高，而春薯的最大净光合速率和表观量子效率均随氮肥水平的提高而增加，以高氮处理（SN_3）最高，氮肥对马铃薯叶片的最大净光合速率和表观量子效率的影响趋势与其对叶绿素含量的影响趋势一致。最大净光合速率和表观量子效率受氮水平影响的程度有一定差异，增施氮肥提高最大净光合速率和表观量子效率的幅度'青薯 2 号'大于'川芋 117'，3 种氮肥处理平均，'青薯 2 号'和'川芋 117'的最大净光合速率、表观量子效率分别比对照高 28.2%、16.7%和 3.6%、13.5%。

表 7-6　氮营养对不同马铃薯需光特性的影响

季节	品种	氮肥用量/(kg/hm²)	最大净光合速率 A_m/[μmol CO₂/(m²·s)]	表观量子效率 Ψ	光补偿点 LCP/[μmol CO₂/(m²·s)]	光饱和点 LSP/[μmol CO₂/(m²·s)]
秋薯	'青薯 2 号'	0（AN_0）	17.76 b	0.044 c	1.9 d	401.9 b
		60（AN_1）	20.08 b	0.049 b	2.6 c	414.0 b
		120（AN_2）	28.53 a	0.056 a	13.4 a	525.6 a
		180（AN_3）	19.72 b	0.049 b	3.7 b	410.4 b
	'川芋 117'	0（AN_0）	22.65 a	0.042 c	22.7 a	556.9 a
		60（AN_1）	23.90 a	0.045 b	20.6 ab	552.9 a
		120（AN_2）	23.92 a	0.049 a	15.5 c	504.7 b
		180（AN_3）	22.56 a	0.049 a	18.1 ac	483.4 c
春薯	'坝薯 10 号'	0（SN_0）	22.08 b	0.030 b	64.1 c	802.5 ab
		75（SN_1）	22.81 b	0.030 b	67.3 c	830.0 a
		150（SN_2）	22.84 b	0.034 b	74.9 b	746.6 b
		225（SN_3）	24.13 a	0.034 a	85.3 a	786.7 ab

马铃薯的光补偿点和光饱和点在品种之间和栽培季节之间存在着较大差异。春薯（'坝薯 10 号'）的光饱和点和光补偿点均较高，比秋薯（两品种平均）分别高 64.5%和 492.0%；同是秋季栽培，'川芋 117'的饱和点和补偿点则高于'青薯 2 号'。氮肥水平对马铃薯叶片的光补偿点和光饱和点的影响趋势和程度因品种类型而异。增施氮肥可以降低'川芋 117'的光补偿点和光饱和点，但会在一定程度上提高'青薯 2 号'和'坝薯 10 号'的光补偿点和光饱和点；秋薯'川芋 117'的光补偿点和光饱和点均随施氮量的增加而降低，而'青薯 2 号'的光补偿点和光饱和点则随施氮量的增加而先增后降。

3）CO_2 需求特性

氮肥水平对秋薯的羧化效率、CO_2 补偿点和饱和点等主要 CO_2 需求特性也有一定影响[3]，根据倒数第 3 片功能叶的光合 CO_2 响应曲线计算主要光合参数，如表 7-7 所示，从中可以看出，适量的氮肥可以显著提高两供试品种叶片的最大净光合速率和羧化效率，'青薯 2 号'的最大净光合速率和羧化效率均随施氮水平的提高呈先升后降的趋势，以中氮处理最高，而'川芋 117'的最大净光合速率和羧化效率则随施氮水平的提高而一直呈上升趋势，以高氮处理最高，表明两品种的羧化效率对氮肥的响应存在一定差异。'川芋 117'的最大净光合速率和羧化效率高于'青薯 2 号'，特别是高氮处理，表明'川芋 117'对 CO_2 的响应较'青薯 2 号'的更加积极和有效，在高 CO_2 浓度下配施较高氮素，光能利用更充分。适量施用氮肥还有一定的提高两品种的 CO_2 饱和点和降低'青薯 2 号'CO_2 补偿点的作用，两品种的 CO_2 饱和点均以中氮处理最高。

表 7-7 氮营养对不同马铃薯 CO_2 需求特性的影响

品种	氮肥用量 /(kg/hm²)	最大净光合速率 A_m /[μmol CO_2/(m²·s)]	羧化效率 CE /[μmol/(m²·s)]	CO_2 补偿点 CCP /(μmol/mol)	CO_2 饱和点 CSP /(μmol/mol)
'青薯 2 号'	0（AN_0）	18.09 b	0.0387 b	25.6 a	492.9 a
	60（AN_1）	22.34 a	0.0467 ab	16.2 b	494.5 a
	120（AN_2）	23.75 a	0.0587 a	7.1 c	544.2 a
	180（AN_3）	21.59 a	0.0416 a	25.24 a	404.6 b
'川芋 117'	0（AN_0）	20.46 c	0.0546 a	63.3 a	412.6 a
	60（AN_1）	23.84 b	0.0664 a	62.7 a	421.9 a
	120（AN_2）	24.00 b	0.0691 a	65.4 a	438.0 a
	180（AN_3）	26.01 a	0.0706 a	57.3 b	425.6 a

2. 脱毒种薯扩繁的营养利用规律

以'川芋 117'原种为材料，研究氮素形态和氮磷钾配比对氮磷钾吸收积累的影响（表 7-8）。

表 7-8 对养分吸收利用的影响

处理	养分吸收效率			养分利用效率/($\times 10^3$)			1000kg 块茎需肥量/kg		
	氮素	磷素	钾素	氮素	磷素	钾素	氮素	磷素	钾素
硝氮	0.97 b	0.22 b	1.15 c	0.33 cde	2.96 ab	0.28 a	3.00 bc	0.34 b	3.56 b
铵氮	0.98 b	0.23 b	1.19 bc	0.34 cd	2.89 b	0.28 a	2.95 c	0.35 b	3.57 b
双氮	1.09 a	0.28 a	1.38 a	0.30 e	2.34 c	0.24 b	3.36 a	0.43 a	4.26 a
高磷	0.88 c	0.14 d	1.18 bc	0.35 bc	2.27 c	0.26 ab	2.83 cd	0.44 a	3.83 ab
高钾	0.81 d	0.19 c	0.75 d	0.39 ab	3.23 a	0.28 a	2.60 d	0.31 b	3.62 b
高氮	0.71 e	0.27 a	1.28 ab	0.30 de	2.37 c	0.25 ab	3.30 ab	0.42 a	3.96 ab
CK	—	—	—	0.40 a	2.52 c	0.28 a	2.52 d	0.40 a	3.55 b

1）肥料吸收效率

养分吸收效率钾最大，氮次之，磷最小。就氮素形态而言，春季氮、磷、钾的吸收效率均表现为双氮处理显著高于硝态氮处理和铵态氮处理。就氮磷钾配比而言，与双氮处理相比，高氮、高磷、高钾配比均降低了植株对氮、磷、钾的吸收效率，表明增加氮、磷、钾肥用量不利于其吸收效率的提高。

2）肥料利用效率

就氮素形态而言，双氮处理养分吸收率高，但利用效率比硝态氮处理和铵态氮处理低，除硝态氮钾利用效率外，其余均达到显著差异水平。就氮磷钾配比而言，增施氮肥（高氮配比）对养分利用效率影响不明显；增施磷肥（高磷配比）能显著提高氮肥利用效率（16.7%），对磷、钾肥利用效率影响不明显；增施钾肥（高钾配比）则显著提高氮、磷、钾的利用率，分别较双氮处理高 30.0%、38.0%和 16.7%，达到显著水平差异。

3）肥料需求量

氮素形态和氮磷钾配比对 1000kg 薯块产量需氮、磷、钾数量也有影响。就氮素形态而言，双氮处理因增加了植株对氮、磷、钾的吸收，因此提高了 1000kg 薯块产量需氮磷钾数量；与双氮处理相比，高氮处理对 1000kg 薯块产量需氮磷钾数量无显著影响，高钾配比则有降低需氮磷钾数量的趋势，而高磷处理对 1000kg 薯块产量需磷钾量影响不显著，但会降低需氮量。

从氮磷钾需求比例来看，对照的磷氮比和钾氮比最高；3 种氮素形态处理中，双氮处理有提高磷氮比和钾氮比的趋势，生产中使用硝态氮和铵态氮配施时，应适当提高磷和钾的比例；就氮磷钾配比处理而言，与双氮处理相比，高氮配比有降低磷氮比和钾氮比的趋势，高磷配比提高了磷氮比和钾氮比，特别是磷氮比，而高钾配比则降低了磷氮比，提高了钾氮比。

3. 脱毒种薯扩繁的抗旱生理

原原种因种薯小，贮藏养分和水分比较少，苗势弱，抗逆性差，提高其苗期抗逆性对提高其扩繁效率有重要意义。为此，以'川芋117'脱毒原原种（9～11g/粒）为材料，施氮处理N0、N1、N2和N3分别表示氮浓度为0g/L、0.42g/L、0.84g/L和1.68g/L，研究早期施氮对苗期生长、抗旱生理指标变化的影响。

1）早期施氮对干旱胁迫下马铃薯叶片叶绿体结构的影响

正常水分条件下，不同施氮处理马铃薯叶片叶绿体为梭形或椭圆形，外形规则，被膜结构清晰，基粒片层沿叶绿体长轴方向排列并紧贴细胞膜上，基粒和基质类囊体膜结构清晰；基粒排列整齐。

中度水分胁迫条件下，不同施氮处理马铃薯叶片叶绿体形态轻微变形，并且含有少量淀粉粒。N0处理中叶绿体肿胀变圆，片层开始松散，片层之间的间隔增大；N1处理中叶绿体不贴壁分布，叶绿体类囊体片层膨胀明显；N2处理中叶绿体及其他细胞器局部贴壁分布，叶绿体基粒片层轻微扭曲，淀粉粒数量变化不明显；N3处理中叶绿体受损相对较轻，结构基本完整。

重度水分胁迫条件下，不同施氮处理马铃薯叶片叶绿体形态严重变形，出现大量淀粉粒。N0处理中马铃薯叶片叶绿体被膜破裂，甚至完全解体，内含物外流，片层结构排列紊乱；N1处理中叶绿体外被膜局部破裂，基粒和基质类囊体膜结构模糊，呈波浪状；N2处理中叶绿体被膜仍然清晰但不完整，局部出现断裂，基粒和基质类囊体膜结构模糊但仍排列有序；叶绿体破损程度随着施氮量的增加而减弱。

随着干旱胁迫程度的加强，叶肉细胞的受损程度逐渐加强，叶绿体发生了明显的变化，受损越来越严重。在相同的干旱胁迫条件下，N0处理的叶绿体破损最严重，N3处理的叶绿体破损程度相对较轻。

2）早期施氮对干旱胁迫下叶片线粒体结构的影响

在正常水分条件下，各施氮处理中马铃薯叶片细胞中线粒体多呈较规则的椭圆形或长椭圆形，双层被膜结构完整，嵴较丰富，内嵴小而少，细胞质浓，分布在叶绿体周围。

轻度水分胁迫条件下，各施氮处理中线粒体数量增多，线粒体膨胀拉长或变圆。N0处理中线粒体外膜出现降解现象，内部嵴变少；N1处理中线粒体局部外膜破裂；N2处理中线粒体结构保持完整，但嵴的数目增加，并略微肿胀，部分线粒体内外膜和嵴变模糊，嵴数量变少；N3处理中线粒体外膜清楚但内部结构模糊不清。

重度水分胁迫条件下，N0处理中马铃薯叶片线粒体开始降解，内含物流出。N1处理中线粒体内外膜破裂，嵴消失，线粒体出现空泡化；N2处理中线粒体肿胀；N3处理中线粒体外膜清楚但内部结构模糊不清。

随着干旱胁迫程度的加强，线粒体受损越来越严重。但是破损程度随着施氮量的增加而减弱。在相同的干旱胁迫条件下，N0 处理的线粒体被破坏得最严重，N3 处理线粒体破损程度相对较轻。

施氮对干旱胁迫下马铃薯叶片细胞结构的破坏具有一定的缓解作用，改善马铃薯叶片的气体交换状况、提高对光能的吸收利用，可提高干旱环境下叶片光合机构的适应能力。因此通过早期施氮，可在一定程度上增强其抗旱性。

4. 脱毒种薯扩繁块茎发育的激素生理

以台湾红皮原种为材料，设低、中、高三个肥力水平（中等肥力水平是根据生产实际及马铃薯的需肥规律确定的高产合理施肥水平），在保证 N：P：K＝2：1：3 的基础上，肥料用量分别为纯氮 0kg/hm²、90.0kg/hm²、135.0kg/hm²，氧化钾 0kg/hm²、135.0kg/hm²、202.5kg/hm²，五氧化二磷 0kg/hm²、45.0kg/hm²、67.5kg/hm²，其中氮肥为尿素、钾肥为硫酸钾、磷肥为过磷酸钙，研究不同肥力水平对脱毒种薯块茎发育过程中内源激素的影响。

1）对 GA、IAA、ZT 和 ABA 变化的影响

GA 在块茎形成前期促进匍匐茎形成，后期抑制块茎形成。低营养水平各时期 GA 含量均较高，特别是块茎膨大中期，含量更高，抑制了块茎的形成。高营养水平与低营养水平变化趋势一致，在块茎形成的中期，含量也较高，但低于低营养水平。而中等营养水平的变化趋势与低营养和高营养水平处理变化趋势差异明显，主要是生育中期 GA 含量降低，后期略有上升，表现出两头高中间低的倒单峰趋势。

在不同营养水平下 IAA 的变化存在较大差异。中等营养水平的变化为单峰曲线趋势，块茎发生前期和后期较低，块茎膨大中期较高，有利于块茎的膨大，而低营养和高营养在中期含量相对较低，后期很高，表现出逐渐增加的趋势。

ZT 是一种很重要的细胞分裂素，它的多少反映了细胞分裂能力的大小。低营养水平和高营养水平处理的马铃薯块茎发育中，前期 ZT 较少，后逐渐升高，以后逐渐变低，呈现出由低到高再到低的单峰趋势，而中等营养水平的前期很高，以后逐渐下降，直到最后。

ABA 含量的变化趋势在低营养与中、高营养水平处理之间表现出差异，表现为低营养在块茎发育的前、后期含量低于发育中期，而中、高营养处理的 ABA 含量在前、后期含量高于中期。从各时期的 ABA 含量看，低营养处理在前期含量低于中、高营养处理，在中、后期又明显高于中、高营养水平处理，而高营养水平处理的 ABA 含量各时期低于中等营养水平处理的含量，说明高营养条件降低了马铃薯块茎发育中期 ABA 的含量。

不同营养水平下马铃薯块茎发育中激素水平的动态变化如图 7-4 所示。

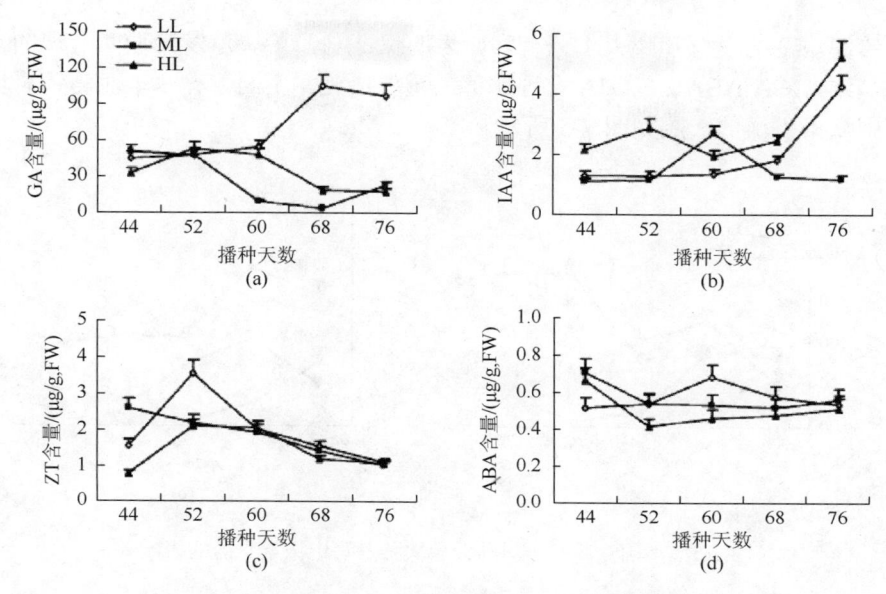

图 7-4　不同营养水平下马铃薯块茎发育中激素水平的动态变化
LL，ML，HL 为施氮处理，分别代表低中高三个施肥水平，下同

2）不同营养水平对块茎发育中激素平衡的影响

马铃薯块茎的发育不但与激素的绝对含量相关，而且与激素之间的平衡也关系密切，特别是生长促进物质和生长抑制物质。研究表明：GA/ABA 的比值在不同的营养水平下有一定的差异。低营养水平在前期变化不大，但中后期明显增大，说明中后期 GA 占了优势，抑制了块茎的形成，而高营养水平在前期和后期比值明显小于中期，说明中期的 GA 占了优势。

茉莉酸（JA）广泛存在于植物中，它是一种天然生长抑制剂，与 ABA 有相似之处，已有的研究证实 JA 具有块茎诱导活性，并认为其有可能是块茎形成的信号。从本研究看，低营养水平和高营养水平下 GA/JA 有先升高、后降低的变化趋势，而中等营养水平是先降低、后升高的变化趋势，在块茎快速膨大期，GA/JA 以中等营养最低，低营养水平最高，且在各时期，低营养水平的 GA/JA 均高于其他营养水平。说明合理的营养水平对提高块茎膨大期 JA 的含量、降低 GA/JA 是有效的。

从前面的分析可以看出，块茎发育的中期正是马铃薯块茎形成和块茎膨大的关键时期，过多的 GA 含量和较低的 ABA、JA 含量对块茎形成和块茎发育不利，最终将影响产量。对于合理的中等营养水平，GA/ABA，GA/JA 恰在中期保持较低的值，说明这时 ABA、JA 的含量占了优势。就马铃薯块茎发育的合理比值而言，前期保持较高的 GA/ABA、GA/JA 值，中期保持较低的 GA/ABA、GA/JA 值，对马铃薯块茎的发育和膨大十分有利,表明保证马铃薯块茎发育期间合理的营养水平是维持 GA/ABA、GA/JA 合理比值的重要措施。不同营养水平对马铃薯块茎发育中激素平衡的影响如图 7-5 所示。

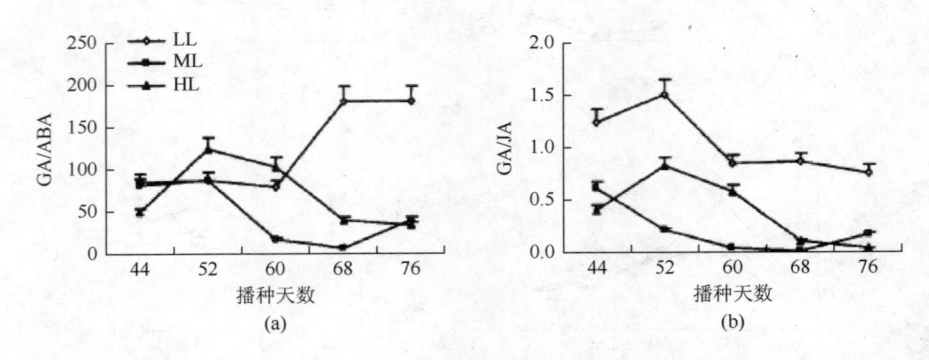

图 7-5 不同营养水平对马铃薯块茎发育中激素平衡的影响

第三节 马铃薯种薯高效扩繁关键技术研究与应用

一、脱毒种薯生理质量调控技术

1. 不同世代种薯休眠破除技术

以同期成熟收获的'中薯 2 号'、'费乌瑞它'和'米拉'的原原种(G1)、原种(G2)和生产种(G3)为材料,研究不同药剂对原原种、原种和生产种休眠特性的差异及其萌发生长的动态。

用不同浓度的 GA_3 和硫脲进行浸种 30min 处理均可在一定程度上打破各级种薯的休眠,缩短休眠长度和休眠幅度,促进萌芽生长,提早发芽和提高发芽整齐度,其中 GA_3 以 20mg/L 浓度最佳,3 个品种平均,20mg/L GA_3 浸种后 G1、G2 和 G3 从收获到发芽期的天数分别比对照(清水浸种)缩短 12d、11.7d 和 8.0d,休眠幅度缩短 13.3d、7.7d 和 6.3d。20mg/L GA_3 再配合 1%硫脲浸种打破休眠的效果又比单纯 GA_3 更好。20mg/L GA_3 和 1%硫脲打破休眠的效果均是 G1>G2>G3。不同药剂浸种对马铃薯不同世代种薯休眠期的影响如表 7-9 所示。

种薯贮藏过程中需要延长休眠。以'川芋 117'原种为材料,分别用 CIPC、ABA 和促芽剂 GA_3 浸泡处理马铃薯块茎,研究其对块茎贮藏过程中芽生长情况的影响。结果表明,GA_3 处理后的块茎萌芽期较对照提前 13d,休眠期提前 20d,而休眠强度缩短 20d,休眠幅度缩短 11d,表明 GA_3 可以打破休眠,缩短休眠期,并在一

表 7-9 不同药剂浸种对马铃薯不同世代种薯休眠期的影响

处理和测定项目		'中薯 2 号'			'费乌瑞它'			'米拉'		
		G1	G2	G3	G1	G2	G3	G1	G2	G3
发芽日期/(月-日)	CK	8-22	8-11	8-3	8-29	8-25	8-18	9-6	8-28	8-22
	10GA$_3$	8-18	8-4		8-22	8-19		8-31	8-25	
	20GA$_3$	8-9	7-30	7-26	8-20	8-11	8-9	8-23	8-19	8-15
	30GA$_3$	8-15	8-2		8-22	8-17		8-28	8-27	
	硫脲	8-15	8-6	7-30	8-25	8-20		9-2	8-23	
	硫脲+GA$_3$	8-7	7-26	7-23	8-14	8-7	8-3	8-18	8-15	8-9
休眠长度/d	CK	12	12	12	20	20	20	20	20	28
	10GA$_3$	12	12		20	12		20	20	
	20GA$_3$	12	12	12	12	12	20	20	20	20
	30GA$_3$	12	12		12	20		20	20	
	硫脲	12	20	12	20	12		20	20	
	硫脲+GA$_3$	12	12	12	12	12	12	12	12	12
休眠幅度/d	CK	62	50	44	58	49	43	69	56	37
	10GA$_3$	55	45		53	53		59	52	
	20GA$_3$	50	39	32	50	46	34	49	47	39
	30GA$_3$	55	43		55	42		60	50	
	硫脲	56	40	38	54	55		62	50	
	硫脲+GA$_3$	43	34	26	46	42	35	54	48	41

注：10GA$_3$、20GA$_3$、30GA$_3$ 分别表示 GA$_3$ 的浓度为 10mg/L、20mg/L、30mg/L。

定程度上提高发芽的集中度和整齐度。与 GA$_3$ 相反，ABA 有一定延长休眠的作用，萌发期和休眠期较对照推迟约 15d 和 4d，休眠强度延长 6d，但休眠幅度较对照则缩短 11d，表明 ABA 具有显著的抑芽效果，可适当地延长马铃薯的休眠，且可较大幅度提高发芽的整齐度。而 CIPC 的抑芽效果更显著，处理后的块茎 70d 才开始有发芽，处理 84d 发芽率还不足 5%，萌芽期较对照至少延迟 40d 以上。出芽动态相关指标如表 7-10 所示。

表 7-10 出芽动态相关指标

指标	GA$_3$	CK	CIPC	ABA
萌发期/d	43 a	56 b	—	71 c
休眠期/d	54 a	74 b	—	78 b
休眠强度/d	65 b	85 b	—	91 b
休眠幅度/d	20 a	31 b	—	20 a

GA₃、CIPC 和 ABA 不仅影响块茎的萌芽动态,还显著响幼苗的生长。GA₃ 和 ABA 处理各发芽阶段平均芽长的增长率均高于对照,发芽 10%至 50%、50% 至 90%、90%至 100%的平均芽长增长率,GA₃ 处理分别为 0.122cm/d、0.188cm/d、0.288cm/d,CK 分别为 0.089cm/d、0.183cm/d、0.255cm/d,ABA 分别为 0.120cm/d、0.207cm/d、0.272cm/d。虽然 GA₃ 和 ABA 处理的平均芽长增长率较对照高,但由于 GA₃ 处理 10%至 90%和 ABA 处理 10%至 100%发芽时间较对照短,因此发芽率期间的两处理的平均芽长约低于对照,尤其是 ABA 处理,而 GA₃ 处理 90%至 100%发芽时间较对照长,因此至 100%发芽时其芽长较对照长近 3cm。

GA₃、CK 和 ABA 平均芽粗每天分别增大 0.0574、0.0503 和 0.0989mm,GA₃ 和对照差异不大,ABA 芽粗增长较快,但由于其出芽速度迅速,发芽期短,因此至 100%发芽时的芽粗仍小于 CK 和 GA₃。药剂处理后马铃薯芽长、芽粗动态变化如图 7-6 所示。

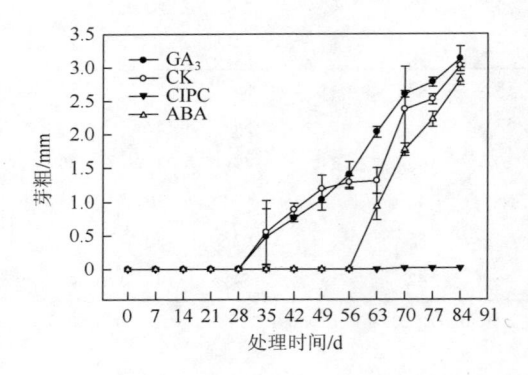

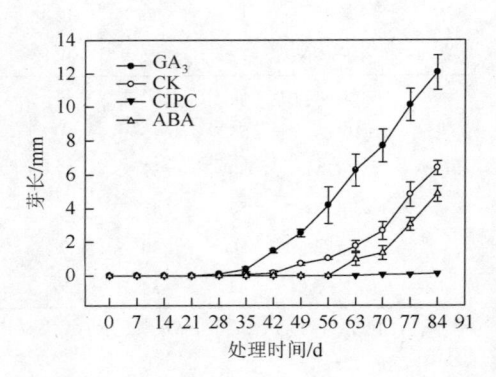

图 7-6　药剂处理后马铃薯芽长、芽粗动态变化

2. 脱毒种薯休眠延长技术

1) S₃₃₀₇ 浓度、浸种时间对原原种发芽的影响

以'中薯 2 号'、'费乌瑞它'、'米拉'原原种为材料,研究 S₃₃₀₇ 延长休眠作用和抑芽效果。S₃₃₀₇ 对延缓马铃薯发芽有一定的作用。贮藏期的长短与延缓剂浓度和时间的变化呈现正相关关系。随着处理浓度的增高和处理时间的延长,不同品种的马铃薯贮藏期也相应延长。如表 7-11 所示,当 S₃₃₀₇ 浓度为 8mg/L,处理时间为 20min 时,'中薯 2 号'、'费乌瑞它'、'米拉'与 CK1 比较,种薯发芽时间相应推迟了 16d、16d、15d;S₃₃₀₇ 浓度为 8mg/L,处理时间为 40min 时,'中薯 2 号'、'费乌瑞它'、'米拉'与 CK2 比较,种薯发芽时间相应推迟了 18d、13d、17d。实验结果以 S₃₃₀₇ 浓度 8mg/L,处理时间 40min 较为适宜。

表 7-11 S_{3307} 对马铃薯原原种发芽时间的影响

试剂	处理浓度/(mg/L)	处理时间/min	'中薯2号' 发芽日期/(月/日)	贮藏时间/d	'费乌瑞它' 发芽日期/(月/日)	贮藏时间/d	'米拉' 发芽日期/(月/日)	贮藏时间/d
S_{3307}	1	20	7/30	99	7/9	78	8/20	120
	2	20	7/30	99	7/9	78	8/23	123
	4	20	8/2	102	7/12	80	8/28	128
	8	20	8/8	108	7/19	85	9/1	132
	1	40	7/30	99	7/9	80	8/22	122
	2	40	8/1	101	7/11	82	8/26	126
	4	40	8/4	104	7/14	83	8/30	130
	8	40	8/10	110	7/20	86	9/3	134
CK3	15	30	8/18	118	7/28	91	9/7	138
CK1	0	20	7/23	92	7/3	73	8/17	117
CK2	0	40	7/23	92	7/3	73	8/17	117

注：CK1 为清水浸种处理 20min，CK2 为清水浸种 40min，CK3 为 15mg/L 的 CIPC 浸种处理 30min。下同。

2) S_{3307} 不同浓度及处理时间对原原种重量损失及烂薯率影响

如表 7-12 所示，各品种马铃薯的重量损失随着 S_{3307} 的浓度增大而减小，'中薯2号'从 2mg/L 浸种的处理开始与 CK1、CK2 的差异达极显著。'费乌瑞它'和'米拉'两个品种则从最低浓度开始重量损失就有明显减少，且与 CK1、CK2 相比较作用极显著。但 S_{3307} 相同浓度在不同时间处理之间差异不显著。实验中发现随着处理浓度的增高和浸种时间的延长，烂薯率也随之增加，CK3 马铃薯的重量损失虽然最小，但是烂薯率却最高。

表 7-12 S_{3307} 不同浓度及处理时间对马铃薯原原种重量损失及烂薯率影响

处理时间/min	浓度/(mg/L)	'中薯2号' 重量损失/g	烂薯率/%	'费乌瑞它' 重量损失/g	烂薯率/%	'米拉' 重量损失/g	烂薯率/%
20	CK1	7.39 a	0	14.63 a	0	7.55 a	0
	1	7.14 a	1.11	9.33 b	1.11	5.35 b	1.11
	2	6.38 b	2.22	6.05 c	2.22	5.12 c	2.22
	4	5.60 c	3.33	5.09 d	4.44	4.95 d	3.33
	8	5.15 de	4.44	4.85 de	4.44	4.07 e	4.44
40	CK2	7.39 a	1.11	14.42 a	1.11	7.57 a	0
	1	7.09 a	3.33	9.23 b	3.33	5.22 b	2.22
	2	6.14 b	5.56	5.66 c	6.67	5.09 c	4.44
	4	5.40 cd	6.67	4.77 de	7.78	4.87 cd	5.55
	8	4.95 e	7.78	4.52 e	8.89	3.94 e	6.67
	CK3	3.06 f	8.89	4.06 f	10	3.06 f	8.89

二、种薯大小和种植密度对原种扩繁效率的影响

以'中薯 2 号'（雅安市雨城区秋繁）和'鄂薯 5 号'（汉源县春繁）原原种为材料，研究种薯大小和种植密度对脱毒马铃薯生长与原种扩繁效率的影响。

1. 对扩繁产量的影响

由于繁殖地点和季节不同，繁殖的产量也有较大差异，汉源县春繁的产量较雨城区秋繁的产量高一倍以上，但不管是春繁还是秋繁，其产量均受种薯大小和种植密度的影响。随着种薯的增大，扩繁产量提高，两点（季）平均，大种薯（9～10g/粒）分别较中种薯（5～6g/粒）和小种薯（1～3g/粒）增产 76.2%和 50.8%；随着种植密度增大，扩繁产量也不断提高，但增幅逐渐减小，特别是汉源县的春繁。在 3 种种薯和 4 种种植密度组成的 12 个处理组合中，汉源县的春繁以大种薯中密度（15 万株/hm²）最高，而雨城区的秋繁以大种薯高密度（18 万株/hm²）最高，可见春繁因生育期较长，个体生长较好，用大种薯做种时种植密度要适当降低，而秋繁因生长期较短，个体发育受限，用大种薯做种时需要较高的种植密度，才能获得原种的高产。脱毒原原种种薯大小与种植密度对扩繁产量的影响如表 7-13 所示。

表 7-13 脱毒原原种种薯大小与种植密度对扩繁产量的影响

繁殖季节	种薯大小/(g/粒)	种植密度/(万株/hm²)				平均
		9	12	15	18	
秋繁	1～3	6.86 f	7.53 f	7.84 ef	7.86 ef	7.52 c
	5～6	10.99 de	11.79 cd	12.36 bcd	13.12 bcd	12.07 b
	9～10	14.53 abc	15.49 ab	15.38 ab	17.85 a	15.81 a
	平均	10.80 b	11.60 ab	11.86 ab	12.94 a	
春繁	1～3	14.83 e	22.41 cd	22.49 cd	21.71 cd	20.36 b
	5～6	15.33 e	17.79 de	23.93 bcd	25.02 bc	20.52 b
	9～10	29.81 ab	34.96 a	34.54 a	34.02 a	33.33 a
	平均	19.99 b	25.05 a	26.99 a	26.92 a	

2. 对扩繁系数的影响

如表 7-14 所示，种薯大小和种植密度对扩繁形成的种薯数也有显著影响，单

位土地面积上扩繁的总薯数随种薯的增大和种植密度的增加而增多，两试点（季节）平均，大种薯分别较中种薯和小种薯多 56.3%和 34.4%，高密度分别较低密度（9 万株/hm²）和较低密度（12 万株/hm²）多 31.1%和 11.9%。

表 7-14 脱毒原原种种薯大小与种植密度对扩繁系数的影响

处理		雨城区秋繁			汉源县春繁		
		粒数繁殖系数	粒重繁殖系数	重量繁殖系数	粒数繁殖系数	粒重繁殖系数	重量繁殖系数
种薯大小 /(g/粒)	1～3	2.11 c	58.7 c	29.37 a	3.11 b	155.5 b	77.76 a
	5～6	2.76 b	93.9 b	17.08 b	3.25 b	154.3 b	28.04 b
	9～10	3.47 a	123.1 a	12.95 c	4.53 a	260.1 a	27.42 b
种植密度 /(万株/hm²)	9	3.37 a	119.9 a	25.77 a	4.32 a	222.1 a	49.41 a
	12	2.81 b	96.7 b	20.95 b	3.98 b	208.8 a	50.33 a
	15	2.71 b	79.1 c	17.30 b	3.33 c	179.9 b	42.74 ab
	18	2.23 c	71.9 c	15.17 c	2.89 d	149.5 c	35.16 b

每粒原原种繁殖形成的原种粒数（粒数繁殖系数）也随种薯的增大而增多，但随种植密度的增加而减少，处理间差异达显著水平。两试点平均，大种薯的粒数繁殖系数较小种薯的高 53.3%，低密度的粒数繁殖系数分别较高密度和中高密度高 50.2%和 27.3%。

原原种的粒重繁殖系数即每粒原原种繁殖形成的原种重量也随种薯的增大而增多，随种植密度的增加而减少。两试点平均，大种薯的粒重繁殖系数分别较小种薯和中种薯的高 78.9%和 54.4%，低密度种植的粒重繁殖系数分别较高密度和中高密度的高 54.5%和 32.0%。

重量繁殖系数即每千克原原种繁殖的原种重量随原原种种薯的增大和种植密度的增加而变小，两试点平均，小种薯的重量繁殖系数分别较大种薯和中种薯的高 165.4%和 137.4%，低密度的重量繁殖系数分别较高密度和中高密度的高 49.4%和 25.2%。

3. 对产量构成的影响

马铃薯种薯的扩繁产量由收获株（窝）数、每窝结薯数和平均单薯重所构成，不同繁殖地点和季节、种薯大小和种植密度对各产量构成因素有显著影响。就繁殖地点和季节而言，汉源县春繁较雨城区秋繁产量高的主要原因，一是出苗率较高，平均出苗率较雨城区（66.0%）的高 28.8 个百分点，导致实际收获株数增加 43.7%；二是单株（窝）结薯数多，平均多 1.3 个/株（雨城区平均结薯数为 2.55 个/株），增幅达 51.2%。单薯重两试点差异不大。

繁殖种薯增大，由于贮藏养分多，不仅田间出苗率高，收获株数多，而且单株结薯数也多，单薯重也高，这是其高产的原因。两试点平均，大种薯与小种薯相比，收获株数提高 17.2%，单株结薯数增加 29.6%，单薯重提高 19.3%；在种薯大小一致时，随着种植密度的增加，收获株数增多，但单株结薯数减少，雨城区的单薯重也降低，而汉源的单薯重则先增后减，以中等密度最高。两试点平均，收获株数高密度（18 万株/hm²）的较低密度（9 万株/hm²）的多 94.8%，而单株结薯数则低 27.3%。脱毒原原种种薯大小与种植密度对产量构成因素的影响如表 7-15 所示。

表 7-15 脱毒原原种种薯大小与种植密度对产量构成因素的影响

处理		秋繁			春繁		
		收获株数/(窝/m²)	窝薯数	单薯重/g	收获株数/(窝/m²)	窝薯数	单薯重/g
种薯大小 /(g/粒)	1~3	8.44 b	2.04 c	46.85 b	11.88 b	3.64 b	51.31 ab
	5~6	8.34 b	2.64 b	56.05 a	12.31 b	3.56 b	47.74 b
	9~10	9.79 a	2.98 a	59.15 a	14.03 a	4.38 a	57.94 a
种植密度 /(万株/hm²)	9	6.09 c	2.85 a	62.34 a	9.22 d	4.23 a	50.63 a
	12	8.24 b	2.55 ab	55.25 ab	11.11 c	4.29 a	52.70 a
	15	9.32 b	2.53 a	50.16 a	12.57 b	4.04 a	53.97 a
	18	11.79 a	2.27 b	48.32 b	18.00 a	2.88 b	52.0 a

三、脱毒种薯扩繁肥料高效运筹技术

1. 春繁氮肥运筹

氮肥水平和追肥比例显著影响脱毒马铃薯原种至生产种的扩繁产量。适量施用氮肥可显著提高扩繁产量，3 个氮肥水平处理平均较对照增产 60.1%，其中中氮处理产量最高，较对照和低氮处理增产 73.8%和 5.9%，高氮处理反而较中氮处理减产 18.2%，表明马铃薯高产栽培的氮肥水平要适宜[4]。

在相同氮肥水平条件下，适宜的追肥比例也能显著提高扩繁产量。总体而言，随着追肥比例的提高，扩繁产量逐渐提高，中等追肥比例（B2）较低追肥比例（B1）平均增产 21.0%，高追肥比例（B3）又较中追肥比例处理平均增产 6.5%。进一步分析表明，在不同氮肥水平下中、高追肥比例处理的增产幅度不尽相同，低氮水平下（A1），高追处理的产量略低于中追处理，而在中、高氮水平下，高追处理分别较中追处理增产 7.9%和 13.3%，随着氮肥水平的提高，高追处理较中追处理的增产幅度变大。表明马铃薯高产栽培应在施足底肥基础上增施追肥。在中低施氮量条件下，氮肥后移有明显的增产效果，以中等施氮量和氮肥后移48%效果最佳。但在高氮量条件下，各处理均低于中低氮处理，表明高氮肥对马铃薯增产不利，应控制高氮肥施用。随机区组试验产量结果如表7-16所示。

表 7-16 随机区组试验产量结果

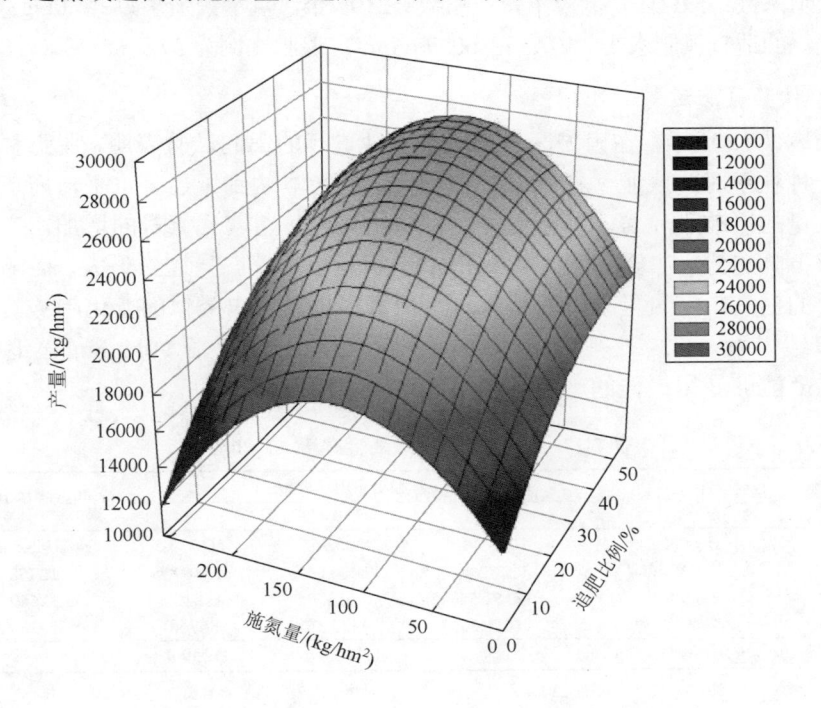

施氮量/(kg/hm^2)	追肥比例/%			平均
	8.3（B1）	28.3（B2）	48.3（B3）	
0（CK）	—	—	—	14460.0 c
75（A1）	20495.5 de	25426.6 abc	25300.7 abc	23740.9 ab
150（A2）	21053.7 cde	26135.9 ab	28210.4 a	25133.3 a
225（A3）	18004.0 e	20488.2 de	23210.0 bcd	20567.4 b
平均	19851.1 c	24016.9 b	25573.7 a	

进一步分析表明，G2到G3扩繁的产量与氮肥水平和追肥比例均呈二次凸函数关系，如图7-7所示。其回归方程为 $y_{产量} = 14100.88 + 98.7234x_1 + 27354.3846x_2 - 0.42370x_1^2 - 30272.17398x_2^2 + 23.62054x_1x_2$ ($F = 52.83^{**} > F_{0.01}, R^2 = 0.9674^{**}$)，扩繁产量随马铃薯的氮肥水平和追肥比例的增加而先升后降，氮肥水平和追肥比例均应适宜，过低或过高的施肥量和追肥比例均不利于高产。

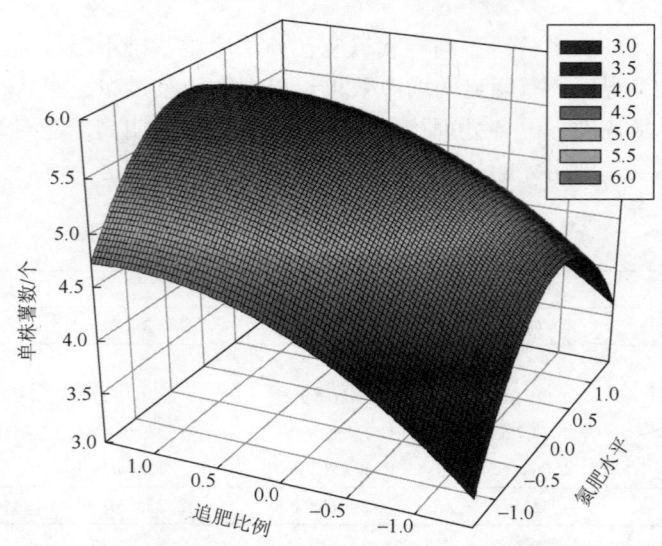

图 7-7 施肥水平和追肥比例对马铃薯产量、粒数繁殖系数的影响（坝薯 10 号）

粒数繁殖系数与氮肥水平和追肥比例也呈二次凸函数关系，回归方程为 $y = 5.64 + 0.016689x_1 + 0.41639x_2 - 0.58943x_1^2 - 0.21523x_2^2 - 0.07346x_1x_2 (R^2 = 0.5029^*)$；各处理的种植密度和平均种薯重是相同的，因此粒重和重量繁殖系数与氮肥水平和追肥比例的关系与产量完全一致。采用频数分析法得出的马铃薯产量≥22500kg/hm²、粒数繁殖系数≥5.0 个/个、粒重繁殖系数≥210g/个、重量繁殖系数≥6.0g/g。统计结果和优化的适宜氮肥水平为 67.8～160.7kg/hm²，追肥比例为 37.9%～53.8%。

2. 秋繁氮肥运筹

如表 7-17 所示，在雨城区和彭山县两地进行的田间试验表明，脱毒种薯原种至生产种秋繁时，底肥（氮肥）对扩繁产量的影响达到了显著水平，而追氮肥对扩繁产量的影响不显著。从彭山县的试验结果看，随着底氮量的增加，产量呈先上升后下降趋势，在施底纯氮 90kg/hm² 的用量下扩繁产量达到最大，而随着追纯氮水平的提高，产量呈下降的趋势。在雨城区也表现出类似的变化趋势。从两地的试验结果看，G2-G3 秋繁的推荐氮肥运筹为底施纯氮 90kg/hm²，追纯氮肥 15kg/hm² 能够获得最佳的产量与效益的平衡。

表 7-17 秋薯氮肥运筹试验产量（kg/hm²）

地点	底肥用量/(kg N/hm²)	追肥用量/(kg N/hm²)			平均产量/(kg/hm²)
		15	30	45	
雨城区	0（CK）	10755.6	8806.95	11173.65	10245.45 b
	45	12782.4	11822.55	12469.8	12358.35a
	90	13153.55	12953.7	11839.6	12649.35a
	135	11411.25	10987.35	8676.0	10358.25b
	平均	12025.7 a	11142.6 a	11039.8 a	

续表

地点	底肥用量/(kg N/hm^2)	追肥用量/(kg N/hm^2)			平均产量/(kg/hm^2)
		15	30	45	
彭山县	0（CK）	10317.0	7473.0	7816.5	8535.0b
	45	10630.5	13288.5	10630.5	11412.0ab
	90	14226.0	13131.0	13131.0	13497.0a
	135	15477.0	12037.5	11193.0	12903.0a
	平均	12663.0 a	11482.5 a	10614.0 a	

四、抗逆保苗与化学调控技术

1. 原种扩繁的抗逆保苗技术

针对攀西地区、汉源县等马铃薯主产区和脱毒种主要良繁区春季常常严重干旱，影响马铃薯出苗和结薯等问题，如表7-18所示，在汉源县以'鄂薯5号'原原种为材料，进行播种深度、盖膜和浇水对原种田间扩繁成苗结薯的影响研究，结果表明，浇水可以显著提高成苗数，并在一定程度上增加单株结薯数，提高薯重，从而显著提高扩繁产量，平均增产12.7%。盖膜因其保水增温作用而在一定程度上提高了成苗率和单株薯重，从而显著提高扩繁产量，播前浇水和不浇水条件下的盖膜处理较不盖膜处理分别增产24.9%和14.0%；播前浇水和不浇水条件下的适宜播种深度不尽相同，在浇水盖膜条件下，以浅播为宜，浅播有利于提高成苗率，并促进结薯，从而提高扩繁产量，盖土5cm的较盖土15cm的增产13.4%；但在不浇水条件下则以深播为宜，虽然浅播盖膜也可以适当提高成苗率，但不利于结薯，单株结薯数和薯重均降低，不利于高产。

表7-18 播种深度、盖膜和浇水对原原种扩繁成苗结薯的影响

	处理	成苗率/%	单株薯数	单株薯重/kg	产量/(kg/hm^2)
播前不浇水	覆膜 盖土5cm	92.3 abc	4.69 cd	0.293 b	27080 bcd
	覆膜 盖土10cm	91.0 bcd	4.49 d	0.308 ab	28181 bcd
	覆膜 盖土15cm	88.0 cd	5.18 bcd	0.318 ab	28214 bcd
	不覆膜 盖土10cm	86.0 d	6.09 ab	0.285 b	24713 cd
播前1周浇水	覆膜 盖土5cm	97.0 a	6.26 a	0.363 a	35351 a
	覆膜 盖土10cm	96.3 ab	5.27 bcd	0.320 ab	30749 abc
	覆膜 盖土15cm	92.0 abc	5.08 bcd	0.338 ab	31166 ab
	不覆膜 盖土10cm	88.0 cd	5.64 abc	0.280 b	24612 d

2. 原种扩繁的苗期抗旱技术

以'川芋117'脱毒原原种（9~11g/粒）为材料，研究早期施氮对脱毒种薯苗期抗旱能力及产量的影响。

1）施氮量对干旱胁迫下马铃薯幼苗生长的影响

株高对干旱胁迫反应敏感，如表 7-19 所示，不同施氮水平下，干旱胁迫时株高均表现为 B1＜B2＜B3，处理间差异显著；同一水分条件下，除 N1B2、N2B2 处理外，株高均表现为 N0＜N1＜N2＜N3。其中 N0 水平下，干旱胁迫下马铃薯株高极显著低于正常水分条件，重度干旱胁迫下降 62.48%，中度干旱胁迫下降 53.99%；而 N3 水平下，马铃薯株高显著高于其他施氮水平，而且干旱胁迫下马铃薯株高相比正常水分条件下降幅度最小，重度干旱胁迫下降 13.94%，中度干旱胁迫仅下降 9.84%。表明早期增施氮肥可以促进马铃薯株高的生长，同时可以提高马铃薯抗旱能力。

表 7-19　干旱胁迫对不同施氮量马铃薯株高的影响（cm）

处理	N0	N1	N2	N3	平均
B1	11.23 h	19.67 g	24.11 f	42.60 cd	24.40 c
B2	13.77 h	31.43 e	28.50 e	44.63 bc	29.58 b
B3	29.93 e	41.27 d	45.91 b	49.50 a	41.65 a
平均	18.31 d	30.79 c	32.83 b	45.58 a	

注：N0、N1、N2 和 N3 分别表示氮浓度为 0g/L、0.42g/L、0.84g/L 和 1.68g/L，B1、B2 和 B3 分别代表重度干旱胁迫（田间最大持水量的 45%）、中度干旱胁迫（田间最大持水量的 60%）和正常供水（田间最大持水量的 75%），下同。

如表 7-20 所示，正常供水条件下马铃薯根系与全株干重比（R/T）随着施氮量的增加呈下降趋势。干旱胁迫下马铃薯 R/T 随着施氮量的增加先下降后升高，N3 水平最高；除 N0 水平处理，其他各氮素水平中干旱胁迫处理 R/T 均显著高于正常供水处理。重度干旱胁迫下高氮水平的 R/T 较其他施氮水平差异不显著，而中度干旱胁迫下极显著高于其他施氮水平，增幅最大达 160.61%，表明增施氮肥促进干旱胁迫下马铃薯根系生物量积累。

表 7-20　干旱胁迫对不同施氮量马铃薯根系与全株干重比的影响（%）

处理	N0	N1	N2	N3	平均
B1	16.62 bc	14.62 cde	17.42 bc	17.28 bc	16.49 b
B2	18.93 b	12.70 de	15.69 bcd	29.11 a	19.11 a
B3	26.14 a	11.86 e	11.73 e	11.17 e	15.23 b
平均	20.56 a	13.06 c	14.95 b	19.19 a	

2）干旱胁迫对不同施氮量马铃薯产量的影响

如表 7-21 所示，随着施氮量的增加，各水分处理马铃薯产量呈上升趋势，且正常水分条件处理均大于干旱胁迫。除了 N0 水平，其他施氮水平下各水分处理产量差异性显著，且随着干旱程度的加深而降低，N3B3 处理产量最高达 68.89g/株，极显著高于正常水分条件下其他施氮处理，表明水肥优化配合有助于产量的提高；

N3B2 处理产量达 48.47g/株，显著高于中度干旱胁迫下其他施氮处理；重度干旱胁迫下，N3、N2 水平下差异不显著，但显著高于 N0、N1 水平，表明增施氮肥一定程度上减轻干旱胁迫对马铃薯产量的影响。

表 7-21 干旱胁迫对不同施氮量马铃薯产量的影响（g/株）

处理	N0	N1	N2	N3	平均
B1	7.77 g	28.18 f	40.02 de	41.73 d	29.43 c
B2	9.69 g	36.11 e	45.90 d	48.47 c	35.04 b
B3	12.14 g	45.50 d	58.86 b	68.89 a	46.35 a
平均	9.87 d	36.60 c	48.26 b	53.03 a	

3. 脱毒种薯扩繁化学调控技术

1）生产种扩繁的化学调控技术

以'川芋117'原种为材料，蕾期用 10mg/L、20mg/L、30mg/L 的 S_{3307} 溶液叶面喷施。喷施浓度为 0~20mg/L 时，随着 S_{3307} 浓度的增大，块茎重量增加。方差分析表明，只有 20mg/L 处理达到显著差异水平。而当 S_{3307} 处理浓度为 30mg/L 时，块茎重量却降低，说明叶面喷施 S_{3307} 浓度过大不仅明显抑制了马铃薯地上部分生长，同时抑制了块茎重量的增加。

叶面喷施 S_{3307} 可增加植株根冠比，具有控上促下的作用，可以减少地上生物量的积累，提高植株光合速率，并促进地上光合产物向地下块茎的分配与转移，从而促进马铃薯产量的提高。

2）原种扩繁的化学调控技术

如表 7-22 所示，以'费乌瑞它'原原种为材料，设置 3 种氮肥水平和 3 种 S_{3307} 浓度，研究现蕾期喷施 S_{3307} 对干物质积累与分配和产量的影响。结果表明，蕾期叶面喷施适宜浓度的 S_{3307} 有一定控上促下的作用，提高块茎的干物质分配率，从而提高马铃薯的产量，浓度以 0.5g/kg 为宜。

表 7-22 S_{3307} 对干物质积累与分配及产量的影响

S_{3307} 浓度 /(g/kg)	单株干重 /(g/株)	干物质分配/%					产量 /(g/盆)
		块茎	叶	茎	匍匐茎	根	
0	56.746	82.8	10.5	2.8	0.5	3.4	286.52 c
0.2	61.628	83.3	10.4	2.7	0.4	3.2	309.22 ab
0.5	62.102	84.1	10.2	2.7	0.5	2.6	323.70 a
0.8	61.847	84.4	10.3	2.5	0.4	2.4	304.32 b

（本章作者：郑顺林 袁继超 沈学善 黄钢 韦献雅 桑有顺）

参 考 文 献

[1] 钟蕾, 邓俊才, 王良俊, 等. 生长调节剂处理对马铃薯贮藏期萌发及氧化酶活性的影响. 草业学报, 2017, 26 (7): 147-157.

[2] 郑顺林, 袁继超, 王西瑶, 等. 马铃薯蕾期摘心对块茎发育过程中激素含量的影响. 园艺学报, 2008, (5): 667-672.

[3] 郑顺林, 杨世民, 李世林, 等. 氮肥水平对马铃薯光合及叶绿素荧光特性的影响. 西南大学学报 (自然科学版), 2013, 35 (1): 1-9.

[4] 李国培, 郑顺林, 袁继超, 等. 雅安地区春马铃薯高产优质高效氮肥运筹优化方案研究. 西南农业学报, 2009, 22 (3): 707-711.

第八章　马铃薯高产优质多抗新品种选育

新品种是深化薯类产业供给侧结构性改革的重要科技支撑，针对现阶段特色专用型优质品种少的现状，重点应从核心遗传资源利用着手，选育出适宜广大中高端消费者需求的优质特色食用型品种和适合加工的专用型品种。十五年来，四川省薯类育种科技人员广泛收集马铃薯遗传资源，创新马铃薯品种选育技术，创制马铃薯新材料，选育出新品种33个，其中7个品种被列为部省主导品种。同时，加强生物技术育种，开展马铃薯功能基因研究，为马铃薯育种取得更大的突破奠定了坚实的基础。

第一节　拓宽遗传基础

针对四川省马铃薯育种资源遗传背景狭窄、抗病虫害、抗逆、专用等特异资源基因贫乏的问题，从国际马铃薯中心（CIP）、荷兰、比利时，阿根廷、英国及国内科研院所等国内外机构和单位七大批次引进国外野生种、$2n$配子材料、Neo-tuberosum（$2n=48$）等不同遗传类型的资源440份，210套家系、31个杂交组合的3万粒实生种籽等。通过多年培育、鉴定，从中筛选出68份抗晚疫病、病毒病、青枯病、癌肿病且高产、高淀粉、加工专用、适应性和抗逆性强的马铃薯核心种质资源。采用现代生物技术与常规育种技术相结合的方法，创制出具有特色优良基因的育种材料20余份，培育出一批遗传性能优异的骨干亲本，拓宽了马铃薯遗传资源基础，丰富了四川省马铃薯种质资源库。

第二节　创新育种目标

以专用型品质育种作为重点创新育种目标，根据市场用途不同，制定本地鲜食型、外销鲜食型、加工专用型品质育种目标[1]。

本地鲜食型品种要求黄肉、干物质含量高、黄皮、色香食味好。外销鲜食型品种则根据销售地点的消费习惯确定，如黄皮或白皮白肉、块茎大、芽眼浅、表皮光滑、抗病、高产，大、中薯率高。加工型品种根据加工类别确定育种目标，加工全粉要求还原糖低于0.25%，耐低温贮藏，相对密度在1.085以上（干物质含量在20.7%以上），浅芽眼；加工淀粉要求品种淀粉含量在18%以上，耐储，白肉、黏度强及净白度高；加工油炸食品要求还原糖含量低，块茎圆形，块茎直径 5.0～7.0cm，芽眼浅而少，不带紫、红颜色，薯皮薄而光滑，白色或乳黄色，块茎耐贮藏、耐碰撞，无裂伤、空心等，块茎干物质含量超过 20%，还原糖含量在 0.1%～0.3%之间；加工炸条品种要求块茎呈长圆或椭圆形，薯块长而大，芽眼浅而少，薯皮光滑，薯肉颜色以白色、淡黄色或黄色受消费者欢迎，干物质含量应达 20%以上，淀粉含量在 15%以上。加工专用型品种要求薯型好，圆、扁圆或椭圆形，表皮光滑，芽眼浅，高抗晚疫病（包括植株和块茎），耐贮藏。所有这些目标必须在特定季节实现，实现周年生产。

第三节　创新育种方法

一、多基因定向聚合与多生态鉴定选择

通过穿梭育种，采用优质多基因定向聚合的技术路线和多生态鉴定选择方法，经群体轮回选择，评价、鉴定创新育种亲本，选育适宜不同季节种植的季节性专用早中晚配套的春、秋、冬马铃薯品种。

二、倍性育种技术与常规育种方法结合

用倍性育种手段，将高频率 $2n$ 配子突变体技术与常规育种技术相结合，进行优质多基因定向聚合重组，筛选培育出一批优质高干、多抗高产新品种。

普通马铃薯栽培种遗传基础狭窄是中国马铃薯育种工作 20 世纪普遍存在问题。同时世界上存在着丰富多样的二倍体马铃薯种质资源，它们可以向普通栽培种中导入多抗、优良品质等多种特异性基因，创造品种的优质特性。普通马铃薯栽培种是四倍体，减数分裂过程中产生 $2n$ 配子，须在二倍体资源中寻找能在减数分裂时直接产生 $2n$ 配子频率高的材料，以形成 $2X$-$2X$ 组合来创造优质新品种。20 世纪 80 年代引进国际马铃薯中心二倍体材料新型栽培种（Neo-tuberosom）、Andigena 等大批材料，进行轮回选择；"十五"期间引进国际马铃薯中心先进倍性育种技术和高频率 $2n$ 配子材料 DY12-1-3 等 36 份，通过评价鉴定能开花的 8 份，并与优势四倍体栽培种杂交，致使优势基因成倍增加，后代分离减小，从而提高育种效率。其中从国际马铃薯中心引进筛选出的含有高抗晚疫病、抗多种病毒（马铃薯 Y 病毒、马铃薯卷叶病毒等）、高干物质等品质好的材料 44-4 等与四川省丰产且适应性强的优异品种及材料'凉薯 3 号'、'川芋 56'、'凉薯 97'等杂交，创制培育出一批优质高干、多抗高产新品种，在四川省等周边地区生产中广泛应用。

三、选育多熟制种植下高抗晚疫病新品种

抗性品种选育应以水平抗性为主,选择具有水平抗性的亲本作为抗晚疫病育种的重点,采用优质多基因定向聚合的技术路线和多生态育种方法,利用室内和晚疫病高发期田间的抗性鉴定结合的方法,筛选对晚疫病具有水平抗性的抗源材料,通过不同季节、不同海拔和生态区的多年多点生态鉴定,选育出适宜多熟制种植条件下的高产优质抗晚疫病新品种。

四、创新马铃薯杂交实生籽设施育苗技术

针对常规杂交育种领域马铃薯实生苗培育传统方法存在育苗质量和效率不高的情况,研究创新了一种简便马铃薯实生籽设施育苗技术,该技术较传统方法育苗时间缩短10d,其实生苗移栽成活率、成苗率均提高25%以上,从而提高工作效率,减少杂交后代优质资源的丢失率。在授粉过程中,创新"一种花粉分离器",结构简单,部件可拆卸,清洗方便,花粉分离快捷,提高了马铃薯育种杂交授粉效率。使用这种方法,2015年"嫦娥5号"搭载的9个组合马铃薯杂种实生籽,经实生苗培育、选种圃、株系鉴定,选留了一批综合性状较优的后代材料,为下一步的资源创新奠定了基础。

五、应用生物技术挖掘马铃薯功能基因

1. 马铃薯营养高效功能基因及分子机制

为探索马铃薯营养高效利用及耐非生物胁迫机制,提高马铃薯的产量、品质,减少化肥施用,采用分子生物学方法,克隆了2个马铃薯钾营养转录因子 *StWRKY2* 和 *StWRKY6*,过量表达 *StWRKY6* 能够耐低钾胁迫;同时利用拟南芥具有丝氨酸/苏氨酸激酶活性的蛋白(CIPK23)基因导入,获得了耐低钾马铃薯株系;针对磷高效品种大西洋,进行了转录组测序,发掘出磷高效基因及分子标记。

2. 转 *AtGAPC2* 基因研究

胞质3-磷酸甘油醛脱氢酶(GAPC)是生物体中普遍存在的酶,主要参与糖酵解反应。3-磷酸甘油醛脱氢酶(GAPDH)在植物碳代谢和能量代谢中的关键性,使其对多种逆境均有响应,如低磷、盐胁迫、高温、氧胁迫等。虽然所有GAPDH亚型的结构、生化特性及克隆在高等植物中已有详细研究,但关于它们在植物中所发挥的其他功能的研究还较少。团队利用前期研究获得拟南芥胞质3-磷酸甘油

醛脱氢酶蛋白 AtGAPC2 与耐低磷性状相关结果，从拟南芥中克隆到该基因，构建植物表达载体并通过农杆菌侵染法转入马铃薯品种'川芋10号'中，获得的转 *AtGAPC2* 基因优良株系可以作为马铃薯耐低磷的种质材料而加以利用。异源表达 *AtGAPC2* 基因还增强了马铃薯耐盐胁迫的能力，从生长指标分析，5个转基因株系比对照有明显耐盐胁迫能力，2个转基因株系有较强的耐盐胁迫能力[2]。

3. 分子标记辅助无性系变异材料选择

从米拉中获得无性系变异株系，经多代繁殖，筛选到遗传稳定的优良无性系突变材料 RSY17。利用分子检测技术明确其发生了遗传变异。通过离体叶片和块茎接种鉴定及田间鉴定，RSY17 高抗晚疫病。田间产量比'米拉'增产 20%。RSY17 鲜薯（贮藏前期）中干物质、淀粉和粗纤维含量显著高于米拉，还原糖含量则显著低于米拉；贮藏中、后期 RSY17 的块茎 C 含量极显著高于'米拉'；贮藏后期还原糖含量显著低于'米拉'。RSY17 表现出在鲜食和加工马铃薯全粉、淀粉方面较'米拉'更有优势。

六、确定不同季节专用型品种选育策略

1. 冬作马铃薯品种选育

冬作马铃薯在水稻收获后，于10月下旬至12月下旬之间播种，下年2月至5收获，生育期短，且冬马铃薯易受霜冻冷害的影响，严重时造成马铃薯冻伤冻死，晚疫病该季节威胁重，冬作品种就要求抗霜冻、抗晚疫病。

2. 大春净作马铃薯品种选育

大春马铃薯2月下旬至4月中旬播种，7月中旬至9月中旬收获，多数在8月收获，从播种到收获长达6个多月，要求生育期长的高产品种，才能发挥生长季长的优势。3~5正是大春净作区的干季，降雨很少，马铃薯出苗后要经受1个多月的干旱；6~9月又值雨季，晚疫病从6月底开始爆发，不抗晚疫病的品种很快就会消苗。因此，大春净作品种的育种目标主要是抗晚疫病、高产和抗旱。

3. 大春套作马铃薯品种选育

根据高原山区二季不足、一季有余的特点，实现马铃薯玉米套作倒茬（1.67m 宽幅、行比 2∶2），既可获得好的经济效益又可实现土地可持续利用。套作马铃薯品种要求是结薯集中、株型直立、早熟高产并耐遮阴的品种，避免因茎叶生长过于繁茂，影响玉米或其他作物生长，选育马铃薯品种必须避免晚熟、植株高大、

披散、叶片肥大、封行过早、结薯分散等性状，为了选育出抗病、高产、优质又适于套作的品种，最好是将经预试入选的优良品系在套作条件下进行评价，由两季总产、产值的高低决定。

4. 小春、秋作马铃薯品种选育

秋作马铃薯种薯一般来自小春作收获的马铃薯，秋作马铃薯育种与小春马铃薯同步进行，或单独搞小春马铃薯育种，小春马铃薯播种收获有严格的季节限制。一般在最冷的时候播种，生育期也会遭遇霜冻。小春马铃薯下季作物为水稻，所以必须在水稻最适合的插秧期前收获。小春马铃薯需要早熟、抗寒、抗旱、高产品种。

秋作马铃薯一般8月中下旬至9月上旬播种，到11~12月收获。秋马铃薯播种出苗季节气温高、湿度大，易发晚疫病、青枯病、疮痂病，后期频繁遇到霜冻，因此秋作马铃薯要求休眠期短、抗晚疫病、耐青枯病、抗疮痂病、抗霜冻、早熟、高产的品种。

第四节 选育专用品种

一、育成品种品质优良

新育成早熟、中早熟品种干物质（淀粉）含量高，还原糖低于国家标准。例如，突破性高淀粉早熟品种'川芋16'，鲜薯干物质含量29.2%、淀粉含量达23.9%，还原糖含量为0.25%，低于国家标准0.4%，符合炸片加工型品种要求。新育成品种中7个品种的淀粉含量超过17%，其中'川凉薯10号'淀粉含量高达22.9%；20个品种的还原糖含量在0.35%以下，'川凉薯2号'的还原糖含量最低，仅为0.08%；19个品种鲜薯维生素C含量超过10mg/100g，8个品种鲜薯维生素C含量超过20mg/100g，'川凉薯5号'鲜薯维生素C含量高达28.2mg/100g；16个品种的粗蛋白含量超过1.5%，'川芋彩1号'粗蛋白含量高达2.67%。2004~2016年四川省审定的马铃薯品种[3-17]如表8-1所示，部分品种品质特性如表8-2所示。

表8-1 2004~2016年四川省审定的马铃薯品种一览表

品种名称	时间	级别	育成单位	亲本或品种来源	特征与用途
'川芋6号'	2004	四川省审	四川省农科院作物所	44-4דAR薯3号'	中早熟、鲜食
'川芋8号'	2005	四川省审	四川省农科院作物所	Serrena	早熟、鲜食
'川芋10号'	2006	四川省审	四川省农科院作物所	44-4דAR薯3号'	中熟、炸片加工
'凉薯8号'	2006	四川省审	凉山州西昌农科所高山作物研究站	Serrena×Apat	中晚熟、淀粉加工

续表

品种名称	时间	级别	育成单位	亲本或品种来源	特征与用途
'川凉薯1号'	2008	四川省审	凉山州西昌农科所高山作物研究站	凉薯97×A17	晚熟、淀粉加工
'合作88'	2008	四川省审	西昌农科所从云南省引进	I-1085×BLK2	晚熟、淀粉加工
'岷薯4号'	2009	四川省审	四川省农科院作物所,四川青白江岷山农业科技有限公司	61-3×'卡它丁'	中熟、鲜食
'川凉薯2号'	2009	四川省审	凉山州西昌农科所高山作物研究站	'川芋8号'×Apat	中熟、鲜食
'川凉薯3号'	2009	四川省审	凉山州西昌农科所高山作物研究站	Schwalbe×'凉薯97'	晚熟、淀粉加工
'川凉薯4号'	2009	四川省审	凉山州西昌农科所高山作物研究站	Schwalbe×56-2	中熟、鲜食
'川芋12号'	2010	四川省审	四川省农科院作物所	44-4×'卡它丁'	中早熟、鲜食
'川芋117号'	2010	四川省审	四川省农科院作物所	65-ZA-5×DTO-28	中熟、鲜食
'川凉薯5号'	2010	四川省审	凉山州西昌农科所高山作物研究站,通江县明天农业科技有限公司	36-5×Schwalbe	中熟、鲜食
'川凉薯6号'	2011	四川省审	凉山州西昌农科所高山作物研究站	Apat×Schwalbe	中早熟、鲜食
'川芋802号'	2011	四川省审	四川省农科院作物所	387415.32×390357.4	中熟、鲜食
'川凉薯7号'	2012	四川省审	凉山州西昌农科所高山作物研究站	IX-55-6×390344-8	中熟、鲜食
'川凉薯8号'	2012	四川省审	凉山州西昌农科所高山作物研究站	Apat×822-17	中早熟、鲜食
'川凉薯9号'	2012	四川省审	凉山州西昌农科所高山作物研究站,通江县明天农业科技有限公司	'凉薯97'×Serrena	中早熟、鲜食
'达薯1号'	2012	四川省审	达州市农科所	'秦芋30号'×89-2	中熟、鲜食
'川凉薯10号'	2013	四川省审	凉山州西昌农科所,云南省农科院经济作物研究所	'会顺23'×S01-266	中熟、淀粉加工
'川彩芋1号'	2013	四川省审	四川省农科院作物所	'凉薯3号'×44-4	中早熟、鲜食
'西薯1号'	2013	四川省审	西昌学院	'凉薯97'×S033349	中熟、淀粉加工
'蓉紫芋5号'	2014	四川省审	成都市农林科学院作物研究所,四川紫金都市农业有限公司		早熟、全粉与薯泥加工
'西芋2号'	2014	四川省审	西昌学院	AKK-69.1×IX-38-6	早熟、鲜食
'川芋16'	2014	四川省审	四川省农科院作物所	LR93.309×C93.154	早熟、淀粉加工
'抗青9-1'	2014	国审	中国农科院植保所,四川省农科院作物所	LB104-12×BR63-5	中晚熟、炸片
'川芋18'	2015	四川省审	四川省农科院作物所	C92.140×C93.154	早熟、鲜食
'川凉芋1号'	2015	四川省审	凉山州西昌农科所,云南省农科院经济作物研究所	B-61×'会-2'	中早熟、鲜食
'达芋2号'	2016	四川省审	达州市农科所	'鄂薯5号'×991-18	中熟、鲜食
'川芋19'	2016	四川省审	四川省农科院作物所	393074.86×Murca	中早熟、鲜食
'西芋3号'	2016	四川省审	西昌学院	891024×DY4-30	中熟、鲜食
'西芋4号'	2016	四川省审	西昌学院	T962-76×DY4-30	中熟、鲜食
'川凉芋11号'	2016	四川省审	凉山州西昌农科所高山作物研究站、凉山州顺晟农牧科技有限公司	T1794×54-2-1	中熟、淀粉加工
'川凉芋12号'	2016	四川省审	凉山州西昌农科所高山作物研究站、凉山州顺晟农牧科技有限公司	NS880407×Serena	中熟、鲜食

注:四川省农科院作物所:四川省农业科学院作物研究所;中国农科院植保所:中国农业科学院植物保护研究所。

表 8-2　部分品种品质特性

品种名称	淀粉/%	还原糖/%	干物质/%	维生素 C/(mg/100g)	粗蛋白/%
'凉薯 8 号'	17.8	0.19	23.5	11.9	1.44
'川凉薯 1 号'	17.7	0.10	23.2	14.9	2.01
'川凉薯 2 号'	16.1	0.08	21.9	19.6	1.97
'川凉薯 3 号'	18.1	0.09	24.0	14.3	1.83
'川凉薯 4 号'	15.1	0.10	21.1	27.5	2.02
'川凉薯 5 号'	14.2	0.09	19.7	28.2	2.01
'川凉薯 6 号'	16.5	0.18	22.5	14.8	1.79
'川凉薯 7 号'	16.5	0.31	22.8	25.7	1.57
'川凉薯 8 号'	17.3	0.17	28.1	16.8	2.14
'川凉薯 9 号'	14.1	0.17	20.4	14.7	2.37
'川凉薯 10 号'	22.9	0.24	29.6	18.3	2.66
'川芋彩 1 号'	15.6	0.23	20.5	14.5	2.67
'西薯 1 号'	18.1	0.00	23.7	13.1	2.05
'西芋 2 号'	12.8	0.12	19.2	21.2	2.62
'川芋 16'	23.9	0.25	29.2	27.0	—
'抗青 9-1'	17.3	0.08	24.2	23.8	2.31
'川芋 18'	14.2	0.14	24.3	26.4	2.43
'川芋 19'	11.7	0.16	16.8	6.4	2.00

注：块茎品质分析测试由农业部食品质量监督检验测试中心（成都）进行。

二、抗性育种成效显著

新选育的品种均对晚疫病表现出抗性或高抗性，并兼抗两种或两种以上的病毒病，如'川芋 18'、'川芋 117'、'凉薯 8 号'、'川凉薯 1 号'、'西薯 1 号'、'达芋 2 号'等。四川省农科院作物所与中国农科院植保所联合育成的耐青枯病专用品种'抗青 9-1'，具有针对青枯病的抗性，已通过国家审定品种，干物质含量较高，还原糖含量为 0.079%，含量极低，十分适合于制作炸片使用。示范平均产量 34.6t/hm²，在被青枯病感染的土壤中表现远强于其他品种，是目前中国唯一针对青枯病具有专门耐性的品种。川芋系列新品种抗性如表 8-3 所示，川凉薯系列品种抗性如表 8-4 所示。

表 8-3 川芋系列新品种抗性

品种	病毒病					晚疫病	青枯病
	PVA	PVY	PLRV	PVM	PVX		
'川芋 12'	MR	R	R			R	
'抗青 9-1'		R	R			HR	R
'川芋彩 1 号'	MR		MR			R	
'川芋 16'	HR	HR	HR			R	
'川芋 18'	R	R	R			R	
'川芋 19'	HR	HR	HR			R	
'川芋 117'	R	R	R			MR	
'川芋 802'	R	R	R			R	

表 8-4 川凉薯系列品种抗性

品种	病毒病					晚疫病	癌肿病
	PVA	PVY	PLRV	PVM	PVX		
'凉薯 8 号'		R			R	HR	R
'川凉薯 1 号'			R		S	R	R
'川凉薯 2 号'			HR		HR	R	R
'川凉薯 6 号'	HR		HR				R
'川凉薯 7 号'	MR		MR				R
'川凉薯 8 号'	MR		MR				R
'川凉薯 9 号'	MR		MR				R
'米拉'						HS	HR

注：病害抗性检测由四川省农业科学院植物保护研究所进行。

三、品种综合性状优良

新育成的品种在生产实践中表现高产突出，稳产性好；抗多种病害，稳定；主要品质指标明显改进；抗逆性强，适应性广。'川凉薯 1 号'、'川凉薯 2 号'、'川凉薯 5 号'、'川芋 10'、'川芋 16'、'川芋 117'、'达薯 1 号'等 7 个品种被列为四川省主导品种。

1. 按熟性分类

依据《马铃薯种质资源描述规范和数据标准》，按极早熟（≤60d）、早熟（61～70d）、中早熟（71～80d）、中熟（81～90d）、中晚熟（91～100d）、晚熟（＞100d）进行分类。

早熟品种 5 个：'川芋 8 号'、'川芋 16'、'川芋 18'、'西芋 2 号'、'蓉紫芋 5 号'。

中早熟品种 9 个：'川芋 6 号'、'川芋 12'、'川芋彩 1 号'、'川芋 19'、'川凉薯 6 号'、'川凉薯 8 号'、'川凉薯 9 号'、'川凉芋 1 号'、'达薯 1 号'。

中熟品种 15 个：'川芋 10 号'、'岷薯 4 号'、'川芋 117'、'川芋 802'、'川凉薯 2 号'、'川凉薯 4 号'、'川凉薯 5 号'、'川凉薯 7 号'、'川凉薯 10 号'、'川凉芋 11'、'川凉芋 12 号'、'西薯 1 号'、'西芋 3 号'、'西芋 4 号'、'达芋 2 号'。

中晚熟品种 2 个：'凉薯 8 号'、'抗青 9-1'。

晚熟品种 2 个：'川凉薯 1 号'、'川凉薯 3 号'。

2. 按用途分类

鲜食型品种 23 个：'川芋 6 号'、'川芋 8 号'、'岷薯 4 号'、'川芋 12'、'川芋 117'、'川芋 802'、'川芋彩 1 号'、'川芋 18'、'川芋 19'、'川凉薯 2 号'、'川凉薯 4 号'、'川凉薯 5 号'、'川凉薯 6 号'、'川凉薯 7 号'、'川凉薯 8 号'、'川凉薯 9 号'、'川凉芋 1 号'、'川凉芋 12 号'、'西芋 2 号'、'西芋 3 号'、'西芋 4 号'、'达薯 1 号'、'达芋 2 号'。

淀粉加工型 7 个：'川芋 16'、'凉薯 8 号'、'川凉薯 1 号'、'川凉薯 3 号'、'川凉薯 10 号'、'川凉芋 11 号'、'西薯 1 号'。

炸片加工型 2 个：'川芋 10 号'、'抗青 9-1'。

全粉与薯泥加工特色加工型 1 个：'蓉紫芋 5 号'。

3. 按熟制专用分类

春马铃薯新品种有 22 个：'川芋 6 号'、'岷薯 4 号'、'川芋 117'、'川芋 802'、'川芋彩 1 号'、'凉薯 8 号'、'川凉薯 1 号'、'川凉薯 2 号'、'川凉薯 3 号'、'川凉薯 4 号'、'川凉薯 6 号'、'川凉薯 7 号'、'川凉薯 8 号'、'川凉薯 10 号'、'川凉芋 1 号'、'川凉芋 12 号'、'川凉芋 11 号'、'西薯 1 号'、'西芋 3 号'、'西芋 4 号'、'达薯 1 号'、'达芋 2 号'。

适宜作秋马铃薯的品种有 4 个：'川芋 10'、'川芋 18'、'川芋 19'、'蓉紫芋 5 号'。

适宜作冬马铃薯的品种有 7 个：'川芋 8 号'、'川芋 12'、'川芋 16'、'抗青 9-1'、'川凉薯 5 号'、'川凉薯 9 号'、'西芋 2 号'。

4. 紫色马铃薯

选育出拥有自主知识产权、四川省第一个紫皮紫肉马铃薯新品种——'蓉紫芋 5 号'，干物质含量约 19.7%，花青素含量为 43.90mg/kg，耐贮存，是适宜马铃薯熟化全粉与薯泥加工的优质特色加工专用型品种。

四、育成专用品种特性

1. 鲜食型品种 23 个

中早熟矮茎鲜食专用型'川芋 6 号'：四川省农科院作物所于 1990 年用 CIP

资源材料'44-4'作母本,'凉薯3号'作父本,经过有性杂交获实生籽,多年选育而成,2004年通过四川省品种审定。生育期74.5d,株型直立,株高42.5cm。块茎圆形,薯皮黄色,薯肉白色,表皮光滑,芽眼深度中等,结薯集中,单株结薯4~6个,大中薯率81%,休眠期较长,收获时田间烂薯少,耐储。西南片区区试,鲜薯平均产量23518kg/hm^2,四川省区试鲜薯平均产量24619kg/hm^2;抗晚疫病、PVX、PLRV,较抗PVY,耐青枯病。适宜四川省及类似海拔较高山区作一季栽培和低海拔地区的浅丘、城镇郊区作春季种植。

早熟鲜食专用型'川芋8号':四川省农科院作物所引进国际马铃薯中心材料SEREENA,经多年选育而成,2005年通过四川省品种审定。生育期69.8d,株高47.2cm,株型直立。块茎椭圆形,薯皮乳白色,薯肉白色,表皮光滑,芽眼浅,块茎商品性好。结薯集中,单株结薯3~5个,大中薯率83.3%,休眠期中等,较耐储。干物质18.1%、还原糖0.037%。四川省区试鲜薯平均产量19827kg/hm^2,高产可达31875kg/hm^2;较抗晚疫病,病毒退化轻;适宜四川中低海拔地区的中浅山及平坝丘陵区种植。

中熟鲜食专用型'岷薯4号':四川省农科院作物所、四川青白江岷山农业科技有限公司1996年以'61-3'作母本,'卡它丁'作父本,经过有性杂交获实生籽杂交,1997年进行实生苗培育,2009年通过四川省品种审定。生育期83d,株型直立,株高56cm,植株生长势强,主茎数3~4个,出苗率98%;块茎圆形,黄皮淡黄肉,表皮光滑,芽眼较深(略显淡红),平均单株薯块重350g,大中薯率79%,淀粉含量14.6%。四川省区试鲜薯平均产量19890kg/hm^2;高抗轻花叶和卷叶病毒病,抗晚疫病;适宜四川海拔1800m以下马铃薯产区种植。

中熟鲜食型'川凉薯2号':西昌农科所高山作物研究站1997年用'川芋8号'作母本,'Apat'作父本,有性杂交选育而成,2009年通过四川省品种审定。生育期88d左右,株型直立、植株生长整齐、分枝数少,株高55~65cm,主茎数3~4个;薯块长圆形,淡黄皮白肉,芽眼数量少、深度浅,表皮光滑、休眠期较长、耐储藏,结薯集中,单株结薯8.0个,大中薯比例77.78%;干物质21.9%、淀粉16.1%、还原糖0.079%、维生素C 19.6mg/100g鲜薯、粗蛋白1.97%;抗晚疫病、癌肿病,高抗轻花叶和卷叶病,感青枯病。大面积产量22500~30000kg/hm^2;适宜于四川省适宜地区种植。

中熟鲜食型'川凉薯4号':西昌农科所高山作物研究站于1997年用'Schwalbe'作母本,'56-2'作父本,进行有性杂交选育而成,2009年通过四川省品种审定。生育期89d,株型直立、分枝数少,株高51.15cm,茎绿色,茎粗1.25~1.35cm、主茎数3.0个、生长势较强;叶绿色,花白色,薯块扁椭圆形,黄皮黄肉,芽眼数量少、深度中等、表皮光滑、耐贮藏;结薯集中,平均单株结薯7个左右,平均单株重394.52g,商品薯率较高;休眠期中等,出苗率高,幼苗生长健壮,植株生长整齐；干物质21.1%、淀粉15.1%、还原糖0.097%、维生素C 27.5mg/100g鲜薯、粗蛋白2.02%；抗晚疫病、高抗轻花叶和卷叶病毒病。生产试验平均产量25977kg/hm^2；适宜四川海拔1800m以上马铃薯产区种植。

中早熟鲜食专用型'川芋12'：四川省农科院作物所1991年以'44-4'作母本，'卡它丁'作父本经过有性杂交，2010年通过四川省品种审定。生育期74d，茎绿色，叶绿色，花白色；块茎近圆形，浅黄皮黄肉，耐贮藏，平均单株薯块重359.3g、大中薯率达77.8%、淀粉13.0%；抗晚疫病和卷叶病毒病，中抗轻花叶病毒病。四川省区试平均产量21738kg/hm^2，高产可达37500kg/hm^2；适宜四川省主产区作一季和中低山、平丘区冬薯种植。

中熟鲜食专用型'川芋117'：四川省农科院作物所以引进国际马铃薯中心材料"65-ZA-5"作母本，"DTO-28"作父本，经过有性杂交获实生籽，1990年进行实生苗培育，2010年通过四川省品种审定。生育期80~85d，植株生长势较强，株型直立，株高53~56cm，叶片较大深绿，花多、白色，主茎数3个，薯块形状为圆形，薯皮白色，薯肉浅黄，芽眼中等，结薯较集中均匀，大中薯率72%~75%，耐贮藏，食味较好，淀粉15.6%，还原糖含量低于0.3%。四川省区试平均产量23070kg/hm^2；抗病毒病，中抗晚疫病；适宜四川中低海拔地区及平坝丘陵区春马铃薯种植。

中熟鲜食型'川凉薯5号'：西昌农科所高山作物研究站、通江县明天农业科技有限公司于2000年用'36-5（377967.5×7X-1）'作母本，'Schwalbe'作父本，通过有性杂交选育而成。2010年通过四川省品种审定。生育期83d，株型直立、分枝数少、株高45~50cm、主茎数4~5个；薯块椭圆形，黄皮黄肉，芽眼数量中、深度浅，耐贮藏；结薯集中，平均单株结薯13个左右，平均单株重371g，大中薯比例75.4%；贮藏性与对照'米拉'相当。出苗率95%以上，幼苗生长健壮，植株生长整齐；干物质19.7%、淀粉14.2%、还原糖0.085%、维生素C 28.2mg/100g鲜薯、粗蛋白2.01%；高抗卷叶病毒病，抗晚疫病、癌肿病、轻花叶病毒病。四川省区试平均产量24036kg/hm^2；适宜四川海拔1800m以上马铃薯产区种植。

中熟鲜食专用型'川芋802'：四川省农科院作物所以引进国际马铃薯中心材料'387415.32'作母本，'390357.4'作父本，经有性杂交获实生籽，1990年实生苗培育，2011年通过四川省品种审定。生育期81d；植株生长势较强，株型直立，株高55.5cm，茎绿色，叶绿色略带浅紫色，花紫色，主茎数3.1个，薯块扁圆形，黄皮黄肉，表皮光滑，芽眼中等，单株薯块重379.0g，大中薯率67.8%，淀粉16.5%。省区试平均产量21060kg/hm^2；高抗卷叶病毒病，抗晚疫病、轻花叶病毒病；适宜四川中低海拔地区的中浅山及平坝丘陵区春薯种植。

中早熟鲜食型'川凉薯6号'：西昌农科所高山作物研究站于2000年用'Apat'作母本，'Schwalbe'作父本，通过有性杂交选育而成，2011年通过四川省品种审定。生育期 79d 左右，株型半直立、株高 50～65cm，茎绿色，茎粗 1.05～1.20cm、主茎数 3～4 个、生长势较强；薯块扁圆形，黄皮淡黄肉，芽眼数量少、深度浅、耐贮藏；结薯集中，平均单株结薯 10 个左右，平均单株重 430g，大中薯比例 68%；休眠期中等。粗淀粉 16.5%、还原糖 0.18%、水分 77.5%、粗蛋白 1.79%、维生素 C 14.8mg/100g 鲜薯；抗晚疫病、癌肿病，高抗轻花叶病毒病、卷叶病毒病。四川省区试平均产量 23580kg/hm²；适宜川西南山区、盆周山区、盆地丘陵区、川西平原区种植。

中熟鲜食型'川凉薯 7 号'：西昌农科所高山作物研究站于 1999 年用 'IX-55-6' 作母本，'390344-8' 作父本，通过有性杂交选育而成，2012 年通过四川省品种审定。生育期 81d 左右，株型半直立、株高 57cm 左右，茎绿色、叶绿色、花白色，天然结实性中等；薯块椭圆形，黄皮白肉，芽眼数量中、深度浅，耐储性优于'米拉'，结薯集中；干物质 22.8%、淀粉 16.5%、还原糖 0.31%、蛋白质 1.57%、维生素 C 25.7mg/100g 鲜薯；抗晚疫病、癌肿病，中抗轻花叶病毒病和卷叶病毒病。四川省区试平均产量 23940kg/hm²；适宜川西南山区、盆周山区、盆地丘陵区、川西平原区种植。

中早熟鲜食型 '川凉薯 8 号'：西昌农科所高山作物研究站于 2000 年用 'APat' 作母本，'822-17'（105-16×Schwalbe）作父本，配制杂交组合选育而成，2012 年通过四川省品种审定。生育期 77d 左右，株型半直立、株高 53cm 左右，茎绿色、茎粗 0.90～1.30cm、主茎数 3～4 个、生长势中等；薯块椭圆形，淡黄皮白肉，芽眼数量少、深度浅，耐储性优于'米拉'；结薯集中，平均单株结薯 8 个左右，平均单株重 393g，大中薯比例 66%；淀粉 17.3%、还原糖 0.17%、水分 71.9%、粗蛋白 2.14%。维生素 C 16.8mg/100g 鲜薯；抗晚疫病、癌肿病，中抗轻花叶病毒病和卷叶病毒病。四川省区试平均产量 24075kg/hm²；适宜川西南山区、盆周山区、盆地丘陵区、川西平原区种植。

中早熟鲜食型 '川凉薯 9 号'：西昌农科所高山作物研究站、通江明天农业科技有限公司于 2000 年用 '凉薯 97' 作母本，'Serrena' 作父本，有性杂交选育而成，2012 年通过四川省品种审定。生育期 76d 左右，株型半直立、株高 50～60cm，茎绿色，茎粗 1.02～1.30cm、主茎数 3～4 个、生长势强；薯块椭圆形，黄皮淡黄肉，芽眼（带红色）数量少、深度浅、耐贮藏；结薯集中，平均单株结薯 8 个左右,平均单株重 396g,大中薯比例 64%；休眠期中等,粗淀粉 14.1%、还原糖 0.17%、粗蛋白 2.37%、维生素 C 14.7mg/100g 鲜薯；抗晚疫病、癌肿病，中抗轻花叶病毒病、卷叶病毒病。四川省区试平均产量 21390kg/hm²；适宜川西南山区、盆周山区、盆地丘陵区、川西平原区种植。

中早熟鲜食型 '达薯 1 号'：达州市农业科学研究所于 2004 年用 '秦芋 30 号' 作母本，'89-2' 作父本配制的杂交组合选育而成，2012 年通过四川省品种审定。

生育期 77d 左右。植株直立、紧凑，生长势强，株高 60cm，主茎数 3.8 个，茎、叶绿色，复叶中等，顶叶大，叶面平展，花冠白色，结薯集中，单窝结薯 7 个左右，黄皮、黄肉，薯块扁圆形，表皮光滑，芽眼少、浅，大中薯率 80%左右，淀粉含量 14.7%。抗晚疫病、中抗轻花叶病毒病和卷叶病毒病，贮藏性优于对照。四川省区试平均产量 19560kg/hm^2，适宜四川省平坝、中高山区及相似生态区域种植。

中早熟鲜食专用型'川芋彩 1 号'：四川省农科院作物所于 2003 年引进国际马铃薯中心实生种籽（C92.140×C93.154），同年秋季进行实生苗培育，并经多年选育而成，2013 年通过四川省品种审定。生育期 71d，植株生长势较强，出苗率 92%，平均株高 54cm；块茎长圆形，红皮黄肉，带紫色环状花纹，表皮光滑，芽眼浅。平均单株薯块重 337.0g，大中薯率达 61%；干物质 20.5%、淀粉 15.6%、还原糖 0.23%、维生素 C 14.50mg/100g 鲜薯；抗晚疫病，中抗轻花叶病毒病和卷叶病毒病。省生产试验平均产量 23883kg/hm^2；适宜四川低山区及平坝丘陵区排透水性好的壤土种植。

早熟鲜食专用型'西芋 2 号'：西昌学院 2005 年用'AKK-69.1'作母本、'IX-38-6'作父本，经有性杂交选育而成，2014 年通过四川省品种审定。生育期 70d 左右，株型直立、紧凑，平均株高 50cm 左右；茎绿色；叶绿色；花冠白色；块茎圆形，薯皮浅黄色，薯肉浅黄色，芽眼较浅、数量中，结薯集中。干物质含量 19.2%，淀粉含量 12.8%，还原糖含量 0.12%，蛋白质含量 2.62%，维生素 C 21.2mg/100g 鲜薯；抗晚疫病，抗主要病毒病。四川省区试平均产量 21338kg/hm^2；适宜四川省平坝丘陵及盆周山区种植。

早熟鲜食专用型'川芋 18'：四川省农科院作物所于 2003 年引进国际马铃薯中心实生种籽（C92.140×C93.154），同年秋季进行实生苗培育，并经多年选育而成，2015 年通过四川省品种审定。生育期 70d，植株生长势较强，出苗率 97%，平均株高 56cm。块茎椭圆形，浅黄皮白肉，表皮光滑，芽眼浅。平均单株薯块重 407g，大中薯率达 61%；干物质 24.3%、淀粉 14.2%、还原糖 0.142%、维生素 C 26.4mg/100g 鲜薯；四川省区试平均产量 22503kg/hm^2；抗晚疫病，抗病毒病，贮藏性较川芋 56 略差；适宜四川平原及盆周丘陵区排透水性好的壤土种植，可用于四川平原及盆周低山丘陵区秋薯种植推广。

中早熟鲜食型'川凉芋 1 号'：凉山州西昌农业科学研究所、云南省农业科学院经济作物研究所于 2004 年利用'B-61'作母本，'会-2'作父本，进行有性杂交获得的实生籽，2015 年通过四川省品种审定。生育期 80d 左右，株型直立，植株长势较强；叶片绿色、无绒毛、叶缘微波状；顶小叶宽，茎绿色，花冠浅紫色、星形、无重瓣花，薯块椭圆形、黄皮、黄肉，芽眼红色、芽眼深度中，薯皮光滑，商品薯率 71%，贮藏性与对照'米拉'相当；淀粉含量 14.5%、还原糖 0.73%、维生素 C 21.2mg/100g 鲜薯；抗晚疫病，中抗病毒病。四川省区试平均产量 24317kg/hm^2；适宜四川省马铃薯种植区种植。

中熟鲜食型'达芋2号'：达州市农科所于2007年用'鄂薯5号'作母本，'991-18'作父本进行有性杂交获得实生籽，2016年通过四川省品种审定。生育期86d左右，株型直立，植株长势较强；叶片绿色、有绒毛、叶缘钝心型；顶小叶宽；茎绿色；花冠白色；薯块长扁圆形，黄皮，淡黄肉，表皮光滑，芽眼少、浅，藏性与米拉相当；淀粉含量15.2%，还原糖含量0.09%，维生素C 8.62mg/100g鲜薯；抗晚疫病，高抗病毒病。四川省区试平均产量25242kg/hm^2，适宜四川省马铃薯种植区。

中早熟鲜食专用型'川芋19'：四川省农业科学院作物研究所于2005年引进国际马铃薯中心实生种籽（393074.86×Murca），2005年秋季进行实生苗培育，并经多年选育而成，2016年通过四川省品种审定。生育期71d，出苗率96.2%，株型直立，生长势强，株高49.8cm，单株主茎数2.8个，茎绿色、叶浅绿色；花浅粉色，花繁茂；薯块椭圆形，黄皮、淡黄肉，芽眼浅，商品薯率64.6%，单株薯块重421.7g，淀粉含量11.7%。四川省区试平均产量26949kg/hm^2；抗晚疫病，高抗病毒病；适宜四川平原及盆周丘陵区排透水性好的壤土种植，可用于四川平原及盆周丘区秋薯种植推广。

中熟鲜食型'西芋3号'：西昌学院2005年用'891024'作母本，'DY4-30'作父本经有性杂交获得实生籽，2006年进行实生苗培育获得实生薯，2016年通过四川省品种审定。生育期84d，株高78cm，植株生长势较强，主茎数4.1个；薯块长椭圆形，黄皮、淡黄肉，表皮光滑，芽眼深度中，贮藏性与'米拉'相当。干物质含量20.86%，淀粉含量15.9%，还原糖含量0.64%，蛋白质含量1.95%，维生素C 14.1mg/100g鲜薯；抗晚疫病、抗病毒病，轻感普通花叶病（PVX）。省区试平均产量30725kg/hm^2；适宜四川省马铃薯产区种植。

中熟鲜食型'西芋4号'：西昌学院2007年用T962-76×DY4-30杂交获得的实生籽进行实生苗培育，2016年通过四川省品种审定。生育期87d，株型直立、紧凑、矮健，主茎较粗，株高70cm，主茎数3.9个，茎较粗壮，颜色为绿带紫；叶绿色，花冠紫红色。薯块椭圆形，黄皮黄肉，表皮光滑，芽眼浅、数量中。单株结薯一般10~12个，单株重0.5kg以上，大中薯比例70%以上，休眠期较长。对晚疫病水平抗性较好,抗病毒病,轻感普通花叶病。省区试平均产量24998kg/hm^2；适宜四川省马铃薯产区种植。

中熟鲜食型'川凉芋12号'：西昌农科所高山作物研究站、凉山州顺晟农牧科技有限公司于2004年用'NS880407'作母本，'Serena'作父本通过有性杂交选育而成，2016年通过四川省品种审定。生育期82d左右。株高54cm左右，茎绿色，平均单株主茎数4个；薯块椭圆形，黄皮白肉，芽眼少、浅，耐贮藏；匍匐茎短，结薯集中，平均单株重433.6g；休眠期中等，出苗率94%以上，幼苗生长健壮，植株生长整齐；干物质20.5%、淀粉14.4%、还原糖0.88%、维生素C

5.53mg/100g 鲜薯、蛋白质 2.06%；抗晚疫病，中抗病毒病。四川省区试平均产量 24872kg/hm^2；适宜海拔 1200m 以上的川西南山区、盆周山区种植。

2. 淀粉加工型 7 个

中晚熟淀粉加工型'凉薯 8 号'：西昌农科所高山作物研究站 1995 年以'凉薯 97'作母本、'A17'作父本，有性杂交获得实生籽，多年选育而成，2006 年通过四川省品种审定。生育期 78～100d，茎、叶绿色，花冠白色；块茎椭圆形，黄皮黄肉，结薯集中，较耐贮藏；鲜薯干物质含量 23.5%、淀粉 17.8%、还原糖 0.19%、维生素 C 11.91mg/100g 鲜薯、蛋白质 1.44%；高抗晚疫病，抗马铃薯 Y 病毒、普通花叶病、癌肿病。春种产量为 25500～39000kg/hm^2，秋、冬种产量为 21000～27000kg/hm^2；适宜凉山州二半山、山区及邻近类似地区和盆周山区种植。

晚熟淀粉加工型'川凉薯 1 号'：西昌农科所高山作物研究站 1999 年用'Serrena'作母本，'Apat'作父本，有性杂交选育而成，2008 年四川省品种审定。生育期 119d，株型扩展、分枝数中等、株高 60～70cm，茎绿色、茎粗 1.1～1.2cm、主茎数 4～5 个、生长势较强；薯块椭圆形，黄皮白肉，芽眼数量中等、深度浅、表皮光滑，耐贮藏；结薯集中，平均单株结薯 10.3 个，平均单株重 850g，大中薯比例 74.60%；休眠期中等，出苗率高，幼苗生长健壮，植株生长整齐；干物质 23.2%、淀粉 17.7%、还原糖 0.10%、维生素 C 14.90mg/100g 鲜薯、粗蛋白 2.01%；抗晚疫病、卷叶病，感轻花叶病。大面积产量 23000～34000kg/hm^2；适宜凉山州二半山、山区及邻近类似地区和盆周山区种植。

晚熟淀粉加工型'川凉薯 3 号'：西昌农科所高山作物研究站于 1995 年用'Schwalbe'作母本，'凉薯 97'作父本，进行有性杂交选育而成，2009 年通过四川省品种审定。生育期 118d，株型直立、植株生长较整齐，分枝数少，株高 75.0cm，主茎数 4～5 个；薯块椭圆形，皮黄色带红斑，肉黄色，芽眼数量少、深度中等、表皮光滑，休眠期较长，耐贮藏。结薯集中，平均单株结薯 9～10 个、平均单株重 0.68kg，大中薯比例 81.40%以上。休眠期中等，出苗率高，幼苗生长健壮；干物质 24.1%、淀粉 18.1%、还原糖 0.092%、维生素 C 14.30mg/100g 鲜薯、粗蛋白 1.83%；抗晚疫病、癌肿病、卷叶病，感轻花叶病。大面积产量 23625～35580kg/hm^2；适宜四川海拔 1800m 以上马铃薯产区种植。

中熟淀粉加工型'川凉薯 10 号'：西昌农业科学研究所、云南省农业科学院经济作物研究所于 2004 年用'会顺 23'作母本，'S01-266'作父本，配制杂交组合选育而成，2013 年通过四川省品种审定。生育期 85d 左右，株型直立，株高 70cm 左右，叶绿色、花冠白色、形状近五边形，薯块椭圆形、黄皮白肉、表皮光滑、芽眼浅；淀粉 22.9%、蛋白质 2.66%、还原糖 0.24%、维生素 C 18.3mg/100g 鲜薯；抗晚疫病，高抗病毒病。四川省区试平均产量 22140kg/hm^2；适宜四川盆周丘陵及二半山区种植。

中熟淀粉加工型'西薯1号'：西昌学院2004年用'凉薯97'作母本、'S033349'作父本，经有性杂交选育而成，2013年通过四川省品种审定。生育期90d左右，株型直立、紧凑，主茎较粗，株高65cm，茎粗1.2cm，茎绿色，基部带紫；花冠白色。薯块椭圆形，皮、肉黄色，芽眼较浅，数量中等，单株结薯10～12个，单株重0.5kg以上，大中薯比例70%，休眠期长，耐贮藏。干物质含量23.7%、淀粉18.1%、维生素C 13.1mg/100g鲜薯、蛋白质2.05%。抗晚疫病，高抗病毒病。省区试平均产量21915kg/hm^2；适宜四川马铃薯产区种植。

早熟高淀粉专用型'川芋16'：四川省农科院作物所于2003年引进国际马铃薯中心实生种籽（LR93.309×C93.154），同年秋季进行实生苗培育，并经多年选育而成，2014年通过四川省品种审定。生育期69d，出苗率98%，平均株高57cm。块茎圆形，黄皮黄肉，表皮光滑，芽眼浅。平均单株薯块重393g，大中薯率达66.3%；干物质29.2%、淀粉23.9%（小金县高山农场块茎经四川省农科院分析测试中心检测）、维生素C 27mg/100g鲜薯、还原糖0.25%鲜薯。四川省区试平均产量21307kg/hm^2；抗晚疫病，高抗病毒病；适宜四川平原及盆周丘陵区排透水性好的壤土种植，可用于四川平原及盆周丘区冬薯种植推广。

中熟淀粉加工型'川凉芋11号'：西昌农科所高山作物研究站、凉山州顺晟农牧科技有限公司2004年用'T1794'作母本，'54-2-1'作父本，经有性杂交选育而成，2016年通过四川省品种审定。生育期88d左右，株型直立、生长势强。株高77cm，平均单株主茎数3个；薯块椭圆形，黄皮淡黄肉，芽眼数量少、深度浅，耐贮藏；匍匐茎短，结薯集中，平均单株重459.4g；休眠期中等，出苗率96.5%，植株生长整齐；干物质23.9%、淀粉17.6%、还原糖0.66%、维生素C 9.7mg/100g鲜薯、蛋白质2.24%；中抗晚疫病，高抗病毒病；省区试平均产量25689kg/hm^2；适宜海拔1200m以上的川西南山区、盆周山区种植。

3. 炸片加工型2个

中熟炸片加工型'川芋10号'：四川省农业科学院作物研究所于1990年用优良无性系'44-4'作母本，'凉薯3号'作父本，经过有性杂交获实生籽，2006年通过四川省品种审定，2008年获国家植物新品种权。生育期81.6d，植株生长繁茂，株型直立，株高60.8cm。块茎椭圆形，薯皮浅红杂色，薯肉黄色，表皮光滑，芽眼浅、少呈红色，结薯集中，单株结薯4～5个，大中薯率80.0%，休眠期中等，耐贮。干物质25.6%、淀粉19.8%、维生素C 10.8mg/100g鲜薯、还原糖0.019%。炸片测试口感好，色泽均匀，符合炸片标准，是鲜薯食用和加工兼用型品种。四川省区试平均产量24440kg/hm^2；抗晚疫病、PLRV，较抗PVY；适宜四川平原及盆周丘陵区排透水性好的壤土种植，可用于四川平原及盆周丘区秋薯种植推广。

中晚熟炸片加工型'抗青9-1'：中国农科院植保所、四川省农科院作物所于1997年引自国际马铃薯中心抗青枯病组合（BR63.5×104.12LB）无性系材料，经多年筛选和品比，2014年通过国家品种审定。生育期95d；株高55.4cm，单株主茎数1.9个；块茎椭圆形，薯皮黄色，薯肉乳白色，薯皮光滑，芽眼浅，呈红色，匍匐茎长度中等，单株结薯数8.6个，平均单薯重80.1g，商品薯率81.9%，二次生长0.8%，裂薯率2.3%，空心0.7%；干物质19.6%、淀粉14.2%、维生素C 23.77mg/100g鲜薯、还原糖0.12%、粗蛋白2.31%；抗晚疫病、抗PLRV、PVY；国家冬作区试平均产量34638kg/hm²；适宜四川省较高海拔地区春作，平丘河谷地带冬马铃薯种植。我国南方平丘河谷地带冬作及早春种植，特别适宜在土壤感染青枯病地区使用。

4. 紫薯全粉与薯泥加工型1个

早熟全粉与薯泥加工紫色品种'蓉紫芋5号'：成都市农林科学院作物研究所、四川紫金都市农业有限公司利用地方特色品种采取有性杂交，结合生物技术手段，经多年选育而成，2014年通过四川省品种审定。生育期68d左右，株型直立、分枝数中等、株高50～60cm、茎粗1.5～2.5cm、主茎数1～2个、生长势较强；薯块长椭圆形，紫皮深紫肉，表皮光滑，芽眼数量少、深度浅、耐贮藏；结薯较集中，平均单株结薯6～8个左右，平均单株薯块重283g，大中薯比例69.6%；休眠期短，出苗率97%以上；淀粉12.5%、还原糖0.20%、粗蛋白2.39%、维生素C 22.6mg/100g鲜薯、花青素43.9mg/kg、硒0.0036mg/kg；轻感晚疫病，中抗病毒病。四川省区试平均产量12425kg/hm²，适宜四川省中低海拔秋马铃薯产区种植。

（本章作者：徐成勇　李华鹏　李立芹　赵思毅　董红平　刘绍文）

参 考 文 献

[1] 徐成勇, 杨绍江, 陈学才, 等. 四川马铃薯周年生产季节性专用品种选育策略. 中国种业, 2015, (2): 11-15.
[2] 李锡宁, 农兰霞, 牟科, 等. 低磷胁迫下对转 AtGAPC2 基因马铃薯株系的评价与筛选. 四川农业大学学报, 2015, 33 (2): 126-132.
[3] 刘绍文, 董红平, 夏江文, 等. 凉山州安宁河谷地带早春马铃薯品种的筛选. 中国马铃薯, 2011, 25 (2): 76-78.
[4] 徐成勇. 四川省马铃薯杂交育种的障碍及解决途径. 中国园艺文摘, 2013, 29 (1): 35-38.
[5] 徐成勇, 土比小龙, 刘斌. 马铃薯新品种——川凉薯8号. 中国马铃薯, 2012, 26 (6): 379-380.
[6] 徐成勇, 刘斌, 尔古俄哈. 马铃薯新品种——川凉薯4号. 中国马铃薯, 2012, 26 (1): 63-64.
[7] 徐成勇, 郭浩, 刘斌, 等. 马铃薯新品种——川凉薯1号. 中国马铃薯, 2008, 22 (6): 382.
[8] 董红平, 刘绍文, 夏江文, 等. 马铃薯新品种——川凉芋1号. 中国马铃薯, 2015, 29 (6): 381-382.
[9] 董红平, 刘绍文, 夏江文. 马铃薯新品种——川凉薯10号. 中国马铃薯, 2013, 27 (6): 381-382.
[10] 董红平, 刘绍文, 夏江文, 等. 凉山州马铃薯'青薯9号'冬作密度试验研究. 农业科技通讯, 2017, (10): 62-63.

[11] 夏江文, 刘绍文, 董红平, 等. 攀西地区冬马铃薯品种筛选试验研究. 农业科技通讯, 2012, (9): 54-56.
[12] 李华鹏, 梁远发, 黄钢, 等. 马铃薯新品种"川芋彩1号"的选育. 中国马铃薯, 2014, 28 (6): 379-380.
[13] 梁远发, 倪苏, 蒋馨, 等. 高干中早熟马铃薯新品种"川芋10号"的创新培育. 中国马铃薯, 2008, (1): 63.
[14] 李佩华. 马铃薯新型栽培种后代材料的改良鉴定. 西南农业学报, 2013, 26 (2): 460-463.
[15] 李佩华, 余水洋, 蔡光泽, 等. 凉山州马铃薯栽培品种的遗传多样性分析. 植物遗传资源学报, 2013, 14 (6): 1089-1095.
[16] 李佩华. 高淀粉、低还原糖马铃薯新品种西薯1号的选育及高产栽培技术. 作物杂志, 2014, (1): 159-160+4.
[17] 李佩华. 菜用型早熟马铃薯新品种西芋2号的选育及栽培技术. 种子, 2015, 34 (7): 108-109.

第九章 马铃薯高产高效简化栽培关键技术

在马铃薯栽培技术方面，创新团队以高效、安全、简化为目标，系统研究马铃薯生长发育等群体生理特性，开展马铃薯专用品种调优高产配套栽培技术研究，重点研究和推广优化密植、高厢垄作、平衡科学施肥、覆盖栽培、肥促化控精细管理等薯类高产高效种植关键技术。研究集成马铃薯不同品种、不同种植模式、不同播栽期、不同熟期优化栽培技术体系26项，其中8项技术被列为部省主推技术。

第一节 根系吸收特性与块茎发育生理效应

一、不同氮效率品种根系吸收动力学特性

采用营养液基质培养方法，以氮高效品种'云薯301'和'费乌瑞它'与氮低效品种'凉薯97'和'川芋56'为材料，以MS营养液为基础营养液，设3个氮肥水平（硝态氮与铵态氮之比为0.52，pH 6.5）：低氮（氮浓度为0mg/L）；中氮（氮浓度为0.42mg/L）；高氮（氮浓度为0.84mg/L），研究马铃薯不同类型品种的根系活力及其吸收NO_3^-、NH_4^+的动力学特性，为马铃薯氮高效品种的选育和科学施用氮肥提供理论依据。

如表9-1所示，结果表明，不同氮利用类型马铃薯品种间的根系活力存在显著的差异，氮高效品种的根系活力显著高于氮低效品种，以'费乌瑞它'的根系活力最高，凉薯97的根系活力最低。氮高效品种在低施氮水平和生育前期（苗期）即表现出较高的根系活力，氮低效品种在较高施氮水平和生育中、后期表现出较高的根系活力。

表9-1 不同氮效率马铃薯品种根系活力的差异（μg TPF/g FW/h）

品种	苗期			块茎膨大期			成熟期		
	低氮	中氮	高氮	低氮	中氮	高氮	低氮	中氮	高氮
氮低效品种	4.85d	5.30d	5.35d	15.29b	19.59b	14.95b	14.32b	25.93a	12.22c
氮高效品种	10.98a	17.85a	28.56a	24.32a	32.86a	25.85a	18.74a	30.72a	13.22bc

如表9-2所示，不同氮利用类型马铃薯对NO_3^-、NH_4^+的最大吸收速率没有显著的差异，但对NO_3^-、NH_4^+亲和能力差异较大，高效品种对NO_3^-的亲和能力均高

于低效品种。同一马铃薯品种对 NO_3^-、NH_4^+ 的吸收速率存在较大差异，马铃薯品种对 NH_4^+ 的亲和力明显低于对 NO_3^- 的亲和力。

表 9-2 不同马铃薯品种根系活力与主要吸收动力学参数

品种类型	氮肥水平	根系活力（μg TPF/g FW/h）		吸收 NH_4^+		吸收 NO_3^-	
		苗期	块茎膨大期	V_{max}/(mmol/株)	K_m/(mmol/L)	V_{max}/(mmol/株)	K_m/(mmol/L)
氮高效品种	低氮	10.32 c	23.80 b	0.128 bc	0.275 b	0.107 c	1.036 c
	中氮	16.76 b	31.42 a	0.140 ab	0.285 b	0.104 c	0.988 c
	高氮	24.96 a	23.98 b	0.161 a	0.361 a	0.096 c	1.029 c
氮低效品种	低氮	5.82 d	14.79 d	0.117 c	0.275 b	0.129 ab	1.398 b
	中氮	8.10 cd	19.88 bc	0.130 bc	0.278 b	0.140 a	1.575 a
	高氮	10.28 c	16.96 cd	0.140 bc	0.361 a	0.120 b	1.493 ab

注：V_{max} 为根系最大吸收速率，K_m 为表观米氏常数，表示对离子的亲和程度。

二、营养供给对马铃薯产量和品质的效应

以'坝薯 10 号'为材料，采用二因素随机区组试验设计，其中施氮量为 A 因素，3 个水平（A1、A2、A3），分别为 75kg/hm²、150kg/hm²、225kg/hm²，追肥比例为 B 因素，3 个水平（B1、B2、B3），分别为 10%、30%和 50%，设不施氮为对照（CK），研究了氮肥水平及追肥比例对马铃薯产量和品质的影响。

如图 9-1 所示，结果表明，随施氮量提高，鲜薯产量先增后降，但淀粉含量及品质下降，可溶性糖和蛋白质含量呈增长趋势。支链淀粉和总淀粉含量随施氮量增加呈先升后降趋势，随追氮比例提高而降低。少施氮肥可提高淀粉含量，过量施氮和提高追氮比例会降低淀粉含量，大幅增加还原糖和可溶性糖含量。适量施氮和增加追肥可显著提高春冬马铃薯产量，但会降低其品质。

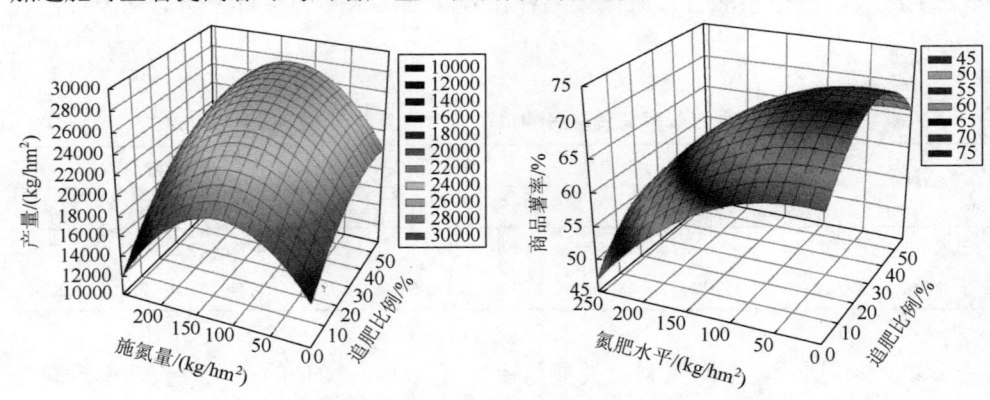

图 9-1 氮肥运筹对马铃薯产量和高品质薯率的影响

三、蕾期摘心改善内源激素水平促进块茎发育

马铃薯具有物质转化的直接性，能将地上部的光合产物不通过开花、受精等过程直接向收获器官转运。因此生产中尽可能地实现地上光合产物向地下块茎的转运是栽培中重点考虑的方向。生产中常常通过摘心来影响作物的生理、生化代谢，影响物质的重新分配，达到调节作物的营养生长和生殖生长，获得高产的目的。以马铃薯鲜食品种'台湾红'为材料，在常规种植条件下，对蕾期马铃薯进行摘心处理，研究其对块茎发育过程中激素含量的影响，从而明确摘心处理对促进块茎发育的生理机制。

如图 9-2 所示，结果表明，与不摘心相比，摘心处理明显增加块茎发育中 GA、IAA 和 ZT 的含量，改变了 JA 含量出现高峰的时间，使 JA 一直处于上升的趋势。从激素间的平衡关系看，摘心处理提高了块茎发育中期 IAA/ABA、IAA/JA、GA/ABA、GA/JA 值，降低了块茎发育前期和后期的比值。说明蕾期摘心主要是改变了块茎发育各时期激素的含量和平衡状态，优化了块茎发育中期的激素水平，使其更有利于块茎的形成和膨大。

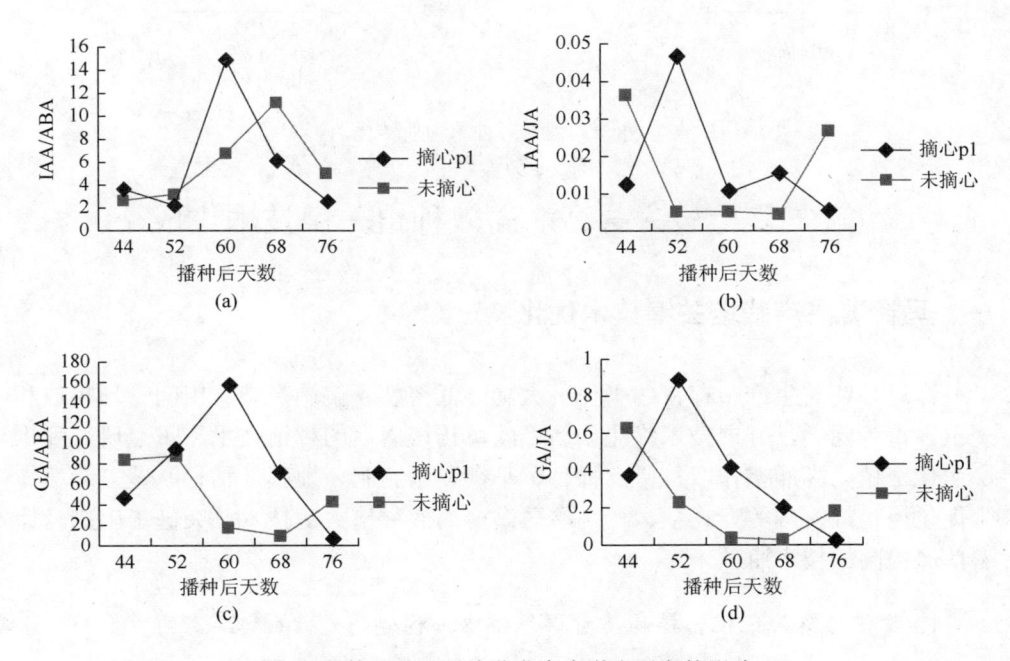

图 9-2 摘心处理对块茎发育中激素平衡的影响

四、赤霉素调节内源激素对种薯休眠解除效应

以大小、形状基本一致的'米拉'品种为供试材料,用赤霉素(GA)40mg/L、20mg/L 处理各材料,连续两天喷施,每天喷施 2 次,以喷施清水作为对照,研究不同浓度外源 GA 对小整薯休眠解除过程中内源激素的变化及对物质转化的影响,以弄清楚外源 GA 影响小整薯休眠的内在机制。

如图 9-3 所示,结果表明,外源 GA 对种薯内源激素变化及物质转化影响显著。外源 GA 对种薯休眠解除过程中内源激素含量变化有显著影响;高浓度外源 GA 促进淀粉分解,降低可溶性糖含量。用 20mg/L 的 GA 可打破休眠,缩短休眠期,并提高发芽整齐度,缩短休眠幅度。

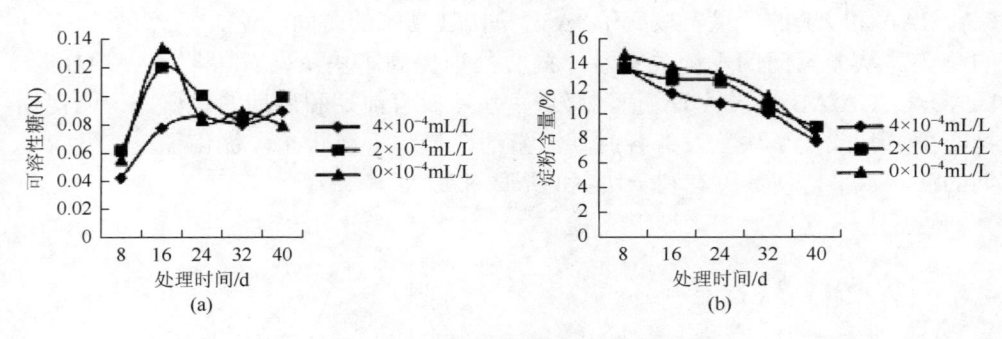

图 9-3 外源赤霉素对种薯物质转化的影响

第二节 马铃薯高产高效种植关键技术集成

一、马铃薯高产栽培关键技术优化

针对马铃薯生产中存在的平作稀大窝、低密度、偏施氮肥、田间管理粗放和病虫害重等问题,开展技术优化创新,改革传统落后的种植技术,重点研究和推广优化密植、高厢垄作双行错窝播种、平衡科学施肥、地膜(秸秆)覆盖栽培、肥促化控精细管理等春、秋、冬马铃薯高产高效种植关键技术,突破了限制马铃薯单产提高的技术瓶颈。

1. 改稀大窝为优化密植高质量群体栽培,构建高光效群体

针对生产上密度低、群体小且质量差的问题,以构建高光效群体为中心,分别开展净作和间套作模式下的群体优化密植多年多点试验。如表 9-3 所示,结果

表明，净作密度增加 22500～30000 株/hm²，间套作增加 15000 株/hm² 以上，平均增产 12%以上。

表 9-3　稻田秋马铃薯套作密度试验

密度/(株/hm²)	双流试验点/(kg/hm²)	金堂试验点/(kg/hm²)	平均/(kg/hm²)	商品率/%	商品薯数量/(kg/hm²)
60000	18963	15347	17156	75.2	12900
75000	21354	18171	19763	71.5	14130
90000	22914	19854	21384	70.8	15140
105000	23505	20375	21941	70.3	15423
120000	24782	20742	22763	69.7	15866
135000	23814	19853	21834	67.2	14672
150000	21627	20589	21108	64.3	13572

春马铃薯：高原山区净作密度 60000～67500 株/hm²，套作 45000～52500 株/hm²，丘陵区净作 75000～90000 株/hm²，套作 60000～67500 株/hm²。

秋马铃薯：马铃薯与油菜套作，马铃薯宽行 60cm，窄 20cm，窝距 23.3cm，播种量 105000 窝/hm² 左右。净作马铃薯，行距 33.3cm，窝距 23.3cm，播种量 120000～135000 窝/hm²。

冬马铃薯：净作密度以 90000～120000 株/hm² 为宜，套作以 60000～75000 株/hm² 为宜，以群体夺高产。

2005 年对 3 个马铃薯品种进行春马铃薯密度试验，如表 9-4 所示，结果表明，高密度（18 万窝/hm²）比低密度（12 万窝/hm²）显著高产，但大中薯块的比例有所下降，商品性受到一定影响。从产值和纯收益来讲，仍然以高密度为佳。

表 9-4　种植密度对春马铃薯产量、商品性及效益的影响

项目	高密度处理/(18 万窝/hm²)	低密度处理/(12 万窝/hm²)
产量/(t/hm²)	26.9	21.4
>250g 薯块/%	22.2	29.6
30～50g 薯块/%	25.7	28.2
产值/(千元/hm²)	30.95	21.42
纯收益/(千元/hm²)	20.7	12.4

2008 年，在宝兴县进行马铃薯玉米套作（行比 2∶2）条件下的密度与施肥二因子联合试验，如表 9-5 所示，结果表明：以高密处理（90000 株/hm²）产量最高，由于当地农民比较重视玉米生产，玉米的施肥比较多，马铃薯中后期可以吸收利

用为玉米施的肥料，因此自身不必施太多的肥料，在高密度条件下施 600kg/hm² 复合肥较适宜，中低密度条件下以施 300kg/hm² 复合肥较适宜。

表 9-5　密度和施肥水平对套作春马铃薯产量的影响（kg/hm²）

处理		复合肥			平均
		300	600	900	
密度/(株/hm²)	90000	8868 abc	9844 a	9015 abc	9240 a
	67500	9436 ab	7213 bcd	6960 cd	7872 b
	52500	8967 abc	8745 abc	5865 d	7865 b
	平均	9090 a	8601 ab	7275 b	

如表 9-6 所示，秋马铃薯与油菜套作和净作密度试验结果表明：秋马铃薯生育期短，适当增加种植密度是提高产量的保障。马铃薯与油菜套作，马铃薯宽行 60cm，窄行 20cm，窝距 23.3cm，密度 105000 窝/hm²；净作马铃薯，行距 33.3cm，窝距 23.3cm，密度 120000～135000 窝/hm²，可获得较高的秋马铃薯产量。

表 9-6　稻田秋马铃薯净作密度试验结果

密度/(株/hm²)	生物学产量/(kg/hm²)	鲜薯产量/(kg/hm²)	商品薯率/%
120000	22950	14750	52.6
150000	23900	15375	44.7
180000	24575	15626	39.7
210000	29876	18251	26.7

注：表中产量结果为彭州市试验点三次重复的平均值，品种为'川芋56'。

2. 改平作为高厢垄作双行错窝播种，改善结薯土壤环境

针对平作土壤通透性差、不利于薯块膨大、排水困难等问题，以改善马铃薯结薯及膨大的地下生长环境为目标，设置不同种植模式下的垄作规格及播种方式试验。采用高厢垄作双行错窝播种栽培可改善土壤结构，有利于促进薯块膨大，平均增产 10.85%。多年多点试验结果表明，大垄双行种植较大垄单行种植增产 122.3%，增收 85.2%～166.7%。春马铃薯双行垄作与平作稀大窝种植试验产量如表 9-7 所示，大垄单行与双行种植对马铃薯产量和效益的影响如表 9-8 所示。

表 9-7　春马铃薯双行垄作与平作稀大窝种植试验产量

种植方式	布拖	冕宁	昭觉	喜德	美姑	盐源	平均
双行垄作/(kg/hm²)	33274	27519	30524	27372	29193	23349	28539
平作稀大窝/(kg/hm²)	29583	24494	27512	24701	25821	22218	25721
增产幅度/%	12.48	12.35	10.85	10.82	13.06	5.09	10.85

表 9-8 大垄单行与双行种植对冬马铃薯产量和效益的影响

种植方式	产量/(kg/hm²)	单价/(元/kg)	产值/(元/hm²)
大垄单行	10426	3.0～3.6	31275～37530
大垄双行	23175	3.0～3.6	69525～83430

3. 改偏施氮肥为全程平衡配方施肥，保障全生育期营养供给

针对生产上偏施氮肥和底肥一道清不能满足马铃薯不同生育阶段对各种营养元素需求的问题，开展氮磷钾单施与配施、氮肥追施时期与比例的试验研究，优化氮磷钾肥的适宜比例和适宜的氮肥用量与底追比例，研究提出和推广了氮肥全程平衡施用和氮磷钾配合施用技术。

2007 年，在金堂县进行春马铃薯密度和肥料试验，设五个处理。如表 9-9 所示，结果表明，以种植密度 18 万株/hm²、多磷钾的处理产量最高，达 35.2t/hm²，种植密度 9 万株/hm² 的处理产量最低，仅 24.1t/hm²。薯块商品性则以低密度为佳，大于 50g 的薯块比例种植密度 9 万株/hm² 最高（达 94%），其次为 15 万株/hm²+多磷钾处理（91.7%）。表明春马铃薯产量与种植密度关系密切，但并非越密越好，在合理密度基础上适当增施磷钾肥才能夺取高产。在当地生产条件下，以种植密度 18 万株/hm²，每公顷施 90～100kg 纯氮、P_2O_5 和 K_2O，同时喷施 2 或 3 次 KH_2PO_4，即可实现高产、优质、高效。

表 9-9 不同密度和施肥处理对春马铃薯产量及商品性的影响

处理	密度/(万株/hm²)	纯 N/(kg/hm²)	P_2O_5/(kg/hm²)	K_2O/(kg/hm²)	KH_2PO_4	产量/(t/hm²)	>50g 薯块比例/%
1	18	150	135	90	3 次	35.2	91.7
2	15	150	90	90	3 次	30.7	83.6
3	15	150	135	135	3 次	28.1	84.4
4	12	150	90	90	3 次	27.8	87.0
5	9	150	90	90	3 次	24.1	94.0

2007 年，在雅安市宝兴县进行春马铃薯的氮肥试验，采用二因素（施氮量、追肥比例）三水平全因子随机区组试验与二因素五水平两次通用旋转组合试验设计相结合，试验因素水平编码表如表 9-10 所示。结果表明，春马铃薯产量（y_1）和经济效益（y_2）与氮肥水平（x_1）和追肥比例（x_2）呈函数关系，其数学回归模型为 $y_1 = 1552.7 - 74.3885x_1 + 132.2651x_2 - 149.3000x_1^2 - 65.4653x_2^2 + 1.8000x_1x_2 (F=3.94^*)$ 和 $y_2 = 1113.29 - 109.2662x_1 + 158.7181x_2 - 179.1595x_1^2 - 78.5584x_2^2 + 2.1600x_1x_2$ ($F=4.21^*$)。如图 9-4 所示，该数学模型为二次凸函数，施氮量和追肥比例均要适宜，施肥过多过少、追肥比例过高过低均不利于高产和高效。如表 9-11 所示，通过频数统

计分析得出春马铃薯玉米套作条件下马铃薯产量 22500kg/hm² 以上的氮肥运筹优化方案为施氮量 69～171kg/hm²，追肥比例为 33.2%～62.0%，纯收入 15000 元/hm² 以上的氮肥运筹优化方案为施氮量 69～154.5kg/hm²，追肥比例为 30.8%～58.0%。

表 9-10 试验因素水平编码表

	间距	−γ	−1	0	1	γ
x_1（总氮量，kg/hm²）	75.00	43.95	75.00	150.00	225.00	256.05
x_2（追肥比例，%）	20.0	0.0	8.3	28.3	48.3	56.6

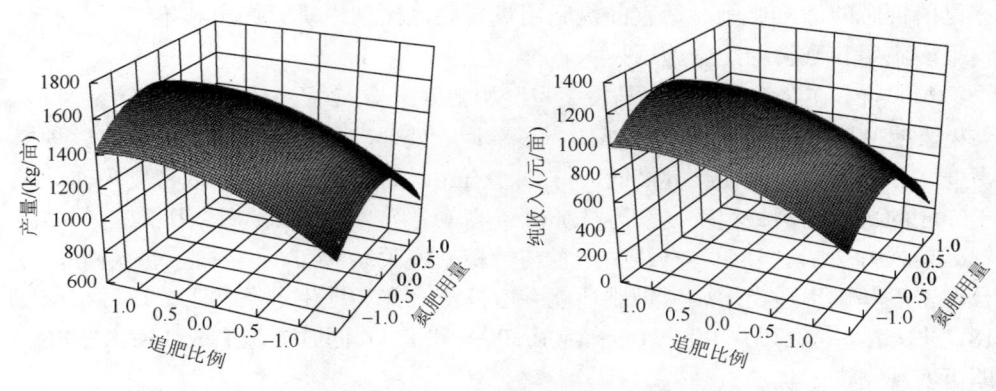

图 9-4 氮肥水平和追肥比例对马铃薯产量和效益的影响

表 9-11 春马铃薯氮肥运筹试验产量≥22500kg/hm²、纯收入≥15000 元/hm² 的频数统计分析表

		产量≥22500kg/hm²		纯收入≥15000 元/hm²	
		施氮量/(kg/hm²)	追肥比例/%	施氮量/(kg/hm²)	追肥比例/%
因子编码水平及频数分布	−1.414	0	0	0	0
	−1	30	0	45	0
	0	45	1	45	2
	1	0	2	0	2
	1.414	0	2	0	2
频数统计参数	n	5	5	6	6
	x	−0.4000	0.9656	−0.5000	0.8047
	Sx	0.2449	0.2585	0.2236	0.2654
	95%置信区间	−1.080～0.280	0.248～1.683	−1.075～0.075	0.123～1.487
统计优化施肥方案		69～171	33.2～62.0	69～154.5	30.8～58.0

如表 9-12 所示，多年多点试验表明，施用硫酸钾 75～150kg/hm²，其他栽培条件一致的情况可获得更高的产量。

表 9-12 春马铃薯钾肥肥效试验产量结果（kg/hm²）

施钾量	西昌	会东	昭觉	美姑	喜德	冕宁	平均	显著性
0	23846	11492	18446	33300	19275	41819	24696	B
37.5	27467	14988	19260	34301	20595	41069	26279	AB
75	30464	14736	19260	36563	22470	41420	27485	A
112.5	34772	14676	23816	36762	23595	42693	29385	A
150	35708	12740	21557	40758	25650	44916	30221	A
187.5	32711	15051	19742	39260	25650	39833	28707	A
225	30713	15549	20556	38961	27150	—	26585	A

2008年，在彭山和雅安进行秋马铃薯氮肥运筹试验，如表9-13所示，结果表明，秋马铃薯的最佳氮肥运筹方式与春马铃薯不同，追肥对秋马铃薯的产量没有显著影响，可能原因是秋薯生育期短，而且生育期间气温逐渐降低，后期吸收肥水有限。因此秋薯可以采用"底肥一道清"的施肥方式。

表 9-13 秋马铃薯氮肥底肥与追肥试验产量

底肥量/(kg/hm²)	彭山/(kg/hm²)	雅安/(kg/hm²)	追肥量/(kg/hm²)	彭山/(kg/hm²)	雅安/(kg/hm²)
0	10245 b	8535 b	15	11591	12663
45	12358 a	11412 ab	30	10565	11483
90	12649 a	13497 a	45	12052	10614
135	10358 b	12903 a			

4. 改泥土覆盖为地膜或秸秆覆盖栽培，提高抗逆生长能力

针对春、冬马铃薯易受低温冻害影响的问题，以抗旱保墒、增温防冻为目标，开展覆盖方式与秸秆覆盖厚度的试验。提出春、冬马铃薯地膜覆盖栽培技术与秋马铃薯秸秆覆盖栽培技术，平均增产11.5%，增效9.84%。稻草覆盖的数量和厚度是影响该技术效果的重要因素。2005年在雅安大兴进行了稻草覆盖厚度的试验，如表9-14所示，结果表明，稻草覆盖10cm可以提高出苗率，减少薯块绿皮率，具有显著的增产作用。盖草太厚不容易出苗引起缺窝，盖草太薄薯块容易见光产生绿薯而失去食用价值。

表 9-14 稻草覆盖厚度对秋马铃薯产量的影响

处理	出苗率/%	绿皮率/%	破损率/%	产量/(kg/hm²)
稻草覆盖 5cm	96.4	11.36	1.46	22778
稻草覆盖 10cm	95.8	2.54	1.76	32149
稻草覆盖 15cm	87.9	0.65	0.64	21671
泥土覆土	94.6	0	4.52	22571

5. 改粗放管理为肥促化控精细管理，促进中后期物质积累

针对马铃薯生产上施肥不足或氮肥过多导致茎叶徒长等问题，开展肥促化控技术研究。通过前期适当增施氮肥，促进营养生长，中期合理施用植物生长调节剂，控制地上部茎叶生长，促进地下块茎膨大，从而显著提高马铃薯产量，可增产 9.28%～15.66%。

如表 9-15 所示，2007 年，对宝兴县春马铃薯进行的试验表明，在开花期叶面喷施 10mg/kg 烯效唑（S_{3307}）可在一定程度上控制地上部生长，促进地下部生长，较对照增产 31.2%，增产效果显著。

表 9-15 开花期叶面喷施烯效唑对春马铃薯产量的影响

S_{3307}浓度/(mg/kg)	产量/(kg/hm^2)	增产/%
0	13512 c	—
5	16935 a	25.3
10	17735 a	31.2
15	17556 a	29.9
20	15113 b	11.1

如表 9-16 所示，2008 年，在雅安进行的秋马铃薯化控试验表明，在开花期叶面喷施 7.5～15mg/kg 烯效唑在不同施氮量下较对照分别增产 9.36%、21.78%和 19.89%，增产效果显著，特别是在中、高氮条件下。

表 9-16 开花期叶面喷施烯效唑对秋马铃薯产量的影响

S_{3307}浓度/(mg/kg)	氮肥用量/(kg/hm^2)			平均
	45	90	135	
0	11313	11294	12624	11744 b
7.5	11601	14189	13431	13074 a
15.0	12372	13754	15135	13751 a
22.5	11531	12113	11148	11597 b
平均	11703	12837	13083	

二、秋马铃薯稻田免耕高产栽培技术

十多年前，四川省农民小面积自发种植秋马铃薯，品种不对路，种植技术不合理、不配套，加之秋马铃薯播种出苗季节气温高、湿度大，病害严重，产量不高不稳，效益低下。为此，项目组在选用对路品种、播种期确定、种植密度安排、

开沟排湿、田间管理等关键环节上开展集成研究，组装形成以稻田免耕稻草覆盖栽培为主的秋马铃薯生产技术体系，在选用秋马铃薯对路品种前提下，其栽培技术要点如下。

1. 选好稻田，免耕开厢

选择排水条件好的壤土和沙壤土田块，并挖沟开厢，防除湿害。具体做法是：水稻齐穗散籽后开沟排水，齐泥收割水稻，浅留稻桩，水稻收获后，立即在稻田依排水方向拉线免耕开沟作厢。槽沟田，按一沟一厢宽 226.7cm 开沟作厢，其中厢面宽 200cm，沟深 33.3～40cm。一般稻茬田，按一沟一厢宽 426.7cm 开沟作厢，其中厢面宽 400cm，沟宽 26.7cm，沟深 33.3～40cm。在距田埂四周 100cm 处开设边沟，沟宽 26.7cm，沟深 33.3～40cm。开沟所起泥土碎细均匀铺盖厢面，使全田厢面高低一致，确保厢面不积水。

2. 确定播期，适时播种

为找到秋马铃薯的最佳播期，连续两年在川西平原的双流县和川中丘陵的安岳县开展播期试验，结果表明，秋马铃薯播种期以旬均气温稳定降至25℃以下为宜，海拔 500m 以下的平坝丘陵区，适播期为 8 月底至 9 月 5 日；海拔 500～1000m 的平坝丘陵区，适播期为 8 月中下旬。秋马铃薯播期试验结果如表 9-17 所示。

表 9-17　秋马铃薯播期试验结果

播种期	密度/(株/hm^2)	双流点/(kg/hm^2)	安岳点/(kg/hm^2)	平均/(kg/hm^2)
8 月 20 日	97500	22098	18302	20200
8 月 27 日	97500	23078	19190	21134
9 月 3 日	97500	24011	19803	21907
9 月 10 日	97500	22859	20831	21845
9 月 17 日	97500	20331	17013	18672

3. 种薯处理，带芽播种

秋薯播种处于高温高湿的气候条件下，切薯易造成种薯腐烂，不利于培育全苗壮苗。为此，尽量选用 20～30g 重小整薯播种。播种前 15d，对未醒芽的种薯，先用 1‰～2‰高锰酸钾液浸种 3～5min，并用 1～5ppm[①]的"九二〇"水溶液喷于种薯表面（既杀菌又打破休眠），然后堆放在室内阴凉处，上下铺垫湿润稻草，中间放置种薯，催出芽后再播种。

---

① 1ppm = 1×10^{-6}。

4. 合理密植，施足基肥

秋马铃薯生育期短，适当增加种植密度是提高产量的保证。不同种植模式采取不同的种植密度试验。结果表明，马铃薯与油菜套作，马铃薯宽行 60cm，窄 20cm，窝距 23.3cm，播种量 105000 窝/hm² 左右。净作马铃薯，行距 33.3cm，窝距 23.3cm，播种量 120000～135000 窝/hm²。稻茬播种马铃薯时，不需打窝，只需将种薯用手按规定的窝行距放在田面稻桩上，使种薯与土壤紧密接触。一次施足有机肥 15000～22500kg/hm²，尿素 150～180kg/hm²，过磷酸钙 300～450kg/hm²，复合肥 300～450kg/hm² 即可。

稻草覆盖，既实现了稻草还田，又可促进薯块正常膨大，使马铃薯所结的薯块不见光，提高商品性。按 1.5～2hm² 田的稻草覆盖 1hm² 秋薯准备稻草。盖草厚度以 10cm 左右为宜。在马铃薯播种施肥后，及时用事先准备好的稻草与厢沟垂直、草尖对草尖均匀覆盖整个厢面。

5. 加强管理，分批采收

一是清沟排湿，秋马铃薯生长期间的雨水较多，注意理沟排湿，做到沟中无积水。二是早施追肥，出苗后追施尿素 75kg/hm²。三是控苗防徒长，秋马铃薯生育期内气温由高到低转变，前期气温高，地上部易徒长，导致后期结薯少，薯块小。因此必须控苗防徒长。在苗高 20cm 时用 15%多效唑粉剂 600～900g 兑水 750kg 喷施叶片一次。四是病虫害防治，秋马铃薯重点防治晚疫病、青枯病、疮痂病等。五是分批采收，在 11 月初至 12 月底，可轻拔稻草，分批捡出大薯，在霜冻来临，地上部分全部枯死后挖结束。

多年多点试验表明，集成组装的秋马铃薯栽培技术增产效果十分显著，增产幅度 11.96%～20.58%，平均达到 15.45%。2006 年，在金堂县大面积示范，秋马铃薯/油菜模式，秋马铃薯产量达 17520kg/hm²，比常规种植增产 14.8%。

三、山区春马铃薯综合栽培措施

2012 年以来，峨边县围绕脱毒马铃薯繁育体系建设及高产配套技术，研究不同的栽培措施对春马铃薯生育期和产量的影响[1]。

1. 不同品种生长期和产量

种植密度为 10.5 万窝/hm²，8 个品种单窝薯重和产量比对照有极显著的提高，'会-2'、'中薯 2 号'、'中薯 3 号'、'费乌瑞它'、'大西洋'、'凉薯 14'、'坝薯 10 号'、'川芋 10 号' 单窝薯重分别比对照平均值增加 60.09%、61.79%、65.61%、

66.88%、44.80%、46.92%、73.67%、66.03%；产量分别比对照平均值增加 84.47%、79.88%、72.73%、78.41%、23.74%、59.09%、90.66%、61.59%。不同品种对马铃薯产量的影响如表 9-18 所示。

表 9-18　不同品种对马铃薯产量的影响

品种	大中薯率/%	小薯数	中薯数	大薯数	每窝薯重/g	平均薯块重/g	产量/(kg/hm²)
'会-2'	57.5	5	3	3	377	34	30453.0
'中薯 2 号'	49.9	6	4	2	381	32	29695.5
'中薯 3 号'	52.3	5	4	1	390	39	28515.0
'费乌瑞它'	61.8	4	4	2	393	39	29452.5
'大西洋'	76.1	3	4	3	341	31	20427.0
'凉薯 14'	58.9	4	3	2	346	38	26263.5
'坝薯 10 号'	49.2	4	2	2	409	51	31476.0
'川芋 10 号'	55.9	4	3	2	391	43	26676.0
'米拉（CK1）'	51.7	4	2	2	235	29	17425.5
'川芋 56(CK2)'	53.6	3	2	1	236	39	15591.0

2. 不同栽培方式下马铃薯生育期和产量

地膜覆盖（A2 和 A4）的出苗期比不用地膜覆盖（A1 和 A3）提前 1d，但现蕾期地膜覆盖比不用地膜覆盖提前了近 14d，表明地膜覆盖在马铃薯生长期过程中有增加积温缩短生育期的效果，且主要表现在齐苗期至现蕾期。垄作与平作对马铃薯的生育期无影响。

使用地膜覆盖组合的产量平均值（A2 和 A4）高出不用地膜覆盖组合（A1 和 A3）产量平均值 9.34%，采用垄作组合（A3 和 A4）的产量平均值高于平作组合（A1 和 A2）产量平均值 6.47%。效应分析：覆膜的主效为 4611.0kg/hm²，垄作的主效为 3453.0kg/hm²，覆膜与垄作的互作效应为 579kg/hm²。

综上，采用地膜覆盖可以有效缩短生育期，主要表现在齐苗期至现蕾期，可以提早现蕾 10d 左右，但对现蕾期以后的影响不明显。对覆膜与垄作的效应分析表明，覆膜与垄作都有明显的增产效应。选择最佳的栽培方式为垄作+地膜覆盖。不同处理对马铃薯生育期的影响如表 9-19 所示，不同处理对马铃薯产量的影响如表 9-20 所示。

表 9-19　不同处理对马铃薯生育期的影响（月/日）

处理	播种期	出苗期	齐苗期	现蕾期	开花期	成熟期	收获期
平作（A1）	2/10	4/11	4/16	5/24	6/2	7/30	8/3
平作+地膜覆盖（A2）	2/10	4/10	4/15	5/10	5/16	7/20	7/25
垄作（A3）	2/10	4/11	4/16	5/24	6/12	7/30	8/3
垄作+地膜覆盖（A4）	2/10	4/10	4/15	5/10	5/16	7/20	7/25

表 9-20 不同处理对马铃薯产量的影响

处理	每窝结薯数/个 小薯	每窝结薯数/个 中薯	每窝结薯数/个 大薯	每窝薯重/g	平均薯块重/g	产量/(kg/hm²)
平作（A1）	2	2	2	480	80	47880.0
平作+地膜覆盖（A2）	2	4	2	520	65	51948.0
垄作（A3）	2	5	1	510	63.7	50790.0
垄作+地膜覆盖（A4）	3	3	4	560	56	55944.0

3. 马铃薯/玉米行比配置

马铃薯玉米套作是西南山区主要的种植模式，但是各地的厢宽和行比不规范，导致马铃薯和玉米竞争关系明显，限制了土地生产力的进一步提高。合理的薯、玉行间配置可以最大限度地发挥立体种植优势，使玉米和马铃薯获得双丰收，提高耕地的总体生产能力，增加经济产出，如表 9-21 所示。

如表 9-22 所示，从产量结果看[2]，各处理马铃薯产量均显著高于对照，其中以 A 处理产量最高，比对照增加了 64.3%，增产最少的为 C 处理，比对照增产 22.5%，主要是开厢增大后，单位面积马铃薯群体下降所致。从玉米产量结果看，以对照的产量最高，以 A 处理产量减幅最小，仅为 6.3%，减幅最大的为 D 处理，减幅达 26.0%。

表 9-21 玉米、马铃薯行比配置设计

代号	厢宽/m	行比(薯:玉)	间距/cm	马铃薯 行距/cm	马铃薯 窝距/cm	马铃薯 密度/(窝/hm²)	马铃薯 盖膜否	玉米 行距/cm	玉米 窝距/cm	玉米 密度/(窝/hm²)	玉米 盖膜否
A	1.5	2:2	25.0	50.0	20.0	66660	否	50.0	50.0	26655	盖
B	1.6	2:2	33.3	50.0	20.0	60000	否	50.0	45.0	26655	盖
C	2.0	2:2	33.3	50.0	20.0	49995	否	83.3	40.0	24990	盖
D	2.0	3:2	25.0	50.0	20.0	75000	否	50.0	40.0	24990	盖
CK	1.5	1:2	45.0	0.0	20.0	33330	否	59.9	50.0	26655	盖

山区的薯玉套作模式是为了充分利用土地和光热资源，追求最大的效益，因此综合产量和综合效益能反映整体效果。如表 9-22 所示，两季总产以 A 处理产量最高，达到 8686kg/hm²，增产 14.3%，效益增产 20.4%，是最佳的种植模式。其次为 B 处理，增产 5.7%，增收 12.0%。

表 9-22 宝兴县薯玉套作行比试验产量

处理	马铃薯产量 kg/hm²	±%	玉米产量 kg/hm²	±%	两季总产量* kg/hm²	±%	两季总产值 元/hm²	±%
A	18260 a	64.3	5034 ab	-6.3	8686	14.3	17688 a	20.4
B	17501 a	57.5	4532 ab	-15.7	8032	5.7	16454 ab	12.0
C	13611 b	22.5	4692 ab	-12.7	7415	-2.4	14783 b	0.6
D	17654 a	58.9	3980 b	-26.0	7511	-1.1	15593 ab	6.1
CK	11112 c	—	5375 a	—	7596	—	14692 b	—

注：计算产值时马铃薯（鲜）按 0.50 元/kg、玉米按 1.70 元/kg。
*粮食产量马铃薯按 5：1 折算。

第三节 紫色马铃薯提质增效关键栽培技术

一、旱地紫色马铃薯适宜的灌水时期[3]

川中丘陵区旱地以冬作、春作马铃薯为主，但该区域季节性干旱严重，春旱、夏旱和伏旱发生频率分别为 89%、92%和 62%。在部分条件较好的丘陵区旱地，在坡顶建设中、小型蓄水池，利用重力驱动灌溉，可保障马铃薯生育期内 1～2 次灌水。马铃薯一生可分为出苗、现蕾、开花、成熟 4 个关键生育时期，因此，在川中丘陵区旱地季节性干旱严重和灌水次数有限的条件下，什么时期灌水对紫色马铃薯产量最有利成为亟待解决的问题。在川中丘陵区旱地冬作马铃薯灌水 1 次条件下，设置不同的灌水时期，研究其对紫色马铃薯光合生产、产量及花青素含量的影响。

以'蓉紫芋 5 号'为材料，设不灌水、出苗期灌水、现蕾期灌水、开花期灌水、成熟期灌水等 5 个处理，每次灌水量为 300m³/hm²。种植密度 120000 株/hm²。基施复合肥（N：P_2O_5：K_2O = 15：15：15）1500kg/hm²。2013 年冬作，1 月 16 日播种，5 月 15 日收获。2014 年冬作，1 月 20 日播种，5 月 31 日收获。2015 年冬作，1 月 3 日播种，5 月 15 日收获。

1. 叶面积指数（LAI）

如图 9-5 所示，2013～2014 年，不同灌水时期处理的紫色马铃薯 LAI 随生育期的推进呈先升后降的趋势，在块茎形成期和膨大期 LAI 较高。与不灌水处理相比，灌水处理提高了紫色马铃薯 LAI。2013 年 4 月 6 日测定时，与不灌水处理相比，出苗期、现蕾期、开花期灌水处理的紫色马铃薯 LAI 分别提高了 15.72%、44.85%和 25.05%。2014 年 5 月 4 日，与不灌水处理相比，出苗期、现蕾期、开花期和成熟期灌水处理的紫色马铃薯 LAI 分别提高了 33.65%、24.19%、58.13%和 1.22%。2015 年 4 月 27 日，与不灌水处理相比，出苗期灌水、现蕾期灌水、开花期灌水、成熟期灌水处理的紫色马铃薯 LAI 分别提高了 1.80%、18.90%、23.50%和 5.28%。综上可见，现蕾期和开花期灌水有利于紫色马铃薯 LAI 的提高。

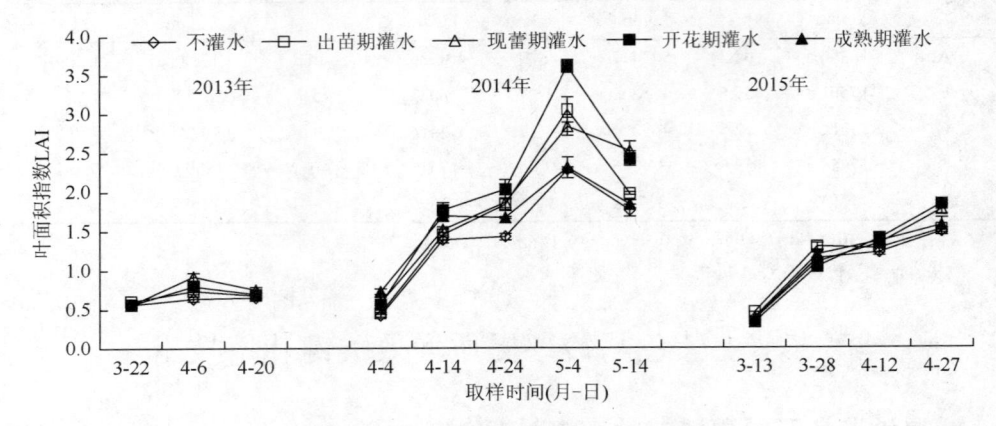

图 9-5　不同灌水时期对紫色马铃薯 LAI 的影响

2. 单株干物质积累量

如图 9-6 所示，单株干物质积累量随生育期的推进逐渐升高。与不灌水处理相比，灌水处理提高了单株干物质积累量。2013 年 4 月 20 日测定时，与不灌水处理相比，出苗期、现蕾期、开花期灌水处理的单株干物质积累量分别提高了 11.59%、9.49%和 4.92%。2014 年 5 月 24 日，与不灌水处理相比，出苗期、现蕾期、开花期、成熟期灌水处理的单株干物质积累量分别较不灌水处理提高了 24.70%、50.44%、87.46%和 56.57%。2015 年 4 月 27 日，与不灌水处理相比，出苗期、现蕾期、开花期、成熟期灌水处理的单株干物质积累量分别提高了 1.40%、15.76%、25.85%和 21.38%。

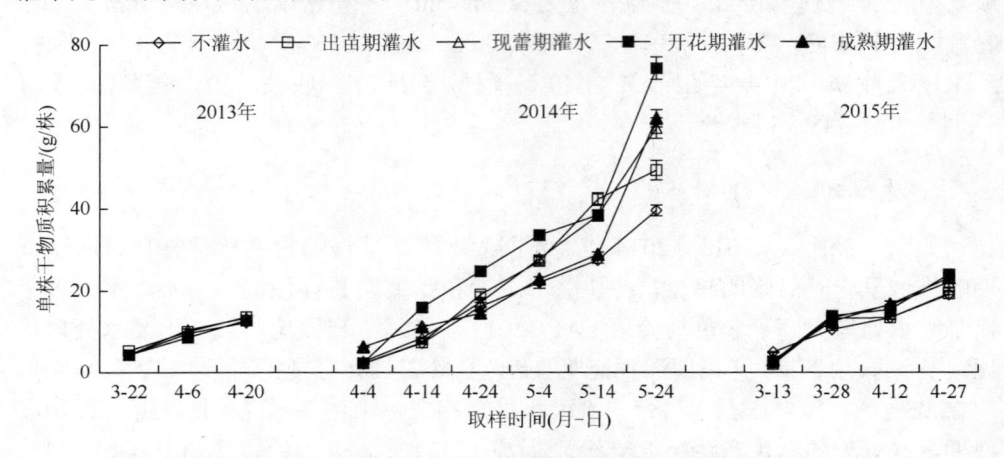

图 9-6　不同灌水时期对紫色马铃薯单株干物质积累量的影响

3. 单株块茎干重

如图 9-7 所示，单株块茎干重随生育期的推进逐渐升高。与不灌水处理相比，灌水处理提高了单株块茎干重。2013 年 4 月 20 日，与不灌水处理相比，出苗期、现蕾期、开花期灌水处理的单株块茎干重分别提高了 1.60%、16.03%和 13.72%。2014 年 5 月 24 日，与不灌水处理相比，出苗期、现蕾期、开花期、成熟期灌水处理的单株块茎干重分别较不灌水处理提高了 31.28%、65.66%、89.24%和 44.33%。2015 年 4 月 27 日，与不灌水处理相比，出苗期、现蕾期、开花期、成熟期灌水处理的单株块茎干重分别提高了 11.70%、37.55%、38.78%和 33.15%。

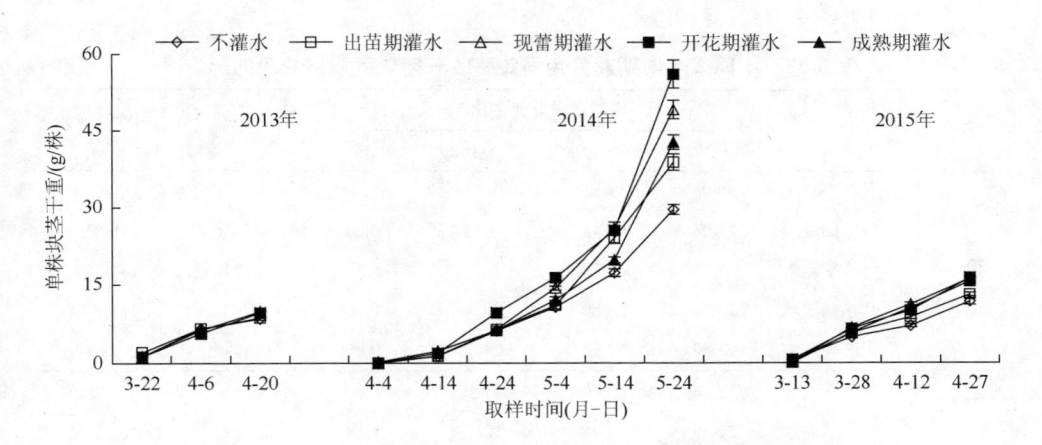

图 9-7　不同灌水时期对紫色马铃薯单株块茎干重的影响

4. 产量性状

如图 9-8 所示，灌水处理提高了紫色马铃薯鲜薯产量，随着灌水时期的推迟，鲜薯产量呈先升后降的趋势。与不灌水处理相比，2013 年出苗期、现蕾期、开花期灌水处理的鲜薯产量分别提高了 21.9%、31.49%和 26.82%。2014 年与不灌水处理相比，出苗期、现蕾期、开花期、成熟期灌水处理的鲜薯产量分别较不灌水处理提高了 10.88%、22.68%、37.65%和 18.36%。2015 年与不灌水处理相比，出苗期、现蕾期、开花期、成熟期灌水处理的鲜薯产量分别提高了 9.60%、37.50%、38.79%和 24.11%。

商品薯率是紫色马铃薯产量性状的重要指标之一。如表 9-23 所示，2014 年，开花期和成熟期灌水处理块茎质量分级中，小于 30g 的比例最低，且大于 75g 的比例较高。2015 年，现蕾期和开花期灌水处理块茎质量分级中，小于 30g 的比例较低，且大于 75g 的比例较高，表明适期灌水可提高紫色马铃薯商品薯率。

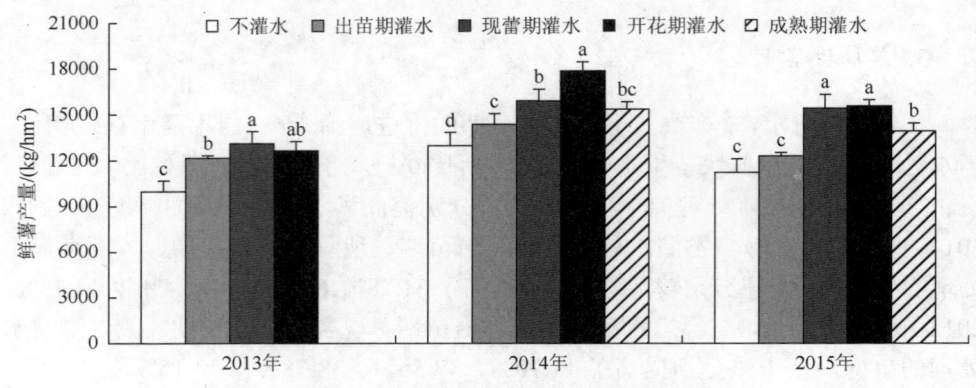

图 9-8 不同灌水时期对紫色马铃薯鲜薯产量的影响

表 9-23 不同灌水时期对紫色马铃薯收获期块茎质量分级的影响

年份	处理	0~30g	30~75g	75~150g	>150g	单株结薯数 /(个/株)	单株鲜薯重 /(g/株)
2014 年	不灌水	30.96	59.81	9.23	0.00	4.67 a	108.06 d
	出苗期灌水	31.06	60.43	8.51	0.00	4.54 a	119.81 c
	现蕾期灌水	25.12	65.76	4.92	6.38	4.22 b	132.57 b
	开花期灌水	22.72	56.89	20.39	0.00	4.74 a	148.74 a
	成熟期灌水	23.50	52.50	24.00	0.00	3.87 c	127.90 bc
2015 年	不灌水	27.36	60.84	11.80	0.00	3.30 b	93.33 c
	出苗期灌水	22.95	59.95	10.82	6.28	2.98 c	102.29 c
	现蕾期灌水	24.46	45.49	30.05	0.00	4.04 a	128.33 a
	开花期灌水	19.62	59.08	21.30	0.00	3.94 a	129.54 a
	成熟期灌水	33.14	47.92	18.94	0.00	4.16 a	115.83 b

（表头：块茎质量分级占比/%）

5. 块茎花青素含量

如图 9-9 所示，2013 年和 2015 年各处理紫色马铃薯块茎花青素含量变化规律一致，表现为随生育期的推进先降低后升高，而 2014 年则表现为先升高后降低的趋势。不同年际间，在收获期不同灌水时期处理下紫色马铃薯块茎花青素含量规律有所差异。其中，2013 年 5 月 15 日表现为出苗期＞现蕾期＞开花期＞不灌水处理，2014 年 5 月 24 日表现为出苗期＞成熟期＞不灌水＞现蕾期＞开花期，2015 年 5 月 15 日表现为出苗期＞不灌水＞现蕾期＞开花期＞成熟期。可见在全生育期灌水 1 次的条件下，出苗期灌水有利于川中丘陵区旱地紫色马铃薯块茎花青素含量的提高。

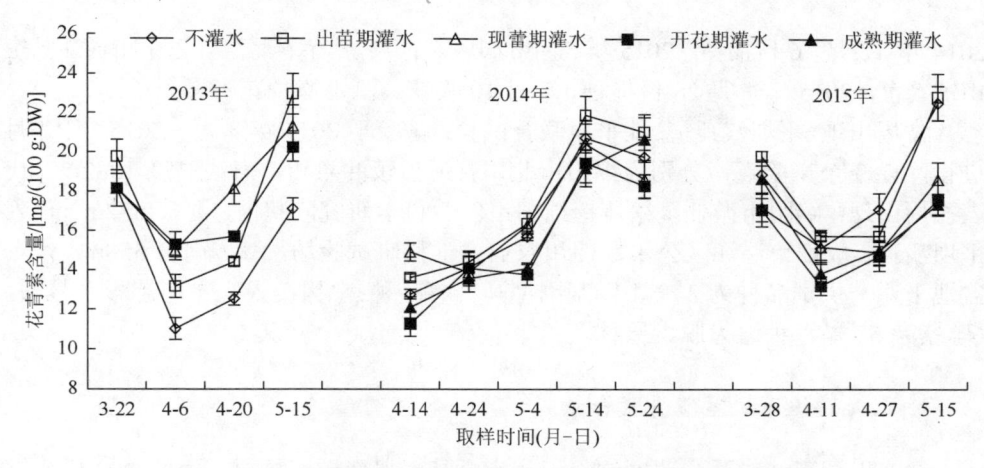

图 9-9　不同灌水时期对紫色马铃薯块茎花青素含量的影响

结论：在川中丘陵区旱地仅灌水 1 次条件下，现蕾期或开花期灌水可获得较高鲜薯产量，而出苗期灌水块茎花青素含量较高。

二、不同光照地区下马铃薯花青素含量和品质

研究表明，光照、温度等环境因素均可影响花青素含量[4]，因不同海拔地区的光照、温度不同而可能对紫色马铃薯花青素含量有一定程度的影响。近年来，四川盆地部分农户在将紫色马铃薯新品种代替普通马铃薯品种进行秋作时，也发现紫色马铃薯肉色有变花、变淡，甚至紫色基本消失的现象，严重制约了紫色马铃薯新品种在四川盆地生产中的推广应用。生产中马铃薯种薯为块茎无性繁种，品种性状分离的可能性极小，且推广的紫色马铃薯均为脱毒种薯，品种退化的可能性也较小；因此，有可能是栽培环境的变化导致紫薯褪色。光照能影响作物地上、地下部花青素含量，且四川盆地为弱光区，因此，弱光胁迫可能是秋作紫马铃薯花青素含量降低的重要原因。为此，采用实地调查，脱毒种薯繁育，"盆周山地-平坝浅丘-盆地平原"联合试验，研究光照对紫色马铃薯花青素含量的影响。

田间调查：2012 年 12 月 18 日和 2013 年 5 月 10 日，分别到成都市金堂县和新都区实地调查，收集马铃薯种薯和商品薯照片，测定块茎花青素含量。

种薯繁育：2014 年 5 月 20 日～2015 年 7 月 10 日，收集 3 个不同基因型马铃薯品种脱毒原原种：'黑美人'、'川芋彩 1 号'、'蓉紫芋 5 号'，分别由甘肃省兰州陇神航天育种研究所、四川省农业科学院作物所和成都市农林科学院作物研究所所选育。用原原种统一繁育脱毒原种，其中，'黑美人'在绵阳市北川县禹里乡繁育，2015 年 2 月 9 日播种，7 月 8 日收获；'川芋彩 1 号'在成都市新都区泰兴镇繁育，

2014年12月16日播种，2015年5月6日收获；'蓉紫芋5号'在巴中市通江县空山镇繁育，2015年1月28日播种，7月10收获。测定原种花青素含量。

盆周山地-平坝浅丘-盆地平原联合试验：试验于2015年8月～2015年12月进行，设3个试验点，分别为绵阳市北川县通口镇井泉村，海拔高度1082m，代表盆周山地；绵阳市游仙区松垭镇绵阳市农业科学研究院院内，海拔632m，代表平坝浅丘；成都市温江区公平镇四川农业大学科研试验场，海拔高度558m，代表盆地平原。供试品种为3个不同基因型马铃薯品种：'黑美人'、'川芋彩1号'、'蓉紫芋5号'，种薯为脱毒原种。

1. 弱光胁迫下块茎花青素含量

经实地调查，在强光照区的阿坝州小金县（日隆镇双桥村，海拔3000m）繁育的紫色马铃薯品种'黑美人'生产种薯，花青素含量为4.13mg/100g FW，于2012年8月24日在位于弱光照区的成都市金堂县（竹篙镇凤凰村，海拔452m）种植，为秋作马铃薯，2012年12月16日收获，商品薯的花青素含量降为2.74mg/100g FW和3.65mg/100g FW，降幅为11.62%～33.66%。

2012年12月22日～2013年5月8日，马铃薯品种'川芋彩1号'同一批原种分别在位于强光照区的阿坝州小金县（日隆镇双桥村，海拔3000m）和弱光照区的成都市新都区（泰兴镇四川省农业科学院现代农业科技创新示范园，海拔472m）繁育生产种。其中，小金县生产种保持了'川芋彩1号'的品种颜色特性，新都区生产种薯块颜色变为极浅红色。

2. 不同光照地区下块茎花青素含量

不同生产季节对不同基因型马铃薯品种花青素含量的影响不同。其中，将在光照条件较好的春马铃薯季收获的'黑美人'和'蓉紫芋5号'原种，在光照条件较差的秋马铃薯季播种，收获的生产种平均花青素含量分别降低1.387mg/100g FW和1.306mg/100g FW，降低幅度分别为34.24%和30.48%；而将在弱光照区（新都区）冬马铃薯季收获的'川芋彩1号'原种，在秋马铃薯季播种，收获的生产种花青素含量与原种基本一致。

在秋马铃薯生产季，不同光照地区对不同基因型马铃薯品种花青素含量的影响不同。其中，'黑美人'和'蓉紫芋5号'表现规律一致，均是位于盆周山地的北川试点收获的生产种花青素含量显著高于位于平坝浅丘的游仙试点和位于盆地平原的温江试点，且游仙试点和温江试点差异不显著。而'川芋彩1号'在3个试点收获的生产种花青素含量差异不显著。不同光照地区收获的紫马铃薯生产种块茎花青素含量如表9-24所示。

表 9-24　不同光照地区收获的紫马铃薯生产种块茎花青素含量（mg/100g FW）

种薯级别	生产季节	试验点	'黑美人'	'川芋彩1号'	'蓉紫芋5号'
原种	春/冬/春	北川/新都/通江	4.051	0.069	4.285
生产种	秋	北川（盆周山地）	3.053 a	0.082 a	3.369 a
	秋	游仙（平坝浅丘）	2.372 b	0.061 a	2.696 b
	秋	温江（盆地平原）	2.568 b	0.071 a	2.873 b
		平均	2.664	0.071	2.979

3. 不同光照地区下块茎干物含量

不同光照地区对不同基因型马铃薯块茎干物质含量影响不同。如图9-10所示，其中，'黑美人'和'川芋彩1号'块茎干物质含量变化规律一致，均是北川试点和游仙试点差异不显著，但均显著高于温江试点，而'蓉紫芋5号'块茎干物质含量在不同光照地区变化规律则相反。

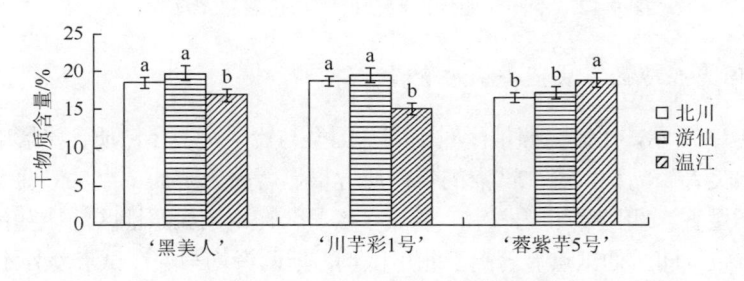

图 9-10　不同光照地区对马铃薯块茎干物质含量的影响

4. 不同光照地区下块茎可溶性糖含量

如图9-11所示，不同光照地区对3个马铃薯品种块茎可溶性糖含量的影响规律一致，均表现为北川试点＞游仙试点＞温江试点，对黑美人品种，北川试点的可溶性糖含量显著高于温江试点，而'川芋彩1号'和'蓉紫芋5号'的可溶性糖含量在不同试点间差异均达到显著水平，表明强光照区能显著提高马铃薯块茎可溶性糖含量。

5. 不同光照地区下块茎淀粉含量

如图9-12所示，不同光照地区对不同基因型马铃薯块茎淀粉含量影响不同。其中，'黑美人'和'川芋彩1号'块茎淀粉含量变化规律一致，均是北川试点和游仙试点差异不显著，但均显著高于温江试点，而'蓉紫芋5号'块茎淀粉含量在不同光照地区变化规律则相反。

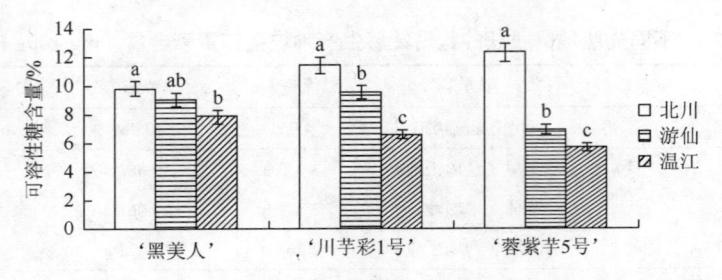

图 9-11 不同光照地区收获的紫马铃薯生产种块茎可溶性糖含量

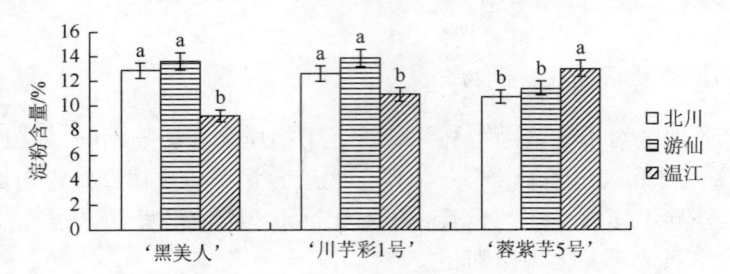

图 9-12 不同光照地区收获的紫马铃薯块茎淀粉含量

6. 不同光照地区下块茎蛋白质含量

如图 9-13 所示，不同光照地区对不同基因型马铃薯块茎蛋白质含量影响不同。其中，对'黑美人'品种，温江试点的蛋白质含量显著高于游仙试点，但两者均与北川试点差异不显著。'川芋彩1号'和'蓉紫芋5号'在不同光照地区的块茎蛋白质含量变化规律一致，即游仙试点显著高于北川试点，但两者均与温江试点差异不显著。

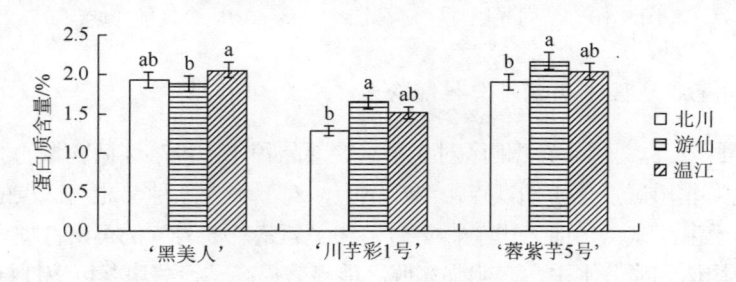

图 9-13 不同光照地区收获的紫马铃薯块茎蛋白质含量

结论：小金县（海拔 3000m）繁育的紫色马铃薯品种'黑美人'生产种薯，在金堂县（海拔 452m）种植后，商品薯的花青素含量降低 11.62%～33.66%；而马铃薯品种'川芋彩1号'同一批原种分别在小金县和新都区（海拔 472m）种植，所繁育的生产种薯块颜色差异极显著。不同生产季节影响马铃薯花青素含量，将在光照条件较好的春马铃薯季收获的'黑美人'和'蓉紫芋5号'原种，在光照条件较差的秋马铃薯季播种，收获的生产种花青素含量分别降低 34.24%和 30.48%。不同光照地区影响秋作紫色马铃薯花青素含量，盆周山地强光照区（北川试点）收获的'黑美人'和'蓉紫芋 5 号'生产种，花青素含量显著高于成都平原弱光照区（游仙试点和温江试点）。

三、不同海拔高度下紫色马铃薯产量和花青素含量

以紫色马铃薯品种'紫云 1 号'为材料，在四川宝兴县海拔高度 2500m、1800m、800m 条件下研究紫色马铃薯的生长特性[5]。

1. 产量变化

如表 9-25 所示，海拔 2500m 和海拔 1800m 处生长的紫色马铃薯平均大薯率显著高于海拔 800m 处生长的紫色马铃薯，海拔 2500m 与海拔 1800m 处的平均大薯率差异不显著。3 个海拔高度上紫色马铃薯的总薯数差异不显著。海拔 2500m 处的紫色马铃薯平均产量显著高于海拔 800m 处，海拔 2500m 与海拔 1800m、海拔 1800m 与海拔 800m 平均产量差异不显著。

表 9-25 不同海拔高度下马铃薯产量表现

海拔/m	大薯率/%	总薯数/(个/hm^2)	平均产量/(kg/hm^2)
2500	30.01 a	164082 a	21524 a
1800	29.58 a	142071 a	16533 ab
800	15.82 b	134067 a	10896 b

2. 花青素含量

总的来看（表 9-26），'紫云 1 号'表层花青素含量高于中间薯肉，且随着海拔升高，其差异有增大的趋势。随着海拔的增加，薯表层的花青素含量逐渐增加，2500m、1800m、800m 之间差异显著，但是薯肉的花青素含量虽然高海拔（2500m）略有增加，但不同海拔之间差异不明显。表明海拔高度对于花青素含量的影响主要是通过影响紫色马铃薯表层的花青素含量来实现的，增加海拔高度，对于提高花青素含量有重要作用。

表 9-26 马铃薯皮肉的花青素含量 （mg/100g FW）

含量	2500m				1800m				800m			
	1	2	3	平均	1	2	3	平均	1	2	3	平均
薯表层	0.67	0.53	0.67	0.62 b	0.45	0.45	0.43	0.44 a	0.39	0.40	0.37	0.39 a
中间薯肉	0.13	0.11	0.15	0.13 a	0.12	0.12	0.11	0.12a	0.12	0.11	0.11	0.12 a

3. 主要品质指标

不同的海拔高度对紫色马铃薯品质有较大影响,但对不同指标的影响不一致。如表9-27所示,随着海拔高度的降低,紫色马铃薯中的可溶性糖含量呈不断增加的趋势,其含量顺序为800m>1800m>2500m,而且不同海拔的差异达到极显著差异。粗蛋白含量随着海拔高度的升高而呈增加的趋势,其含量为2500m>1800m>800m,但不同海拔之间的差异不显著。紫色马铃薯的淀粉含量总体随着海拔高度的增加呈上升的趋势,其含量为2500m>1800m>800m,800m与1800m、2500m差异显著,但是1800m和2500m差异不显著。以上分析结果表明增加高海拔高度,降低了紫色马铃薯块茎中可溶性糖的含量,但增加了粗蛋白和淀粉的含量。

表9-27 海拔高度对品质的影响

品质	2500m 1	2	3	平均	1800m 1	2	3	平均	800m 1	2	3	平均
可溶性糖/(mg/g)	24.69	17.8	18.08	20.19A	39.84	43.45	45.36	42.88B	35.15	69.74	65.19	56.69C
粗蛋白/(mg/g)	89.19	91.88	77.74	86.27	75.45	82.08	78.88	78.80	77.50	76.67	75.41	76.53
淀粉/%	17.78	18.35	18.24	18.12b	16.96	17.57	16.73	17.10b	15.02	15.6	15.73	15.45a

总之,随着海拔的升高,紫色马铃薯产量、粗蛋白、淀粉、花青素含量呈不断增加趋势,而可溶性糖含量呈不断降低趋势,不同海拔下产量、粗蛋白、淀粉、可溶性糖含量差异达显著或极显著。紫色马铃薯块茎表层花青素含量普遍高于中间薯肉,海拔主要是影响薯块表层花青素含量。在高海拔地区种植,其产量、品质较好,在低海拔地区种植,应注意株型控制,适当控制营养生长,促进地下块茎的生长。

(本章作者:沈学善 黄 钢 郑顺林 余显荣 王晓黎 黄静玮)

参 考 文 献

[1] 王晓黎, 沈学善, 李春荣, 等. 不同品种和栽培措施对盆周山区春马铃薯生育期和产量的影响. 中国农学通报, 2015, 31 (30): 128-131.

[2] 郑顺林, 袁继超, 李德林, 等. 马铃薯、玉米套作模式下田间配置及群体优化. 中国马铃薯, 2010, 24 (2): 80-83.

[3] 王平, 沈学善, 屈会娟, 等. 灌水时期对川中丘陵区旱地紫色马铃薯产量和花青素含量的影响. 中国农学通报, 2017, 33 (1): 11-17.

[4] 吴翠平, 沈学善, 屈会娟, 等. 栽培因子调控马铃薯、甘薯等作物花青素合成研究进展. 中国农学通报, 2016, 32 (24): 90-96.

[5] 郑顺林, 张仪, 李世林, 等. 不同海拔高度对紫色马铃薯产量、品质及花青素含量的影响. 西南农业学报, 2013, 26 (4): 1420-1423.

第十章　马铃薯农机农艺融合机械化生产技术

目前中国马铃薯生产过程中采用的机械装备主要有与轮拖配套的大中型成套设备，以及与轮拖配套的小型设备和与手拖配套的微型设备。其中大中型成套设备（四垄或两垄）的主要机具有耕整地机、播种机、中耕机、喷药机、灭秧机、收获机。小型设备（一垄）主要机具有播种机、灭秧机、收获机；微型设备主要有手拖带动的播种、收获机具，此类机具应用较少，设备的配套性、适应性、可靠性较差不成熟。

北方一作区、中原二作区马铃薯生产通常采用大型和中型马铃薯机具，机械化生产路线明确，关键技术相对成熟，从耕整地到收获环节均配置了相应的机具，机具配套方案基本合理，综合机械化程度高。西南一二季混作区和南方冬作区，主要采用中型和小型机具。其中小型机具无配套的中耕设备和植保设备，综合机械化程度较低。

西南一二季混作区和南方冬作区在马铃薯全程机械化生产过程中存在三个突出矛盾：一是农机农艺不协调，矛盾突出。马铃薯种植模式多，种植技术千变万化，与机械化严重脱节。马铃薯人工生产各个环节的农艺要求均存在与机械化不协调的问题。例如，垄距不统一，从 0.60m、0.70m、0.80m 到 1.00m，导致与拖拉机的轮距不配套，又如平作或稀大窝种植，导致机收困难无法实施。二是小户生产模式与机械化、规模化生产矛盾突出。西南一二季混作区马铃薯生产以农户种植为主，70%以上的种植规模不超过 1~2hm^2，种植大户以 5~30hm^2 为主，超过 60hm^2 的占比不超过 5%。三是缺乏适宜机具，与马铃薯机械化生产需求矛盾突出。目前中国马铃薯机具生产厂家主要集中在北方，生产机具以大中型机具为主，机具的主要技术参数是按照北方的农艺要求设置的。由于西南地区和南方地块偏小，而此类机具机型普遍偏大，机具转弯半径较大，导致下地困难和适应性差。此外，还存在种植密度不够和小型机具可靠性较差等问题[1-4]。

第一节　马铃薯机械化种植技术参数研究

四川马铃薯种植区域的广泛性和种植模式的多样性，决定了四川马铃薯种植机械化难度很大，亟须农机农艺融合加快马铃薯机械化种植关键技术参数研究。

一、四川马铃薯机械化种植条件分析

四川省马铃薯 70%以上种植于山区坡地、自然条件和农田设施差的中小不规

则地块上，土壤较为黏重，机械作业困难，耐用适用中小型机械缺乏，机具保有量少，区域适应性和可靠性差，且马铃薯规模化种植程度低。受各种条件影响，四川省马铃薯生产整体仍采用传统的栽培模式，小农户种植，种植面积小，用工量多，劳动强度大，与机械化生产所要求的规模化、标准化、集约化存在较大的差异，严重制约了马铃薯产业的健康持续发展。四川马铃薯种植区域地形地貌特征如表 10-1 所示。马铃薯人工栽培主要技术参数如表 10-2 所示。

表 10-1 四川马铃薯种植区域地形地貌特征

田块面积/hm²			机耕道宽度/m	田块坡度	海拔高度/m		
大	中	小			低海拔	中海拔	高海拔
0.53～1.00	0.13～0.27	0.03～0.07	1.00～2.50	≤11°	≤600	800～1000	≥2200

表 10-2 马铃薯人工栽培主要技术参数

区域	垄距/cm	株距/cm	小行距/cm	播种密度/(块茎数/hm²)
平丘区	70～90	20～25 25～32	20	90000～112500
山区	70～100	19～23 26～33	0 25	60000～75000
高原	90	18～24	—	45000～60000

二、机械化种植主要技术参数的确认

2013 年全国马铃薯机耕、机播、机收水平分别为 58.76%、23.97%、22.14%，四川省相应水平分别为 13.34%、0.08%、0.22%，与全国平均水平有很大的差距。这种以手工种植为主的生产模式用工量多、劳动强度大、生产成本高。针对这种现状，农机和农艺专家共同对马铃薯机械化生产的关键技术参数进行了研究确定。按照农机农艺充分融合，拖拉机参数与作业机具参数、农艺参数相结合，以及拖拉机轮距与垄距相匹配的原则，确立四川马铃薯机械化种植主要技术参数，如表 10-3 所示。

表 10-3 四川马铃薯机械化种植主要技术参数

区域	垄距/cm	株距/cm	小行距/cm	播种密度/(块茎数/hm²)
平丘区（秋冬马铃薯）	90 100	20～25	20～25	90000～110000 80000～100000
山区（春马铃薯）	90 100	29～37 26～33	20～25	60000～75000
高原区（春马铃薯）	90	18～24	0	45000～61500

三、马铃薯主要种植机械适应性验证

根据前期试验所确认的马铃薯机械化种植主要技术参数,分别选用 2CM-4、2CM-4(改进型)、2CM-2、2CM-1/2 四种机型在双流、盐源、盐亭、甘孜进行适应性验证。四种机型的主要参数如表 10-4 所示,适应性如表 10-5 所示。

表 10-4 四种机型的主要参数

机具型号	工作行数	垄距/cm	株距/cm	窄行距/cm	理论播种密度/(块茎数/hm^2)	配套动力/kW
2CM-4	2 垄 4 行	100	20~30	25~33	66705~100050	62.48~73.50
2CM-4(改进型)	2 垄 4 行	90	15~28	16~18	79410~148215	51.45~66.15
2CM-1/2	1 垄 2 行	100	20~30	25~33	66705~100050	25.73~36.75
2CMZ-2	2 垄 2 行	90	12~38	0	29250~92625	58.80~73.50

表 10-5 四种机型的适应性

试点	机具型号	垄高/cm	播深/cm	漏播率/%	播种密度/(块茎数/hm^2)	产量/(kg/hm^2)	主要问题	机具适应性
双流	2CM-4	18~22	8~12	≤5	63000	20250	播种密度和起垄高度不足,配套动力较大,转弯半径较大,与当地的田块大小不配套	不适应
	2CM-4(改进型)	23~28	10~15	≤5	90000	25350	—	适应性较好
盐源	2CM-1/2	20~25	8~12	≤5	63000	32250	—	适应性较好
	2CM-4(改进型)	23~28	10~15	≤10	75000	31200	排种通道较小,播种没经过精选的整薯,出现卡种薯、伤薯和漏播	不适应
盐亭	2CM-1/2	20~25	10~12	≤5	67500	53400	—	适应
甘孜	2CMZ-2	22~28	12~15	≤5	72000	38400	—	适应

试验点一:双流(平坝地区)。采用 2CM-4 和 2CM-4(改进型)秋播马铃薯,9 月上旬播种,试验田块土壤性质为轻壤土,品种为'费乌端它'一级种薯,切块播种。

试验点二:盐源(高原地区)。采用 2CM-1/2 和 2CM-4(改进型)春播马铃薯,3 月上旬播种,试验田块土壤性质为中壤土,品种为'米拉',整薯播种。

试验点三:盐亭(丘陵地区)。采用 2CM-1/2 冬播马铃薯,12 上中旬播种,试验田块土壤性质为轻壤土,品种为'费乌端它'一级种薯,切块播种。

试验点四：甘孜县（高原地区）。采用 2CMZ-2 春播马铃薯，4 月上旬播种，试验田块土壤性质为轻壤土，品种为'青薯 9 号'一级种薯，切块播种。

结果表明，在四川的平坝地区秋冬马铃薯可选用 2CM-4（改进型）密植播种；在丘陵山区可选用 2CM-1/2，并配铺膜装置和铺滴灌带装置，增产效果显著；高原地区根据地块情况，选用 2CM-1/2 或 2CMZ-2 等同类型产品。上述机具在适宜地区一是符合四川省马铃薯机械化种植主要技术参数对播种密度的要求；二是播种深度和垄高达到了当地的农艺要求；三是漏播率和故障率符合播种机的相关标准和技术规范；四是产量超过或与当地人工种植的产量持平。

综上，四川省马铃薯机械化播种要求为：高厢双行垄作高密度种植，将播种机的播种密度由现有机具的 45000~60000 块茎数/hm^2，调整为 60000~112500 块茎数/hm^2，垄距统一成 0.90m 或 1.00m，播种方式确定为垄作双行错窝栽培，强调拖拉机轮距与垄距相匹配，拖拉机功率与地块大小及配套机具相匹配，并对播种机结构进行紧凑型优化设计，以提高中小型地块土地利用率。

第二节 关键机具改进与机械化技术优化

马铃薯机械化生产离不开成套的机械化种植技术及设备。四川薯类创新团队从实际情况出发，认真调研和比对，从农机农艺融合的角度综合考虑，从解决适应性、完善配套性等方面着手，重点研究和改进了拖拉机、种植机、中耕机、收获机的部分配置和结构，优化完善了机械化技术。优选适合机械化的种植模式，规范农艺要求的机械化实现方案，提出了强调配套性的拖拉机及机具改进思路和改进方法。从整体参数确定、整体结构、传动方式和关键零部件的分析，到具体改进设计、样机试制、试验验证的途径实施改进和优化工作。

一、拖拉机优选配套技术

目前四川马铃薯生产中，单个经营主体的种植面积不大，多数是 5~30hm^2，与北方相比地块普遍较小。适宜机械化的种植模式主要是垄距 0.90m 和 1.00m 的种植模式。除高原上可以使用两垄或四垄的作业机具外，四川平原丘陵区、盆周山区及河谷地带，只适宜一次一垄或两垄的作业机具。其中垄距 0.9m 种植模式可以采用一次作业两垄的方式，配套马力较大的中型拖拉机使用，效率较高且机具配套性较好，以 20d 播种期计算，适宜面积 13.33~26.67hm^2 的规模化种植，属于国内外通用模式。垄距 1.00m 种植模式采用一次作业一垄的方式，配套中型拖拉机，机具配套性较好，以 20d 播种期计算，适宜面积为 6.67~13.33hm^2 的规模化种植。

四川马铃薯种植地区土壤比较黏重，地形起伏大，宜选四轮驱动、全液压转向、离地间隙大、配高花纹轮胎的拖拉机，以提高拖拉机的通过性能并确保有足够的牵引力带动机具。拖拉机的轮距调整范围应当涵盖种植垄距的整数倍，误差范围在 5cm 以内，以不压垄、不压苗为准。

垄距 0.90m 的种植模式下，一次作业两垄，拖拉机在配套耕整地机械、播种机、中耕机、灭秧机、收获机等机具情况下，需要根据机具所需的牵引力及机具的重量，选择 36.8～73.5kW 范围的四轮驱动拖拉机。离地间隙 0.40m 以上，轮距可调整到 1.80m（±5cm），后轮宽度超过 0.30m 时应更换适宜的中耕胎。考虑到犁地、旋耕及播种作业的需要可以选配具有强压装置的悬挂机构。

垄距 1.00m 的种植模式下，一次作业一垄，拖拉机在配套耕整地机械、播种机、中耕机、灭秧机、收获机等机具情况下，需要选择 25.7～36.8kW 范围的四轮驱动拖拉机。离地间隙不得低于 0.25m，最好在 0.285m 以上，轮距能调整到 1.00m（±5cm）。原选配 29.4kW 拖拉机悬挂满载的播种机，在机具下降时出现难以控制的"墩机"现象，根据试验结果，采用 33kW 发动机，采用增配两个液压缸的悬挂机构，较好地解决了这一难题。考虑到土壤黏重、作业负荷较大的问题，选用增强型主传动箱，保障了拖拉机传动的可靠性和耐久性。

二、种植机的改进与优化

垄距 0.90m 种植模式下，现有的种植机采用单垄单行的播种方式，在秋、冬马铃薯生产过程中，由于生长周期短，需要提高播种密度，这就使种薯之间距离过近，在垄体中分布不合理，影响了马铃薯生长发育，导致产量降低。同时马铃薯播种和起垄最好一次完成，现有机型主要采用播种机加装犁式培土整形器或覆土圆盘起垄方案，对地形起伏比较敏感，容易导致垄型不规整、不饱满，而且起垄高度相差较大，容易导致出苗不整齐，不利于后期田间管理。且犁式培土整形器加大了拖拉机牵引负荷[5, 6]。

针对四川省马铃薯种植的农艺要求和土壤情况，主要在以下几个方面对种植机的总体结构和布局进行了优化。排肥机构采用外槽轮排肥器，有时出现断肥现象，更换为螺旋施肥器，施肥更可靠；排种机构采用链勺式双通道排种器并联结构，独立下种；开沟器原采用两个靴式开沟器并排布置，容易壅土，改进后采用扩大夹角的双圆盘开沟器；针对原有机型采用覆土圆盘用于起垄，起垄高度难以控制、垄型一致性差、调整困难的问题，采用动力旋转培土和垄顶整形刮板相结合的方式，起出的垄垄型规整、高度一致；但动力旋转培土起垄的传动方式采用链传动不够可靠，需要改进为齿轮传动。与北方同垄距的播种机相比，还增加了铺膜功能，播种密度可达 97500～112500 块茎数/hm²，错窝播种使种薯在垄体中分布更为合理，满足了农艺要求。改进后的种植机采用 2 垄 4 行作业模式，能一次完成施肥、播种、起垄、铺膜等作业。

垄距 1.00m 的种植模式下，由于薯区土壤以黏性土质为主，一次种一垄的原有种植机采用覆土圆盘起垄方式，对土质和地块的平整度要求严格，起垄效果不理想，垄中土块较多，不利于马铃薯薯块膨大，容易造成畸形薯；而且起垄高度相差较大，出苗不整齐，不利于后期田间管理。针对这一问题，改进为扇页刀旋转培土和垄顶整形刮板结合的起垄方式，经过不断改进后，机具适用于各种土壤环境，无论沙土还是黏土，只要整地符合要求，都能达到理想的效果。而且起垄比圆盘高，垄型饱满，垄中土质细软，更加有利于马铃薯的生长和膨大。

三、中耕培土机改进优化

目前四川由于缺乏先进实用的中耕技术及机具导致垄高不足、降墒慢，限制了马铃薯膨大，易出现青头和病害腐烂，影响产量，损失严重；中耕效率低、效果差，费用高。

垄距 0.90m 种植模式下，现有机型采用犁铧式中耕及整形器培土方式，对于砂性土壤效果较好；对于黏性土壤，该方式容易形成大土垡，产生压苗的情况，且对于拖拉机牵引力要求高。针对这一问题，采用破土犁结合旋转中耕方式，提高碎土率，采用扇叶培土刀反旋培土，解决了垄型不规整和不饱满的难题；为克服现有链传动系统动力传输能力不足、可靠性差的难题，传动方式更改为闭式全齿轮传动。

垄距 1.00m 的种植模式下，重点研究轻简型马铃薯中耕机械关键技术，尤其是配套轮式拖拉机的机械化中耕技术及机具，解决现有窄轮距拖拉机配套中耕机不适应四川马铃薯机械化种植的问题。

通过前期对窄轮距拖拉机的研究，确定了适当提高配套拖拉机的离地间隙，使悬挂的中耕机一次作业中耕培土两个垄沟，避免了重复碾压垄沟的方案；改进了中耕培土的时机，根据农艺要求，一是刚出苗就培土，二是出苗后，苗高 15cm 时再次培土，能够减少对秧苗的损害。通过实验证明了窄轮距拖拉机（轮距 1.00m）配挂作业一垄的整形培土犁中耕机，其牵引力难以满足需要。结合前期的研究，确定采用旋转中耕培土方式，采用旋耕培土刀反旋培土结合刮土整形器清理垄沟底，压实垄侧，解决了垄型不规整和不饱满的难题；为解决现有链传动系统动力传输能力不足、可靠性差的难题，传动方式改进为闭式全齿轮传动。

四、收获机的改进与优化

现有挖掘式收获机在一季作地区砂土上作业效果基本能够满足马铃薯收获的需要。在一季作地区，马铃薯生长周期长，成熟度较高，还有足够的时间安排灭秧作业，进一步使表皮木栓化，挖掘收获时升运杆条不易导致马铃薯产生碰伤。在西南一二季混作区，尤其是秋、冬马铃薯生产，由于生长时间短，且下茬作物播栽时间要求紧，所以马铃薯成熟度较低且个体比一季作地区偏小，升运链杆条很容易导致马铃薯碰伤破皮，影响品相和品质及保存期，原有挖掘机杆条之间的宽度是参照一季作地区生产设计的，宽度较大，更加大了马铃薯漏拾和严重碰伤的概率[7]。

针对这一问题，重点研究了升运筛分过程马铃薯损伤机理，首先在单垄收获机上，适当减小马铃薯挖掘机升运筛条之间的间距，从5cm减至4cm，同时筛条上覆盖橡胶套，间隔两根后的筛条上设有V形橡胶拨齿，使马铃薯在挖掘后的升运、筛分过程中，进一步减少了和筛条的碰撞，不影响马铃薯和泥土的分离，且V形橡胶拨齿对附着在表皮的泥土有清理作用。在轻壤土中，经收获试验马铃薯的破皮率小于2%，完全满足了生产需求。随后在一次收获两垄的收获机上进行了相应改进，取得了良好的效果。

第三节 全程机械化生产模式研究与示范

马铃薯机械化生产包括产前、产中和产后三个部分，其中产前包括耕整地、品种选择，产中包括播种施肥、中耕培土、灌溉、植保与收获，产后包括运输、保鲜、贮藏和加工等环节[8-12]。对马铃薯机械化生产产前、产中所需机具进行选型，并初步集成适宜四川省马铃薯生产的机械化生产的关键技术。

一、机械耕整地的技术集成

1. 机具选型

耕整地机具：按照耕作农艺的要求和拖拉机的型号及牵引力参数，结合当地土壤情况进行选型，耕幅一般要大于拖拉机轮边距，36.75~73.50kW的拖拉机可配3~5铧的翻转犁和2~2.5m的旋耕机，25.7~33.08kW的轮拖可配2~3铧式犁和1.5~1.8m的旋耕机。

动力机械：结合目前四川农业生产的状况，选择不超过73.50kW的拖拉机。坡地和稻田尽量选用四轮驱动的拖拉机，地块较大的尽量选择51.45~73.50kW马力的拖拉机，以提高整地效率。针对丘陵山区地块较小的情况，可选择25.73~33.08kW的轮拖、5.88~11.03kW手拖或微耕机。

2. 农艺要求

选择土壤耕层深厚、有机质含量高、疏松易碎、通透性好、肥力中等以上的壤土或沙壤土。保肥保水性强、偏酸性、便于机械化作业的地块（坡度≤15°，土壤含水率一般≤20%，地块面积 0.067hm² 以上）。

最佳耕深为 20~30cm，土壤较为黏重的地块在犁耕时加入适量的秸秆，再旋耕 2~3 次，降低土壤的黏重性，收获时便于薯土分离。

冬春马铃薯深耕的时间：最好在秋天进行，秋耕后经过一个冬季的冻消、风化，不但土块易碎，便于整地，而且有利于土壤熟化，减轻病虫害。秋耕越早越好。在未进行秋耕的情况下也可在播前 20d 左右耕翻地，耕后耙平。

3. 作业要求

根据农艺要求和天气、土壤情况及时整地。整地质量：机具作业要求犁耕深度 25~30cm，旋耕深度 15~18cm。地表平整，上松下实，碎土率≥80%。根据整地质量要求，确定机具作业方法和作业程序，减少重耕和漏耕。

二、机械化播种的技术集成

1. 机具选型

起垄播种：可采用机械复式作业，一次性完成开沟、施肥、播种、起垄、铺膜等工序，由于多数土壤具有一定的黏性，播种机应具有旋耕起垄的功能。主要悬挂机具有：2CM-1/2、2CM-2/4、MN1220 等。

动力机械：选用与播种机牵引力相符的拖拉机。采用垄距为 0.90m 或 1.00m 单垄双行播种模式时，宜选用动力为 51.45~73.50kW 轮式拖拉机或 25.73~33.08kW 轮距为 1.00m 的四驱窄轮距拖拉机。

2. 农艺要求

播种时要求株距误差小，垄高 20~25cm。双行垄作，垄距 0.90m 或 1.00m；单行垄作，垄距 0.90m；壤土种块覆土深度 10~13cm，沙性土壤种块覆土深度 12~15cm，理论播种密度 6000~112500 块茎数/hm²。播深一致，覆土均匀严实，起垄铺膜联合作业时必须同时实施药剂喷施除草作业。

3. 作业要求

正式播种前，先在地头试播 10m，检查种肥间的间距、播深、行距等各项技术指标，符合农艺要求后开始播种。播种时机组应匀速行进，一般不停车换挡，速度控制在 2~2.5km/h，播行要直，播量准确，播深适宜，种肥分层播施，未举升播种机时机组不得倒退。播种量按当地农艺技术要求，均匀一致，不重播、不漏播、不损伤种薯。播种深度符合要求，深浅一致，覆盖均匀严实。垄作播种深度（包括垄顶）一般为 12～18cm，墒情好的宜浅，否则宜深，具体播种深度根据当地土壤和气候条件确定。起垄作业时，可在起垄完成的同时实施药剂喷施除草作业；起垄铺膜作业时，必须同时进行药剂喷施作业。

三、机械中耕培土技术集成

1. 机具选型

中耕作业常用的机具为拖拉机配套的马铃薯中耕施肥机（动力旋转式或犁铧式），应根据土壤条件进行选择。机具应具有良好的行间通过性能，可一次性完成行间松土、除草、培土或追肥等作业工序[13-15]。主要悬挂机型：2TD-S2、MN1304 等。

动力机械：机具作业幅宽等于拖拉机宽度的，选用拖拉机后轮距和垄距的误差小于 5cm，前轮距和垄距的误差小于 10cm，以不压苗为准；机具作业幅宽大于拖拉机宽度的，选用拖拉机轮距和垄距倍数的误差小于 10cm，以不压苗为准。作业一垄的拖拉机配套功率 25.7～33.08kW 的轮拖，作业两垄的拖拉机配套功率 51.45～73.50kW。

2. 农艺要求

在马铃薯苗期进行扶垄除草作业，在马铃薯花期施肥培土作业，一次完成开沟、施肥、培土、拢形等工序。每次培土厚度≥5cm，促进薯块膨大，避免匍匐茎外露。

3. 作业要求

中耕机与拖拉机正挂接，调整水平，按照农艺要求的垄距调整旋耕培土刀的间距，误差不超过 5mm，尽量减少机具摆动，需要追肥时，按照农艺要求调整施肥量。按照垄向直线行驶，不得压垄，防止伤苗，在作业中发现故障和杂草堆积，应及时停车进行清理排除。追肥作业应无明显伤根，伤苗率≤3%，追肥深度 6～10cm，追肥部位在植株行侧 10～20cm，肥带宽度≥3cm，无明显断条，施肥后覆盖严密。中耕后不得有大土块，沟垄整齐，垄形饱满。行间杂草应除净，草根需切断，深浅要一致，其偏差≤1cm，地表起伏≤4cm，翻起的土不得埋压作物。

四、机械化植保的技术集成

1. 机具选型

植保机械选用拖拉机配套的悬挂喷杆式喷雾机、无人植保机或其他专用喷雾机。悬挂机型主要有：MN3840、3865 等。

动力机械：根据喷雾机所需的配套动力选择 29.4～73.5kW 的轮式拖拉机。

2. 农艺要求

为了防治马铃薯病虫害和控制杂草，在播种前应对整好的地块进行消毒。喷药作业有效覆盖密度不应少于 20 个雾滴/cm^2，药液在植株上的覆盖率达到 100%。

3. 作业要求

调整好喷雾机及配套动力底盘，通过调节药量和控制喷施范围及限定机组行驶速度，按农艺要求配好药液，使药量准确，各喷头喷量均匀一致，药液雾化良好，喷施均匀。以低速、匀速作业，按农艺的要求确定作业次数。对于底隙 30cm 的轮式拖拉机，更要根据苗高适当提前作业，减少伤苗。

五、机械化收获的技术集成

1. 机具选型

拖拉机配套的马铃薯收获机要与播种机组相匹配，一次性作业可完成挖掘、振动、分离、铺放等作业工序。适时收获商品薯时可选用筛条上覆盖橡胶套的收获机。拖拉机的轮距与垄距的差值小于 10cm，防止压垄伤薯及影响收获深度的稳定。目前我省使用的主要机型有：4U-70、4U-80、4U-170。

动力机械：单垄收获机可选配 11.03～13.23kW 的手拖或 25.73～33.08kW 的窄轮距轮式拖拉机；双垄收获机可选配 51.45～73.50kW 的轮式拖拉机。

2. 农艺要求

收获时沙土湿度不宜超过 50%，壤土不宜超过 35%。种薯挖掘前 10d 以上灭秧；商品薯可适时收获。

3. 作业要求

田间的最大含水率不宜超过 60%，温度不低于 8℃。作业时需要选用与播种机组相匹配的收获机作业，机具与拖拉机正挂接，作业速度一般 2～5km/h，挖掘深度以不伤薯为宜。挖出的薯块应较集中铺放于作业带上，便于人工捡拾，提高工效。挖净率≥98%，明薯率≥97%，伤薯率≤3%。在正常土壤湿度下（土壤绝对含水率一般不大于 20%），薯块的带土率不大于 15%。

六、马铃薯全程机械化生产技术模式

马铃薯生产全程机械化技术模式是指以农机农艺融合为前提，通过品种选择、适时播种，利用机械化技术替代人畜操作，实现马铃薯生产各环节耕整地、播种、施肥、病虫害防治和收获的全程机械化，以标准化、规范化的机械化生产来确保马铃薯生产时土壤耕作深浅一致、播种均匀、施肥合理、植株通风透光、苗齐苗壮，促进高产稳产，以达到减轻劳动强度、提高劳动生产效率、减少作业成本和损失、促进薯农增收的目的[16-18]。

1. 种薯处理

为适应机械化作业，防止种薯块间黏结，需用滑石粉拌种。种薯切块大小控制在 30～50g，每块上至少有两个以上的芽眼。

2. 播前整地

采用马铃薯机械化耕整地技术。做好播前包括灭茬、犁耕、旋耕、耙地、施基肥、灭草等整地作业。整地后要求土地平整，土壤细碎无大块。

3. 播种技术

平丘区秋冬马铃薯种植垄距 0.90m 或 1.00m，株距 20～25cm，小行距 20～25cm，播种密度 82500～112500 块茎数/hm^2。山区春马铃薯种植，垄距 0.90m 或 1.00m，株距 26～37cm，小行距 20～25cm，播种密度 60000～75000 块茎数/hm^2。高原春马铃薯种植垄距 0.90m，株距 18～24cm，播种密度 45000～61750 块茎数/hm^2。采用马铃薯机械化生产播种技术，作业符合相关要求。种肥应施在种子下方或侧下方，与种子相隔 5cm 以上，肥条均匀连续。苗带直线性好，便于田间管理。

4. 田间管理

中耕培土施肥：采用马铃薯机械化生产中耕培土技术。在马铃薯苗期进行扶垄除草作业，在马铃薯花期前施肥培土作业，一次完成开沟、施肥、培土、拢形等工序。

病虫草害防控：根据当地马铃薯病虫草害的发生规律，按植保要求选用药剂及用量，按照马铃薯机械化生产植保技术进行防治作业。

节水灌溉：有较好灌溉条件的地区，可采用膜下滴灌、垄作沟灌等高效节水灌溉技术和装备，按马铃薯需水、需肥规律，适时灌溉施肥，提倡应用水肥一体化技术。

5. 机械化收获

灭秧：收获前采用横轴立刀式灭秧机灭秧，露出垄型，保持垄型完整不伤垄。茎叶杂草去除率≥80%，切碎长度≤15cm，割茬高度≤15cm。

收获：采用马铃薯机械化生产收获技术。根据地块大小，选择中小型挖掘式马铃薯收获机。

七、马铃薯全程机械生产效益分析

据 2017 年在双流县鼎立农机合作社调查，马铃薯全程机械生产技术模式有效地提高了马铃薯生产效益，与传统的人工生产相比节本增效显著，总成本降低 24.3%。马铃薯机械化生产效益分析如表 10-6 所示。

表 10-6　马铃薯机械化生产效益分析

项目	人工模式 费用/(元/hm²)	备注	机械化模式 费用/(元/hm²)	备注
耕地作业	1200	机耕	1200	机耕
播种作业	6000	含种薯准备	2550	含种薯准备
中耕培土	2550	人工培土	900	中耕机
收获作业	4500	含人工捡拾	3300	含人工捡拾
植保投入	4500	5 次，背负式喷药	3750	5 次，喷杆机喷药
种薯投入	10500	3000kg/hm²	10500	3000kg/hm²
肥料投入	7200	3000kg/hm²	5400	2250kg/hm²
总成本	36450	—	27600	
商品薯销售收入	48000	30000kg/hm²	48000	30000kg/hm²
利润	11550		20400	

（本章作者：任丹华　刘小谭　胡建军　桑有顺　詹晓旭　李昕昀）

参 考 文 献

[1] 任丹华, 沈学善, 黄钢, 等. 西南地区马铃薯中小型机具的研究与应用. 农业开发与装备, 2017, (7): 116-117.
[2] 任丹华, 胡建军, 刘小潭, 等. 四川马铃薯主要种植机械的适应性验证. 四川农业与农机, 2016, (6): 36-37.
[3] 詹小旭. 马铃薯收获机研究进展. 马铃薯产业与现代可持续农业. 中国作物学会马铃薯专委会, 2015.
[4] 任丹华, 刘小谭, 杨玖芳. 浅谈四川省马铃薯机械化生产现状与发展前景. 四川农业与农机, 2015, (2): 45-46.
[5] 刘文政, 何进, 李学强, 等. 马铃薯播种机具研究进展. 农机化研究, 2018, 40 (4): 7-13.
[6] 王彩英, 李平. 马铃薯播种机排种机械化种植技术研究. 农机化研究, 2017, 39 (10): 141-143.
[7] 戚江涛, 蒙贺伟, 李成松, 等. 马铃薯收获机的设计与研制. 农机化研究, 2018, 40 (2): 124-127.
[8] 魏忠彩, 李学强, 张宇帆, 等. 马铃薯全程机械化生产技术与装备研究进展. 农机化研究, 2017, 39 (9): 1-6.
[9] 魏忠彩, 李学强, 孙传祝, 等. 马铃薯收获与清选分级机械化伤薯因素分析. 中国农业科技导报, 2017, 19 (8): 63-70.

[10] 冯强. 丘陵山区推广马铃薯机械化种植技术的实践与思考. 农业机械, 2017, (8): 92-94.
[11] 柯剑鸿, 杨波华, 焦大春, 等. 我国马铃薯机械化生产发展现状与对策. 南方农业, 2017, 11 (19): 71-72, 75.
[12] 白玉文. 马铃薯机械化收获技术及机具使用. 农机使用与维修, 2017, (7): 94.
[13] 程鹏飞, 王琳琳, 李学强, 等. 3ZMP-360 型马铃薯中耕起垄施肥机的改进设计. 农机化研究, 2017, 39 (7): 53-57.
[14] 孙景彬, 李学强, 王相友. 马铃薯杀秧机的优化设计与分析. 农机化研究, 2017, 39 (7): 83-88.
[15] 王英博. 马铃薯中耕机在小区播种中的应用. 马铃薯产业与精准扶贫. 中国作物学会马铃薯专委会, 2017.
[16] 王鑫, 张涛, 李树杰, 等. 黑色全膜覆土马铃薯机械种植增产增效试验研究. 中国农机化学报, 2017, 38 (6): 89-93.
[17] 田巧环, 崔惠琴, 杨国海, 等. 马铃薯不同机械化种植模式对比. 农机科技推广, 2017, (4): 51-53.
[18] 杨华, 韩宏宇, 窦钰程, 等. 马铃薯中耕施肥机的研究与应用. 农机使用与维修, 2017, (2): 9-12.

第十一章　马铃薯主要病虫害综合防控关键技术

2006~2016 年，对四川省马铃薯主产区进行病虫害病情调查。结果表明：普遍性发生，对马铃薯产量和质量影响较大的病虫害有马铃薯晚疫病、早疫病、病毒病、蚜虫和地下害虫；局部性发生，对马铃薯商品性影响较严重的病害为马铃薯疮痂病和粉痂病。尤其以晚疫病的发生最为普遍，其危害造成的损失通常在 10%~30%，严重年份，一周之内就可使马铃薯大面积毁灭，损失可达 80% 以上[1]。针对上述问题，项目组系统研究了四川马铃薯晚疫病、病毒病等主要病害发病规律及主要病虫害的综合防控技术。

第一节　马铃薯晚疫病和病毒病研究

一、病虫害与气象条件之间的关系

温度偏高、湿度较低，蚜虫发生严重，即传播病毒病虫口数增加，而晚疫病和早疫病发生程度相对较低。温度偏高、湿度较大，则晚疫病和早疫病发生严重，蚜虫繁殖速度和规模受到抑制，传播病毒病的速度相对较慢。2007 年 2~4 月，彭州市马铃薯出苗后遇干旱，降雨量少，蚜虫大量繁殖，马铃薯病毒病受蚜虫传播大范围发生，马铃薯植株出现严重矮化、叶片皱缩、卷叶和花叶等症状，大面积减产，晚疫病和早疫病发生程度则相对较轻。2008 年 8 月和 9 月，正值成都平原秋马铃薯出苗期，遭遇气温高、降水增多等不利气象条件，晚疫病暴发，无法进行有效药剂防治，一周之内马铃薯大面积死亡，几近绝收。

二、马铃薯晚疫病

由致病疫霉引起的晚疫病是危害马铃薯生产的极具毁灭性的病害。研究四川马铃薯晚疫病菌群体的生物学特性、表现型组成及分布，可为抗病品种选育和科学合理布局，以及病害防治提供科学依据。

1. 马铃薯晚疫病菌生物学特性

1）适宜菌丝生长的培养基组成

马铃薯晚疫病菌最适宜生长的培养基是番茄黑麦培养基（TR，3 个浓度，分别含 5%、10%和 20%番茄汁）和黑麦培养基（R，不含番茄汁），这 4 种培养基上晚疫病菌菌落直径差异不显著，菌落直径 7.15~7.33cm，菌丝密度差异显著，随着番茄汁浓度增高菌丝密度增加，黑麦培养基上菌丝最稀疏；在胡萝卜培养基（CAA）上菌丝生长较慢，菌落直径 5.85cm；在马铃薯葡萄糖琼脂培养基（PDA）上菌丝不能正常生长。

黑麦培养基比较经济，可在晚疫病菌繁殖时使用；测量菌落直径的试验采用 5%或 10%番茄黑麦培养基，其上菌丝生长茂盛，易于观察和测量。不同培养基晚疫病菌菌丝生长情况如表 11-1 所示。

表 11-1 不同培养基晚疫病菌菌丝生长情况（2008 年）

培养基	菌落直径/cm				菌丝密度
	5d	10d	15d	20d	
5%TR	1.28	2.85	4.53	7.25	++
10%TR	1.25	2.88	4.65	7.33	+++
20%TR	1.33	2.90	4.60	7.15	++++
R	1.28	2.93	4.55	7.20	+
PDA	0.68	0.78	0.78	死亡	+
CAA	1.20	2.78	3.86	5.85	++

注：菌丝密度用+号表示：+，菌丝稀疏；++，菌丝稍密；+++，菌丝较密；++++，菌丝很密，接种针不易挑起菌块。

2）适宜菌丝生长的 pH

马铃薯晚疫病菌菌丝在弱酸的条件下生长较好，即 pH 为 5 和 6 时，两者第 10 天调查的菌落平均直径为 25.25mm 和 30.09mm；当 pH 为 7 和 8 时，晚疫病菌菌丝的生长明显受到抑制，菌落平均直径为 13.25mm 和 12.50mm；当 pH＜4 和 pH＞9 时，晚疫病菌基本不能生长。

3）菌丝生长的光照条件

培养 15d 的调查结果：24h 光照条件下菌丝不能生长；在 12h 光照、12h 黑暗条件下，菌落平均直径 1.57cm；无光照条件下，菌落平均直径 3.05cm，菌丝生长茂盛。不同生态地区的菌丝无明显差异。

4）孢子囊释放游动孢子的营养条件

1% NaCl 液体影响孢子囊释放游动孢子，仅有 42.46%孢子囊释放游动孢子；在 1%葡萄糖、2%葡萄糖、1%蔗糖和无菌水中，分别有 90.91%、89.09%、92.29%和 87.22%的孢子囊释放游动孢子。不同生态地区孢子囊释放游动孢子的结果无明显差异。

5）孢子囊在不同的温度条件下的变化

当温度为 4~8℃时，孢子囊出现两种情形，一种是释放型孢子囊，平均占

71.7%；另一种是未释放型孢子囊，平均占 28.3%。当温度为 14～17℃时，孢子囊出现三种情形，一种是释放型孢子囊，平均占 39.4%；一种是未释放型孢子囊，平均占 41.8%；还有一种是萌发型孢子囊，平均占 18.8%。当温度为 27℃时，孢子囊出现四种情形，一种是释放型孢子囊，平均仅占 5.1%；一种是未释放型孢子囊，平均占 41.5%；一种是萌发型孢子囊，平均占 12%；另一种是转移型孢子囊，平均占 41.4%。

对于孢子囊而言，在湿度满足的情况下，在低温（4～8℃）条件下，70%的孢子囊释放大量的游动孢子传播病害，传播能力最强；当温度提高到 14～17℃时，近 40%孢子囊释放出游动孢子，有 40%不能释放游动孢子，剩余 20%的孢子囊直接萌发产生芽管，其侵染能力次之；在较高温度（27℃）条件下，大部分孢子囊不能释放游动孢子、不能正常萌发，侵染危害的能力极其微弱。对于菌丝而言，菌丝最适生长温度是 16～20℃。因此，在马铃薯生长季节中，连续夜间下雨，温度降至10℃以下，白天出太阳，温度上升20℃左右甚至更高，就适宜于晚疫病菌的生长，由此造成晚疫病的流行危害。

6）马铃薯晚疫病菌具有明显的致病力分化现象

采用德阳市什邡市和成都市彭州市的 15 个马铃薯晚疫病菌单孢子囊菌株，对田间抗马铃薯晚疫病性差异较大的 12 个品种（系）进行接种抗性鉴定。试验表明，不同菌株表现出不同的致病力：SPG_356-1-2 和 SPG_4117-5-1 菌株除了对田间高抗品系'9506-1'和'393134.29'不致病外，对其他 10 个品种均致病，属于强致病菌株；而 SPG_2R-6-1 菌株只能对'米拉'和'川芋 56'两个品种致病，属于弱致病菌株。马铃薯晚疫病菌致病力分化明显，利用不同致病力晚疫病菌开展马铃薯品种室内抗性鉴定，可进一步提高抗源筛选效率，加快育种进程。

2. 表型和遗传结构组成

1）马铃薯晚疫病菌交配类型的组成及分布

马铃薯晚疫病菌交配型主要由 A1、A2 和自育型（self-fertility，SF）组成，通常 A1 和 A2 交配型菌株同时存在，有性生殖产生卵孢子，而自育型菌株单独存在便可产生卵孢子[2]。自育型菌株的出现，说明马铃薯晚疫病菌有可能在田间发生遗传重组，使病原菌的变异性和适应性加强，可导致马铃薯晚疫病在世界各马铃薯主产区的再度猖獗[3]。

交配型的组成类型和比例是不断变化的，2008 年以前，交配类型 99%为 A1型。将 2011 年以来马铃薯晚疫病菌的交配型组成、发生频率及地理分布进行系统分类，如表 11-2 所示，从数量上看，四川马铃薯晚疫病菌总体以 A2 交配型为主，出现频率为 47.8%。如图 11-1 所示，从近 5 年数据分析发现，A2 交配型菌株的发生频率总体呈下降趋势，A1 和 A2 交配型菌株在四川为局部性发生，主要在阿坝藏族羌族自治州汶川县发现大量 A2 交配型菌株，眉山市丹棱县存在大量 A1 交配型菌株。从 2013 年开始自育型菌株的发生频率远高于 A1 和 A2 交配型菌株，且广泛分布在四川各马铃薯产区，意味着田间可能出现卵孢子，为病害流行提供了新的越冬菌源。有性生殖的发生又增加了病原菌变异的机会，有利于病原菌的进化，产生新的致病生理小种，使生理小种变得更为复杂，为抗病品种的选育提出新的挑战。随着异地调运种薯的发生，马铃薯晚疫病菌可长距离迁移，病原菌之间的交流更加频发，增加防治的难度。

表 11-2　四川马铃薯晚疫病菌交配型的组成、频率及地理分布（2008～2016 年）

地点	株数	A1 株数	A1 频率/%	A2 株数	A2 频率/%	自育型 株数	自育型 频率/%	未知交配型 株数	未知交配型 频率/%
丹棱	1	1	0.2	0	0	0	0	0	0
朝天	5	5	0.8	0	0	0	0	0	0
汶川	32	18	2.8	6	0.9	8	1.3	0	0
顺庆	7	0	0	1	0.2	6	0.9	0	0
雷波	6	0	0	0	0	6	0.9	0	0
通江	2	0	0	0	0	2	0.3	0	0
北川	20	0	0	14	2.2	6	0.9	0	0
达州	6	0	0	5	0.8	1	0.2	0	0
道孚	46	16	2.5	11	1.7	19	3.0	0	0
峨边	6	0	0	2	0.3	4	0.6	0	0
朝天	20	0	0	15	2.4	5	0.8	0	0
九龙	38	10	1.6	20	3.2	8	1.3	0	0
康定	27	10	1.6	9	1.4	8	1.3	0	0
泸定	124	1	0.2	82	13.0	41	6.5	0	0
冕宁	10	0	0	10	1.6	0	0	0	0
彭州	145	26	4.1	57	9.0	60	9.5	2	0.3
郫县	3	0	0	3	0.5	0	0	0	0
普格	12	11	1.7	1	0.2	0	0	0	0
万源	9	0	0	2	0.3	7	1.1	0	0
喜德	12	1	0.2	9	1.4	2	0.3	0	0
新都	5	3	0.5	2	0.3	0	0	0	0
兴文	23	0	0	6	0.9	16	2.5	1	0.2
宣汉	36	2	0.3	4	0.6	30	4.7	0	0
昭觉	37	2	0.3	25	4.0	10	1.6	0	0
总计	632	106	16.8	284	44.9	239	37.8	3	0.5

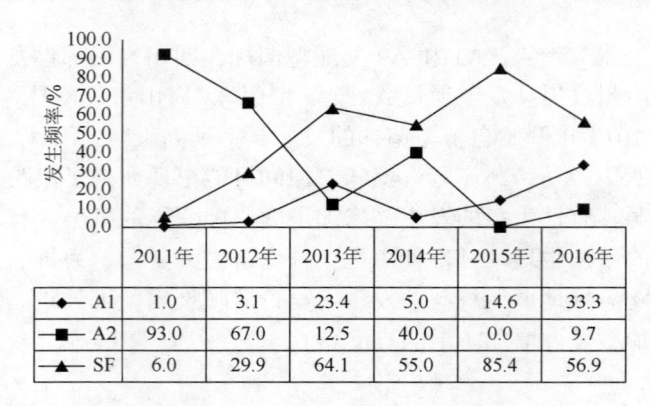

	2011年	2012年	2013年	2014年	2015年	2016年
A1	1.0	3.1	23.4	5.0	14.6	33.3
A2	93.0	67.0	12.5	40.0	0.0	9.7
SF	6.0	29.9	64.1	55.0	85.4	56.9

图 11-1 2011～2016 年四川马铃薯晚疫病菌交配型发生频率变化

2）马铃薯晚疫病菌生理小种的组成及分布

目前对马铃薯晚疫病的防治主要是培育抗病品种和药剂防治，而培育抗病品种的关键是抗源的筛选。抗源筛选首先要明确当地晚疫病菌生理小种组成及分布情况。对近十年四川马铃薯晚疫病菌生理小种进行统计分析，生理小种是以复合毒力基因小种为主导，将 449 个菌株分为 136 个生理小种，优势生理小种为 1、2、3、4、5、6、7、8、9、10、11，主要分布在绵阳市北川县、广元市朝天区、眉山市丹棱县、甘孜州九龙县、甘孜州康定市、甘孜州泸定县、凉山州冕宁县、南充市、成都市彭州市、凉山州普格县、巴中市通江县、达州市宣汉县、凉山州昭觉县，发生频率 13.14%，且有逐年上升的趋势，该小种能够克服已知的 R1～R11 共 11 个垂直抗性基因，为抗病品种的选育增加了难度。因此，抗性品种选育应从水平抗性入手，从根本上减少晚疫病的爆发和流行。四川马铃薯晚疫病菌生理小种部分信息如表 11-3 所示。

表 11-3 四川马铃薯晚疫病菌生理小种部分信息（2008～2016 年）

生理小种	菌株数	发生频率/%	采集地点
1、2、3、4、5、6、7、8、9、10、11	59	13.14	北川、朝天、丹棱、九龙、康定、泸定、冕宁、南充、彭州、普格、通江、宣汉、昭觉
1、2、3、4、5、6、7、8、10、11	47	10.47	北川、朝天、崇州、达州、九龙、康定、雷波、泸定、冕宁、南充、彭州、什邡、汶川、喜德、新都、宣汉、昭觉
1、2、3、4、5、6、7、9、10、11	19	4.23	北川、朝天、道孚、康定、泸定、冕宁、彭州、喜德、昭觉
1、2、3、5、6、7、8、9、10、11	18	4.01	道孚、九龙、泸定、彭州、喜德、昭觉
1、3、4、6、7、8、10	16	3.56	彭州

续表

生理小种	菌株数	发生频率/%	采集地点
1、2、3、5、6、7、8、10、11	15	3.34	北川、朝天、达州、郫县、彭州、喜德、昭觉
1、3、4、6、7、8、9、10、11	10	2.23	九龙、彭州、新都
1、3、4、5、6、7、9、10	10	2.23	宣汉
1、3、4、5、6、7、8、9、11	9	2.00	崇州、雷波、南充、彭州、通江
1、2、3、4、5、6、8、9、10、11	9	2.00	泸定、普格、彭州、新都

从图 11-2 中毒性基因的发生频率可以发现，四川马铃薯晚疫病菌群体中毒性基因的发生频率差异明显，其中毒性基因 vir1 的发生频率最高，发生频率为 81.6%，其次是毒性基因 vir3 和 vir6，发生频率分别是 75.0%和 76.5%；而毒性基因 vir10 的发生频率最低，为 44.1%。年份间毒性基因发生频率相差较大，应密切关注不同区域毒性基因发生频率便于科学合理布局抗病品种，同时挖掘新的抗源，加快抗病品种选育速度。

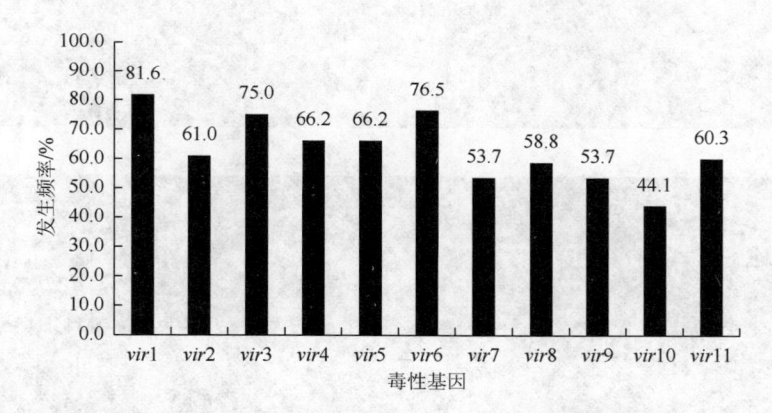

图 11-2 四川马铃薯晚疫病菌毒性基因的发生频率

3) 四川马铃薯晚疫病菌的遗传背景

利用微卫星标记技术（simple sequence repeats，SSR）分析种群遗传多样性。对 241 个晚疫病菌菌株进行 Rep-PCR 扩增，得出 6 个稳定的差异条带，每条带片段大小十分接近。引物 Pi4B 获得的 3 个差异条带大小分别为：206bp、214bp 和 218bp；引物 Pi4G 获得的 3 个差异条带大小分别为：157bp、161bp 和 163bp。

用两个 SSR 引物 Pi4B 和 Pi4G 进行基因型鉴定，获得 8 个 SSR 基因型：D-03、D-05、D-06、F-01、F-03、F-06、G-02 和 H-01。其频率差异很大，最高频率 F-01 基因型，达 39.56%，最低频率 F-03，仅为 3.3%。

经聚类分析，以 0.85 遗传相似距离分类，供试菌株可分为 5 个遗传相似组，来自昭觉与彭州，新都与茂县，彭州与什邡的菌株亲缘关系比较接近。

4）马铃薯晚疫病菌线粒体 DNA 单倍型分析

利用 PCR-RFLP 方法，马铃薯晚疫病菌群体的线粒体 DNA 多态性通常可划分为四种线粒体 DNA 单倍型类型，即Ⅰa、Ⅱa、Ⅰb 和Ⅱb。采自 2009 年的 77 株马铃薯晚疫病菌株线粒体 DNA 单倍型的构成只有Ⅰa 和Ⅱa 两种单倍型类型，没有检测到Ⅰb 和Ⅱb。77 株马铃薯晚疫病菌菌株中Ⅰa 型 75 株，广泛分布于各马铃薯产区，占供试菌株的 97.4%，Ⅱa 型 2 株，分属于新都区和道孚县，占供试菌株的 2.6%。

四川马铃薯晚疫病菌线粒体 DNA 单倍型为Ⅱa 和Ⅰa，未发现Ⅰb。表明目前四川马铃薯晚疫病菌株的群体结构属于新迁入病菌的群体结构。马铃薯晚疫病菌株的线粒体单倍型分析结果如图 11-3 所示。

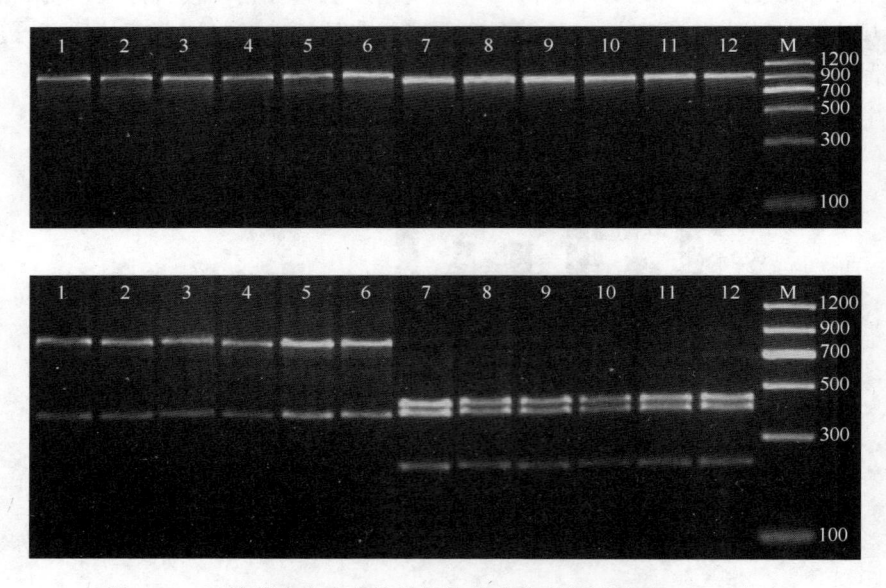

图 11-3 马铃薯晚疫病菌株的线粒体单倍型分析结果（2013 年）

三、马铃薯病毒病

1. 病毒病种类调查

采用 DAS-ELISA（美国 ADGIA 公司生产）试剂盒对 PVX、PVY、PVM、PVS、PVA 和 PLRV 六种病毒病种类进行测定。参试病毒病样本 42 份，如表 11-4 所示，主要病毒病种类是 PVS，共 20 份，占 47.62%；其次为 PVM（10 份）和

PLRV（5 份），分别占 23.81%和 11.90%；有 14 份的样本对上述六种病毒病试剂表现为阴性，占 33.33%；标样中未发现 PVX、PVY 和 PVA。利用马铃薯茎尖分生组织培养，可以脱除马铃薯 PLRV、PVS、PVM、PVX、PVY 和 PVA，PVS 是最难脱除的，通常脱掉 PVS 的茎尖苗，其他病毒病也就基本脱除了。所以，在许多马铃薯病毒病种类的检测中，PVS 的比例偏高。

表 11-4　彭州市马铃薯病毒病检测（2008 年）

采样地点	检测样品数	病毒种类						阴性
		PVX	PVY	PVS	PVA	PVM	PLRV	
大宝镇	9	0	0	4	0	2	2	4
小鱼洞	14	0	0	5	0	3	2	6
通济镇	15	0	0	9	0	5	1	2
白鹿镇	4	0	0	2	0	0	0	2
合计	42	0	0	20	0	10	5	14
发病率/%				47.62		23.81	11.90	33.33

2. 品种对病毒病的抗性差异

在马铃薯病毒病发病盛期（4 月 24 日），对脱毒马铃薯进行病毒病调查，结果如表 11-5 所示。病毒病表现为叶片皱缩、植株矮化的品种是当地生产品种（CK）和'中薯 3 号'，发病率均达 100%；病毒病表现为卷叶的品种是'费乌瑞它'和'中薯 2 号'，发病率分别为 39.33%和 21.33%；病毒病表现为花叶的品种是'大西洋'、'坝薯 9 号'和'Hp4'，发病率分别为 9.33%、9.33%和 4.67%；'坝薯 10 号'无病毒病表现，属高抗病毒病品种。由此可见，不同的脱毒薯对病毒病的抗性具有较大差异，其病毒病的表现差异也较大。

5 月 29 日调查的结果与前期调查的结果相比，试验中马铃薯叶片皱缩和花叶的症状减轻，植株长势和高度趋于正常，当地生产品种（CK）和'中薯 3 号'叶片皱缩的发病率从原来的 100%分别下降为 32.67%和 39.67%；'大西洋'、'坝薯 9 号'和'Hp4'的花叶病毒病症状的病株率分别从前期的 9.33%、9.33%和 4.67%下降为 3.33%、0%和 0%；而卷叶病毒病的症状则比前期明显增加，'费乌瑞它'和'中薯 2 号'卷叶病毒病的发病率分别从前期的 39.33%和 21.33%分别上升至 100%和 63.33%；'坝薯 10 号'仍无病毒病症状。从中可见，马铃薯病毒病的花叶和皱缩症状，可随着温度的升高而减弱，卷叶症状则随着病毒的积累而增强。

表 11-5 马铃薯品种脱毒种薯抗病性比较（2008 年）

品种	2008.04.24 调查 平均发病率/%	症状	2008.05.29 调查 平均发病率/%	症状
'中薯 3 号'	100	植株严重矮化，叶片皱缩	39.67	植株矮化减轻，生长趋正常
'中薯 2 号'	21.33	植株生长正常，叶片卷叶	63.33	植株生长正常，叶片卷叶
'费乌瑞它'	39.33	植株生长正常，叶片卷叶	100	植株生长正常，叶片卷叶
'大西洋'	9.33	植株生长正常，少量花叶	3.33	植株生长正常
地方品种（CK）	100	植株严重矮化，叶片皱缩	32.67	植株矮化减轻，生长趋正常
'坝薯 9 号'	9.33	植株生长正常，花叶	0	植株生长正常
'坝薯 10 号'	0	植株生长正常	0	植株生长正常
'Hp4'	4.67	植株生长正常，花叶	0	植株生长正常

第二节 品种及育种亲本抗病性评价

一、品种抗性与发病程度关系研究

在昭觉县、彭州市和冕宁县等县市进行品种抗病性比较，结果如表 11-6 所示。品种间晚疫病抗性差异较大，抗病品种晚疫病发病率为 24.75%～41.32%，病情指数 10.83～23.57；而对照米拉品种的平均发病率为 57.67%～100%，平均病情指数为 52.33～79.78；抗病品种鲜薯产量比米拉增产 11.30%～28.72%。表明抗病品种的发病率和病情指数明显低于对照，产量明显高于对照，合理布局抗病品种可延缓晚疫病和病毒病的发生和流行，降低病害造成的危害。

表 11-6 马铃薯品种抗晚疫病比较试验结果（2010 年）

品种	试验地点	发病/%	病情指数	产量/(kg/hm^2)	对照'米拉' 发病率/%	病情指数	比'米拉'产量±/%
'川凉薯 1 号'	昭觉	33.62	21.73	39165	68.78	54.33	+20.25
'川凉薯 2 号'	普格	27.87	19.79	37080	71.89	55.98	+12.84
'川凉薯 3 号'	冕宁	28.58	10.83	36315	65.34	52.33	+11.30
'川凉薯 4 号'	甘洛	40.13	22.78	29025	57.67	54.34	+22.10
'凉薯 8 号'	美姑	24.75	13.83	29175	87.89	67.54	+10.34
'合作 88'	喜德	28.57	10.97	33780	90.79	46.87	+20.30
'川芋 10 号'	彭州	41.32	23.57	19896	100	79.78	+28.72

对凉山州大面积种植的'米拉'、'会-2'、'合作88'和'川凉薯1号'分别进行田间晚疫病流行调查（表11-7）。结果显示，'川凉薯1号'的发病时间比'费乌瑞它'推迟9d，比'米拉'推迟6d，发病程度显著低于'费乌瑞它'和'米拉'，可减少25%用药量，降低生产成本和环境污染。

表 11-7 抗病品种的田间病情指数调查（2010 年）

品种	病情指数（日/月）					
	2/6	5/6	8/6	11/6	15/6	25/6
'米拉'	0	0.35	1.3	5.65	18.03	71.59
'费乌瑞它'	1.9	1.33	6.59	15.94	29.71	枯死
'会-2'	0	0.32	1.08	5.02	15.52	79.05
'川凉薯1号'	0	0	0	0.22	2.03	38.83
'合作88'	0	0	0	0.10	1.97	40.73

二、制定晚疫病抗性鉴定标准及鉴定

制定了《马铃薯品种抗晚疫病性田间鉴定技术规程》（DB51/T 723—2007）和《马铃薯品种抗晚疫病性室内鉴定技术规程》（DB51/T 1024—2010）两项四川省地方标准，为规范四川省马铃薯品种的抗病性鉴定提供了科学依据。

构建和完善马铃薯抗晚疫病和病毒病性鉴定平台，积极开展省区试马铃薯品种的抗病性鉴定评价，为马铃薯育种攻关服务。共鉴定马铃薯品种和品系226份，累计推荐品种和品系50余份。

三、马铃薯主栽品种抗病性跟踪

马铃薯晚疫病是生产上的重要病害之一，进行马铃薯抗病性变异调查，为马铃薯品种合理布局、抗源利用和病害监测及防治提供科学依据。对四川省15个州市主推的35个马铃薯品种进行了抗晚疫病性的调查工作，平均每年监测21个马铃薯品种。

从调查结果看，四川省新增了许多抗病品种，但在种植面积上，仍以感病品种为主。因此，在马铃薯大面积种植地区，应扩大高产、优质、抗病品种种植面积，避免感晚疫病品种大面积连片和连年种植；采用多品种、多作物间作和轮作，适时施用杀菌剂，减少晚疫病的危害，避免晚疫病的大流行。

四、马铃薯晚疫病水平抗性的 QTL 标记评价

选育和种植抗病品种是防治马铃薯晚疫病的最佳途径,马铃薯晚疫病抗性分为单基因(R)控制的小种特异性抗性(或称垂直抗性)和多基因控制的非小种特异性抗性(或称水平抗性)[4]。由于现有马铃薯品种对晚疫病的抗性主要由 R 基因(单基因或少数基因)控制,具有小种专化性,只能抵抗一个或几个生理小种,易被晚疫病菌所克服,难以抵御病菌的毒性变异压力,使具有这种抗性的品种在生产中失去应用价值。水平抗性是由微效多基因控制的,具有非小种专化性,对任何病原小种发展速度产生限制(抗侵染、限制菌丝在寄主体内蔓延、降低病原菌产孢量),宏观上表现为病害流行速度降低。因此,选育抗性持久的水平抗性品种已成为目前马铃薯晚疫病防治的重要策略。在抗源筛选过程中,利用数量性状基因座(quatitative trait locus,QTL)标记辅助选择提高晚疫病水平抗性评价的准确性,可提高育种效率。

以来自成都市农林科学院、凉山州马铃薯产业办公室、四川农业大学和四川九寨沟岷山农业科技有限公司的 77 份四倍体马铃薯品种为材料,对 9 个不同染色体上、与马铃薯晚疫病水平抗性相关的 QTL 位点标记 CP108、GP23、GP25、GP180、GP179、GP76、prp1、GP125 和 GP34 进行了评价。如图 11-4 所示,不同 QTL 标记在供试材料中出现频率不完全相同,其中 CP108、prp1 和 GP125 都能扩增出条带,出现频率为 100%;GP25、GP180、GP179 和 GP76 出现频率分别是 97.4%、98.7%、96.1%和 98.7%;GP34 和 GP23 出现频率较低,分别是 80.5%和 68.8%。对于单个基因型而言,含有主效 QTL 位点的数量与其抗病程度成正相关,利用主效 QTL 位点在马铃薯后代材料中进行辅助选择,有助于推动马铃薯晚疫病水平抗性育种工作。

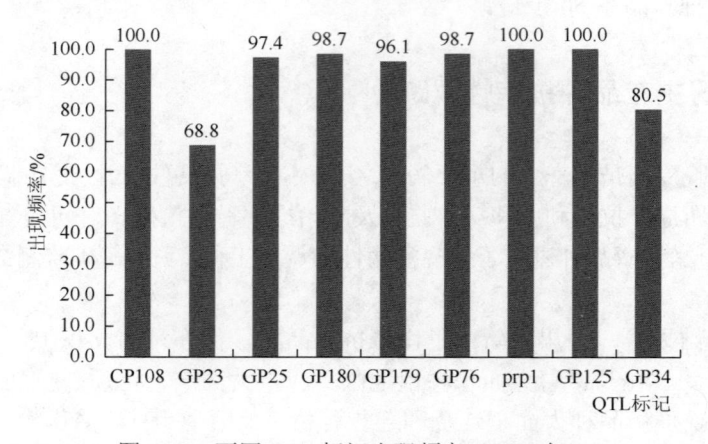

图 11-4 不同 QTL 标记出现频率(2014 年)

第三节　马铃薯病虫害综合防控技术

按照绿色防控的理念，贯彻"预防为主，综合防治"的植保方针。根据马铃薯病害的流行规律，通过大量的试验示范，提出马铃薯病虫害绿色防控体系：①以农业措施为基础，破坏病虫害适宜生长的环境条件，即起垄种植马铃薯，合理密植，重施底肥，早施追肥，增施钾肥，以有机肥（含沼液）为主、化肥为辅的原则，禁用硝态氮肥和含氯化肥；②以种植抗晚疫病和病毒病的品种为主导，逐步减少感病品种的种植面积，避免高产、优质的马铃薯感病品种大面积净作和连作，应与其他农作物间作，降低病害的危害；③利用晚疫病预测预报技术或关键时期的田间晚疫病普查，获得施药的关键时间，避免盲目施药和漏施的现象发生，既经济，又有效；④采用高效、低毒的杀菌剂及相应的施药技术对晚疫病进行防治，通过上述一系列措施，最大限度地降低农药的使用量，保护环境、保护生态平衡。

一、不同熟制马铃薯主要病虫害种类及防治特点

马铃薯晚疫病是不同熟制下马铃薯重要病害，也是马铃薯生产中重点防治对象。

1. **春马铃薯病虫害**

常发生的病虫害有晚疫病、早疫病、病毒病和蚜虫。当日平均气温上升到7℃以上，遇持续降雨，晚疫病就可能会发生。因此，晚疫病的预防和提早防治是防止晚疫病暴发流行的关键；早疫病易发生在土壤比较贫瘠、植株缺少钾的地块，可以在发病初期进行药剂防治；病毒病的发生除了种薯带病以外，还有蚜虫传播，病毒病是系统侵染，采用药剂防治效果甚微，需采用脱毒种薯和防治蚜虫来防治病毒病；蚜虫多在干旱的天气发生，可在蚜虫初发生期采用黄板诱杀和使用高效低毒的杀虫剂进行防治。

局部地区由于马铃薯种植于河滩湿地、土质偏碱等因素，马铃薯疮痂病和地下害虫的发生甚为严重。地下害虫主要为地老虎、蛴螬、蝼蛄和金针虫等。使用微生物农药如绿僵菌粉剂、球孢白僵菌粉剂、卵孢白僵菌粉剂等沟施防治地下害虫有一定效果，但防治效果低于辛硫磷颗粒剂等化学防治药剂。因种植户鲜有防治地下害虫的习惯，严重发生区域宜改变种植模式，更换种植田块或进行土壤改良以适宜马铃薯生长，结合栽培管理措施，破坏地下害虫适宜生存环境，降低越冬数量，减轻翌年危害。

2. **秋马铃薯病虫害**

常发病虫害有晚疫病和早疫病。秋马铃薯生育期气温较高，降雨密集且降雨

量大，田间湿度决定了晚疫病和早疫病的发生和发展，秋马铃薯晚疫病发生程度和流行速率较春马铃薯高，且防治难度大，应根据湿度的变化尽早进行晚疫病和早疫病的防治。

3. 冬马铃薯病虫害

常发病虫害有晚疫病、早疫病、病毒病和蚜虫。冬作马铃薯通常在11月底12月初播种，晚疫病、早疫病和蚜虫常在生长后期发生。为了减少病虫害的危害，应提早播种，提早收获，错过晚疫病、早疫病和蚜虫的发病高峰，合理预防晚疫病的发生可达到事半功倍的效果。

二、高效、低毒、低残留杀菌剂的筛选

由于马铃薯晚疫病暴发时间短、流行速度快，对杀菌剂抗药性的产生和新基因型的普遍出现，不断筛选晚疫病防治新药剂，有助于提升对晚疫病的防控能力。配合科学的栽培措施和药剂的合理轮换，有利于提高防治效果，延缓病原菌对药剂抗药性的产生，延长药剂使用年限。

通过多年多地马铃薯晚疫病防治药剂筛选，防治效果比较好的药剂有：10%氟噻唑吡乙酮OD（商品名：增威赢绿）、500g/L氟啶胺SC（商品名：福帅得）、68%精甲·锰锌WG（商品名：金雷）、47%烯酰·唑嘧菌SC（商品名：德劲）、60%唑醚·代森联WG（商品名：百泰）、25%双炔酰菌胺SC（商品名：瑞凡）、100g/L氰霜唑SC（商品名：科佳）、687.5g/L氟菌·霜霉威SC（商品名：银法利）和25%吡唑醚菌酯SC（商品名：凯瑞）、70%丙森锌WP（商品名：安泰生）、440g/L精甲·百菌清SC（商品名：菲格）、47%春雷·王铜WP（商品名：加瑞农）、50%烯酰吗啉WG（商品名：烯酰吗啉）、0.3%丁子香酚SLX（商品名：丁子香醇）等。

2008~2011年，收集国内外用于防治卵菌纲病原菌引起病害的高效、低毒、低残留杀菌剂近20种，在四川省的道孚县、北川县、万源市、叙永县、昭觉县等地进行了大量的防治马铃薯晚疫病药剂筛选试验，结果如表11-8所示。

表11-8　高效、低毒杀菌剂防治马铃薯晚疫病效果（2008~2011年）

药剂名称	用量/(g/hm^2)或(mL/hm^2)	防效范围/%	平均防效/%	保产范围/%	平均保产/%
687.5g/L 氟菌·霜霉威 SC	1125	50.1~88.8	71.3	20.5~166.7	61.7
687.5g/L 氟菌·霜霉威 SC+70%安泰生 WP	1125+1500	68.4~88.1	76.85	37.2~54.3	46.6
25%双炔酰菌胺 SC	450	56.2~86.3	70.4	15.4~133.3	53.0

续表

药剂名称	用量/(g/hm²)或(mL/hm²)	防效范围/%	平均防效/%	保产范围/%	平均保产/%
50%氟啶胺 SC	2000 倍	53.3~88.6	63.5	17.1~177.8	63.5
100g/L 氰霜唑 SC	2000 倍	50.7~82.6	60.2	13.7~140.8	55.0
68%精甲·锰锌 WG	1500	17.75~72.76	41.75	0~45.6	18.8
空白对照	平均病情指数 68.31、范围为 12.0~96.25				

2014 年，在彭州市进行药剂防治马铃薯晚疫病试验，结果如表 11-9 所示。500g/L 氟啶胺 SC 防治效果最佳，达 95.98%，保产效果 40.63%，可作为马铃薯晚疫病保护性药剂；0.3%丁子香酚 SLX 450g/hm² 的防治效果 45.05%，保产效果 59.43%，有一定增产作用。

表 11-9　防治马铃薯晚疫病的效果及对马铃薯产量的影响

药剂	剂量/（mL/hm²）	平均病指	相对防效/%	产量/(kg/hm²)	保产效果/%
500g/L 氟啶胺 SC	337.5	2.87	95.98	22688.40	40.63
687.5g/L 氟菌·霜霉威 SC+70%丙森锌 WP	1125+2250	6.77	90.51	25950.45	60.85
100g/L 氰霜唑 SC	337.5	6.97	90.23	20082.90	24.48
250g/L 双炔酰菌胺 SC	600	8.89	87.54	24157.95	49.74
687.5g/L 氟菌·霜霉威 SC	1125	10.57	85.19	22271.55	38.05
440g/L 精甲·百菌清 SC+47%春雷·王铜 WP	900+900	17.80	75.06	20620.50	27.81
50%烯酰吗啉 WG	450	31.94	55.24	20062.05	24.35
0.3%丁子香酚 SLX	450	39.21	45.05	25721.25	59.43
CK（清水对照）	—	71.36		16133.10	

2016 年，在道孚县首次使用 10%氟噻唑吡乙酮 OD（增威赢绿），末次药后 7 天防治效果达 99.00%。

三、马铃薯晚疫病减量增效防治技术

利用马铃薯晚疫病监测预警系统，针对彭州市种植马铃薯晚疫病抗病品种'川芋 117 号'和崇州市种植的感病品种'费乌瑞它'，分别在彭州市和崇州市马铃薯晚疫病第 4 代侵染循环中期和第 2 代侵染循环结束后，使用非离子表面活性剂倍创（四川蜀峰化工有限公司生产）3000 倍稀释液与福帅得（500g/L 氟啶胺悬浮剂）

减量40%混合施用，对晚疫病均有一定的防治效果。在彭州市和崇州市两地，福帅得减量40%即225mL/hm^2+倍创3000倍稀释液的防治效果分别为87.29%和91.67%，与福帅得常规用量375mL/hm^{2}防治效果相当；而福帅得减量60%即150mL/hm^2+倍创3000倍稀释液与福帅得常规用量375mL/hm^{2}防治效果存在显著性差异。在眉山市丹棱县秋马铃薯晚疫病第4代、第5代和第6代侵染循环，使用杰效利（非离子表面活性剂）稀释3000倍稀释液与金雷（68%精甲·锰锌可湿性粉剂）减量混合防治晚疫病，金雷常规用量1500g/hm^{2}减量20%和30%末次药后7d平均病指分别为3.26和5.88，平均防效分别为96.33%和93.38%，较常规用量平均防效96.56%不存在显著性差异。

四、杀菌剂抗药性监测

种植抗病品种是马铃薯晚疫病防治的基础，药剂防治是关键。然而马铃薯晚疫病菌具有易产生抗性的特点，被国际杀菌剂抗药性行动委员会（FRAC）划分为高抗性风险病原菌[5]，对晚疫病菌开展药剂敏感性研究，掌握其抗药性发生程度，有助于科学合理使用防治药剂，延长药剂使用年限。

1. 甲霜灵抗性菌株在四川普遍发生

以甲霜灵（metalaxyl）为代表的苯基酰胺类杀菌剂，对于马铃薯晚疫病有很好的防治效果，兼具保护和治疗的作用，但经推广3年后便出现了抗药性菌株。

对喜德县、新都区、郫县、彭州市、冕宁县、昭觉县、道孚县和达州市的马铃薯晚疫病菌菌株进行抗甲霜灵检测试验，在供试的100个马铃薯晚疫病菌中包含抗性、中抗和敏感菌株，分别占测定菌株的63.0%、22.0%和15.0%。四川马铃薯晚疫病菌对甲霜灵抗性的菌株占绝对优势，昭觉县、喜德县、彭州市、郫县、达州市、冕宁县和新都区未检测到敏感菌株，仅九龙县出现敏感菌株的频率最高，说明长期施用甲霜灵及含有甲霜灵的药剂，已使四川马铃薯晚疫病菌对甲霜灵产生了严重的抗药性，在各马铃薯主产区均能检测到。对选择的敏感菌株、中抗菌株和抗性菌株进行抗性水平测定，结果显示抗性菌株的EC$_{50}$为1911.3440μg/mL，中抗菌株的EC$_{50}$为57.0033μg/mL，敏感菌株的EC$_{50}$为0.0025μg/mL，以敏感菌株为对照菌株，中抗菌株和抗性菌株的抗性水平都在10^{4}倍以上。

昭觉县、喜德县、普格县、冕宁县、道孚县、康定市和九龙县为少数民族地区，经济欠发达，大部分生产者都没有进行马铃薯晚疫病的预防，大面积发生晚疫病后或使用低廉甲霜灵复配药剂高浓度施用，或不进行任何防治，当地植保人员则采用银法利等药剂轮换施用，每季喷施药剂水平较高，喷施次数3～5次。对四川马铃薯晚疫病菌的甲霜灵抗性测定结果显示除九龙县外，其他地区分离的马铃薯晚疫病菌对甲霜灵均已经产生较高的抗药性，主要原因可能是各马铃薯产区长期单一施用含甲霜灵药剂，增加使用量和施用次数，从而导致抗药性的产生，以及各地区种薯的调运和省内外马铃薯品种交流，都容易导致抗性菌株随带病种薯传入未施用过甲霜灵的地区。

甲霜灵抗性由单个不完全显性基因控制，且抗性基因为纯合基因，四川出现自育型菌株，意味着田间也能存在卵孢子，有性生殖导致的基因重组可能产生更多对甲霜灵抗性的菌株。因此在晚疫病防治工作上，一方面做好严格的种薯调运检疫工作，防止抗性菌株的传播；另一方面，结合马铃薯晚疫病的预测预报工作，预防为主，综合防治，控制施用含甲霜灵系列药剂及施用次数，筛选无交互抗性的高效低毒药剂轮换使用，缓解选择压力，淘汰失去防治效果的药剂，降低抗药性产生的风险，延长杀菌剂的使用年限。四川马铃薯晚疫病菌的甲霜灵敏感性如表 11-10 所示，部分菌株对甲霜灵的抗性水平如表 11-11 所示。

表 11-10　四川马铃薯晚疫病菌的甲霜灵敏感性（2008～2011 年）

地点	菌株数	对甲霜灵敏感 菌株数	频率/%	对甲霜灵中抗 菌株数	频率/%	对甲霜灵抗性 菌株数	频率/%
昭觉	23	0	0.0	3	3.0	20	20.0
喜德	11	0	0.0	3	3.0	8	8.0
彭州	11	0	0.0	1	1.0	10	10.0
普格	9	1	1.0	7	7.0	1	1.0
道孚	9	5	5.0	1	1.0	3	3.0
九龙	9	8	8.0	1	1.0	0	0.0
康定	8	1	1.0	4	4.0	3	3.0
郫县	6	0	0.0	1	1.0	5	5.0
达州	5	0	0.0	0	0.0	5	5.0
冕宁	5	0	0.0	0	0.0	5	5.0
新都	4	0	0.0	1	1.0	3	3.0
总计	100	15	15.0	22	22.0	63	63.0

表 11-11　部分菌株对甲霜灵的抗性水平（2008～2011 年）

菌株编号	甲霜灵敏感性	毒力回归方程	相关系数（r）	EC_{50}/(μg/mL)	抗性水平
BM09-15-1	敏感菌株	$y = 5.5774+0.2212x$	0.9785	0.0025	—
XiD09-7-7	中抗菌株	$y = 3.8658+0.6459x$	0.9691	57.0033	2.28×10^4
ZJ09-1-3-18	抗性菌株	$y = 3.4234+0.4805x$	0.9797	1911.3440	7.65×10^5

2. 建立马铃薯晚疫病菌对氟啶胺的敏感基线

氟啶胺属吡啶胺衍生物，二硝基苯胺类杀菌剂，是广谱高效的保护性杀菌剂，作用于植物病原菌从孢子萌发到孢子形成的各个生长阶段，特别是阻止孢子萌发及侵入器官的形成。近些年，氟啶胺在四川各马铃薯主产区作为马铃薯晚疫病的保护性药剂，防病效果明显。国家对马铃薯产业的重视和薯农种植积极性的提高，促使对马铃薯晚疫病防治力度的加大。目前，四川省尚缺乏系统的抗药性监测资料，建立四川马铃薯晚疫病菌对氟啶胺的敏感基线，可为开展田间抗药性监测提供参考。采用菌丝生长速率法测定甘孜州泸定县、峨边县、彭州市、万源县、兴文县和宣汉县等地的 80 株马铃薯晚疫病菌对氟啶胺的敏感性，氟啶胺对四川马铃薯晚疫病菌的抑菌活性较高，马铃薯晚疫病菌对氟啶胺的敏感性分布呈单峰曲线，EC_{50} 值分布在 0.1830~0.8767μg/mL 之间，平均 EC_{50} 值为 0.4369μg/mL，可作为四川马铃薯晚疫病菌对氟啶胺的敏感基线，其最高为 0.8767μg/mL，最低为 0.1830μg/mL，相差 4.8 倍，未检测到抗性菌株。四川马铃薯晚疫病菌对氟啶胺的 EC_{50} 值分布频率如图 11-5 所示。

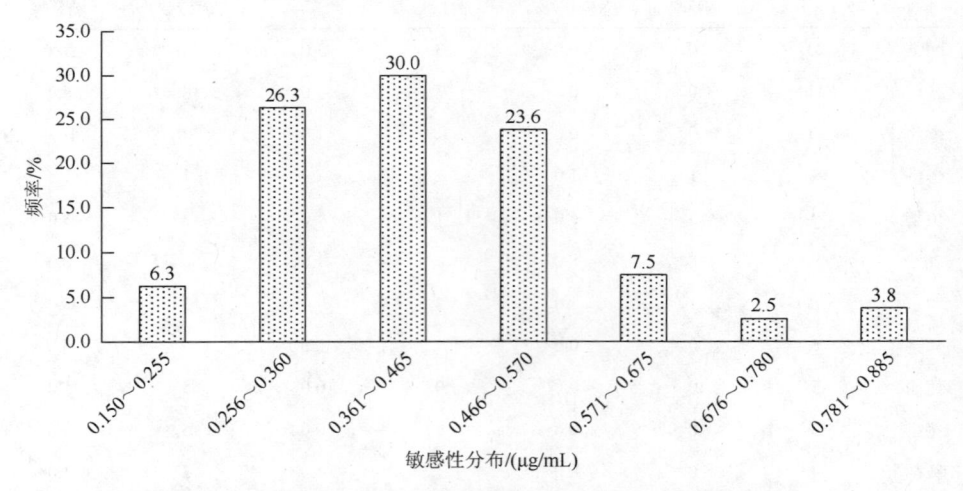

图 11-5　四川马铃薯晚疫病菌对氟啶胺的 EC_{50} 值分布频率（2014 年）

四川各马铃薯主产区马铃薯晚疫病菌对氟啶胺的 EC_{50} 值如表 11-12 所示，表明不同地理来源的马铃薯晚疫病菌对氟啶胺的敏感性存在差异，其中彭州市马铃薯晚疫病菌对氟啶胺的 EC_{50} 值最高，平均 EC_{50} 值为 0.5480μg/mL，峨边县、泸定县和宣汉县马铃薯晚疫病菌对氟啶胺的 EC_{50} 值差异不大。不同年份四川马铃薯晚疫病菌对氟啶胺的敏感性不存在差异。采用紫外线处理的方法，在 6 个区域的马铃薯晚疫病菌菌株中各选 1 株，共 6 株，进行抗氟啶胺突变体的诱导，但只在彭州市菌株中发现扇形生长区域,并对其进行抗药稳定突变体挑选。在扇形生长区域挑选 10 个单孢子囊菌株,其在 0.8μg/mL 的 RSA 含药平板上生长完全受到抑制。

表 11-12　四川各马铃薯主产区马铃薯晚疫病菌对氟啶胺的 EC_{50} 值(2014 年)

地点	菌株数	EC_{50} 范围/(μg/mL)	EC_{50} 平均值/(μg/mL)	标准偏差
峨边	9	0.1945～0.5087	0.3521	0.0853
泸定	13	0.183～0.5117	0.3520	0.0956
彭州	23	0.3117～0.8767	0.5480	0.1541
万源	13	0.3038～0.6963	0.4513	0.1259
兴文	12	0.2715～0.5473	0.4438	0.1099
宣汉	10	0.2009～0.5597	0.3409	0.0847

目前以氟啶胺为主要成分的药剂广泛用于四川马铃薯晚疫病的防治,由于四川各马铃薯主产区经济发展不一,所使用药剂差别甚大,氟啶胺在少数民族地区的使用频率较低,甚至未曾使用。研究表明,经检测的四川马铃薯晚疫病菌中,没有出现对氟啶胺敏感性下降的个体,但不同地区马铃薯晚疫病菌的敏感性有差异,不同年份间菌株的敏感性没有差异。在室内诱导获得马铃薯晚疫病菌对氟啶胺抗药性稳定突变株难,突变频率低。无论在室内马铃薯晚疫病菌对氟啶胺抗药性的研究,还是田间氟啶胺对马铃薯晚疫病的防治效果,均表明氟啶胺在田间为低抗药性风险。但马铃薯晚疫病菌仍被 FRAC 划分为高抗药性风险病原菌,氟啶胺与常用内吸性杀菌剂之间没有交互抗性,建议在同一生长季节科学轮换使用氟啶胺、烯酰吗啉和双炔酰菌胺等其他药剂,以延缓或避免抗药性的产生,延长药剂的使用年限。

五、马铃薯晚疫病预警防控研究与应用

马铃薯晚疫病是一种受气象因素如气温、相对湿度等影响极大的、易爆发的流行病害,准确的防治时间是防治马铃薯晚疫病的关键。四川省马铃薯生产地多地处偏远山区,缺乏对晚疫病的有效监测。四川省独特的地理气候条件特别适合马铃薯晚疫病的发生和流行,发病普遍和速度快,通常马铃薯晚疫病的防治处于盲目施药状态,易出现早防或迟防等问题,频繁施药带来人力、财力的浪费和环境污染,而防治不到位,造成病害流行,导致减产、降收。因此,马铃薯晚疫病监测预警体系的建立尤为重要。

2008 年开始马铃薯晚疫病预警防控研究,从开始的 HOBO 小型仪器,到利用天气预报的气象数据,马铃薯晚疫病的循环图要人工计算,既费时又费工,所得

循环图又滞后,给研究工作带来诸多不便。2011 年,开始建立马铃薯晚疫病预警站,进行马铃薯晚疫病的智能防控。

1. 马铃薯晚疫病预警体系

马铃薯晚疫病预警体系是由多个预警基站、传输终端的分析者和制定防治措施的发布组织组成的。采用比利时马铃薯晚疫病预警模型(CARAH 预警模型),建立了基于物联网的拥有数据采集、智能分析、实时预警和防控信息发布等功能的马铃薯晚疫病数字化监测预警系统[6,7]。

2. 根据预警数据制定防控措施

终端显示,当晚疫病侵染循环进入第二代时,开始对当地的易感马铃薯品种进行田间病圃调查,3~5d 调查一次;当感病品种出现中心病株,组织大面积防治。建议:易感品种不宜大面积连片种植。对于生产大户,若需要大量易感品种,当晚疫病进入第二代循环的末期就要施药,第一次防治后,根据晚疫病循环进程施药。

3. 马铃薯晚疫病预警防控研究

2011 年,在彭州市、万源县、彭山县、昭觉县、郫县和道孚县 6 个县市设置马铃薯晚疫病预测预报试验点,定时收集气象数据;技术员在观察圃定点、定时进行晚疫病调查。CARAH 模型分析的预测时间与观察圃调查的晚疫病初发病时间基本一致,表明该模型可以用于晚疫病的预测预报。在马铃薯晚疫病预测预报的工作中,获得气象数据的手段尤为重要。由于马铃薯生产区多处偏远山区或远离工作场所,与郫县、道孚县、九龙县和泸定县气象局合作,采用气象局每日提供的 24h 温湿度资料进行 CARAH 模型分析,经比对,气象局的数据与当地数据分析的结果基本一致,这为马铃薯晚疫病的预测预报创造出更广阔的前景,应用于四川省各地市县气象部门的气象资料,利用先进的视讯网络,建立四川省马铃薯晚疫病预测预报中心,做到及时、准确、有效地防治马铃薯晚疫病。

在四川多个不同海拔高度的马铃薯产区建立马铃薯晚疫病监测圃,明确马铃薯晚疫病 CARAH 预警模型在四川各马铃薯种植地的适用性。以感病品种'费乌瑞它'和'米拉'为监测品种,各地出现马铃薯晚疫病中心病株稍有差异,大多在第 2 次侵染循环出现。感病品种在第 1 代侵染循环 5~6 分时开始喷施保护性药剂,抗病品种在第 2 代侵染循环 5~6 分时开始喷施保护性药剂,可延缓马铃薯晚疫病的发生,同时密切关注田间马铃薯晚疫病发生情况以调整防治策略,出现田间中心病株则使用治疗性药剂,可降低马铃薯晚疫病流行速率。8 个马铃薯晚疫病监测站点的马铃薯晚疫病初侵染情况如表 11-13 所示。

表 11-13 8 个马铃薯晚疫病监测站点的马铃薯晚疫病初侵染情况（2013 年）

站点	CARAH 模型 开始时间	CARAH 模型 初侵染程度	中心病株 出现时间	中心病株 所处侵染循环
彭州市龙门山镇	4 月 5 日	极重	4 月 24 日	第 2 代第 1 次
泸定县新兴乡	4 月 1 日	极重	4 月 12 日	第 1 代第 1 次
丹巴县中路乡	5 月 18 日	轻	6 月 9 日	第 2 代第 1 次
九龙县湾坝乡	4 月 2 日	极重	5 月 15 日	第 3 代第 1 次
九龙县呷尔镇	6 月 2 日	轻	6 月 28 日	第 2 代第 1 次
道孚县八美镇	6 月 23 日	轻	7 月 5 日	第 2 代第 1 次
甘孜县南多乡	6 月 22 日	轻	7 月 21 日	第 1 代第 1 次
理塘县甲洼乡	7 月 5 日	轻	7 月 17 日	第 2 代第 1 次

4. 马铃薯晚疫病监测预警系统的应用

1）在春作马铃薯上的应用

在绵阳市北川县开展春马铃薯晚疫病监测预警绿色防控试验，利用马铃薯晚疫病监测预警系统指导晚疫病防治，在'青薯 9 号'、'红美人'、'红玫瑰'、'黑美人'、'黑森林'、'黑金刚'和'费乌瑞它'等品种马铃薯晚疫病第 3 代侵染循环开始使用阿米西达进行药剂防治，3 次药后 7d 平均防治效果达 83%以上，鲜薯薯块委托四川省农业科学院分析测试中心进行嘧菌酯农药残留检测，检出限为嘧菌酯 0.1μg/kg，送检样品中均未检测到嘧菌酯。在彭州市春马铃薯晚疫病第 4 代和第 5 代侵染循环进行药剂防治，药后 7d 平均防效可达 90%。

在甘孜州道孚县应用马铃薯晚疫病监测预警系统指导马铃薯晚疫病防治，在第 2 代、第 3 代、第 4 代马铃薯晚疫病侵染循环中期进行药剂防治，所有药剂对马铃薯晚疫病均有一定防治效果。500g/L 氟啶胺 SC 337.5mL/hm^2 防治效果最佳达到 95.98%，较空白对照增产 40.63%；其次是 687.5g/L 氟菌霜霉威 SC 1125g/hm^2+70%丙森锌 WP 2250g/hm^2，防治效果为 90.51%，较空白对照增产 60.85%；100g/L 氰霜唑 SC 337.5mL/hm^2 防治效果为 90.23%，较空白对照增产 24.48%。

2）在秋作马铃薯上的应用

在眉山市丹棱县采用稻草覆盖方式种植秋马铃薯，利用马铃薯晚疫病监测预警系统指导晚疫病防治工作。在秋马铃薯 68d 的生育期中，日平均相对湿度 89.13%，总降雨量 130.6mm，共发生侵染 61 次，其中极重度侵染 20 次，重度侵染 17 次，中度侵染 17 次，轻度侵染 7 次。从第 3 代侵染循环开始进行晚疫病防治，平均防治效果最高可达 94.47%。施用氟啶胺 3 次，产量 14560kg/hm^2，较对照增产 25.09%。秋马铃薯生长季节气温较高、降雨量丰富，马铃薯晚疫病的防治必须在封行前进行，出现马铃薯晚疫病中心病株后若遇连续降雨，病害得不到有效控制，将严重影响马铃薯的产量。

3）在冬作马铃薯上的应用

在冬马铃薯生长期，遭遇的病虫害少、发生程度较低，利用马铃薯晚疫病监测预警精准施药，投入药剂防治成本低，防治效果显著。

在南充市西充县，应用马铃薯晚疫病监测预警系统指导冬马铃薯晚疫病的防治，示范品种为夏波蒂，净作面积 13.3hm^2，防治效果达 95%，产量 41370kg/hm^2，按市场价 2.5 元/kg 计算，产值 10.34 万元/hm^2。在南充市顺庆区示范品种为'费乌瑞它'，马铃薯与核桃间作面积 14.7hm^2，防治效果达 90%，产量 31698kg/hm^2，按市场价 2.2 元/kg 计算，产值 6.97 万元/hm^2。在崇州市冬作马铃薯晚疫病第 3 代和第 4 代侵染循环进行药剂防治，药后 7d 平均防治效果 92%，产量为 16946kg/hm^2，较未防治区产量 14007kg/hm^2 增产 21%，按市场价 2.4 元/kg 计算，增加收益 7053 元/hm^2。在雅安市雨城区，利用马铃薯晚疫病监测预警系统指导防治，将药剂 80%代森锰锌 WP、72%霜脲·锰锌 WP、72%甲霜灵·锰锌 WP、85%烯酰吗啉 WP、75%氟菌·霜霉威 SC 轮换使用，马铃薯晚疫病相对防治效果达 100%，整个生育期未发生马铃薯晚疫病，产量最高为 28509kg/hm^2，商品薯为 78.6%，纯收益 83143.5 元/hm^2。

六、构建马铃薯病虫害综合防控技术体系

贯彻"预防为主，综合防治"的植保方针，综合农业、物理和化学防治措施治理马铃薯主要病虫害，达到经济、安全、有效地控制病虫害的目的。

农艺措施与健壮栽培：以农艺措施为基础，破坏病虫害适宜生长的环境条件，即起垄种植，合理密植；重施底肥，早施追肥，增施磷钾肥，以有机肥为主，化肥为辅，禁用硝态氮肥和含氯化肥，提高马铃薯抗病能力。

脱毒良种与合理布局：根据生产需要和市场需求，因地制宜选择无病种薯和脱毒抗病种薯，发挥种薯优良特性，如'青薯 9 号'、'川芋 117'、'米拉'等。

监测预警与精准施药：利用晚疫病监测预警系统指导预测预报与防治，感病品种如'费乌瑞它'、'川芋 56'等应在第 1 代或第 2 代侵染循环，抗病品种如'青薯 9 号'、'川芋 117'等在第 3 代或第 4 代侵染循环开始喷施保护性杀菌剂进行药剂预防，出现中心病株后喷施高效低毒内吸杀菌剂。

适时收获与田园清洁：适时收获，保证窖藏安全。清除田间病残薯、杂草与杂物，秋冬深翻土壤，破坏病虫生存环境，减少越冬数量。

（本章作者：刘波微　李洪浩　张　鸿　王晓黎　黄维藻　桑有顺）

参 考 文 献

[1] 李洪浩, 张鸿, 李华鹏, 等. 马铃薯晚疫病 CARAH 预警模型在四川春马铃薯上的应用. 中国农学通报, 2017, 33(4): 136-141.

[2] 李洪浩, 彭化贤, 席亚东, 等. 四川马铃薯晚疫病菌交配型、生理小种、甲霜灵敏感性及 mtDNA 单倍型组成分析. 中国农业科学, 2013, 46(4): 728-736.

[3] Danies G, Myers K, Mideros M F, et al. An ephemeral sexual population of Phytophthora infestans in the Northeastern United States and Canada. Plos One, 2014, 9(12): e116354.

[4] 柳俊, 吴承金, 胡诚, 等. 马铃薯晚疫病水平抗性的 QTL 标记评价. 园艺学报, 2007, 34(2): 391-396.

[5] 李洪浩, 吴应山, 杨春林, 等. 四川马铃薯晚疫病菌对氟啶胺的敏感性研究. 西南农业学报, 2015, 28(5): 2331-2333.

[6] 黄冲, 刘万才, 张君. 马铃薯晚疫病物联网实时监测预警系统平台开发及应用. 中国植保导刊, 2015, (12): 45-48.

[7] 张斌, 余杰颖, 李添群, 等. CARAH 模型指导下防控马铃薯晚疫病的效果. 江苏农业科学, 2015, 43(11): 185-188.

第十二章　马铃薯安全贮藏关键技术及分子机理

马铃薯块茎水分含量高（70%~80%），体积大但皮薄，收获和运输中容易产生擦伤，贮藏不当易造成大面积腐烂或不合时宜的发芽。中国每年15%以上的马铃薯因贮藏、运输不当等因素造成较大经济损失，因此马铃薯块茎的安全贮藏是其产业发展中的重要环节。针对马铃薯贮藏中的控芽和保鲜问题，项目组开展了持续十五年的科技攻关，筛选出一系列耐贮藏品种，研制出利于块茎解除休眠萌芽的植物生长调节剂及其处理方法；从植物中寻找用于抑制块茎发芽、延长贮藏时间的抑芽物质；从分子水平解析块茎萌芽过程和抑芽物质作用机理；集成马铃薯安全贮藏技术，分别制定大规模设施库集中贮藏和农户小型分散贮藏技术体系。

第一节　四川省马铃薯品种贮藏期调查

对四川省近年筛选的适应不同熟制类型的专用品种开展休眠期调查，筛选出一系列耐贮藏品种。如表12-1所示，'川芋117'、'丽薯6号'等中晚熟品种休眠期较长，耐贮藏。早熟品种'费乌瑞它'、'中薯3号'等休眠期较短，若用作秋季种薯，常温贮藏1~2月即可与播种期相配合，若是用作冬季种薯，则需采用措施延长种薯休眠期。

表12-1　四川近年筛选适应不同区域不同熟制类型的专用品种熟期和休眠期比较

品种	适合种植季节	熟期/d	休眠期/d
"费乌瑞它"	秋作、冬作	极早熟60	50~70
'中薯3号'	秋作、冬作	早熟65~70	60~90
'川芋早'	秋作、冬作	早熟70	60~80
'川芋5号'	秋作	早中熟79	80~100
'鄂薯4号'	秋作	早中熟76	80~100
'川芋10号'	春作	中早熟80~90	90~100
'岷薯4号'	春作	中早熟83	90~110
'川芋6号'	春作	中早熟75	90~110
'川凉薯4号'	春作	中晚熟89	90~110
'鄂薯3号'	冬作	中晚熟92	100~120
'鄂薯5号'	春作	中晚熟94	100~120

续表

品种	适合种植季节	熟期/d	休眠期/d
'秦芋30号'	春作	中晚熟95	100~120
'米拉'	春作	中晚熟90~100	100~120
'川凉薯5号'	春作	中晚熟90~100	100~120
'威芋3号'	春作	中晚熟100	110~130
'丽薯6号'	春作	中晚熟112	120~130
'川凉薯3号'	春作	中晚熟118	110~130
'川凉薯1号'	春作	中晚熟119	110~130
'川凉薯2号'	春作	中晚熟90	100~120
'川芋117'	春作	中晚熟100~120	110~130
'合作88'	春作	晚熟130	130~150

注：种植季节及种薯级别的不同会对熟期和休眠期造成影响，表中列出的是范围值。休眠期：从收获后到有50%的块茎发芽所需时间。发芽：块茎上至少有1个芽长≥2mm。

第二节　种薯生理年龄时空调节新技术

种薯生理年龄和休眠的变化与种薯内源激素即生长素和激动素的变化和比例密切相关，随着生理年龄的增加和休眠期的结束，生长素及其占内源激素的比例也随之增加。种薯生理年龄可通过不同来源的种薯流向、选择前作特定的海拔和季节来进行有效调控。研究种薯生理年龄和休眠作用机制，创新种薯生理年龄时空调节技术模式，可显著促进壮苗早发。通过物理和农艺方法打破休眠的时空调控种薯生理最佳年龄的技术，即脱毒原原种高山繁殖→原种低海拔春季繁殖→冷藏变温和散射光种薯处理→秋作防病栽培，使种薯生理年龄达到最佳。在4个品种多梯度贮藏方式（积温的不同）的试验中，中早熟品种（'费乌瑞它'和'中薯5号'）种薯的最适生理年龄为1210~1540℃·d；中晚熟品种（'川芋117'和'米拉'）种薯的最适生理年龄为1540~1870℃·d。采用马铃薯种薯不同来源的调控方法和途径，优化了四川省种薯供应体系，成为四川及西南地区提高产量的关键技术之一。种薯生理年龄（有效积温）对出苗天数和产量的影响如图12-1所示。

第三节　植物源物质控芽保鲜绿色贮藏

一、紫茎泽兰控芽保鲜作用

紫茎泽兰属菊目菊科泽兰属丛生型半灌木多年生草本植物。自20世纪40年

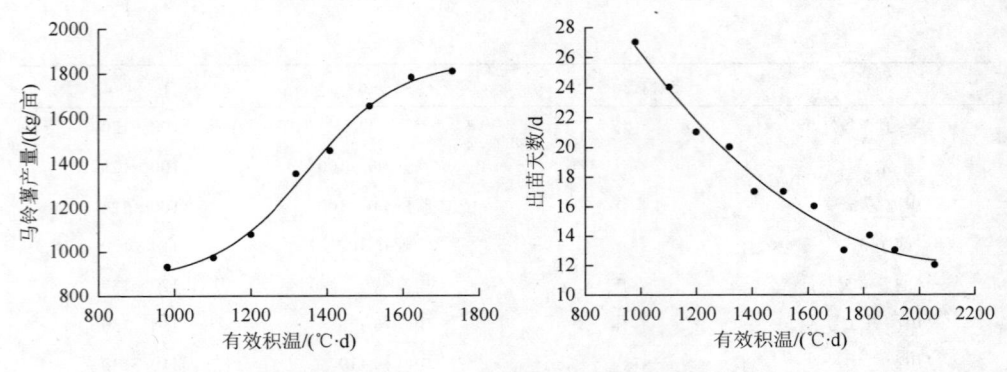

图 12-1 种薯生理年龄（有效积温）对出苗天数和产量的影响

代入侵到中国以来，迅速成为中国西南地区的主要入侵植物，对当地自然环境和农业生态系统造成了严重的危害。研究表明，紫茎泽兰植株不同部位的抽提物均能抑制植物种子的萌发和幼苗生长，也已分离出了一些化感物质。

1. 紫茎泽兰延长马铃薯贮藏期

利用紫茎泽兰干粉的沸水提取物、无水乙醚索氏提取物、无水乙醇索氏提取物、紫茎泽兰与锯木拌种作用于马铃薯原原种，观察发芽时间，测定芽长、细胞活力、呼吸速率、可溶性糖含量和淀粉酶活力等指标，研究紫茎泽兰对延长马铃薯贮藏的效应。结果表明，紫茎泽兰萃取物对贮藏种薯具有控制发芽时间及芽长、延长贮藏期、减少烂薯率、降低重量损失的作用。

2. 紫茎泽兰生物安全性检测

利用不同浓度紫茎泽兰正丁醇层试剂灌喂小鼠，其肺、肝、肠、肾、睾丸有不同程度病变，半致死剂量 LD_{50} 为 18.36g/kg，证明该层物质属于微毒物质，依据《农药急性毒性分级标准》作为植物源农药开发，其毒性符合植物源农药开发利用标准。

3. 抑芽活性成分分离与鉴定

紫茎泽兰鲜样地上部经阴干、粉碎后，用70%甲醇浸提获得紫茎泽兰地上部提取物，该提取物经液-液萃取、柱色谱、HPLC 纯化。在提取、纯化过程中以油菜种子作为快速鉴定体系，分步检测活性，并通过 TOF-MS 和 NMR 理化检测等方法，进行了主效抑芽活性物质结构鉴定。活性成分鉴定结果表明：化合物确定为邻苯二甲酸二丁酯，具有抑芽活性。将紫茎泽兰粉末以适当配比应用于马铃薯贮藏，具有保鲜控芽、减少贮藏疾病、减少马铃薯重量损失的作用。'泽兰鲜 3 号'对马铃薯种薯出芽率、芽长和烂薯率的影响如表 12-2 所示。

表 12-2 '泽兰鲜 3 号'对马铃薯种薯出芽率、芽长和烂薯率的影响

混合物浓度 /(g/kg)	'费乌瑞它'			'米拉'		
	出芽率/%	芽长/cm	烂薯率/%	出芽率/%	芽长/cm	烂薯率/%
CK	100.0 a	2.3 a	20.7 a	94.5 a	2.1 a	16.0 a
0.5	98.3 b	1.2 b	13.2 b	91.1 b	0.4 b	11.8 b
1.0	79.8 c	0.3 c	1.5 c	63.6 c	0.18 c	0.8 c
2.0	48.7 d	0.1 d	7.1 d	40.9 d	露白 d	0.6 d

二、萘、樟脑和薄荷醇等可逆性抑芽物质用于延长种薯贮藏期

马铃薯常用抑芽剂氯苯胺灵的作用不可逆，不能应用于种薯；目前无专用于延长种薯贮藏的试剂；单靠低温贮藏方式能耗高，且对低温不敏感品种作用小，如极易发芽品种'中薯 2 号'。生产上需开发新的用于延长种薯贮藏期的作用可逆型抑芽物质。

1. 精油抑芽效应

将薄荷、芫荽、小茴香精油处理已萌芽品种'费乌瑞它'的原原种和原种，如表 12-3 所示，随着浓度的升高和处理时间增加，芽的死亡率呈上升趋势，3 种精油的抑芽能力：薄荷＞芫荽＞小茴香，而低浓度下的小茴香有明显的促芽壮芽能力。随着单个薯块体积的增大，其发芽势更强，抑芽所需的精油浓度也更高，薄荷在 20mL/m^3 就可使原原种长出的芽死亡，而对于原种则浓度需增到 100mL/m^3 才有效[1]。

表 12-3 精油处理下块茎芽的死亡率（%）

精油种类	处理 1d				处理 3d			
	5mL/m^3	20mL/m^3	50mL/m^3	100mL/m^3	5mL/m^3	20mL/m^3	50mL/m^3	100mL/m^3
薄荷	0	56.73	100	100	0	100	100	100
芫荽	0	12.31	34.68	100	0	23.79	100	100
小茴香	0	0	12.45	42.17	0	0	36.15	100

2. 萘、樟脑和薄荷醇的抑芽效应

参照精油中的成分，选择了单一物质来比较抑芽效应：其中薄荷醇是薄荷精

油中的主要成分，樟脑存在于芫荽精油中，而萘是马铃薯自身产生的挥发性抑芽物 1,4-二甲基萘的相似物。

贮藏 50d 时对照有 70.90%长出约 2mm 完整小芽，萘处理长出的畸形芽无顶端和层次分明的结构，而樟脑处理的芽顶端发黑坏死，薄荷醇处理的可看到芽眼内有死亡的组织，抑芽能力：薄荷醇＞樟脑＞萘。

贮藏期间块茎的重量损失主要包括呼吸和芽生长消耗、水分利用和散失等。随着芽生长对营养物的消耗，对照 CK 重量损失率在 180d 时已增至 22.78%。三种试剂对芽有不同程度的抑制作用，减少了物质消耗，使损失率也相应降低，抑芽能力最强的薄荷醇处理，其损失率只有对照损失的约 1/3。贮藏期间各处理的平均芽长及块茎重量损失如表 12-4 所示。

表 12-4 贮藏期间各处理的平均芽长及块茎重量损失

处理	芽长/mm			块茎重量损失/%		
	50d	65d	80d	60d	120d	180d
CK	2.45±0.36	6.02±0.37	14.29±1.33	6.68±0.36	13.85±0.61	22.78±0.99
萘	2.28±0.36	2.23±0.27	2.06±0.47	6.97±0.58	11.88±0.92	17.49±0.93
樟脑	1.59±0.45	1.31±0.20	死亡	5.67±0.36	9.42±0.67	14.30±1.17
薄荷醇	无芽生长			4.83±0.27	7.37±0.55	8.14±1.00

3. 萘、樟脑和薄荷醇处理块茎恢复发芽及产量比较

贮藏 110d 后将处理薯块换到无抑芽物质的容器中散射光处理，如表 12-5 所示，14d 后除薄荷醇处理无恢复发芽迹象外，另两种试剂处理的块茎均能 100%恢复发芽。在贮藏 110d 后 CK 的平均芽长已达 30～40mm，这样的芽易折断，不利于播种。萘和樟脑处理块茎恢复 14d 后长出的芽平均长度 8.64～12.38mm，利于播种。盆栽试验表明处理明显增加结薯个数，所结块茎偏小。

表 12-5 处理薯块盆栽结薯比较

处理	发芽率/%	平均芽长/mm	出苗率/%	结薯数/个	总重量/g
CK	100	30.65	100	34	340.44
萘	100	12.38	93.33	73	244.55
樟脑	100	8.64	93.33	45	239.77
薄荷醇	0	—	—	—	—

第四节　块茎萌芽重要调控基因的挖掘

樟脑的抑芽作用具有可逆性，具有应用于延长种薯贮藏期的潜力，进一步从组织结构、生理代谢和转录组等不同角度对樟脑抑芽机制展开研究，为种薯控芽剂的开发提供参考。

一、樟脑处理对块茎芽眼部位组织结构和生理状态的影响

1. 樟脑处理使芽顶端畸形并破坏输导组织进而造成芽死亡

利用树脂切片配合甲苯胺蓝染色，可以清楚观察到樟脑处理的芽顶端内部细胞呈空泡化，维管组织中的导管在 60d 左右出现破损并且周围运输系统的内含物消失，特别是芽与薯肉连接部位，这阻碍了营养物供应，进一步削弱了芽对外界胁迫的抵抗力。通过上述结构观察，明确樟脑处理对芽的致死作用是由外向内，即先是表皮破损和顶端组织生长畸形，再是芽内部输导组织断裂，细胞结构空泡化，最终导致芽的死亡。同时，发现樟脑对贮藏细胞的结构影响小。

2. 樟脑处理抑制促进芽生长的赤霉素合成，但不能逆转脱落酸下降

促进块茎休眠的 ABA 含量在整个贮藏期间均呈下降趋势，60d 时只有最初的 39.96%；樟脑处理在 60d 时与 0d 相比下降了 51.50%，与对照差异不显著。这表明樟脑处理虽然抑制块茎发芽，但不能逆转 ABA 的下降趋势，即并不是通过提高 ABA 含量来抑制芽生长。随着贮藏时间增加，促进萌芽和生长的 GAs 含量升高到原来的 3.55 倍；樟脑处理引起 GAs 含量在早期急剧升高，在 15d 时为 0d 的 4.06 倍，之后与对照相反一直下降，到 60d 时只有同时期对照的 54.74%。即樟脑在一定程度上降低了 GAs 含量，推测与处理的块茎芽不能正常生长有关。

3. 樟脑处理延缓块茎可溶性糖下降并抑制多酚氧化酶活性

如图 12-2 所示，由淀粉降解而成的可溶性糖在对照萌芽前呈上升趋势，到 30d 时达到最大值后下降；而樟脑处理的一直上升，到 90d 左右趋于平缓，此时的含量已达 CK 的 3.31 倍。多酚氧化酶（PPO）属呼吸作用电子传递链上的末端氧化酶之一。随着对照的芽萌发，块茎代谢活动旺盛，PPO 的活性急剧升高，而处理块茎的 PPO 活性在 15d 前呈升高趋势，之后下降并处于平稳状态。块茎萌芽后对照和处理间的 PPO 活性差异达到最大，前者是后者的 2.89 倍。上述结果说明樟脑处理抑制块茎萌芽，进一步造成代谢水平下降。

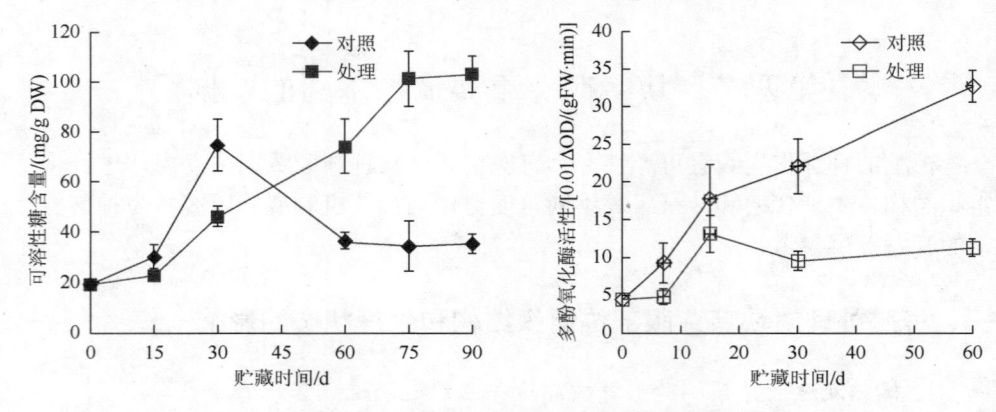

图 12-2 樟脑处理对块茎可溶性糖和多酚氧化酶的影响

二、块茎休眠、萌芽、抑芽及恢复发芽四种状态下的转录组分析

借助高通量测序平台 Illumina Solexa 建立休眠、萌芽、樟脑处理抑芽、恢复发芽四种状态下块茎芽眼部位的基因表达谱，通过 GO、Pathway 分析寻找涉及块茎休眠和萌芽的重要生理过程和基因，并从分子角度解析樟脑的抑芽作用机制[2]。

1. 建立块茎 RNA 高效提取方法

目前块茎、块根部位基因表达的研究增多，而获得高质量 RNA 是其中的关键环节之一。这些块茎、块根类材料 RNA 提取存在硬度大，研磨难，淀粉、多糖含量高并且含有较多的次生代谢产物，如多酚、色素，影响 RNA 分离。针对上述问题，团队从取样方式、去多糖等方面，研究开发出一套适用于提取块茎、块根类 RNA 的方法，该方法所用试剂简单常见，提取的 RNA 纯度高、完整性好，能用于后续分子实验。

以马铃薯短休眠期品种'费乌瑞它'脱毒原原种（7~10g/粒）为材料，对休眠、萌芽（芽长 1~2mm）及该时期的樟脑处理块茎、樟脑处理块茎入置通风处 3d，四种样品取样，分别标记 D（休眠）、S（萌芽）、C（樟脑抑芽）、R（恢复发芽）。通过加入低浓度乙醇、NaAc 及冻融等去糖措施后，得到了质量较好的 RNA，四种样品的电泳检测可以看到 28S、18S、5S 三条清晰带。OD 260/230、OD 260/280 表明所提 RNA 无糖、盐及蛋白污染，质量满足建库测序要求（表 12-6）。

表 12-6 总 RNA 质量检测

样品名称	浓度/(ng/μL)	体积/μL	总量/μg	OD260/280	OD260/230	RIN	28S/18S
D	772	39	30.11	2.14	2.13	7.2	1.1
S	642	36	23.11	2.12	2.10	7.9	1.4

样品名称	浓度/(ng/μL)	体积/μL	总量/μg	OD260/280	OD260/230	RIN	28S/18S
C	1198	35	41.93	2.10	2.04	7.6	1.4
R	786	39	30.65	2.11	2.07	7.4	1.7

2. 差异基因分析

1）各比对差异基因数量

计算衡量所测基因表达量的 RPKM 值，按 FDR≤0.001 且倍数差异在 2 倍以上（$\log_2$Ratio 的绝对值≥1）的标准，从比对上的 2 万多个基因中寻找差异表达基因（different expression of genes，DEGs）。萌芽块茎与休眠块茎相比（D-VS-S），共有 3705 个基因上调，222 个基因下调；樟脑处理块茎与休眠块茎相比（D-VS-C），共有 3151 个基因上调，883 个基因下调；处理与萌芽相比（S-VS-C）只有 208 个基因上调，542 个基因下调。单从变化基因的数量和上、下调基因的比例，认为抑芽处理的表达谱与萌芽的表达谱更为接近，而与休眠块茎的表达谱差异大，进一步证实樟脑虽能抑芽，但不能逆转休眠的解除。

2）代谢途径富集分析

块茎由休眠向萌芽的转变不仅涉及贮藏细胞代谢转变，同时还有分生组织细胞分化及芽的形态建成，两者同时又相互影响，这一状态的转变涉及一系列生理过程，揭示这些生理过程对于深入解析块茎休眠解除机制具有重要的参考价值。表达谱测序已鉴定出总共近 5000 个差异基因，通过 KEGG 提供的各路径的富集分析，得到了这些 DEGs 的分布情况。萌芽块茎与休眠块茎相比，差异基因富集到了 122 个路径，以 Q≤0.05 为标准，其中的 24 个属于显著富集路径。樟脑处理块茎与萌芽块茎相比，有 12 个显著富集路径。樟脑处理与休眠块茎相比，有 16 个路径属显著富集。与休眠块茎相比，萌芽和樟脑抑芽处理块茎最明显的生理变化是植物激素信号转导，说明各激素是控制块茎生理状态的最主要因子。随着块茎休眠的解除和芽的萌发，与生长发育相关的激素，如生长素 AUX、细胞分裂素 CTK、赤霉素 GAs、乙烯 Eth、油菜素内酯 BR、茉莉酸 JA 等的信号转导基因表达上调，樟脑处理能不同程度地抑制这些基因的表达。

第五节　种薯催芽壮芽促进结薯新方法

生产上常用的催芽剂赤霉素（GA_3）存在对中、长休眠期品种的催芽效果弱且处理浓度和时间不易掌控等问题，造成芽细弱、植株徒长、结薯延迟。生产中急需催芽效果明显，同时能形成健壮芽，促进植株结薯的新型催芽方法。24-表油菜素内酯（24-eBL）与 GA$_3$ 存在互作效应，团队发现两者配合处理可改变常规 GA$_3$ 单独处理造成的种薯特别是原原种萌芽不整齐、芽徒长问题，使块茎达到更佳生理状态，获得更高产量[3]；同时发现操作简便的挥发性物质乙烯利（ETH）对种薯催芽和后期结薯也有明显促进作用，可应用于种薯催芽。

一、油菜素内酯在块茎萌芽中的作用

前期分析休眠和萌芽块茎的基因表达谱，发现油菜素内酯 BR 合成及信号转导途径中的大多数基因表达量在萌芽块茎中显著升高，认为它与块茎萌芽相关。为进一步确认 BR 在块茎休眠、萌芽中的作用，评价其调节种薯萌芽的潜力，寻找更为有效的催芽方法。选择休眠期不同的 3 个品种为材料，比较 BR 类似物 24-eBL 及其与 GA$_3$ 配合处理对块茎萌芽和后期生长的影响。

1. 油菜素内酯处理块茎的萌芽和芽生长

如表 12-7 所示，在（23±2）℃贮藏，各处理都能促进块茎解除休眠，在 35d 时的发芽率均极显著高于对照，其中 24-eBL+GA$_3$ 配合处理的效率最高。GA$_3$ 利于解除休眠但芽生长过快，55d 时长度约为对照的 5 倍，同时对照和 GA$_3$ 处理均有芽长不整齐的问题。24-eBL 处理的长度与对照相似，但表现更整齐，对比发芽率和芽长可以看出 24-eBL 虽促进休眠解除但不支持芽的伸长生长。24-eBL+GA$_3$ 的芽长介于二者单独处理之间，芽最为健壮，且整齐性较好。

表 12-7　各处理的原原种发芽情况对比

处理	35d 发芽率/%	55d 芽长/mm	55d 直径/mm
CK	33.73±1.65 D	05.63±02.89 B	3.44±0.72 B
GA$_3$	69.06±3.20 B	26.30±16.55 A	3.91±0.64 AB
24-eBL	56.62±2.34 C	05.87±00.70 B	4.27±0.95 AB
24-eBL+GA$_3$	87.44±2.59 A	15.48±08.55 AB	4.76±0.89 A

2. 油菜素内酯处理块茎的植株生长和产量

各处理均使结薯提前，盆栽后 60d 均有匍匐茎和其顶端膨大形成的薯块，而对照还未形成匍匐茎。结薯情况与其芽健壮程度密切相关，24-eBL+GA$_3$ 处理的芽最为健壮，其植株长势和结薯也最佳；CK 萌芽时间和芽长不整齐，植株间的差异也非常明显。如表 12-8 所示，各处理单株薯块重量均高于对照，在不同种薯级别和不同品种中，24-eBL+GA$_3$ 的薯块重量均最高，相对于对照分别高 75.20%、37.92%和 98.41%。

表 12-8　不同品种和级别的种薯收获的单株薯块重量比较（g）

处理	'费乌瑞它'原原种	'费乌瑞它'原种	'米拉'原种
CK	48.26±8.35 c	201.93±20.96 c	49.19±6.85 c
GA₃	64.08±10.01 b	226.63±41.52 bc	93.11±17.58 ab
24-eBL	77.42±3.43 ab	257.33±14.62 ab	83.98±4.19 b
24-eBL+GA₃	84.55±4.88 a	278.50±14.78 a	97.60±4.56 a

二、挥发性物质的催芽效应

采用不同体积浓度的乙烯利（ETH）、乙酸乙酯（EA）、乙醇（ET）对马铃薯品种'费乌瑞它'的原原种进行气雾熏蒸处理，以不经过任何处理的为空白对照（CK），以 5mg/L 的 GA₃ 浸种 5min 处理为正对照（CK+），定期对马铃薯原原种发芽率、淀粉含量、酶活性等指标进行测定。

1. ETH 能促进萌芽提前并形成健壮芽

$120 \sim 280 \text{mL/m}^3$ 的 ETH 都能够提前打破马铃薯原原种休眠，明显提高淀粉和还原糖的转化，降低丙二醛含量，提高马铃薯过氧化氢酶活性和 α-淀粉酶活性，最终使马铃薯单株产量也相应地提高。如表 12-9 所示，其中 120mL/m^3 的 ETH 打破休眠的效果最好，在 45d 时，芽长、芽宽均值较 CK 增长 0.7cm、增粗 0.3mm。与 CK 相比，随着 ETH 浓度的增大，单株产量依次增大，与 CK 差异显著性缩小，单株产量 ETH₄>ETH₃>ETH₂>GA₃>ETH₁>CK，GA₃ 的单株结薯数最多，ETH₁ 最少。

表 12-9　不同体积浓度的 ETH 对马铃薯萌芽效果的影响

处理	贮藏时间/d 30 发芽率/%	烂薯率/%	45 发芽率/%	烂薯率/%	60 发芽率/%	烂薯率/%	45 芽长/cm	芽粗/mm	单株 产量/g	个数
CK	28.3 bB	0.0 aA	61.1 bAB	0.0 aA	83.9 cB	0.0 aA	2.3 cB	1.5 cdCD	48.7 dD	4.4 abAB
GA₃	47.5 bB	1.0 aA	100.0 aA	1.0 aA	100.0 aA	1.0 aA	4.3 aA	1.2 dD	53.4 cC	5.2 aA
ETH₁	70.8 aAB	0.0 aA	87.0 abAB	0.0 aA	95.7 abA	0.0 aA	2.3 bcB	1.9 bCBD	50.0 dD	3.4 bcBC
ETH₂	75.3 aA	0.0 aA	88.6 abAB	0.0 aA	95.7 bAB	0.0 aA	3.0 bB	1.8 cdCD	56.9 bB	4.4 cC
ETH₃	64.2 abAB	0.0 aA	80.6 bB	0.0 aA	93.5 bAB	0.0 aA	2.3 bcB	2.0 bcBC	60.0 aA	5.0 aA
ETH₄	70.8 aAB	1.0 aA	86.5 abAB	1.0 aA	94.6 bAB	1.0 aA	2.3 bcB	2.7 abAB	61.0 aA	4.4 abAB

注：ETH₁、ETH₂、ETH₃、ETH₄ 分别表示 ETH 浓度为 40mL/m^3、120mL/m^3、200mL/m^3、280mL/m^3。

2. EA 有催芽效果但会造成腐烂

如表 12-10 所示，随着 EA 浓度的增大，越容易打破休眠，但是烂薯率也相应地提高，低浓度和较高浓度的 EA 能够促进淀粉、还原糖转化。其中 500mL/m³、800mL/m³ 的 EA 效果较好，初发芽时间比 CK 提前 15d，初发芽率较对照分别提高 2.5%、4.2%，但烂薯率大于 CK，在 45d 时，芽较 CK 分别增长 1.7cm 和 3.4cm，但未有增粗。在贮藏期，这两种处理下的淀粉含量分别升高 9.1%、9.6%，还原糖含量降低 0.50%、0.46%，α-淀粉酶活性分别升高 10.98U、10.94U，变化幅度均大于对照组，而单株产量比 CK 提高 3.3g、25.5g。

表 12-10 不同体积浓度的 EA 对马铃薯萌芽效果的影响

处理	贮藏时间/d								单株	
	30		45		60		45			
	发芽率/%	烂薯率/%	发芽率/%	烂薯率/%	发芽率/%	烂薯率/%	芽长/cm	芽粗/mm	产量/g	个数
CK	28.3 a	0.0 c	61.1 a	0.0 d	83.9 c	0.0 c	2.3 b	1.5 a	48.7 c	4.4ab
GA₃	47.5 ab	1.0 bc	100.0 a	1.0 d	100.0 a	1.0 c	4.3 ab	1.2 b	53.4 b	5.2 a
EA₁	47.5 ab	0.0 bc	70.4 b	0.0 d	98.5 ab	8.7 c	1.8 b	1.5 a	31.7 d	2.6cd
EA₂	60.0 a	3.1 bc	78.7 b	7.8 c	100.0 ab	13.4 c	4.0 ab	1.55 a	52.0 b	3.4bc
EA₃	50.8 a	4.3 b	73.1 b	20.0 b	100.0 a	42.3 b	5.7 a	1.5 a	74.2 a	4.6 a
EA₄	25.0 b	12.3 a	38.0 b	44.2 a	80.0bc	63 a	5.0 ab	1.5 a	26.7 e	1.9 d

注：EA₁、EA₂、EA₃、EA₄ 分别表示 200mL/m³、500mL/m³、800mL/m³、1100mL/m³。

3. ET 有催芽效果但会造成块茎腐烂

如表 12-11 所示，低浓度、高浓度 ET 均会抑制马铃薯发芽，随着 ET 浓度增大，烂薯率也相应增大，中等浓度 ET 能够促进淀粉、还原糖转化。500mL/m³ 的 ET 打破休眠的效果最好，初发芽时间比 CK 提前 15d，初发芽率较对照提高 4.2%，在 45d 时，芽长均值较 CK 增长 3.3cm，芽粗变化不大而烂薯率大于 CK。在整个贮藏期，该处理下的淀粉、还原糖含量升高和降低幅度分别为 9.0%、0.69%。单株产量比 CK 提高 4.46g。

表 12-11 不同体积浓度的 ET 对马铃薯萌芽效果的影响

处理	贮藏时间/d								单株	
	30		45		60		45			
	发芽率/%	烂薯率/%	发芽率/%	烂薯率/%	发芽率/%	烂薯率/%	芽长/cm	芽粗/mm	产量/g	个数
CK	28.3 a	0.0 b	61.1 ab	0.0 c	83.9 a	0.0 c	2.3 bc	1.5 a	48.7 c	4.4 ab

续表

处理	贮藏时间/d								单株	
	30		45		60		45			
	发芽率/%	烂薯率/%	发芽率/%	烂薯率/%	发芽率/%	烂薯率/%	芽长/cm	芽粗/mm	产量/g	个数
GA₃	47.5 a	1.0 b	100.0 a	1.0 bc	100.0 a	1.0 c	4.3 b	1.2 c	53.4 b	5.2 a
ET₁	26.0 a	0.0 b	64.8 b	0.0 c	97.8 a	0.0 c	2.3 bc	1.5 ab	60.0 a	3.26 cd
ET₂	61.0 a	0.0 b	88.9 ab	2.7 c	97.8 a	5.2 bc	5.6 a	1.4 ab	53.1 b	3.7 bc
ET₃	55.0 a	3.1 b	93.3 b	4.4 b	97.8 a	7.4 b	4.8 b	1.4 bc	48.8 c	2.9 cd
ET₄	10.0 b	6.3 a	37.0 c	14.1 a	53.8 b	22.9 a	0.7 c	1.2 c	21.0 a	2.6 d

注：ET₁、ET₂、ET₃、ET₄分别表示 200mL/m³、500mL/m³、800mL/m³、1100mL/m³。

第六节 马铃薯块茎安全贮藏技术集成

编制地方技术标准《马铃薯种薯贮藏技术规程》（DB51/T 809—2008），集成马铃薯安全贮藏技术，解决马铃薯在储运过程中的保鲜、抑芽、防病等问题，提出四川鲜薯大规模集中和小型分散贮藏技术各1套，在万源、西充、安县、雅安等地指导马铃薯种薯贮藏和鲜食薯贮藏技术，降低了贮藏腐烂率，避免块茎提前萌芽造成的损失，取得了良好的示范效果。

一、七级分级技术与装备

通过7级细分，有效地避免了未分级小薯出苗不整齐的问题，同步率达到92%以上。研制了新型7级分级机，促进微型薯的分级包装销售。脱毒原原种种薯7级分级的休眠期和产量如表12-12所示，马铃薯原原种7级分级效应如图12-3所示。

表12-12 脱毒原原种种薯7级分级的休眠期和产量

种薯分级	种薯大小/mm	种薯重量/g	休眠期/d	播种后出苗时间/d	产量/(t/hm²)
1	<10	<1	109	39	21.95 e
2	10.0～12.5	1～2	91	34	24.71 d
3	12.6～15.0	2～3	81	29	25.97 c
4	15.1～17.5	3～4	74	26	27.74 bc
5	17.6～20.0	4～7	71	23	29.51 b
6	20.1～25.0	7～10	69	23	32.01 ab
7	>25	>10	67	18	33.92 a

注：试验是3个品种'川芋117'、'米拉'、'费乌瑞它'的平均值。播期选择在最早一批种薯发芽时。贮藏条件为16～26℃。

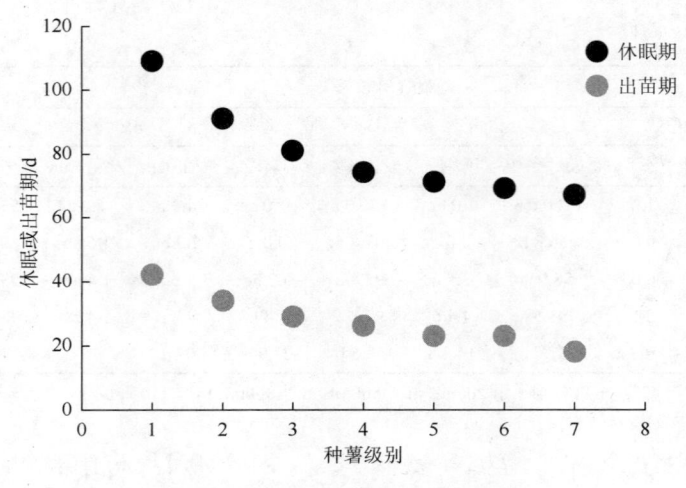

图 12-3 马铃薯原原种 7 级分级效应

二、多功能薯类贮藏保鲜库

针对薯类企业大规模贮藏需求，对薯类及多种农产品产业化大规模贮藏创新技术进行了系统研究，结合在多功能农产品贮藏保鲜库的应用，对温度、湿度、气体、消毒等参数实行全程全自动监控的贮藏，形成适合贮藏甘薯、马铃薯的鲜薯、加工薯、种薯等不同用途与贮藏时期的产业化大规模贮藏技术"薯类的贮藏方法"和"多功能农产品贮藏保鲜库"。该技术可在不同的地域和气候条件下应用，配合产业化加工、种薯与鲜薯贮藏，实现了周年化、规模化贮藏，应用前景良好。

针对农户中小规模贮藏需求，研究了中小型农场薯类贮藏技术和设施设备，形成"农产品通风保温贮藏库"技术。该技术充分利用了产地的自然条件，以及对薯类进行产地通风贮藏的设备、设施与建造，形成良好的调节温度、湿度、气体、消毒等参数，投资小，特别适合冬季比较冷凉的地区和较高海拔地区，充分利用冬季自然低温进行贮藏，与大型贮藏和加工配合形成产业化体系。

（本章作者：王西瑶　邹　雪　黄雪丽　余金龙　李立芹　余丽萍）

参 考 文 献

[1] Wang X G, Shen L T, Liu F, et al. Physiological and biochemical effects of essential oils on seed potato storage. 植物保护学报, 2016, 43(2): 300-306.

[2] Li L Q, Zou X, Li J, et al. Transcriptome analysis of potato phosphorus-tolerant variety seedlings(Atlantic) revealing the gene expression profile under low phosphorus stress. Plant Omics Journal, 2015, 8(4): 340-347.

[3] 邹雪, 邓孟胜, 李立芹, 等. 油菜素内酯合成和信号转导基因在马铃薯块茎贮藏期间的表达变化及对萌芽的影响. 作物学报, 2017, 43(6): 811-820.

第十三章　成都平原马铃薯主食化关键技术创新与示范

成都平原是四川省马铃薯主产区。长期以来，制约成都平原马铃薯产业发展的主要问题：一是品种多、乱、杂，主导品种和专用型品种缺乏；二是品种混杂退化严重，大部分生产用种质量低劣；三是栽培技术粗放，种植水平低，产量低而不稳；四是加工技术落后，加工成本高，主食化加工产品缺乏。

针对上述重大问题，四川薯类创新团队、成都市农林科学院和四川紫金都市农业有限公司对马铃薯主食化关键技术开展了十余年系统深入研究，在主食化品种、种薯高效扩繁、标准化生产和主食化加工及主食系列产品四大关键技术领域取得了重要进展，近五年大规模示范推广取得了显著的社会经济生态效益。

第一节　马铃薯主食化专用品种引进鉴定与选育

一、确立主食化马铃薯品种标准

针对成都平原马铃薯专用品种选育滞后、马铃薯主食化专用品种资源不足、主食化品种引进指标不明确等问题，从国内多个育种单位引进种质资源、新品种（系）累计数百份材料。参考《四川马铃薯周年生产季节性专用品种选育策略》和《马铃薯商品薯分级与检验规程》（GB/T 31784—2015）中对加工型商品薯的规定，建立了适宜成都平原的马铃薯主食化品种筛选指标体系：早熟或中熟，鲜薯产量较对照（同熟期）增产10%以上，大中薯率80%以上，块茎膨大早，最小直径不小于4cm，芽眼浅，还原糖不高于0.30%，干物质含量≥19.00%，淀粉含量≥13.00%。马铃薯主食化加工品种还需满足"三高、一低"的筛选评价要求，即高干物质，高蛋白含量，高抗氧化活性，低多酚氧化酶活性。

二、筛选马铃薯主食化专用品种

于2010~2014年在崇州市羊马镇、成都市龙泉驿区黄土镇、绵阳市平武县等不同生态区进行多年多点品种筛选，如表13-1所示，筛选出5个适宜四川生态区栽培的马铃薯主食化专用品种：'青薯9号'、'抗青9-1'、'费乌瑞它'3个食用专用型品种，'中薯10号'、'陇薯7号'2个加工专用型品种。

表13-1 马铃薯主食化品种筛选

品种	产量/(kg/hm²)	干物质/%	粗蛋白/%	淀粉/%	维生素C/(mg/100g)	还原糖/%	商品薯率/%	综合评价
'青薯9号'	44490.75	25.58	3.44	20.30	23.14	0.23	89.10	中晚熟，抗病，干物质含量高
'抗青9-1'	38582.40	19.70	2.48	15.02	23.69	0.16	82.51	中熟，抗病，干物质含量高
'费乌瑞它'	40018.35	19.50	2.50	17.01	25.03	0.25	86.09	早熟，薯形佳、适口性好
'中薯10号'	34927.95	20.85	2.34	14.07	12.00	0.17	84.26	中熟，较抗病，干物质含量高
'陇薯7号'	34218.35	23.20	3.24	13.61	19.13	0.24	81.30	中熟，较抗病，干物质含量高

三、选育出四川省首个紫色马铃薯新品种

通过多年培育，选育出拥有自主知识产权的四川省首个紫色马铃薯新品种——'蓉紫芋5号'（川审薯2014003）。该品种平均生育期64d左右，比'川芋56'早4d，熟期早，可提前上市。主茎粗壮，生长势强，具有较强的抗倒伏能力。平均产量22500kg/hm²，最高可达37500kg/hm²，干物质19.70%、淀粉13.40%、还原糖0.20%、粗蛋白2.93%、维生素C 22.60mg/100g鲜薯、花青素43.90mg/kg鲜薯、硒含量0.0036mg/kg鲜薯，轻感马铃薯晚疫病，耐贮存，是适宜马铃薯熟化全粉与薯泥加工的优质加工专用型品种。

第二节 马铃薯脱毒种苗种薯快繁关键技术创新

一、脱毒种苗冬季恒温苗床扩繁技术

针对冬季气温过低带来的马铃薯脱毒种苗不能正常生长或生长缓慢、无法实现周年生产、脱毒种苗不能快速增殖会严重影响种薯（苗）供给等问题[1]，设计了一种冬季苗床繁育脱毒种苗的温度调控装置，包含温度控制器、温度传感器件、苗床和拱棚，苗床设有加热层、地布层和栽培基质层。通过对苗床进行加热处理和保温，可控制苗床温度为15~25℃，利于脱毒种苗的生长，解决了冬季低温条件下（≤10℃）脱毒种苗不能正常生长或生长缓慢的问题，使成苗时间缩短15d以上，成活率提高80%以上。

二、创新原原种二代雾培繁育技术

对传统雾培技术进行升级改良，研究出一套马铃薯原原种二代雾培繁育技术。首先，雾培室的骨架由泡沫板升级为更加经久耐用的铝合金材料，顶部以挤塑板作为盖板，采用黑白保护膜，里层为黑色，达到避光的作用，外层为白色，起反射阳光的作用。侧面设计推拉门，门面采用钢化玻璃，玻璃喷漆达到避光效果。由传统的掀开顶部盖板收薯，变为由侧面推拉门开合直接摘薯，更为直观和方便地监测微型薯生长情况，简化采摘流程的同时避免了地下部分遭受阳光照射、外界污染和损伤等。

其次，传统雾培系统升级为控温营养池、电机水泵、双层喷头和阻隔层，人工智能模拟适宜生长环境，精准地对马铃薯脱毒原原种的生产进行温水肥调控。马铃薯生长各阶段的最适温度不同，苗期为16～22℃，有利于茎叶生长和根系发育；薯块膨大期的温度要求则更为严格，为17～19℃，直接影响块茎形成和干物质累积[2]。研制控温营养池，特别增设制冷机及纯钛蒸发器用于夏季降温、加热系统用于冬春季升温，根据马铃薯不同生长阶段需求调控营养液的温度，使马铃薯脱毒原原种均在最适温度条件下繁殖。

最后，控制系统采用电动控制，可按照作物的生长特点，分层设置喷头的喷洒时间与间隔时间，对雾培箱体内根系进行中上部和下部区域定位、定量、分层喷施营养液，实现对马铃薯不同生长阶段的水肥调控。营养液根据马铃薯品种生长周期对各种元素吸收的特性，针对营养生长与生殖生长的需肥特点进行个性配比，该方法获得国家发明专利1项。

为防止病害发生，定植前利用广谱杀菌剂对储液池、培养槽、雾化装置、输液管道等进行消毒处理。定植时期选择在阴天或傍晚进行，定植3～5d内要用遮阳网遮荫。

雾化栽培采用定期采摘小薯的方法，分次采收大小适宜的块茎，不仅可以保证微型薯大小均匀一致，而且有利于增产，侧面推拉门有利于随时观察生长情况以便按时采摘。采后的小薯置于阴凉处晾干后在2～4℃条件下贮存。

二代雾培繁育技术在保证马铃薯原原种高质量高产的周年生产中有着明显优点：首先，水肥一体化精准控温，特别在温度要求严格的薯块膨大期，严格保持在（18±1）℃，（而传统雾培基本随气温波动，温度低于10℃或高于28℃不利于结薯）；其次，结合营养液配方优化和喷施方式、时间调整，可延长有效结薯时间18～20d，平均单株产量为24粒；经统计，相比传统雾培，单株结薯数增加3粒或4粒、单位面积产量提高15%～20%；相比基质栽培的种苗用量节省250%，单位面积产量提高3～4倍。雾培繁殖马铃薯原原种薯块膨大期温度变化如图13-1所示，结薯数及平均薯重如图13-2所示。

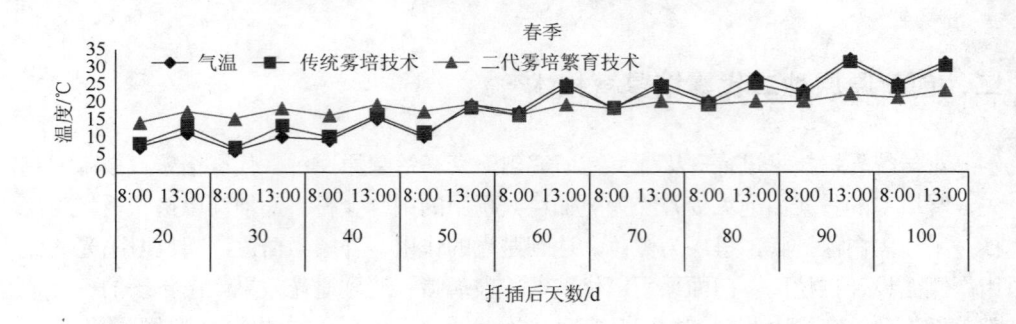

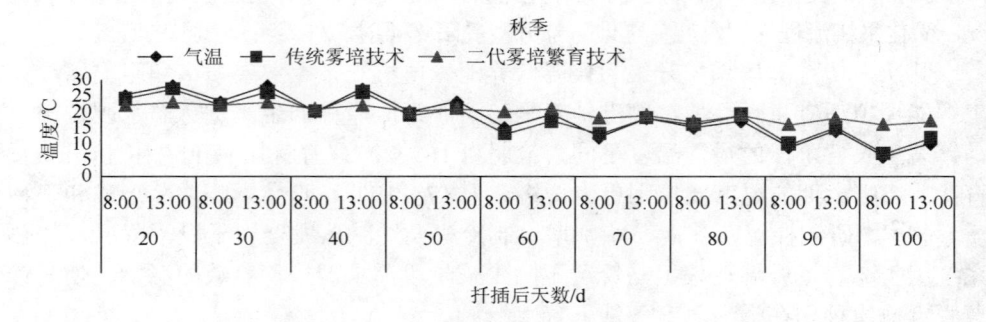

图 13-1 雾培繁殖马铃薯原原种薯块膨大期温度变化

在春、秋两季，雾培苗扦插后 20～100d，以 10d 为单位调查气温及雾培箱体内温度的变化

三、建立马铃薯品种无病毒快繁体系

1. 建立马铃薯品种无病毒快繁体系

选择适宜本地栽培的主食化品种，取健康薯块在室内催芽，经过 38℃热处理 14d，进行常规消毒处理，在解剖镜下用手术刀等工具轻、准、快速地剥去幼叶，切取带 1 个或 2 个叶原基的生长点，迅速接入茎尖分化培养基中培养。待成苗经过 DAS-ELISA 或 RT-PCR 检测无病毒后切茎段转入继代培养基中培养[3]，进行脱毒苗扩繁。经过多次试验，以 MS 培养基为主要基础培养基，根据不同外植体、不同培养目的，选用不同种类、不同浓度的植物激素进行配置与筛选，获得了培养基配方。目前，已建立多个马铃薯品种的无病毒快繁体系，先后剥离茎尖近千个，平均分化率为 65.2%，平均脱毒率为 89.5%。

2. 筛选最优栽培基质"椰糠"

将资源丰富的营养土（属于优质低位泥炭土）、椰糠（椰子外壳纤维粉末）运用到微型薯的生产中，效果良好。以加工品种'蓉紫芋 5 号'为材料，经过栽培

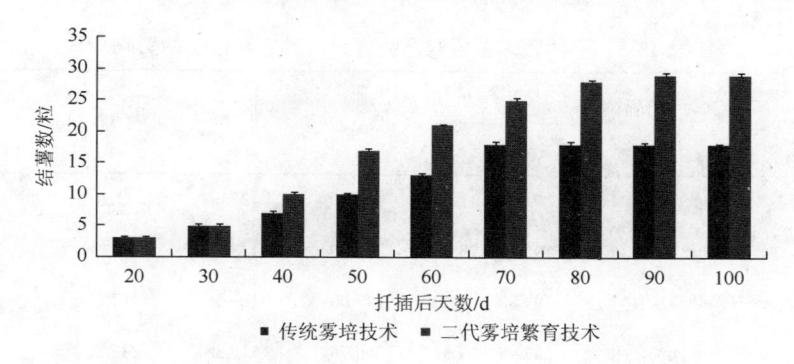

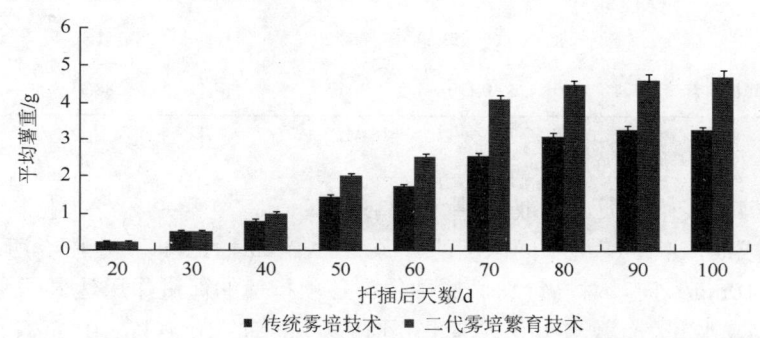

第十三章 成都平原马铃薯主食化关键技术创新与示范

图 13-2 雾培繁殖马铃薯原原种结薯数及平均薯重

雾培苗扦插后 20~100d，以 10d 为单位统计结薯数和平均薯重

基质配制试验，证明在相同栽培条件和管理措施，不同材料配制栽培基质中，马铃薯原原种产量有显著差异。如表 13-2 和表 13-3 所示，最优栽培基质为"椰糠"，比传统对照采用"蛭石：珍珠岩＝2：1"的基质产量提高 63.66%，产投比增加 95.45%，差异达显著水平。

表 13-2　不同栽培基质对马铃薯原原种产量性状的影响

处理	基质配方	<1g /(粒/m²)	1~3g /(粒/m²)	>3g /(粒/m²)	总产量 /(粒/m²)	比对照增产/%	大薯率/%
1	蛭石：珍珠岩＝2：1（CK）	228.66	644.00	30.00	902.66 a	—	3.32
2	蛭石：椰糠＝2：1	227.34	652.00	70.00	949.34 a	5.17	7.53
3	蛭石：椰糠＝1：1	245.34	666.00	118.00	1029.34 b	14.03	11.46
4	椰糠	366.00	878.00	233.00	1477.34 d	63.66	15.79
5	营养土	250.66	682.00	134.00	1066.66 b	18.16	12.56
6	椰糠：营养土＝1：1	289.34	785.00	177.00	1252.02 c	38.70	14.16

表 13-3　不同栽培基质对马铃薯原原种经济效益的影响

处理	基质配方	收入/(元/m²) 1~3g	收入/(元/m²) >3g	产值/(元/m²)	成本/(元/m²)	利润/(元/m²)	产投比
1	蛭石：珍珠岩＝2：1（CK）	193.20	12.00	205.20	133.00	72.20 a	1.54 a
2	蛭石：椰糠＝2：1	195.60	28.00	223.60	133.32	90.28 b	1.68 a
3	蛭石：椰糠＝1：1	199.80	47.20	247.00	129.59	117.41 c	1.91 b
4	椰糠	263.40	93.34	356.74	118.38	238.36 f	3.01 e
5	营养土	204.60	53.60	258.20	116.80	141.40 d	2.21 c
6	椰糠：营养土＝1：1	235.60	70.94	306.54	117.59	188.95 e	2.61 d

注：1~3g 的有效薯收入按 0.3 元/粒计，3g 以上的大薯收入按 0.4 元/粒计，下同。

以椰糠为栽培基质，选取品种'费乌瑞它'和'青薯9号'为材料，在各自的块茎形成期，叶面喷施不同浓度的外源 ABA，如表 13-4 和表 13-5 所示，发现当浓度为 10mg/L 时，对马铃薯原原种生产各项指标的促进作用达显著水平，'费乌瑞它'的总产量、有效薯率和大薯率分别比对照增加 16.54%、10.25%和 32.23%，利润和产投比各提高 70.70%和 32.06%，'青薯9号'的上述 5 项指标分别增加 16.62%、8.73%、39.80%、70.33%和 31.49%[4]。

表 13-4　不同 ABA 浓度对马铃薯原原种产量的影响

品种	ABA 浓度/(mg/L)	<1g /(粒/m²)	1~3g /(粒/m²)	>3g /(粒/m²)	总产量 /(粒/m²)	有效薯率/%	大薯率/%
'费乌瑞它'	0	138.66 c	267.34 c	287.00 d	693.00 d	79.99 c	41.41 d
	5	141.66 b	250.66 d	359.00 c	751.32 c	81.14 c	47.78 c
	10	95.34 e	270.00 b	442.34 a	807.68 a	88.19 a	54.76 a
	20	112.66 d	273.66 a	402.66 b	788.98 b	85.72 b	51.03 b
	30	211.00 a	237.66 e	244.34 e	693.00 d	69.55 d	35.25 e
'青薯9号'	0	138.66 b	310.00 b	247.00 d	695.66 d	80.06 c	35.50 d
	5	138.34 b	313.34 a	297.00 c	748.68 c	81.52 b	39.66 c
	10	105.00 d	303.66 c	402.66 a	811.32 a	87.05 a	49.63 a
	20	128.66 c	310.34 b	333.34 b	772.34 b	83.34 b	43.15 b
	30	231.00 a	247.34 d	181.00 e	659.34 e	64.96 d	27.45 e

表 13-5 不同 ABA 浓度对马铃薯原原种经济效益的影响

品种	ABA 浓度/(mg/L)	收入/(元/m²) 1~3g	收入/(元/m²) >3g	产值/(元/m²)	成本/(元/m²)	利润（元/m²）	产投比
'费乌瑞它'	0	80.20 b	114.80 d	195.00 d		89.02 d	1.84 c
	5	75.20 c	143.60 c	218.80 c		112.82 c	2.06 b
	10	81.00 ab	176.94 a	257.94 a		151.96 a	2.43 a
	20	82.10 a	161.06 b	243.16 b		137.18 b	2.29 a
	30	71.30 d	97.74 e	169.04 e	105.98	63.06 e	1.60 d
'青薯9号'	0	93.00 a	98.80 d	191.80 d		85.82 d	1.81 c
	5	94.00 a	118.80 c	212.80 c		106.82 c	2.01 b
	10	91.10 b	161.06 a	252.16 a		146.18 a	2.38 a
	20	93.10 a	133.34 b	226.44 b		120.46 b	2.14 b
	30	74.20 c	72.40 e	146.60 e		40.62 e	1.38 d

以'费乌瑞它'为材料，椰糠为栽培基质，研究马铃薯原原种生产的合理扦插密度，如表 13-6 和表 13-7 所示，发现将扦插密度由传统的 420 苗/m² 提高到 660 苗/m²，单位面积产量增加 61.45%，利润、产投比分别提高 129.17%和 27.27%。

表 13-6 不同扦插密度对马铃薯原原种产量的影响

扦插密度/(苗/m²)	<1g/(粒/m²)	1~3g/(粒/m²)	>3g/(粒/m²)	总产量/(粒/m²)	有效薯率/%	大薯率/%
420	82.34 e	256.00 e	124.34 d	462.68 e	82.20 ab	26.87 bc
500	104.00 d	296.66 d	144.00 c	544.66 d	80.90 b	26.43 c
580	118.34 c	340.34 c	180.66 b	639.34 c	81.49 ab	28.25 ab
660	126.66 d	400.34 b	220.00 a	747.00 b	83.04 a	29.45 a
740	240.00 a	448.66 a	62.34 e	751.00 a	68.04 c	8.30 d

表 13-7 不同扦插密度对马铃薯原原种经济效益的影响

扦插密度/(苗/m²)	收入/(元/m²) 1~3g	收入/(元/m²) >3g	产值/(元/m²)	成本/(元/m²)	利润/(元/m²)	产投比
420	76.80 e	49.74 d	126.54	81.98	44.56 d	1.54 d
500	89.00 d	57.60 c	146.60	89.98	56.62 c	1.63 c
580	102.10 c	72.26 b	174.36	97.98	76.38 b	1.78 b
660	120.10 b	88.00 a	208.10	105.98	102.12 a	1.96 a
740	134.60 a	24.94 e	159.54	113.98	45.56 d	1.40 e

四、马铃薯脱毒苗恒温水培繁育技术

经过多次试验,得出水培马铃薯的最佳营养液为 1/4 MS,结合冬季增温夏季降温系统,实现周年生产马铃薯原原种,利用水培法成功降低原原种薯生产成本 50%以上[5]。

试验材料为'费乌瑞它'脱毒试管苗,设 3 个处理:CK(传统方法,苗床不加温、不加盖保温棚)、T1(苗床加温、不加盖保温棚)、T2(苗床加温、加盖保温棚)。如表 13-8 所示,发现 T2 苗床水温和气温均高于 CK 和 T1,8:00 和 13:00 时苗床水温和气温变幅为 15～22℃,有利于马铃薯脱毒水培苗的快速生长。

表 13-8 不同处理的苗床水温和气温

处理	温度/℃	0d 8:00	0d 13:00	5d 8:00	5d 13:00	10d 8:00	10d 13:00	15d 8:00	15d 13:00	20d 8:00	20d 13:00	25d 8:00	25d 13:00
CK	水温	6	12	6	11	10	14	10	14	6	12	7	10
CK	气温	6	13	6	14	10	15	10	15	6	13	7	11
T1	水温	13	16	12	16	14	17	16	19	12	17	13	16
T1	气温	7	13	7	15	10	15	11	15	6	13	7	12
T2	水温	17	20	18	20	18	21	18	20	17	22	18	19
T2	气温	15	19	15	22	16	21	17	21	15	20	15	18

如图 13-3 所示,不同处理间水培苗生根时间差异达显著水平。其中,T2 水培苗生根时间最短,为 10.3d,比 CK 的 16.7d 提早了 6.4d,比 T1 的 12.7d 提早了 2.4d。

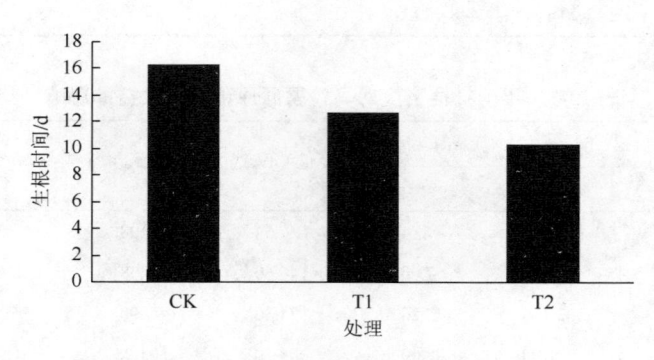

图 13-3 不同处理对水培苗生根时间的影响

如表 13-9 所示，脱毒马铃薯试管苗扦插到苗床后 20d、23d 和 26d 时，不同处理间水培苗单株素质差异显著。其中，T2 各时期的茎节数、株高和根长等指标均优于 CK，差异达显著水平；与 T1 相比，T2 各时期的茎节数、株高和根长等指标也较优，株高的差异达显著水平。

表 13-9 不同处理对水培苗素质的影响

扦插后天数	处理	茎节数	株高/cm	根长/cm
20	CK	5.2 c	4.7 c	2.0 b
	T1	5.9 b	5.9 b	3.0 a
	T2	7.2 a	7.1 a	3.5 a
23	CK	6.3 c	5.9 c	2.6 c
	T1	8.1 b	8.3 b	3.3 b
	T2	9.1 a	9.8 a	4.1 a
26	CK	7.1 b	6.5 c	4.1 b
	T1	9.1 a	9.8 b	6.1 a
	T2	9.2 a	10.6 a	6.2 a

如表 13-10 所示，在相同的扦插日期下，水培苗在不同加温环境中生长，其出苗速度差异显著。其中，T2 出苗最早，分别较 T1 提前 4d 出苗，较 CK 提前 13d 出苗；T1 较 CK 提前 9d 出苗。

表 13-10 不同处理水培苗的出苗时间

处理	扦插期	出苗期	出苗天数/d	提前天数/d
CK	1月15日	2月23日	39 a	—
T1	1月15日	2月14日	30 b	9
T2	1月15日	2月10日	26 a	13

如表 13-11 所示，不同处理间雾培苗单株素质差异明显，其中，T2 雾培苗的单株根长、茎粗、株高、叶片数和鲜重均显著高于 T1 和 CK，表明 T2 的雾培苗单株素质最好。且在水培苗扦插后 42d，当 CK 刚上到雾培阶段时，T1 单株结薯数已达 1.70 颗，T2 已达 3.57 颗。

表 13-11 不同处理对雾培苗单株素质的影响

处理	根长/cm	茎粗/cm	株高/cm	叶片数	鲜重/g	结薯数/颗
CK	6.07 c	0.0981 c	10.25 c	7.30 c	0.933 c	0.00 c
T1	6.97 b	0.1393 b	11.38 b	8.13 b	1.367 b	1.70 b
T2	8.23 a	0.1725 a	14.33 a	9.13 a	2.440 a	3.57 a

冬季水培增温处理苗生根早，生长快，且单株素质（各时期的茎节数、株高和根长等指标）均优于常规繁育方法，新方法处理的水培苗比传统方法提前 13d 剪尖扦插并可增殖一倍的扦插苗量[6]。

第三节　马铃薯主食化专用品种标准化生产技术

一、确立主食化专用品种生产标准

集成创新了以早熟防寒为重点的马铃薯主食化品种高产高效安全生产栽培技术体系，如表 13-12 所示。

表 13-12　马铃薯主食化专用品种生产标准

品种	播期与密度	施肥方式	田间管理
'费乌瑞它'	秋薯：成都平原及盆周丘陵秋季 8 月下旬至 9 月上旬播种；冬薯：成都平原及周边丘陵冬作 12 月中下旬至翌年 1 月上旬播种；春薯：四川高海拔地区 2 月下旬至 3 月中上旬播种。密度：82500～90000 株/hm²	基肥：施农家肥 30000kg/hm²，整地同时施入；种肥：纯 N 120kg/hm²，P_2O_5 75kg/hm²，K_2O 180kg/hm²，播种时条施，避免种薯和肥料接触	晚疫病防治：当植株生长高度达到 30cm 左右时，注意观察，发现中心病株喷药防治。喷施药剂可用增威赢绿 10～12d 喷一次或福帅得 7～10d 一次，连喷 2 或 3 次
'蓉紫芋5号'	秋薯：成都平原及盆周丘陵秋季 8 月下旬至 9 月上旬播种；冬薯：成都平原及周边丘陵冬作 12 月中下旬至翌年 1 月上旬播种；春薯：四川高海拔地区 2 月下旬至 3 月中上旬播种。密度：82500～90000 株/hm²	基肥：施农家肥 30000kg/hm²，整地同时施入；种肥：纯 N 100kg/hm²，P_2O_5 75kg/hm²，K_2O 200kg/hm²，播种时条施，避免种薯和肥料接触	
'抗青9-1'	冬薯：成都平原及盆周丘陵冬作 12 月中下旬至翌年 1 月上旬播种；春薯：四川高海拔地区 2 月下旬至 3 月中上旬播种。密度：67500～75000 株/hm²	基肥：施农家肥 30000kg/hm²，整地同时施入；种肥：纯 N 100kg/hm²，P_2O_5 75kg/hm²，K_2O 150kg/hm²。应根据植株生长状况，用 0.5% KH_2PO_4 液，进行叶面追肥 1 次或 2 次，播种时条施，避免种薯和肥料接触	蚜虫防治：用内吸作用的杀虫剂防治，可选用 20%吡蚜酮或 10%吡虫啉按照 0.3kg/hm² 兑水进行均匀喷雾防治
'陇薯7号'	冬薯：成都平原及盆周丘陵冬作 12 月中下旬至翌年 1 月上旬播种；春薯：四川高海拔地区 2 月下旬至 3 月中上旬播种。密度：75000～82500 株/hm²	基肥：施农家肥 30000kg/hm²，整地同时施入；种肥：纯 N 100kg/hm²，P_2O_5 75kg/hm²，K_2O 150kg/hm²，播种时条施，避免种薯和肥料接触	中耕培土：马铃薯生长过程中要培土 2 次，第一次在齐苗后 10d 内，苗高 15～20cm 进行，培土厚度 5cm 左右；第二次在封行前进行，主要是对第一次培土厚度不够的部位补土，培土时应尽量避免损伤茎秆或把叶片压住
'中薯10号'	秋薯：成都平原及盆周丘陵秋季 8 月下旬至 9 月上旬播种；冬薯：成都平原及盆周丘陵冬作 12 月中下旬至翌年 1 月上旬播种；春薯：四川高海拔地区 2 月下旬至 3 月中上旬播种。密度：82500～90000 株/hm²	基肥：施农家肥 30000kg/hm²，整地同时施入；种肥：纯 N 100kg/hm²，P_2O_5 75kg/hm²，K_2O 150kg/hm²，播种时条施，避免种薯和肥料接触	
'青薯9号'	冬薯：成都平原及盆周丘陵冬作 12 月中下旬至翌年 1 月上旬播种；春薯：四川高海拔地区 2 月下旬至 3 月中上旬播种。密度：67500～75000 株/hm²	基肥：施农家肥 30000kg/hm²，整地同时施入；种肥：纯 N 100kg/hm²，P_2O_5 75kg/hm²，K_2O 150kg/hm²，播种时条施，避免种薯和肥料接触。应根据植株生长状况，用 0.5% KH_2PO_4 液进行叶面追肥 1 次或 2 次	

二、马铃薯早熟防寒高效生产关键技术

针对成都平原稻田冬、春马铃薯栽培需求，集成创新了马铃薯早熟防寒高效生产技术，增产效果明显（图13-4）。技术实施要点为利用优质的脱毒种薯、播前种薯处理、高厢垄作、垄上双行错窝精量点播、合理密植、地膜覆盖、水肥高效利用、晚疫病综合防控等多项技术，具体为选用优质的脱毒种薯；平作起高垄，单垄双行错窝播种，垄距80cm、株距20cm，合理灌溉（2次）、施1050kg/hm²复合肥（N16-P16-K16）和750kg/hm²有机肥（有机质≥20%）；合理密植（密度90000株/hm²）；播种后覆膜，出齐苗后揭膜；选用优质药剂（如福帅得、金雷、增威赢绿等）防治晚疫病、早疫病。

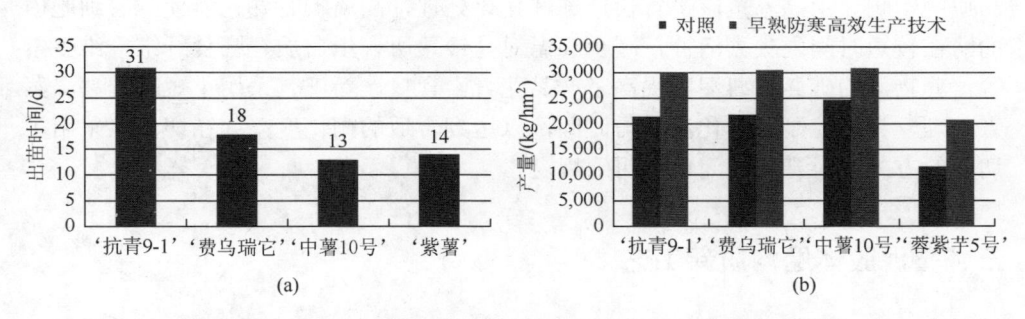

图13-4 早熟防寒高效生产技术对主食化品种出苗时间和产量的影响
（a）应用早熟防寒高效生产技术后提早出苗天数；（b）应用早熟防寒高效生产技术后各品种的产量

第四节 冷冻薯泥加工关键技术及系列产品研发

在四川薯类创新团队指导下，以四川紫金都市农业有限公司为主体，通过产学研用紧密结合，深入开展了马铃薯主食化加工关键技术研究。

一、原料预处理与营养成分保护技术

在薯泥研磨过程中率先采用胶体磨均质和冷冻脱水新工艺，在原料预处理、熟化、脱水处理、制泥、配方优化和专用配套设备研制等方面实现了成套工艺的技术集成创新，创造性地以薯泥直接添加面粉连续机制馒头等一系列主食产品，降低了能耗与成本，促进了四川省马铃薯加工的提质、节本和增效。

为了在马铃薯全粉、薯泥和主食化产品中保持马铃薯良好的色泽、营养成分和风味品质，预处理工艺在马铃薯原料、清洗、去泥除砂、去皮、切片之后，研

究不同理化方法对马铃薯酶褐变和马铃薯全粉非酶褐变的影响。在去皮和切片过程中，为防止马铃薯褐变和切片后淀粉粘连及氧化，去皮后将原料浸泡在盐水或亚硫酸盐溶液中，将其表面的淀粉冲洗干净，以获得最佳产品色泽及良好的后续加工特性。在紫色马铃薯薯泥加工过程中采用一定的护色措施，能有效防止花青素的氧化。浸钙处理使鲜薯在熟化、捣碎、干燥等后续加工环节中保持细胞完整性，减少鲜薯营养成分流失，提高产品复水性。

二、薯泥控温熟化新工艺

在熟化工序中，预煮和蒸煮温度若适当，既能使薯块充分熟化又能减少对细胞壁的破坏，因此设置不同温度与时间，研究高温蒸煮对马铃薯全粉熟化及风味品质的影响。用高温蒸汽进行快速连续熟化处理，高温瞬时熟化能使鲜薯细胞内的酶在较短时间内失去活性，减少高温对马铃薯所含蛋白质、膳食纤维、维生素等营养物质的破坏；薯泥则提高了产品花青素含量。新工艺采用了短时间高温蒸煮处理，精确控制了熟化温度与时间，以达到合适的糊化度；并在切分上采用了切条的方式，对升温时间也有明确规定。

三、薯泥胶体磨均质新工艺

胶体磨均质制泥新工艺形成了对水分、间隙调整、温度控制等工艺过程的技术与操作参数。采用该工艺捣碎颗粒时，为避免细胞被破坏，混合研磨动作要圆滑、轻柔，使成品大部分呈单细胞颗粒，研磨后的细度达到120目以上。捣碎回填的混合物，一般以保温静置方法来改进其成粒性，整个制泥工艺过程不加水稀释，胶体磨将薯条均质成为微米级薯泥，提高了产品口感，扩大了全粉的应用范围。

四、冷冻薯泥三级脱水工艺

如图13-5所示，工艺共分为三步：首先，将捣碎填制泥新工艺获得的含水量达到75%的马铃薯薯泥自然冷却至室温，完成一级脱水，含水量降至65%；然后，置于脱水冷库储存，加工馒头时利用微波干燥设备将冷冻薯泥升温至不破坏营养成分进行解冻，微波干燥脱水将薯泥中含水量降至58%；最后，自然放置至室温用于添加面粉，此时经过升温解冻过程中的三级脱水步骤，薯泥含水量约为57%，可直接供添加小麦面粉。

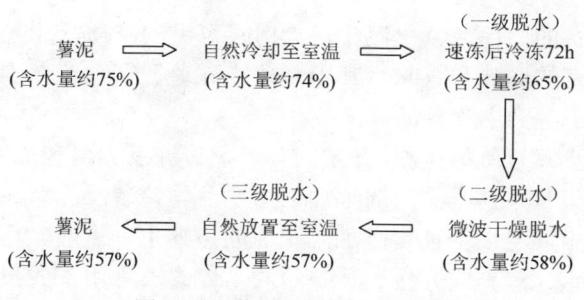

```
                                          （一级脱水）
    薯泥        ⟹   自然冷却至室温   ⟹   速冻后冷冻72h
(含水量约75%)       (含水量约74%)        (含水量约65%)
                                              ⇓
            （三级脱水）              （二级脱水）
    薯泥    ⟸   自然放置至室温   ⟸   微波干燥脱水
(含水量约57%)     (含水量约57%)       (含水量约58%)
```

图 13-5　薯泥三级脱水示意图

五、冷冻薯泥加工工艺

重点围绕清洗切分、护色浸钙、短时熟化、捣泥回填、冷冻脱水等主要工序的工艺改进与设备研发，形成马铃薯冷冻薯泥生产一体化新工艺，解决规模化生产冷冻薯泥营养成分易氧化分解的技术难题，设备投资小，整个工艺路线的生产成本比传统工艺大幅度降低。

新工艺流程如下。

选料：按专用品种订单收购，以网袋包装。杜绝虫眼薯、烂薯及100g以下不适于加工的细薯。

清洗：将网袋中的马铃薯倒入洗薯机进行清洗。

整理：从洗薯机清洗后，人工挑选，按已经完成清洗并干净的整薯（进入切分）、虫眼薯及不规则薯（随后人工刀挖，清除全部泥土）、小薯（不再切分，直接熟化）、烂薯（丢弃）、需再一次清洗的薯（再洗即干净的薯）进行整理。

切分：根据后续产品，将干净的整薯进行切条、切丁。

护色：将马铃薯薯条在复合护色硬化液中浸泡。

控温熟化：将薯条放入托盘，托盘置于蒸架，进入蒸熟机里蒸煮，在90℃高温蒸汽中蒸煮，直至达到合适的糊化度。

均质制泥：将熟化后的马铃薯薯条进行胶体磨均质，薯泥含水量达到75%。

拌料：将马铃薯全粉和薯泥混合均匀得到成品薯泥，直接密封后包装进入冷库贮藏。

冷冻脱水：将捣碎填制泥新工艺获得的含水量达到75%的马铃薯薯泥自然冷却至室温，在冷库速冻完成一级脱水，含水量降至65%，然后置于冷库储存，加工馒头时利用微波干燥设备将冷冻薯泥升温至不破坏营养成分进行解冻，微波干燥脱水将薯泥中含水量降至58%，然后自然放置至室温，用于添加面粉。其余冷冻薯泥可以长期在冷库中低温保存。

研发生产的马铃薯冷冻薯泥是未经烘干的马铃薯熟化颗粒全粉的半成品，呈蒸熟薯类均匀细腻的白色或紫色泥膏，无肉眼可见的杂质，无异味，复水性好，并具有马铃薯特有的风味和气味，其中紫薯冷冻薯泥富含花青素，适宜冷冻保存和供应食品厂加工各类主食食品。

经产品性质研究与质量检测，开发的马铃薯冷冻薯泥可在冻库贮藏 1 年以上，以保证主食化馒头等系列产品的周年加工需要；马铃薯冷冻薯泥在冷库中能够密封贮藏 1 个月以上，可以保证食品加工企业的短期生产供应。马铃薯薯泥升温解冻、复水后其口感、营养成分接近蒸熟后的马铃薯。采用本成果开发的新工艺生产的马铃薯冷冻薯泥经四川省农业科学院分析测试中心质量分析检测，各项理化和卫生指标均符合国家和企业的相关标准要求，产品质量合格。

六、直接添加面粉连续机制馒头工艺及配方

参照《馒头用小麦粉》（LS/T 3204—1993）附录 A 中提出的馒头制作方法，采用一次发酵法，设定薯泥含水量 57%，薯泥添加 50%、100%、150%（与面粉添加量比）时相当于马铃薯全粉在馒头中含量占比例 17.70%、30.00%和 51.00%，根据上述条件制作马铃薯泥馒头。反复试验并根据 LS/T 3204—1993 中规定的方法对馒头外部（比容、外表）与内部属性（颜色、结构、弹性、咀嚼性、凝聚力、黏性、气味）及口感风味等品质进行评价，最终选择最佳混配比例。研究发现在马铃薯泥添加比例为 1∶1（相当于 30%马铃薯全粉）时马铃薯泥馒头综合品质为最佳。这是由于马铃薯泥添加量过低时，馒头的色泽与白面馒头接近，无马铃薯特有的清香味，不符合主食化的要求；当马铃薯泥添加量过高时，馒头色泽偏暗，氧化淀粉含量过高，限制面筋的扩展，导致馒头无法发酵，口感偏硬而不被消费者接受。不同薯泥添加比例（与面粉添加量比）的成品性状对比如表 13-13 所示。

表 13-13　不同薯泥添加比例（与面粉添加量比）的成品性状对比

成品性状	添加薯泥 50%	添加薯泥 100%	添加薯泥 150%
马铃薯占比/%	17.70	30.00	51.00
成本	略低	中	高
色泽	略白	偏黄	黄
薯香味	淡	适中	浓
质地	松软	松软	偏硬
口感	绵细	绵细	粗涩
结论	按面粉量添加 100%薯泥符合国家马铃薯主食化要求，也符合消费者经济、口感、营养需求		

此外，在市场上随机选择一批消费者，对不同薯粉（泥）比例的马铃薯馒头的口感风味进行了打分评价，并对产品外观感觉、马铃薯馒头价格接受范围以及购买意愿分别进行调查，供试样品总数 450 个，调查人数 333 人。统计结果如表 13-14 所示，按面粉量添加 1∶1 薯泥的马铃薯馒头既符合国家马铃薯主食化要求，也符合消费者经济、口感、营养需求，消费者有强烈的购买意愿。

表 13-14 消费者对不同薯粉（泥）比例产品的评价数据对比

产品反馈	添加薯泥 50%	添加薯泥 100%	添加薯泥 150%
马铃薯占比/%	17.70	30.00	51.00
样品份数/个	150	200	100
口感良好份数/个	142	186	2
产品好感率/%	94.70	93.00	2.00
价格接受/元	0.75～1	0.75～1	0.75～1
有购买意愿的人数/人	144	187	2
购买占比/%	96.00	93.50	2.00
结论	按面粉量添加 100%薯泥符合国家马铃薯主食化要求，也符合消费者经济、口感、营养需求		

薯泥连续机制馒头工艺流程如下：1 份含水量 57%的马铃薯冻融薯泥＋1 份小麦面粉＋干酵母→和面→轧成面片→成型→发酵→醒发→蒸制→出柜→冷却→包装→成品。

薯泥解冻：在机制加工馒头时利用微波干燥设备将冷冻薯泥升温至不破坏营养成分的 90℃进行解冻，升温解冻过程中同时继续进行薯泥的脱水处理过程，直至将薯泥含水量降至 57%以直接添加小麦面粉。

和面：将称量好的马铃薯冻融薯泥、面粉按一定比例混合再加活性干酵母，置于自动和面机中（不再另外加水）直接搅拌，通过慢速搅拌形成均匀的面絮。

轧面：在自动轧面机里将面絮轧成 5mm 厚的光滑面片（面片经过切面机可制成马铃薯面条）。

成型：反复揉搓光滑的面片并充分排气，通过传送带传送到自动馒头成型机里切成方形或圆形馒头坯。

醒发：将成型的馒头坯置于醒发柜中醒发，使面团发酵至体积增长一倍，内部蜂窝组织均匀（发酵面团可传送到自动包子机里加工成各种馅料的包子）。

蒸制：将醒发过的馒头坯和包子转入自动控温蒸汽柜蒸制后，打开柜门冷却后取出。

包装：马铃薯冻融薯泥直接添加制成的馒头、包子冷却后密封包装成商品储存与供应市场。

七、冷冻薯泥连续机制馒头专用设备配套

针对马铃薯冻融薯泥直接添加面粉制作馒头的改进工艺，选型配套与改制了包括洗薯机、切条机、蒸制熟化机、胶体磨制泥机、30m³冷冻脱水冷库、微波冻融机、翻斗搅拌和面机、自动轧面机、自动馒头成型机、醒发柜、全自动包子机、馒头蒸柜与冷凉包装设备在内的马铃薯冷冻薯泥连续机制加工馒头、包子的成套专用关键设备，找出了最佳工艺控制参数，降低了能源消耗。

新工艺在技术组合上，采用了更加合理的切条蒸汽熟化、胶体磨制泥及连续自动馒头包子加工的新工艺和设备体系；在燃料选用上，采用了天然气作为马铃薯条蒸制熟化和馒头、包子蒸制的能源，温度上升快，时间短；在薯泥连续机制馒头的进程中省去了全粉加工的干燥设备，降低了马铃薯馒头生产的能耗与成本，比全粉加工中热风干燥降低了42%的干燥总成本，实现了节能环保。

目前已建成马铃薯薯泥直接机制加工馒头等主食产品新工艺生产线，确定了新的投料量、物料配比等工艺参数及pH、浓度、温度、蒸气压、回流状态等生产控制指标，并对紫色马铃薯主要营养成分——花青素的保护找到最佳工艺控制点。2015年新工艺生产线建成投产，在成都市龙泉驿区生产基地已经建立马铃薯薯泥机制加工馒头的工业化生产线两条和示范生产车间，各种馒头产品通过了质量标准（quality standard，QS）认证，并成功地进行了工业化批量生产。到2017年6月底，已形成年产2000t马铃薯薯泥和日产8t马铃薯薯泥机制加工馒头的生产能力，累计加工鲜马铃薯600t，生产马铃薯冷冻薯泥550t，各种馒头、包子等马铃薯主食化产品80t。

经环境评价表明，生产过程中产生的废渣，经粉碎、无害化处理和干燥后生产出复合肥；车间冲洗及清罐废水处理达标后排入城市污水管网中，采用本工艺生产不存在"三废"问题，不破坏生态平衡。生产工艺先进，安全环保。

八、马铃薯薯泥机制馒头等系列主食化产品

以普通马铃薯与紫色马铃薯为原料，加工生产马铃薯冷冻薯泥及普通与彩色马铃薯馒头、包子、蒸糕与切面等系列主食产品共四大类12种产品，均已获得食品生产QS认证，并形成马铃薯《馒头》标准Q/SZJ0003S-2016、马铃薯《面条》标准Q/SZJ0004S-2016与马铃薯《冷冻薯泥》标准Q/SZJ0005S-2016等3个企业标准与各种馒头、包子产品质量检测方法。

研发生产的普通马铃薯馒头与包子的口感与普通小麦面粉制品没有显著差异，但带有马铃薯的清香味，其蛋白营养成分与食用纤维成分更加丰富；紫色马

铃薯馒头营养成分丰富，不用色素添加剂，外观颜色鲜艳，十分吸引消费者。经产品性质研究与质量检测，采用本项目开发的新工艺生产的马铃薯馒头可在常温下保存 3d，–18℃家用冰箱冷冻室里贮藏 1 个月以上。成都市食品药品检验研究院 2016 年 2 次对马铃薯馒头的质量进行分析检测，其各项理化和卫生指标均符合国家和企业的相关标准要求，产品质量合格。目前，研发生产的各类马铃薯主食化产品已经在成都市 100 余家小型超市与食品配送中心上市。

（本章作者：桑有顺　淳　俊　冯焱　黄　钢　陈　涛　汤云川）

参 考 文 献

[1] 连勇. 马铃薯块茎发育及休眠调控研究进展. 中国马铃薯学术研讨会与第五届世界马铃薯大会论文集. 中国作物学会马铃薯专业委员会, 2004.
[2] 肖特, 马艳红, 于肖夏, 等. 温光处理对不同马铃薯品种块茎形成发育影响的研究. 内蒙古农业大学学报, 2011, 32(4): 110-115.
[3] 陈阳婷, 桑有顺, 冯焱, 等. 双重 RT-PCR 法快速检测多种马铃薯病毒的研究. 西南农业学报, 2012, 25(1): 179-182.
[4] 淳俊, 桑有顺, 陈涛, 等. 叶面喷施 ABA 对马铃薯原原种产量性状和经济效益的影响. 南方农业, 2016, (34): 1-4.
[5] 黄敏, 冯焱, 何建, 等. 紫色马铃薯脱毒苗水培快繁技术研究初报. 南方农业, 2015, 9(22): 86-88.
[6] 桑有顺, 冯焱, 陈涛, 等. 成都平原冬季繁育马铃薯脱毒苗水培技术优化研究. 西南农业学报, 2014, 27(3): 1014-1017.

第十四章 提升马铃薯现代绿色薯业技术创新链

经过十余年的快速发展,中国马铃薯产业取得了举世公认的成就。但是,当前正在发生着一些重要的变化。一是供求关系出现了阶段性过剩,马铃薯人均消费增速递减,市场需求趋于饱和。二是投资回报率逐年下降,生产成本费用不断攀升。三是外延式增长方式不可持续,"薯贱伤农"常有发生。四是加工产业发展滞后,马铃薯加工比例偏低。五是大量的科技成果转化率不高,新品种、新技术未能满足市场消费和产业发展转型需要。针对这些问题,必须深化农业供给侧结构性改革,以中高端农产品和食品消费市场为主攻目标,实施科技驱动战略,大力推动马铃薯产业转型升级。按照现代绿色薯业"构建技术创新链—延伸产业创新链—提升科技价值链"的三链联动转型升级原理,未来5~10年的现代马铃薯产业再上新台阶,必须着力提升马铃薯现代绿色产业技术创新链。

第一节 加强品质育种主攻特色专用新品种

一、种质资源利用与育种方法改进

四川马铃薯遗传背景较为狭窄,需要加强资源材料的引进、收集,扩大四川省马铃薯的遗传多样性,挖掘马铃薯的优异基因,筛选优质、高产、多抗等优异资源,并利用常规技术和生物技术方法相结合创制育种新材料。四川马铃薯育种主要以常规的定向杂交为主,方式单一,应转向集团杂交、轮回选择、种间杂交、双单倍体和 $2n$ 配子研究利用、基因工程育种等新的育种途径,研究建立田间鉴定、室内分析和数据分析的亲本评价系统,确立骨干亲本,扩大优良组合群体,创制具有突出性状的优异育种中间材料,丰富育种资源,提高育种效率。通过集团杂交增加遗传变异度,提高选择概率;充分利用原生质体融合、外源基因导入、染色体倍性育种等生物技术手段,对近缘野生资源进行基因挖掘,建立马铃薯重要性状的分子标记,提高选择效率和准确性[1,2]。

二、加强特色专用型品种选育

在深化供给侧结构性改革的背景下,马铃薯品种的品质是决定性因素,要下决心把马铃薯品质育种作为首选育种目标。针对中高端消费市场对马铃薯产品的新需求，以品质育种为核心，加快优质特色加工专用型马铃薯品种选育步伐，选育优质、广适、多抗、高产、类型丰富的食用专用型和加工专用型品种，满足消费市场的多元化需求。中国马铃薯市场消费与欧美国家最大的不同是马铃薯作为大宗蔬菜品种深入千家万户，四百多年来，中国老百姓创造了数百种马铃薯餐桌烹饪制品，而且鲜食比例一直很高，这一传统吃法有其内在的科学依据，一定会传承下去，中国马铃薯育种家一定要敬畏传统文化的力量。因此，鲜食马铃薯专用型品种是一个重要的优质育种方向，在专用型鲜食马铃薯育种中，还应制定各有特色的二级育种目标，如炒薯丝型、薯泥型、薯条型、薯片型、沙拉型、炖煮型、糕点型、水果型、饮料型等，薯形、薯皮和薯肉的色泽也应丰富多彩，营养丰富，风味特色各异。另外，要加强各类加工专用型优质马铃薯育种，淀粉型、全粉型、薯条型、薯片型、薯泥型、花青素提取型等，同样，薯形、薯皮和薯肉的色泽也应丰富多彩，各种营养指标符合加工原料标准。当然，上述各种马铃薯专用品种都要强化抗病、高产、优质、广适和适宜机械化生产五个基础育种目标。上述育种目标的改革，必将导致马铃薯育种工程在种质资源高效利用、育种新技术革命、脱毒种薯高效扩繁、商品薯绿色安全机械化生产、产后贮藏加工等技术创新链和产业创新链的转型升级。应该明确，马铃薯被堆在市场地摊上廉价甩卖的时代即将一去不复返了！马铃薯只是作为充饥填肚的温饱薯的单一育种目标时代也一去不复返了！当新育成的马铃薯品种推广之时，中国已进入全球对农产品、食品和美食要求最高的引领国际市场消费潮流的新时代，那时马铃薯必将作为中高档农产品和食品进入超市，摆上餐桌，鲜食及加工制品花色品种多种多样，琳琅满目，这就是马铃薯主食化战略的未来，是薯业供给侧改革的愿景，也应是广大马铃薯育种专家的神圣职责，中国马铃薯育种专家一定要思维超前一些，给中国广大消费者更多的市场选择机会，让科技引领市场消费新潮流。

三、加强生物技术在马铃薯育种中的应用

生物技术是 21 世纪农作物育种高新技术的制高点。分子标记辅助选择、基因工程等生物技术育种手段具有筛选效率高、针对性强、精准度高、可打破物种隔离界限、可利用的遗传资源丰富、育种进度快等优点，是下一阶段马铃薯新品种选育取得突破的关键途径[3-5]。当前，马铃薯选择标记主要集中在重要农艺性状如抗病性和块茎品质方面，可用于群体选择的分子标记多为抗晚疫病、抗病毒病。近年控制薯形、休眠期和熟期性状的标记也陆续报道。耐贮藏分子标记辅助育种是应该加强的研究领域。选择短休眠品种和长休眠品种利用诱导马铃薯开花结实技术，配制杂交组合，通过实生种子高效利用技术开展 F1 代块

茎休眠性状的检测，构建短休眠期群体库和长休眠期群体库，采用简化基因组测序即 2b-RAD-seq 分析这 4 类 DNA 样品和特异标签密度分布图，比较 2 个极端混池标签密度有差异的区段，结合马铃薯参考基因组序列，利用软件设计多对引物，开发耐贮藏分子标记，以加快选育耐贮藏品种效率。利用转录组分析挖掘控制块茎花青素合成和晚疫病水平抗性的重要基因，创制高花青素含量和高抗晚疫病的遗传改良新材料。

第二节 种薯快繁技术创新与良繁体系提升

一、构建马铃薯脱毒种薯技术创新链

目前，四川省马铃薯脱毒种薯推广率在 30%左右，供求关系紧张，每年本地市场都需从北方大批量调运种薯。因此，要做优做强四川省马铃薯产业，就必须构建马铃薯脱毒种薯繁育技术创新链，对茎尖脱毒、组培快繁、网室繁育脱毒原原种、高海拔地区繁育原种等良种繁育的关键技术进行研究，提高单产、总产和质量，为马铃薯脱毒种薯产业创新链提供科技支撑，实现马铃薯新品种脱毒种薯生产规模化、种植技术规范化，形成先进、完善的脱毒马铃薯应用研究和推广体系，满足市场对高产、专用和绿色马铃薯种薯不断增长的需求。

二、茎尖脱毒组培苗高效扩繁技术

筛选适宜四川省不同生态区种植的马铃薯新品种，选择健康薯块在室内催芽和茎尖脱毒，成苗并经过病毒检测无病毒后转入继代培养基中培养，进行脱毒苗扩繁。针对不同品种不同接种部位进一步细化研究，添加不同的植物生长调节剂，筛选出最适培养基；针对脱毒苗的不同培养目的（继代扩繁培养、壮苗出瓶培养），改进培养基配方，摸索不同的培养条件，研究出最适宜的培养基和培养方式，提高脱毒组培苗的扩繁效率，为生产上提供更多健壮的脱毒组培苗。

三、优化脱毒苗高效繁育栽培技术

开展基质消毒研究。传统的基质消毒是采用高温蒸煮法，此法的缺点明显，人工成本高、基质消毒后易黏成团等，采用新的技术手段改进这一传统方式，包括：①利用夏季高温天气，选择不同材料的膜覆盖在栽培基质苗床上，通过苗床热效应直接进行消毒处理；②采用生物防治方法，在栽培基质中添加有益菌，利用其生长抑制致病菌生长，达到苗床消毒防治病菌生长的目的。

加强栽培技术和施肥模式研究。利用新型栽培基质——椰糠（椰子外壳纤维粉末），根据不同品种的生长特性和需肥规律，对栽培技术和施肥模式进行创新和优化，提高原原种结薯数和有效薯率。

根据不同品种生理特性，研究水培高效繁育关键技术，包括优化营养液配方、严格控制苗床水温和苗床温度等，提高水培苗的存活率，并实现生根早、生长快、生长健壮的目的。

对传统的雾化栽培技术进行升级改良研究，包括：脱毒苗不同生长周期的营养液配方、供营养液模式、温度调控、定植前后的消毒处理等，形成一套温水肥三定的原原种雾化栽培技术[6]。

四、种薯催芽、调控及高效扩繁栽培技术

冬季 12 月收获的原原种在较低温度的自然条件下有 3 个月以上的休眠期，未通过休眠的种薯不易发芽，播前必须进行催芽处理，打破休眠期，才能促进幼苗早出土。为了提高马铃薯原原种繁殖效率和种薯产量，对冬季收获的原原种进行催芽新技术研究，在室内严格控制温度、湿度和光照，在保证种薯质量的前提下提前打破原原种休眠，做到出芽早、壮、齐，在春季适宜的播种时间及时提供发芽的原原种播种。

根据不同品种生长发育的特点调节地上部生长的措施和方法，分别利用物理方法和化学方法进行调控促进结薯，其研究内容包括调整营养液配方、叶面喷施微肥、控制植株顶端优势和应用外源激素等，提高种薯单产、总产和品质。

高海拔地区（1500m 以上）气候冷凉，蚜虫少，具有天然隔离条件，光照足，适宜繁殖马铃薯脱毒种薯。要进一步加强高海拔地区马铃薯原种高产关键栽培技术研究，内容包括选地与整地、种薯处理、播种与施肥、田间管理和收获等主要环节，对播种密度、施肥模式、晚疫病综合防治和收获提前杀秧等技术进行优化研究，突破技术瓶颈，提高单产、总产和品质。

第三节　绿色安全生产技术与周年供给体系

一、春马铃薯新种植模式与提质增效栽培

春马铃薯时空跨度大，早、中、晚熟品种与鲜食型、加工型均有种植。需根据不同用途，着力引进、筛选一批适宜种植的多种类型专用品种。要以绿色安全生产和实现周年供给为目标，因地制宜地开展高效种植新模式和提质增效关键栽培技术研究，更充分发挥间套作、轮作、净作等种植方式时空调控效能，多层次、

多方位充分利用西南生态区光、温、水、肥等资源优势,优化复合型种植结构和区域特色产业结构,充分挖掘马铃薯增产增收潜力[7]。

二、秋冬马铃薯种植新模式与简化高效栽培

秋冬马铃薯的发展应着重在绿色种植模式创新上,根据本地区的环境条件和区位优势,以现有种植模式为基础,增种或改种秋冬马铃薯,充分挖掘秋冬马铃薯的面积和增产潜力,补充和完善周年供应产业链,增加农民收入。

秋、冬马铃薯主要做商品菜用,生长季节常处于低温寡照,常遇低温冻害,应以抗冻耐冷为重点,引进筛选生育期短、商品性好、耐弱光、耐低温马铃薯新品种。应加强特色专用型优质马铃薯新品种的引选,筛选一批适宜于本地区秋、冬马铃薯种植的专用型新品种,大力推广合格的脱毒种薯,促进秋冬马铃薯产业在本区域的良性发展。

川东北存在大面积的密植桑园、幼果林、"麦/玉/豆"、水稻冬闲田等,如何发挥不同模式的空带和果桑园闲置土地利用效率一直是研究的重点。研究密植桑园、经济林或幼果林套作秋、冬马铃薯等农林结合复合型高效种植新模式,应加强几套主导种植新模式的栽培技术集成创新与示范。

三、紫色马铃薯绿色高效栽培技术

对紫色马铃薯花青素的种类、含量及抗氧化特性,生物合成、二倍体和四倍体遗传模型花色素相关基因及克隆,环境因子和外源物质对相关基因的表达、调控等方面已有大量研究,但对植物地下部器官显色机理及其调控的研究较少。随着马铃薯主食化战略的实施,有关栽培因子对马铃薯地下部块茎花青素合成与积累影响的研究将成为热点之一。重点研究不同类型肥料施用时期、施用量及其耦合关系对紫色马铃薯块茎花青素合成与积累及调控的影响;研究不同栽培因子对紫色马铃薯块茎花青素合成与积累的调控效应及调节机制。为实现资源高效利用与可持续利用,绿色高效栽培、水肥一体化、新型有机肥、缓释肥及资源高效利用等栽培技术对花青素调控方面的研究也亟待开展。

第四节 农机农艺深度融合机械化技术体系

一、机械化生产模式与水肥一体化

根据前期研究,已确立了以中小型机具应用为主的马铃薯机械化路线,明

确了垄距 0.90m 和 1.00m 的机械化主体种植模式。前期创新团队在盐亭进行了马铃薯 1.00m 机械化种植与马铃薯膜下滴灌水肥一体化试验，取得了 53400kg/hm² 的高产成绩，但研究处于初步阶段，影响高产、稳产的因素，以及应对措施尚未系统研究。马铃薯水肥一体化是借助压力系统，将溶解的水溶性肥料通过管道和滴头，按作物需肥规律将养分和水分结合，在作物生育期内定量将肥料和水分输送到作物根际，提高水资源利用效率。农业部要求，西南地区主要推广玉米、马铃薯集雨补灌水肥一体化技术 67 万 hm²。应重点研究丘陵山区马铃薯中小型机械化种植与膜下滴灌水肥一体化的关键技术，采用滴灌、微喷灌技术，结合水溶肥料应用，实现高效补灌和水肥一体的主要参数和配套机具及其改进优化方案。创新肥料、农药的筛选和施用方案，加强水肥一体化管理，研发应用机械化、智能化精准机具。加强现代绿色薯业农机农艺深度融合技术体系的构建与推广，提高四川省马铃薯的生产水平和种植效益，实现"一控两减三基本"的发展目标。

二、植保无人机在马铃薯生产中的应用研究

植保无人机是现代绿色薯业栽培的发展方向。开展植保无人机在马铃薯生产中的应用试验研究，从无人机的总体结构参数、飞行稳定性、作业精准度、操作难易程度，以及仿地飞行等关键飞控功能等方面进行对比选型。由于目前并无适合 1.00m 垄距马铃薯种植模式的中小型自走式喷杆喷雾机或悬挂式喷杆喷雾机，植保无人机应用方案对于解决四川马铃薯生产植保问题有重要意义。通过高精度航线控制和仿地飞行高度控制，精准喷药，利用断点续喷功能可以减少和避免重喷和漏喷，使农药液滴充分和作物接触，减少农药使用量，减少药害，减少用水量，提高农药利用率，满足植保防治的及时性要求，达到快速防治的目的[8]。基于目前与植保无人机低空低量高效施药所配套的施药技术不成熟，配套农药研发与喷洒技术规范研究进展缓慢，在缺乏相应的规范和标准的情况下，要重点对人工施药和无人机施药进行对比研究，在同等防效情况下，对比人工喷药和无人机喷药的用药量差异，以及工作效率、工作时间的差异。探索马铃薯植保无人机可实施的应用方案，积累无人机植保使用经验。

三、马铃薯农膜使用与残膜回收技术

开展揭膜、回收时机研究。根据农艺要求和机械化栽培模式特点，以及马铃薯生长状况，确定适宜的揭膜、回收时期。根据田间试验，对人工去除地膜方法进行研究。通过农膜力学特性与残膜回收措施的关系研究、土壤结构特性

与残膜回收措施的关系研究等,明确不同类型土壤的残膜回收机制,为薯类残膜回收与资源高效利用提供理论依据。开展地膜回收机械选型试验[9,10]。机型作业幅宽涵盖一个垄宽,配套拖拉机的轮距等于一个垄距。采用悬挂连接方式,由拖拉机挂接地膜回收机械跨垄作业。针对冬春马铃薯机械化种植特点和农艺要求,对比研究苗期揭膜回收、收获后地膜回收方式对机械的需求,优先采用收获后地膜回收机型进行试验,在此基础上研究改进相应结构,实现苗期揭膜回收。

第五节　主要病虫害的预警与绿色防控技术

一、集成创新马铃薯病虫害绿色防控技术体系

坚持"公共植保、绿色植保、协同植保、效益植保"的科学理念,因地制宜地在四川不同马铃薯生态区、结合多种种植模式,充分运用生物防治、理化诱控、生态调控、科学用药等技术,以重要病虫为防治对象,利用预测预报技术明确病虫防治关键时期,运用植保无人机、静电喷雾和超低容量喷雾等技术使用"高效、低毒、低残留"环境友好型药剂,以现代分子生物学技术手段解析主要病害致病机制与宿主抗病机理,兼顾产量效益和生态保护,推进分子标记辅助育种,持续控制病虫灾害,保障农业生产安全,促进标准化生产,提升农产品质量安全,集成创新马铃薯病虫害绿色防控技术体系[11-13]。

二、抗病品种筛选与区域布局

因地制宜开展适宜不同生态区的优质高产抗(耐)病马铃薯品种筛选,结合纬度、海拔、气候、品种特性等因素引进无病种薯,明确不同马铃薯品种在不同生态区、不同海拔高度的适应性和增产潜力,为优质高产抗(耐)病马铃薯品种的推广布局提供技术依据。广泛收集和鉴定马铃薯栽培种或野生种,推动分子标记辅助育种技术发展,结合转录组学和蛋白组学,挖掘和利用马铃薯晚疫病、青枯病和疮痂病抗病基因,并对其进行基因功能分析,加快马铃薯育种进程,为马铃薯病害理论研究和综合防控提供理论基础。

三、药剂筛选与配套机械

对四川不同生态区开展马铃薯病虫害调查,分析其在不同地区、不同栽培模式下的发生规律和特点,以及潜在发生和危害程度;针对马铃薯主要病虫害,如

马铃薯晚疫病、早疫病、疮痂病、地下害虫等，在利用抗病品种和加强农业措施的基础上，以"四川马铃薯晚疫病监测预警系统"为指导，开展"高效、低毒、低残留"环境友好型药剂筛选，减少化学农药使用量；针对施药过程中"跑、冒、滴、漏"现象，筛选和改进施药器械，研究手动、电动、机动喷雾器、无人机等不同类型喷雾器械喷雾粒径大小、喷洒流量、气象因素与防治效果的关系，实现最佳防治效果，提高农药利用率，并减少环境污染。

四、病害监测预警与化学农药减施

马铃薯生产上主要病害防治对象仍为马铃薯晚疫病，防治策略重在预防，在全省完善马铃薯晚疫病监测预警物联网平台，实现晚疫病的科学监测、及时发布预警信息和指导马铃薯晚疫病保护性防治。跟踪监测不同马铃薯主产区、生态区马铃薯晚疫病发生程度和病菌致病力分化及药剂敏感性，研究其对不同类型杀菌剂的交互抗性现状，为品种和药剂的科学合理布局、病原菌的抗药性治理提供技术支撑。利用病害监测系统，研究不同海拔、不同品种与病害发生和发展的关系，在关键时期选用"高效、低毒、低残留"环境友好型农药开展病害防治，集成完整的适于四川各生态类型的马铃薯病害绿色防控系统，推动马铃薯病害监测预警全覆盖，为科学防治马铃薯病害提供可靠依据。

第六节 休眠萌芽调控与安全贮藏技术提升

一、马铃薯绿色安全贮藏技术体系优化提升

马铃薯的绿色安全贮藏技术体系，包含先进的贮藏设施与轻简高效的贮藏管理方法。在前10年对马铃薯贮藏控芽保鲜剂进行广泛筛选和验证研究的基础上，以植物源控芽保鲜剂为主，优选配方，提升药效，确保绿色安全高效。在马铃薯贮藏控芽保鲜剂配套使用方法上，改良传统喷施、浸泡的药剂施用方法，创新马铃薯控芽保鲜剂电加热熏蒸技术，增强施用效果，进一步降低贮藏损失、人工投入和成本投入。优化提升的马铃薯绿色安全贮藏技术体系，具有良好的应用潜力，将提高马铃薯产业的经济效益，减少环境污染，杜绝因不当贮藏导致的食品安全问题，为四川马铃薯贮藏提供新的技术支撑。

二、深入研究马铃薯休眠萌芽调控新技术

食用薯、商品薯、加工薯和仓储薯均需要安全的控芽处理。目前马铃薯萌芽

调控主要存在理论研究缺乏、使用有害控芽剂残留高和赤霉素催芽纤弱不齐、抗性低等问题。在前期探索马铃薯块茎萌芽的内部生理分子机制基础上，继续深入研究内源激素BR等调控马铃薯萌芽机制及其与赤霉素等激素间的相互作用机制，获得新的联合优化萌芽调控的技术、研发马铃薯新型植物生长调控剂类的休眠萌芽调控剂，为实现对各种需求类型的马铃薯块茎收获后的安全管理与生物调控技术奠定坚实的生理分子理论基础，提供良好的技术保障[14]。

三、深入研究马铃薯光控萌芽机制

光不仅作为植物光合作用的能量来源，还作为重要的环境信号调节基因的表达、影响酶活性及植物形态建成。在生产中发现光照对种薯萌芽和形成壮芽至关重要，具有调节种薯生理状态的应用潜力，对其作用原理需深入研究。前期试验表明块茎收获后贮藏，散射光下的芽长明显短于黑暗贮藏的，并且光下的芽表面积累色素更为健壮；将块茎黑暗中贮藏后置于散射光下处理不同时间，对种薯出苗和长势影响明显。散射光处理15d利于出苗，植株健壮，而处理20d则抑制芽的形态建成，植株矮小。说明光作为重要信号参与了块茎的芽萌发及形态建成。深入研究不同光质、光强及处理时间对块茎萌芽及壮苗的影响，利用光信号调控这一过程，可方便且低耗地保证播种时的种薯生理质量，是极具潜力的高效、绿色控制种薯生理状态的新方法。在已有大量光控种薯萌芽生理分子实验证据基础上，深入开展转录因子StGATA4L等介导光调控种薯萌芽机制研究，创新种薯控芽理论[15]。利用集成创新的控芽理论，指导研发提升马铃薯种薯播种壮苗的新技术，将进一步提升四川省马铃薯周年安全生产与供应能力，为现代绿色薯业发展增添原动力。

第七节　新产品市场开发与加工新技术研究

一、马铃薯主食化产品市场分析

中国未来马铃薯主食化加工潜力主要有两大部分，一是现有马铃薯主食原料或半成品加工的潜力，目前中国马铃薯淀粉、全粉（包括熟粉和生粉）、薯片、冷冻薯条等生产能力分别约达到年产50万t、15万t、30万t和17万t，已具备一定的加工基础。随着马铃薯主食产业化的推进，从主食产品消费需求推算，预计中国马铃薯全粉年生产能力可达1000万t以上；二是主食产品加工潜力，与小麦面粉复配、米粉复配及杂粮粉复配的马铃薯主食产品年加工能力预计可达2000万t左右；地域特色型及休闲功能型产品年加工能力预期可达800万t左右。

二、四川特色马铃薯主食化新产品研发

1. 薯类餐桌化产品研发

四川马铃薯的消费以鲜食为主,通过蒸煮煎炸等烹饪方式制作成各种样式风味的菜肴,并与米食、面食及其他主食搭配做成餐桌美食。马铃薯鲜食的基础是各种鲜食专用型品种和加强产地粗加工,提高马铃薯贮藏期,延长货架期。筛选耐贮藏的鲜食专用型品种,建立其品质评价体系;提高其贮藏性和保持品质特性,需进一步完善产地粗加工技术和贮藏设施设备研究;研究马铃薯美食餐桌主导制品在烹饪加工过程中食品成分的动态变化和成分之间的相互作用,提高马铃薯营养保留值和生物利用率,确定马铃薯美食餐桌主导制品及其烹饪方式最佳条件,实现马铃薯美食餐桌化。

2. 马铃薯主食产品研发

重点研发满足马铃薯主食化需求的产地加工工艺、技术与装备并集成示范,实现马铃薯加工技术创新链与马铃薯加工产业创新链的双创互动,推动马铃薯加工产业转型升级。

发展马铃薯全营养鲜粉条,可以使其营养成分更加全面,符合人体健康需求,减少干燥环节的能耗和食用环节的复水。用薯泥或全薯粉部分替代淀粉,通过调整配方、成型方式和无菌加工工艺条件,着力解决提升粉条的营养值和延长湿粉条货架期。

发展薯泥产品,既可将薯泥生产成风味各异的即食食品,也可将其生产成半成品,用于下游环节马铃薯加工产品的原料。筛选适用于制作薯泥的专用型品种,建立其品质评价体系;研究无菌加工薯泥的关键技术,延长薯泥货架期;研究即食薯泥风味调配和薯泥重塑性产品加工关键技术。

开展马铃薯产后全粉加工、主食化提升、原薯主食制品、挤压重组方便主食等技术研究与装备开发。马铃薯全粉及其制品可以有效解决贮藏性,又尽可能地保留营养成分。目前,市场上马铃薯全粉基本上都是熟粉,以马铃薯全粉和紫薯全粉为代表。由于马铃薯的支链淀粉含量高,熟全粉的淀粉糊化度很高,复水后黏度较高,在添加全粉量较多的情况下,会极大地影响产品的加工特性。因此,生产不同黏度的马铃薯全粉,满足不同产品加工特性的需要尤为重要。从护色、干燥及粉碎等工艺方面,研究马铃薯生全粉生产关键技术,建立其标准生产规范;将马铃薯生全粉与熟全粉复配成不同熟化度的全粉,满足不同食品产品的加工特性需求;从配方和改良技术方面,研究马铃薯全粉与小麦面粉或米粉及杂粮粉复配成各种马铃薯主食专用粉,满足方便快捷地制作马铃薯主食产品需求。

三、马铃薯美食产品"薯不胜薯"连锁推广新模式

餐饮作为百业之首,被称为永远的朝阳产业,而特色小吃行业更是餐饮业中的佼佼者。"薯不胜薯"马铃薯美食产品专营店,是大学生双创重大项目,主打酸菜鱼土豆米线等马铃薯主食,辅以比利时风味的薯条等系列美食,目前,已在四川农业大学大学生双创基地开设了旗舰店,今后三年将大力推进马铃薯美食产品"薯不胜薯"连锁推广新模式,打造马铃薯美食产品全国知名品牌,加快马铃薯主食化进程。

O2O餐饮模式:①嫁接5大支付平台;②集成3大外卖平台;③私人定制收银系统;④会员服务、外卖服务、预约服务,一键搭建;⑤报表、数据、账面、管理智能更轻松。

马铃薯美食专营店投资小、回本快,经营灵活,学校、社区、商圈均可,尤其适合"大众创业,万众创新"。"薯不胜薯"马铃薯美食产品专营总部设在成都市温江区,将采取8大支持措施进行连锁推广:

(1)选址支持:协助选址、落实装修、导入企业VI(科学视觉识别系统),把握好做店的第一关;

(2)迅速立店:包括设备安装、店员服装、企业标识等,美食专营店总部将提供一步到位的支援;

(3)体验培训:精编《"薯不胜薯"产品技术培训手册》,烹饪大师现场传授,7天成"百变神厨";

(4)店面装修:资深设计人员根据情况,提供连锁推广模式统一装修设计图,回家即可直接施工;

(5)开业指导:专业老师详细讲解开业前的所有准备事项,员工培训,不走弯路,早开业早赚钱;

(6)技术支持:总部持续不断地进行新品种、新技术、新产品研发,免费传授,生意火热后劲足;

(7)物流配送:遍及全国的冷藏物流车配送半产品系统,严格绿色管理,确保万店口味始终如一;

(8)售后服务:遍及全国的售后服务体系,特设全国售后服务电话,确保投资者运营能力有提高。

(本章作者:黄钢 沈学善 丁凡 周全卢 李洪浩 黄静玮)

参 考 文 献

[1] 乔方彬,宋文芳,宋伯符. 马铃薯育种方法改进意见. 中国马铃薯, 2010, 24(4): 203-205.

[2] 隋启君, 白建明, 李燕山, 等. 适合西南地区马铃薯周年生产的新品种选育策略. 哈尔滨: 哈尔滨工程大学出版社, 2013.

[3] Ramakrishnan A P, Ritland C, Sevillano R H B, et al. Review of potato molecular markers to enhance trait selection. American Journal of potato research, 2015, 92(4): 455-472.

[4] 瞿礼嘉, 郭冬姝, 张金喆, 等. CRISPR/Cas系统在植物基因组编辑中的应用. 生命科学, 2015, 27(1): 64-70.

[5] Butler N M, Atkins P A, Voytas D F, et al. Generation and inheritance of targeted mutations in potato(*Solanum tuberosum* L.)using the CRISPR/Cas system. Plos One, 2015, 10(12): e0144591.

[6] 袁洪波, 李莉, 王俊衡, 等. 温室水肥一体化营养液调控装备设计与试验. 农业工程学报, 2016, 32(8): 27-32.

[7] 杨平, 陈昱利, 巩法江, 等. 不同栽培方式对马铃薯干物质积累、分配及转运的影响. 中国农学通报, 2017, 33(8): 13-18.

[8] 王大帅, 张俊雄, 李伟, 等. 植保无人机动态变量施药系统设计与试验. 农业机械学报, 2017, 48(5): 86-93.

[9] 吕钊钦, 张磊, 张广玲, 等. 链条导轨式地膜回收机的设计与试验. 农业工程学报, 2015, (18): 48-54.

[10] 戴飞, 赵武云, 孙伟, 等. 马铃薯收获与气力辅助残膜回收联合作业机设计与试验. 农业机械学报, 2017, 48(1): 64-72.

[11] 张利杰, 刘霞, 冯蕊, 等. 云南省部分马铃薯产区晚疫病菌抗药性测定. 中国马铃薯, 2016, 30(6): 362-366.

[12] 黄冲, 刘万才, 张斌. 马铃薯晚疫病CARAH预警模型在我国的应用及评价. 植物保护, 2017, 43(4): 151-157.

[13] 石建斌, 杨永智, 王舰. 马铃薯突变体赤霉素代谢关键酶基因差异表达分析. 生物技术通报, 2016, (1): 124-130.

[14] Efstathios R, Bjorn K, Marian O, et al. Down regulation of StGA3ox genes in potato results in altered GA content and affect plant and tuber growth characteristics. Journal of Plant Physiology, 2013, 170(14): 1288-1234.

[15] Gallego B J, Minguet E G, Grau E F, et al. Molecular mechanism for the interaction between gibberellins and brassinosteroid signaling pathways in Arabidopsis. PNAS, 2012, 109(33): 13446-13451.

第十五章 专用型甘薯新品种选育与应用

四川是中国第一甘薯生产大省，常年种植面积在 50 万 hm^2 左右，除川西北高原外，其余市州均有甘薯种植。20 世纪 90 年代以来，四川省甘薯种植面积呈逐步下降趋势。进入 21 世纪以来，甘薯作为一种健康保健食品，深受大众喜爱。在深化农业供给侧结构性改革的进程中，大力推进现代绿色甘薯产业的发展，大力加强甘薯技术创新链与产业创新链的双创互动，将是开创社会主义新农村建设和精准扶贫新局面的潜力大、效益高、风险小、见效快、带动宽、受益广的重要新动能。

第一节 四川甘薯产业发展现状

一、甘薯品种老化、混杂、产量低、缺专用品种

四川省生产上甘薯主栽品种多为粮饲兼用型高产品种，曾经为甘薯生产做出了重大贡献。但由于品种的栽培时间较长，有的品种应用长达 40 多年，已表现出严重的混杂退化现象，导致产量降低[1]。目前，四川甘薯平均单产仅 21t/hm^2，淀粉含量较低，一般仅 12%～18%，平均淀粉产量不到 3t/hm^2，严重影响了甘薯的种植效益。选育和推广高淀粉甘薯品种和优质鲜食甘薯品种符合当前市场需求与产业发展特点。

二、甘薯育种专项经费支持少，科技成果转化推广困难

一直以来，甘薯缺乏科技创新转化重大项目的支持，甘薯新品种、新技术普及率低，生产上栽培简单粗放，效益不高。一是急需推广甘薯高产高效栽培关键技术。科技人员已经研究出甘薯健康种苗快繁、高产栽培技术、肥料科学使用技术，以及抗旱应变措施等，但这些新技术没有相应的经费支持推广。二是急需重大项目示范带动。目前成果转化示范主要由新型经营主体自发开展，部省推广项目在甘薯方面很少。生产上，农民普遍采用传统育苗和大田粗放栽培技术，存在育苗晚、等雨栽插、移栽晚、种植密度低、施肥少而不合理等现象，完全处于雨养农业状态，甘薯产量低而不稳。三是良种普及率不高。由于甘薯种薯产业属于

微利行业,尽管四川省种业公司数百家,但尚无一家专业化的甘薯种业公司,种薯主要有专业合作社经营,甘薯良种普及率一直不高。农民生产中长期自留种或互相交换,导致品种种性退化,而一大批优质特色新品种得不到推广经费支持,不仅不能满足市场需求,还造成科技资源浪费。

三、甘薯营养和保健作用尚未被消费者广泛认知

甘薯具有较高的营养价值,甘薯块根除含有淀粉、可溶性糖外,还富含胡萝卜素、维生素 A、维生素 B、维生素 C、维生素 E 及钾、铁、铜、硒、钙等 10 余种微量元素,甘薯赖氨酸含量和维生素 B_1、维生素 B_2 含量高,脂肪低,热能低,被营养学家们称为营养最均衡的食品,亚洲蔬菜研究中心称其为"蔬菜皇后"[2]。

甘薯具有"蠕肠通便、延缓衰老、抑癌抗癌、调节代谢"四大保健功效。蠕肠通便:甘薯含有大量膳食纤维、抗性淀粉,能刺激肠道,增强蠕动,通便排毒,是医学营养家所推崇的食物纤维来源。延缓衰老:甘薯蛋白质具有较强的抗氧化性、维生素 C 能增强人体对病毒的抵抗力、维生素 E 则能促进性欲,具有抗衰老、延寿强身之功能。抑癌抗癌:甘薯含黏液蛋白、脱氢表雄酮等物质,有防治结肠和乳腺肿瘤作用。紫色甘薯富含花青素和硒元素,可促使上皮细胞正常成熟,抑制上皮细胞异常分化,消除有致癌作用的自由基,阻止致癌物与细胞核中的蛋白质结合,促进人体免疫力增强。调节代谢:甘薯中含有丰富的钾,能有效防止高血压和预防中风等心血管疾病;甘薯是生理碱性食品,有利于调节人体的酸碱平衡,具有降低胆固醇,降血脂,防止白血病、夜盲症和减少高血压发病率等功效。此外,紫色甘薯除了含有普通甘薯所含的营养成分以外,还富含花青素。花青素对多种疾病有预防和治疗作用。花青素是自由基清除剂,其清除能力是维生素 C 的 20 倍、维生素 E 的 50 倍。花青素具有小分子结构,能透过血脑屏障清除自由基保护大脑细胞,同时能减少抗生素给人体的一些危害,紫薯将成为花青素的主要原料之一[3]。

遗憾的是,甘薯的上述营养和保健作用尚未被消费者广泛认知。其原因,一是甘薯产业本身发展不够强大,尤其是甘薯加工产业发展不能满足市场需求;二是科技创新有待加强,需要像近五年抓马铃薯那样狠抓现代绿色甘薯产业发展;三是针对消费者的科普宣传不力。

第二节 专用型品种育种新路径

一、专用型甘薯育种目标

甘薯用途不同,对专用型品种的需求也不一样。作为食用型品种,主要考虑

口感、薯型、主要营养成分；作为加工型品种，企业主要考虑淀粉含量、加工得率和薯型；作为特色紫薯，主要考虑花青素含量、薯型与口感。因此，只有针对不同的用途，培育具有不同品质特征的专用型品种才能发挥其最大的作用，并实现效益最大化[4]。

淀粉型品种：淀粉平均产量比对照'南薯88'增产8%以上，60%以上试点淀粉产量均比对照增产，薯块淀粉率比对照高2个百分点以上，抗一种以上主要病害。

食用型品种：鲜薯平均产量与对照'南薯88'相当，结薯早、整齐集中，中型薯比例高，薯形美观、薯皮光滑，色泽鲜美，营养丰富，贮藏性好；粗纤维少，食味性好，熟食味评分高于对照；干物率不低于对照五个百分点，抗一种以上主要病害。

紫肉食用型：肉色紫或紫红，鲜薯产量 22500kg/hm^2 以上，薯形美观，中型薯比例高，薯块商品性好，薯皮光滑，色泽鲜美，营养丰富，食味性好。抗黑斑病性和贮藏性优于对照'南薯88'。

高花青素型：花青素含量大于30mg/100g鲜薯，鲜薯产量比对照'南薯88'减产20%以内；花青素含量大于20mg/100g鲜薯，鲜薯产量比对照减产5%以内；花青素含量大于10mg/100g鲜薯，鲜薯产量与对照相当。

菜用型品种：甘薯茎尖产量与对照福薯7-6相当，食味评分不低于对照，抗一种以上主要病害，其他综合性状较好。

二、探索品种选育新方法

先后从国内外引进具有高干物率、高淀粉、高胡萝卜素、高花青素，抗性好，综合性状优良的各种材料1100多份。通过田间性状鉴定、考察与筛选，选取骨干亲本30余份，通过对亲本材料特点及相关性状的研究[5,6]，制定有利于实现育种目标的亲本组配方案，采用南北穿梭育种，先后在海南省陵水县基地配制杂交组合200多个，生产实生种30万粒以上，培育实生苗20万苗以上。

1. 实生苗"带蔓收获、综合评判"选择法

对目标性状的有效选择是育种成败的关键。根据对亲本性状的遗传规律研究，结合多年育种经验，提出了以"带蔓收获、综合评判和多点鉴定"为核心内容的甘薯专用型品种选育技术，大大提高了育种效率。

在进行实生苗选择鉴定时，保留薯蔓，在对薯块评价时，必须参照薯蔓的性状，综合判定是否保留。其主要理论依据是，薯蔓性状与薯块性状间有着密切的相关性，薯蔓分枝数与结薯数呈现高度的正相关，而结薯数与稳产性关系密切；由于实生苗是混系栽插，地上部分旺长的品系由于竞争优势，容易形成较高的薯

块产量,而进入品比试验时为纯系栽培,竞争优势消失,薯块产量迅速下降,这也是为什么甘薯育种过程中,从实生苗到参加区试薯块产量一代比一代低的原因。所以,在对实生苗进行薯块鉴定时,采取"带蔓收获、综合评判"的选择法可大大提高选择鉴定的准确性,如表15-1所示。

表15-1 甘薯实生苗"带蔓收获、综合评判"选择鉴定方法

项目	选择评判相关性状	选择效果
带蔓收获	冠根比(T/R)值<1.5,基部分枝5~8个、蔓长100~300cm、茎粗0.65~0.74cm、单株结薯4~6个	好
割蔓收获	无	差

2. 实生苗"多点鉴定"选择法

传统的实生苗栽培方式为"一点"鉴定,即将实生苗栽插在一块地里,通过实生苗在这一块地里的表现决定实生苗品系的选留。这种方法显然具有偶然性。实生苗"多点鉴定"选择法是将同一批实生苗同时分别栽插在土壤条件不同的多块地里,在多块地里进行独立的选择评价鉴定,如果某一个品系在多块地里均入选,表明该品系具有较好的适用性和稳定性,应该作为重点品系关注。

三、集团杂交育种策略新突破

甘薯是高度异花授粉作物,又是六倍体,杂合性高,品种遗传基础复杂,F1分离严重,需要庞大的群体才能涵盖其分离范围,有利于优良变异的选择。甘薯品质的多种目标性状属于多基因控制的数量性状,干物率含量、淀粉含量、类胡萝卜素含量、纤维含量、粗蛋白含量、花青素含量、茎叶鲜重,对黑斑病、根腐病、根结线虫病、茎线虫病的抗性等,在遗传上都具有加性效应。以往采用传统的单交法曾育成了不少优良品种,但也造成了甘薯种质资源的遗传基础狭窄,并且在甘薯品质育种中,产量与品质性状之间存在着负相关,仅靠单交很难获得既高产又优质的品系。

为了实现紫色甘薯新品种高产优质广适性的突破,必须引进、创新育种方法和育种材料,采取新的育种策略。课题组采取了新的育种策略,通过集团杂交和轮回选择,增加遗传变异度,提高选择概率,聚合优良基因。以日本紫薯'山川紫'为受体,'岩薯5号''烟薯169''徐34''坦桑尼亚''红东''百年纪念'等14份国内外优质食用型品种(系)为供体,采用多父本授粉的集团杂交、轮回选择育种方法,成功选育出了'南紫薯008'及系列紫色甘薯新材料。集团杂交育种法主要特点:通过一次授粉能完成多品种杂交,一次杂交具有几次杂交的作

用，花粉来源广泛，有利于母本择优选择受精和提高结实率，在一个母本品种上可以同时得到多个单交组合，后代为多组合群体，遗传基础丰富，分离类型多，群体大，有利于优良变异的选择，有更多机会将优良品质、抗性组合在一起，有利于积累有利基因和实现优良基因的重组。

四、选育新品种成效显著

2008年以来，自主选育新品种26个，如表15-2所示。

表15-2 四川省2008年以来选育的甘薯新品种

品种名称	时间/年	级别	育成单位	亲本或品种来源	特征与用途
'西成薯007'	2008 2010	四川省审 国家鉴定	南充市农业科学院	'BB18-152'ב9014-3'	高淀粉型
'渝薯33'	2008	重庆鉴定	西南大学、四川省南充市农科院、重庆环球石化有限公司	'浙13'集团杂交	高淀粉型
'南紫薯008'	2008	四川省审	南充市农业科学院	日本紫薯集团杂交	食用型紫薯
'川薯20'	2008	四川省审	四川省农业科学院作物研究所	'岩薯5号'ב红旗4号'	优质食用
'南薯010'	2010	四川省审	南充市农业科学院	PC99-1集团杂交	高β-胡萝卜素型
'川薯217'	2011	国家鉴定	四川省农业科学院作物研究所，重庆市农科院特色作物所	'冀薯98'ב力源1号'	淀粉加工
'南薯011'	2012	四川省审	南充市农业科学院	'浙13'集团杂交	高淀粉型
'南薯012'	2012	四川省审	南充市农业科学院	'跛嘎'ב三合薯'杂交种子	中熟、高β-胡萝卜素型
'川薯218'	2012	四川省审	四川省农业科学院作物研究所	'绵粉一号'ב BB30-224'	淀粉加工
'川紫薯1号'	2012	四川省审	四川省农业科学院作物研究所	'浙薯132'ב宁紫薯1号'	食用紫薯
'绵紫薯9号'	2012	四川省审	绵阳市农业科学研究院、西南大学	'浙13'ב浙薯78'	紫肉食用型
'南紫薯014'	2013	四川省审	南充市农业科学院	'2-565'ב渝紫263'	食用型紫薯
'绵南薯10号'	2013	四川省审	绵阳市农业科学研究院、南充市农业科学院	'浙13'ב南薯99'杂交	高淀粉型
'川菜薯211'	2013	国家鉴定	四川省农业科学院作物研究所	'广薯菜2号'开放授粉	菜用甘薯
'南紫薯015'	2014	四川省审	南充市农业科学院	'200850'集团杂交	食用型紫薯
'川薯219'	2014	四川省审	四川省农业科学院作物研究所	'BB30-2244'ב徐薯18'	淀粉加工
'绵渝紫11'	2014	四川省审	绵阳市农业科学研究院、西南大学	'浙薯13'ב浙薯78'	紫肉食用型
'川紫薯2号'	2015	四川省审	四川省农业科学院作物研究所	'川薯516-5'开放授粉	优质食用紫
'川紫薯3号'	2015	四川省审	四川省农业科学院作物研究所	'湘菜一号'开放授粉	食用紫薯
'绵渝紫12'	2015	四川省审	绵阳市农业科学研究院、西南大学	'浙薯13'ב浙薯78'	紫肉食用型

续表

品种名称	时间/年	级别	育成单位	亲本或品种来源	特征与用途
'川薯220'	2016	四川省审	四川省农业科学院作物研究所	'西成薯007'开放授粉	优质食用
'川薯221'	2016	四川省审	四川省农业科学院作物研究所	'西成薯007'开放授粉	优质食用，抗旱
'川紫薯4号'	2016	国家鉴定	四川省农业科学院作物研究所	'烟紫薯176'开放授粉	食用紫薯
'南薯016'	2016	四川省审	南充市农业科学院	'浙13'集团杂交	食用型
'南薯017'	2016	四川省审	南充市农业科学院	'D01545'集团杂交	食用型

第三节　高淀粉甘薯新品种选育

筛选与培育高淀粉甘薯品种，是实现甘薯绿色双减与清洁加工技术的基础。近年来，四川省农业科学院（四川省农科院）育成高淀粉型甘薯品种3个：'川薯217'、'川薯218'及'川薯219'。南充市农业科学院（南充市农科院）育成高淀粉品种3个：'西成薯007'、'渝薯33'、'南薯011'；绵阳市农业科学院（绵阳市农科院）与南充市农科院共同育成品种1个：'绵南薯10号'。

一、'西成薯007'

2008年通过四川省审定（川审薯2008002）。2010年通过全国甘薯品种鉴定委员会鉴定（国品鉴甘薯2010006），2013年被确立为四川省主导品种。南充市农科院选育，2001年配制'BB18-152'×'9014-3'组合，经实生苗培育、筛选、鉴定和品比选育而成。中熟、中长蔓高淀粉型品种。茎基部分枝3～4个，株型匍匐。薯块纺锤形，皮色红，薯肉黄色，熟食品质优，烘干率34.15%，淀粉率23.36%，可溶性总糖8.32%，粗蛋白0.77%，维生素C 37.10mg/100g鲜薯，β-胡萝卜素0.113mg/100g鲜薯。萌芽性好，出苗早、整齐，单株幼苗数13个左右。结薯早，整齐集中，大中薯重率78.36%，单株结薯3～5个。抗黑斑病，耐旱、耐瘠、耐肥性强，耐贮藏。2008～2009年参加长江流域薯区区试，平均鲜薯产量30373kg/hm^2[7]。

二、'渝薯33'

2008年通过重庆市鉴定（渝品审鉴2008009）。西南大学、南充市农科院、重庆环球石化有限公司选育，2001年'浙薯13'集团杂交后代，经实生苗培育、筛选、鉴定和品比选育而成。淀粉型品种，全生育期150d左右。萌芽性中上，最长蔓长112cm，单株基部分枝数6.6个，单株结薯数3.2个，上薯率89.08%，叶片心形，顶叶绿色，叶绿色，叶脉绿色。薯形纺锤形。淡红皮白肉，结薯性较好，结薯早，薯块膨大快。感黑斑病与'南薯 88'相当。薯块烘干率 31.98%、淀粉含量 21.55%。2006～2007 年参加重庆市区试，平均鲜薯产量 29461kg/hm²。

三、'川薯 217'

2011 年通过全国甘薯品种鉴定委员会鉴定（国品鉴甘薯 2011007）。四川省农科院作物所选育，2004 年配制'冀薯 98'×'力源 1 号'组合，经实生苗培育、筛选、鉴定和品比选育而成。淀粉型品种，萌芽性好，出苗早、整齐，单株幼苗数 18 个左右；茎粗中等、中蔓，基部分枝 6～8 个；薯块短纺锤形，红皮白肉，薯块整齐集中，单株结薯 3～5 个，大中薯率较高；薯块烘干率 30.96%，淀粉率 20.58%；食味较优；中抗黑斑病，高感茎线虫病。2008 年国家甘薯长江流域薯区区试，平均鲜薯产量 33622kg/hm²。2009 年续试，平均鲜薯产量 31177kg/hm²。

四、'川薯 218'

2012 年通过四川省审定（川审薯 2012005）。四川省农科院作物所选育，2003 年配制'绵粉 1 号'×'BB30-224'组合，经实生苗培育、筛选、鉴定和品比选育而成。中熟，淀粉加工专用型。株型匍匐，中蔓，基部分枝 3～4 个，蔓粗 0.5cm。薯块纺锤形，薯皮紫色，心色紫色；烘干率 36.70%；淀粉率 25.60%。熟食品质优，结薯集中，单株结薯 4 个以上。大中薯率 85.4%；萌芽性较好，单块萌芽 15～20 根，长势强。熟食品质优，抗黑斑病性和贮藏性明显优于对照'南薯 88'。2009～2010 年四川省区试，平均鲜薯产量 23925kg/hm²。

五、'南薯 011'

2012 年通过四川省审定（川审薯 2012007）。南充市农科院选育，2001 年'浙薯 13'集团杂交后代，经实生苗培育、筛选、鉴定和品比选育而成。顶叶色绿边褐，叶片心形带齿，叶脉紫色，叶柄绿色，叶色绿，叶片大小中；蔓色绿带紫色，蔓较长、粗细中等，基部分枝 5～6 个，株型匍匐；薯块纺锤形，薯皮紫红色，薯肉淡黄色，熟食品质优；烘干率 33.55%；萌芽性较好，出苗早、整齐，幼苗生长势较强；结薯整齐集中，易于收获，单株结薯 3～4 个；抗黑斑病，耐旱、耐瘠性强，贮藏性优于对照'南薯 88'。2008～2009 年两年省区试，鲜薯产量 28020kg/hm²。

六、'绵南薯 10 号'

2013 年通过四川省审定（川审薯 2013004），2015 年年度四川省主导品种。

绵阳市农科院、南充市农科院选育，系绵阳市农科院 2006 年从南充市农业科学院甘薯研究中心引进的'浙薯13'בラ南薯99'杂交组合实生苗，经鉴定、复选和品比等逐级试验选育而成[8]。中熟、淀粉加工型。株型匍匐，蔓长中等；薯块长纺锤形，薯皮浅红色，薯肉白色，单株结薯数 4～7 个；薯块烘干率 31.76%，淀粉率 21.27%；大中薯率 77.7%，中抗黑斑病，耐贮藏，熟食品质较优。四川省甘薯区试平均鲜薯产量为 29510kg/hm²。

七、'川薯 219'

2014 年通过四川省审定（川审薯 2012005）。四川省农科院作物所选育，2007 年配制'BB30-224'ב徐薯 18'组合，经实生苗培育、筛选、鉴定和品比选育而成。中熟，淀粉加工专用型；株型匍匐，中蔓，基部分枝 3～4 个，蔓粗 0.5cm；蔓色绿色，节色紫色。薯块长筒形，薯皮红色，心色白色；烘干率 35.08%，淀粉率 24.16%。熟食品质优良，结薯集中，单株结薯 4 个以上。大中薯率 76.2%；萌芽性较好，单块萌芽 15～20 根，长势强。抗黑斑病性和贮藏性明显优于对照'南薯 88'。2013 年生产试验，鲜薯产量 28933kg/hm²。

第四节　紫色甘薯特色品种选育

四川省农科院作物所育成紫色甘薯品种 4 个：'川紫薯 1 号'、'川紫薯 2 号'、'川紫薯 3 号'、'川紫薯 4 号'；南充市农科院育成紫色甘薯品种 3 个：'南紫薯 008'、'南紫薯 014'、'南紫薯 015'；绵阳市农科院育成紫色甘薯品种 3 个：'绵紫薯 9 号'、'绵渝紫 11'、'绵渝紫 12'，其中高花青素品种 1 个：'绵紫薯 9 号'。

一、'南紫薯 008'

2008 年通过四川省审定（川审薯 2008003）。为 2013～2014 年四川省主推品种。南充市农科院选育，2001 年日本紫薯集团杂交后代，经实生苗培育、筛选、鉴定和品比选育而成。中熟、紫肉食用型品种。顶叶紫红色，成熟叶绿色，株型匍匐；薯块长纺锤形，皮色紫，肉色紫，薯皮光滑，薯形外观好，熟食品质优，烘干率 23.86%，淀粉率 13.84%；可溶性总糖 7.95%，粗蛋白 0.72%，维生素 C 21.40mg/100g 鲜薯，β-胡萝卜素 0.0319mg/100g 鲜薯，花青素 15.10mg/100g 鲜薯；萌芽性好，幼苗生长势强；结薯整齐集中，单株结薯 2～3 个；抗黑斑病，贮藏性好。2005～2006 年省区试，鲜薯平均产量 21096kg/hm²。

二、'绵紫薯 9 号'

2012 年通过四川省审定（川审薯 2012009）。2014 年通过全国甘薯品种鉴定委员会鉴定（国品鉴甘薯 2014005）。2015~2016 年被列为四川省主导品种。绵阳市农科院、西南大学选育，绵阳市农科院 2007 年从西南大学引进的[9]（亲本：'浙 13'בʼ浙 78'）集团杂交实生种，经过实生苗培育、筛选、鉴定和品比选育而成。中熟、紫肉食用型、高花青素型品种。顶叶紫绿色；薯块纺锤形，薯皮紫色，薯肉紫色；薯块烘干率 29.18%，淀粉率 19.03%，花青素 55.97~76.53mg/100g 鲜薯，蛋白质 1.47%，维生素 C 25.10mg/100g 鲜薯，可溶性糖 13.79%。熟食品质优，结薯集中，单株结薯 4 个以上。大中薯率 77%；萌芽性较好，单块萌芽 13~18 个，长势中等。高抗茎线虫病，抗蔓割病，中抗根腐病，中抗黑斑病，耐贮藏。四川省区试平均鲜薯产量为 26680kg/hm²。国家长江流域薯区特用组区试，平均鲜薯产量为 30620kg/hm²。

三、'川紫薯 1 号'

2012 年通过四川省审定（川审薯 20120065）。四川省农科院作物所选育，2006 年配制 '浙 132'בʼ宁紫薯 1 号' 组合，经实生苗培育、筛选、鉴定和品比选育而成。中熟，紫肉食用型品种。株型匍匐，长蔓。薯块纺锤形，薯皮紫色，心色深紫色；烘干率 25.63%，淀粉率 15.95%。熟食品质优，结薯集中，单株结薯 5 个以上。大中薯率 73%；萌芽性较好，单块萌芽 12~18 根，长势强。花青素 45.97mg/100g 鲜薯，抗黑斑病性和贮藏性明显优于对照 '南薯 88'。2009~2010 年参加四川省区试，平均鲜薯产量 18510kg/hm²。

四、'南紫薯 014'

2013 年通过四川省审定（川审薯 2013005）。2015 年获得品种权保护。南充市农科院选育，2005 年配制 '2-565'בʼ渝紫 263' 组合，经实生苗培育、筛选、鉴定和品比选育而成。中熟、紫肉食用型品种。株型半直立，分枝 5~8 个；薯块长纺锤形，皮色紫色，肉色紫色，单株结薯数 4~6 个；薯块烘干率 30.89%，淀粉率 20.52%；鲜薯总糖 7.55%，蛋白质含量 0.82%，维生素 C 24.90mg/100g，硒 0.0039mg/kg，花青素 14.59mg/100g 鲜薯；大中薯率 60%，中抗黑斑病，耐贮藏，熟食品质优。2010~2011 年省区试，平均鲜薯产量 17040kg/hm²。

五、'南紫薯015'

2014年通过四川省审定（川审薯2014005）。南充市农科院选育，2007年'200850'（南充市农科院于2000年从CIP引进的实生种子后代中选育而成的食用型亲本材料）集团杂交后代，经实生苗培育、筛选、鉴定和品比选育而成。中熟、紫肉食用型品种。薯块纺锤形，薯皮紫色，薯肉紫色；单株结薯数3～4个；薯块烘干率31.66%，淀粉率21.19%；鲜薯总糖1.85%，蛋白质1.00%，维生素C 32.00mg/100g鲜薯，硒0.0041mg/kg，花青素44.29mg/100g；大中薯率71.7%，中抗黑斑病，贮藏性优于对照'南薯88'，熟食品质优。2011～2012年四川省区试，平均鲜薯产量24508kg/hm^2。

六、'绵渝紫11'

2014年通过四川省审定（川审薯2014004）。绵阳市农科院、西南大学选育，系绵阳市农业科学研究院2007年从西南大学引进的'3-14-384'דcommerce'4-4-259'杂交组合实生种，经实生苗培育、筛选、鉴定和品比选育而成。中熟，紫肉食用型品种。株型匍匐，蔓长中等，蔓绿带紫色；薯块纺锤形，薯皮浅紫红色，薯肉紫色，结薯集中，单株结薯数4～6个；薯块烘干率30.19%，淀粉率19.91%，花青素23.05mg/100g鲜薯，大中薯率67.7%，萌芽性较好，单块萌芽13～18个，中抗黑斑病，耐贮藏，熟食品质优。四川省区试平均鲜薯产量为20720kg/hm^2。

七、'绵渝紫12'

2014年通过四川省审定（川审薯2015004）。绵阳市农科院、西南大学选育，系绵阳市农业科学研究院2008年从西南大学引进的'徐薯18'集团杂交组合实生种，经实生苗培育、筛选、鉴定和品比选育而成。中熟、紫肉食用型品种。株型匍匐，蔓长中等，蔓绿带紫色；薯块纺锤形，薯皮浅紫色，薯肉紫色，薯型光滑，单株结薯数4～6个；薯块烘干率30.22%，淀粉率19.92%，花青素12.00mg/100g鲜薯，大中薯率74.2%，商品薯率高，抗黑斑病，耐贮藏，熟食品质优。四川省区试平均鲜薯产量为22430kg/hm^2。

八、'川紫薯2号'

2015年通过四川省审定（川审薯2015005）。四川省农科院作物所选育，2009

年'川薯 5-16-5'集团杂交后代，经实生苗培育、筛选、鉴定和品比选育而成。中熟、紫肉食用型品种。株型匍匐，生长势较强；薯块长筒形，薯皮紫色，薯肉紫色，萌芽性好；薯块熟食品质优，烘干率 26.21%，淀粉率 16.73%，鲜薯总糖 10.00%，维生素 C 19.70mg/100g 鲜薯，花青素 19.18mg/100g 鲜薯，大中薯率为 76%。熟食品质优，抗黑斑病，耐贮藏。2012～2013 年两年省区试，平均鲜薯产量 27700kg/hm²。

九、'川紫薯 3 号'

2015 年通过四川省审定（川审薯 2015006）。四川省农科院作物所选育，2009 年'湘菜 1 号'集团杂交后代，经实生苗培育、筛选、鉴定和品比选育而成。中熟、紫肉食用型品种。蔓浅紫色，粗细中，生长势较强；薯块纺锤形，薯皮紫色，薯肉紫色，萌芽性好；薯块熟食品质优，烘干率 24.74%，淀粉率 15.17%，鲜薯总糖 8.20%，维生素 C 18.90mg/100g 鲜薯，花青素 29.73mg/100g 鲜薯，大中薯率为 78%。熟食品质优，抗黑斑病，耐贮藏。2013～2014 年四川省区试，平均鲜薯产量 24847kg/hm²。

十、'川紫薯 4 号'

2016 年通过国家鉴定（国品鉴甘薯 2016021）。四川省农科院作物所选育，2010 年'烟紫薯 176'团杂交后代，经实生苗培育、筛选、鉴定和品比选育而成。中熟、紫肉食用型品种。该品种萌芽性优，最长蔓长 153.9cm，分枝 7.3 个，茎粗 0.53cm，薯形长纺锤形，薯皮紫色，薯肉紫，结薯集中整齐，大中薯率 75.12%，食味评分为 70.8，花青素 36.98mg/100g 鲜薯；耐贮藏；感黑斑病，感根腐病，感茎线虫病，高感蔓割病，中抗薯瘟病。2014～2015 年四川省区试，平均鲜薯产量 32134kg/hm²。

第五节 高 β-胡萝卜素强化育种

一、研究背景

1. 儿童维生素 A 缺乏病在中国普遍存在，农村更严重

维生素 A 缺乏是世界卫生组织（WHO）确认的四大营养缺乏性疾病之一，其中尤其以儿童和孕妇最为严重，已经成为发展中国家一个严重的公共卫生问

题。中国人民的营养状况自新中国成立特别是改革开放以来，发生了巨大变化，但目前在中国营养缺乏（如铁、维生素 A 等）造成的危害仍相当严重。2002 年中国营养调查结果显示：3～12 岁儿童维生素 A 缺乏率为 9.3%，边缘缺乏率为 45.1%，患病人数较多，农村人口（尤其是经济落后地区）更加严重[10]。以四川省为例，全省人群维生素 A 摄入缺乏，每日摄入量只达到 WHO 和联合国粮食及农业组织（FAO）推荐标准的 57%，维生素 A 缺乏症发病率为 7.4%，其中农村发病率为 11.2%。

2. 高 β-胡萝卜素甘薯是低成本易推广天然食物来源

胡萝卜素为维生素 A 源，其中 β-胡萝卜素的转化率高于 α-或 γ-异构体，是最重要的维生素 A 源。根据其来源不同，β-胡萝卜素分为天然与合成两种。天然提取的 β-胡萝卜素易于被人体吸收，并具有较好的抗氧化能力。目前，国内外生产天然 β-胡萝卜素均是利用盐藻为原料提取，受自然条件约束很大，产量扩大受到限制，投资较高，原料价格昂贵，产品供不应求，使得天然 β-胡萝卜素的开发应用受到很大限制。橘红肉甘薯高 β-胡萝卜素，其含量通常超过一般的水果和蔬菜，而胡萝卜素含量高的品种中黄酮和多酚类物质含量也较高，薯肉色泽较其他甘薯鲜艳，食欲好，其营养价值较高，市场需求量大。

3. 四川传统种植的食用甘薯品种 β-胡萝卜素含量低

目前在四川大面积种植的食用甘薯品种主要是'南薯 99'、'南薯 88'和'徐薯 18'，其中'南薯 88'每 100g 鲜薯仅含 β-胡萝卜素 0.1mg，而'南薯 99'和'徐薯 18'中的 β-胡萝卜素含量几乎为零。

4. 生物强化食品是防治微量营养元素缺乏疾病的途径

所谓生物强化是指通过育种手段提高农作物中能为人体吸收利用的微量营养元素的过程[11]。人体通过吸收这些微量营养元素（包括矿物质和维生素）可以有效防止治疗某些疾病（如缺铁性贫血）及其他与营养相关的健康问题。尤其对于维生素 A 缺乏的人口，生物强化食品是防治微量营养元素缺乏相关疾病的最经济、最有效、最现实的途径。

二、确立高 β-胡萝卜素甘薯生物强化育种重点

甘薯高 β-胡萝卜素生物强化育种，就是通过育种的手段，提高甘薯块根中能为人体吸收利用的 β-胡萝卜素的含量。橘红肉甘薯中的 β-胡萝卜素，其含量通常超过一般的水果和蔬菜，而 β-胡萝卜素含量高的品种中黄酮和多酚类物质含量也

较高，薯肉色泽较其他甘薯鲜艳，食欲好，其营养价值较高，市场需求量大。四川大面积种植和食用的甘薯品种的 β-胡萝卜素含量低，生产上能够大面积推广应用的高 β-胡萝卜素当家品种十分缺乏，针对这一问题，课题组确立了橘红心高 β-胡萝卜素甘薯育种为重点。通过集团杂交、轮回选择及定向杂交选育新方法，聚合优质基因，增加遗传变异度，提高选择概率。选育出'南薯010'、'南薯012'及高 β-胡萝高卜素系列甘薯新品系。

三、高 β-胡萝卜素甘薯新品种选育的主要成效

1. '南薯010'

2010 年通过四川省审定（川审薯 2010004）[12]。南充市农科院选育，2007 年'PC99-1'（南充市农科院于 2000 年从 CIP 引进的实生种子后代中选育而成的食用型亲本材料）集团杂交后代，经实生苗培育、筛选、鉴定和品比选育而成。中早熟、中蔓型。薯块长纺锤形，皮黄色，薯肉橘红，烘干率 20.98%，淀粉率 11.89%，可溶性总糖 7.29%，粗蛋白 0.55%，维生素 C 20.10mg/100g 鲜薯，类胡萝卜素 9.30mg/100g 鲜薯。甜味中等，纤维含量少，熟食品质优。萌芽性较好，出苗早、整齐，单薯萌芽数 10~14 个，幼苗生长势较强；单株结薯 5~6 个，结薯整齐集中，易于收获；抗黑斑病，耐旱、耐瘠性较强，贮藏性略优于对照'南薯 88'。2007~2008 年省区试，鲜薯平均产量 33527kg/hm^2。

2. '南薯012'

2012 年通过四川省审定（川审薯 2012008）[3]。2015 年获得品种权保护。南充市农科院选育，2004 年配制'跛嘎'×'三合薯组合'，经实生苗培育、筛选、鉴定和品比选育而成。中熟，食用及食品加工专用型。株型匍匐，薯块短纺锤形或球形，薯皮红色，薯肉橘红色，薯形美观，商品性好；烘干率 29.00%，淀粉率 19.21%，鲜薯总糖 5.28%，蛋白质 1.43%，维生素 C 28.90mg/100g，类胡萝卜素 5.21mg/100g。熟食品质优；薯块干率 29.0%；大中薯率 84%。萌芽性中，抗黑斑病，贮藏性明显优于对照。2009~2010 年省区试，平均鲜薯产量 24600kg/hm^2。

第六节　食用型甘薯新品种选育

食用型甘薯分两大类，即块根食用型和叶菜食用型甘薯。随着人们膳食结构的调整和保健意识的增强，食用甘薯的市场需求不断增加，并已成为优化种

植业结构和贫困地区农民稳产增收的重要途径。在产业发展的带动下，市场对块根食用型甘薯的鲜食营养品质、商品品质、贮藏品质等要求越来越高。针对目前甘薯产业中存在的优质专用品种缺乏等问题，已选育出'川薯294'、'川薯20'、'川薯220'、'川薯221'等7个块根食用型甘薯新品种。叶菜型甘薯一般是指生长点以下长12cm左右的鲜嫩茎叶作蔬菜用的甘薯，甘薯嫩茎叶含有丰富的维生素C、膳食纤维、粗蛋白、多种矿物质及一些特殊的营养物质，叶菜用甘薯以其保健功能和无公害生产方式深受消费者欢迎。叶菜用甘薯的选育以台湾和沿海的福建、广东开始较早，育成的福菜薯、广菜薯系列已开始推广，但这些品种不能结薯等缺点影响在四川省的直接应用。生产上迫切需要适合四川省种植的且能结薯留种的叶菜用甘薯品种。'川菜薯211'是四川省农科院作物研究所育成并通过国家鉴定的菜用甘薯品种，是四川省唯一通过审定的菜用甘薯品种。其茎尖产量高，品质好，在四川地下部能结薯，可作为种薯繁殖利用。

一、块根食用型甘薯新品种

1. '川薯294'

1998年通过四川省审定（川审薯22号）。四川省农科院作物所选育，1981年配制'江津乌尖苔'בmbox内元'组合，经实生苗培育、筛选、鉴定和品比选育而成。早熟，食用型品种。株型半直立，蔓长100cm左右，薯块纺锤形，薯皮光滑，薯形美观；薯皮淡红色，薯肉浅橘红色，薯块烘干率25%~28%，可溶性糖7.10%，维生素C 34mg/100g，类胡萝卜素1.65mg/100g鲜薯。1994~1996年省区试早熟组，栽后100天收获，平均鲜薯产量20638kg/hm^2。熟食风味浓、甜、软，是目前四川省食用和食品加工最佳品种。在2017（第三届）中原甘薯大会暨亿丰年杯"全国好吃红薯评比"大赛中，'川薯294'从全国76个优质食用品种中脱颖而出，以其浓甜软的优异品质，荣获大赛一等奖第一名。

2. '绵薯8号'

2006年通过四川省审定（川审薯2006005）。绵阳市农科院选育，2002年配制'浙薯13'×'绵薯7号'组合，经实生苗培育、筛选、鉴定和品比选育而成。中熟、食用及食品加工型甘薯。株型匍匐，藤长中等。薯块纺锤形，表皮光滑，薯皮紫色，薯肉黄红，薯块烘干率27.47%~30%；萌芽性好；结薯习性好，单株结薯3~4个；大中薯率90%以上。熟食品质优，抗黑斑病，贮藏性优于对照。四川省甘薯区试平均鲜薯产量为36060kg/hm^2。

3. '川薯20'

2008年通过四川省审定（川审薯2008001）[14]。四川省农科院作物所选育，2002年配制'岩薯5号'בˊ红旗4号'组合，经实生苗培育、筛选、鉴定和品比选育而成。早熟、食用型品种；株型为半直立，中蔓，基部分枝8个左右；蔓色绿带褐色，节色绿色。薯块纺锤形，薯皮黄色，心色浅橘红；烘干率22.54%，淀粉率12.28%。熟食品质优。结薯集中，单株结薯4个以上。大中薯率77.87%。抗黑斑病性和贮藏性明显优于对照。四川省区试，平均鲜薯产量34818kg/hm^2。

4. '川薯220'

2016年通过四川省审定（川审薯2016009）。四川省农科院作物所选育，2010年'西成薯007'集团杂交后代，经实生苗培育、筛选、鉴定和品比选育而成。中熟、食用型品种。株型匍匐，薯块长纺锤形，薯皮红色，薯肉浅橘红色，萌芽性好；薯块熟食品质优良，烘干率29.19%，淀粉率18.81%，胡萝卜素含量4.8mg/100g鲜薯，大中薯率为78%。抗黑斑病，耐贮藏。2013~2014年平均鲜薯产量30960kg/hm^2。

5. '川薯221'

2016年通过四川省审定（川审薯2016010）。四川省农科院作物所选育，2010年西成薯007集团杂交后代，经实生苗培育、筛选、鉴定和品比选育而成。早熟、食用型品种。株型匍匐，生长势较强；薯块纺锤形，薯皮红色，薯肉浅橘红色，萌芽性好；薯块熟食品质优良，烘干率29.29%，淀粉率18.50%，鲜薯可溶性糖4.80%，粗蛋白1.88%，粗纤维0.809%，β-胡萝卜素8.16mg/kg鲜薯，大中薯率为82%。熟食品质优，抗黑斑病，耐贮藏。2013~2014年平均鲜薯产量36366kg/hm^2。2015年，国家甘薯产业技术体系组织在新疆抗旱鉴定中，水区理论产量52542kg/hm^2，旱区理论产是37230kg/hm^2，抗旱指数为106.46%，为高抗旱材料。

6. '南薯016'

2016年通过四川省审定（川审薯2016007）。南充市农科院选育，2010年'浙薯13'集团杂交后代，经实生苗培育、筛选、鉴定和品比选育而成。中熟、食用型品种。株型半直立，无自然开花习性。薯块为长纺锤形，薯皮红色，薯肉浅橘红色。薯块烘干率26.71%，淀粉率17.06%，鲜薯可溶性糖7.10%，蛋白质0.73%，维生素C 27.20mg/100g鲜薯；大中薯率80%，中抗黑斑病，贮藏性优于对照南薯88，熟食品质优。两年省区试，平均鲜薯产量34132kg/hm^2。

7. '南薯017'

2016年通过四川省审定（川审薯2016008）。南充市农科院选育，2009年'D01545'集团杂交后代，经实生苗培育、筛选、鉴定和品比选育而成。中熟、食用型品种。蔓长中等，株型匍匐。薯块为长纺锤形，皮色红色，薯肉黄红色。薯块烘干率27.96%，淀粉率18.17%，鲜薯可溶性糖4.70%，蛋白质0.72%，维生素C 34.20mg/100g鲜薯，大中薯率87%，抗黑斑病，贮藏性好。两年省区试，平均鲜薯产量31260kg/hm^2。

二、菜用型甘薯新品种

'川菜薯211'：2013年通过全国甘薯品种鉴定委员会鉴定（国品鉴甘薯2013017）[15]。四川省农科院作物所选育，2002年'广薯菜2号'集团杂交后代，经实生苗培育、筛选、鉴定和品比选育而成。叶菜型品种，株型半直立，分枝中等；叶片心形带齿，顶叶、茎色、叶基色为绿色；薯形纺锤形，薯皮浅红色，薯肉白色；茎尖无茸毛，烫后颜色翠绿至绿色，略有香味，无苦涩味，无甜味，有轻度滑腻感；食味优；高抗蔓割病，感根腐病，高感茎线虫病。2010年参加国家甘薯菜用型品种区试，平均茎尖产量23424kg/hm^2，2011年续试，平均茎尖产量28416kg/hm^2。

第七节　专用型新品种示范推广

一、强化推广应用措施

结合新培育的甘薯品种，集成创新了专用型品种高产栽培技术规程与标准等，通过高产示范、联合农技部门、企业、专合组织等共同开展推广，实现了专用型品种的大面积推广应用。并在推广过程中，创新了"专用品种+专业公司+专合组织"的"三专"推广新模式，通过高产示范，推动品种的开发应用。一是引入薯类加工龙头企业参与基地建设，实行订单农业，提高了甘薯生产效益，大大提升了甘薯的价值，使甘薯产业具备了发展的内在动力。二是政府高度重视，把甘薯生产基地建设列入各级政府的工作目标任务，有效地推动了甘薯生产在当地的发展。三是通过各级项目的实施，常年在绵阳市、南充市、资阳市、遂宁市等地建立示范基地10余个，建立核心示范片2600hm^2。通过示范片，把最新育成的新品种、研发的新技术进行示范展示，以点带面，并通过召开现场会、培训会、发放技术资料等形式，推广普及。

二、推广成效显著

通过这种"三专"模式，将新育成的不同类型的专用型品种在四川省甘薯生产地区迅速推广，特别是作为薯类加工企业生产基地、专业合作社和种植大户专门繁殖的定向专用品种，对推动四川省甘薯产业的发展发挥了积极的作用。例如，以安州区益昌薯业为龙头，以生产紫薯粉丝为特色，牵头成立了安州区益昌薯业专业合作社，以花荄镇为基地，带动安州区及江油市甘薯产业的发展；以三台县金鼓粉丝厂、三台县丰水岭农业开发有限公司为龙头企业，以淀粉、条粉生产为特色，成立了三台县金鼓农业种植专业合作社、胜丰农业种植专业合作社，以金鼓为基地，带动当地农民增收农业增效；以梓潼永昌薯业开发有限公司为龙头企业，以淀粉加工为特色，成立了裕农薯业专业合作社，以东石乡为基础，带动梓潼东石、定远、三泉、仙鹅等乡镇甘薯产业的发展；以金梅农业开发有限公司为龙头企业，以鲜食甘薯生产为特色，以涪城区、游仙区为基地，带动绵阳城区甘薯产业的发展；以绵阳光友薯业为龙头企业，以甘薯方便粉丝为特色，以三台县、梓潼县、盐亭县、安州区、江油市为基地，带动整个绵阳甘薯产业的发展；以四川红土地农业科技开发有限公司为龙头企业，以紫薯饮料、紫薯休闲食品为特色，带动达州开江等地甘薯产业的发展。上述龙头企业及基地建设促进了四川省甘薯加工企业集群的发展，为四川省现代绿色薯业发展做出了积极的贡献。

（本章作者：余金龙　李育明　谭文芳　刘莉莎　何素兰　余韩开宗）

参 考 文 献

[1] 张启堂. 中国西部甘薯. 重庆：西南师范大学出版社，2015.
[2] 张立明，王庆美，王荫墀. 甘薯的主要营养成分和保健作用. 杂粮作物，2003，23(3)：162-166.
[3] 朱旭霞，刘莉莎，何素兰，等. 保健甘薯的功能及产品开发研究. 中国食品与营养，2014，20(11)：34-36.
[4] 余金龙，丁凡. 我国红薯育种与产业化的现状与发展方向. 食品与发酵科技，2010，46(2)：1-5.
[5] 谭文芳，王大一，刘立. 甘薯优良亲本 8410-788 开花结实性研究. 杂粮作物，2010，30(6)：393-395.
[6] 谭文芳，李明，李育明，等. 甘薯特异材料 BB30-224 的特性鉴定和利用. 西南农业学报，2010，23(6)：1813-1817.
[7] 王梅，丁祥，何素兰，等. 甘薯不同品种叶片中抗氧化相关活性成分的动态变化研究. 西华师范大学学报，2012，33(4)：330-337.
[8] 丁凡，余韩开宗，刘丽芳，等. 甘薯新品种绵南薯 10 号的选育及栽培技术. 江苏农业科学，2014，42(5)：107-108.
[9] 丁凡，余金龙，傅玉凡，等. 甘薯新品种绵紫薯 9 号的选育与栽培技术. 江苏农业科学，2013，41(3)：83-84.
[10] 曾果，林黎，刘祖阳，等. 生物强化高 β-胡萝卜素甘薯对儿童维生素 A 营养干预研究. 营养学报，2008，30(6)：575-579.

[11] 林黎, 曾果, 兰真, 等. 生物强化及其营养改善研究进展. 现代预防医学, 2011, 38(12): 2240-2242.
[12] 唐明双, 周全卢, 刘莉莎, 等. 食用橘红肉甘薯新品种南薯 010 的选育与栽培技术. 山西农业科学, 2017, 45(2): 163-165.
[13] 唐明双, 刘莉莎, 周全卢, 等. 食用桔红肉甘薯新品种南薯 012 的选育与栽培技术. 贵州农业科学, 2017, 45(1): 1-3.
[14] 谭文芳, 王大一, 刘立. 优质食用甘薯川薯20的选育研究. 杂粮作物, 2009, 29(3): 178-179.
[15] 谭文芳, 杨松涛, 李明, 等. 种植密度和采摘频率对川菜薯211茎尖产量及品质的影响. 江苏农业科学, 2015(3)136-139.

第十六章　甘薯生物技术育种研究

生物技术研究既是当今世界发展最快的高技术领域之一，也是现代农业高新技术产业的制高点。发展现代绿色薯业必须高度重视生物技术在薯类育种中的应用。薯类育种上的重大突破有赖于生物技术在挖掘育种核心基因资源的研究和应用，有赖于将现代生物技术与常规育种及多种现代育种技术的有机结合。四川省农业科学院生物技术核技术研究所长期致力于生物技术在甘薯育种中的应用研究，在分子标记辅助选育、辐射诱变离体筛选、悬浮细胞再生与遗传转化体系建立、重要功能基因的克隆转化、黑斑病分子生物学及辐射诱变育种等方面的研究取得了重要的进展。

第一节　分子标记辅助选育方法的应用

随着近年来甘薯基础研究及育种工作的不断深入，迫切需要在基因组水平对甘薯进行更加深入的研究。虽然已有多个关于甘薯遗传连锁图谱、重要农艺性状分子标记的报道，但是这些研究多数主要使用 AFLP、SRAP 等标记技术[1,2]。这些分子标记技术在甘薯的遗传图谱构建和农艺性状标记方面发挥重要作用，但随着甘薯分子生物学研究的不断深入，这些标记技术已经远远不能满足甘薯遗传研究和育种发展的需要。当前甘薯分子标记严重缺乏，已经成为限制甘薯分子标记深入研究的一个瓶颈。应用分子生物技术开发甘薯分子标记，对丰富甘薯分子标记辅助育种方法具有重要作用。

一、分子标记的开发

随着测序技术的高速发展，越来越多的测序技术分型技术被开发出来。其中简化基因组测序技术是最具有应用价值的技术之一。研究结果证明其具有高度的稳定性，可产生大量的多态性标记，具有很好的灵活性，可以根据不同物种、群体及研究目的进行相应的调整[3-5]。

项目组利用基于酶切的简化基因组测序（RAD-Seq）技术对 81 份甘薯种质材料进行研究，共发现 55622 个测序片段含有多态性单核苷酸多态性位点（SNP），共检测到 907010 个 SNP 位点。对其中一份甘薯材料测序数据进行 SSR 位点检测，共检测到 18320 个 SSR 位点，并针对每个位点成功设计了 9336 对 SSR 引物。同时，以 6X *I.trifida* 测序数据为基础，进行 SSR 位点检测，共检测到 5042 个 SSR 位点，成功设计出 3202 对 SSR 引物。为进一步验证 SSR 引物的扩增效果，随机选择 83 对甘薯 SSR 引物进行合成，并在多份甘薯材料中进行了扩增，结果显示 76 对 SSR 引物（91.57%）能够成功扩增，仅有 7 对 SSR 引物（8.43%）未获得扩增产物。成功扩增的 76 对 SSR 引物，在甘薯材料中均存在多态性片段。随机选择 68 对从 6X *I.trifida* 中设计得到的 SSR 引物进行合成，并在多个 *I.trifida* 种质材料中进行扩增，结果显示 61 对 SSR 引物（89.71%）成功扩增到 PCR 产物，仅有 7 对 SSR 引物（10.29%）没有扩增到产物。而且成功扩增的 61 对 SSR 引物的扩增产物长度与预测的基本一致。这些引物将对阐明中国主栽甘薯品种的亲缘关系、发掘甘薯近缘材料中的优异种质材料、丰富育种资源具有重要作用。

二、利用分子标记研究甘薯的遗传多样性

利用 SRAP 分子标记技术对 86 份有代表性的高淀粉、高胡萝卜素品种（系）进行标记分析，结果表明中国甘薯品种资源的遗传多样性较小，遗传范围较狭窄。其中四川省育成的不少品种均直接或间接含有南瑞苕血缘，而'美 116（30）'、'山川紫（32）'等国外品种与中国的品种也有相近的亲缘关系，表明国内甘薯育种已经引进了来自国外甘薯品种资源。要丰富中国甘薯品种的遗传多样性，需进一步加强国外优良品种资源的引进。在今后选配高淀粉品种亲本材料时，除考虑父母本的综合性状、淀粉含量之外，可以分别从遗传差异较大的两个类群中选择父母本材料。

利用 43 条密码子多态性标记引物对 48 份甘薯材料进行扩增，采用 UPGMA 法进行聚类分析，构建了 48 份甘薯种质材料的遗传聚类图。结果表明，当遗传相似度（GS）为 0.68 时，48 份材料可以划分为 8 大类，类Ⅰ包括 3 份材料；类Ⅱ包括 1 份材料；类Ⅲ包括 35 份材料；类Ⅳ包括 1 份材料；类Ⅴ包括 5 份材料；类Ⅵ包括 1 份材料；类Ⅶ包括 1 份材料；类Ⅷ包括 1 份材料。

聚类结果显示，48 份甘薯材料之间遗传多样性丰富，栽培甘薯品种和甘薯近缘属材料之间的遗传差异较大，来自不同国家的甘薯栽培品种间的差异较大，中国甘薯栽培品种之间的差异较小。在聚类图中，'徐紫薯 8008'和'徐薯 22'之间及'烟台绿化'和'PS53'之间遗传相似性很高，达到 0.9 以上，初步表明目前我国甘薯育种亲本材料较单一，遗传基础狭窄，已成为中国甘薯育种发展的重要限制。

三、高淀粉品种'川薯 34'的分子标记辅助选育

近年来，基于 DNA 碱基系列的分子标记以其易于鉴别、性状稳定成为选择

优良性状的重要手段，分子标记辅助育种发展十分迅速。与世界上其他主栽粮食作物相比，甘薯的分子生物学研究仍处于起步阶段，主要局限于甘薯系统发育与基因背景评价、甘薯品种指纹图谱、重要性状的分子标记研究和个别基因的标记定位研究。淀粉含量的高低是甘薯育种最重要的性状，该性状是主效基因控制的数量遗传性状，研究控制甘薯淀粉含量基因并进行分子标记，以及构建遗传连锁图谱具有较高的难度。

开展高淀粉甘薯分子标记辅助育种，主要采用传统育种技术结合现代分子生物学技术，通过资源引进、筛选、鉴定，用筛选出的高淀粉含量主效基因分子标记检测多个亲本杂交组合 F1 代的基因型。通过杂交后代基因型分子标记的早期检测，筛选高淀粉含量的甘薯材料进行杂交组配，运用单交、混合授粉、集团杂交及辐射育种等方法建立高淀粉和高抗病的后代群体，对杂交的甘薯 F1 代分离群体进行早期鉴定和综合性状评价，通过品比、区试和生产试验，最终选育达到育种目标的高淀粉甘薯新品种。课题组多年来坚持开展高淀粉甘薯品种的选育工作，配置了一批杂交组合，创造和筛选了一批基础材料，检测了多个亲本杂交组合 F1 代的基因型，通过杂交后代基因型分子标记的检测，筛选了一批高淀粉含量的甘薯材料。

为克服现有推广品种'徐薯 18'、'南薯 88'淀粉含量偏低，不能满足淀粉和燃料乙醇加工需要，同时不抗黑斑病的不足，于 1994 年筛选了优质、抗病、高干、具有野生种血缘的日本引进种'南丰'作母本，中干高产、适应性好的'徐薯 18'作父本配制了杂交组合，同时利用筛选的与甘薯淀粉含量和抗黑斑病性状相关的分子标记，尝试建立材料早期鉴定与辅助育种方法以加速育种进程。四川省农业科学院生物技术核技术研究所、作物所构建了与甘薯淀粉含量性状相关的育种群体材料，'绵粉 1 号'是目前育成的淀粉含量最高的品种，'红旗 4 号'是目前甘薯生产中淀粉含量较低的品种，2004 年以'绵粉 1 号'为父本，'红旗 4 号'为母本配制杂交组合，开花前一天将花蕾覆盖，防止甘薯自花授粉，开花时人工授粉杂交，收获杂交种子，田间繁殖实生苗，收获薯块，测得 F1 代群体的薯块干率，根据干率与淀粉含量换算公式 $y = 0.86945x - 6.34587$ 折算出对应的 F1 代群体的淀粉含量，根据 F1 代淀粉含量，选择 F1 代群体的极端高、低淀粉类型各 23 个建成了选择性基因型作图群体，开展了淀粉含量测定和 DNA 提取、纯化工作。

筛选了与甘薯淀粉含量性状相关的 AFLP 和 SRAP 分子标记引物：设计筛选不同的多态性引物、建立分子标记体系，获得与甘薯淀粉含量性状相关的分子标记是本项目工作量最大，也最为关键的任务。完成了 AFLP、SRAP 引物的筛选，其中 AFLP 标记共筛选了 132 引物组合，115 对引物有较好条带，共获得 134 个多态性标记位点；SRAP 分子标记共筛选了 228 引物组合，96 对引物有较好条带，共获得 1920 个多态性标记位点。

构建了与甘薯淀粉含量相关的 AFLP 遗传连锁图谱，用 132 对 AFLP 引物检测两亲本间的多态性，有 115 对引物能在'绵粉 1 号'和'红旗 4 号'间产生多态性，从其中选取 97 对引物进行扩增共获得 134 个多态性标记位点。采用拟测交分析将 134 个 AFLP 标记位点分为父本——'绵粉 1 号'（88 个位点）和母本——'红旗 4 号'（45 个位点）两组，利用 MapManager QTX b20 作图软件，分别构建父本、母本遗传性连锁图。构建图谱概率值 P 设为 0.01（LOD = 2.0），采用 Kosambi 作图函数。构建的连锁图包括 20 个连锁群（母本 10 个连锁群，父本 10 个连锁群），66 个标记。在'绵粉 1 号'的连锁图谱中，有 23 个标记分布在 10 个连锁群上，图谱的总长度为 259cm，平均图距为 11.27cm，最少含有 2 个标记；在'红旗 4 号'的连锁图谱中，有 43 个标记分布在 10 个连锁群上，图谱总长度为 900.4cm，平均图距为 20.94cm，最少含有 2 个标记。本研究在国内首次构建了甘薯的遗传图谱，并把淀粉相关基因定位到遗传图谱上，具有十分重要的应用价值。利用选择基因型构建的分子连锁图和淀粉含量鉴定结果，采用 Windows QTL Cartographer 2.0 QTL 分析软件的区间作图（composite interval mapping，CTM）方法分析淀粉的 QTL。在'绵粉 1 号'遗传图的第 3 连锁群上检测到 3 个 QTL。QTL 的加性效应为'红旗 4 号'增加淀粉 7.14%，解释性状变异 25.1%。

构建了与甘薯淀粉含量相关的 SRAP 遗传连锁图谱，从 228 对 SRAP 引物中筛选出扩增条带多的 96 对 SRAP 引物，在'绵粉 1 号'和'红旗 4 号'两个亲本间扩增出 1920 个条带，获得 81 个多态性位点，平均每对引物 0.7 个多态性位点。多数 SRAP 引物最多可产生 5 个多态性位点。在上述引物中选取多态性差异大的 23 对 SRAP 引物对 48 个株系（含 2 个父母本）作图群体进行基因性检测，共获得 46 个多态性位点，平均每对引物产生 2 个位点。利用亲本'绵粉 1 号'和'红旗 4 号'杂交的 F1 为作图群体，对 46 个多态性位点进行遗传连锁分析构建连锁图，共获得 9 个连锁群（母本 4 个连锁群，父本 5 个连锁群），共 21 个 SRAP 标记。利用选择基因型构建的分子连锁图和淀粉含量鉴定结果，采用 Windows QTL Cartographer 2.0 的复合区间作图分析淀粉的 QTL。在'绵粉 1 号'遗传图的第 3 连锁群上检测到 1 个 QTL。该 QTL 位于标记 F6R1/4-F6R2/3 间，QTL 的加性效应为'红旗 4 号'增加淀粉 6.37%，解释性状变异 20.1%。

在选育高淀粉新品种'川薯 34'的过程中，在国内率先建立并完善了以淀粉含量、抗黑斑病性状的 AFLP 和 SRAP 分子标记为核心技术的分子标记辅助育种方法，采用常规杂交育种、结合亲本分子遗传距离分析、早期材料淀粉含量预测分析及农艺性状评价，选育高淀粉新品系不仅缩短了育种进程 2~3 年，而且大大提高了育种效率，3 年内选出了 20 个高淀粉育种新材料，其中 3 个高淀粉新品系参加了国家和四川省甘薯新品种区域试验，成果《甘薯分子标记育种体系创建与高淀粉品种川薯 34 选育及应用》2010 年获四川省科技进步奖二等奖。高淀粉甘薯新品种和新品系的选育成功表明国内率先建立的高淀粉甘薯分子育种体系是甘薯育种方法的重大创新。

第二节 悬浮细胞再生与遗传转化体系

甘薯悬浮细胞再生技术是目前甘薯遗传转化体系中最高效的转化再生技术,由于基因型限制,甘薯茎尖的胚性愈伤组织诱导率不高,容易出现非胚性化,不少品种难以建立转化再生体系。项目组选取四川省近年选育的甘薯新品种建立了高效的甘薯悬浮细胞遗传转化再生体系。

以'川薯20'、'西成薯007'、'川紫薯1号'、'川菜薯211'等8个甘薯品种为试验材料。剥离甘薯茎尖,分别放于含0.5mg/L、1.0mg/L、1.5mg/L、2.0mg/L、2.5mg/L、3.0mg/L 2,4-D 的MS培养基上,28℃黑暗培养。研究表明6种不同2,4-D浓度的诱导培养基中,含1.5mg/L、2.5mg/L 2,4-D的两种各有2个品种生成胚性愈伤,在2.0mg/L 2,4-D的诱导培养基上8个品种均能生成胚性愈伤。胚性愈伤组织在含2mg/L 2,4-D的MS液体培养基中振荡培养后大量增殖,成功地建立了甘薯悬浮细胞培养系。

以甘薯悬浮细胞为受体,对抗除草剂基因进行了遗传转化,建立了遗传转化再生体系。除草剂草甘膦能竞争性地抑制5-烯醇式丙酮酸-3-磷酸莽草酸(EPSPS)的活性,使分支酸合成途径受阻,扰乱生物体内正常的氮代谢途径而使杂草死亡,将EPSPS基因转入植物体内后过量表达,在喷施草甘膦时即能使植株获得抗性。本研究将EPSPS基因转入甘薯,获得了抗性植株。含有EPSPS基因的农杆菌工程菌株侵染的甘薯悬浮细胞在培养基上筛选2个月后大部分褐化,将存活愈伤放于含ABA的培养基上形成体细胞胚,逐渐转绿后放于MS培养基上分化形成小苗,每个愈伤团出苗率从几株到几十株不等,最终筛选得到甘薯再生苗75株。对阳性甘薯植株进行除草剂草甘膦喷洒,1周后对照全部死亡,转化甘薯苗存活13株[6]。

第三节 重要功能基因克隆与遗传转化

作为重要的粮食作物,对甘薯新基因的发现及其功能研究一直是甘薯育种的研究热点,项目组在甘薯淀粉合成酶及块根特异表达启动子等方面展开了相关基因的功能研究。

一、淀粉合成关键酶基因克隆与转化

甘薯中淀粉的生物合成涉及包括ADP葡萄糖焦磷酸化酶(AGPase)、淀粉合

成酶、淀粉分支酶和淀粉去分支酶在内的多种酶的参与。其中 AGPase 是淀粉合成途径中的第一个酶，也是淀粉合成的关键酶和限速酶。项目组克隆了高淀粉甘薯品种'川薯 34'AGPase 两个 α 小亚基的 cDNA 全序列，经测序得到的 AGPa1 和 AGPa2 序列去除酶切位点后全长为 1569bp 和 1572bp，蛋白质序列分别含 522 个和 523 个氨基酸残基，终止密码子为 TAG 和 TAA，a1 亚基与 a2 亚基氨基酸同源性达 90%以上。AGPa1 和 AGPa2 具有典型的 AGPase 蛋白质分子特征，包含了 AGPase 所有活性位点及保守位点 WFQGTADAV、IKRAIIDK、NARIG 和 SGIVTVIKDALIPSG。其中 AGPa1 在 SGIVTIIKDALIPSG 保守位点有一个氨基酸的差异，与温州蜜橘和甜橙的序列相同。

项目组构建了植物表达载体 pC-AGPa1 和 pC-AGPa2，该载体携带的 3 个真核表达盒均采用来自烟草花叶病毒的 CaMV35S 启动子，同时与 AGPa1 和 AGPa2 基因表达盒连锁表达 GUS 基因，将 pC-AGPa1 和 pC-AGPa2 载体导入农杆菌 EHA105，构建了农杆菌工程菌株。利用根癌农杆菌介导法将含 pC-AGPa1 和 pC-AGPa2 载体的农杆菌分别导入甘薯，经共培养、筛选培养诱导生成 Hyg 抗性愈伤，进一步诱导胚性愈伤和胚状体的生成。4~6 个月得到数目不等的抗性芽，经生根培养得到 Hyg 抗性幼苗。PCR 检测及 GUS 染色结果表明 pC-AGPa1 载体获得了 11 株抗性植株，pC-AGPa2 载体获得了 10 株抗性植株。

对 AGPa1 和 AGPa2 转基因甘薯叶片中 AGPase 活性检测，结果表明：AGPa1-2、AGPa1-5 和 AGPa1-6 中 AGPase 活性较对照有明显提高，而 AGPa1-1、AGPa1-8、AGPa1-10 和 AGPa1-11 株系的 AGPase 活性与对照相比没有明显变化。AGPa1-2 与 AGPa1-6 株系中 AGPase 活性的变化与 AGPa1 基因的表达量呈正相关；AGPa1-5 虽然在基因表达水平上没有比对照明显增加，但是 AGPase 活性却比对照有所提高；AGPa1-1 与 AGPa1-10 株系中 AGPase 的活性没有受到 AGPa1 基因表达量降低的影响，与对照中活性基本相同。同样的，在 AGPa2 转基因甘薯中，AGPa2-5 转基因株系的 AGPase 活性显著高于对照，而其他 4 个株系的 AGPase 活性与对照相比没有明显差异。对 AGPa1 和 AGPa2 转基因甘薯叶片中 AGPase 酶活性的分析表明，超量表达 AGPa1 和 AGPa2 基因能够显著地增加 AGPase 的活性[7]。

二、块根储藏蛋白启动子克隆及功能验证

甘薯储藏蛋白是一类块根特殊蛋白质，存在于甘薯块根中，而其他器官中则无，占块根可溶性蛋白的 60%~80%，在植物块根中以单体的形式出现。储藏蛋白分为 A、B 两个亚族：SporaminA 和 Sporamin B，每个亚基因家族都包含 6 个以上的成员，两类亚基因家族内的同源性为 94%~98%，而家族间的同源性为 82%~84%。储藏蛋白的表达具有块根特异性，与块根形态器官的发生有着密切的关系，

同时受到植株发育阶段和光合产物的调控。储藏蛋白启动子也应具有块根特异性，克隆到该启动子，就可以构建外源基因在甘薯块根中表达的载体，从而实现甘薯块根特异表达外源基因的目的。

采用'川薯34'总DNA为模板，设计引物进行PCR扩增，测序分析，得到了1144bp的SpoA-p。将含SpoA-p的农杆菌工程菌株导入甘薯，得到了成功导入SpoA-p的10株甘薯转基因植株。

将GUS染液内37℃浸泡过夜的阴性对照、转基因甘薯植株的根、茎、叶分别用95%乙醇脱色至阴性对照完全为白色，观察并照相。染色结果表明甘薯转基因植株及对照的各个部位均未染出蓝色。推测此启动子可能在甘薯块根储藏蛋白合成时期才能启动基因表达，具有时间表达特异性，GUS染色所检测的是再生试管苗，此阶段SpoA-p不具活性。在储藏蛋白被合成时期，叶片中大量合成的糖分是储藏蛋白合成的上游碳源，故用5%蔗糖溶液对转基因植株进行了诱导。对5%蔗糖溶液诱导后的甘薯阳性植株进行GUS染色，根出现了蓝色，叶、茎未见蓝色出现。甘薯的蔗糖处理实验证明此启动子受蔗糖的诱导，为诱导型根特异表达启动子[8]。

第四节 黑斑病分子生物学研究及应用

甘薯黑斑病又称黑疤病，与甘薯茎线虫病、根腐病共列为中国甘薯生产的三大主要病害。甘薯黑斑病主要危害薯苗和薯块，在幼苗期、生长期和收获贮藏期都能发生，引起烂床、死苗、烂窖。中国每年由甘薯黑斑病造成的产量损失5%～10%，危害严重时造成的损失为20%～50%，四川更是黑斑病的高发地区。由于甘薯黑斑病是一种传播途径广泛的顽固性病害，难以彻底根除，因此预防和控制甘薯黑斑病已经成为甘薯生产和育种的首要任务之一，项目组在黑斑病的分离、抗性鉴定及分子标记建立方面开展了研究。

一、黑斑病菌的分离

采用薯片法分离、纯化黑斑病菌。采集已经感染黑斑病菌的薯块，清洗干净后放在保湿的保鲜盒内，25℃、湿度95%的条件下培养。3～4d长出子囊壳后移至新鲜薯片上，继续培养3～4d后长出分生孢子，然后转移至新鲜薯片上直至纯化。经培养发现，感病薯在25℃、湿度95%左右的条件下生长迅速，菌丝呈黑色，不发达，在薯块上平铺生长，4～5d即可铺满整个薯块剖面。正面为灰褐色，菌丝上出现有深黄色黏稠物，挑起菌丝，可发现薯片剖面为黑色。薯块采用薯片法接种后产生的菌丝经镜检观察，很多菌丝上着生有长颈子囊壳，附近散落许多子囊孢子。

多数菌丝体均为黑色，且在薯块上生长较快，当薯片表面出现大量黑色菌丝后，再培养 1~2d，产生灰色霉状物或散生黑色刺状物，顶端附有黄白色蜡状小点，符合甘薯黑斑病菌的典型特征。挑取带黄色黏稠物的菌丝在显微镜下观察发现其具长颈的瓶状子囊壳，将子囊壳压破后可见子囊孢子，确定为甘薯黑斑病菌[9]。

二、紫薯黑斑病菌的抗性鉴定

对紫薯进行了黑斑病菌抗性鉴定，供试的 20 份紫薯品种包括'渝紫 263'、'山川紫'、'徐 13-4'、'徐紫薯 1 号'、'烟紫薯 2 号'、'南紫薯 008'、'宁紫 1 号'、'福薯 13'、'徐紫薯 0602'、'广紫 2 号'等，以及'胜利百号'、'徐薯 18'、'52-45'三个对照品种。经鉴定表现抗病的紫薯品种有 5 份，占鉴定材料总数 25%；表现感病的紫薯品种有 9 份，占鉴定材料总数 45%；表现高感的紫薯品种有 6 份，占鉴定材料总数 30%。鉴定结果表明，不同紫薯品种对黑斑病的抗病性存在明显差异，表现高感、感病的紫薯品种较多。

三、黑斑病分子标记的建立

甘薯黑斑病目前最经济有效的防治方法是选育推广抗病品种。在抗病育种中，对品种资源和育种高代材料的黑斑病抗性鉴定显得尤为重要，相对传统的实验室接种鉴定，筛选与甘薯黑斑病抗性相关的 AFLP 分子标记能缩短抗性鉴定时间，提高鉴定的准确性。通过分子标记获得甘薯黑斑病抗性特异性 DNA 片段，由该片段序列设计的特异性引物可以用 PCR 方法检测甘薯材料的抗性，该方案操作简单，不易受环境影响。2006 年以'南薯 88'等 12 个抗、感黑斑病品种为材料，通过甘薯黑斑病室内抗性鉴定，确定其抗感病程度。通过 DNA 提取、酶切、PCR 扩增、凝胶电泳等系列程序的摸索和优化，建立了甘薯黑斑病的 AFLP 分子标记体系。并用该体系找到了与甘薯抗黑斑病紧密相关的特异性 DNA 片段，对该片段克隆、测序后发现该 DNA 片段由 320 个碱基组成，其研究结果为甘薯抗黑斑病分子标记辅助育种奠定了基础。

四、抑制性差减杂交文库构建及 ESTs 分析

为了从分子水平研究甘薯抗黑斑病机理，以'紫薯 1 号'为材料，运用抑制性差减杂交（SSH）技术，构建了经黑斑病菌诱导 12h、24h、36h、48h、60h 后的甘薯块根混合 SSH cDNA 文库。随机挑取 103 个 cDNA 克隆进行 5'端测序，根据测序的峰值曲线图，去除载体序列及两端的巢氏引物和低质量序列后，共获

得 87 条质量较好的 ESTs（single-tons），长度在 100~700bp。其中包括 29 个重叠（Contig），58 个独立的 ESTs。

利用 tblastx 在美国国立生物技术中心（NCBI）数据库对这 87 条序列进行同源性比对，判定标准参照水稻、拟南芥的 EST，以结果一致性大于 30%、分值大于 80 为依据进行筛选和功能注释：黑斑病抗性基因 1 个，在编号为 14 的 EST 中找到了"蔷薇"黑斑病抗性位点，基因全序列包括 *muRdr1A*、*muRdr1B*、*muRdr1C*、*muRdr1D*、*muRdr1E*、*muRdr1F*、*muRdr1G*、*muRdr1H*、*muRdr1I* 共 9 个基因。本研究克隆的基因经比对结果得分 121 分，E 值为 5×10^{-9}，序列覆盖率为 33%，初步推测紫薯中也含有此黑斑病抗性基因。热激抗旱蛋白 13 个，核糖体蛋白基因 24 个，转运相关基因 6 个，应激相关基因 5 个，抑制剂基因 8 个，蛋白质加工转录修饰相关基因 19 个，信号转导相关基因 4 个，功能未知 3 个，没有任何同源性 4 个。进一步分析发现有两类基因的含量较高，一类是紫薯组织特异性相关的基因，另一类是紫薯受干旱胁迫的抗逆相关基因。SSH 文库差异表达基因的鉴定分析如表 16-1 所示。

表 16-1　SSH 文库差异表达基因的鉴定分析

编号	长度/bp	GenBank 登录号	同源基因	E 值
1	421	CU231191.1	EST from drought-stressed	3×10^{-7}
2	313	EF147929.1	unknown mRNA	3×10^{-7}
3	191	XM-002527034.1	ubiquitin-conjugating enzyme E2	6×10^{-25}
4	328	AY063982.1	peptide transporter protein	2×10^{-12}
5	684	FJ467918.1	hydrogen peroxide-induced 1 mRNA	2×10^{-33}
6	291	XM-002523179.1	Cysteine proteinase inhibitor	6×10^{-6}
7	299	JF722357.1	bacterial-induced peroxidase gene	4×10^{-9}
8	157	U02551.1	reverse transcriptase gene	6×10^{-4}
9	282	HQ455834.1	black spot resistance muRdr1 gene locus	5×10^{-9}
10	746	AB080676.1	pectin-glucuronyltransferase	1×10^{-142}

注：只有 E 值小于 10^{-3} 被认为具有显著的相似性。

第五节　脱毒快繁技术与健康种苗培育

甘薯病毒病广泛见于中国甘薯各主产区，严重地区的植株病毒感染率达 60%~70%，有的甚至达到 90%。据估计由于病毒病的危害，中国每年甘薯减产达 30% 以上，造成的损失高达 40 亿元。甘薯属于无性繁殖作物，在整个生育期均可受到昆虫传播的病毒侵染，已报道的侵染甘薯病毒有 10 余种，主要类型为甘薯羽状斑驳病毒（SPFMV）、甘薯潜隐病毒（SPLV）、甘薯褪绿斑病毒（SPCFV）、类花椰菜花叶病毒（SPCLV）、甘薯褪绿矮化病毒（SPCSV）等。其中由 SPFMV 和 SPCSV 复合感染形成的甘薯病毒病害（SPVD）最为严重，可致甘薯大幅减产甚至绝收。病毒一旦感染就会在植株体内不断积累，代代相传，使病情逐代加重，其表现为植株叶片皱缩卷曲、羽状斑驳或环斑，地上部分长势弱，薯块龟裂、表皮粗糙，产量降低、品质下降，品种退化，严重阻碍了优良品种的大面积生产，降低了商品薯的市场价值，病毒病已成为影响甘薯生产的最大障碍之一。利用茎尖分生组织培养技术培育脱毒甘薯苗是目前国际上预防甘薯病毒病、提高产量和品质的最有效方法。

一、病毒普查和脱毒快繁技术标准

项目组率先在四川省甘薯主栽区开展了病毒病的普查与病毒鉴定工作，首次鉴定出了四川甘薯病毒的种类，并从国际马铃薯中心引进可检测 10 种甘薯病毒的硝酸纤维膜联免疫检测（NCM-ELISA）试剂盒，对在成都、绵阳和南充等四川甘薯主产地的田间和品种资源圃内采集的 301 份具有一定症状的甘薯新鲜叶片进行了病毒检测。结果表明：四川省内共发生包括甘薯羽状斑驳病毒（SPFMV）、甘薯潜隐病毒（SPLV）、甘薯 G 病毒（SPVG）、甘薯褪绿斑病毒（SPCFV）等 4 种甘薯病毒病害，其中甘薯 G 病毒（SPVG）和甘薯褪绿斑病毒（SPCFV）是国内 1993 年首次普查甘薯病毒病发生情况以来首次发现。在此基础上形成了原原种甘薯组培试管苗扩繁与原原种脱毒种薯生产操作技术规程，并同四川省农业厅共同建立了《甘薯脱毒种薯（苗）》（DB51/T 905—2009）四川省地方标准，为四川省甘薯脱毒种薯（苗）的繁育、生产、推广提供了技术支持。

二、脱毒快繁与健康种苗繁育体系

从大田采取健壮、无病害、向上的甘薯顶端茎段，去除叶片，自来水冲洗 2h，将茎段切成带 1 个腋芽的小段，在超净工作台上，用 75%酒精消毒 30s，无菌水冲洗 1 次，再用 2%次氯酸钠消毒 10min，无菌水冲洗 5 次，接种到 MS 培养基上，27℃、2000Lx、14h/d。20d 后侧芽出长，将其转接到 MS 培养基上增殖。切取组培苗的顶芽，在体视解剖镜下剥取茎尖。将带 1~2 个叶原基的茎尖接种到添加 0.2mg/L IAA 和 0.3mg/L 6-BA 的 MS 培养基上，培养 2 周后开始形成愈伤组织，培养 8 周后愈伤组织形成不定芽再长成小苗，当再生小苗长至 2cm 以上时，从基部切下转移至不添加生长调节物质的 MS 培养基上长成完整植株。在四川省农业厅植物检疫站检测甘薯主要病毒——甘薯羽状斑驳病毒和甘薯潜隐病毒的结果表明，脱毒率均达到 100%。脱毒苗采用切茎段方法进行快速繁殖，在 MS 培养基上培养 1 个月后，由腋芽萌发并长成完整植株，这样可在培养瓶内大量繁殖脱毒苗。

脱毒试管苗的驯化和移栽：将脱毒苗练苗4d后移栽于大棚中，大棚加装防虫网和加黄色挂黏虫板。移栽后保持湿度和温度，移栽1周后小苗叶片伸展，长出新叶，15d后使用营养液浇苗，促进薯苗快速生长，1个月后即可剪苗进行移栽。剪苗时，剪刀用75%酒精消毒后，用酒精灯烧1~2min，凉冷后即可开始剪苗，薯苗长度控制在25cm左右。选取通风、向阳、排灌条件良好的地块，按照60~70cm的行距起垄，四周架设2m高的防虫网，移栽脱毒苗后，在田间架设黄色黏虫板，每月更换一次。加强水肥管理，有机肥必须充分腐熟，不带杂菌和病虫。10月底11月初，收获种薯，第二年2~3月播于苗床，做好病虫害绿色防控，4月覆膜移栽，5、6月移栽至大田，收获后的薯块即可上市销售。脱毒甘薯不仅脱了病毒，通过茎尖培养还除去了多种真菌、细菌、线虫（黑痣病、黑斑病和茎线虫病）等病原菌，使其发生的概率大大减少。与普通甘薯相比，脱毒甘薯生长旺盛、普遍增产20%以上，食用品质显著提高。

第六节 辐射诱变创制甘薯育种新材料

辐射诱变作为作物品种改良和创造突变的一大利器，具有悠久的历史，已在青椒、番茄、水稻、莲子、小麦等作物上育成了一批在生产上应用的新品种。自1935年Miller用X射线照射甘薯开创甘薯辐射诱变育种至今，已经有70多年的历史，也取得了不少突出的成绩，但目前对甘薯的辐射诱变研究基本上还处于创造突变材料的层面上，关于获得突变体的研究较多，但关于辐射诱变因素与对甘薯生长、发育、遗传特性的效应及其规律的研究较为滞后。一般认为，慢照射较快照射更容易得到理想的突变体，主要是由于照射剂量低和照射时间长；快照射对器官或细胞的损伤较大，突变多为致死突变。而前期研究发现，低剂量γ快照射对甘薯的器官或细胞损伤亦较小，成活率几乎不受影响。在目前慢照射装置极其有限的情况下，开展低剂量快照射方面的研究显得尤为必要。本节将主要介绍低剂量γ射线快照射对不同类型紫色甘薯块根的生长发育的影响以及在突变体筛选方面的方法和经验，为后续深入的突变体筛选、鉴定及诱变育种提供一定的科学依据[10-12]。

一、辐射诱变效应

分别选择9个紫薯基因型健壮的茎尖苗各80株，用5Gy的^{60}Co γ射线急性照射，剂量率为0.94Gy/min。于2010年6月26日栽插于试验场，行距75cm，株距25cm。栽插后45d第一次取样，逐株调查，之后每隔20d取样一次，共计调查5次；每次取样9株，边株不调查。调查指标主要包括块根产量、叶片鲜重、茎和叶柄鲜重、藤蔓鲜重及最长蔓长。

第十六章 甘薯生物技术育种研究

未辐射的对照在产量形成上分为两种类型：类型Ⅰ，持续增加型；类型Ⅱ，平缓增加型。持续增加型表现为块根产量持续增加，根据其第三期、第四期、第五期增长速率的不同，该类型又分为：持续增加Ⅰ-ⅰ型（图16-1），'徐紫薯201'、'L7'、'6-23-25'、'徐紫薯1号'均在第五期的增长速率达最大，对最终产量的贡献率也最大；持续增加Ⅰ-ⅱ型（图16-2），有'福薯13'、'渝紫263'、'烟337'等3个基因型，在第五期增长速率明显低于第四期。类型Ⅱ（图16-3）的主要特点是生长过程中的某一时期产量增长极其缓慢，生长曲线平缓，据其出现时期可分为：Ⅱ-ⅰ型，'南紫-8'，在第三期增长速率极小；Ⅱ-ⅱ型，'6-24'，在第四期增长极其缓慢。

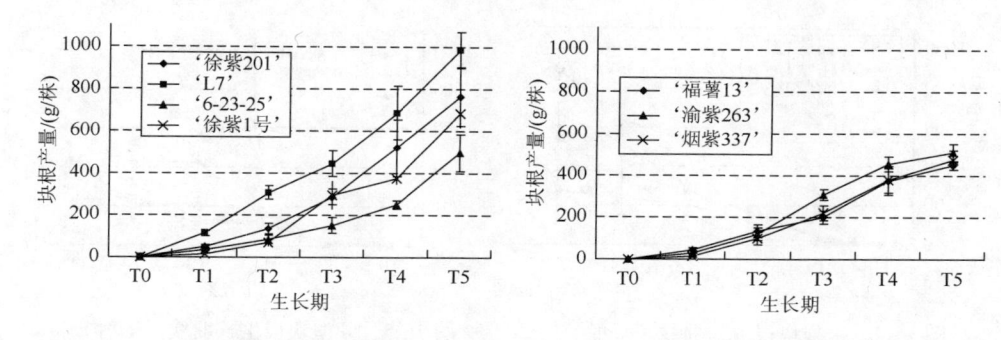

图16-1 类型Ⅰ-ⅰ型块根生长曲线（对照）　　图16-2 类型Ⅰ-ⅱ型块根生长曲线（对照）

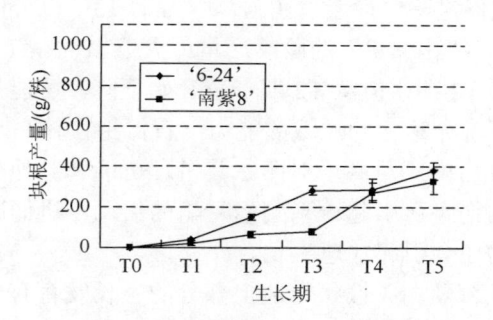

图16-3 类型Ⅱ块根生长曲线（对照）

低剂量γ辐射后，紫薯产量变化类型仍然分为两种类型：类型Ⅰ，持续增加型；类型Ⅱ，平台缓冲型。但在9个参试基因型中，'福薯13'、'徐紫薯201'、'6-23-25'、'6-24'等4个基因型的产量变化类型发生了改变，其余基因型的产量变化类型没有发生明显变化。其中，'福薯13'由Ⅰ-ⅱ型变成了Ⅰ-ⅰ型（图16-2、图16-4），'徐紫薯201'由Ⅰ-ⅰ型变成了Ⅱ-ⅱ型（图16-1、图16-5），表现为前三期产量明显提高，后期产量变化平缓；'6-23-25'由Ⅰ-ⅰ型变成了Ⅱ-ⅰ型

（图 16-1、图 16-5）；而'6-24'则成了新的类型Ⅱ-iii（图 16-3、图 16-5），这一新类型在第三期和第四期的增长速率平缓。

5Gy 急性γ照射后，在产量增长曲线类型发生变化的基因型中，'福薯 13'收获期（第五期）单株产量显著增加 93.4g。在产量增长类型没有发生变化的基因型中，'南紫 8'经低剂量γ辐射后，其块根在第二期、第三期、第四期、第五期的产量分别提高了 72.2g、46.9g、43.1g、110.4g。'L7'第三期的产量比对照显著提高 82.7g，'徐紫薯 201'第三期的产量比对照显著提高 142.6g，熟期提前。表明：紫色甘薯对低剂量γ急性照射的耐受性和对块根产量的促进或抑制作用的基因型差异较大。

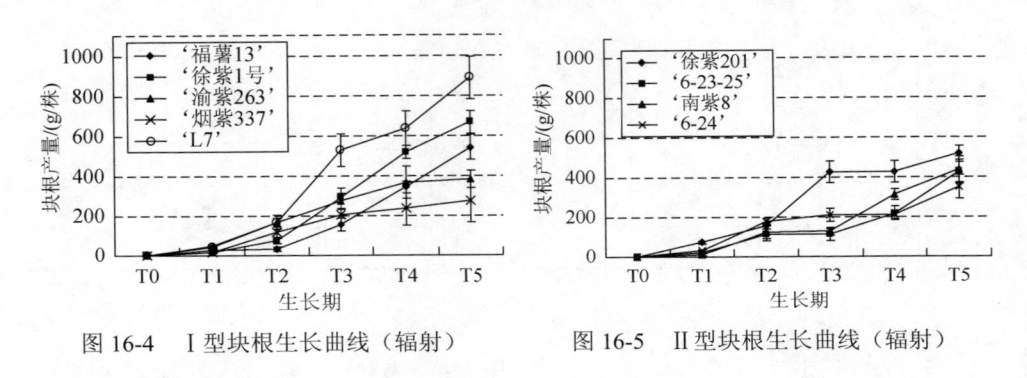

图 16-4　Ⅰ型块根生长曲线（辐射）

图 16-5　Ⅱ型块根生长曲线（辐射）

低剂量和高剂量辐射都能对植物产生伤害，这种伤害因基因型的不同而有差异；低剂量γ辐射能促进除'徐紫薯 1 号'、'福薯 13'以外的 7 个基因型在栽插后前 65d 的藤蔓生长。"南紫 8"的藤叶产量最大值出现在 T2 期，低剂量γ辐射处理后，最大值仍在 T2 期，但从 T2 期一直开始下降，可能是辐射处理使得地上部分光合产物向地下部分运输和贮藏的能力一直保持在较高水平，使得"南紫 8"经低剂量γ辐射处理后的产量高于对照。其机理可能和其他作物相似，可能是由于低剂量辐射所致的伤害可引起一系列修复酶的活动，进而减轻辐射损伤，同时修复系统的过分活动还会引起加速生长。

甘薯块根生长发育及相关性状与地上部分的生长发育有着紧密的联系。相关性分析表明：不同产量增长类型的对照的块根产量与其最长蔓长呈极显著正相关。低剂量γ辐射后，'烟 337'、'南紫 8'、'6-23-25'、'6-24'等 4 个基因型的块根产量与最长蔓长的相关性发生了变化，其中'烟 337'和'南紫 8'由极显著正相关降为显著正相关，'6-23-25'和'6-24'由极显著正相关降为不显著正相关。在块根产量增长类型发生变化的基因型中：对照Ⅰ-ⅰ型中的'徐紫薯 201'、'L7'、'6-23-25'等 3 个基因型的茎叶鲜重和茎鲜重均与块根鲜重呈显著水平以上正相关，但经过低剂量γ辐射后，其相关性均变为不显著；对照Ⅰ-ⅱ型中的'福薯 13'、'渝紫 263'经低剂量γ辐射后，茎鲜重、茎叶鲜重与块根产量的相关性也不同程度降低；对照Ⅱ-ⅱ型的"6-24"经辐射后变成了Ⅱ-ⅲ型，其块根产量与最长蔓长的极显著正相关关系也降为非显著关系。通过对辐射后的块根产量与地上主要性状的相关性分析表明，低剂量γ辐射对紫色甘薯的这种正相关关系总体上起到降低的作用，但产量类型的变化与这种相关关系的变化并不一致，不具规律性。对低剂量辐射后紫薯生长发育的调查分析，可为低剂量辐射诱导不同基因型甘薯的增产技术及突变体筛选提供有益的依据。

低剂量急性γ辐射紫色甘薯的茎尖苗后，不同基因型紫色甘薯对低剂量急性γ辐射的耐受性不同，对块根及藤蔓生长的促进或抑制作用因紫色甘薯基因型差异而不同。低剂量急性γ照射后与未辐照的对照在块根产量形成上分为持续增加型和平缓增加型2种变化类型。低剂量急性γ辐射紫色甘薯的茎尖苗，可对其块根产量、熟期和生长速率有一定的促进作用，可作为一些基因型紫色甘薯促进增产和熟期提前的一种改良方法。块根产量（对照）与地上主要性状的相关系数如表16-2所示，块根产量（辐射）与地上主要性状的相关系数如表16-3所示[13]。

表16-2 块根产量（对照）与地上主要性状的相关系数

类型	基因型	最长蔓长	叶片鲜重	茎和叶柄鲜重	藤蔓鲜重
Ⅰ-ⅰ	'徐紫薯201'	0.718**	0.369*	0.571**	0.533**
	'L7'	0.635**	−0.015	0.535**	0.449*
	'6-23-25'	0.495**	0.312	0.395*	0.390*
	'徐紫薯1号'	0.591**	0.142	0.352	0.318
Ⅰ-ⅱ	'福薯13'	0.657**	−0.134	0.359	0.250
	'渝紫263'	0.821**	0.276	0.463*	0.439*
	'烟紫337'	0.512**	0.228	0.266	0.264
Ⅱ-ⅰ	'南紫8'	0.577**	−0.259	0.174	0.097
Ⅱ-ⅱ	'6-24'	0.468**	0.191	0.269	0.262

注：数值为persion相关系数，*显著相关，**极显著相关，$n=9$，下同。

表16-3 块根产量（辐射）与地上主要性状的相关系数

类型	基因型	最长蔓长	叶片鲜重	茎和叶柄鲜重	藤蔓鲜重
Ⅰ-ⅰ	'福薯13'	0.646**	−0.155	0.348	0.273
	'徐紫薯1号'	0.576**	0.428*	0.450*	0.457*
	'渝紫263'	0.561**	0.019	0.152	0.132
Ⅰ-ⅱ	'烟紫337'	0.425*	−0.201	0.081	0.027
	'L7'	0.683**	−.287	0.363*	0.265
Ⅱ-ⅰ	'6-23-25'	0.242	−0.089	0.169	0.126
	'南紫8'	0.365*	−0.628**	−0.107	−0.298
Ⅱ-ⅱ	'徐紫薯201'	0.725**	−0.038	0.357	0.245
Ⅱ-ⅲ	'6-24'	0.197	0.117	0.139	0.138

二、耐盐突变体筛选

土地盐碱化是限制农作物生长发育和产量最严重的非生物胁迫之一，中国盐碱地广泛分布于 19 个省区，范围大、类型多。选育耐盐甘薯对缓解中国人口不断增加，耕地日趋减少和淡水资源不足的难题具有重大意义。项目组利用甘薯悬浮细胞高效再生体系，通过甘薯茎尖分生组织培养甘薯悬浮细胞，并对悬浮细胞进行 ^{60}Co 辐射诱变处理，定向筛选耐盐植株，为甘薯抗逆育种提供种质材料。

将经过约 14 周振荡培养，数量多且活力高的悬浮细胞约 2200 个用 ^{60}Co 辐照处理，处理剂量为 80Gy，剂量率为 1.09Gy/min，处理后经 NaCl 的离体筛选，在含 ABA 的 MS 培养基上诱导体细胞胚形成，然后放于 MS 培养基上，分化形成了 175 株再生植株，再生率为 42%。

将对照与 175 株再生植株接种于含 1% NaCl 的 MS 培养基中，4 周后测定脯氨酸含量、SOD 酶活性，结果表明这 175 株植株中两者含量变化范围较大。对照植株脯氨酸含量为 45.77ug/g，变异植株的脯氨酸含量范围为 11～106ug/g，其中比对照高的有 54 株，比对照低的有 119 株，有 17 株脯氨酸含量显著高于对照；对照植株的 SOD 酶活性为 70.4U/g，变异植株的 SOD 酶活性范围为 20.1～139.04U/g，其中比对照高的有 23 株，比对照低的有 152 株，有 13 株 SOD 酶活性显著高于对照。而脯氨酸含量和 SOD 酶活性同时比对照高的有 10 株，其中有 3 株与对照相比有显著性差异。

将脯氨酸含量和 SOD 酶活性比对照高的耐盐植株及对照植株放于 1% NaCl 的水培液中培养，观察 3 周后生长情况，耐盐植株较对照在培养过程中存活力更高，叶片长势更快，生根数量及长度能力更强。在显著差异的 3 株植株中，有 1 株外型有明显的变化，对照叶片为尖心形，叶脉绿色，变异株叶绿素降低，叶片呈淡绿色，叶形由尖心形变为长条形[14]。

传统辐射诱变多采用器官水平诱变（包括植株、种子），存在严重的嵌合体现象和极低的突变频率等明显缺陷，极大影响了选择效率。细胞水平辐射诱变结合离体筛选获得突变株，较之常规选择能获得广泛的变异类型，能为抗性育种提供丰富的种质资源。

三、品质突变体筛选

'524'红薯是四川遂宁地区长期种植并保留下来的地方品种，块纺锤形、皮色浅红、肉色淡黄，熟食品质好，但在色香味方面的肉色上还欠佳，因淀粉含量较高而口感欠佳,绝大多数消费者在肯定其口感的同时,也希望对其品质进行改良提升。课题组于 2012 年构建了'524'红薯胚性细胞悬浮和再生体系,利用 γ 射线对胚性悬浮细胞进行低剂量照射,再生成苗,筛选出了 3 个突变品系,于 2013 年种植于成都的试验田进行单株系选和食味测试,2014 年和 2015 年进行扩大种植,遗传稳定。三份突变体分别命名为'川 M1412'、'川 M1418'、'川 M1422'。

'川 M1412'薯肉主色浅黄,次色橙红,与原品种差异明显;口感较原始品种'524'更加软和,肉色红润,食用品质和胡萝卜素含量显著提高,遗传稳定,干物质含量较原始品种降低 2%~3%,食用品质特优。

'川 M1418'薯肉主色浅黄、次色橙红,薯型为球形,与原品种差异明显;口感较原始品种更加软和,肉色红润,食用品质和胡萝卜素含量显著提高,遗传稳定,干物质含量较原始品种降低约 4%,食用品质特优。

'川 M1422'薯肉主色浅黄、次色橙红,薯型为球形,叶片三裂叶,与原品种差异明显;口感较原始品种更加软和,肉色红润,遗传稳定,干物质含量与原始品种相近,产量翻番,食用品质特优。

(本章作者:蒲志刚 李 明 张 聪 谭文芳 冯俊彦 吴 洁)

参 考 文 献

[1] Zhao N, Yu X, Jie Q, et al. A genetic linkage map based on AFLP and SSR markers and mapping of QTL for dry-matter content in sweetpotato. Molecular Breeding, 2013, 32(4): 807-820.

[2] 吴洁, 谭文芳, 阎文昭, 等. 甘薯种质资源亲缘关系 SRAP 标记分析. 四川大学学报(自然科学版), 2007, (4): 878-882.

[3] Miller M R, Dunham J P, Amores A, et al. Rapid and cost-effective polymorphism identification and genotyping using restriction site associated DNA(RAD)markers. Genome Research, 2007, 17(2): 240-248.

[4] Hohenlohe P A, Bassham S, Etter P D, et al. Population genomics of parallel adaptation in three spine stickleback using sequenced RAD tags. PLoS Genetics, 2010, 6: e1000862.

[5] Gonen S, Lowe N R, Cezard T, et al. Linkage maps of the Atlantic salmon(Salmo salar)genome derived from RAD sequencing. BMC Genomics, 2014, 15(1): 166.

[6] 张聪, 蒲志刚, 阎文昭, 等. 甘薯悬浮细胞系的建立及对抗草甘膦基因的遗传转化. 西南农业学报, 2015, 28(1): 41-44.

[7] 郑雪莲, 张聪, 吴洁, 等. 两个 ADP-葡萄糖焦磷酸化酶 α 亚基基因在甘薯中的超量表达. 西南农业学报, 2011, 24(1): 29-33.

[8] 张聪, 郑雪莲, 蒲志刚, 等. 甘薯块根储藏蛋白(Sporamin)启动子克隆及功能验证. 分子植物种, 2012, 10(6): 707-713.

[9] 曾绍华, 张聪, 蒲志刚, 等. 黑斑病菌诱导的紫薯抑制性差减杂交文库构建及 ESTs 分析. 西南农业学报, 2014, 27(1): 53-58.

[10] 李明, 蒲志刚, 谭文芳, 等. 低剂量 60Co γ 急性照射紫色甘薯苗的生长效应. 西南农业学报, 2013, 26(1): 281-285.

[11] 李爱贤, 张立明, 王庆美, 等. 植物缓慢照射研究进展及其在甘薯上的应用. 山东农业科学, 2007(4): 32-34.

[12] Wang Y P, Wang F, Zhai H, et al. Production of a useful mutant by chronic irradiation in sweetpotato. Scientia Horticulturae, 2007, 111(2): 173-178.

[13] Fu Y F, Chen M, Ye X L, et al. Variation Laws of Anthocyanin Content in Roots and Their Relationships with Major Economic Traits in Purple-Fleshed Sweetpotato [Ipomoea Batatas(L.)Lam]. Scientia Agricultura Sinica, 2008, 7(1): 32-40.

[14] 张聪, 李明, 冯俊彦, 等. 辐射诱变甘薯悬浮细胞获得耐盐植株. 分子植物育种, 2016, 14(12): 1-11.

第十七章　紫色甘薯提质增效栽培关键技术

紫色甘薯块根富含花色苷，呈紫色，其花色苷具有抗氧化、抗癌及降低血糖和血脂等生理保健功能[1,2]，除具有普通甘薯的营养价值外，它还是具有较高营养及加工价值的特用甘薯[3]。项目组围绕紫色甘薯生理特性和提质增效栽培关键技术开展了系统的研究，集成创新了紫色甘薯高产高效栽培技术体系。

第一节　新品种产量和主要品质特性差异比较

课题组 2009~2014 年从国内外引进 23 个紫色甘薯品种（系），在川中丘陵区进行多年品种比较试验，筛选鲜食和全粉加工适宜的紫薯品种，为四川紫色甘薯鲜食产业和全粉加工产业提供参考依据。

一、鲜薯产量

从表 17-1 鲜薯产量看，有 7 个品种鲜薯产量较对照（'南紫薯 008'）显著增产，增产幅度在 17.85%~99.19%，有 6 个品种鲜薯产量较对照显著减产，减产幅度在 12.60%~56.86%，剩余 4 个品种鲜薯产量与对照差异不显著。其中，'万紫56'、'济薯 18'、'宁紫薯 1 号'和'绵紫薯 9 号'产量均超过 31500kg/hm^2，分列前 4 位。在 2014 年新引进的 5 个品种中，与当年的对照产量相比，仅有'渝紫薯 7 号'增产 16.27%，达显著水平；'济黑 1 号'和'绵渝紫 11 号'显著减产，减产幅度为 21.68%~23.18%，剩余 2 个品种与对照差异不显著。

变异系数是评估产量稳定性的常用参数，变异系数越小，品种产量稳定性越好。从表 17-1 可知，在 18 个品种中，鲜薯产量变异系数在 7.09%~67.05%，其中，产量变异系数在 10% 以下的有 2 个，分别为'川紫薯 1 号'和'万紫 56'；变异系数在 10%~20% 的有 8 个；变异系数超过 20% 的有 8 个。

表 17-1　参试品种鲜薯产量表现

品种	鲜薯产量/(kg/hm^2)						平均	区试产量/(kg/hm^2)	变异系数/%	较区试±/%
	2009 年	2010 年	2011 年	2012 年	2013 年	2014 年				
'徐紫薯 1 号'	32579	21875	27360	26280	28065	27842	27333 e	31050	12.59	-11.97

续表

品种	鲜薯产量/(kg/hm²)						平均	区试产量/(kg/hm²)	变异系数/%	较区试±/%
	2009年	2010年	2011年	2012年	2013年	2014年				
'徐紫薯2号'	25263	27188	30855	47365	23400	25991	30010 d	28080	29.51	6.87
'徐紫薯3号'	20760	20937	12906	19944	19001	16221	18295 g	25290	17.22	−27.66
'宁紫薯1号'	29078	27500	35820	48315	38729	13861	32217 c	28515	36.29	12.98
'渝紫263'	22700	21251	25905	28964	30897	19477	24865 e	26145	18.08	−4.89
'烟紫薯2号'	12695	8438	18915	11001	43975	35322	21724 f	25485	67.05	−14.76
'徐紫薯L7'	27639	25001	21602	30926	28775	21906	25975 e	8705	14.58	198.39
'南紫薯008'	26280	22575	31766	20882	23510	26858	25312 e	21090	15.34	20.02
'万紫56'		55001	51165	52400	46178	47288	50406 a	34605	7.24	45.66
'群紫1号'		8750	12345	15788	12717	4980	10916 i	18810	38.03	−41.97
'济薯18'		30255	35280	31702	43667	48741	37929 b	27435	21.03	38.25
'农林47'		24375	16032	24213	15200	21343	20233 g	16818	21.71	20.30
'山川紫'		32501	33510	36352	31109	20537	30802 cd	30000	19.65	2.67
'浙紫薯1号'		18032	22257	16881	8603		16443 h	30195	34.76	−45.54
'南紫薯014'			18944	24756	24092		22597 ef	17040	14.08	32.61
'绵紫薯9号'			35700	34063	25788		31850 cd	27150	16.68	17.31
'美国黑薯'			28701	10277	27372		22117 f	33750	46.46	−34.47
'川紫薯1号'			27894	32084	29486		29821 d	18510	7.09	61.11
'川紫薯2号'					28571			27701		3.14
'济黑1号'					21040			19766		6.45
'渝紫薯7号'					31228			30237		3.28
'南紫薯015'					27562			24509		12.46
'绵渝紫11号'					20638			20717		−0.38
平均	24624	25049	26535	29313	27960	24989				

  紫色甘薯的产量受基因型与环境互作的影响[4-6]，从不同品种的丰产性来看，在参试的前18个品种中，与品种审定时的区试产量相比，有11个品种增产，除'徐紫薯L7'外，增产幅度为2.67%~45.66%；有7个品种减产，减产幅度为4.89%~45.54%。在2014年新引进的5个品种中，有4个品种与区试产量相比增产，增产幅度为3.14%~12.46%。

二、鲜薯干物率和花青素含量

  取年度平均产量最高的2012年、2013年甘薯样品分析其鲜薯干物率和花青素含量。

在14个参试品种中，有11个品种干物率显著高于对照（'南紫薯008'），增幅为7.21%～37.90%，'徐紫薯L7'和'徐紫薯3号'干物率分别为36.42%和37.95%，较对照高32.34%和37.90%。如表17-2所示，各品种干物率与区试值相比，有8个品种干物率增高，增高幅度为5.88%～18.38%，有6个品种干物率降低，降低幅度为2.78～28.64%。

表17-2 参试品种的干物率及花青素含量

品种	干物率/%					花青素含量/(mg/100g FW)				
	2012年	2013年	平均	区试干物率	较区试±	2012年	2013年	平均	区试含量	较区试±
'徐紫薯1号'	22.30	21.50	21.90 j	30.69	−28.64	7.36	6.89	7.13 fg	8.02	−11.16
'徐紫薯2号'	31.77	29.78	30.78 def	32.60	−5.60	7.05	6.67	6.86 g	10.46	−34.42
'徐紫薯3号'	37.83	38.07	37.95 a	35.44	7.08	43.66	37.86	40.76 b	34.33	18.73
'宁紫薯1号'	29.09	29.92	29.50 efg	27.50	7.29	8.76	7.82	8.29 fg	22.41	−63.01
'渝紫263'	30.36	32.32	31.34 cde	29.60	5.88	10.11	9.57	9.84 f	15.00	−34.40
'烟紫薯2号'	29.01	32.26	30.64 def	31.51	−2.78	18.71	17.73	18.22 d	37.20	−51.02
'徐紫薯L7'	37.25	35.60	36.42 a	30.90	17.87	14.09	16.13	15.11 e	43.70	−65.42
'南紫薯008'	28.37	26.68	27.52 hi	23.86	15.36	18.79	18.21	18.50 d	15.10	22.51
'群紫1号'	24.98	27.05	26.01 i	29.15	−10.76	6.34	5.81	6.08 g	8.63	−29.61
'济薯18'	29.68	36.14	32.91 bc	27.80	18.38	14.58	15.64	15.11 e	17.00	−11.12
'浙紫薯1号'	30.41	32.20	31.30 cde	35.30	−11.32	9.80	7.63	8.71 fg	16.58	−47.45
'南紫薯014'	29.88	28.30	29.09 fgh	30.89	−5.83	9.41	17.99	13.70 e	14.59	−6.10
'绵紫薯9号'	32.70	32.16	32.43 bcd	29.18	11.53	42.89	46.33	44.61 a	59.42	−24.92
'川紫薯1号'	27.26	28.65	27.96 gh	25.63	9.07	14.18	14.15	14.16 e	45.97	−69.19

在14个参试品种中，有2个品种花青素含量显著高于对照，增幅为120.32%～141.14%。根据国家甘薯品种鉴定标准[7, 8]，花青素含量高于40.00mg/100g FW为高花青素类型。在参试品种中，'绵紫薯9号'和'徐紫薯3号'的花青素含量两年平均值分别为44.61mg/100g FW和40.76mg/100g FW，达到了高花青素含量标准；其余品种花青素含量为6.08～18.22mg/100g FW，均达到食用型紫薯标准。各品种花青素含量与区试值相比，仅有'南紫薯008'和'徐紫薯3号'花青素含量分别较区试值增高22.51%和18.73%，其余品种花青素含量均降低，降低幅度为6.10%～69.19%。

三、鲜薯营养品质

取年度平均产量最高的 2012 年、2013 年甘薯样品分析其鲜薯营养品质，结果如表 17-3 所示。

表 17-3　参试品种的营养品质

品种	淀粉含量/% 2012 年	2013 年	平均	可溶性糖含量/% 2012 年	2013 年	平均	粗蛋白含量/% 2012 年	2013 年	平均
'徐紫薯 1 号'	13.04	12.34	12.69 g	3.56	3.77	3.67 g	2.17	2.14	2.16 a
'徐紫薯 2 号'	28.11	24.15	26.13 bc	4.06	3.9	3.98 fg	2.15	2.12	2.13 a
'徐紫薯 3 号'	27.08	26.55	26.81 ab	5.9	4.82	5.36 ef	1.64	1.79	1.72 abcd
'宁紫薯 1 号'	17.89	18.95	18.42 e	2.77	2.68	2.73 g	1.44	1.59	1.51 bcde
'渝紫 263'	21.99	22.35	22.17 d	9.86	10.91	10.38 a	1.65	1.6	1.62 abcde
'烟紫薯 2 号'	19.25	18.88	19.06 e	3.66	3.59	3.62 g	2.01	1.83	1.92 ab
'徐紫薯 L7'	30.11	28.61	29.36 a	9.2	11.83	10.51 a	1.57	2.25	1.91 ab
'南紫薯 008'	16.08	18.32	17.20 ef	7.05	6.45	6.75 cde	1.85	0.82	1.34 cde
'群紫 1 号'	15.21	14.50	14.86 fg	3.24	3.15	3.19 g	1.29	1.23	1.26 def
'济薯 18'	19.25	18.59	18.92 e	3.03	3.23	3.13 g	1.47	1.55	1.51 bcde
'浙紫薯 1 号'	23.80	20.22	22.01 d	7.59	4.06	5.83 de	1.55	1.93	1.74 abcd
'南紫薯 014'	16.51	18.14	17.33 ef	6.52	9.56	8.04 bc	1.16	1.19	1.17 ef
'绵紫薯 9 号'	21.28	23.20	22.24 d	5.79	8.36	7.08 cd	1.73	1.91	1.82 abc
'美国黑薯'	23.15	24.51	23.83 cd	6.02	5.87	5.95 de	2.08	2.15	2.11 a
'川紫薯 1 号'	18.56	15.85	17.21 ef	7.33	9.97	8.65 b	0.7	0.76	0.73 f

淀粉含量在 12.69%～29.36%，有 7 个品种淀粉含量显著高于对照（'南紫薯 008'），增幅为 27.98%～70.68%，其中，'徐紫薯 L7' 淀粉含量最高，两年平均值达 29.36%，'徐紫薯 3 号' 和 '徐紫薯 2 号' 淀粉含量为 26.81% 和 26.13%，较对照高 55.88% 和 51.92%，分列第 2 位和第 3 位。

可溶性糖含量在 2.73%～10.51%，仅有 '徐紫薯 L7'、'渝紫 263' 和 '川紫薯 1 号' 3 个品种可溶性糖含量显著高于对照，增幅为 28.16%～55.77%，分列前 3 位。

粗蛋白含量在 0.73%～2.16%，有 5 个品种粗蛋白含量显著高于对照，增幅为 42.89%～61.35%，其中，'徐紫薯 1 号'、'徐紫薯 2 号'、'美国黑薯'、'烟紫薯 2 号'、'徐紫薯 L7' 和 '绵紫薯 9 号' 分列第 1～6 位，粗蛋白含量为 1.82%～2.16%，但品种间差异不显著。

四、食味表现

取品种最多的 2014 年甘薯样品分析其鲜薯食味评分。如表 17-4 所示，23 个品种食味评分在 51.67～80.33 分，其中，食味评分≥80 分的仅有'渝紫 263'和'南紫薯 008'，75～80 分的有'南紫薯 014'、'绵紫薯 9 号'和'宁紫薯 1 号'，且前 5 个品种食味评分差异不显著。70～75 分的有 10 个品种，品种间食味评分差异不显著。

表 17-4　参试品种熟食味表现

品种	第 1 组	第 2 组	第 3 组	平均	位次
'徐紫薯 1 号'	72	74	70	72.00 cde	9
'徐紫薯 2 号'	72	70	70	70.67 cdef	12
'徐紫薯 3 号'	68	67	66	67.00 ef	19
'宁紫薯 1 号'	76	77	74	75.67 abc	5
'渝紫 263'	80	76	85	80.33 a	1
'烟紫薯 2 号'	70	71	70	70.33 cdef	14
'徐紫薯 L7'	70	72	70	70.67 cdef	11
'南紫薯 008'	80	80	80	80.00 a	2
'万紫 56'	68	60	70	66.00 fg	20
'群紫 1 号'	70	65	72	69.00 def	17
'济薯 18'	72	72	70	71.33 cdef	10
'农林 47'	70	70	72	70.67 cdef	13
'山川紫'	50	55	50	51.67 h	22
'浙紫 1 号'	74	60	72	68.67 def	18
'南紫薯 014'	75	75	85	78.33 ab	3
'绵紫薯 9 号'	75	75	83	77.67 ab	4
'美国黑薯'	70	68	70	69.33 def	16
'川紫薯 1 号'	70	70	70	70.00 cdef	15
'川紫薯 2 号'	75	70	75	73.33 bcd	7
'济黑 1 号'	55	50	50	51.67 h	23
'渝紫薯 7 号'	74	70	72	72.00 cde	8
'南紫薯 015'	62	60	62	61.33 g	21
'绵渝紫 11 号'	77	70	75	74.00 bcd	6

从不同分组来看，甘薯育种人员（第 1 组）评价仅'渝紫 263'的食味表现

与对照('南紫薯008')相当,一般科研人员(第2组)评价'南紫薯008'的食味表现明显高于其余品种,但普通消费者(第3组)则评价除'渝紫263'外,还有'南紫薯014'和'绵紫薯9号'的食味表现也高于对照,表明食味分值受人为因素影响较大。

四川省的紫色甘薯以鲜食和全粉(全薯粉丝)加工为主,应分类推荐品种。鲜食型品种要求蒸煮食味好,干物率和淀粉含量适中,可溶性糖含量较高[9],全粉加工型品种要求花青素含量高,干物率高,高产稳产[10]。综合评价,'渝紫263'、'南紫薯008'和'南紫薯014'的食味评分分列前3位,干物率27.52%~31.34%,淀粉17.20%~22.17%,可溶性糖6.75%~10.38%,产量22597~25312kg/hm^2,适宜做鲜食型紫色甘薯推广。'绵紫薯9号'和'徐紫薯3号'的花青素含量为40.76~44.61mg/100g FW,分列前2位,干物率32.43%~37.95%,产量18295~31850kg/hm^2,产量变异系数16.68%~17.22%,适宜做全粉加工型紫色甘薯品种推广。

第二节 新品种覆膜高效育苗与移栽关键技术

针对专用甘薯高效育苗技术的关键环节(育苗方式、移栽苗段和育苗期)开展了研究,结果如表17-5所示,采用"地膜+拱膜"的双膜覆盖方式可使薯苗早出苗6~11d、早齐苗3~8d,并能提高薯苗鲜藤产量67.03%,单薯芽数提高62.39%。

一、高效育苗技术

2009年,在金堂基地以高淀粉品种'川薯34'和紫色甘薯品种'南紫薯008'、'宁紫1号'、'济薯18'为材料,3月10日育苗,调查各品种的出苗时间及齐苗时间,研究不同育苗方式对甘薯出苗情况的影响。结果如表17-5所示,与传统露地育苗方式相比,在甘薯育苗的时候采用单层地膜覆盖,可早出苗3~7d,早齐苗0~6d;采用双膜覆盖方式,可以使薯苗早出苗6~11d,早齐苗3~8d。

表17-5 不同育苗方式对甘薯出苗时间的影响

品种	传统露地育苗		单层地膜覆盖育苗		双膜覆盖育苗	
	出苗时间/d	齐苗时间/d	出苗时间/d	齐苗时间/d	出苗时间/d	齐苗时间/d
'川薯34'	33	36	26	30	22	28
'南紫薯008'	30	34	26	32	19	29

续表

品种	传统露地育苗		单层地膜覆盖育苗		双膜覆盖育苗	
	出苗时间/d	齐苗时间/d	出苗时间/d	齐苗时间/d	出苗时间/d	齐苗时间/d
'宁紫1号'	32	36	27	33	24	31
'济薯18'	29	34	26	34	23	31

2012年1～3月，对'徐薯22'、'万薯5号'、'绵紫薯9号'和'绵南薯10号'4个甘薯品种进行了"传统平膜育苗（露地薄膜）"、"小拱棚+平膜"、"大拱棚+平膜"3种育苗方式比较研究。并分别对小拱棚、大拱棚和室外气温及10cm处地温进行每天两次（9:00和14:00）记载。结果如图17-1和图17-2所示，当平膜地温只有5℃左右时，通过采用双膜育苗，"小拱棚+平膜"、"大拱棚+平膜"10cm地温比平膜高2～4℃，到3月，随着气温的回升，地温增加作用更加明显，其中以"大拱棚+平膜"效果更好，普遍比平膜高4℃左右。

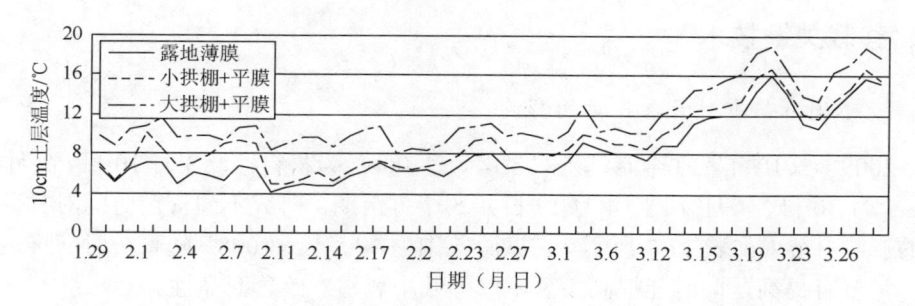

图17-1 不同育苗方式上午9:00时10cm地温

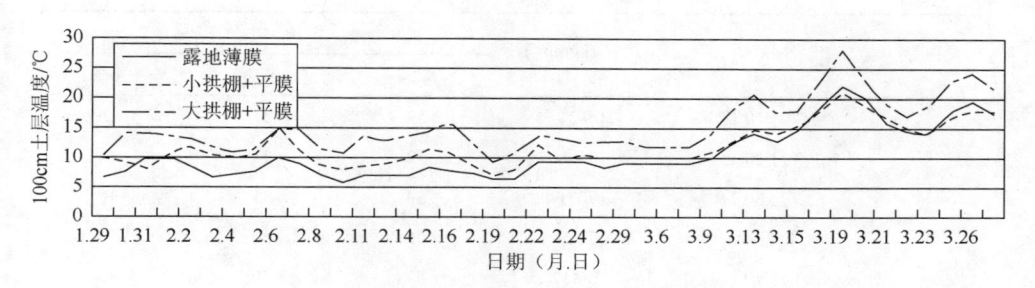

图17-2 不同育苗方式下午14:00时10cm地温

甘薯出苗与品种关系密切，甘薯萌芽性不同，出苗、齐苗时期略有差异，采用双膜育苗，一般3月中旬均可齐苗，4月上中旬即可栽插，萌芽性好的品种3月初齐苗，3月下旬即可栽插，而传统平膜育苗，一般5月中旬才可栽插。早育早栽与传统栽插相比，生育期延长了50d以上，极大地提高了甘薯产量与种植效益。此外，在生产上，采用"大拱棚+平膜"早育苗技术，10cm 处地温能稳定在 10℃以上，该温度能防止甘薯腐烂，增加甘薯的贮藏期 40d 以上，降低因贮藏造成的腐烂损失。早育苗甘薯出苗情况如表 17-6 所示。

表 17-6 早育苗甘薯出苗情况

名称	重复 I					重复 II				
	薯数/个	出苗数/个	出苗率/%	出苗日期	齐苗期	薯数/个	出苗数/个	出苗率/%	出苗日期	齐苗期
'徐薯 22'	180	180	100.00	3.10	3.18	180	177	98.33	3.11	3.18
'万薯 5 号'	180	158	87.78	3.14	3.25	180	164	91.11	3.16	3.26
'绵紫薯 9 号'	180	173	96.11	3.15	3.25	180	172	95.56	3.14	3.25
'6-1-27'	180	153	85.00	3.16	3.29	180	156	86.67	3.17	3.29

二、移栽关键技术

1. 不同育苗期对甘薯产量的影响

2009～2010 年，在金堂基地以'南紫薯 008'为材料，设 3 月 10 日、3 月 20 日、3 月 30 日、4 月 9 日、4 月 19 日共 5 个育苗期，研究不同育苗时间对甘薯产量的影响。结果如表 17-7 所示，在试验范围内，'南紫薯 008'随育苗时间推迟鲜薯产量略有提高，同时能提高大薯率，降低小薯率，改善商品性。

表 17-7 不同育苗期对甘薯产量的影响

年度	育苗期	产量/(kg/hm²)	大、中、小薯率/%		
			大薯	中薯	小薯
2009	3 月 10 日	16821	53	31	16
	3 月 20 日	18508	52	34	14
	3 月 30 日	17071	54	31	15
	4 月 9 日	17259	55	30	15
	4 月 19 日	1883	57	30	13
2010	3 月 10 日	15312	25	34	41
	3 月 20 日	16563	4	37	39
	3 月 30 日	14688	22	41	37
	4 月 9 日	16875	29	35	36
	4 月 19 日	15312	34	32	34

2. 不同苗段对甘薯产量的影响

2009~2010年，在金堂基地以'南紫薯008'为材料，3月10日殡种育苗，移栽时分别剪取顶段、中段、基段苗进行移栽，研究不同苗段对甘薯产量的影响。结果如表17-8所示，顶段和中段苗甘薯产量明显高于基段苗甘薯产量，两年平均，顶段苗产量比基段苗增产29.48%，达到显著水平；中段苗产量比基段苗增产15.89%，顶段苗与中段苗之间差异不显著。生产中移栽时应尽量采用顶段苗和中段苗。

表17-8 不同移栽苗段对甘薯产量的影响

年度	苗段	产量/(kg/hm²)	大、中、小薯率/%		
			大薯	中薯	小薯
2009	顶段苗	16323	47	33	20
	中段苗	14319	30	54	26
	基段苗	11137	16	46	38
2010	顶段苗	14688	42	30	28
	中段苗	13437	37	47	16
	基段苗	12813	24	32	44

3. 不同茬期移栽苗对甘薯产量的影响

2009年，在金堂基地以'南紫薯008'为材料，3月10日殡种育苗，以7节为一茬，7节移栽一次，试验共移栽5期，研究不同茬期苗对甘薯产量的影响。结果如表17-9所示，随茬期的延后鲜薯产量大幅度下降，其中1、2茬苗产量显著高于后茬苗甘薯产量；大薯率随茬期的延后明显减低，后三茬无大薯出现，后两茬100%为小薯；在甘薯生产中应注意育苗量，应使1茬、2茬苗满足移栽需要。

表17-9 不同茬期移栽苗对甘薯产量的影响

茬数	产量/(kg/hm²)	大、中、小薯率/%		
		大薯	中薯	小薯
1	17190 a	52	31	17
2	13072 a	34	44	22
3	6127 b	0	28	72
4	7003 b	0	0	100
5	3120 b	0	0	100

4. 不同移栽期对甘薯产量的影响

2009 年，在金堂基地以'南紫薯008'为材料，设 6 月 17 日、6 月 27 日、7 月 7 日、7 月 17 日、7 月 27 日共 5 个移栽期，研究不同移栽时间对甘薯产量的影响。结果如表 17-10 所示，紫色甘薯'南紫薯008'产量随移栽时间的延后而降低；鲜食薯'南紫薯008'移栽时间 6 月中旬产量最高。7 月移栽产量显著降低。移栽推迟造成大薯率降低。

表 17-10　不同移栽期对紫色甘薯产量的影响

年度	移栽时间	产量/(kg/hm^2)	大薯	中薯	小薯
2009	6 月 17 日	17446 a	48	32	20
	6 月 27 日	14257 ab	23	58	19
	7 月 7 日	14007 ab	0	75	25
	7 月 17 日	12444 b	0	59	41
	7 月 27 日	11506 b	0	74	26

2015 年，课题组对'绵紫薯 9 号'不同移栽期与鲜薯产量的关系进行了研究，从 4 月 20 日开始，每隔 10d 移栽 1 期，共移栽 6 期。结果如表 17-11 所示，随着移栽期的提早，'绵紫薯 9 号'生育期也越长，鲜薯产量越高，4 月 20 日移栽产量最高。因此，提早移栽是提高甘薯产量最有效的途径之一。

表 17-11　'绵紫薯 9 号'不同移栽期与产量的关系

移栽日期/(月/日)	4/20	4/30	5/10	5/20	5/30	6/9
鲜薯产量/(t/hm^2)	45.30	42.18	39.72	35.43	31.65	29.37
比较/%	154.24	143.62	135.24	120.63	107.76	100

5. 不同移栽密度对甘薯产量的影响

2009～2010 年，在金堂基地以'南紫薯008'为材料，设 30000 株/hm^2、42000 株/hm^2、54000 株/hm^2、60000 株/hm^2、75000 株/hm^2 5 个处理。研究不同种植密度对甘薯产量的影响，结果如表 17-12 所示，'南紫薯008'的种植密度在 42000～54000 株/hm^2 时产量较高。

表 17-12　不同种植密度对甘薯产量的影响

年度	密度/(株/hm²)	产量/(kg/hm²)	大、中、小薯率/%		
			大薯	中薯	小薯
2009	30000	15195 ab	50	35	15
	42000	16380 ab	54	32	14
	54000	17310 a	31	48	21
	60000	16635 ab	53	21	26
	75000	13815 b	11	39	50
2010	30000	13782 c	25	50	25
	42000	17031 a	30	42	28
	54000	15375 b	13	52	35
	60000	15469 b	0	44	56
	75000	15625 b	0	41	59

三、密度和种植模式对甘薯产量和品质的影响

以紫色甘薯新品种为试验对象，设净作和套作两种模式，甘薯净作条件下设 45000 株/hm²、52500 株/hm²、60000 株/hm²、67500 株/hm²、75000 株/hm² 共 5 个移栽密度，甘薯套作条件下，设 30000 株/hm²、35000 株/hm²、40000 株/hm²、45000 株/hm²、50000 株/hm² 共 5 个移栽密度，均以 D1、D2、D3、D4、D5 表示。

1. 净作种植密度对块根花青素含量的影响

如图 17-3 所示，净作条件下，块根花青素含量随生育进程推进呈先升后降的趋势，以移栽后 69d 最高，移栽后 53～69d 是快速增长期。在块根膨大后期，随着密度的增加，紫色甘薯块根花青素含量有增加的趋势。移栽后 153d，D2、D3、D4 和 D5 处理的块根花青素含量分别较 D1 处理提高了 23.88%、17.12%、10.08% 和 24.77%。

2. 净作种植密度对群体干物质积累的影响

如图 17-4 所示，在净作条件下，群体干物质积累量随生育期的推进逐渐升高，不同种植密度间有所差异。移栽后 53d，不同密度处理间干物质积累量差异较小，

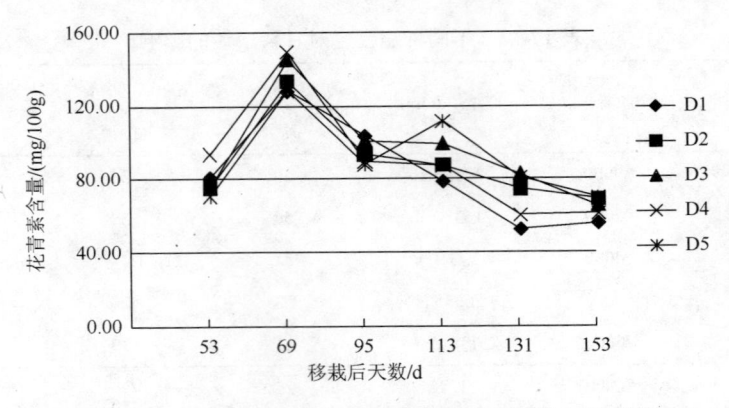

图 17-3 净作条件下种植密度对块根花青素含量的影响

以 D2 和 D4 处理较高；移栽后 95d 各处理间群体干物质积累量表现为 D3＞D2＞D4＞D5＞D1；而移栽后 131d，D1、D2、D3 和 D4 处理的群体干物质积累量分别较 D5 处理提高了 9.04%、9.22%、4.58% 和 10.16%。

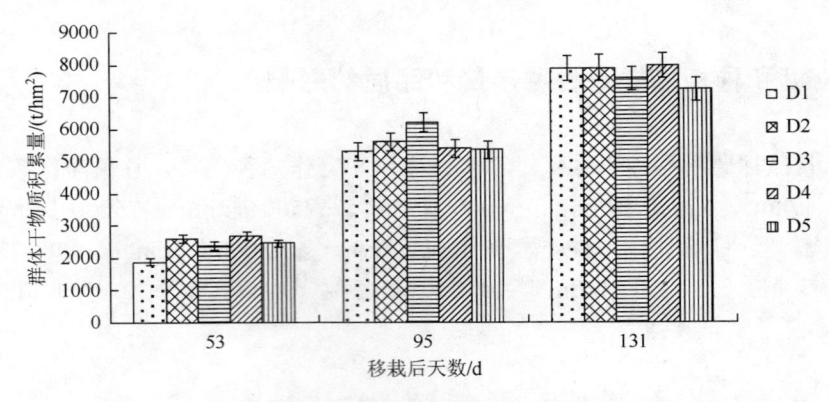

图 17-4 净作条件下种植密度对群体干物质积累量的影响

3. 套作种植密度对块根花青素含量的影响

如图 17-5 所示，套作条件下，块根花青素含量随生育进程推进呈现出双峰曲线的趋势，以移栽后 69d 最高。在块根膨大后期，随着密度的增加，紫色甘薯块根花青素含量有先升后降的趋势，以 D5 处理最低。

4. 套作种植密度对群体干物质积累的影响

如图 17-6 所示，在套作条件下，群体干物质积累量随生育期的推进逐渐升高，不同种植密度间有所差异[11]。移栽后 53d，不同密度处理间干物质积累量差

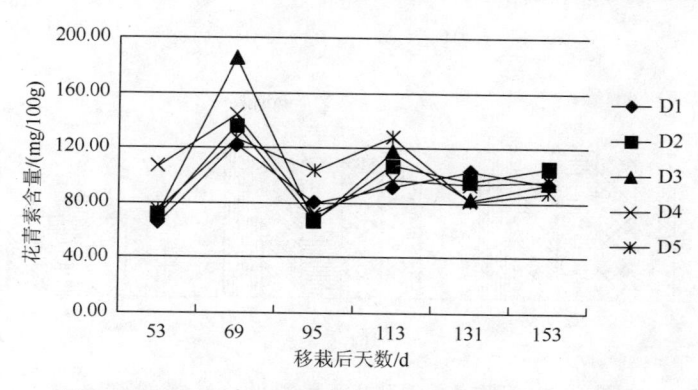

第十七章　紫色甘薯提质增效栽培关键技术

图 17-5　套作条件下种植密度对块根花青素含量的影响

异较小，以 D2 和 D5 处理较高；移栽后 95d 和移栽后 131d，随着种植密度的增加，群体干物质积累量呈先升后降的趋势，移栽后 95d 各处理间群体干物质积累量表现为 D4＞D3＞D5＞D2＞D1；而移栽后 131d 则表现为 D2＞D3＞D4＞D1＞D5，其中 D1、D2、D3 和 D4 处理的群体干物质积累量分别较 D5 处理提高了 2.66%、15.49%、12.68% 和 4.18%。

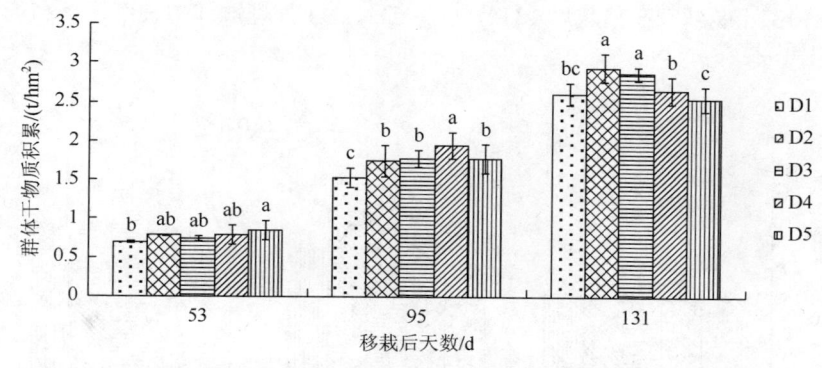

图 17-6　套作条件下种植密度对群体干物质积累的影响

5. 套作种植密度对叶面积指数（LAI）的影响

如图 17-7 所示，在套作条件下，紫色甘薯移栽 53d 后，低密度处理的 LAI 随生育期的推进逐渐下降，而高密度处理的 LAI 则有先升高后降低的趋势，随着种植密度的增加，LAI 有升高的趋势。移栽后 53d，不同密度处理间 LAI 差异较小，以 D3 和 D5 处理较高；移栽后 95d 和移栽后 131d，LAI 随种植密度的增加呈先升后降的趋势，D4 处理在移栽后 95d 最高，而 D3 处理在移栽后 131d 最高。在移栽后 131d，D2、D3、D4 和 D5 处理 LAI 分别较 D1 处理提高了 36.66%、51.24%、8.63% 和 13.10%。

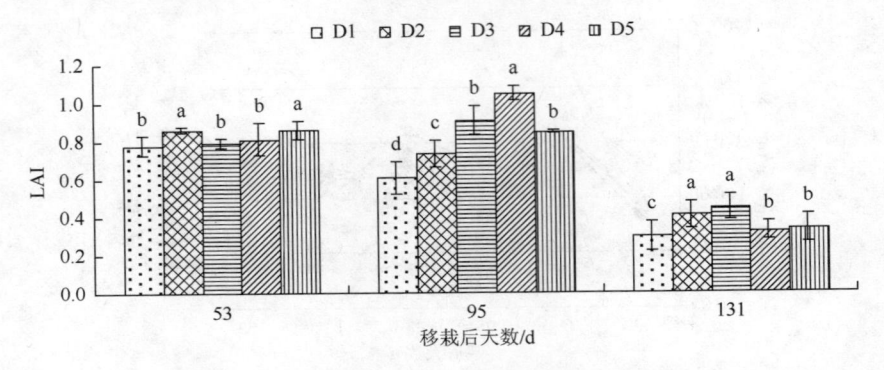

图 17-7 套作条件下种植密度对叶面积指数的影响

6. 套作种植密度对群体生长率的影响

如图 17-8 所示,在套作条件下,紫色甘薯低密度处理的群体生长率随生育期的推进逐渐升高,随着种植密度的增加,群体生长率呈先升后降的趋势。移栽后 0~53d,不同密度处理间群体生长率差异较小,D5 处理较高;移栽 53d 后,群体生长率随种植密度的增加呈先升后降的趋势,D4 处理在移栽后 54~95d 最高,而 D2 处理在移栽后 96~131d 最高。在移栽后 131d,D1、D2、D3 处理群体生长率显著高于 D4 和 D5 处理。

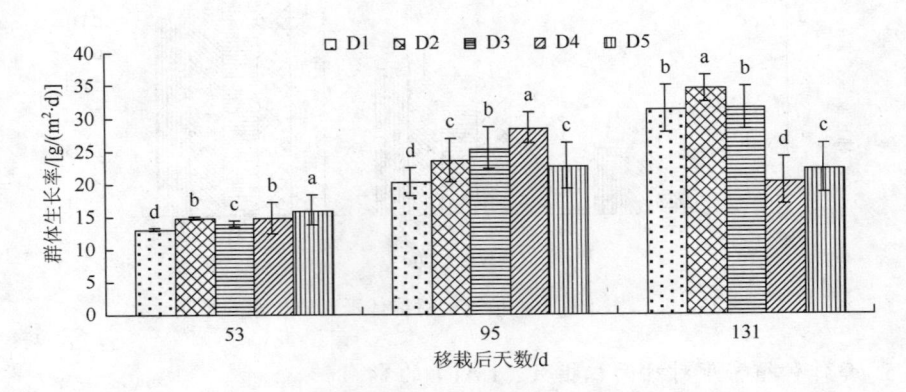

图 17-8 套作条件下种植密度对群体生长率的影响

7. 套作种植密度对群体光合势的影响

如图 17-9 所示,在套作条件下,紫色甘薯群体光合势在移栽后 54~95d 最高。而在不同处理间,群体光合势随施密度的增加呈先升后降的趋势,移栽后 0~53d 以 D2 处理最高,移栽后 54d 后以 D4 处理最高。移栽 95d 后,D2、D3、D4 和 D5 处理群体光合势分别较 D1 处理提高了 26.11%、49.66%、51.76%和 30.97%,

而 D1、D2、D3、D4 和 D5 处理群体光合势分别较移栽 54～95d 下降了 44.44%、39.04%、31.95%、37.10%和 40.84%。

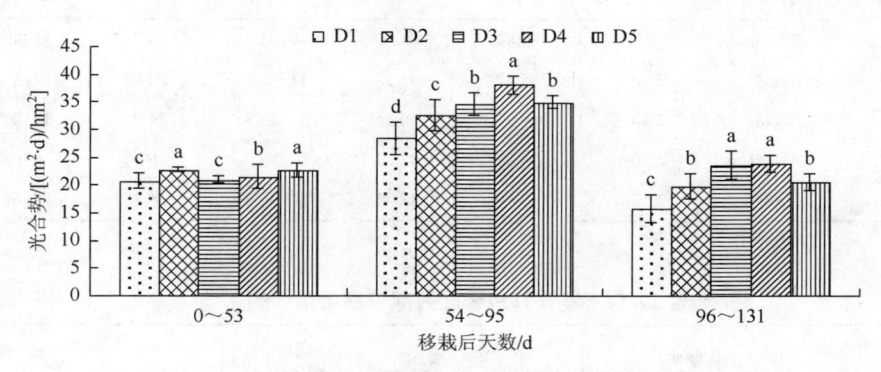

图 17-9 套作条件下种植密度对群体光合势的影响

8. 移栽密度和种植模式对产量和品质的影响

如表 17-13 和表 17-14 所示，移栽密度和种植模式对甘薯的鲜薯产量、薯干产量和淀粉产量的影响表现为种植模式＞移栽密度，净作模式的鲜薯产量、薯干产量和淀粉产量显著高于套作模式。综合分析，随着密度的增加，净作鲜薯产量、薯干产量和淀粉产量总体呈增加的趋势，以 60000～67500 株/hm² 时达到最高水平，套作以 35000～40000 株/hm² 时鲜薯产量、薯干产量和淀粉产量较高。单株结薯数随密度的增加则有下降的趋势。净作模式下紫色甘薯应注意种植密度，适当增密可提高产量，而套作模式下则应适当减小移栽密度，以 35000～40000 株/hm² 为宜。净作模式下随着移栽密度的增加，可溶性总糖和直链淀粉含量有降低的趋势，花青素、蛋白质、总淀粉和支链淀粉呈现出先升后降的趋势，在移栽密度为 60000 株/hm² 时，块根中花青素含量最高，而移栽密度为 52500 株/hm² 时，块根中总淀粉和直链淀粉含量最高。

表 17-13 移栽密度和种植模式对专用甘薯新品种产量性状的影响

种植模式	密度/(株/hm²)	单株结薯数	单株薯重/(g/株)	商品薯率/%	鲜薯产量/(kg/hm²)	干物率/%	淀粉产量/(kg/hm²)
净作	45000	4.60	560.41	94.34	22825.2	26.53	3819.15
	52500	3.60	448.96	93.51	23588.1	26.05	2848.40
	60000	3.93	409.44	92.04	23673.3	27.11	4085.85
	67500	3.73	400.78	92.63	23599.05	26.63	3992.10
	75000	3.00	301.11	94.30	23004.6	27.12	3963.30

续表

种植模式	密度/(株/hm²)	单株结薯数	单株薯重/(g/株)	商品薯率/%	鲜薯产量/(kg/hm²)	干物率/%	淀粉产量/(kg/hm²)
套作	30000	2.87	279.64	88.30	10193.25	24.73	1544.55
	35000	2.40	285.52	91.28	11390.85	24.96	1742.25
	40000	2.30	241.91	90.56	11816.85	24.96	1750.50
	45000	2.20	204.06	92.61	10969.8	26.05	1686.90
	50000	2.10	166.49	87.45	10190.25	25.37	1586.70

表 17-14 净作移栽密度对部分品质指标的影响

密度/(株/hm²)	可溶性总糖/%	花青素/(mg/100g FW)	蛋白质/%	总淀粉/(g/100g)	直链淀粉/(g/100g)	支链淀粉/(g/100g)
45000	8.35	14.29	0.97	12.49	3.14	9.35
52500	7.78	15.73	0.98	14.62	2.97	11.65
60000	7.94	17.64	1.01	14.47	3.01	11.46
67500	7.67	14.23	0.99	14.37	2.95	11.42
75000	8.21	12.60	1.00	13.34	2.98	10.35

四、地膜覆盖对甘薯产量和商品薯率的影响

鲜食紫色甘薯除了口感要好外，外观品质和商品性也是重要的指标性状。地膜覆盖栽培能够改善农田小气候，减少土壤水分的蒸发，保水保墒，还能促进土壤有机质和潜在腐殖质的分解，有利于提高甘薯产量和商品薯率。如表 17-15 所示，甘薯地膜覆盖试验研究表明：覆盖地膜后甘薯鲜薯增产 7.81%～14.64%，大中薯率提高 15%左右，增产增收效果显著，其中以黑膜覆盖效果最好，此外，由于黑膜遮光效果好，覆盖黑膜对农田杂草有很好的防除效果。

表 17-15 地膜覆盖对甘薯产量和大中薯率的影响

处理	鲜薯产量/(kg/hm²)	增产比例/%	大中薯率/%	大中薯率增加比例/%
黑膜	35626.50 a	14.64	89.89	15.54
白膜	33501.50 a	7.81	89.07	14.72
不覆膜	31076.00 b		74.35	

第三节 紫甘薯需肥特性与施肥关键技术研究

一、需钾特性

1. 钾肥用量对品质的影响

2009~2010年，在金堂基地以'南紫薯008'为材料，设置不同钾肥施用量，研究不同施肥处理对产量与品质的影响。结果如表17-16所示，施钾肥显著增加'南紫薯008'的产量。在4个氯化钾不同施用水平下，'南紫薯008'的产量随钾肥用量的增加而增加，施用120kg/hm² K₂O处理的产量最高，较CK增产43.7%。对于'南紫薯008'，高量氯离子并没有影响其产量，施用高量氯化钾肥的处理反而比施用高量硫酸钾肥的处理增产6.6%，这表明紫薯对氯离子的耐受强度要高于一般甘薯。氮磷钾肥底追一次清处理与分次施肥处理相比，'南紫薯008'增产10.4%。

表17-16 不同钾肥用量下紫薯的产量效应

处理	产量/(kg/hm²)	相对产量/%	增产量/(kg/hm²)
CK	14055	100.00	—
N₀P₄₅K₉₀	14580	103.74	525
N₄₅P₄₅K₀	13856	98.58	−199
N₄₅P₄₅K₆₀	15301	108.87	1246
N₄₅P₄₅K₉₀	17299	123.08	3244
N₄₅P₄₅K₁₂₀	20205	143.76	6150
N₄₅P₄₅K₁₂₀（硫酸钾）	18946	134.80	4891
N₄₅P₄₅K₉₀（底追一次清）	19094	135.85	5039

注：表中各处理中下标数字分别表示每公顷施纯N、P₂O₅、K₂O的量，单位为kg/hm²。下同。

紫薯的品质显著受到肥料的影响。如表17-17所示，CK处理的各品质指标都不是所有处理中最差的，这主要与块根的稀释效应有关，施肥处理的单个块根重增加。施用磷钾肥处理的品质较施用氮磷处理的品质好，这说明钾肥对甘薯品质的重要性要高于氮肥。随着钾肥用量的增加，紫薯的品质指标都明显提高，从淀粉来看，以每公顷施用120kg K₂O（氯化钾）处理的紫薯品质最好，特别是直链淀粉和总淀粉含量都达到最高值，与CK处理相比，'南紫薯008'分别提高1.5和0.9个百分点，这表明通过施肥来提高紫薯淀粉含量的潜力巨大。氮、磷和钾肥一次清处理的紫薯品质指标明显比底、追肥结合施用处理的品质降低，特别是淀粉含量。

表 17-17　不同钾肥用量下紫薯的品质变化（%）

处理	干物质含量	总糖	直链淀粉	支链淀粉	总淀粉
CK	34.50	11.74	13.40	3.40	16.80
$N_0P_{45}K_{90}$	29.50	12.55	13.90	3.20	17.10
$N_{45}P_{45}K_0$	28.20	11.44	11.50	3.10	14.60
$N_{45}P_{45}K_{60}$	27.20	13.58	12.20	3.00	15.20
$N_{45}P_{45}K_{90}$	28.90	12.05	13.90	2.70	16.60
$N_{45}P_{45}K_{120}$	30.80	11.31	14.90	2.80	17.70
$N_{45}P_{45}K_{120}$（硫酸钾）	30.30	12.58	14.30	2.80	17.10
$N_{45}P_{45}K_{90}$（底追一次清）	28.80	12.03	12.40	3.20	15.60

2. 施钾量对花青素含量的影响

以'南紫薯 008'为材料，设 0kg/hm²、60kg/hm²、90kg/hm²、120kg/hm²、150kg/hm² 共 5 个 K_2O 施用水平（分别标记为 K0、K60、K90、K120、K150），研究施钾量对产量品质的影响。结果如图 17-10 所示，结薯后，块根花青素含量随生育期的推进呈先升后降再升高的趋势，施钾处理的块根花青素含量均高于不施钾处理，且以 K120 处理最高。

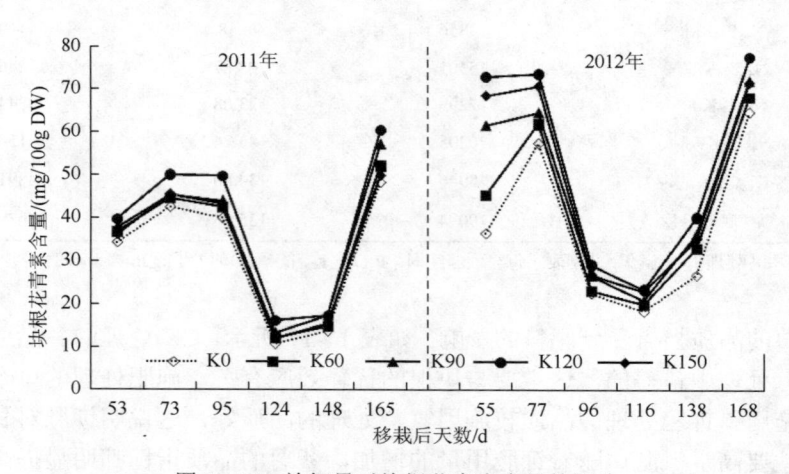

图 17-10　施钾量对块根花青素含量的影响

3. 施钾量对 LAI 的影响

如图 17-11 所示，移栽 53d 后，紫色甘薯 LAI 随生育期的推进逐渐下降[12]。施钾处理（K60、K90、K120、K150）的 LAI 均高于不施钾处理（K0），且以 K120

处理 LAI 最高，显著高于 K0 处理。以移栽 53d 为例，K60、K90、K120、K150 处理 2011 年 LAI 较对照分别提高了 8.37%、13.52%、19.88%和 13.61%，2012 年分别提高了 6.17%、13.99%、21.44%和 10.13%。

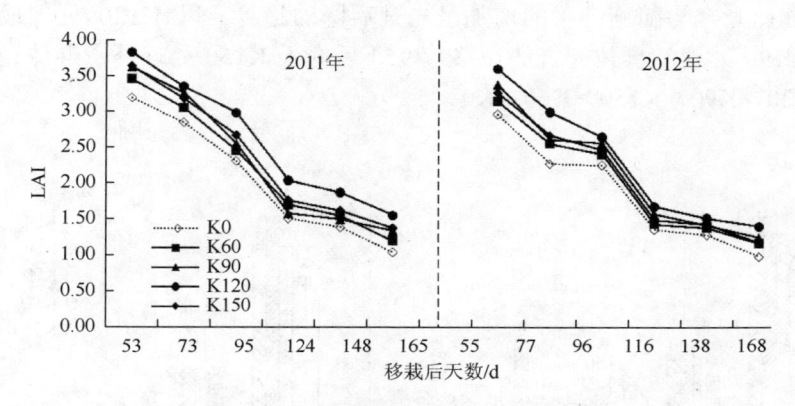

图 17-11　施钾量对紫色甘薯 LAI 的影响

4. 施钾量对群体生长率的影响

如图 17-12 所示，紫色甘薯群体生长率呈现出前期慢、中期快、后期缓慢的趋势，2011 年高群体生长率出现在移栽后 53～73d，2012 年出现在移栽后 55～96d。施钾显著提高了生育前期和中期的群体生长率，且随施钾量的增加呈先升后降趋势，以 K120 处理最高，其次是 K90 和 K150 处理。不同施钾量处理之间生育后期群体生长率波动较大。

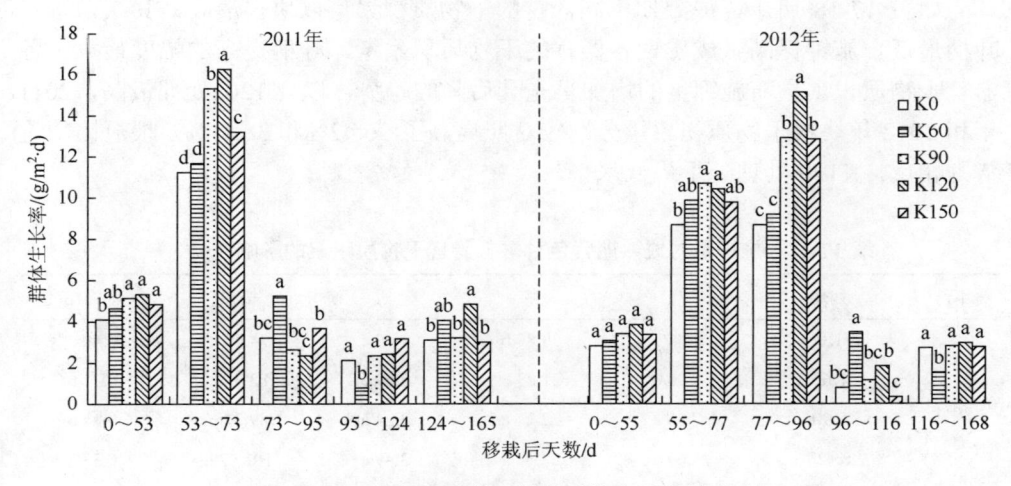

图 17-12　施钾量对紫色甘薯群体生长率的影响

5. 施钾量对群体光合势的影响

如图 17-13 所示，紫色甘薯群体光合势在移栽后 0~53d 最高。而在不同处理间，群体光合势随施钾量的增加呈先升后降的趋势，以 K120 处理最高。除 2011 年 K90 处理的群体光合势在移栽 95d 后低于 K150 处理外，群体光合势表现为 K120＞K90＞K150＞K60＞K0。

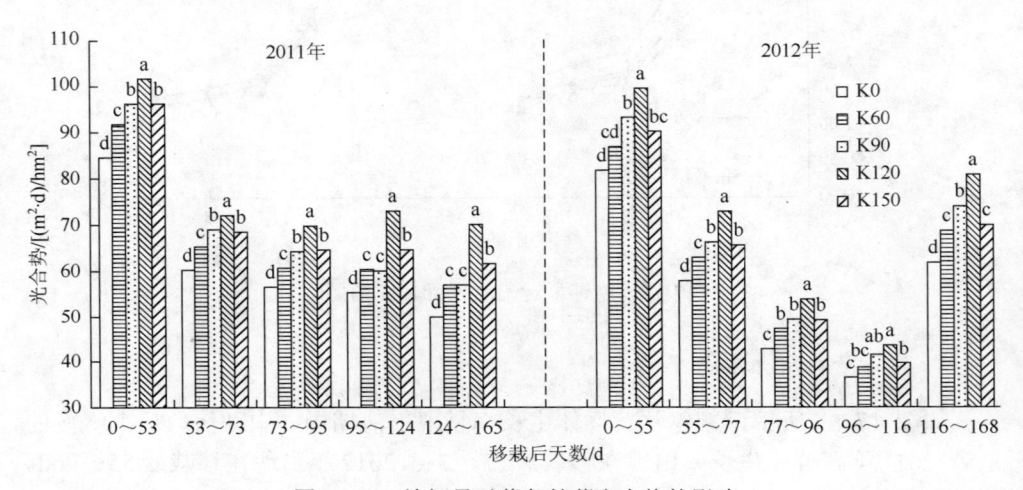

图 17-13 施钾量对紫色甘薯光合势的影响

6. 施钾量对干物质积累与分配的影响

如表 17-18 所示，成熟期不同器官的干物质积累量以块根最高，其次是茎，叶柄最低。施钾提高了成熟期各器官的干物质积累量，叶柄提高的幅度最大。各器官干物质积累量随施钾量的增加呈先升后降的趋势，以 K120 处理最高，2011 年和 2012 年块根干物质积累量分别较对照提高了 36.42%和 38.11%。根冠比的趋势则相反，K120 处理处于最低水平。

表 17-18 施钾量对成熟期紫色甘薯各器官干物质积累的影响（g/株）

年份	处理	叶	茎	柄	块根	根冠比
2011	K0	6.75 b	20.89 b	1.80 c	74.49 d	0.40 c
	K60	6.96 b	21.23 b	2.69 b	83.49 c	0.37 b
	K90	7.35 a	22.21 a	3.24 ab	89.77 b	0.37 b
	K120	7.69 a	22.61 a	3.49 a	101.62 a	0.33 a
	K150	7.51 a	21.29 b	3.13 ab	87.30 b	0.37 b

续表

年份	处理	叶	茎	柄	块根	根冠比
2012	K0	5.58 c	22.19 d	2.71 d	69.60 c	0.44 d
	K60	5.86 c	22.61 cd	3.29 c	73.15 c	0.43 c
	K90	7.13 b	25.19 b	4.38 b	87.07 b	0.42 b
	K120	8.39 a	26.81 a	4.61 a	96.13 a	0.41 a
	K150	7.78 b	23.09 c	3.79 b	82.92 b	0.42 b

7. 施钾量对产量和品质的影响

如表 17-19 所示，紫色甘薯产量、单株结薯数、商品薯率均随施钾量的增加呈现出先升高后降低的趋势。其中，施钾处理产量和商品薯率均显著高于 K0 处理，且以 K120 处理最高，2011 年和 2012 年产量分别较对照提高了 23.28%和 19.66%，商品薯率分别较对照提高 9.75%和 10.75%。而单株结薯数则以 K90 处理最高，显著高于对照，这与 2009~2010 年试验结果一致。

表 17-19 施钾量对紫色甘薯产量的影响

年份	处理	产量/(kg/hm^2)	单株薯数	商品薯率/%
2011	K0	29177.25 c	2.20 b	86.34 d
	K60	30552.30 b	2.27 b	88.64 c
	K90	31192.80 b	2.73 a	91.78 b
	K120	35968.95 a	2.50 ab	94.76 a
	K150	35505.45 a	2.33 b	93.70 b
2012	K0	20648.55 d	3.56 ab	81.58 d
	K60	22902.90 c	3.58 ab	87.63 b
	K90	23785.71 b	3.91 a	89.19 c
	K120	24708.60 a	3.64 ab	90.35 a
	K150	23711.40 b	3.49 b	85.73 c

如表 17-20 所示，在收获期，随着施钾量的增加，花青素含量、淀粉含量呈现出先升后降的趋势，可见施钾量的适当增加有利于紫色甘薯花青素含量的提高和品质的改善。

表 17-20 不同施钾量对紫色甘薯部分品质性状的影响

施钾量/(kg/hm^2)	花青素/(mg/100g FW)	淀粉/%
0	13.61	15.41

续表

施钾量/(kg/hm²)	花青素/(mg/100g FW)	淀粉/%
60	16.30	15.43
90	17.19	15.48
120	15.32	16.71
150	13.87	14.79

8. 追钾时期对紫色甘薯产量和品质的影响

针对当前甘薯生产中钾肥施用时期不一致、钾肥利用率不高的问题，开展了不同追钾时期对紫色甘薯产量品质性状的影响研究。以'南紫薯 008'为试验对象，设置移栽后 0 周、6 周、9 周、12 周、15 周共 5 个追钾时期。结果如图 17-14 所示，结薯后，块根花青素含量呈"W"型升高的趋势。随追钾时期的推迟，花青素含量先升高后降低，以移栽后第 6 周追肥处理最高。

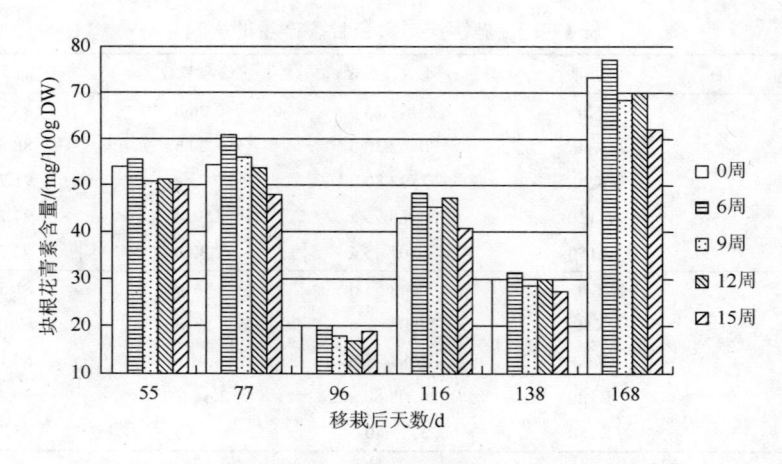

图 17-14 追钾时期对紫色甘薯块根花青素含量的影响

如表 17-21 所示，随着追钾时间的后移，单株结薯数、鲜薯产量、薯干产量和淀粉产量均呈下降趋势。其中，在移栽后 0～6 周追钾，鲜薯产量、薯干产量和淀粉含量处显著高于移栽后 9 周之后追钾，移栽后 9 周、12 周和 15 周追钾处理间鲜薯产量、薯干产量和淀粉产量差异均未达显著水平。移栽后 12 周追钾，单株结薯数下降福度较大。可见在甘薯移栽 6 周前追钾有利于甘薯产量和淀粉产量的提高。

表 17-21 不同追钾时期对南紫薯 008 产量性状的影响

追钾时期	单株结薯数	大薯率/%	中薯率/%	小薯率/%	鲜薯产量/(kg/hm²)	薯干产量/(kg/hm²)	淀粉产量/(kg/hm²)
移栽后 0 周	3.8	48.02	46.11	5.87	25562.85	7543.50	4936.50
移栽后 6 周	3.1	50.43	44.18	5.39	25462.80	7427.55	4842.00
移栽后 9 周	3.3	44.44	48.13	7.43	23348.55	7012.80	4615.65
移栽后 12 周	2.8	54.00	41.62	4.37	23875.65	6955.20	4497.75
移栽后 15 周	2.8	51.83	42.10	6.07	23194.35	6840.00	4475.10

二、不同类型肥料对产量品质的影响

1. 不同控释肥对产量的影响

针对当前甘薯生产中复合肥和控释肥施用量大、种类多、肥料利用效率低的问题，引进山东金正大的三种控释肥，研究不同控释肥对紫色甘薯产量性状的影响。以'南紫薯008'为材料，设 1 号肥（$N:P_2O_5:K_2O = 20:8:16$）、2 号肥（$N:P_2O_5:K_2O = 21:11:14$）、3 号肥（$N:P_2O_5:K_2O = 21:9:16$）和复合肥（$N:P_2O_5:K_2O = 15:15:15$）4 个处理。结果如表 17-22 所示，与复合肥相比，三种配比控释肥的平均大薯率、鲜薯产量有所降低，而薯干产量、淀粉产量和中薯率则增高，这可能与复合肥的用量为 100%，未进行其他梯量设置有关。与复合肥施用量 100%相比，只有 3 号肥用量 100%时，鲜薯产量提高了 2.13%；2 号肥用量 100%、50%及 3 号肥用量 100%时，薯干产量提高了 7.50%、13.11%、20.33%，淀粉产量提高了 11.60%、20.09%、27.98%。可见在钾肥差异不大的条件下，提高氮肥、磷肥的使用比例有利于紫色甘薯鲜薯产量的提高。

表 17-22 不同控释肥处理下紫色甘薯产量性状比较

肥料种类	肥料用量/%	单株结薯数	大薯率/%	中薯率/%	鲜薯产量/(kg/hm²)	薯干产量/(kg/hm²)	淀粉产量/(kg/hm²)
1 号肥	100	3.3	54.84	42.96	26487.45	6809.10	4239.30
	75	2.2	68.02	28.57	25174.80	6182.70	3777.90
	50	4.0	36.07	60.00	24876.30	6727.05	4270.20
2 号肥	100	2.7	65.81	30.16	27654.15	7499.10	4765.20
	75	2.9	36.43	62.89	25494.30	6742.35	4244.25
	50	3.3	63.55	33.17	27300.00	7890.45	5127.90
3 号肥	100	3.7	63.27	33.14	28897.35	8394.15	5464.50
	75	3.7	64.34	33.09	25820.70	6889.05	4351.05

续表

肥料种类	肥料用量/%	单株结薯数	大薯率/%	中薯率/%	鲜薯产量/(kg/hm^2)	薯干产量/(kg/hm^2)	淀粉产量/(kg/hm^2)
3号肥	50	2.3	55.31	43.64	27355.50	7127.85	4461.30
复合肥	100	3.1	69.85	27.47	28293.15	6976.05	4269.90
空白对照		2.9	24.72	72.13	22188.60	5665.50	3517.80

2. 复合肥施用量对产量和品质的影响

以不施肥为空白对照，以'南紫薯008'为材料，设5个复合肥施用量（N：P$_2$O$_5$：K$_2$O = 15：15：15）分别为300kg/hm^2、600kg/hm^2、900kg/hm^2、1200kg/hm^2、1500kg/hm^2，研究其对紫色甘薯产量性状的影响。结果如表17-23和表17-24所示，施用复合肥提高了紫色甘薯的单株薯重、鲜薯产量和淀粉产量。随着氮肥施用量的增加，单株薯重、鲜薯产量、淀粉产量都呈现出先升后降的趋势，以600kg/hm^{2}时产量最高。而复合肥施用量在300kg/hm^{2}时，即可以得到较高的鲜薯产量和淀粉产量。随着复合肥施用量的增加，花青素含量呈现出先升后降的趋势，复合肥施用量在300kg/hm^{2}时，可以得到较高的花青素含量。

表17-23 不同复合肥施用量下紫色甘薯产量性状

复合肥/(kg/hm^2)	单株结薯数	单株薯重/(g/株)	商品薯率/%	鲜薯产量/(kg/hm^2)	干物率/%	淀粉产量/(kg/hm^2)
0	3.90	358.38	89.81	20185.20	28.26	3668.55
300	3.70	336.64	88.19	26857.05	29.01	5073.00
600	4.40	458.94	85.92	27727.65	28.41	4631.85
900	3.90	437.44	93.58	25218.45	28.98	4761.90
1200	3.50	441.90	97.02	24531.30	28.64	4271.10
1500	3.70	406.64	94.92	24202.95	27.38	4214.85

表17-24 复合肥施用量对紫色甘薯部分品质的影响

复合肥/(kg/hm^2)	蛋白质/%	花青素/(mg/100g FW)
0	0.78	12.57
300	0.73	15.44
600	0.84	16.01
900	0.85	16.94
1200	0.91	14.23
1500	0.82	12.98

3. 施氮量对紫色甘薯产量和品质的影响

设 0kg/hm²、45kg/hm²、90kg/hm²、135kg/hm²、180kg/hm²、225kg/hm² 共 6 个氮素施用水平，以'南紫薯 008'为材料，研究不同氮肥施用量对紫色甘薯产量性状的影响。结果如表 17-25 所示，施氮提高了不同品种紫色甘薯单株薯重、鲜薯产量、干物率和淀粉产量。随着氮肥施用量增加，鲜薯产量、淀粉产量则随着氮肥施用量的增加有升高的趋势，以 180~225kg/hm² 处理产量较高，在施氮素 225kg/hm² 时产量最高，但从投入产出比较，在施氮素 45kg/hm² 时鲜薯产量、淀粉产量和单位面积效益已经较高。这为减量化施氮肥提供了试验依据。

表 17-25 施氮量对紫色甘薯产量和品质的影响

氮素/(kg/hm²)	单株结薯数	单株薯重/(g/株)	商品薯率/%	产量/(kg/hm²)	干物率/%	淀粉产量/(kg/hm²)
0	4.20	674.68	97.73	37425.15	20.41	4280.55
45	4.00	574.53	96.65	40918.80	23.03	5426.70
90	4.10	648.93	98.16	39900.30	23.63	5847.30
135	4.40	584.61	97.03	39774.30	21.49	4971.90
180	3.90	711.76	99.18	42657.45	22.64	5867.70
225	3.10	597.85	98.91	43908.60	21.63	5556.45

第四节 紫色甘薯主要病害杂草防治技术研究

一、贮藏期甘薯黑斑病防治技术

甘薯黑斑病是真菌病害，是造成甘薯烂窖、烂床、死苗的主要原因。甘薯病薯产生黑疤霉酮等物质，如果喂食家畜则会引起中毒和死亡。以'南紫薯 008'为材料，引入多种药剂，在大屋窖贮藏条件下，通过药液浸渍的方法研究不同杀菌剂对贮藏期甘薯黑斑病的防治效果。

1. 不同药剂处理对贮藏 45d 甘薯黑斑病的防治效果

入窖后 45d 调查，12.5%粉唑醇悬浮剂 80mg/kg、粉唑醇+甲基硫菌灵（25+210）mg/kg、粉唑醇+百菌清（25+800）mg/kg 这 3 个处理对黑斑病的防效达到 100%，除 720g/L 百菌清悬浮剂 1000mg/kg 处理防效显著低于以上 3 个处理外，其他处理的防效在 70.67%~91.25%，与上述 3 个处理的防效差异不显著。不同药剂处理对贮藏 45d 甘薯黑斑病的防治效果如表 17-26 所示。

表 17-26 不同药剂处理对贮藏 45d 甘薯黑斑病的防治效果

药剂	有效用量/(mg/kg)	发病率/%	防效/%
12.5%粉唑醇 SC	20	1.04	81.18 ab
	80	0	100.00 a
720 g/L 百菌清 SC	1000	3.30	42.93 b
	2000	1.79	70.67 ab
70%噁霉灵 WP	210	0.38	91.25 a
	420	1.15	80.77 ab
50%多菌灵 WP	1000	1.34	74.76 ab
70%甲基硫菌灵 WP	420	1.48	71.47 ab
粉唑醇+甲基硫菌灵	25+210	0	100.00 a
粉唑醇+百菌清	25+800	0	100.00 a
CK		5.81	

2. 不同药剂处理对贮藏 90d 甘薯黑斑病的防治效果

如表 17-27 所示，入窖后 90d 调查，12.5%粉唑醇悬浮剂 80mg/kg、粉唑醇+甲基硫菌灵（25+210）mg/kg、粉唑醇+百菌清（25+800）mg/kg 这 3 个处理防效最好，为 92.12%~97.07%，3 个处理间差异不显著。12.5%粉唑醇悬浮剂 20mg/kg 和 70%噁霉灵可湿性粉剂 420mg/kg 防效可达 80%以上，其他处理的防效均在 80%以下。

表 17-27 不同药剂处理对贮藏 90d 甘薯黑斑病的防治效果

药剂	有效用量/(mg/kg)	发病率/%	防效/%
12.5%粉唑醇 SC	20	4.33	86.31 bc
	80	0.81	97.07 a
720 g/L 百菌清 SC	1000	12.91	60.23 e
	2000	11.20	64.45 de
70%噁霉灵 WP	210	8.06	74.55 cde
	420	6.07	80.77 cd
50%多菌灵 WP	1000	9.23	70.94 cde
70%甲基硫菌灵 WP	420	8.87	70.60 cde
粉唑醇+甲基硫菌灵	25+210	1.95	94.37 ab
粉唑醇+百菌清	25+800	2.48	92.12 ab
CK		31.55	

3. 贮藏后 60d 的残留检测

贮藏后 60d 对甘薯块根中药剂残留进行检测，720g/L 百菌清悬浮剂、70%噁霉灵、50%多菌灵可湿性粉剂、70%甲基硫菌灵可湿性粉剂在甘薯块根中的残留量符合欧盟、日本和中国的甘薯农药残留限量标准。12.5%粉唑醇悬浮剂 20mg/kg、80mg/kg 两处理甘薯块根中的残留量为 0.145mg/kg、0.805mg/kg，高于欧盟规定的最大残留限量标准。

二、甘薯田间杂草防除技术

杂草危害一直是影响甘薯优质高效生产的一个重要因素，田间杂草不仅通过与甘薯竞争光、水、肥而抑制作物生长，而且为病害蔓延提供了适宜的环境，影响甘薯产量。在甘薯生产中，每年因杂草引起减产 5%～15%，严重的地块减产 50%以上。通常甘薯种植后田间 2～6 周内除草才不会影响块根产量。本研究通过对甘薯生长期施用不同类型、不同剂量的除草剂，对甘薯地田间杂草的防除效果进行比较，以期筛选出防效最明显的除草剂。

如表 17-28 所示，试验设计了 16 种药剂处理与组合，共进行了 3 次施药。①甘薯移栽前土壤处理：在甘薯起垄后，于 5 月 30 日喷施药剂作芽前处理，使用药剂为处理 1～12，兑水 450kg/hm² 喷雾，6 月 2 日移栽。②甘薯移栽定根后定向施药除草：移栽成活后，于 6 月 19 日对处理 1～6、9、10、12 进行第 2 次药剂处理，用水量 450kg/hm²，定向喷雾，不能喷在甘薯叶片上。③甘薯生长期茎叶处理：甘薯生长期，于 6 月 25 日对处理 13～15 进行试验，此时田间禾本科杂草 2～3 叶期，用水量 450kg/hm²，茎叶喷雾。

表 17-28　供试药剂及浓度

编号	处理
1	99.9%乙草胺乳油 1500mL/hm²
2	99.9%乙草胺乳油 3000mL/hm²
3	99.9%乙草胺乳油 4500mL/hm²
4	33%二甲戊灵乳油 1500mL/hm²+70%巴佰金 30g/hm²
5	33%二甲戊灵乳油 3000mL/hm²+70%巴佰金 30g/hm²
6	33%二甲戊灵乳油 4500mL/hm²+70%巴佰金 30g/hm²
7	80%阔草清 30g/hm²
8	80%阔草清 45g/hm²
9	12%烯草酮乳油 375mL/hm²

续表

编号	处理
10	12%烯草酮乳油 750mL/hm^2
11	99.9%乙草胺乳油 3000mL/hm^2+80%阔草清 30g/hm^2
12	99.9%乙草胺乳油 3000mL/hm^2+12%烯草酮乳油 375mL/hm^2
13	10.8%精喹禾灵乳油 600mL/hm^2
14	10.8%精喹禾灵乳油 1125mL/hm^2
15	10.8%精喹禾灵乳油 1500mL/hm^2
16	空白对照

1. 移栽后 15d 对杂草的防效差异分析

如表 17-29 所示，处理 1~12 对再生麦虽有一定的防除效果，但不理想。其中以处理 3 和处理 11 防除效果最好，防效均达到 80%以上。药剂浓度不同对再生麦的防除效果也不一致，各种药剂的处理效果随着浓度的增加而增大，其中对再生麦的防效以 99.9%的乙草胺乳油 4500mL/hm^2 用量时效果最佳，其次是 99.9%乙草胺乳油 3000mL/hm^2+80%阔草清 30g/hm^2。对水花生防除以二甲戊灵+巴佰金处理效果较好，其次是阔草清，而乙草胺防效相对较差，而稀草酮无效，其中 33%二甲戊灵乳油 3000mL/hm^2+70%巴佰金 30g/hm^2 处理效果最好。对苍耳防除以处理 7~12 效果较好，即烯草酮、阔草清、乙草胺+阔草清或乙草胺+烯草酮对苍耳的防除效果均较好，其中 99.9%乙草胺乳油 3000mL/hm^2+80%阔草清 30g/hm^2 防效最好。从防除后田间杂草总量来看，移栽后 15d 以 99.9%乙草胺乳油 4500mL/hm^2 和 99.9%乙草胺乳油 3000mL/hm^2+80%阔草清 30g/hm^2 的防除效果最好。

表 17-29 移栽后 15d 田间杂草发生情况及防效

处理	再生麦 杂草量/(kg/m^2)	防效/%	水花生 杂草量/(kg/m^2)	防效/%	苍耳 杂草量/(kg/m^2)	防效/%	其他 杂草量/(kg/m^2)	防效/%
1	30	42.3	3	25	6	25	3	−200
2	27	48.1	3	25	9	−12.5	2	−100
3	7	86.5	2	50	6	25	4	−300
4	34	34.6	1	75	4	50	1	0
5	24	53.8	0	100	7	12.5	1	0
6	21	59.6	2	50	7	12.5	1	0
7	23	55.8	1	75	2	75	1	0
8	17	67.3	2	50	3	62.5	4	−300
9	20	61.5	17	−325	3	62.5	0	100

第十七章 紫色甘薯提质增效栽培关键技术

续表

处理	再生麦 杂草量/(kg/m²)	防效/%	水花生 杂草量/(kg/m²)	防效/%	苍耳 杂草量/(kg/m²)	防效/%	其他 杂草量/(kg/m²)	防效/%
10	17	67.3	19	−375	5	37.5	2	−100
11	10	80.8	2	50	0	100	1	0
12	22	57.7	3	25	2	75	0	100
13	52	0	3	25	6	25	1	0
14	48	7.7	3	25	6	25	5	−400
15	75	−44.2	5	−25	9	-12.5	2	−100
16	52		4		8		1	

2. 移栽后30d对杂草的防效差异分析

如表17-30所示，处理13~15对再生麦防除效果极好，均在98%以上，表明精喹禾灵对再生麦有极好的防除效果，乙草胺对再生麦也有较好的防除效果，且最佳施用浓度为99.9%乙草胺乳油4500mL/hm²。从处理4~6的结果中可以看出，1500mL/hm²的二甲戊灵+巴佰金对再生麦无效，但当二甲戊灵的用量在3000mL/hm²和4500mL/hm²时，对再生麦的防除也有一定的效果。烯草酮对再生麦的防除也有一定的效果，且防除效果随浓度的增加而上升，但效果不是很理想。处理7、8再生麦发生程度超过对照，说明阔草清对防除再生麦无效。

表17-30 移栽后30d田间杂草发生情况及防效

处理	再生麦 杂草量/(kg/m²)	防效/%	水花生 杂草量/(kg/m²)	防效/%	苍耳 杂草量/(kg/m²)	防效/%	其他 杂草量/(kg/m²)	防效/%
1	72	41.5	28	44	31	69.6	6	40
2	79	35.8	15	70	13	87.3	10	0
3	9	92.7	10	80	13	87.3	6	40
4	135	−9.8	1	98	0	100	9	10
5	54	56.1	2	96	1	99	4	60
6	60	51.2	0	100	1	99	8	20
7	215	−74.8	15	70	4	96.1	20	−100
8	150	−21.6	12	76	37	63.7	17	−70
9	56	54.5	63	−26	3	97.1	28	−180
10	27	78	81	−62	1	99	12	−20
11	18	85.4	40	20	7	93.1	7	30
12	70	43.1	37	26	1	99	19	−90

续表

处理	再生麦 杂草量/(kg/m²)	防效/%	水花生 杂草量/(kg/m²)	防效/%	苍耳 杂草量/(kg/m²)	防效/%	其他 杂草量/(kg/m²)	防效/%
13	2	98.4	20	60	10	90.2	9	10
14	2	98.4	22	56	25	75.5	29	−190
15	0	100	65	−30	84	17.6	19	−90
16	123		50		102		10	

对水花生、苍耳这类双子叶及其他杂草以处理 4～6 的防效最好，且防效都在 96%以上，这表明二甲戊灵+巴佰金对双子叶杂草效果显著。处理 2～7、9～13 对苍耳的防除效果均在 85%以上，其中防除效果最好的依次是二甲戊灵+巴佰金、12%烯草酮乳油 7500mL/hm² 及 99.9%乙草胺乳油 3000mL/hm²+12%烯草酮乳油 375mL/hm²。其他杂草以 33%二甲戊灵乳油 3000mL/hm²+70%巴佰金 30g/hm² 的防除效果好。

从杂草防除效果来看，单子叶杂草以精喹禾灵的防除效果最好，其次是 99.9%乙草胺乳油 4500mL/hm²。对双子叶及其他除禾本科以外的杂草（包括狗牙根、香附子、雀稗等）以 33%二甲戊灵 3000mL/hm²+70%巴佰金 30g/hm² 的防除效果最好。其中以施用 99.9%乙草胺乳油 4500mL/hm² 后田间杂草总数量最小。

3. 移栽后 45d 对杂草的防效差异分析

如表 17-31 所示，无论施用何种药剂，都能减少甘薯地田间杂草发生的总量，减少的幅度在 19.5%～78.9%之间，以 12%烯草酮乳油 375mL/hm² 减少的幅度最小，以 99.9%乙草胺乳油 4500mL/hm² 减少的幅度最大。方差分析表明：与对照相比，处理 1、7～10 杂草总量减少不明显，表明当乙草胺用量为 1500mL/hm² 时，对田间杂草防除效果不明显；阔草清、烯草酮对甘薯地田间杂草总体防除效果不明显。处理 2、4、6、14 杂草总量与对照有显著差异，表明 99.9%乙草胺乳油 3000mL/hm²、33%二甲戊灵乳油 1500mL/hm²+70%巴佰金 30g/hm²、33%二甲戊灵乳油 6000mL/hm²+70%巴佰金 30g/hm² 和 10.8%精喹禾灵乳油 1125mL/hm² 对甘薯地田间杂草有较好的防除效果，可以显著减少田间杂草的总量。处理 3、5、13、15 杂草总量与对照相比有显著的差异，表明 99.9%乙草胺乳油 4500mL/hm²、33%二甲戊灵乳油 3000mL/hm²+70%巴佰金 30g/hm²、10.8%精喹禾灵乳油 375mL/hm² 和 10.8%精喹禾灵乳油 1500mL/hm² 对于减少甘薯地田间杂草有显著的作用，从田间杂草的总量来看，以 99.9%乙草胺乳油 4500mL/hm² 的防除效果为最好。

表 17-31 移栽后 45d 田间杂草发生情况

处理	重复Ⅰ/(kg/m²)	重复Ⅱ/(kg/m²)	重复Ⅲ/(kg/m²)	合计/(kg/m²)	防效/%
1	0.56	0.43	0.55	1.54 abcd	38.6
2	0.31	0.53	0.40	1.24 bcd	50.6
3	0.22	0.19	0.12	0.53 d	78.9
4	0.50	0.44	0.31	1.25 bcd	50.2
5	0.27	0.44	0.27	0.98 bcd	61.0
6	0.44	0.56	0.32	1.32 bcd	47.4
7	0.48	0.60	0.42	1.50 abcd	40.2
8	0.60	0.40	0.62	1.62 abcd	35.5
9	0.61	0.59	0.82	2.02 ab	19.5
10	0.53	0.71	0.50	1.74 abc	30.7
11	0.33	0.44	0.17	0.94 bcd	62.5
12	0.36	0.30	0.36	1.02 bcd	59.4
13	0.19	0.69	0.19	1.07 bcd	57.4
14	0.49	0.40	0.42	1.31 bcd	47.8
15	0.25	0.30	0.29	0.84 cd	66.5
16	1.03	0.61	0.87	2.51 a	

单一的除草剂很难达到禾阔双除，本研究中在双子叶杂草处理区域，由于抑制了部分双子叶杂草的生长，而单子叶杂草和无效双叶杂草得到了有效生长空间，迅速生长；而单子叶杂草处理区双子叶杂草得到迅速生长。

每种除草剂皆有一定的除草范围，必须根据田间杂草优势种群选择适当的除草剂品种，精喹禾灵的特点只适用于单子叶杂草，对双子叶杂草无效，只能与其余除草剂混用，才能达到禾阔双除的目的，且施药最佳时间是禾本科杂草生长 2~3 叶期。巴佰金对水花生、苍耳等双子叶杂草有非常好的效果，但其用量必须严格控制在 30g/hm² 范围内，作芽前土壤处理时，间隔最好应在 3d 以上；苗后使用需定向喷雾，不能喷在叶片上。

为了达到甘薯田间禾阔双除的效果，且兼顾低剂量、高防效，通过对上述 6 种药剂 16 个处理进行药剂防控试验，结果表明：如甘薯前作是小麦，在选择除草剂时应选择精喹禾灵或者乙草胺，且 99.9%乙草胺乳油最佳浓度为 4500mL/hm²；如田间以水花生、苍耳为主，则选择二甲戊灵+巴佰金。如果田间单子叶杂草和双子叶杂草均较多，可施用 99.9%乙草胺乳油 4500mL/hm² 进行芽前除草，薯苗成活后用 33.3%二甲戊灵乳油 3000mL/hm²+70%巴佰金 30g/hm² 进行定向喷雾，可达到较好防效；也可用 33%二甲戊灵乳油 3000mL/hm²+70%巴佰金 30g/hm² 进行定向喷雾，然后在杂草 2~3 叶期用 10.8%精喹禾灵乳油 600mL/hm² 进行全田喷雾。

第五节　果蜡复合涂膜对紫色甘薯的保鲜效果

为研究紫色甘薯的保鲜效果，开展了果蜡、果蜡+柠檬酸及果蜡+氯化钙复配涂膜对常温贮藏条件下紫色甘薯块根品质的影响研究[13]。以'南紫薯008'为材料，设CK：不涂膜；T1：果蜡溶液涂膜；T2：果蜡溶液+10.0g/L 柠檬酸（$C_6H_8O_7 \cdot H_2O$）涂膜；T3：果蜡溶液+1.0g/L 氯化钙（$CaCl_2$）涂膜共4个处理。

一、果蜡及复合涂膜对块根腐烂率的影响

如图 17-15 所示，紫色甘薯块根腐烂率在贮藏期总体呈上升趋势，贮藏时间越长，腐烂率上升速度越快。在贮藏 60d 前，各处理的甘薯块根均没有腐烂，贮藏 60d 后，随着贮藏时间的延长，腐烂率上升，至贮藏 180d 达到峰值。与 CK 相比，贮藏 120d 时，T1、T2 和 T3 处理的腐烂率分别降低了 39.53%、23.26%和 30.62%；贮藏 180d 时，T1、T2 和 T3 处理的腐烂率分别降低了 9.52%、24.12%和 11.98%。

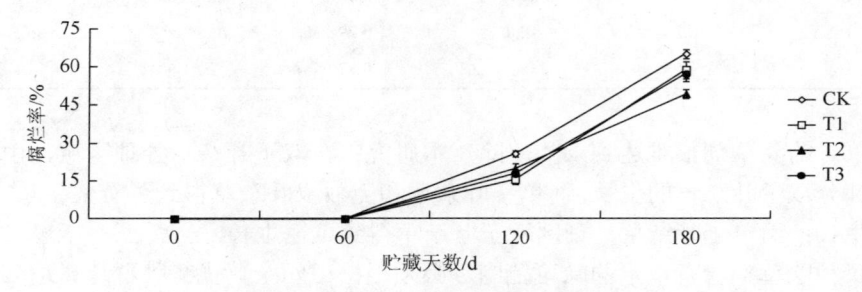

图 17-15　果蜡及复合涂膜对块根腐烂率的影响

二、果蜡及复合涂膜对块根失重率的影响

如图 17-16 所示，各处理紫色甘薯块根的失重率随贮藏时间的延长而上升，

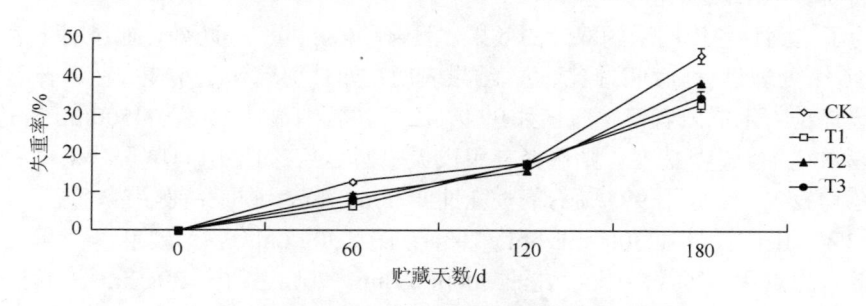

图 17-16　果蜡及复合涂膜对块根失重率的影响

果蜡及复合涂膜处理降低了紫色甘薯块根失重率。与 CK 相比，贮藏 180d 时 T1、T2 和 T3 的失重率分别降低了 28.17%、15.72%和 24.2%。表明果蜡复合涂膜处理均可以明显降低甘薯块根的失重率，减少水分散失。

三、果蜡及复合涂膜对块根淀粉含量的影响

如图 17-17 所示，紫色甘薯块根贮藏期间各处理淀粉含量总体呈下降趋势，其中在 60~120d 期间下降幅度最大。与 CK 相比，贮藏 120d 时，T1、T2 和 T3 处理的淀粉含量分别提高了 13.06%、24.97%和 17.24%；贮藏 180d 时，T1、T2 和 T3 处理的淀粉含量分别提高了 14.73%、32.48%、36.1%。

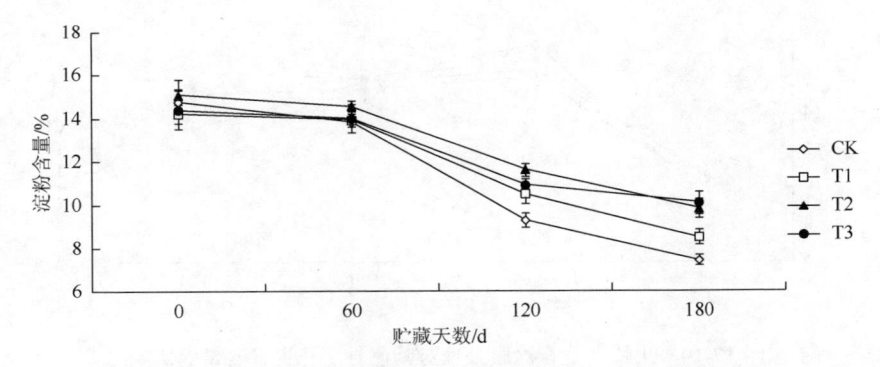

图 17-17　果蜡及复合涂膜处理对紫色甘薯块根淀粉含量的影响

四、果蜡及复合涂膜对可溶性糖含量的影响

如图 17-18 所示，紫色甘薯块根贮藏期可溶性糖含量整体呈先增加后降低的

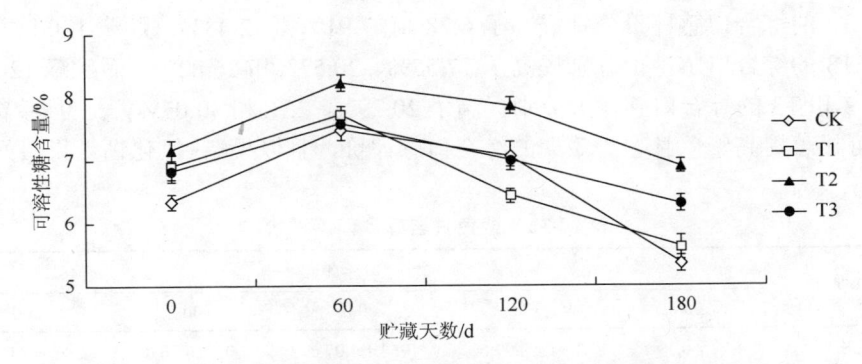

图 17-18　果蜡及复合涂膜处理对紫色甘薯可溶性糖含量的影响

趋势。在贮藏 0~60d，紫色甘薯块根中可溶性糖含量上升较快，到 60d 达到峰值后逐渐降低。贮藏 180d 时，CK 处理的可溶性糖含量为 5.4%，T1、T2、T3 处理的可溶性糖含量分别提高了 4.81%、28.85%、17.79%。

五、果蜡及复合涂膜对花青素含量的影响

如图 17-19 所示，贮藏期间紫色甘薯块根中花青素含量呈先增加后降低的趋势。在贮藏 0~60d，紫色甘薯块根中花青素含量逐渐上升，到 60d 达到峰值后逐渐降低。贮藏 180d 时，CK 处理的花青素含量为 13.3mg/100g，T1、T2、T3 处理的花青素含量分别比对照提高了 22.5%、13.11%、12.23%。

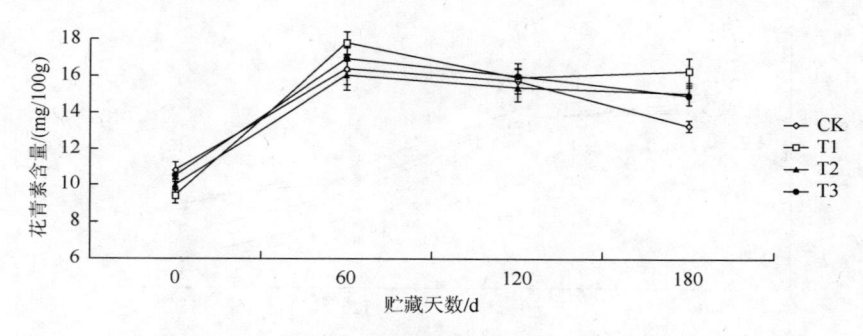

图 17-19 果蜡及复合涂膜处理对紫色甘薯花青素含量的影响

六、综合口感评价

如表 17-32 所示，随着贮藏时间的延长，紫色甘薯综合口感评价变劣。果蜡及复合涂膜处理提高了紫色甘薯的综合口感评价。与 CK 相比，贮藏 60d 时 T1、T2 和 T3 的综合口感评价分别提高了 6.78%、7.91%和 12.43%，贮藏 120d 时 T1、T2 和 T3 的综合口感评价分别提高了 17.55%、20.53%和 26.82%，而贮藏 120d 时 T1、T2 和 T3 的综合口感评价分别提高了 20.29%、25%和 30.07%。表明果蜡复合涂膜可显著提高紫色甘薯贮藏期的综合口感评价，且以果蜡+氯化钙效果最好。

表 17-32 紫色甘薯综合口感评价

处理	综合口感评价				
	0d	30d	60d	90d	120d
CK	4.23±0.19 b	3.94±0.09 bc	3.54±0.07 c	3.02±0.16 d	2.76±0.05 d
T1	4.53±0.27 a	3.89±0.12 c	3.78±0.19 b	3.55±0.14 c	3.32±0.15 c

续表

处理	综合口感评价				
	0d	30d	60d	90d	120d
T2	4.48±0.15 a	4.03±0.19 ab	3.82±0.20 b	3.64±0.14 b	3.45±0.11 b
T3	4.41±0.13 a	4.11±0.19 a	3.98±0.16 a	3.83±0.13 a	3.59±0.15 a

第六节 紫色甘薯优质高效栽培技术体系集成

一、紫色甘薯优质高产高效栽培技术要点

针对紫色甘薯栽培技术不配套、不合理、难以实现优质高产的问题：通过育苗方式改革，采用地膜+拱膜的双膜覆盖方式和全覆土的殡种方式可使薯苗早出苗 6~11d、早齐苗 3~8d，并能提高薯苗鲜藤产量 67.03%，单薯芽数提高 62.39%。通过垄作免耕技术使产量提高 27.29%。通过改进移栽技术，在 6 月中旬前完成移栽，顶段苗和中段苗的产量较基段苗高 29.51%和 15.93%；1 茬、2 茬苗的产量显著高于后茬苗。通过增加种植密度，紫色甘薯在净作条件下的适宜的种植密度在 60000~65000 株/hm²，在套作条件下的适宜种植密度在 35000~40000 株/hm²。通过合理施肥，紫色甘薯品种适宜的施肥量为 N 45kg/hm²、P_2O_5 45kg/hm²、K_2O 120kg/hm²，重底早追，产量较高。其技术要点如下。

优质种：选用'南紫薯 008'、'绵紫薯 9 号'等专用品种的优质脱毒种薯。种薯要求均匀、无病虫、无外伤、剔除杂薯。种薯大小以 150~250g 较为适宜。用 20~30℃温水配成 50%多菌灵可湿性粉剂 500 倍液或 50%托布津可湿性粉剂 400 倍液，将种薯放入浸种 10~12min。

双膜提早育苗：一般在 1 月下旬到 3 月上旬育苗。在塑料大棚用改良式小拱棚育苗。

垄作免耕保墒：免耕起垄，垄距 0.7~1.0m，垄高 0.20~0.40m。

最佳时期移栽：一般在 5 月中下旬~6 月上旬栽栽。选用 1、2 茬苗的顶端苗移栽。计划早上市的紫薯，应早育苗早移栽，可于 1 月育苗，3 月移栽，7 月上市。

增加种植密度：净作种植密度 60000~65000 株/hm²。

科学平衡施肥：净作施肥量为 N 45kg/hm²、P_2O_5 45kg/hm²、K_2O 120kg/hm²。50%钾结薯期追施。

二、"玉米/紫色甘薯"高效栽培技术要点

一是改一年三熟为一年两熟，调减小麦。改"双二五"带状种植为垄距 120cm 起垄。3 月中上旬旋地、起垄，垄高 35～40cm，然后进行地膜覆盖，如图 17-20 所示。

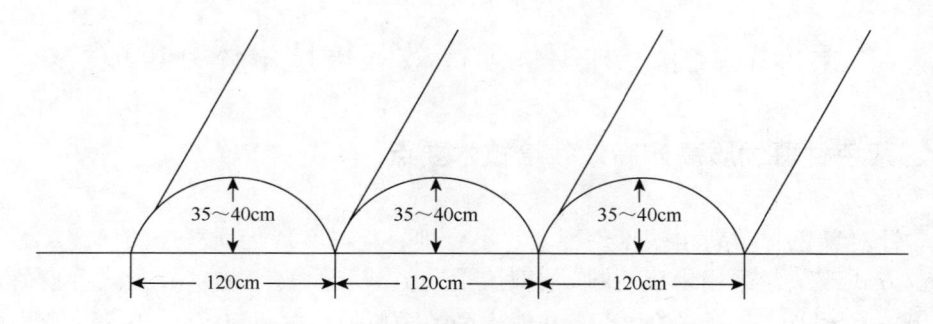

图 17-20　鲜食玉米套种紫色甘薯起垄示例图

二是 3 月中下旬种植甜玉米，玉米株距 25～30cm，双株种植，密度 55500～66000 株/hm^2，如图 17-21 所示。

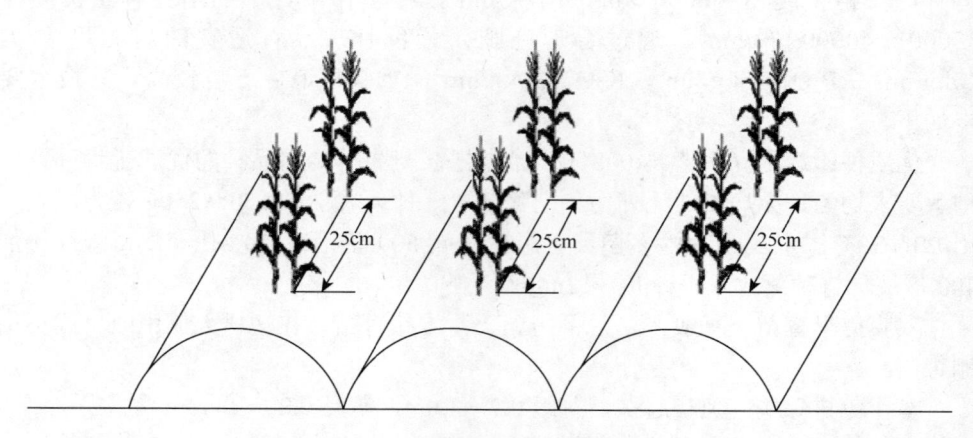

图 17-21　鲜食玉米套种紫色甘薯玉米种植示例图

三是 5 月中下旬紫薯种于垄的两侧，丁字形错窝种植，紫薯株距 25～30cm，密度 55500～66000 株/hm^2，如图 17-22 所示。此时由于正是玉米生长旺季，地上部发育充分，能为甘薯生长遮荫，确保甘薯成活率和前期地上部生长。

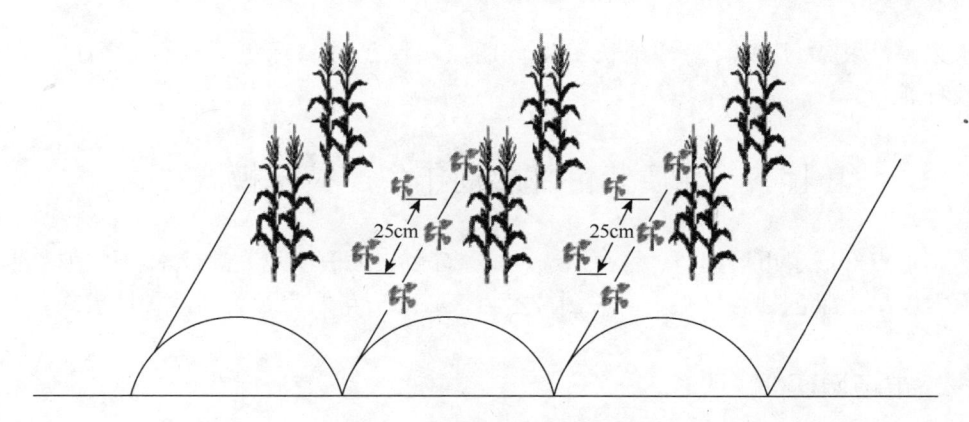

图 17-22　鲜食玉米套种紫色甘薯共生示例图

四是玉米 6 月中旬收获后，及时将玉米秆收获，并铺于沟中，如图 17-23 所示。通过增铺玉米秸秆，可以秸秆还田，改良土壤，增加土壤有机质；保护环境，通过将秸秆还田，可以防止秸秆焚烧带来的环境污染；可以防止甘薯须根生长，避免地上部旺长，促进更多的营养物质向根系转移。

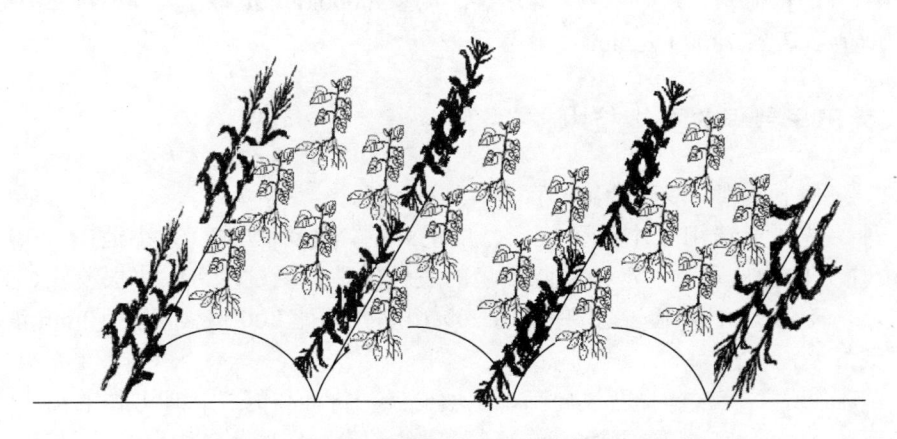

图 17-23　鲜食玉米套种紫色玉米秸秆还田示例图

五是紫薯 11 月初收获，然后进行绿肥种植。继续土壤改良，利于次年早起垄，玉米早栽。用养结合，促进农业持续发展。

该技术解决了西南山区传统"小麦/玉米/甘薯"共生期长的问题，改传统露地栽培为玉米、甘薯的全生育期地膜覆盖栽培；改传统的"双二五"小麦/玉米/甘薯间套作栽培为 120cm 起大垄，玉米/甘薯套作栽培模式，并加种一季绿肥，实现用地与养地相结合。改传统的饲用玉米、淀粉甘薯品种为经济价值更高的食用玉米、紫色甘薯；垄内紧实，土壤墒情好，提早甘薯移栽，玉米遮阴提高了成活率、延长了生育期，实现了甘薯绿色、安全、高产、高效种植。

第七节　优质紫色甘薯周年生产技术模式探讨

重点开展了市场调研、品种筛选、早春育苗与大田早栽关键技术和种植模式，探索以早春紫色甘薯早栽高产关键技术为核心的一年两季甘薯高效种植模式。

一、市场调研

随着人们生活水平的提高，紫色甘薯的保健作用越来越受到欢迎，其种植效益逐步凸显[14, 15]。全国每年 4~8 月是新鲜紫色甘薯的供应淡季，供不应求，价格较高。如果能够实现优良食用型紫色甘薯品种的周年供应，将大幅度提高薯农的种植效益。紫色鲜薯 7 月中下旬提早上市 100d，价格可比正常上市高 50%以上，是提高农民收入、提升紫色甘薯产业的有效途径。如果能够实现紫色甘薯大田早栽，7 月中旬即开始进行逐步收挖销售，产量可达 30000kg/hm^2 以上，鲜销按 2.6 元/kg 计，产值可达到 78000 元/hm^2，效益显著。

二、大田早栽早收关键技术

"大棚+小拱棚"双膜壮苗培育。

种薯选择：选用具本品种特征、皮色鲜明、生命力强、大小适中（0.15~0.5kg/个）的健康薯种，严格剔除带病的皮色发暗、受过冷害、块根萎软、失水过多，以及破伤的薯块，在播种前用 70%甲基托布津 300 倍液浸种 10min 消毒，效果更好。

苗床准备：苗床选择背风向阳、土壤肥沃、排灌良好、管理方便的田块，最好是新苗床，旧苗床需要更换床土，进行床体消毒。排种薯前将育苗地犁翻一次，做到土粒细碎、土壤疏松、耕作层深厚、并耙平开厢起垄，苗床用腐熟猪牛栏粪 15000kg/hm^2，45%复合肥 300kg/hm^2。

用种量：需种量 1200~1500kg/hm^2。

双膜覆盖育苗：双膜育苗在 12 月底至 2 月下旬均可进行，一般以 1 月育苗为宜。苗床长度可根据地形及需要而定，一般长 5~7m。垄宽 1.5~1.6m，垄深度 20cm 左右，采取小拱棚覆盖，然后两垄搭建 1 大棚，大棚间距 3.5m 左右，高度为 2m 左右。殡种时种薯头部应朝上，尾部朝下；大薯排深些、小薯排浅些，做到"上齐下不齐"以保证覆土厚度一致，出苗整齐。

苗床地的管理：殡种后3月上中旬甘薯陆续开始出苗，当气温较高时，可以揭开大棚两头，适当降温，下午气温开始下降后，盖膜保温。当3月中旬甘薯齐苗后，去除小拱棚，用清粪水兑少量尿素浇灌1次，一般4月10日左右，当苗高20cm以上具有7～8个节时，即可剪苗栽插。

选择适宜天气在大田进行定植，根据地力合理施肥，深耕起垄，合理密植。为保证成活率，促进紫色甘薯早期生长，可采取黑色地膜覆盖栽培，既可提高地温，又可抑制杂草。种植密度 60000～90000 株/hm²。基施复合肥（NPK含量15-15-15）600kg/hm²，追施硫酸钾300kg/hm²。移栽时用生根粉+甲基托布津蘸根处理苗子后再移栽。移栽前用地膜覆盖垄面，在垄上栽紫色甘薯。

三、新型两熟高效种植模式和甘薯原料周年生产

一是紫色早春甘薯秋马铃薯模式，早春甘薯产 30000kg/hm² 以上，收入 75000 元/hm² 以上，若为紫色早春甘薯，则农民经济效益可达 120000 元/hm²，秋马铃薯产 22500kg/hm²，收入 45000 元/hm² 以上，若为紫色马铃薯，则经济效益可达 75000 元/hm²。二是春薯冬菜模式，早春甘薯产 60000～75000kg/hm²，收入 150000 元/hm²，冬菜收入 30000 元/hm² 以上。三是一年两季甘薯种植模式，早春甘薯产 30000kg/hm² 以上，夏甘薯产量为 60000kg/hm²，实现特色甘薯优质高效栽培和甘薯原料周年生产。

（本章作者：屈会娟　沈学善　丁凡　王晓黎　黄静玮　周全卢）

参 考 文 献

[1] Guo H W, Ling W H, Wang Q, et al. Effect of anthocyanin-rich extract from black rice on hyperlipidemia and insulin resistance in fructose-fed rats. Plant Foods for Human Nutrition, 2007, (62): 1-6.

[2] Weisel T, Baum M, Eisenbrand G, et al. An anthocyanin/polyphenolic-rich fruit juice reduces oxidative DNA damage and increases glutathione level in healthy probands. Biotechnology Journal, 2006(1): 388-397.

[3] 庞巧玲, 赖珍华. 紫薯的开发前景及丰产栽培技术. 陕西农业科学, 2010, 56(1): 275-276.

[4] Kivuva B M, Githiri S M, Yencho G C, et al. Genotype ×environment interaction for storage root yield in sweetpotato under managed drought stress conditions. Journal of Agricultural Science, 2014, 6(10): 1-16.

[5] Niyireeba R T, Ebong C, Lukuyu B, et al. Effects of location, genotype and ratooning on chemical composition of sweetpotato [*Ipomea batatas*(L.)Lam] vines and quality attributes of the roots. Agricultural Journal, 2013, 8(6): 315-321.

[6] 卢会翔, 唐道彬, 吴正丹, 等. 甘薯产量、品质及农艺性状的基因型与环境效应研究. 中国生态农业学报, 2015, 23(9): 1158-1168.

[7] 全国农业技术推广服务中心. 中国甘薯品种鉴定年鉴. 徐州: 徐州甘薯研究中心. 2014.

[8] 张文斌. 紫色甘薯新品种引进鉴定及利用. 中国农学通报, 2015, 31(15): 78-83.

[9] 史春余, 王汝娟, 梁太波, 等. 食用型甘薯块根碳水化合物代谢特性及与品质的关系. 中国农业科学, 2008, 41(11): 3878-3885.
[10] 何伟忠, 木泰华. 我国甘薯加工业的发展现状概述. 食品研究与开发, 2006, 27(11): 176-179.
[11] 屈会娟, 沈学善, 黄钢, 等. 套作条件下种植密度对紫色甘薯干物质生产的影响. 中国农学通报, 2015, 31(12): 127-132.
[12] 沈学善, 黄钢, 屈会娟, 等. 施钾量对南紫薯 008 干物质生产和硝酸盐积累的影响. 南方农业学报, 2014, 45(2): 235-239.
[13] 吴翠平, 沈学善, 王西瑶, 等. 果蜡复合涂膜对紫甘薯贮藏保鲜效果的研究. 四川农业大学学报, 2016, 34(1): 73-77.
[14] 韩海华, 梁名志, 王丽, 等. 花青素的研究进展及其应用. 茶叶, 2011, 37(4): 217-220.
[15] 钱秋平, 赵文静, 陆国权. 紫心甘薯高产优质栽培调控优化技术研究. 浙江农业学报, 2006, 18(6): 433-436.

第十八章　高淀粉甘薯提质增效栽培关键技术

全球已开发的大宗粮食作物有小麦、水稻、玉米、马铃薯和甘薯。从现阶段这五大粮食作物的产业开发深度看，甘薯产业开发是最差的，其产业开发潜力也是最大的。从作物产量潜力分析，21世纪以来中国甘薯单产稳定在 20t/hm² 以上，相当于世界甘薯单产的 1.4 倍，根据中国现有甘薯新品种多年多点高产试验示范，大面积实现单产 35～40t/hm² 是有可能的，高产方单产突破 75t/hm² 也是可能的。四川是中国甘薯的主产区，2015 年四川省甘薯种植面积 47.65 万 hm²，鲜薯总产量 1043.5 万 t，面积及总产量位居全国首位。在深化薯类产业供给侧结构性改革的进程中，甘薯产业供给侧应着力把优质专用型新品种的提质增效关键栽培技术作为研究转化、示范推广的重点。

项目组根据四川农作制度、气候特点、品种特性和市场需求，以高淀粉甘薯共性栽培关键技术创新为突破口，以充分发挥高淀粉甘薯的品种产量潜力和品质潜力，确保以大面积均衡增产和节本增效为目标，开展高淀粉甘薯新品种调优高产简化高效栽培技术研究与示范。

第一节　高淀粉专用型甘薯新品种筛选

高淀粉专用型甘薯品种是指淀粉含量在 18%以上，鲜薯产量不低于对照'南薯88'，淀粉产量比'南薯88'增产 15%以上，结薯整齐集中、薯皮光滑，薯肉白至淡黄，中抗黑斑病的甘薯品种。

为筛选四川省高淀粉甘薯主导品种，2009～2010 年在金堂基地，选择省内外选育的新品种'川薯34'、'西成薯007'等5个高淀粉专用品种，开展大区比较试验。结果如表 18-1 所示，2009 年 5 个品种的平均鲜薯产量为 32770.5kg/hm²，'川薯34'、'西成薯007'和'商薯19'产量高于平均值，增幅分别为 9.03%、3.02%和 0.58%；2010 年 5 个品种的平均鲜薯产量为 34908.3kg/hm²，'川薯34'和'商薯19'产量高于平均值，增幅分别为 11.48%和 3.84%；两年间5个品种的平均鲜薯产量为 33839.4kg/hm²，'川薯34'和'商薯19'产量高于平均值，增幅分别为 10.29%和 2.25%。

表 18-1　高淀粉专用型甘薯新品种产量比较

品种（系）	产量/(kg/hm²)		
	2009 年	2010 年	平均
'川薯 34'	35731.5	38916.0	37323.8
'西成薯 007'	33762.0	31875.0	32818.5
'商薯 19'	32953.5	36250.5	34602.0
'徐薯 24'	32016.0	34375.5	33195.8
'南薯 009'	29389.5	33124.5	31257.0
平均	32770.5	34908.3	33839.4

2009 年在简阳基地，选择省内外选育的甘薯新品种'川薯 34'、'川薯 168'、'川薯 73'、'川薯 164'、'川薯 217'、'川薯 188'、'绵薯 8 号'，以及后继新品种（品系）'川薯 90902-59、2-12-8'和引进品种'徐薯 2-2'等 14 个品种（品系），以'徐薯 18'为对照，开展大区比较试验。结果如表 18-2 所示，与对照相比，三个品种鲜薯产量有不同程度增加，其中'川薯 34'增产 30.37%，'西成薯 007'增产 16.04%，'川薯 217'增产 3.41%。藤叶产量有 6 个品种均较对照'徐薯 18'不同程度增加，其中'绵薯 8 号'较对照增产 53.92%，川薯 20 增产 15.35%，'川薯 164'增产 18.79%，'徐薯 2-2'增产 20.52%，'川薯 9902-59'增产 18.28%。据此，确定重点研究和示范推广高淀粉甘薯新品种'川薯 34'和'西成薯 007'调优高产简化高效栽培技术。

表 18-2　高淀粉专用型甘薯新品种产量比较

品种（系）	藤叶		鲜薯	
	产量/(kg/hm²)	±CK/%	产量/(kg/hm²)	±CK/%
'川薯 34'	29941.65	−13.92	18300.30	30.37
'西成薯 007'	27546.30	−20.80	16288.20	16.04
'川薯 217'	23354.40	−32.86	14515.65	3.41
'川薯 73'	33893.85	−2.55	12599.40	−10.24
'宁薯 P-4'	28145.10	−19.08	3640.95	−74.06
'川薯 20'	40121.70	15.35	4551.15	−67.58
'川薯 168'	35331.15	1.58	10539.45	−24.92
'川薯 164'	41319.45	18.79	13318.05	−5.12
'徐薯 2-2'	41918.25	20.52	10012.50	−28.67
'川薯 188'	34732.35	−0.14	7473.45	−46.76
'2-I2-8'	26827.65	−22.87	13413.90	−4.44
'CS1-I1-1'	31139.25	−10.47	4263.75	−69.62
'川薯 9902-59'	41139.75	18.28	13797.15	−1.71
'绵薯 8 号'	53535.60	53.92	10347.75	−26.28
'徐薯 18'（CK）	34782.15	—	14036.55	—

第二节 培育壮苗与适期早栽关键技术

一、甘薯殡种技术

针对覆膜殡种育苗技术中存在的问题，2009~2010 年，在简阳基地以'川薯 34'为材料，分别设置不同掩埋方式：A1 全掩埋、A2 半掩埋、A3 掩埋 2/3；覆膜方式：B1 不覆膜（CK）、B2 覆平膜、B3 拱膜、B4 平膜＋拱膜。研究不同殡种方式对甘薯出苗的影响。结果如表 18-3 所示，对小区鲜藤重来说，不同覆膜方式表现为：双膜＞平膜＞拱膜＞露地，不同殡种方式中，露地和平膜条件下表现为：全埋＞掩埋 1/2＞掩埋 2/3，在拱膜和双膜条件下则表现为：全埋＞掩埋 2/3＞掩埋 1/2。对单株芽数来说，不同覆膜方式间差异不显著，但均显著高于露地育苗方式；不同殡种方式间，全埋方式单株芽数最高。综上所述，为提高出苗数和单株素质，应采用双膜加全埋的殡种方式，该方式能使薯苗鲜藤产量提高 67.03%，单薯芽数提高 62.39%。

表 18-3 不同殡种方式对甘薯出苗的影响

处理	掩埋方式	小区鲜藤重/kg 2009 年	2010 年	平均	单株芽数 2009 年	2010 年	平均
露地	掩埋 1/2	1.69	1.72	1.71	6.43	7.46	6.95
	掩埋 2/3	1.07	1.09	1.08	4.13	5.17	4.65
	全埋	1.85	1.78	1.82	7.17	6.88	7.02
	平均	1.54	1.53	1.54	5.91	6.50	6.21
平膜	掩埋 1/2	2.60	2.65	2.63	6.77	7.29	7.03
	掩埋 2/3	2.55	2.60	2.58	7.90	8.31	8.11
	全埋	2.92	2.80	2.86	11.97	11.93	11.95
	平均	2.69	2.68	2.69	8.88	9.18	9.03
拱膜	掩埋 1/2	2.29	2.34	2.32	9.03	9.21	9.12
	掩埋 2/3	2.41	2.46	2.44	7.87	8.29	8.08
	全埋	2.83	2.72	2.78	10.57	10.52	10.54
	平均	2.51	2.51	2.51	9.16	9.34	9.25
平膜+拱膜	掩埋 1/2	2.36	2.41	2.39	7.57	7.97	7.77
	掩埋 2/3	2.71	2.76	2.74	8.27	9.07	8.67
	全埋	3.10	2.98	3.04	11.13	11.66	11.40
	平均	2.72	2.72	2.72	8.99	9.57	9.28

二、不同育苗期

针对生产上甘薯育苗期普遍偏迟的问题，2009 年，在金堂基地以'徐薯 22'为材料，设 3 月 10 日、3 月 20 日、3 月 30 日、4 月 9 日、4 月 19 日共 5 期，研究不同育苗时间对甘薯鲜薯产量的影响。结果如表 18-4 所示，不同育苗期对'徐薯 22'的鲜薯产量和大、中薯率的影响不显著。

表 18-4　不同育苗期对徐薯 22 鲜薯产量的影响

育苗期	产量/(kg/hm²)	大、中、小薯率/%		
		大薯	中薯	小薯
3 月 10 日	27639 a	65	25	10
3 月 20 日	27076 a	65	25	10
3 月 30 日	26076 a	71	21	8
4 月 9 日	26325 a	74	19	7
4 月 19 日	26950 a	70	19	11

三、不同移栽期对甘薯鲜薯产量的影响

针对生产上迟栽面积大的突出问题，2009 年，在金堂基地以'徐薯 22'为材料，设 6 月 17 日、6 月 27 日、7 月 7 日、7 月 17 日、7 月 27 日共 5 个移栽期，研究不同移栽期对甘薯鲜薯产量的影响。结果如表 18-5 所示，甘薯产量随移栽期的推迟而降低；'徐薯 22'每推迟 10d 鲜薯平均降低 2391kg/hm²；移栽期推迟造成大薯率降低。由此可见，生产上应重点抓好适期壮苗早栽，能大幅度提高甘薯鲜薯产量和显著改善薯块商品性。

表 18-5　不同移栽期对高淀粉甘薯鲜薯产量的影响

移栽期	产量/(kg/hm²)	大、中、小薯率/%		
		大薯	中薯	小薯
6 月 17 日	28014 a	61	27	12
6 月 27 日	22449 b	41	40	19
7 月 7 日	20761 b	33	44	23
7 月 17 日	18883 b	40	38	22
7 月 27 日	18447 b	32	51	17

第三节　需肥特性与控氮增钾关键技术

一、不同甘薯品种密肥耦合试验

适宜的密度是协调甘薯产量和商品性的关键。不同专用型甘薯的种植密度有所不同[1-4]，试验表明，高淀粉专用型甘薯'川薯 34'适宜的移栽密度在 54000 株/hm² 左右。

2010 年，在简阳基地以高淀粉品种'川薯 34'、食用品种'川薯 73'、粮饲兼用品种'川薯 164'为对象，设置 30000 株/hm²、42000 株/hm²、54000 株/hm² 三个移栽密度，纯 N 45kg/hm²、90kg/hm²、135kg/hm² 三个 N 素水平试验。结果如表 18-6 所示，从鲜薯产量和产值综合来看，高淀粉甘薯'川薯 34'的密度与施氮肥最佳耦合水平是 54000 株/hm² 和施用 135kg/hm² 纯 N。食用型品种'川薯 73'的密度与施氮肥最佳耦合水平是 42000 株/hm² 和施用 90kg/hm² 纯 N。粮饲兼用品种'川薯 164'的密度与施氮肥最佳耦合水平是 42000 株/hm² 和施用 135kg/hm² 纯 N。

表 18-6　不同专用甘薯品种不同配套栽培技术产量表

品种	密度/(株/hm²)	N 素水平/(kg/hm²)	鲜薯产量/(kg/hm²) 2009 年	2010 年	平均	商品薯率/%
'川薯 34'	30000	45	23226	18842	21034.35	89.11
		90	27318	21760	24539.55	89.42
		135	28920	22678	25799.10	83.75
	42000	45	39391	32099	35745.45	89.67
		90	28015	32933	30474.30	91.74
		135	31821	34350	33085.80	91.99
	54000	45	45663	32266	38964.60	92.79
		90	37653	34017	35835.00	93.75
		135	46764	36018	41391.00	93.72
'川薯 73'	30000	45	31984	25095	28540.20	92.88
		90	42187	32349	37268.55	92.63
		135	31398	32349	31873.80	92.14
	42000	45	44520	34187	43103.85	89.79
		90	49420	42688	46054.35	93.88
		135	46722	37018	41870.25	93.64

续表

品种	密度 /(株/hm²)	N素水平 /(kg/hm²)	鲜薯产量/(kg/hm²) 2009年	2010年	平均	商品薯率/%
'川薯73'	54000	45	40281	43188	41734.65	88.76
		90	39933	36101	38017.20	91.27
		135	43462	38269	40865.85	90.15
'川薯164'	30000	45	37104	28347	32725.80	96.31
		90	40986	26596	33791.40	95.40
		135	38467	32849	35658.60	97.30
	42000	45	49731	35684	42707.85	94.94
		90	46548	41103	43825.95	95.52
		135	50551	38269	44410.35	95.71
	54000	45	44056	34934	39495.30	94.15
		90	33079	33683	33381.60	90.02
		135	43170	34100	38635.20	93.28

二、高淀粉甘薯新品种需肥特性研究

合理施肥是提高甘薯产量和品质的重要途径[5-7]。研究表明，增施钾肥对于提高高淀粉品种的淀粉含量起到关键作用，参试高淀粉甘薯品种适宜的施肥量为 N 45kg/hm²、P_2O_5 45kg/hm²、K_2O 90kg/hm²[8]。

2009～2010年，在金堂基地以'徐薯22'和'川薯34'为对象，设置8个不同施肥处理，以不施肥水平为对照，研究不同施肥处理对甘薯产量与品质的影响。如表18-7所示，施肥显著增加'徐薯22'和'川薯34'的鲜薯产量。与不施肥处理相比，单施钾肥处理2个品种的甘薯鲜薯产量均降低，但差异不显著。单施磷钾肥的处理，'徐薯22'和'川薯34'分别增产31.5%和25.8%，增产显著。氮磷钾配施处理，'徐薯22'增产幅度为33.2%～56.0%，'川薯34'增产幅度为38.7%～52.7%，其中都以 $N_{45}P_{45}K_{90}$ 处理产量最高，'徐薯22'和'川薯34'都增产约11t/hm²。钾肥用量的不同显著改变了甘薯的鲜薯产量，施用 90kg/hm² K_2O 较 60kg/hm² K_2O 鲜薯产量显著增加，2个品种均增产10%以上，而当钾肥用量增加到120kg/hm² K_2O 时，甘薯鲜薯产量反而降低。与不施肥处理相比，施用有机肥的处理甘薯鲜薯产量显著增加，但与等量养分的 $N_{45}P_{45}K_{90}$ 处理相比，甘薯的鲜薯产量差异不显著。一次性施肥与分次施肥处理相比，2个甘薯品种的鲜薯产量都没有显著差异。

表 18-7　不同施肥处理下高淀粉甘薯新品种的产量效应

品种	施肥	产量/(kg/hm^2)	相对产量	增产量/(kg/hm^2)
'徐薯22'	CK	20444d	100.00	—
	N$_0$P$_{45}$K$_{90}$	26889c	131.52	6445
	N$_0$P$_0$K$_{90}$	20111d	98.37	−333
	N$_{45}$P$_{45}$K$_{60}$	28667bc	140.22	8223
	N$_{45}$P$_{45}$K$_{90}$	31889a	155.98	11445
	N$_{45}$P$_{45}$K$_{120}$	28667bc	140.22	8223
	商品有机肥	27222c	133.15	6778
	N$_{45}$P$_{45}$K$_{90}$（一次清）	30667ab	150.00	10223
'川薯34'	CK	20667d	100.00	—
	N$_0$P$_{45}$K$_{90}$	26000c	125.81	5333
	N$_0$P$_0$K$_{90}$	20111d	97.31	−556
	N$_{45}$P$_{45}$K$_{60}$	28667b	138.71	8000
	N$_{45}$P$_{45}$K$_{90}$	31556a	152.69	10889
	N$_{45}$P$_{45}$K$_{120}$	30000ab	145.16	9333
	商品有机肥	29111ab	140.86	8444
	N$_{45}$P$_{45}$K$_{90}$（一次清）	31222ab	151.08	10555

如表 18-8 所示，对品质的影响而言，不同肥料对甘薯新品种的品质指标影响较大。单施钾肥处理'徐薯 22'的蛋白质含量、维生素 C 含量、支链淀粉和总淀粉含量略有提高，而川薯 34 的直链淀粉和支链淀粉含量都增加显著，分别增加 1.34 和 3.5 个百分点，蛋白质含量则有所降低。单施磷钾肥处理与单施钾肥处理相似。2 个甘薯新品种的品质都与钾肥的用量间存在极好的相关性，在氮磷钾配合施用时，三个钾肥用量以施用 90kg/hm^2 K$_2$O 处理的甘薯品质最好，特别是直链淀粉和支链淀粉含量都达到最高值，与 CK 处理相比，钾肥对'川薯 34'淀粉含量的增加作用更大，分别提高 1.97 和 4.7 个百分点，总淀粉含量提高达到 29.4%，比 CK 总淀粉含量增加 29.52%，这表明通过农艺措施提高'川薯 34'品质的潜力很大。而当钾肥用量达到 120kg/hm^2 后，2 个甘薯新品种的品质指标都显著降低。与施用化肥处理相比，施用有机肥处理，'徐薯 22'和'川薯 34'的蛋白质、维生素 C、总糖、直链和支链淀粉含量都明显降低。与分次施肥相比，氮、磷和钾肥一次清处理的甘薯品质指标明显降低，特别是蛋白质和淀粉含量。2 个甘薯品种相比，'川薯 34'降低幅度高于'徐薯 22'。2 个甘薯品种间蛋白质、维生素 C 和淀粉含量的差异并不明显，而'徐薯 22'的总糖含量约比'川薯 34'高 2%。

表 18-8 不同施肥处理下不同高淀粉甘薯新品种的品质变化（%）

品种	施肥	干物质含量	蛋白质含量	维生素C	总糖	直链淀粉	支链淀粉	总淀粉
'徐薯22'	CK	37.3	1.17	25.3	9.16	7.30	18.7	26.0
	$N_0P_{45}K_{90}$	36.0	1.19	27.5	9.07	7.46	19.4	26.9
	$N_0P_0K_{90}$	36.8	1.51	26.0	8.67	7.13	19.9	27.0
	$N_{45}P_{45}K_{60}$	37.4	1.44	29.2	8.59	7.75	19.8	27.5
	$N_{45}P_{45}K_{90}$	38.9	1.42	22.7	8.65	7.93	21.4	29.3
	$N_{45}P_{45}K_{120}$	37.0	1.16	26.7	8.99	7.77	20.4	28.2
	商品有机肥	30.9	0.90	22.0	8.17	6.04	16.0	22.0
	$N_{45}P_{45}K_{90}$（一次清）	34.9	1.19	33.3	8.86	7.16	18.0	25.2
'川薯34'	CK	31.1	1.60	34.1	11.3	6.29	16.4	22.7
	$N_0P_{45}K_{90}$	39.8	1.02	34.6	11.5	7.51	19.9	27.4
	$N_0P_0K_{90}$	36.8	1.34	28.8	11.1	7.63	19.9	27.5
	$N_{45}P_{45}K_{60}$	36.8	1.44	27.9	11.4	7.89	20.0	27.9
	$N_{45}P_{45}K_{90}$	39.4	1.96	25.4	12.8	8.26	21.1	29.4
	$N_{45}P_{45}K_{120}$	32.5	1.07	23.1	10.7	6.22	16.7	22.9
	商品有机肥	34.7	1.26	27.2	10.5	6.99	18.1	25.1
	$N_{45}P_{45}K_{90}$（一次清）	31.3	0.99	25.9	9.43	6.51	16.0	22.5

　　如表18-9所示，不同的甘薯品种在不同的施肥处理下，对氮、磷和钾养分的吸收有显著的差异。与不施肥处理相比，'徐薯22'单施钾肥处理的氮、磷和钾养分的吸收量都降低；'川薯34'单施钾肥处理的氮和钾养分吸收量降低。2个甘薯品种单施磷钾肥处理的氮吸收量与不施肥处理相近。当氮磷钾养分都施用后，2个甘薯品种的氮、磷和钾吸收量都比不施肥处理显著增加，其中$N_{45}P_{45}K_{90}$处理的氮吸收量在2个品种间均最高，氮肥利用率最高，而施用120kg/hm² K_2O处理的氮吸收量比90kg/hm² K_2O处理低。甘薯对钾养分的吸收量有随钾肥用量的提高而增加的趋势。有机肥的施用明显提高了甘薯对钾肥的吸收量，'徐薯22'增加量为36.49kg/hm²，而'川薯34'增加量为14.44kg/hm²。一次施肥与分次施肥相比较，2个甘薯品种一次施肥处理的氮素吸收量都降低，而钾素吸收量都增加，'徐薯22'的氮素吸收量降低24.50kg/hm²，钾素吸收量增加34.62kg/hm²，'川薯34'的氮素吸收量降低5.75kg/hm²，钾素吸收量增加28.02kg/hm²，这表明甘薯季分次施用氮肥能提高氮肥的当季利用率，降低氮素损失；而钾肥一次施用可能造成甘薯根际土壤中有效钾累积，使得甘薯对钾进行奢侈吸收，提高甘薯对钾素的吸收。对于'徐薯22'，每生产

100kg 块根（干重），需要 0.64~1.64kg N、0.09~0.14kg P_2O_5 和 0.88~1.59kg K_2O；对于'川薯34'，每生产 100kg 块根（干重），需要 0.64~0.88kg N、0.07~0.13kg P_2O_5 和 0.70~1.35kg K_2O。总体来看，'徐薯22'对氮、磷、钾养分的需求高于'川薯34'。

表 18-9　不同施肥处理下高淀粉甘薯新品种的养分吸收特性（kg/hm²）

品种	施肥	植株干重	块根干重	氮吸收量	磷吸收量	钾吸收量
'徐薯22'	CK	1625	7010	58.01	6.83	80.71
	$N_0P_{45}K_{90}$	1575	8693	59.45	7.51	85.21
	$N_0P_0K_{90}$	1323	6240	53.08	6.14	63.31
	$N_{45}P_{45}K_{60}$	2172	10254	74.79	9.61	96.48
	$N_{45}P_{45}K_{90}$	2505	10418	90.48	9.93	91.34
	$N_{45}P_{45}K_{120}$	1477	9010	57.49	8.93	89.42
	商品有机肥	3374	8036	83.47	11.55	127.83
	$N_{45}P_{45}K_{90}$（一次清）	1906	9068	65.98	10.21	125.96
'川薯34'	CK	1652	6438	56.17	6.44	77.17
	$N_0P_{45}K_{90}$	1782	8752	56.36	8.43	82.78
	$N_0P_0K_{90}$	1446	6192	54.72	7.43	64.33
	$N_{45}P_{45}K_{60}$	1673	9747	68.91	6.38	68.41
	$N_{45}P_{45}K_{90}$	2632	10827	91.33	8.08	84.40
	$N_{45}P_{45}K_{120}$	2403	8610	76.05	10.07	98.34
	商品有机肥	2669	9455	71.74	12.26	98.84
	$N_{45}P_{45}K_{90}$（一次清）	3098	9844	85.58	13.03	112.42

三、控氮增钾高产栽培技术

钾肥对于甘薯产量和品种至关重要。四川甘薯多种植在丘陵山区，土地瘠薄，由于肥料价格原因，常年使用的肥料多以氮肥为主，缺乏钾肥，导致土壤氮磷钾比例不合理，甘薯产量难以提高。因此，开展甘薯钾肥使用量研究对甘薯高产有着重要的作用，甘薯钾肥试验肥料用量如表18-10所示。

表 18-10　甘薯钾肥试验肥料用量

处理	K_2O/(kg/hm²)	N/(kg/hm²)	P_2O_5/(kg/hm²)
CK	0	0	0
K1	0	90	75
K2	75	90	75
K3	150	90	75

续表

处理	K_2O/(kg/hm^2)	N/(kg/hm^2)	P_2O_5/(kg/hm^2)
K4	225	90	75
K5	300	90	75
K6	450	90	75

注：钾肥采用的是硫酸钾，含 K_2O 50%；氮肥采用的是尿素，含 N 46%；磷肥采用的是普钙，含 P_2O_5 12%。

在氮、磷用量固定的情况下，在本试验设计的钾肥用量下，甘薯鲜薯产量随着钾肥使用量的增加而增加。不同钾肥处理对甘薯鲜薯产量影响差异较大。增施钾肥可以使干物质在地上部的分配率降低，抑制地上部茎叶徒长，提高块根产量。如表 18-11 所示，施用钾肥对甘薯产量都有一定的增加作用，增产范围是 667.20～5727.00kg/hm^2，增产率范围是 2.14%～18.34%。但是不同钾肥用量对甘薯鲜薯产量增加效果不一样，在较低施钾水平下，鲜薯增产幅度不明显，但是随着钾肥用量的增加，鲜薯产量上升明显。K6 处理鲜薯产量均最高，比 CK 增产 5727.00kg/hm^2，增产率为 18.34%。方差分析表明，不同钾肥用量处理对鲜薯产量的增产作用不同，其中 K1、K2、K3 增产不显著，K4、K5、K6 显著增产。

表 18-11 不同钾肥用量对甘薯鲜薯产量的影响（2011 年）

处理	产量/(kg/hm^2)	增产量/(kg/hm^2)	增产率/%
CK	31220.40 d	—	—
K1	31887.60 cd	667.20	2.14
K2	32093.85 cd	873.45	2.80
K3	32231.10 cd	1010.70	3.24
K4	33707.25 bc	2486.85	7.97
K5	34668.30 b	3447.90	11.04
K6	36947.40 a	5727.00	18.34

不同钾肥处理对块根干物率也有影响。增施钾肥可以增加甘薯干物质含量，且对高淀粉甘薯品种效果更好。施用钾肥可以提高甘薯烘干率，块根干率的增幅为 1.47%～7.24%，且当钾肥用量在 225kg/hm^2（K4）以上的时候增加作用更加明显。

如表 18-12 所示，不同钾肥处理对薯干产量有显著影响。在氮、磷用量固定的情况下，甘薯薯干在本试验中的钾肥用量下，随着钾肥使用量的增加而增加。结果表明，施用钾肥能增加甘薯薯干产量，不同的处理增产幅度存在一定的区别，增产率范围是 3.63%～26.91%。在较低施钾水平下，薯干的增产幅度不明显，但是随着钾肥用量的增加，薯干产量上升明显。K6 处理薯干产量最高，比 CK 增产 2635.27kg/hm^2，增产率为 26.91%。方差分析表明，不同钾肥用量处理对薯干有显著的增产作用，其中 K1、K2、K3 处理对薯干有一定的增产效果，但是增产不显著，K4、K5、K6 处理显著增产。

表 18-12　不同钾肥处理对薯干产量和块根干物率的影响

处理	产量/(kg/hm^2)	增产率/%	干物率/%	增加率/%
CK	9793.84 c	—	31.37	—
K1	10149.82 c	3.63	31.83	1.47
K2	10282.87 c	4.99	32.04	2.14
K3	10265.61 c	4.82	31.85	1.53
K4	11062.72 b	12.96	32.82	4.62
K5	11433.61 b	16.74	32.98	5.13
K6	12429.11 a	26.91	33.64	7.24

四、蘸根免浇轻简化栽培技术

四川甘薯主要种植在丘陵山区，栽后浇水不仅困难，而且劳动强度最大，长期以来农户的习惯就是雨后移栽，严重制约着甘薯移栽期，缩短了甘薯大田生长期，从而造成减产。为解决这个问题，绵阳市农业科学研究院集成了甘薯蘸根免浇轻简化栽培技术。

试验设三种生根剂使用量蘸根处理：A1（半量）每袋 35g 兑水 8kg；A2（常量）每袋 35g 兑水 4kg；A3（倍量）每袋 35g 兑水 2kg，并设置了 CK1（浇水）和 CK2（不浇水）两种对照，共计 5 个处理。蘸根处理时将剪好的薯苗在 3 种处理水剂中蘸根后 4h 直接移栽，栽后不浇定根水，CK1 是不蘸根但按照常规在薯苗栽后进行浇水灌溉，CK2 是不蘸根且栽后不浇水。

如表 18-13 所示，不同剂量处理对鲜薯产量有明显影响。试验中 A2 处理鲜薯产量最高，比 CK1 增产 0.30%，比 CK2 增产 8.47%；A1 处理比 CK1 减产 3.05%，比 CK2 增产 4.85%；A3 处理对 CK1 减产 1.40%，比 CK2 增产 6.62%。进一步方差分析表明：与 CK1 相比较，A1 处理减产显著，A2 处理增产不显著，A3 处理减产不显著；与 CK2 相比较，所有处理均极显著增产。表明在本试验中，与栽后不浇水相比较，蘸根处理极显著地增加甘薯产量；与栽后浇水相比较，采取常量蘸根处理增产不显著，倍量蘸根处理减产不显著，半量蘸根处理减产显著。这表明常量蘸根处理和倍量蘸根处理均可以替代栽后浇水，而且确保甘薯鲜薯产量不减产。

表 18-13　甘薯蘸根免浇鲜薯产量

处理	鲜薯产量/(kg/hm^2)				较 CK1/(±%)	较 CK2/(±%)
	重复 1	重复 2	重复 3	平均		
A1	30001.50	29526.40	30176.45	29901.45	−3.05	4.85
A2*	31026.50	31226.60	30551.45	30934.85	0.30	8.47

续表

处理	鲜薯产量/(kg/hm²)				较 CK1/(±%)	较 CK2/(±%)
	重复 1	重复 2	重复 3	平均		
A3	30326.50	30676.50	30226.55	30409.85	−1.40	6.62
CK1	30951.65	30801.25	30776.55	30843.15		8.14
CK2	28127.70	28576.35	28851.45	28518.50		

*常量指说明书上面的用量。

如表 18-14 所示，不同剂量处理对薯干产量的影响差异显著。整个试验中 CK1 薯干产量最高，A2 处理比 CK1 减产 1.87%，A1、A3 处理分别比 CK1 减产 8.12%、7.62%；与 CK2 相比，3 个处理薯干产量均有所增加，其中 A2 处理增幅最大，为 12.09%。方差分析表明，与 CK1 相比较，A2 处理减产不显著，A1、A3 处理均减产极显著，与 CK2 相比较，所有处理薯干产量均增产极显著。结果表明，通过常量蘸根处理可获得与栽后浇水相近的薯干产量，倍量和半量处理与栽后浇水相比薯干产量略有减产，但各种处理均比栽后不浇水的薯干产量增产。

表 18-14 '徐薯 22'蘸根免浇薯干产量

处理	薯干产量/(kg/hm²)	干物率/%	较 CK1/(±%)	较 CK2/(±%)
A1	8898.67	29.76	−8.12	4.96
A2	9503.19	30.72	−1.87	12.09
A3	8946.58	29.42	−7.62	5.52
CK1	9684.75	31.40		14.23
CK2	8478.55	29.73		

第四节 新品种地膜覆盖高产栽培技术

以高淀粉甘薯品种'绵南薯 10 号'为材料，进行可降解膜、不降解膜、黑膜和不覆膜栽培技术研究[9]。种植密度 60000 株/hm²。5 月 27 日移栽，11 月 1 日收获，大田生育期 156d，覆膜处理采取先移栽，后覆膜。

一、地膜覆盖对地上部鲜重的影响

在栽后 40d 之内，不覆盖地膜处理的地上部优于覆盖地膜处理，而栽后 40d 之后，覆盖地膜处理的地上部生长势均优于不覆膜处理。如图 18-1 所示，在栽后

83d，覆盖黑膜的处理地上部鲜重在所有处理中最高，为 0.841kg/株。覆盖黑膜、可降解膜和不覆膜的 3 个处理，地上部的生长表现为"快-慢-快-慢"的变化规律。其中，从甘薯移栽后开始，地上部不断增加，在栽后 83d，达到茎叶生长的最高峰；随着甘薯生长向地下部转移，地上部开始缓慢地衰退或消亡；当衰退到一定程度的时候，甘薯主茎的叶腋部开始生出一些小的分枝或二次分枝，并长出短的叶柄和叶片，表现为甘薯块根中养分积累与茎叶生长齐头并进，地上部鲜重不断增加，块根迅速膨大；随后茎叶生长逐渐变慢，直至停滞，叶片转淡发黄，出现枯死，地上部重量逐渐下降。

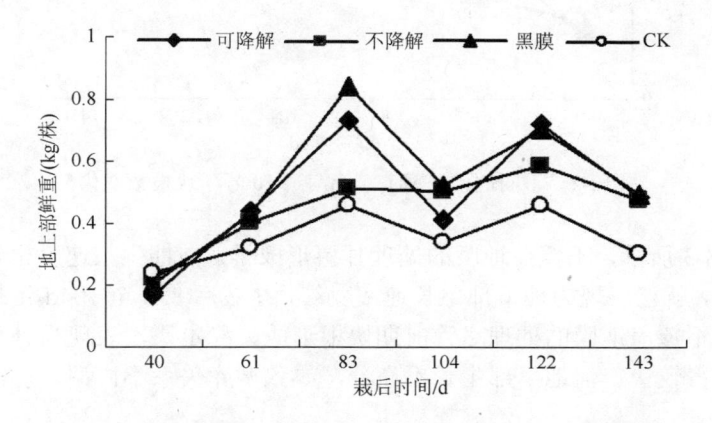

图 18-1　不同地膜处理下'绵南薯 10 号'地上部鲜重变化

覆盖不降解膜处理的地上部生长则表现为"快-慢"的变化规律，在栽后 83d 至 122d 地上部缓慢增长。与不覆膜相比，覆盖不降解膜处理在栽后 61d 以后，各个时期的地上部生长优势明显，增加幅度在 20%～50%。这可能与膜的特性有关，不降解膜较厚，而且整个生育期中无法降解，形成非常稳定的田间小气候，有利于甘薯生长。但是在生长速率上，从栽后 61～104d，不降解膜处理的地上部增长速率呈现缓慢下降的趋势，表明这段时期，该处理的地上部生长受到抑制，转化成地下部的迅速膨大。

覆盖地膜处理后期能够使地上部保持合理生长，不早衰，为地下部块根持续地膨大提供了充足的光合源，以覆盖不降解膜最优。

二、地膜覆盖对地下部生长发育的影响

在密度保持一致时，单株结薯数对产量的影响更大，覆盖地膜可以提高单株结薯数，从而提高产量。如图 18-2 所示，'绵南薯 10 号'从栽后 40～143d，不覆

盖地膜的块根数几乎表现为一条直线，即不覆盖地膜甘薯块根数在栽后 40d 已稳定在 5 个左右。而覆盖地膜的 3 个处理，块根在栽后 40d 才刚刚开始出现，从栽后 40d 到 61d 迅速增加，至栽后 104d 逐渐稳定在 6 个左右，块根平均比不覆膜增加 1~1.8 个，其中不降解膜平均单株结薯数最多，为 6.4 个/株。

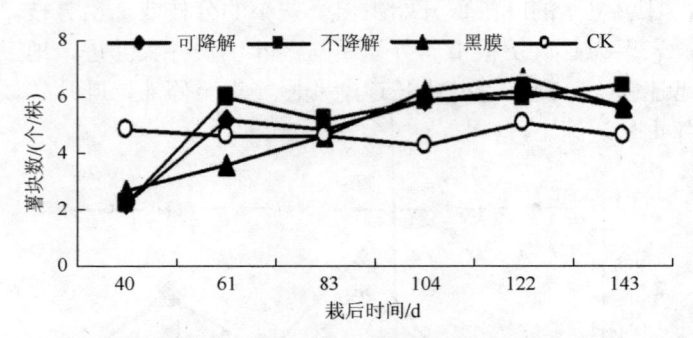

图 18-2 不同地膜处理下'绵南薯 10 号'块根数变化

如图 18-3 所示，不覆盖地膜的处理甘薯形成早，前期生长速度也较快，从栽后 61d 开始，就已表现为地下部生长速率变缓，在栽后 83d 至 104d 生长速率下降非常明显。不覆盖地膜的处理尽管前期块根形成、稳定快，表现为甘薯的生长点向地下转移得较快，但地上部生长不充分，导致源库关系不协调，影响了后期甘薯的膨大。

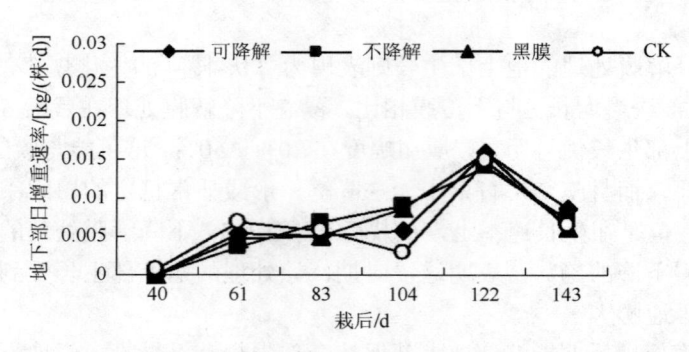

图 18-3 不同地膜处理下'绵南薯 10 号'地下部生长速率变化

覆膜处理后块根前期形成慢，鲜重增加速率也较不覆膜低，后期块根稳定后，鲜重增加迅速，至栽后 143d 以不降解膜的块根鲜重最重（图 18-4）。覆盖地膜以后，尽管前期块根稳定慢，在中后期由于有地上部光合源的保障，地下部生长迅速。不降解膜处理在栽后 83~104d，由于地上部稳定，块根增加速率最快，后期产量也最高。

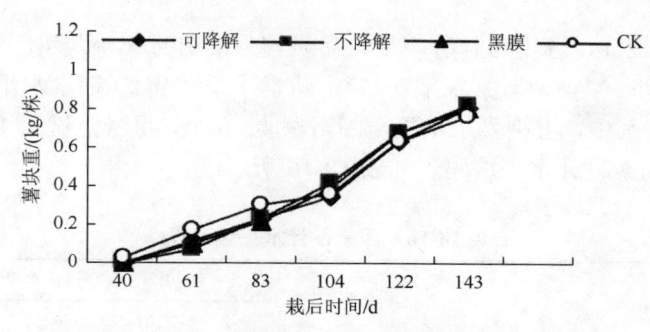

图 18-4 不同地膜处理下'绵南薯 10 号'块根重变化

三、不同覆膜处理的增产作用

如表 18-15 所示，覆盖地膜对'绵南薯 10 号'的产量有明显的增加效应，增产幅度在 9.52%～13.19% 之间，其中以覆盖不降解膜的产量最高，达到 52494.30kg/hm^2，分别比不覆盖膜增产 13.19%，比黑膜增产 2.27%，比可降解膜增产 3.35%。方差分析表明：与对照相比，覆盖不降解膜和黑膜可以极显著地增加鲜薯产量，覆盖可降解膜可以显著增加鲜薯产量。

表 18-15 不同地膜处理下'绵南薯 10 号'产量结果

处理	平均产量/(kg/hm^2)	增产比例/%	干物率/%	薯干产量/(kg/hm^2)
可降解	50794.20 a	9.52	30.95	15720.80
不降解	52494.30 a	13.19	30.79	16162.99
黑膜	51327.60 a	10.67	31.60	16219.52
CK	46377.45 b	0	32.18	14924.26

第五节 高淀粉品种简化高效栽培技术

'川薯 217'是四川省农业科学院作物研究所等单位选育的高淀粉甘薯品种。为了研究高淀粉甘薯'川薯 217'的优化高效栽培技术，采用五元二次正交旋转回归组合设计方法，在川中丘陵区对'川薯 217'的主要栽培因素移栽密度、移栽期、氮素水平、磷素水平和钾素水平进行研究[10]，以期为川中丘陵区'川薯 217'的生产制定合理栽培方案。

一、试验方案

1. 试验因素设计水平编码

试验于 2011 年在四川省金堂县竹篙镇科研示范基地进行。采用五元二次正交旋转回归组合设计，选用与甘薯产量、品质较为密切的 5 个栽培因素，即移栽期（X_1）、移栽密度（X_2）、氮素水平（X_3）、磷素水平（X_4）、钾素水平（X_5），共设置 36 个处理。其中，五因素二水平全因素试验 16 个，星号点试验 10 个，中心点试验 10 个。因素设计水平编码表如表 18-16 所示。

表 18-16 因素设计水平编码表

变量	因素	变化间距	$R=2$ 变量设计水平及编码				
			−2	−1	0	1	2
X_1	移栽密度（$\times 10^4$ 株/hm^2）	7500	37500	45000	52500	60000	67500
X_2	移栽期（月/日）	10d	5/15	5/25	6/4	6/14	6/24
X_3	氮素水平（kg N/hm^2）	20	0	20	40	60	80
X_4	磷素水平（kg P$_2$O$_5$/hm^2）	20	0	20	40	60	80
X_5	钾素水平（kg K$_2$O/hm^2）	30	0	30	60	90	120

2. 数学模型的建立及检验

根据试验产量数据，使用回归旋转组合设计方法，可获得描述甘薯产量结果的多维反应数学模型，即回归方程。对方程进行检验，回归项达显著水平（$P=0.014$）。为了进一步明确各因素的影响速度，对方程各偏回归系数显著性测验，结果表明，一次项 X_3，二次项 X_2、X_3、X_5 和互作项 X_1X_3 均达到显著水平（P 值分别为 0.0200、0.0093、0.0152、0.0314、0.0063）。剔除不显著回归项，可获得简化回归方程

$$Y = 34011.23861 + 1159.29583X_3 - 1200.20167X_2^2 - 1102.54292X_3^2 \\ + 954.75708X_5^2 + 1806.65125X_1X_3$$

五元二次正交旋转组合设计及产量结果如表 18-17 所示。

表 18-17 五元二次正交旋转组合设计及产量结果

试验号	编码值					鲜薯产量/（kg/hm^2）
	X_1	X_2	X_3	X_4	X_5	
1	−1	−1	−1	−1	1	36 468.93
2	−1	−1	−1	1	−1	34 593.93
3	−1	−1	1	−1	−1	30 406.40
4	−1	−1	1	1	1	33 489.75
5	−1	1	−1	−1	−1	33 698.09
6	−1	1	−1	1	1	36 781.44
7	−1	1	1	−1	1	28 656.39

续表

试验号	X_1	X_2	X_3	X_4	X_5	鲜薯产量/(kg/hm²)
8	−1	1	1	1	1	27 406.38
9	1	−1	−1	−1	1	29 187.65
10	1	−1	−1	1	−1	32 625.17
11	1	−1	1	−1	−1	28 562.64
12	1	−1	1	1	1	36 718.94
13	1	1	−1	−1	1	32 406.41
14	1	1	−1	1	−1	32 093.91
15	1	1	1	−1	−1	34 073.09
16	1	1	1	1	1	34 281.42
17	−2	0	0	0	0	28 562.64
18	2	0	0	0	0	34 906.43
19	0	−2	0	0	0	27 718.89
20	0	2	0	0	0	28 093.89
21	0	0	−2	0	0	24 906.38
22	0	0	2	0	0	31 687.67
23	0	0	0	−2	0	31 156.41
24	0	0	0	2	0	30 406.40
25	0	0	0	0	−2	32 937.66
26	0	0	0	0	2	40 114.79
27	0	0	0	0	0	33 771.00
28	0	0	0	0	0	33 802.25
29	0	0	0	0	0	36 468.93
30	0	0	0	0	0	33 906.42
31	0	0	0	0	0	32 031.41
32	0	0	0	0	0	32 573.09
33	0	0	0	0	0	34 281.42
34	0	0	0	0	0	35 437.68
35	0	0	0	0	0	33 354.33
36	0	0	0	0	0	37 093.94

二、模型分析

1. 主因素效应

由于回归设计对各试验因素的取值进行了水平编码，经过无量纲处理，回归系数绝对值的大小可以反映该因素作用的大小。从方程的线性看，5 种栽培因素的线性效应对鲜薯产量的影响程度为：$X_3 > X_5 > X_4 > X_2 > X_1$。

2. 单因素效应

采用"降维法"将任意 4 个变量固定在零水平上,建立一元回归子模型。X_2、X_1、X_3、X_4 四因素对鲜薯产量的效应方程的二次项系数为负值,表明这四因素对鲜薯产量的效应曲线是一条开口向下的抛物线,Y_i 有极大值;而 X_5 对鲜薯产量的效应方程的二次项系数为正值,表明在 $-2 \leqslant X_5 \leqslant 2$ 范围内提高钾素水平,鲜薯产量有增加的趋势。

3. 双因素交互效应

方差分析表明,在 10 个双因素组合中,X_1 与 X_3 交互作用($F=10.08$)达极显著水平。其交互作用数学模型如下:

$$Y = 34\,011.23861 + 593.31917 X_1 + 159.29583 X_3 - 243.16542 X_1^2 \\ - 1102.54292 X_3^2 + 1806.65125 X_1 X_3$$

X_2 和 X_3 的交互作用子模型的分析结果表明,水平取值在 $-2 \sim 2$ 范围内,增加 X_2 和提高 X_3 在整体上可以提高产量。当 X_2 高于 1 时,随 X_3 的提高,产量不断提高,最高产量为 39146.26kg/hm^2;当 X_2 等于 1,X_3 超过 1 时,继续加大两者水平,则开始减产;当 X_2 低于 1,X_3 超过 0 时,继续加大两者水平,则减产幅度较大。

4. 模型的频数分析

在生产上由于受各种因素的影响,应用回归方程求得的最优解在生产上不一定最优,而应用计算机寻优的频数分析法较多考虑出现的频数,求得的目标值可供生产上直接利用。

对回归方程,令各变量取值为 -2、-1、0、1、2,在约束范围 $-2<X_i<2$ 内,将鲜薯公顷产量预测值大于 37500kg 的结果列出,共有 300 套方案。只要满足密度 57750~60255 株/hm^2,6 月 3 日~6 月 5 日移栽,施纯 N 56.44~61.56kg/hm^2,P$_2$O$_5$ 36.8~43.2kg/hm^2,K$_2$O 53.79~66.21kg/hm^2,可获得 37500kg/hm^2 以上的鲜薯产量。每公顷 37500kg 以上鲜薯产量模拟方案,如表 18-18 所示。

表 18-18　每公顷 37500kg 以上鲜薯产量模拟方案

项目	移栽密度 X_1 次数	频率/%	移栽期 X_2 次数	频率/%	氮素水平 X_3 次数	频率/%	磷素水平 X_4 次数	频率/%	钾素水平 X_5 次数	频率/%
-2	50	16.67	10	3.33	10	3.33	60	20	120	40.00
-1	10	3.33	65	21.67	30	10.00	60	20	20	6.67
0	20	6.67	150	50.00	50	16.67	60	20	20	6.67
1	70	23.33	65	21.67	85	28.33	60	20	20	6.67

续表

项目	移栽密度 X_1 次数	频率/%	移栽期 X_2 次数	频率/%	氮素水平 X_3 次数	频率/%	磷素水平 X_4 次数	频率/%	钾素水平 X_5 次数	频率/%
2	150	50.00	10	3.33	125	41.67	60	20	120	40.00
合计	300	100.00	300	100.00	300	100.00	300	100	300	100.00
平均数		0.867		0		0.950		0		0
标准差		0.085		0.048		0.065		0.082		0.105
95%置信区间		0.700~1.034		−0.095~0.095		0.822~1.078		−0.160~0.160		−0.207~0.207
农艺措施		57750~60255		6/3~6/5		56.44~61.56		36.8~43.2		53.79~66.21

三、高淀粉甘薯简化高效栽培技术集成

综合多方面试验和简化高效栽培技术研究与示范结果[8-14]，集成了高淀粉甘薯简化高效栽培技术体系。

1. 选用良种

目前国内选育的一些高产高淀粉的甘薯新品种，如'川薯34'、'川薯164'、'川薯217'、'川薯218'、'绵薯6号'、'南薯99'和'徐薯22'等，其淀粉含量均高于对照'南薯88'，鲜薯产量潜力可达45000~60000kg/hm²。

2. 培育壮苗

使用脱毒苗或脱毒薯作种，在防蚜条件下早育苗。根据各地天气情况，在2月中下旬排种，苗床地要求土壤肥沃，土层深厚，向阳，最好选择晴好天气播种，地膜覆盖，盖膜要严，必要时可用双膜。出苗后在出苗处划一小口，引苗出膜，用细土盖严破口四周和压苗，齐苗后施清水灌窝，根据天气和苗长势施水粪加少量尿素，培育壮苗。移栽时尽量要保证薯苗质量，一般要求7~8节，100苗重不低于2kg。

3. 施足基肥

本田应选在四周无荫蔽的二台地，肥力均匀，中上等，土层较厚（耕作层不低于25cm），施有机肥（厩肥或土粪）15000kg/hm²，结合作垄施入垄中，本田翻耕耙细后作垄，垄宽1.2m，与玉米间套作则根据前作确定垄宽，垄高保证在0.4m，均匀一致。

4. 适时早栽

5月中下旬移栽，最迟不超过6月5日。如果前作是小麦，接茬时间紧，可在小麦收获前4d剪下薯苗，放在14～18℃润湿见光的环境下饿苗4～6d，小麦收获后，立即施肥作垄，双行交叉栽插，斜插，入土3节，株距0.275m，密度60000株/hm^2，栽后立即浇水，确保成活。

5. 地膜覆盖

用聚氯乙烯地膜或其他可降解膜，盖于垄上，开小口将薯苗引出，植株周围少量培土，以防止地膜高温为害，相邻两幅地膜在垄沟中不能交叉，至少相距10cm，以便雨水浸入垄中。

6. 看苗施肥

栽后20d，施尿素30kg/hm^2、过磷酸钙150kg/hm^2、硫酸钾300kg/hm^2，充分混合后施于植株旁10cm土层中。以后根据苗情追施裂口肥或喷施叶面肥等。

7. 加强管理

地膜覆盖后，遇多雨时有利于排水防涝。遇长期干旱时，一定要灌溉，特别是前中期尤为重要。覆膜后，一般无杂草，如有尽早拔除。不翻藤，但可根据苗势提藤。

8. 合理化控

在中后期，如果氮素代谢过旺，有徒长趋势，喷施矮壮素或多效唑等；如叶面积不足，叶色淡黄或过早落黄，说明有缺肥症状，根外喷施1%尿素加上1%磷酸二氢钾2～3次，每次间隔一周。

9. 适时收获

在11月中下旬，晴天收获。收获过早影响产量，收获过晚影响品质和贮藏性。

第六节 空中甘薯嫁接栽培系统新技术

源流库关系及其机理是甘薯育种及栽培的核心问题之一。空中甘薯的栽培是在对甘薯源流库关系的研究基础上发展起来的，这套系统反向利用又可以用来深化对甘薯源流库关系的研究。

一、建立在传统土壤栽培条件下的空中结薯技术

在砂砾栽培中已经初步显现了甘薯根系功能分离的雏形,在此基础上发展了甘薯水耕栽培连续结薯技术,根系功能在空间和功能上的分离已充分体现。营养液水培空中甘薯时,植株栽插在营养液中,由于浮力作用,根系漂浮在营养液中,缺乏足够压力而不能膨大,因此造成了光合产物在地上部分的积累,此时利用甘薯藤蔓具有生长不定根的遗传特性,通过压蔓诱导形成块根即空中甘薯。随着研究的深入,发现水耕栽培技术难度高和管理不便。空中甘薯嫁接栽培系统首次利用嫁接的方法,以旋花科植物做砧木,通过嫁接并利用砧木阻碍地上绝大部分光合产物的向下运输从而在地上积累,使甘薯吸收根和贮藏根在空间和功能上的分离,巧妙地实现了在固体基质栽培(尤其是土壤)条件下的空中结薯,不受品种蔓长限制,且成本低、管理方便[15]。

二、空中甘薯嫁接栽培系统的关键技术

先后从江苏徐州甘薯研究中心、西南大学、河南省农业科学院等科研单位,引进了一批砧木材料:*I.hederiflia*、*I.nil*、*I.obscure*、*I.postigridis*、北农5521、小花牵牛、雍菜种、台湾紫秧、巴西牵牛及7个品系 *I.trifida*[16]。

1. 优化嫁接方法

甘薯嫁接通常采用劈接法和靠接法。劈接法仅适合于砧木与接穗粗细一致或差别不大,嫁接后需每隔2h喷水一次或者拱膜控温保湿;主要不足是管理精细且成活率不高,野生材料的茎通常只有2mm左右,而甘薯茎较大,用劈接法成活率极低。采用优化后的靠接法嫁接,可以使野生材料与甘薯的嫁接成活率达到90%以上,而且管理简便。

2. 不同砧木对接穗空中甘薯的影响评价

将15份砧木材料分别与甘薯品种'徐薯22'进行嫁接,形成空中甘薯植株,测定了根系生长长度、鲜重、干重、最大直径等指标,地上部分测定了空中甘薯的产量、个数、干物质含量、藤蔓鲜重、藤蔓干重等指标,综合评价地上空中甘薯和地下根系指标,结果证明以下几点:①近缘野生种 *I.trifida*、种间杂种'北农5521'两份材料嫁接成活率在89%~100%,二者做砧木的重演性极好,诱导的空中甘薯产量最高,是最佳砧木;'SH-2'为远缘品种,表现较 *I.trifida* 和'北农5521'稍逊。②旋花科植物茑萝、本地紫花牵牛、雍菜、*I.nil*、*I.obscure* 5份砧木根系分

离效果好,但有不同程度早衰,也是空中甘薯的优良砧木。③旋花科植物 *I.hederiflia* 和 *I.postigridis* 2 份材料茎太细,木质化程度高,嫁接植株成活率低,不宜作砧木。④'福薯 18'、'福薯 7-6'、'坦桑尼亚'、'烟台绿化'、'台湾紫秧' 5 份砧木在地下均可形成块根,致使空中甘薯产量低,也不宜作砧木。试验结论:根系不形成块根、与甘薯的嫁接亲和性好、嫁接植株及其嫁接接头不早衰是空中甘薯嫁接栽培系统中衡量砧木的关键因素,具有这三大特点的材料才能作为空中甘薯嫁接栽培系统的砧木。砧木对空中甘薯和地下根系的影响效应如表 18-19 所示。

表 18-19 砧木对空中甘薯和地下根系的影响效应

砧木		接穗	地上部分鲜重/(kg/株)		吸收根系(地下根系)		块根
			藤蔓	空中甘薯	长度/cm	鲜重/(kg/株)	
Ⅰ型	本地牵牛(长蔓)		2.93±0.95	1.25±0.41 bcd	77.7±2.6	0.16±0.07 d	N
	I.nil(矮化)		0.73±0.06	1.02±0.09 bcd	73.0±2.3	0.10±0.01 d	N
	I.purpurea		4.02±0.75	0.79±0.20 bcde	109.7±4.5	0.10±0.00 d	N
	I.hederiflia		0.43±0.06	0	55.2±2.1	0.03±0.01 d	N
	Quamoclit pennata		0.93±0.17	0.87±0.26 bcde	67.7±3.6	0.14±0.04 d	N
	I.obscure		0.74±0.04	0.94±0.13 bcd	73.3±3.0	0.08±0.01 d	N
	I.postigridis		0.41±0.04	0	38.5±2.4	0.03±0.00 d	N
Ⅱ型	*I.trifida*	'徐薯22'	2.87±0.34	2.30±0.05 a	97.7±3.9	0.22±0.04 d	N
	'北农 5521'		3.69±0.36	1.23±0.29 bcd	83.3±2.0	0.15±0.01 d	N
Ⅲ型	'SH-2'		3.77±0.50	1.63±0.22 ab	97.2±3.8	0.13±0.02 d	N/Y
	'福薯 7-6'		3.80±0.93	0.42±0.18 de	51.5±3.0	1.33±0.34 b	Y
	'台湾紫秧'		3.30±0.76	1.40±0.21 bc	60.2±2.8	0.89±0.24 bc	Y
	'坦桑尼亚'		5.88±1.72	1.62±0.47 ab	90.7±3.5	0.58±0.20 cd	Y
	'福薯 18'		10.44±1.38	0.61±0.26 cde	64.5±2.3	1.11±0.31 bc	Y
	'烟台绿化'		8.91±1.08	0.92±0.37 bcde	88.0±2.5	0.81±0.37 bc	Y
'徐薯 22'		CK	7.24±0.79	0.03±0.03 e	62.2±2.1	3.30±0.16 a	Y

注:对照'徐薯 22'不嫁接,仍在相同高度压蔓。地下根系长度为最长根的长度,藤蔓也是最长蔓长。小写字母表示显著水平的 Duncan's 差异比较结果,$n=18$。N:无块根;Y:结有块根。

3. 压蔓基质筛选

以空中甘薯嫁接植株'SH-2/徐薯 22'为压蔓对象,用 8 种压蔓基质:蛭石+珍珠岩+沙(1:1:1)、蛭石+沙(1:1)、土壤+沙(1:1)、蛭石、沙、土壤、营养土、农场领土,通过对压蔓后空中甘薯块根外形、大小薯个数及产量的调查和分析,结果如表 18-20 所示,筛选出蛭石,蛭石和沙混合物,蛭石与沙及珍珠岩的混合物 3 种压蔓基质均能诱导出薯形美观的空中甘薯,但"蛭石+珍珠岩+沙"压蔓诱导出的空中甘薯产量达到 1.97kg 为最高,100g 以上的大中薯率高,块根个数 9.0 个,最适合作为压蔓的基质。试验结论:不同的压蔓基质诱导出的甘薯块根在薯形、产量方面差异明显。压蔓基质少含或不含养分、疏松程度适中的基质才能作为空中甘薯的压蔓基质。

表 18-20 空中甘薯压蔓基质诱导效果比较

基质	薯形	空中甘薯 产量/kg	空中甘薯 结薯数	空中甘薯（≥0.1kg） 产量/kg	空中甘薯（≥0.1kg） 结薯数	空中甘薯（<0.1kg） 产量/kg	空中甘薯（<0.1kg） 结薯数
M1	光滑	1.24±0.25 b	13.6±0.9 a	0.97±0.29 b	6.3±1.2 a	0.27±0.04 a	7.3±1.9 a
M2	光滑	1.97±0.38 a	9.0±2.1 b	1.83±0.44 a	6.0±0.6 a	0.14±0.10 ab	3.0±2.5 b
M3	光滑	1.07±0.31 b	8.0±0.6 bc	0.96±0.32 b	5.7±1.3 a	0.11±0.01 b	2.3±0.9 b
M4	槽沟	0.89±0.05 b	6.0±1.2 bcd	0.80±0.04 b	4.3±0.7 ab	0.09±0.03 b	1.7±0.7 b
M5	槽沟	0.73±0.10 b	4.0±1.0 d	0.68±0.14 b	3.0±1.0 b	0.05±0.05 b	1.0±1.0 b
M6	畸形	1.05±0.08 b	5.7±0.3 bcd	0.95±0.06 b	4.4±0.3 ab	0.10±0.05 b	1.3±0.7 b
M7	畸形	0.73±0.10 b	5.0±1.4 cd	0.61±0.10 b	2.7±0.4 b	0.12±0.03 b	2.3±0.9 b
M8	槽沟	1.29±0.21 b	3.7±1.7 d	1.24±0.25 b	2.3±0.3 b	0.05±0.05 b	1.4±1.3 b

注:M1:珍珠岩;M2:珍珠岩、蛭石和沙的 1∶1∶1 混合物（体积比,下同）;M3:珍珠岩和沙的 1∶1 混合物;M4:沙和黄黏土 1∶1 混合物;M5:沙;M6:黄黏土;M7:腐殖土;M8:农场壤土（四川省兰月科技有限公司生产）。小写字母表示显著水平的 Duncan's 差异比较结果,$n = 12$。

4. 空中甘薯诱导标准确定

在压蔓后浇水 1 或 2 次,保持基质湿润 15~20d,之后不再浇水,否则须根太多,一是影响空中甘薯的产量和外观,二是弱化了砧木的吸收功能,因为本项技术的核心是吸收根和贮藏根根系功能在空间上的分离,给压蔓基质浇水会造成植株就近吸收水分,从而弱化了根系功能分离。

5. 不同蔓长品种栽培方式研究

通过对不同肉色和蔓长类型的甘薯品种的栽培试验研究发现,中、短蔓品种尤其是短蔓品种在正立栽培生长时生长速度显著低于长蔓品种,导致在后期压蔓后的空中甘薯生长时间短,只能在较低的位置压蔓,影响观赏,因此,本研究针对短蔓品种设计了倒立悬挂栽培模式,使栽培方式更加灵活。正立和倒立两种栽培方式试验结果表明:中、长蔓型品种适合正立栽培,短蔓品种适合倒立栽培。

6. 空中甘薯倒立栽培新型固体基质研究

在倒立生长型空中甘薯栽培中发现,由于根系的向地性和基质中水分因重力作用向基质下层沉积,当把空中甘薯倒置种植时会不可避免地发生因植物根系的向地性与趋水性的特性而始终向下方生长,造成种植容器下层空间根系拥挤、生长羸弱、养分吸收能力不足,植株处于不正常生长状态。针对这一问题,试验研究开发了专门用于空中甘薯倒立栽培的新型固体基质,利用"分层保水肥诱导"的原理,在上层铺设整个基质厚度15%~25%的"水肥层",含有保水剂和缓释肥,在浇水时,通过"水肥层"的农用吸水树脂的吸水和放水过程,自上而下形成由高到低的水肥梯度,能够有效解决在倒立栽培时因植物根系的向地性与趋水性而始终向下方生长导致植株非健康生长的问题,有效诱导根系向上生长。

7. 适合正立栽培和倒立栽培的品种类型筛选

参试的'川薯217'、'徐紫薯1号'、'CS1-12-1'、'南紫-8'、'烟紫薯337'、'川紫薯1号'、'烟紫薯1号'、'徐薯18'、'徐紫薯L7' 9个长蔓品种适合正立栽培;'徐薯22'、'万薯7号'、'川薯34'、'南薯88' 4个中蔓型品种适合正立和倒立栽培;'川薯20'、'川薯294'、'心香'、'徐紫薯20-1'、'万紫56' 5个短蔓品种适合倒立栽培。试验结论:利用嫁接技术,可以实现不同蔓长和肉色类型的常规栽培品种空中结薯,中、长蔓型品种适合正立栽培,短蔓品种适合倒立栽培,倒立栽培通过"分层保水肥诱导"使根系向上生长。不同类型品种的接穗结薯能力比较如表18-21所示。

表18-21 不同类型品种的接穗结薯能力比较

栽培方式	砧木	接穗	藤蔓鲜重/kg	空中甘薯鲜重/kg	地下根系/kg 鲜重	块根与否
正立	SH-2	'徐薯22'(对照)	6.95±1.03 a	0.02±0.03 c	2.97±0.13 a	Y
		'徐薯18'	2.18±0.46 bcde	2.60±0.51 a	0.08±0.04 d	N
		'徐薯22'	3.55±0.93 b	2.52±0.18 a	0.10±0.00 cd	N
		'南薯88'	2.37±0.30 bcd	2.56±0.77 a	0.17±0.12 cd	N
		'川紫薯1号'	1.10±0.17 cde	1.60±0.06 ab	0.05±0.00 d	N
		'万薯7'	0.90±0.12 de	1.22±0.22 b	0.07±0.02 d	N
		'CS1-21-1'	2.30±0.31 bcd	1.04±0.48 bc	0.10±0.00 cd	N
		'川薯34'	2.93±0.69 bc	0.96±0.41 bc	0.23±0.09 cd	N
		'川薯294'	2.72±0.58 bc	1.57±0.12 ab	0.13±0.03 cd	N
		'烟紫薯1号'	2.31±0.25 bcd	1.87±0.13 ab	0.12±0.04 cd	N
		'川薯20'	0.44±0.10 e	0.92±0.17 bc	0.09±0.06 cd	N
		'南紫薯008'	2.92±0.42 bc	1.48±0.24 ab	0.62±0.10 b	Y
		'川薯217'	1.73±0.61 bcde	2.07±0.37 ab	0.48±0.27 bc	Y

续表

栽培方式	砧木	接穗	藤蔓鲜重/kg	空中甘薯鲜重/kg	地下根系/kg 鲜重	块根与否
倒立		'徐薯22'（对照）	0.55±0.05 a	0.14±0.04 d	0.46±0.11 a	Y
	SH-2	'徐薯22'	0.56±0.03 a	0.62±0.03 a	0.13±0.02 b	N
		'徐紫薯20-1'	0.27±0.03 a	0.41±0.02 b	0.10±0.02 bc	N
		'徐紫薯1号'	0.52±0.04 b	0.30±0.02 c	0.11±0.01 bc	N
		'心香'	0.23±0.03 b	0.55±0.05 a	0.12±0.01 bc	N
		'川薯20'	0.53±0.04 a	0.61±0.03 a	0.09±0.02 c	N

注：对照'徐薯22'不嫁接，仍在相同高度压蔓。小写字母表示同一栽培模式下的单因素方差分析和Duncan's多重比较（显著水平），$n=18$。N：地下根系无块根；Y：地下根系有块根。

三、空中甘薯嫁接栽培体系结薯机制和源流库关系研究

1. 空中甘薯生长动态研究

正立栽培以 *I.trifida* 和'SH-2'为砧木，'徐薯22'为接穗，未嫁接的 *I.trifida*、'SH-2'和'徐22'为多重对照。倒立悬挂栽培以SH-2为砧木，'徐薯22'为接穗，未嫁接的'SH-2'和'徐22'为双重对照。两种栽培方式每隔15d调查一次，吸收根系主要调查最长根长、重量、直径、膨大与否等指标，地上部分主要调查藤蔓生长动态和空中诱导根系根长、重量、直径等指标。

动态调查结果表明：砧木 *I.trifida* 地下根系的长度、直径和干物质均持续增加，但直径增加并不显著，仍然为材根，没有形成块根。'*I.trifida*/徐薯22'的空中甘薯的直径和干物质产量随时间持续增加，并形成空中甘薯；但对照 *I.trifida* 和'徐薯22'的空中根系变化无规律性，'徐薯22'在没有嫁接处理的情况下不能稳定地形成空中甘薯。地下根系生长动态及主要特征如表18-22所示，空中根系生长动态及主要特征如表18-23所示。

经实际观察结果表明：压蔓后20d，空中根系通过压蔓诱导已经充分形成；压蔓后35d，一部分空中诱导根系开始膨大；压蔓后35~55d，空中根系快速膨大，形成空中甘薯。60d时可以移除压蔓基质及花盆，展示空中甘薯；压蔓90~105d的空中甘薯展示效果最佳。

试验结论：基于对空中甘薯植株地上地下根系干物质分析，证明了不具膨大特性的砧木能有效阻碍绝大部分光合产物向地下根系运输，从而造成光合产物在地上部分积累和形成空中甘薯。

源流库关系分析，在上述以'SH-2'为砧木，'徐薯22'为接穗，以未嫁接的、'SH-2'和'徐22'为双重对照，通过在地面延长压蔓距离模拟空中压蔓的藤蔓高度和倒立悬挂两种栽培方式下，对两种不同栽培方式的地上和地下根系及植株干物质含量的分析，得出了在正立栽培和倒立栽培条件下的生长动态和源库

表 18-22 地下根系生长动态及主要特征

移栽天数	对照 1 (*I.trifida*) 长度/cm	直径/mm	DYA/g	对照 2 ('徐薯 22') 长度/cm	直径/mm	DYUS/g	'*I.trifida*/徐薯 22' 长度/cm	直径/mm	DYA/g
45	45.7±3.6	3.3±0.2 d	1.8±0.2 e	21.1±1.0	4.0±1.1 e	1.3±0.3 d	45.3±7.5	3.0±0.4 d	1.3±0.3 d
60	51.4±2.6	4.4±0.2 cd	2.3±0.3 e	36.4±1.4	15.7±3.9 e	7.8±2.1 d	56.7±2.6	4.3±0.3 cd	2.9±0.3 d
75	56.1±3.4	4.8±0.4 cd	2.3±0.2 e	39.7±3.0	20.7±6.7 de	12.5±5.3 cd	64.7±8.7	5.8±0.2 bc	6.1±0.7 bc
90	62.3±3.2	5.3±0.4 bc	3.6±0.4 de	51.6±5.2	29.6±4.8 de	20.9±4.0 cd	79.4±3.4	5.4±0.4 bc	7.7±0.8 ab
105	68.7±4.1	6.9±0.8 ab	4.5±0.8 cd	60.7±7.8	45.5±9.8 cd	53.5±17.6 cd	80.3±6.2	6.3±0.8 bc	7.9±0.8 ab
120	77.0±3.0	7.2±0.8 a	5.6±0.4 bc	62.8±3.4	58.6±4.8 bc	67.2±14.4 bcd	84.6±9.2	5.8±0.7 bc	5.8±0.7 c
135	87.0±4.2	7.6±0.4 a	6.5±0.6 b	67.8±4.8	61.2±6.7 bc	88.8±32.8 bc	88.3±4.9	7.4±1.0 ab	7.7±1.0 ab
150	101.2±2.2	8.2±1.1 a	7.0±0.8 b	70.2±6.4	75.6±9.5 b	134.3±26.4 b	91.0±4.4	8.5±1.1 a	8.5±0.6 a
165	114.0±4.9	8.5±0.7 a	9.6±1.2 a	72.8±5.7	102.8±22.2 a	270.5±74.7 a	94.2±4.1	5.1±1.1 c	8.2±0.9 ab

注：DYA: 吸收根系干重；DYUS: 地下块根干重。根长度为地下最长根长，根直径为地下最大根直径。对照 1 ('*I.trifida*/徐薯 22') 地下根系无块根，部分对照 2 ('徐薯 22') 地下根系形成了块根，因此 DYUS 是地下块根，'*I.trifida*/徐薯 22' 的 DYA 为表示同一组肉内的单因素方差分析和 Duncan's 多重比较（显著水平），n=180。小写字母表示同一组肉内的单因素方差分析和 Duncan's 多重比较（显著水平）。

表 18-23 空中根系生长动态主要特征

移栽/压蔓时间	对照 1 (*I.trifida*) 长度/cm	直径/mm	DYF/g	对照 2 ('徐薯 22') 长度/cm	直径/mm	DYOS/g	*I.trifida*/徐薯 22 长度/cm	直径/mm	DYOS/g
75/15	25.1±2.8	1.3±0.2 c	0.4±0.1 d	39.6±2.4	1.5±0.1 b	0.7±0.1 b	46.4±3.1	2.0±0.4 e	2.5±0.5 d
90/30	56.6±4.4	2.7±0.3 c	2.7±0.5 cd	53.3±3.4	2.2±0.6 b	2.4±0.8 b	56.1±3.0	9.2±0.9 e	13.4±1.0 d
105/45	56.1±2.5	4.5±0.3 b	3.9±0.8 bc	66.6±3.0	18.6±4.5 b	12.0±4.0 b	62.1±3.0	26.7±2.3 d	29.5±4.7 cd
120/60	54.8±5.3	4.1±0.5 b	3.9±0.6 bc	64.6±5.1	6.4±4.7 b	3.1±1.1 b	55.4±3.4	39.6±2.5 cd	64.1±5.9 cd
135/75	55.2±3.2	5.3±0.3 b	6.2±1.0 b	70.0±4.1	28.3±9.3 b	40.9±17.5 ab	65.3±5.1	45.2±2.3 d	99.4±2.6 c
150/90	65.0±6.1	5.0±1.2 b	4.2±1.0 bc	54.6±4.7	62.2±18.8 a	81.4±20.6 a	66.2±4.7	75.6±7.8 b	202.8±31.3 b
165/105	55.8±2.4	7.1±0.3 a	11.2±1.5 a	55.2±2.9	18.6±17.1 a	47.6±44.9 ab	68.2±1.4	90.8±11.7 a	368.8±78.3 a

注：DYF: 须根干重；DYOS: 空中甘薯干重。空中根系最长根长，直径为空中甘薯最大直径。对照 1 (*I.trifida*) 未形成块根，因此 DYF 为空中根系的总干重。对照 2 ('徐薯 22') 和 '*I.trifida*/徐薯 22' 的 DYOS 仅为空中甘薯干重，不包括须根。

关系，正立和倒立栽培条件下，在光合产物的积累速率上较相同栽培条件下的对照植株分别提高10%和30%。

2. 空中甘薯形成关键过程接穗光合特征分析

叶绿素荧光是反映植物叶片光化学反应的指示物，能够反映源器官光系统的光捕获和电子传递等关键信息，对环境变化特别敏感。在叶片光合作用的过程中，光系统对光能的吸收、传递、耗散和分配等有独特的作用，与气体交换的"表观性"指标相比，叶绿素荧光参数更能反映其"内在性"。

试验以空中甘薯植株'*I.trifida*/徐薯18'，'*I.trifida*/徐薯 18'与未嫁接的'徐薯 18'（对照）同时移栽，植株长至 1.5m 时同时进行压蔓处理。选取生长一致的'*I.trifida*/徐薯 18'和对照植株各 5 株，分别在压蔓后第 0d、10d、20d、30d、45d 和 60d 测定第 5～6 片叶（成熟叶）的叶绿素荧光参数。利用 MIN-IIMAGING-PAM 调制叶绿素荧光仪非离体测定叶绿素荧光诱导动力学参数。测量时间安排在测定日上午 8:30～11:30 之间进行，测量前进行 30min 暗适应。测量光为红光，光化强度为 87μmol/(m^2·s)。

结果表明，在压蔓 0～20d 藤蔓长根期，最大光化学效率（F_v/F_m）和 PSII 实际光化学效率（YieldⅡ）下降、非光化学猝灭系数（NPQ）升高、表观光合电子传递速率（ETR）先增后降；压蔓 20～45d 须根开始膨大，F_v/F_m、YieldⅡ和 ETR 持续增高，NPQ 则先降后增，说明 PSII 反应中心的能量捕获效率增高，光合能力提高；压蔓 45～60d，光合能力又有所降低。

空中甘薯嫁接栽培技术是以嫁接阻断光合产物向地下运输为基础，同时压蔓诱导形成块根的过程，由于同时有嫁接和基质诱导的作用，叶绿素荧光参数在结薯关键期较对照有一定的差异。水耕栽培空中甘薯可大幅提高其叶面积，光合速率、气孔导度和蒸腾速率也显著提高，具有增产潜力。空中甘薯嫁接栽培的结薯关键期在压蔓 0～60d 这一时间段，压蔓 20d 以后须根开始膨大，在这一关键节点上，F_v/F_m、YieldⅡ、NPQ 和 ETR 均开始发生变化。空中甘薯植株是以甘薯近缘野生种 *I.trifida* 作砧木嫁接而获得，压蔓前有一定的生长时间，为 45～60d，这段时间内，空中甘薯集中在藤蔓的伸长，而对照植株是没有嫁接的'徐薯 18'，这段时间内已经有块根开始形成。植株压蔓后的 20d 内，F_v/F_m 与 YieldⅡ下降、NPQ 升高、ETR 有一个升高又降低的过程，可能和藤蔓的须根生长有较大关系，须根的生长影响了光合电子传递，造成了光化学效率下降。根系开始膨大后，可能是由于光合产物的储存需求得到了增加，光合效率相应提升。

（本章作者：屈会娟　沈学善　李　明　王晓黎　刘丽芳　黄静玮）

参 考 文 献

[1] 张允刚, 王欣, 后猛, 等. 食用型甘薯品质性状变化及其与农艺性状相关性. 江苏农业学报, 2014, 30（1）: 31-36.

[2] 林子龙. 种植密度与钾肥对甘薯新品种龙薯14号产量的影响. 南方农业学报, 2015, 46（6）: 1002-1006.

[3] 杨林森, 唐道彬, 吕长文, 等. 高淀粉甘薯0409-17高产栽培模式研究. 西南大学学报（自然科学版）, 2011, 33（2）: 12-16.

[4] 闫会, 李强, 张允刚, 等. 基因型和栽插密度对甘薯农艺性状及结薯习性的影响. 西南农业学报, 2017, 30（8）: 1739-1745.

[5] 窦怀良, 史衍玺, 刘庆, 等. 不同土壤肥力水平下施氮对甘薯产量与氮肥利用率的影响. 水土保持学报, 2017, 31（4）: 235-240.

[6] 汪顺义, 刘庆, 史衍玺, 等. 氮钾配施对甘薯光合产物积累及分配的影响. 中国农业科学, 2017, 50（14）: 2706-2716.

[7] 赵庆鑫, 江燕, 史春余, 等. 氮钾互作对甘薯氮钾元素吸收、分配和利用的影响及与块根产量的关系. 植物生理学报, 2017, 53（5）: 889-895.

[8] 秦鱼生, 涂仕华, 冯文强, 等. 平衡施肥对高淀粉甘薯产量和品质的影响. 干旱地区农业研究, 2011, 29（5）: 169-173.

[9] 丁凡, 余金龙, 余韩开宗, 等. 高淀粉甘薯品种绵南薯10号地膜覆盖高产栽培技术研究. 作物杂志, 2013,（6）: 110-113.

[10] 屈会娟, 沈学善, 黄钢等. 基于正交试验的高淀粉甘薯新品种川薯217优化栽培技术研究. 西南农业学报, 2012, 25（6）: 1995-1999.

[11] 何素兰, 李育明, 杨洪康, 等. 高淀粉甘薯新品种"西成薯007"优化栽培技术研究. 西南农业学报, 2011, 24（2）: 481-485.

[12] 刘莉莎, 唐明双, 黄迎冬, 等. 地膜覆盖对甘薯地土壤含水量及土层温度的影响. 江苏农业科学, 2017, 45（9）: 76-78.

[13] 刘莉莎, 何素兰, 李育明, 等. 四川丘陵地区地膜覆盖对甘薯营养生长和产量的影响. 江苏农业科学, 2015, 43（5）: 82-84.

[14] 唐明双, 李育明, 何素兰, 等. 不同垄距对西成薯007产量的影响. 湖北农业科学, 2017, 56（4）: 611-612.

[15] 李明, 蒲志刚, 谭文芳, 等. 空中甘薯嫁接栽培系统结薯关键期叶绿素荧光特性研究. 西南农业学报, 2016（1）: 2475-2478.

[16] Li M, Peng M F, Fu Y F, et al. Establishment of a grafted overhead-sweetpotato cultivation system with root-function spatial division. Scientia Horticulturae, 2014, 176: 303-310.

第十九章　甘薯加工关键技术研究与新产品开发

现代甘薯产业做优做强的关键在于大力发展加工产业。四川省甘薯面积和总产量虽然位居全国第一，但是在甘薯加工方面还差之甚远。近十余年来，在国家部省有关部门支持下，四川省通过产学研用紧密结合的方式承担了甘薯加工的重点项目，取得了较好进展。项目总体思路是以市场需求为导向，以甘薯食品精深加工产品开发为主线，以四川省农科院和四川大学为主要技术创新源，以国家级农业产业化龙头企业四川光友薯业有限公司等企业为产业开发主体，通过产学研用紧密结合实施产业技术链协同创新，以全营养、高附加值、全产业链开发为目标，研发紫薯全粉、普通甘薯全粉及全薯粉丝等加工关键技术、新工艺及系列主食新产品，建立加工示范生产线。将甘薯原料综合利用、精深加工、产品开发、设备创新等产业链关键环节的核心技术创新与产业创新链集成创新紧密结合，促进甘薯主产区农户增产增收和甘薯主食产业可持续发展。

第一节　花青素营养成分保护技术

一、紫色甘薯成分及花色苷稳定性

采用水提法提取紫色甘薯花色苷，经浓缩制得浓缩液，并对其营养成分进行分析测定。花色苷容易氧化，颜色由紫变黑，导致产品质量不稳，以颜色为指标，研究紫色甘薯浓缩液的稳定性[1, 2]。

1. 材料与方法

浓缩液制备：新鲜紫色甘薯洗净、晾干，准确称取50g切成约1cm小块，加入500mL蒸馏水打浆，并于37℃下搅拌提取1h，过滤后滤液于50℃旋转蒸发浓缩至250mL。

成分分析：取紫色甘薯浓缩液冻干粉末0.1g于坩埚中，加入10mL浓硝酸，高温消解，纯水洗涤并定容至50mL，采用ICP分析金属离子含量。固形物含量分析采用折光计法，蛋白质含量测定采用考马斯亮蓝法。还原糖和膳食纤维分别采用《食品中还原糖的测定》（GB/T 5009.7—2008）和《食品中膳食纤维的测定》GB/T 5009.88-2014方法测定。以苋菜红为标样，通过分光光度法测定花色苷含量，测定波长530nm。

浓缩液稳定性研究：实验中将紫色甘薯浓缩液进行一定程度的稀释，通过吸光度测定（530nm）和波长扫描，考察了光照、pH、温度、浓缩和预处理对紫色甘薯浓缩液颜色稳定性的影响。光照变量为紫外灯（8W）、日光灯（9W）下照射和避光保存，pH 变量为 2、4、6、8，温度变量为 4℃和室温（12~20℃），浓缩度变化为 10%（将提取液浓缩至原体积的 10%）、20%、40%、50%。预处理包括湿蒸（30min）和热烘（60℃、30min）两种方式，新鲜紫色甘薯经处理后制备浓缩液，观测存放中其颜色变化情况。

2. 浓缩液成分分析

紫色甘薯浓缩液中 Ca、Mg、Al、Cu、Se 的含量分别为 5.42mg/100mL、6.08mg/100mL、2.91mg/100mL、0.60mg/100mL、0.40mg/100mL，其他 Fe、Zn、Mn、Cr、As 等未检出。浓缩液中含有适量的微量元素 Se，有预防癌症、增强免疫力及抗氧化之效。如表 19-1 所示，检测发现浓缩液中含有较高含量的蛋白质和膳食纤维，还原糖和固形物含量适中，因此可将紫色甘薯浓缩液应用于植物蛋白饮料或糕点等多种产品的研发中，以实现紫色甘薯加工的多元化生产。

表 19-1　紫色甘薯浓缩液中固形物、还原糖、蛋白质、膳食纤维含量

项目	固形物	还原糖	蛋白质	膳食纤维
含量（g/100mL）	0.56	0.281	1.711	0.037

波长扫描发现紫色甘薯浓缩液的最大吸收波长为 530nm，花色苷当量为 1.175mg/100mL。

3. 光照对浓缩液的影响

光照易导致天然色素的氧化和分解，可通过对花色苷的影响而改变浓缩液的颜色，引起产品在存放中出现颜色波动。如图 19-1 所示，实验发现，在 30d 观测期内所试样品颜色都发生了不同程度的波动，吸光值（OD 值）有一个先上升后下降的趋势，其原因可能是前期花色苷氧化导致吸光值上升，之后氧化减缓，而所形成的氧化中间体（如醌型结构）因不稳定而分解，或者糖苷键断裂使得紫色甘薯花色苷破坏，从而引起吸光值在后期有所降低。紫外照射下，浓缩液颜色加深明显，其吸光值上升幅度最大，表明紫外线具有较强的促进花色苷氧化的作用。避光条件下浓缩液颜色变化较小，说明紫色甘薯花色苷氧化程度较低。上述结果表明，为了保持颜色稳定性，紫色甘薯类加工品应以避光保存为佳。

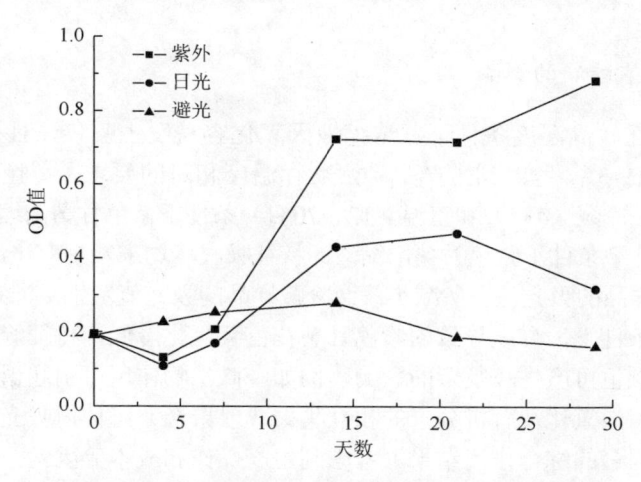

图 19-1 光照对紫色甘薯浓缩液稳定性的影响

4. pH 对浓缩液的影响

自然条件下水提法制得的紫色甘薯浓缩液的 pH 为 5.5，经 30d 存放后其吸光值变化不大，浓缩液颜色较稳定。紫色甘薯花色苷具有较多的酚羟基和醇羟基，不同酸碱条件下它们的氧化特性及糖苷键的稳定性不同。如图 19-2 所示，实验发现在 pH 为 2、4、6 环境下其特征吸收峰几乎保持不变，样品在 30d 内吸光值波动小，而在 pH 为 8 条件下，浓缩液的特征峰蓝移至 610nm，样品在存放期吸光值上升明显，颜色变化大。上述结果表明，碱性条件可加剧花色苷的氧化，导致特征峰蓝移，使得紫色甘薯浓缩液颜色稳定性变差，而弱酸性环境有利于紫色甘薯花色苷的稳定和相关产品的贮存。

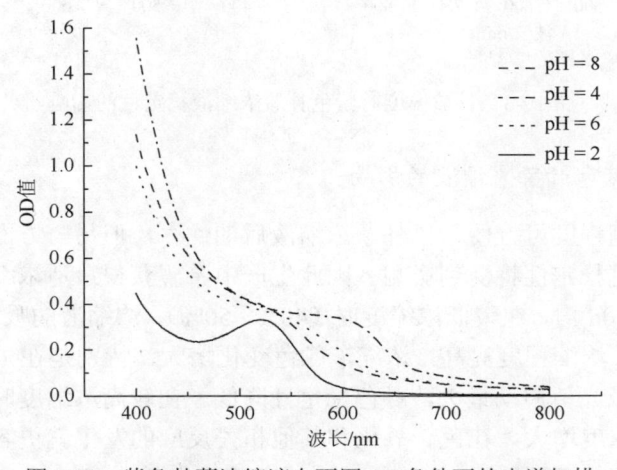

图 19-2 紫色甘薯浓缩液在不同 pH 条件下的光谱扫描

5. 温度对浓缩液的影响

实验发现在较高温度条件下，浓缩液因氧化容易发生蓝移，且在 30d 内颜色变化明显（图 19-3）。考虑到生产中实际贮存温度和时间要求，实验中延长了存放时间，检测了在冷藏（4℃）和室温（12~20℃）条件下紫色甘薯浓缩液的颜色变化情况。室温与冷藏条件下紫色甘薯浓缩液的特征吸收峰均未发生变化，但经 6 个月存放后，室温样品的吸光值有所减小，而冷藏样品的吸光值发生了一定程度的上升。在冷藏和室温条件下，温度导致的紫色甘薯花色苷氧化降低，特征峰不变。其他因素对浓缩液的颜色可产生较复杂的影响，例如，微生物作用可引起糖苷键断裂，使得吸光值减小，而氧化及有机分子的相互集聚（或聚合）可使得吸光值上升，观察到现象应是多因素的综合作用结果。考虑到生产操作和成本等因素，为了保持紫色甘薯浓缩液的颜色稳定性，其存放应避免高温，在室温条件下贮存即可。

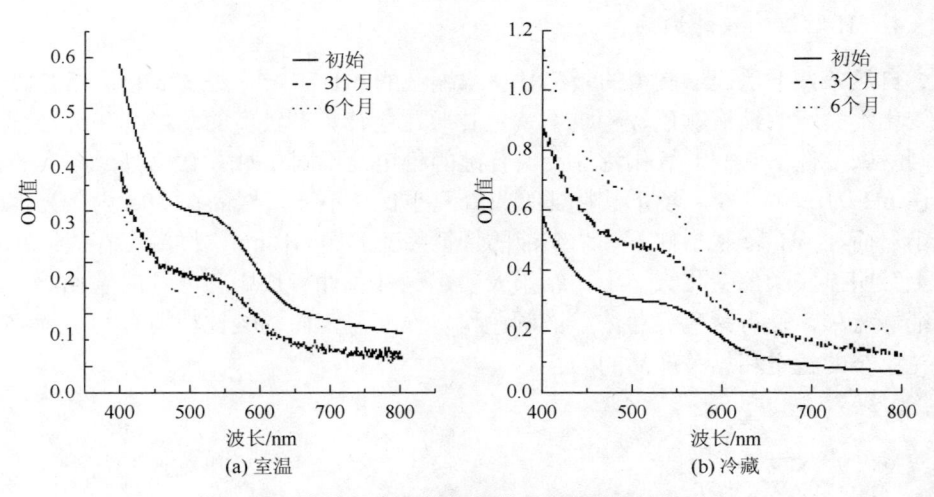

图 19-3　存放温度对紫色甘薯浓缩液稳定性的影响

6. 浓缩对紫色甘薯浓缩液的影响

较高的浓缩程度可方便紫色甘薯浓缩液后期贮存，但另一方面生产成本将上升，同时其颜色稳定性将受到影响，因此生产中希望获得最适浓缩度。研究表明（图 19-4），在 30d 内，在较低浓缩度时（40%、50%），浓缩液的吸光值波动较小，颜色稳定，随着浓缩程度提高，浓缩液颜色变化增大，特别是在 10%浓缩度时，样品在 30d 内吸光值波动最大，颜色稳定性降低。在较高浓缩度时，样品中紫色甘薯花色苷的浓度增大，花色苷氧化和其他相关反应的发生就更容易，这应是导致浓缩液不稳定的主要原因，因此生产中应避免大幅度浓缩。

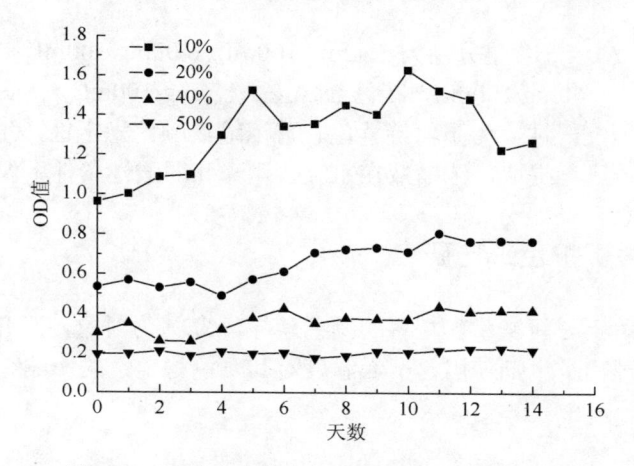

图 19-4 浓缩度对紫色甘薯浓缩液稳定性的影响

7. 预处理对浓缩液的影响

如图 19-5 所示，经蒸煮和烘焙两种方式预处理后，所获得的紫色甘薯浓缩液在 30d 内其吸光值波动不大，颜色都相对稳定，但实验发现紫色甘薯经烘焙预处理后，所得的浓缩液具有较高的吸光值，颜色较深，而蒸煮组样品更好保持了紫色甘薯原本的颜色。蒸煮和烘焙两种方式均可以通过高温使多酚氧化酶失活，从而防止酶促褐变，但在热烘条件下更容易发生非酶褐变（羰胺反应），这可能是烘焙组颜色加深的主要原因。因此为了保持紫色甘薯自身的颜色，在紫色甘薯浓缩液加工中采用湿蒸进行预处理较好。

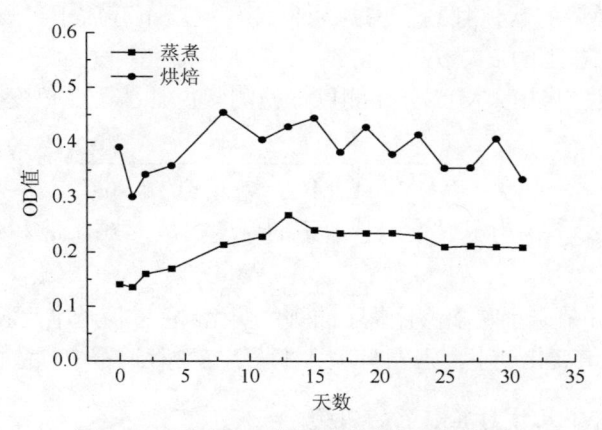

图 19-5 预处理工艺对浓缩液稳定性的影响

综上，水提法得到的紫色甘薯浓缩液固形物含量 2.99%，还原糖含量 0.281g/100mL，蛋白质含量 1.711g/100mL，膳食纤维含量 0.037g/100mL，金属离子 Ca、Mg、Se、Al、Cu 含量分别为 5.42mg/100mL、6.08mg/100mL、0.40mg/100mL、2.91mg/100mL、0.60mg/100mL，花色苷含量 1.175mg/100mL。水提法加工具有良好的操作和环境友好性，为了保持紫色甘薯浓缩液颜色稳定性，生产中可先采用蒸煮预处理，再进行提取，浓缩液在室温、避光和弱酸性条件下保存较好。

二、紫色甘薯丁护色工艺研究

以紫色甘薯丁与新鲜紫色甘薯的颜色差异（ΔE）为对象，研究紫色甘薯丁尺寸、蒸煮预处理、护色剂使用、干燥温度对其颜色稳定性的影响[3, 4]。

1. 材料与方法

流程：清洗→去皮→切丁→蒸煮→护色→干燥→贮存。

切丁：将紫色甘薯切成尺寸分别为 $0.5cm^3$、$1.0cm^3$、$1.5cm^3$ 的薯丁，水洗去除表面粉粒。

蒸煮：紫色甘薯丁沥水后隔水蒸煮，时间分别为 5min、10min、15min。

护色：将紫色甘薯丁分别在护色液中浸泡 10min、30min、60min。护色液 A（0.5%柠檬酸+0.5%抗坏血酸，w/v），护色液 B（0.5%柠檬酸+0.5%氯化钠，w/v）；护色液 C（0.5%氯化钠+0.5%抗坏血酸，w/v）。考察改变蒸煮和护色顺序对紫色甘薯丁颜色稳定性的影响。

干燥：紫色甘薯丁沥水后平铺在玻璃皿中，热风干燥至含水量为 10%，干燥温度为 60℃、80℃、100℃。

储存：干燥后的紫色甘薯丁密封袋包装，室温下存放于干燥器中，每隔 7d 测量一次紫色甘薯丁的 L^*、a^*、b^* 值。

色差值测定：采用 CM-5 分光测色计检测紫色甘薯丁颜色变化，根据 Hueter 方案测定色差 ΔE：

$$\Delta E = \sqrt{(L^* - L_1^*)^2 + (a^* - a_1^*)^2 + (b^* - b_1^*)^2} \qquad (19.1)$$

式中，L^*、a^* 和 b^* 为干燥紫色甘薯丁的色度指数；L_1^*、a_1^* 和 b_1^* 为新鲜紫色甘薯的色度指数。

通过比较 ΔE 值来反映紫色甘薯丁的颜色变化。色差值越小，紫色甘薯丁的色泽品质越高。色差值变化越小，则表明紫色甘薯丁在贮存过程中颜色稳定性越好。

2. 紫色甘薯丁尺寸对其颜色的影响

紫色甘薯丁尺寸对其颜色具有一定影响，如图 19-6 所示。尺寸过大时有可能导致后续蒸煮灭酶不彻底，同时也会影响护色处理效果，而过小的尺寸又会使得干燥过程的非酶褐变加剧。研究表明，在 $1cm^3$ 尺寸条件下紫色甘薯丁表现了良好的干燥效果，其色差值最小，且在 30d 贮存期内相对稳定。0.5cm³ 和 1.5cm³ 紫薯丁颜色明显较深，应源于在不同尺度下（多酚氧化）酶褐变和非酶褐变的综合作用。此外，1.5cm³ 紫薯丁因较大的表面积在贮存中表现了较强的吸湿性。

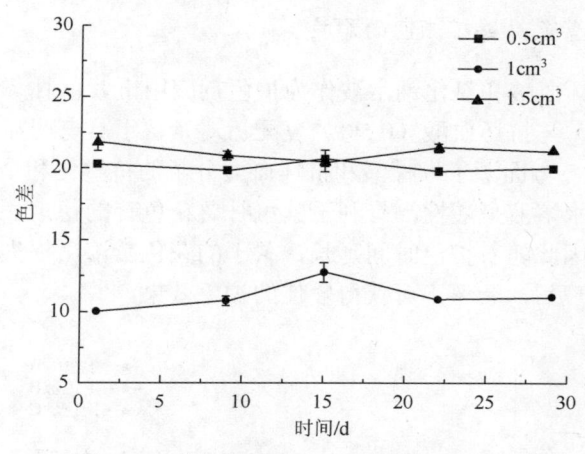

图 19-6　紫色甘薯丁尺寸对其颜色的影响

蒸煮 15min、护色液 A 10min、80℃干燥

3. 蒸煮对紫色甘薯丁颜色的影响

蒸煮目的在于灭活多酚氧化酶，减少酶褐变，从而获得良好的产品色泽。如图 19-7 所示，经 5min 和 10min 蒸煮处理的样品在干燥后颜色较深，与新鲜紫色甘薯具有较大的色差，表明蒸煮时间不够，酶灭活不彻底。当延长蒸煮时间到

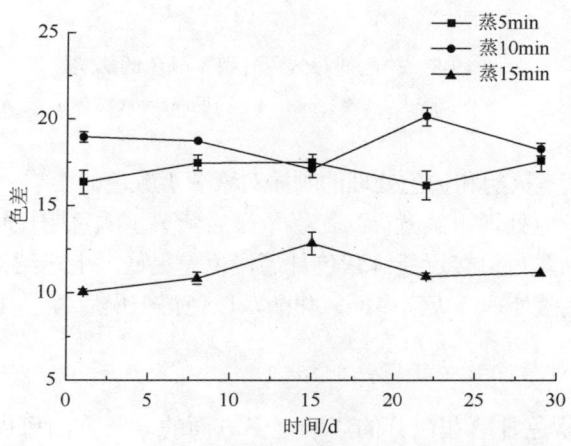

图 19-7　蒸煮时间对紫色甘薯丁颜色的影响

薯丁 1.0cm³、护色液 A 10min、80℃干燥

15min 后,经后续处理得到的紫色甘薯丁色差小,并具有良好的贮藏稳定性。当进一步延长蒸煮时间,发现产品色泽没有明显改善,但薯丁的组织结构受到较大破坏,因此紫色甘薯丁生产中采用蒸煮 15min 时护色效果较佳。

4. 护色剂对紫色甘薯丁颜色的影响

柠檬酸、抗坏血酸和氯化钠常被作为护色剂应用于紫色甘薯加工中。实验发现柠檬酸(0.5%)与抗坏血酸(0.5%)复配后对紫薯丁具有明显的护色效果,如图 19-8 所示,这一方面源于柠檬酸和抗坏血酸分子的抗氧化和金属螯合作用,另一方面源于它们水溶液呈酸性,有利于紫色甘薯花色苷的稳定。紫色甘薯花色苷是水溶性色素,因此随着护色时间延长,薯丁的花色苷溶出损失增大,实验发现经 10min 浸泡处理后,紫薯丁可获得较佳的护色效果。

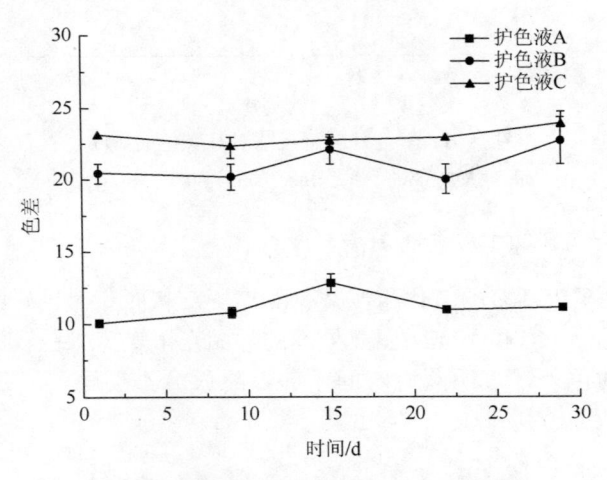

图 19-8 护色剂对紫色甘薯丁颜色的影响

薯丁 1.0cm³、蒸煮 15min、护色 10min、80℃干燥

实验探讨了蒸煮灭酶和护色处理的顺序对紫薯丁颜色的影响。如图 19-9 所示,研究发现,如先护色处理再蒸煮灭酶,经干燥后紫薯丁颜色明显较深,而先蒸煮再护色的紫薯丁产品颜色更接近新鲜紫色甘薯,色差更低。上述结果表明紫色甘薯切丁后应尽快进行蒸煮处理,灭活多酚氧化酶,以使得干燥后薯丁具有更自然的色泽。

5. 干燥温度对紫色甘薯丁颜色的影响

干燥温度对紫色甘薯花色苷的影响是多方面的。一方面可以使蒸煮后残存的多酚氧化酶进一步失活,使得紫薯丁在存放中具有稳定的颜色。但另一方面温度升高也可导致花色苷氧化和非酶褐变加剧,从而失去紫色甘薯本来的颜色[5-7]。如

图 19-10 所示，实验发现在 60℃时，紫色甘薯丁色差值最大，这可能是长时间干燥条件下的非酶褐变所致；100℃条件下可以迅速达到干燥终点，但过高的温度也使得产品色泽进一步加深；而经 80℃干燥的紫色甘薯丁色差值最小，颜色稳定性佳。

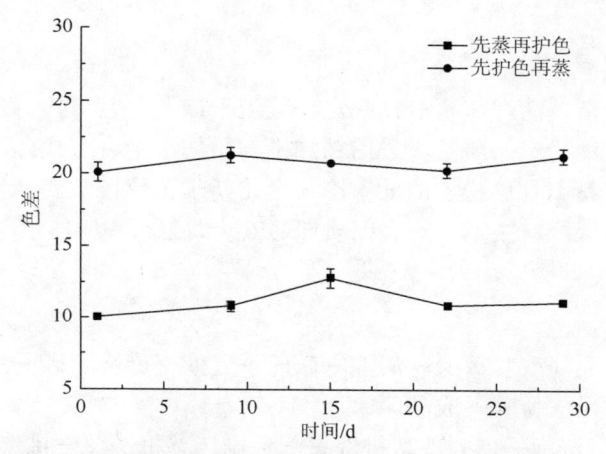

图 19-9　蒸煮和护色剂处理顺序对紫色甘薯丁颜色的影响

薯丁 1.0cm³、蒸煮 15min、护色液 A 10min、80℃干燥

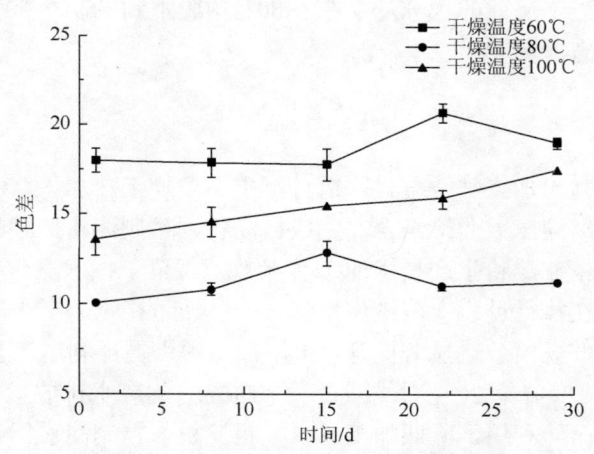

图 19-10　干燥温度对紫色甘薯丁颜色的影响

薯丁 1cm³、蒸煮 15min、护色液 A 10min

综上，在薯丁尺寸 1.0cm³ 条件下，先经蒸煮灭酶，然后采用柠檬酸（0.5%）和抗坏血酸（0.5%）混合液进行护色处理，最后在 80℃干燥至 10%含水量，所得紫色甘薯丁色泽品质优，且颜色稳定性较佳。

第二节 加工工艺技术研究与应用

一、淀粉

建立鲜薯去杂、清洗、薯渣预脱水、气流干燥新工艺,代替传统甘薯加工淀粉工艺,提高了淀粉产品质量。采用精加工与粗加工结合方式,适合于中小型加工户加工精制淀粉。甘薯粉皮的低温冷却老化新工艺代替常温老化工艺,缩短了加工时间,采用保鲜新技术,产品保质期达6个月以上。

1. 粗淀粉

工艺流程:原料(甘薯)→清洗→破碎→过滤→旋流除砂→蛋白分离→洗涤浓缩→离心→干燥→粉碎→成品。

采用"鲜薯—浸泡—斜式洗薯机洗薯—毛刷洗薯机洗薯—挑选—破碎取淀粉"工艺将甘薯淀粉加工后的薯渣挤压脱水,气流烘干,生产成膳食纤维食品,实现了甘薯加工淀粉后的薯渣转变为食品原料的创新。

该技术将薯渣干燥前的水分从75%~80%预脱水到55%~60%,降低了30%左右的水分,节省能源30%。

2. 精制淀粉

采用精加工与粗加工结合方式,适合于中小型加工户加工精制淀粉。

采用浆渣分离同压力曲筛结合,完成粗淀粉到精制淀粉过渡的结合。

完善了甘薯精制淀粉生产技术的工艺参数,规范了技术操作要求,使甘薯精制淀粉生产技术在执行过程中可操作性强,产品质量稳定。

甘薯淀粉生产规模效益显著提升,采用加工用水循环利用工艺,使加工1t甘薯的用水量从6~8t降为2t左右,减少了70%左右的废水排放量,且排放的废水经过处理后进行循环利用,降低加工成本。粗淀粉与精制淀粉指标比较如表19-2所示。

表19-2 粗淀粉与精制淀粉指标比较

产品	白度(R_{457nm})	黏度 6%淀粉糊/(mPa·s)	斑点数/(个/cm^2)	灰分(干基)/%
粗淀粉	65	450	无法计数	0.8
精制淀粉	80	650	8	0.2

二、全粉

甘薯营养全粉采用预脱水、气流干燥新工艺代替回填气流干燥工艺,从鲜甘薯到加工成全粉成品整个流程缩短了 1/3,干燥能耗下降 30%以上[8]。

1. 甘薯生全粉（淀粉型）工艺流程

1）工艺流程

鲜甘薯→清洗→挑选→破碎→挤压预脱水→气流干燥→粉碎→筛分→成品。

2）原料选择

通过对'豫薯 7 号'、'豫薯 13'、'徐薯 18'、'南薯 007'、'豫薯王'、'徐薯 22'等品种加工全粉的质量综合情况选择,确定品种为'豫薯 13'（干物质含量≥28%,产量 30000~37500kg/hm^2）,其次为'豫薯王'、'豫薯 7 号'、'徐薯 18'。甘薯生全粉鲜薯原料标准如表 19-3 所示。

表 19-3 甘薯生全粉鲜薯原料标准

项目	指标		检测方法
品种	'豫薯 13'、'豫薯 7 号'、'豫薯王'、'徐薯 22'		/
肉色	色泽诱人,呈乳白色或略带浅黄		
非泥土类杂质	无肉眼可见杂质（指薯根、茎、叶、草绳、石块、铁丝、玻璃碎渣等）		自然光下,用肉眼观察
气味、滋味	具有本品种固有的宜人气味和可口滋味		GB/T 5492-2008《粮油检验 粮食、油料的色泽、气味、口味鉴定》
单薯重	≥100g,批量甘薯中小于 100g 的甘薯应低于 2%		
	合格	不合格	
外观	形态美观、表皮光滑、薯形完整、大小均匀,无冻害、无腐烂、无霉烂,允许机械伤、虫眼、生长裂痕、异形薯块的总含量≤5%	机械伤、虫眼、生长裂痕、异形薯块的总含量＞5%,单个块根重量小于 100g,有腐烂、霉烂等现象的块根	随机抽取 20kg 甘薯,按级别特征分类称量
杂质%	≤2		按抽样要求抽取样品,称量杂质重量
干物质含量%	≥30		参照 GB 5009.3-2010《食品国家安全标准 食品中水分的测定》规定

3）清洗

按照鲜薯原料标准,选用优质无虫害、无病变、表面光滑的甘薯原料,经洗薯机清洗,去除泥沙、杂质,通过提升机进入蒸汽去皮机。

4）蒸汽去皮、二次洗薯、挑选

甘薯经过鼠笼洗薯机洗去表面泥沙，送至蒸汽爆皮机中去皮，再输送至毛刷洗薯机清洗，输送至挑选平台上挑选、清理，挑选出泥土没洗净的、有虫眼的、腐烂的等不能进入下一工序的甘薯及杂质，选出的甘薯要清理干净后再进入下一工序。洗净后鲜甘薯无腐烂、无霉烂，无泥沙、根茎、铁屑等肉眼可见杂质。

5）破碎、预脱水

洗净的甘薯用立式磨浆机磨浆破碎，将甘薯破碎到一定粒度，进入螺旋榨汁机内初榨水分，再进入带式压滤机挤压脱水到水分≤60%。甘薯浆液在空气中暴露不能超过30min，挤压预脱水的物料需在24h内烘干，以防止褐变和变质。

6）气流烘干

热风温度145℃左右，排湿温度75℃（温度根据设备运行情况适当调整），控制物料进料水分≤60%，烘干至水分≤8%。

7）粉碎、过筛

根据不同工艺要求粉碎、筛分得到甘薯全粉。

8）质量指标

甘薯生全粉感观要求如表19-4所示，甘薯生全粉理化指标如表19-5所示，甘薯生全粉微生物限量如表19-6所示。

表19-4　甘薯生全粉感官要求

项目	要求	检验方法
色泽	具有本品固有的色泽	在自然光下，将样品40g倒入清洁的白瓷碗中，目测色泽、性状，观察有无杂质；然后冲入沸腾开水约200mL并搅匀，闻其气味，尝其滋味
组织形态/性状	呈粉末状或片状，无结块，无霉变	
滋味、气味	具有该产品固有滋味、气味，无异味	
杂质	无肉眼可见外来杂质	

表19-5　甘薯生全粉理化指标

项目	要求
水分/（g/100g）	≤13.00
灰分/（g/100g）	≤4.0
总砷（以As计）/（mg/kg）	≤0.5
铅（以Pb计）/（mg/kg）	≤0.5

表19-6　甘薯生全粉微生物限量

项目	指标	检验方法
菌落总数/（CFU/g）	≤10000	GB 4789.2—2016
大肠菌群/（MPN/g）	≤0.7	GB 4789.3—2016
霉菌计数（CFU/g）	≤50	GB 4789.15—2016

2. 甘薯熟全粉（紫甘薯）工艺流程

1）工艺流程

紫色甘薯浸泡→洗薯→提升→蒸汽去皮→二次洗薯→输送拣选→切丁→护色→汽热杀青→网带式干燥→粉碎→定量包装→检验→入库。

2）紫色甘薯原料选择

按照鲜薯原料标准，选用优质无虫害、无病变、表面光滑、适合紫色甘薯全粉加工的原料。通过对'绵紫9号'、'紫青2号'、'渝紫263'、'紫薯王'、'南紫薯008'等品种加工的全粉品质情况，选定'绵紫9号'最优（干物质含量29%、产量约28500kg/hm^2、鲜薯花青素含量59.42mg/100g），其次为'紫薯王'、'渝紫263'。甘薯熟全粉鲜薯原料标准如表19-7所示。

表19-7 甘薯熟全粉鲜薯原料标准

项目	指标	检测方法
品种	'绵紫9号'	—
肉色	色泽诱人，呈紫色或深紫色	
非泥土类杂质	无肉眼可见杂质（薯根、茎、叶、草绳、石块、铁丝、玻璃碎渣等）	自然光下，用肉眼观察
气味、滋味	具有本品种固有的宜人气味和可口滋味	GB/T 5092—2008《粮油检验粮食、油料的色泽、气味、口味鉴定》
单薯重	≥100g，批量甘薯中小于100g的甘薯应低于2%	
外观	合格：形态美观、表皮光滑、薯形完整、大小均匀，无冻害、无腐烂、无霉烂，允许机械伤、虫眼、生长裂痕、异形薯块的总含量≤5%　　不合格：机械伤、虫眼、生长裂痕、异形薯块的总含量>5%，单个块根重量小于100g，有腐烂、霉烂等现象的块根	随机抽取20kg甘薯，按级别特征分类称量
杂质/%	≤2	按抽样要求抽取样品，称量杂质重量
干物质含量/%	≥30	参照GB 5009.3—2016规定

3）洗薯、蒸汽去皮、挑选

紫色甘薯经过鼠笼洗薯机洗去表面泥沙，送至蒸汽去皮机中去皮（蒸汽压力0.8MPa，时间2.5~3min），再输送至毛刷洗薯机清洗，输送至挑选平台上，挑选出泥土没洗净的、有虫眼的、腐烂的等不能进入下一工序的紫色甘薯及杂质，选出的紫色甘薯要清理干净后再进入下工序。洗干净的紫色甘薯必须在30min之内进入下一工序加工完毕。

4）切丁

将洗干净和清理干净的紫色甘薯在切丁机上按照要求切成大小均匀的薯丁。切好的薯丁立即护色并送入杀青机杀青蒸熟。

5）紫色甘薯丁前处理

紫色甘薯丁杀青前处理：将切好的紫色甘薯丁立即投入 0.5%柠檬酸+0.5%抗坏血酸溶液浸泡 10min 护色，捞出沥干明水并进入杀青工序（处理好的紫色甘薯丁进入杀青工序的中间停留时间不超过 10min）。

6）杀青、蒸熟

经过前处理好的紫色甘薯丁及时进行杀青、蒸熟，温度和速度根据杀青机的杀青效果调整，蒸汽温度不低于 90℃，蒸煮时间为 15min，蒸煮好的紫色甘薯丁是熟透的，色泽亮丽，杀青后的紫色甘薯丁在 30min 内进入烘干机干燥。

7）烘干

薯丁进入带式烘干机烘干，网带上薯丁厚薄均匀（根据设备性能调整厚度），温度控制在 80℃，后端直接冷风吹冷下线粉碎、包装，薯丁水分≤10%。烘干时间控制在 3h 以内。

8）粉碎

烘干的薯丁根据要求及用途粉碎成不同细度的全粉。

9）紫甘薯熟全粉营养指标与质量指标

紫甘薯全粉的各项要求及指标如表 19-8～表 19-12 所示。

表 19-8　紫甘薯熟全粉营养指标

指标	蛋白质/%	膳食纤维/%	总糖/%	维生素 C/(mg/kg)	Ca/%	花青素/%
含量	1.2	8.6	11.3	18.4	0.15	0.048

表 19-9　紫甘薯熟全粉感官要求

项目	要求	检验方法
色泽	具有本品固有的色泽、紫色亮丽	
组织形态/性状	呈粉末状或片状，无结块，无霉变	在自然光下，将样品 40g 倒入清洁的白瓷碗中，目测色泽、性状，观察有无杂质；然后冲入沸腾开水约 200mL 并搅匀，闻其气味，尝其滋味
滋味、气味	具有该产品固有滋味、气味，无异味	
杂质	无肉眼可见外来杂质	

表 19-10　紫甘薯熟全粉理化指标

项目	指标	检验方法
水分/（g/100g）	≤13.00	GB 5009.3—2016
灰分/（g/100g）	≤4.0	GB 5009.4—2016
总砷（以 As 计）/（mg/kg）	≤0.5	GB 5009.11—2014
铅（以 Pb 计）/（mg/kg）	≤0.5	GB 5009.12—2017

表 19-11 紫甘薯熟全粉微生物限量

项目	指标	检验方法
菌落总数/（CFU/g）	≤10000	GB 4789.2—2016
大肠菌群/（MPN/g）	≤0.7	GB 4789.3—2016
霉菌计数（CFU/g）	≤50	GB 4789.15—2016

表 19-12 紫甘薯熟全粉致病菌限量

致病菌指标	采样方案及限量（若非指定，均以/25g 表示）				检验方法
	n	c	m	M	
沙门氏菌	5	0	0	～	GB 4789.4—2016
金黄色葡萄球菌	5	1	100CFU/g	1000CFU/g	GB 4789.10—2016 第二法

注：n 为同一批次产品应采集的样品件数；c 为最大可允许超出 m 值的样品数；m 为致病菌指标可接受水平的限量值；M 为致病菌指标的最高安全限量值。

第三节 全粉微波熟化加工新技术

甘薯全粉保留了鲜薯的全部营养保健成分和风味品质，作为食品加工的重要基础原料，在主食食品、糕点、饮料、膨化食品、肉制品等产品中得到广泛应用。四川省农科院加工研究所通过多年系统研究，集成创新了节能高效微波熟化甘薯全粉加工新技术。

一、微波熟化加工新技术

1. 大型生产规模的甘薯全粉微波熟化加工新技术

在紫薯全粉生产流程中，通过增加连续螺旋挤压机捣泥和护色调配工艺，将"覆盖微波处理熟化"与"闪蒸气流干燥"处理衔接，由于覆盖微波处理熟化前处理使物料水分含量低，因此能够实现无回填的节能闪蒸气流干燥，形成以"覆盖微波熟化结合无回填闪蒸气流干燥"为特色的甘薯全粉加工新工艺[9]。该生产工艺技术适合企业投资生产，具有产量大、节能、产品品质好等特点。大型全粉加工工艺流程如下：

原料→清洗→去皮→切分→微波熟化→连续螺杆挤压机捣泥→调配→无回填闪蒸气流干燥或辊筒干燥→制粉→筛分→包装→成品。

2. 中、小型生产规模的甘薯全粉微波熟化加工新技术

在甘薯全粉生产流程中，以"覆盖微波熟化结合热风干燥"为特色的甘薯全

粉加工新工艺对设备、投资要求低，容易实现产业化，适合在产地、农村进行中、小规模量产，可生产不同熟化的全粉，适合加工挂面、膨化食品等多种产品，可作为食品工业基础原料供给下游企业。加工工艺流程如下：原料→清洗→去皮→切分→微波熟化→热风干燥→制粉→筛分→包装→成品。

二、技术要点

1. 干燥技术与覆盖微波处理

由于甘薯具有高糖、高水分和高黏度的特点，其鲜薯原料经过烫漂蒸煮等熟化处理以后，物料表面和内部会产生致密的糊化组织，导致黏度升高，水分不容易散发，后期干燥难度大[10]。通过覆盖式微波处理解决了前面的问题，达到了降低水分、缩短干燥的时间、控制黏度、干燥成本大幅度降低的目的。几种不同的熟化处理需要的干燥时间对比如表 19-13 所示。

表 19-13 几种不同的熟化处理需要的干燥时间对比

熟化方式	物料处理方法	干燥方式	干燥时间/h	干燥前水分/%	干燥时间/h（达到12%需要时间）	成品得率/%
热水熟化	切丁（10mm×10mm）95~100℃处理 5min	热风干燥（60~80℃）	5.5	77	5.5	23.5
蒸汽熟化	切丁（10mm×10mm）0.2MPa 蒸汽处理 5min	热风干燥（60~80℃）	5	73	5	25.0
覆盖微波熟化	切丁（10mm×10mm）微波处理 5min	热风干燥（60~80℃）	3.5	62	3.5	26.3

2. 干燥结合造粒工艺和甘薯全粉分散性的控制

甘薯由于含糖量较高，容易结块粘连，溶解性和冲调性差。再加上吸潮性极强，全粉在储存过程中还会进而由于水分增加引起微生物繁殖加快，导致微生物指标超标。针对上述情况，采用了独特的微波处理和造粒干燥处理技术相结合的工序，不仅增大了比表面积，形成了多孔的疏松结构，加水还很容易分散并溶解，解决了溶解性问题，适合加工以全粉为主要原料生产快餐营养糊和固体饮料。

3. 干燥工艺与甘薯全粉黏度控制

在甘薯全粉开发应用产品过程中，发现全粉黏度对某些产品制作工艺有很大影响。薯圆是采用熟化的甘薯泥、甘薯全粉、紫薯全粉、甘薯淀粉为主要原料开发的半成品冷冻产品。研发该产品时，遇到了成型与韧性相互协调的技术问题。

在成型的时候，如果温度过高，超过85℃，则成型困难，容易粘连，需要手工成型。温度过低，又不容易成型，不耐煮，产品没有韧性，咀嚼质量与口感差。经过试验，选择了本技术生产的低黏度甘薯全粉、紫薯全粉，其独特的配料和成型温度使黏度达到最佳，解决了成型问题。

三、加工设备

甘薯全粉微波熟化新技术的加工设备主要由洗薯机、切片机、蒸汽熟化机、调质搅拌机、干燥机、制粉机、筛分机、定量包装机等组成。

1. 微波处理机

全粉的蒸煮熟化可分别由连续微波处理机或蒸汽熟化机组成。在微波处理机中，物料经过覆盖和不覆盖两段微波处理，温度达到85～90℃，达到了护色、熟化、软化和脱水的多重效果，采用2450Hz、380V、15～20KW。蒸汽熟化机由蒸箱、小车和盘架组成，蒸汽锅炉供热，0.4～0.7MPa、0.5～1.0t/h。

2. 连续螺旋挤压机

连续螺旋挤压机是在熟化以后，采用连续螺旋挤压将物料捣碎，进入闪蒸气流干燥设备。该设备包括机架、置于机架上的第一端顶部有进料口而第二端有出渣口的骨架、支撑在骨架上的第一端通过传动机构受主电机带动的主轴、装在主轴上的主轴螺旋和位于骨架底部的与骨架相通的出料斗，骨架内边上依次装有衬网、滤网，骨架顶部进料口处装有进料斗，支撑在进料斗顶部轴承座上的竖直螺旋轴的上端受竖直电机带动而下端伸入骨架进料口处，竖直螺旋轴上装有竖直螺旋。该机能够将不同大小薯块中的粗纤维与薯泥完全分开并能连续作业，生产效率高。

3. 洞道式内热旋流干燥器

该设备是将干燥器的发热炉体置于干燥房内，由保温烘道、保温门、物料取样孔、循环风机等组成，以煤（蒸气、电、天然气）为能源，在循环风机作用下形成循环热风，使热能得到充分利用，由于气流在干燥房内以类似螺旋的形式前进，故称为内热旋流干燥器，该机是一种通用型节能干燥设备，较传统干燥机节能30%以上。

四、系列加工产品开发

在紫薯全粉微波熟化以后，通过配方和工艺的研究，开发出系列加工产品，如表19-14所示。

表 19-14 紫薯全粉系列应用产品

产品名称	性能与用途
紫薯粉丝	以紫薯全粉、淀粉为主要原料,经过和粉、挤压熟化、老化、烘干等工序加工的冲泡即食方便粉丝
紫薯糊	是采用紫薯全粉为主要原料开发的一种快餐即食糊类产品。包括原味、芝麻、花生等风味类型
速溶甘薯微胶囊全粉	将预处理、打浆、准备壁材溶液、混合、均质、喷雾干燥等步骤,通过特定壁材的选用,结合操作步骤及参数条件等的选择,将护色与微胶囊化两个工序合二为一,可最大限度地保留紫甘薯的色素、营养成分和风味物质等,得到的成品紫甘薯全粉的粒度细小、比表面积大、黏度低、分散性好、吸水速度快的速溶甘薯微胶囊全粉产品
紫薯面粉	是采用紫薯全粉与面粉配合制成,包括紫薯面粉和紫薯自发面粉。用于紫薯面包、紫薯馒头等食品
紫薯汤圆粉	是采用紫薯全粉与糯米粉配合开发的新产品
紫薯芋圆	是采用紫薯全粉和新鲜紫薯为主要原料,与芋头等原料配合开发的新产品,包括紫薯芋园、紫薯珍珠园、红薯芋园、红薯珍珠园、芋头芋园和芋头珍珠园六种产品
紫薯快线	该产品是采用甘薯、紫薯全粉为主要原料加工而成的一种固体饮料新产品
紫薯月饼	与小麦粉等原料配合加工的即食烘焙食品

第四节 紫薯原料对酿酒品质影响

一直以来,甘薯就是酿造白酒的原料。紫色甘薯除了具有普通红薯的营养成分外,还富含硒元素和花青素。大量研究表明,花青素对人体健康提供更多的保护,能抗突变、抗氧化、清除自由基,缓解动物肝功能障碍,抗高血糖,调节血压,抗肿瘤等。发掘利用紫色甘薯作为中国白酒的原料,既可以挖掘紫色甘薯的多种保健功能,又可以丰富酿造白酒的原料和风味,节约日益紧缺的谷类粮食原料[11-15]。

中国白酒是世界六大著名蒸馏酒之一,以富含淀粉质的谷类粮食为原料,高粱、玉米、大米是用于酿造白酒的主要原料,有些名优白酒除使用上述原料外,还搭配一些其他粮谷类。各地产的优质白酒,在选择酿酒原料时也采取多品种搭配,但多以高粱为主。中国白酒历史悠久,种类繁多,因其原料和生产工艺等不同而形成了不同的香型[16]。四川省农业科学院课题组探索了在中国浓香型白酒工艺上选用富含花青素的紫色甘薯作原料的酿酒效果,通过紫甘薯与多粮粉的五种不同原料配比酿酒试验,用气相色谱法测定了酒中 43 种微量成分,结果表明酒中甲醇和甲酸乙酯含量较高,尤其是酮类化合物有显著增加,且都与使用紫甘薯原料的多少呈正相关,为利用紫甘薯酿造浓香型白酒提供了技术依据。

一、材料与方法

1. 原料来源

鲜紫甘薯,产于四川省,具有较强的抗病性,花青素和淀粉含量较高,果胶质含量中等。粮谷类原料为高粱、大米、糯米、小麦和玉米。

2. 原料准备

清洗鲜紫甘薯,去病斑,打条;高粱、大米、糯米、小麦和玉米粉碎得到多粮粉;多粮粉中高粱:大米:糯米:小麦:玉米的重量配比为10:4:3:1:2。

3. 试验设计

试验设四个处理,不加紫色甘薯为对照(A10),B10、C10、D10、E10 四个处理紫色甘薯在酿酒原料中的比例分别为 44.44%、66.67%、80%、100%。各处理的用曲量均为20%,发酵期360d。试验方案详见表 19-15。

表 19-15 处理与试验因素设置

处理设置	每甑酿酒原料(KG) 粮粉	每甑酿酒原料(KG) 紫甘薯	用曲量/%	发酵期/d	生产试验窖号
A10(CK)	150	0	20	360	4#
B10	125	100	20	360	2#
C10	100	200	20	360	3#
D10	75	300	20	360	1#
E10	0	300	20	360	5#

4. 试验方法

根据试验设计,选取四川省川南某酒厂生产车间相邻窖池 5 个,窖容均为 10 甑,随机安排各处理,以中国浓香型大曲酒传统生产工艺为基础,为了有利于花青素的生态转化,丰富酒质中的类萜和类酮化合物的含量,增强试验效果,特采用了回沙发酵、延长发酵期工艺措施,入窖发酵 30d 时,每甑回 20 度(酒的度数为酒中所含乙醇的体积分数)酒尾 15kg,下高温曲 15kg,发酵时间为 360d。于头年 12 月上旬入窖,次年 12 月上旬出窖。各试验窖的入窖糟醅和出窖糟醅的感观质量正常,发酵状态正常。试验酒样的 43 种微量成分含量由气相色谱分析。

二、结果与分析

1. 酒质气相色谱分析原始数据

结果表明，酒中甲醇和甲酸乙酯含量较高，尤其是酮类化合物有显著增加，且都与使用紫甘薯原料的多少呈正相关。色谱分析检验报告如表 19-16 所示。

表 19-16　色谱分析检验报告（g/L）

项目名称	A10	B10	C10	D10	E10
乙醛	0.1337	0.1523	0.1805	0.1334	0.1594
异丁醛	0.0097	0.0144	0.0131	0.0125	0.0111
丙酮	0.0087	0.0100	0.0091	0.0081	0.0159
甲酸乙酯	0.2158	0.2906	0.3252	0.1859	0.4554
二乙氧基甲烷	0.0001	0.0001	0.0001	0.0000	0.0002
乙酸乙酯	3.0646	2.6645	4.0407	2.9081	4.0471
乙缩醛	0.5650	0.5629	0.7345	0.5032	0.6928
2-丁酮	0.0038	0.0033	0.0049	0.0031	0.0063
甲醇	0.8061	0.5966	0.6220	0.2879	0.9911
2-甲基丁醛	0.0035	0.0047	0.0041	0.0039	0.0039
3-甲基丁醛	0.0213	0.0290	0.0266	0.0257	0.0231
乙醇	4916.6514	4651.1525	5104.6955	4890.2854	4781.0501
丙酸乙酯	0.0452	0.0462	0.0504	0.0473	0.0603
异丁酸乙酯	0.0285	0.0219	0.0438	0.0311	0.0413
乙酸丙酯	0.0422	0.0353	0.0316	0.0310	0.0311
2-戊酮	0.0115	0.0163	0.0123	0.0109	0.0155
2-丁醇	0.1640	0.1175	0.1341	0.1075	0.1139
丁酸乙酯	1.1692	1.1649	2.0959	1.5015	1.7756
正丙醇	0.3484	0.4080	0.4607	0.3841	0.4825
异戊酸乙酯	0.0101	0.0080	0.0449	0.0209	0.0225
1,1-二乙氧基-2-甲基丁烷	0.0089	0.0095	0.0145	0.0115	0.0106
1,1-二乙氧基-3-甲基丁烷	0.0205	0.0195	0.0120	0.0125	0.0144
乙酸异戊酯	0.1904	0.2223	0.1396	0.1417	0.1590
异丁醇	0.1507	0.1356	0.2081	0.1427	0.1750
2-戊醇	0.5064	0.3175	0.4344	0.4805	0.2557
戊酸乙酯	0.2422	0.3003	0.3036	0.3803	0.3014
正丁醇	0.8490	0.6317	0.0021	0.0029	0.0045

续表

项目名称	A10	B10	C10	D10	E10
2-甲基丁醇	0.0016	0.0010	0.0009	0.0004	0.0020
3-甲基丁醇	0.3901	0.3024	0.4164	0.2371	0.3689
己酸乙酯	6.6594	7.5164	9.2115	10.8730	9.4956
正戊醇	0.0325	0.0301	0.0322	0.0338	0.0322
3-羟基-2-丁酮	0.0480	0.0588	0.0487	0.0488	0.0499
2-乙氧基-5-甲基呋喃	0.0024	0.0022	0.0017	0.0026	0.0009
庚酸乙酯	0.1112	0.1530	0.1269	0.2049	0.1712
乳酸乙酯	1.9506	3.0115	2.7964	2.3188	3.1220
正己醇	0.4001	0.3419	0.4141	0.4554	0.4216
辛酸乙酯	0.0563	0.0391	0.1127	0.0919	0.1012
正庚醇	0.0169	0.0205	0.0193	0.0258	0.0228
乙酸	0.4431	0.4747	0.4007	0.4684	0.5048
四甲基吡嗪	0.0044	0.0650	0.0047	0.0446	0.0050
糠醛	0.0291	0.0001	0.0420	0.0001	0.0666
壬酸乙酯	0.0002	0.0002	0.0002	0.0003	0.0003
丙酸	0.0239	0.0135	0.0105	0.0116	0.0108
2,3-丁二醇（左旋）	0.0598	0.0848	0.0776	0.0855	0.1117
异丁酸	0.0065	0.0068	0.0059	0.0061	0.0072
己酸己酯	0.0055	0.0057	0.0030	0.0061	0.0051
2-3-丁二醇（内消旋）	0.0052	0.0059	0.0044	0.0063	0.0050
癸酸乙酯	0.0120	0.0066	0.0141	0.0151	0.0160
丁酸	0.3722	0.4695	0.3706	0.4666	0.5474
糠醇	0.0124	0.0106	0.0095	0.0090	0.0115
异戊酸	0.0348	0.0371	0.0180	0.0398	0.0291
丁二酸二乙酯	0.0099	0.0046	0.0105	0.0116	0.0123
戊酸	0.0528	0.0629	0.0277	0.0645	0.0568
苯乙酸乙酯	0.0065	0.0085	0.0073	0.0087	0.0086
月桂酸乙酯	0.0173	0.0138	0.0190	0.0169	0.0215
苯甲醇	0.0001	0.0002	0.0002	0.0002	0.0001
己酸	1.4278	1.5270	0.7339	1.8208	1.5859
苯丙酸乙酯	0.0046	0.0061	0.0035	0.0074	0.0067
β-苯乙醇	0.0024	0.0020	0.0017	0.0015	0.0018
庚酸	0.0084	0.0080	0.0023	0.0082	0.0085
肉豆蔻酸乙酯	0.0002	0.0002	0.0003	0.0003	0.0002
辛酸	0.0041	0.0040	0.0020	0.0047	0.0048
壬酸	0.0015	0.0013	0.0010	0.0015	0.0013
棕榈酸乙酯	0.1891	0.1746	0.3574	0.2194	0.2602

续表

项目名称	A10	B10	C10	D10	E10
癸酸	0.0055	0.0025	0.0018	0.0013	0.0009
油酸乙酯	0.0265	0.0267	0.0020	0.0372	0.0413
亚油酸乙酯	0.0455	0.0457	0.0920	0.0577	0.0697
酒精度	69.511	66.550	71.220	68.199	68.820

2. 酒质中酮类化合物分析

表 19-17 分析结果表明，以紫甘薯作原料的 E10 处理，酒中丙酮和 2-丁酮的含量比 A10（CK）处理的含量增高 100%左右，酒中 2-戊酮和 3-羟基-2-丁酮的含量比 A10（CK）处理的含量增高 50%左右。酒中酮类化合物含量与使用紫甘薯原料的数量成正比。

表 19-17 主要酮类化合物含量（g/L）

处理名称	A10（CK）	B10	C10	D10	E10	E10/A10
丙酮	0.0081	0.0100	0.0091	0.0087	0.0159	1.959
2-丁酮	0.0031	0.0033	0.0049	0.0038	0.0063	2.054
2-戊酮	0.0109	0.0163	0.0123	0.0115	0.0155	1.424
3-羟基-2-丁酮	0.0324	0.0511	0.0394	0.0341	0.0487	1.502

3. 酒质中类萜化合物分析

主要类萜化合物分析结果（表 19-18）表明，酒中四大酯（乙酸乙酯、丁酸乙酯、己酸乙酯和乳酸乙酯）的含量最为丰富，各处理间的差异不明显，酒中四大酯的含量与使用紫甘薯原料的数量相关性小。但以紫甘薯作原料的 E10 处理，酒中甲醇和甲酸乙酯的含量分别比 A10 处理的含量增高 244.3%和 144.9%，与使用紫甘薯原料的数量密切相关，主要是紫甘薯中果胶质的分解转化所致。而酒中其他醇类和酸类物质的含量，各处理间的差异不明显。

表 19-18 主要类萜化合物含量（g/L）

处理名称	A10（CK）	B10	C10	D10	E10	E10/A10
甲酸乙酯	0.1859	0.2906	0.3252	0.2158	0.4554	2.449
乙酸乙酯	2.9081	2.6645	4.0407	3.0646	4.0471	1.392
丁酸乙酯	1.5015	1.1649	2.0959	1.1692	1.7756	1.183

续表

处理名称	A10（CK）	B10	C10	D10	E10	E10/A10
己酸乙酯	10.8730	7.5164	9.2115	6.6594	9.4956	0.873
乳酸乙酯	2.3188	3.0115	2.7964	1.9506	3.1220	1.346
甲醇	0.2879	0.5966	0.6220	0.8061	0.9911	3.443
正丙醇	0.3841	0.4080	0.4607	0.3484	0.4825	1.256
2-戊醇	0.4805	0.3175	0.4344	0.5064	0.2557	0.532
乙酸	0.4684	0.4747	0.4007	0.4431	0.5048	1.078
丁酸	0.4666	0.4695	0.3706	0.3722	0.5474	1.173
己酸	1.8208	1.5270	0.7339	1.4278	1.5859	0.871

以紫甘薯作原料，采用中国浓香型大曲酒传统生产工艺酿造的紫薯白酒，与法国的葡萄白兰地相比，紫薯白酒中类萜化合物更为丰富；与中国优质浓香型大曲酒相比，类酮类萜化合物和甲酸乙酯的含量丰富，且与酒的保健、香味和风格的形成有正相关效应，而酒中甲醇的含量与酒的保健呈负相关效应。因此，在紫薯白酒的生产工艺中应选用果胶质含量低的紫甘薯专用品种作原料，采用降低甲醇含量的工艺措施，增加类酮类萜化合物中有益物质的含量。

4. 与某知名中国浓香型白酒的比较

表 19-19 表明，以紫甘薯作原料酿造的中国白酒，酒中酮类化合物和类萜化合物含量显著提高。这正好与中国浓香型大曲酒传统生产工艺中，百年老窖生产的优质白酒比一般新窖生产的普通白酒酮类化合物含量较高的趋势相一致。

表 19-19 主要类酮、类萜化合物含量与某知名中国浓香型白酒的比较（g/L）

处理名称	E10（以60度计）	知名浓香型白酒1（以52度计）	知名浓香型白酒2（以52度计）
甲酸乙酯	0.4554	0.043	0.031
乙酸乙酯	4.0471	1.215	0.968
丁酸乙酯	1.7756	0.218	0.088
己酸乙酯	9.4956	2.232	0.791
乳酸乙酯	3.1220	1.616	1.015
丙酮	0.0159	0.0039	0.0017
2-丁酮	0.0063	0.0016	0.0008
3-羟基-2-丁酮	0.0487	0.0092	0.0012

三、紫甘薯酿酒可能成为中国白酒品质提升的新路径

1. 酒中酮类化合物含量显著增加

选用富含花青素的紫色甘薯作原料酿造中国浓香型白酒，酒中酮类化合物含量显著增加，这可能与紫薯中类黄酮化合物含量较高有关，酒中甲醇和甲酸乙酯的含量较高，与紫薯中果胶质的分解转化相关，该研究结果为利用紫甘薯酿造浓香型白酒提供了技术依据。

2. 酒中类黄酮化合物与酒的老熟密切相关

中国浓香型大曲酒传统生产工艺中，百年老窖生产的优质白酒与一般新窖生产的普通白酒比较，百年老窖所产优质白酒中酮类化合物含量较高。酒中酮类化合物虽然结构简单，但这些酮类化合物与黄酮类化合物性质相近，故被泛指为类黄酮化合物。本研究认为酒中类黄酮化合物是有利健康的一类重要化合物。

3. 紫甘薯酿酒丰富了中国白酒的原料选择

黄酮类化合物在植物体中通常与糖结合成苷类，小部分以游离态（苷元）的形式存在。黄酮类化合物分布广泛，种类繁多，具有多种生物活性，除抗菌、消炎、抗突变、降压、清热解毒、镇静、利尿等作用外，在抗氧化、抗癌、防癌、抑制脂肪酶等方面也有显著效果，是重要的天然产物之一。本研究认为以富含花青素的紫甘薯酿酒，丰富了中国白酒的原料选择，花青素属于酚类化合物中的类黄酮类，通过长期发酵有利于生态转化，可以有效提高酒中酮类化合物含量，有利于中国白酒健康品质的提升。

上述技术已获中国发明专利授权（一种紫薯白兰地酒的生产方法[P]. ZL2012102254906）。

（本章作者：沈学善　谢　江　何　强　黄静玮　廖建民　姚万春）

参 考 文 献

[1] 齐希光,沈波,张晖,等. 响应面法优化紫薯花色苷提取工艺研究. 粮食与饲料工业, 2010,（10）: 26-28+32.
[2] 何秀丽,李学理,陈大贵,等. 紫甘薯浓缩液成分及颜色稳定性研究. 中国粮油学报, 2014, 29（1）: 26-29.
[3] 卢馨,莫丽春,曾凡骏,等. 速煮紫薯丁的干燥方法研究. 粮食与饲料工业, 2013,（2）: 19-21.
[4] 周航,何秀丽,何强. 紫薯丁护色工艺研究. 食品科技, 2015, 40（8）: 175-178.
[5] 蒲传奋,唐文婷,张岩,等. 紫薯全粉工间护色及干燥工艺的研究. 食品科学, 2014, 39（3）: 125-128.
[6] 张颖,肖颜林,徐德琼,等. 原料与粉丝色泽的相关性研究. 食品与发酵科技, 2010, 46（6）: 36-39+42.
[7] 梅新,施建斌,蔡沙,等. 热风干燥生产紫薯全粉工艺探讨. 食品工业, 2016, 37（4）: 188-192.

[8] 范会平, 陈月华, 王娜, 等. 紫薯全粉面加工工艺的优化. 食品与发酵工业, 2017, 43（2）: 154-160.
[9] 蒲传奋, 唐文婷, 张岩, 等. 紫薯全粉工间护色及干燥工艺的研究. 食品科技, 2014, 39（3）: 125-128.
[10] 文玉, 刘嘉, 彭珍, 等. 干燥方式对紫薯全粉水合特性及抗氧化能力的影响. 食品工业科技, 2014, 35（6）: 119-124.
[11] 刘军伟, 胡志和. 紫薯功能及产品开发研究进展. 食品研究与开发, 2012, 33（9）: 231-236.
[12] 郝萍萍, 吴发萍, 张文学, 等. 紫薯酒抗氧化活性及其酚类物质分析. 食品与发酵科技, 2013, 49（1）: 64-66.
[13] 沈升法, 吴列洪, 李兵. 紫肉甘薯部分营养成分与食味的关联分析. 中国农业科学, 2015, 48（3）: 555-564.
[14] 唐忠厚, 魏猛, 陈晓光, 等. 不同肉色甘薯块根主要营养品质特征与综合评价. 中国农业科学, 2014, 47（9）: 1705-1714.
[15] 吴发萍, 邹光友, 张文学. 三种甘薯发酵酒抗氧化特性研究. 中国酿造, 2016, 35（7）: 113-116.
[16] 廖建民, 黄钢, 姚万春. 紫薯用于酿造中国浓香型白酒的分析. 中国酿造, 2012, 31（11）: 153-154.

第二十章　提升甘薯现代绿色薯业技术创新链

提升甘薯现代绿色薯业技术创新链，要以深化甘薯产业供给侧结构性改革为主线，以甘薯产品中高端市场消费需求为导向，大力提升甘薯鲜薯和加工制品的质量和效益。着力抓好优质专用新品种选育、脱毒种薯种苗高效扩繁、绿色安全简化高效生产、甘薯产品精深加工等关键领域的科技创新与成果转化。

第一节　优异种质利用与特色专用品种选育

一、挖掘甘薯核心基因资源，丰富品质育种遗传背景

广泛收集国内外各类甘薯基因资源，扩大甘薯品质育种的遗传背景，发掘其高产、优质、抗逆等的核心优异基因资源，为新品种选育和新材料创制提供丰富的遗传资源基础。加强对甘薯近缘野生种资源的利用，甘薯属包含600～700个甘薯近缘种，其中许多具有抗病虫、高干物率、抗逆等优良基因资源。例如，*I.trifida*（6x）具有抗旱性、耐贮性及抗甘薯黑斑病、根腐病、茎线虫病、根结线虫病、根腐线虫病等多种抗性基因。开展甘薯近缘野生种有益性状鉴定和基因发掘、亲缘关系及利用途径研究等工作，能够有效地突破甘薯遗传背景过于狭隘的瓶颈，有望实现甘薯育种新的突破。

在广泛收集资源的基础上，通过集团杂交、轮回选择、群体改良、近交系育种等，筛选出自交亲合性较好的亲本进行自交，再以其后代进行兄妹交或回交，以期通过近亲杂交积累有利基因，选择配合力好的高淀粉、高类胡萝卜素、高花青素含量、高抗病的近交系作为骨干亲本材料，然后利用其他品种（系）与近亲系杂交产生杂种优势，进而培育新品种。

二、选育特色优质专用型甘薯新品种[1]

食用型甘薯新品种选育应着重适口性好、食味性优、薯肉色鲜、营养丰富、薯皮光滑、薯形美观、中小为主，兼顾早熟性、广适性、高产性、多抗性等。选育适宜于鲜食、蒸煮、烘烤等用途甘薯专用新品种，满足人们对餐桌甘薯丰富多彩的需要。适合鲜食和蒸煮的甘薯要求含糖量高，薯肉呈红色、紫色、白色或黄色，成熟

早，耐贮藏，薯形美观，干物质含量中等，粗纤维少。烘烤型品种要求干物质含量略低，糖分和果胶含量高，成品色泽亮丽，质地透明柔韧，口感香甜。上述类型都应选育一批特早熟食用品种，以满足甘薯周年生产供给的市场需求。还应积极探索选育抗性淀粉高、含糖量低、适口性好、有减肥和降低血糖功效的功能性品种。

加工型甘薯新品种选育应充分考虑甘薯加工精准化的要求，区分淀粉加工、薯片薯条加工、色素加工等不同加工用途，使专用型品种育种目标精细化，加工型品种的品质性状与加工工艺主要技术参数协同性好，精准性高[2]。高淀粉品种除薯形要利于洗薯、抗病性强、耐贮藏外，还应具备薯块淀粉含量高、出粉率高等特性；以薯片薯条为加工目的的品种，要求具备薯肉呈红至黄色、成熟早、耐贮藏、薯形美观、干物率中等、还原糖低、粗纤维少、食味好等特性。以花青素色素加工为主的品种，要求紫薯花青素含量高、色价高、干物率高、产量高等。

菜用型甘薯新品种主要采食地上部茎尖嫩叶部分。要求分枝力强，再生性强，茎叶维生素、矿物质含量高，叶柄茎尖产量高，无异味，粗纤维少，色泽好，茎尖部分幼嫩，无绒毛，味道鲜美。

加强适宜机械化作业甘薯品种的选育。由于甘薯种植强度大，劳动力密集程度高，甘薯种植业的根本出路在于轻简化、机械化和集约化[3,4]。应加强适宜机械化作业的甘薯品种的选育，以短蔓、结薯浅、薯形好、机械收获损伤率低、伤口愈合强、抗病性强为育种性状选择重点，以利于规模化移栽和收获，降低生产成本，提高种植效益。

第二节 加强生物技术在甘薯育种中的应用

一、加强甘薯及近缘种基因组学研究

甘薯是高杂合性多倍体植物，甘薯及近缘材料的基因组序列和转录组序列的数据积累非常缓慢，导致对甘薯生长发育、薯块膨大、淀粉合成、抗病、抗虫等重要性状的分子机理研究不够深入，限制了生物技术在甘薯育种研究中的应用。目前，全球主要有四大科研团队在开展甘薯及近缘种二倍体 *I.trifida*（Mx23Hm、NSP306）、*I.triloba*、'徐薯18'、'泰中6号'的基因组学研究，其中'Mx23Hm'、'NSP306'、*I.triloba* 和'泰中6号'基因组信息可提供部分查询检索，但基因组组装质量均有待进一步提升，以期获得可靠性较高的基因组信息。四川率先开展的甘薯二倍体基因组测序研究，进一步对甘薯及其关键近缘物种的基因组解析，有利于促进甘薯及其近缘物种基因的发掘和利用。在此基础上开展转录组、蛋白质组、代谢组和代谢通量组等各种组学研究，结合分子生物学手段，推动甘薯传统育种和现代分子育种紧密结合，为优质、绿色、高效、专用的突破性新品种选育提供技术支撑。

二、开展甘薯分子标记开发和应用研究

甘薯遗传背景组成复杂,其分子标记种类和数量严重偏少。随着近年来甘薯基础研究及育种工作的不断深入,迫切需要高通量、高特异性分子的开发和应用。甘薯在功能基因定位、图谱构建等研究上比其他作物困难。目前仅有8个关于甘薯全基因组遗传连锁图谱初步构建的报道。在甘薯重要农艺性状的分子标记研究方面,主要集中在产量、品质、抗性上,在蔓长等其他农艺性状的研究较少,主要使用 AFLP、SRAP、RAPD 等分子标记技术。将测序技术应用到甘薯分子标记研究中,大量发掘甘薯序列水平的遗传多态性标记,检测基因组水平的基因型差异,找到它们的遗传变异信息,如单核苷酸多态性位点、插入缺失位点、结构变异位点等。以测序数据为基础,大量开发与相关功能基因关联的 SSRs、SNPs 等分子标记,通过筛选、验证扩增稳定、多态性丰富的分子标记,设计开发甘薯基因芯片,利用芯片对甘薯控制淀粉合成相关酶、花青素合成相关酶、抗病性及抗逆性等重要农艺性状相关基因进行研究,对甘薯分子研究有重要意义。

三、开展甘薯基因克隆和功能解析研究

对甘薯种内、种间普遍存在的杂交不亲和、块根膨大等重要性状的主要基因及相关机理等研究报道较少,这是今后甘薯研究的重要内容之一。遗传背景单一已经成为限制甘薯育种的重要瓶颈,应用生物技术拓展甘薯遗传背景成为育种重点。甘薯重要功能基因的研究应从以下方面入手:①将测序、基因编辑等新技术应用到甘薯功能基因克隆中,探索高效、快捷的甘薯功能基因克隆新方法,不断丰富甘薯功能基因克隆的数量和种类;②对优异甘薯及其近缘属种质资源开展筛选和鉴定工作,充分利用近缘野生种创制具有优异农艺性状的中间材料,利用分子生物学技术克隆其重要基因并应用到育种中;③完善、优化甘薯遗传转化技术和组织培养技术,打破目前对甘薯基因型依赖的现状,寻找适合多基因型的再生体系,提高甘薯遗传转化效率。

第三节 脱毒种薯技术研究与良繁体系建设

一、甘薯脱毒种苗高效扩繁关键技术研究

四川省甘薯生产上部分品种应用时间较长,已出现混杂、退化现象,感染病毒病也较严重,致使产量下降、品质变劣。近年来,四川甘薯的主要病毒是羽状斑驳病毒(SPFMV)和甘薯潜隐病毒(SPLV),2011年开始出现一定范围的甘薯

病毒病害（SPVD）复合病毒。对新型病毒 SPVD 的研究发现，这种病毒可导致甘薯地上部丛生和矮化，叶片变小从而有效叶面积低，叶绿素含量降低，"源"、"流"变小，最终导致生物产量降低。脱除 SPVD 可增加 SOD、POD 和 CAT 在植株体内的活性，从而降低 MDA 对植株的危害。SPVD 浸染可使茎叶和鲜薯产量分别降低 69.9%和 49.1%。为此，强化优质专用甘薯品种的引育，加大甘薯脱毒种薯种苗高效扩繁关键技术研究和集成，大力推广脱毒种薯扩繁高产栽培技术，千方百计提高甘薯种薯生产能力和效率，降低种薯繁育成本和市场价格，大力开展脱毒甘薯种苗工厂化生产及脱毒甘薯的大面积示范工作。

二、构建甘薯三代脱毒种薯繁育体系

以甘薯脱毒种薯体系建设为重点，以推动种薯种苗市场化生产经营为方向，以提高脱毒种产量和质量为目标，以链条式订单生产为保证，建立以政府为引导、企业为主体、科研为支撑、基地为依托的市场化甘薯良繁体系。统一实行原原种（苗）、原种（苗）和生产种（苗）三代脱毒种薯繁育体系。在温室或网室等隔离条件下，以试管苗生产的符合质量要求的种苗为原原种苗；以原原种苗在环境条件适宜的大田繁殖的符合质量要求的种薯为原种（苗）；然后以原种（苗）在适宜条件下繁殖的符合质量要求的种薯为生产种（苗）。全省甘薯脱毒基础苗由国家甘薯改良中心南充分中心统一供给。原原种、原种和生产种需由具备相应资质的企业或单位生产、经营。鼓励种薯（苗）生产各环节间实行定点生产、订单回收、定向供种。合理布局种薯（苗）基地。按照"条件适宜、就近供种"的原则，加强规范化、标准化、产业化的种薯生产基地建设。加强自育品种资源利用，提高自育品种的生产利用率。加强对引进品种的认证工作，促进引进品种的合法应用。

第四节　周年绿色生产技术体系研究与示范

一、特色甘薯提质增效栽培关键技术研究与示范

以"特色、专用、优质、高效"为目标，以特色专用甘薯新品种为基础，以甘薯安全生产技术为突破口，开展特色专用甘薯新品种提质增效绿色栽培技术和有机甘薯安全高效栽培技术研究与示范，充分发挥优质专用甘薯品种产量潜力和品质潜力，进一步提升现代绿色甘薯产业核心竞争力。

构建特色专用甘薯优质高效种植新模式。以提高旱地传统周年生产模式的经济效益为目标，在周年生产模式中，以传统"麦/玉/普通甘薯"模式为对照，研究特色甘薯净作和套作 2 种种植模式下的关键技术。研究新种植模式下的紫色甘薯

专用新品种特点、提质增效关键栽培技术及原粮产量、产值,物质、机械和人工投入变化,开展新模式的物质费用收益率、成本收益率、新增纯收益率、边际成本收益率等经济效益指标分析,并在核心区开展新模式示范。

加强特色专用甘薯安全生产技术研究与示范。以特色甘薯安全生产为目的,开展氮肥减量安全高效施用技术、增钾提质安全高效施钾技术、紫色甘薯专用配方肥筛选及安全施肥技术等研究,研究肥料种类、施用量和使用时期对特色专用甘薯产量和品质的影响,集成创新特色专用甘薯安全生产技术。在成都、南充等地建设示范区,大面积示范特色甘薯安全生产技术。

开展特色甘薯水肥高效利用综合技术集成示范。在品种鉴选和主要特性研究的基础上,通过改土培肥和抗旱保水、壮苗培育、群体优化等关键技术的组装配套,优化集成特色甘薯水肥高效利用和栽培技术,实现品种合理搭配,在金堂、遂宁等地进行大面积示范。

重视有机甘薯生产技术集成示范。以特色甘薯有机生产、培肥地力、绿色保健为目标研究甘薯专用有机肥、保水剂、植物生长保护剂等产品,研究新产品对特色甘薯有机生产的影响,筛选出适宜的新产品,并研究集成新产品的专用施用技术,在核心区开展有机甘薯生产技术集成示范。

二、甘薯多熟种植新模式与周年生产供应体系构建

通过甘薯在保护地加温提前育苗,可以提前移栽 60~80d,商品薯提早上市 50~90d,价格比正常上市高 50%以上,同时市场竞争者少,有利于降低销售难度,提高种植效益。通过提升甘薯品质和调节甘薯上市时间,增加一季早春甘薯,建立甘薯周年生产供应体系,是见效快、可持续的增产增收途径。

1. 加强特早熟优质高产甘薯品种的选育

国内的甘薯早栽早收技术或者一年两季栽培技术均是基于特早熟甘薯品种的成功选育,在甘薯品种品质达标的前提下,要求其耐低温、耐弱光性好,能显著降低薯苗的能耗和生产成本。甘薯的早熟性属基因加性效应为主的数量性状,早熟近亲组合可获得特早熟的后代。加强对省内外育成的早熟优质新品种的筛选,同时加快四川省特早熟甘薯品种的选育。

2. 加强特早熟甘薯新品种脱毒种薯种苗高效扩繁关键技术的研究

进行不同农业设施条件下的甘薯提早育苗生产技术,主要采用保护地保温、地膜覆盖和地热线加温等措施,探索适宜推广应用、成本低廉、生产效率高的甘薯育苗技术。研究在温室、普通大棚和小拱棚等不同条件下,通过加温措施,实

现甘薯育苗所需的生长条件，研究不同条件下生产成本、产苗数量、薯苗质量的差异，以便为不同生产条件的薯农提供适宜的生产技术指导；研究保护地集中育苗关键技术，探索薯苗的包装、运输新方法，提高薯苗的质量和成活率。同时，加强一年两季甘薯高产高效种植新模式的研究，集成以甘薯早栽早收关键技术为核心，以甘薯脱毒苗生产为基础、结合秋薯栽培和甘薯贮藏技术的甘薯新型两熟制高产高效栽培技术体系，为了实现优良食用型甘薯品种的周年生产供应提供新种植模式。

第五节 主要生产环节机械化技术体系构建

一、加强适宜机械化栽培的专用甘薯新品种筛选

四川盆地丘陵地区的地块分散、地势高低不平、土壤状况复杂，是机械化大面积应用的瓶颈问题。首先，应着力加强适宜机械化栽培的专用甘薯新品种筛选与选育。由于甘薯机械化栽培的专用甘薯新品种研究起步较晚，现阶段品种依然比较缺乏，多从已选育的品种当中筛选。以短蔓、结薯浅、薯形好、机械收获损伤率低、伤口愈合强、抗病性强为育种目标，筛选在四川省土质条件下适宜机械收获的甘薯品种，并结合配套收获机械进行相关的示范与推广，以提高四川省甘薯种植的机械化水平。

二、研究甘薯栽培主要环节机械化的关键技术与机具

研究不同类型机械的应用和改进，特别是轻量化、小型化农机的引进、改进和推广，降低机械使用难度和运行成本是目前急需解决的问题。甘薯的田间生产机械主要包括耕整、起垄、移栽、田间管理（中耕、灌溉、植保机械等）、收获（切蔓、挖掘、捡拾、收集）等作业机具，其中耕整、灌溉、植保等机具为通用型农业机械，而其他环节则需针对甘薯特点采用改进机型或专用机型。甘薯的移栽、收获是最重要的生产环节，其用工量占生产全过程 65%左右，而收获又是重中之重，其用工量占生产全过程 42%左右[5-10]。在移栽和收获环节实现机械化，是甘薯全程机械化的关键。目前，甘薯种植高性能机械化联合收获与机械化移栽是迫切需要突破的瓶颈。应抓住重点和难点，以引进为主筛选适宜四川省甘薯栽培的中小型移栽机、收获机，解决甘薯主要环节机械化的关键技术问题。

三、研究集成甘薯机械化栽培技术规程

在机械引进、试用、定型的基础上，加强农机农艺融合，形成包括适宜机械

化甘薯品种筛选、集约化育苗、甘薯机械配置和优化、机械化操作规程的甘薯机械化栽培技术规程。重点研究关键流程：秸秆粉碎、旋耕（58.84kW、29.42kW、18.39kW 拖拉机，根据实际情况匹配）→起垄（18.39kW 拖拉机配 4QL-1 甘薯起垄施肥机）→秧蔓粉碎还田（18.39kW 拖拉机配 4JHSM-90 型甘薯秧蔓粉碎还田机）→薯块收获（18.39kW 拖拉机配 4QL-1 型甘薯挖掘收获机和 4GS-600 型单行甘薯收获机）。在重点突破、以引进改良为主解决甘薯全程机械化关键问题的基础上，集成川东北丘陵地区甘薯机械化栽培技术规程，在已有研究的基础上，提高效率20%，进一步提高四川甘薯机械化水平。

第六节　建立轻简化绿色综合防控技术体系

一、开展四川甘薯主要病虫害普查

对四川省甘薯栽培区全面开展病虫害发生危害情况普查，明确四川省不同生态区、不同种植模式下，甘薯主要病虫害种类、发生特点和危害程度。当前，甘薯病毒病 SPVD 存在爆发的风险，对四川甘薯产业威胁较大；甘薯蛴螬、叶甲等虫危害严重[11-13]；黑斑病及贮藏期干腐病较严重[14]。由于四川省甘薯脱毒种苗繁育体系基本缺失，缺乏大型甘薯种薯种苗供应企业，种薯种苗供应参差不齐，来源混杂、市场混乱、供应不足，盲目、长途调运甘薯种薯种苗，导致病虫害危害风险增加。部分地区甘薯病害较重，同时加速了甘薯病毒病的传播，给四川甘薯产业持续发展带来隐患。

二、筛选抗病优质高产甘薯品种

选育和选用抗（耐）病的品种是防治甘薯病虫害最经济、最有效、最简便的防治措施。在四川甘薯主产区，研究不同土壤类型、区域气候、种植模式和市场需求下甘薯品种的抗病性、适应性及高产潜力等，筛选不同生态区适宜的抗病高产优质专用型甘薯新品种，优化甘薯抗病高产优质新品种生态区域布局。目前对主栽品种的黑斑病抗性检测都处于高抗或中抗水平，还没发现对黑斑病免疫的品种。要加强甘薯黑斑病抗性的遗传基础研究，抗源材料的收集、筛选和创新，利用新抗源材料进行有性杂交，聚合抗病基因，培育抗病品种。

三、建立绿色安全生产综合防治技术体系

根据甘薯主要病虫害发生规律，科学安全地使用化学防治技术，最大限度地

减轻农药对生态环境的破坏和自然天敌的伤害。在 SPVD 复合病毒产量损失研究、病毒检测技术、茎尖脱毒培养、健壮种苗快繁和种苗带药移栽技术等方面进行深入研究，同时研究通过不同时期嫁接感染 SPVD 对甘薯产量的影响，建立病情指数与产量损失率之间的关系模型，为 SPVD 的产量损失估计提供依据；运用超低容量喷雾等技术，开展"高效、低毒、低残留"环境友好型农药筛选，为甘薯病虫害绿色综合防控提供理论依据。

在甘薯病害的研究与防控工作中，通过对甘薯黑斑病、干腐病的发病规律进行研究，研究窖贮甘薯的黑斑病、干腐病防控机制，集成防控技术，减少窖藏甘薯的损失。严防甘薯蚁象的引种输入。明确甘薯叶甲的世代变化（卵、幼虫、蛹、成虫）、迁飞特性、危害特性等，同时研究不同时期施药对地下害虫的防治效果，集成"高效、低毒、低残留"环境友好型绿色防控技术。

将甘薯栽培与病虫害防治有机结合，集成甘薯绿色安全生产技术体系。在甘薯主要病虫害绿色防控研究中，建立以培育脱毒健壮种苗带药移栽关键技术为核心，有机融合生物、化学、物理综合防治和高产高效栽培模式的绿色安全生产技术体系。

第七节 挖掘调控块根萌芽特性的关键基因

一、解析甘薯块根萌芽生理调控过程，挖掘调控关键基因

研究表明，不同甘薯品种萌芽强弱差异明显。40 个甘薯品种（系）在 20℃黑暗下放置 20d，萌芽性优良的材料'绵薯 6 号'、'商薯 19'、'渝薯 8 号'、'绵 12-25-1'、'徐薯 22'等已长出 8~12 根苗；萌芽慢的材料如'绵紫薯 9 号'、'绵 12-34-1'、'南紫薯 008'、'南薯 88'仅有芽点长出。加强对具有优良萌芽性状的甘薯资源利用，挖掘调控块根萌芽的关键基因，解析甘薯萌芽的生理调控过程，将为选育适合早栽的萌芽性强的甘薯品种奠定基础和提供理论依据。

研究发现萌芽性较弱的'绵紫薯 9 号'的 α-淀粉酶活性远低于萌芽性强的'绵 12-25-1'。淀粉酶活性可以作为筛选指标之一。推测萌芽性强的甘薯块根中的高 α-淀粉酶活性与赤霉素合成相关。目前未见调控甘薯块根萌芽的重要生理过程或基因报道，加强对甘薯块根萌芽生理调控过程的研究，挖掘其调控关键基因，将有利于加强对萌芽性强的遗传资源的高效利用。

二、比较萌芽性不同材料在不同温度下的基因表达差异

西南丘陵区 11 月初收获的块根一般会因温度限制而进入强制休眠阶段，但新

材料'绵12-25-1'打破了温度限制，在田间收获时就已开始萌芽，属于萌芽性极强的特殊材料。利用高通量测序技术检测'绵12-25-1'这一特殊材料的转录组在不同条件下的变化，便于挖掘与其强萌芽性相关的重要基因，解析甘薯块根萌芽过程。以萌芽强的材料'绵12-25-1'和萌芽较弱的品种'南薯88'为材料，改良Trizol法提取RNA，作转录组测序和分析。比较两材料各自在13℃和25℃的基因表达变化，寻找因温度促进块根萌芽所引起的生理过程和基因表达。比较两材料的差异基因集，分析两材料共有和特有的差异基因，并进行聚类分析，以进一步明确'绵12-25-1'强萌芽特性的原因。

三、生长素、赤霉素和油菜素内酯对块根萌芽调控机理

'绵12-25-1'中涉及生长素、油菜素内酯信号转导的基因及赤霉素合成的关键酶gibberellin 20-oxidase的编码基因极显著上调，而'南薯88'的这些基因表达并没有变化，说明这三类植物激素与甘薯块根强萌芽特性密切相关。进一步分析与萌芽相关的基因在两材料表达上的差异，挖掘调控块根萌芽的关键基因。转录组测序初步揭示生长素、赤霉素和油菜素内酯与'绵12-25-1'强萌芽特性密切相关，拟采用响应面方法中的Box-Behnken设计，探究这3种植物生长调节剂对块根萌芽及壮苗的影响，以获得最佳条件参数，建立与早栽技术配套的促进块根萌芽和壮苗的方法。

第八节 主食化加工产品与加工新技术研究

一、甘薯加工产业发展重大共性关键技术研究

国际甘薯食品加工产业正在向低能耗、全营养、全利用、高效益、可持续的新方向发展。随着加工新技术、新业态及营销新模式的形成，现代甘薯绿色食品加工产业将成为引领中国现代绿色薯业发展的新动力。中高端消费市场对方便、美味、营养、安全、健康、多样性的甘薯产品新需求，以及节能、环保、绿色、可持续的产业新要求已成为现代绿色薯业食品加工产业发展的新方向，也是保证农民增产增收和资源高效利用与农业综合效益的重要手段。为此，以深化供给侧结构性改革为主线，围绕甘薯食品方便美味、营养安全、资源节约、增效增值的产业需求，针对制约甘薯产业发展的重大共性关键技术问题，大力推进甘薯产后加工新技术开发研究、核心技术突破与关键装备研制，培育甘薯主食化加工新产业。

二、甘薯主食化产品加工关键技术及装备研究

针对市场需求新变化，开展甘薯主食化加工关键工艺、主食产品和技术装备研究，实现从适宜加工的品种选育与评价、保质保鲜、产品加工等甘薯加工科技价值链系统创新。重点研发满足甘薯主食化需求的产地加工节能、环保新工艺、技术与装备，开展甘薯产后全粉加工、主食化产品提升、原薯主食制品等技术研究与装备开发，推进甘薯产业创新链转型升级。

三、甘薯方便即食食品关键技术及新产品研究

加强甘薯方便即食食品制造关键技术开发研究及新产品创制。以甘薯食材为对象，针对方便即食食品制造的关键环节，系统研究和开发新工艺、新技术和新产品，全面提升甘薯方便即食食品创制能力。重点开发甘薯及马铃薯馒头、面条、米粉、原薯制品等主食新产品并进行典型集成示范，开展基于挤压重组技术的甘薯方便主食品加工关键技术与装备研究与示范。研制鲜薯原料的甘薯挤压重组系列方便主食制品。突破低温冲泡复水技术和复合品质改良技术，集成预糊化、挤压重组、防粘连造粒成型、干燥和包装等成套生产技术装备，开发甘薯方便面、甘薯方便米粉、甘薯方便粉丝系列食品。

四、甘薯茎尖特色营养蔬菜研发

据不完全统计，中国一年甘薯茎尖产量 75 亿 kg，具有资源量大、容易采摘的特点。大量研究表明，甘薯茎尖是高营养蔬菜，不仅富含丰富的蛋白质、膳食纤维素、糖类、脂肪、矿物质等营养成分，还富含维生素、胡萝卜素、多酚类物质及蛋白质与多糖体混合组成的黏性蛋白等天然抗氧化活性成分，具有维持呼吸道、消化道的润滑和动脉血管的弹性、防止衰老、预防癌症、提高机体的免疫力等多种生理保健功能。发展甘薯茎尖特色营养蔬菜产业，需要筛选甘薯茎尖食用型品种，建立其品质评价体系；研究茎尖的贮藏保鲜物流技术，增强其耐储藏性，延长其货架期；从护色、干燥等工艺方面，研究全营养茎尖脱水蔬菜及甘薯茎尖粉生产关键技术，并结合四川饮食习惯开发其应用产品。

（本章作者：黄　钢　王　平　王晓黎　周全卢　黄静玮　蒲志刚）

参 考 文 献

[1]　马代夫，李强，曹清河，等. 中国甘薯产业及产业技术的发展与展望. 江苏农业学报，2012，28（5）：969-973.

[2] 何伟忠，木泰华. 我国甘薯加工业的发展现状概述. 食品研究与开发，2006，27（11）：176-180.
[3] 唐维，张允刚，李强，等. 适合机械化收获的甘薯品种筛选及育种研究. 农学学报，2017，7（3）：13-16.
[4] 胡良龙，计福来，王冰，等. 国内甘薯机械移栽技术发展动态. 中国农机化学报，2015，36（3）：289-291，317.
[5] 胡良龙，田立佳，计福来，等. 国内甘薯生产收获机械化制因思索与探讨. 中国农机化学报，2011，(3)：16-18.
[6] 李洪民. 国内外甘薯机械化产业发展现状. 江苏农机化，2010，(2)：40-42.
[7] 胡良龙，田立佳，计福来，等. 甘薯生产机械化作业模式研究. 中国农机化学报，2014，35（5）：165-168.
[8] 胡良龙，计福来，等. 国内甘薯机械移栽技术发展动态. 中国农机化学报，2015，36（3）：289-291+317.
[9] 张子瑞，刘贵明，李禹红. 国内外甘薯收获机械发展概况. 农业工程，2015，5（3）：13-15+18.
[10] 赵晋，黄赟，徐锦大，等. 丘陵山区甘薯起垄机械研析. 农业开发与装备，2017，(1)：59+165.
[11] 孙厚俊，杨爱梅，赵永强，等. 30%辛硫磷微胶囊剂防治甘薯地下害虫效果评价. 公共植保与绿色防控，2010：556-558.
[12] 李云龙，杨建国. 蒸汽熏蒸防治甘薯茎线虫病效果初报. 植物保护，2013，39（2）：192-195.
[13] 谢逸萍，马代夫，李秀英，等. 5种药剂对甘薯茎线虫病的防治效果试验. 江西农业学报，2008，20（2）：66-67.
[14] 贾赵东，郭小丁，尹晴红，等. 甘薯黑斑病的研究现状与展望. 江苏农业科学，2011，(1)：144-147.

第二十一章　现代绿色薯业与双创人才培养

人才乃产业之根本。任何一个发展强盛的产业，必然有强大的人才资源作为支撑。在众多产业资源中，人才是第一重要的资源。从中国现代绿色薯业发展的实际出发，当前有三类人才是至关重要的，即科技双创人才、产业创新人才和新型薯业经营主体创业人才，三者缺一不可。

第一节　建设双创人才队伍

科技双创人才是薯类科技创新主体和成果转化的载体，是现代绿色薯业的栋梁。一个地区现代绿色薯业能否发展强盛，首先取决于薯类科技双创人才队伍是否强大。

一、造就宏大的科技双创人才队伍

1. 保障充足的科研经费支撑

一直以来，有关部门对薯类作物科研经费支持的力度比较小，汇聚的人才少，培育的成果少。尤其是在20世纪80～90年代，薯类科研经费极其缺乏，人才流失严重。大量的科技管理研究表明，科技资源占有量与科技成果产出率之间呈极显著的正相关关系。用这一规律来考察我国薯类科技投入历史与现状，薯类科研和成果转化项目投资少仍然是其最大的制约因素。进入21世纪，由于人类日益加重的粮食危机和薯类作物的产量品质优势，薯类产业越来越引起各国政府的关注[1]。2003年以来，中国政府对薯类产业高度重视和持续加大投入，特别是近五年从中央到地方对马铃薯产业持续增加财政经费的投入，为现代绿色薯业的快速发展提供了难得的机遇，薯类科技双创人才队伍日趋壮大，迎来了阳光明媚的春天。

如何保持各级政府对现代绿色薯业长期稳定和可持续的项目经费支持？关键是要抓紧培养大批的现代绿色薯业科技双创人才，使现代绿色薯业尽快进入"人才→成果→效益→项目→人才"的科技价值链不断提升的良性循环。从薯类产业内部分析，薯类科技创新发展落后于薯类产业发展，远远不能适应供给侧结构性改革和经济发展新常态的新需求。因此，当前乃至今后一个时期，摆在我国薯类产业科技界面前的一项重大任务，就是大力培育薯类科技双创人才。这支科技双创人才队伍越强大，创新转化的薯类科技成果越多，对国家和产业的贡献越大，得到的各方面的支持就会越来越多，科技双创人才队伍就会更加强大，现代绿色薯业科技价值链就会进入价值不断提升的良性循环。需要指出，任何一个作物产业都不可能长期保持经费投入的青春期，我国薯类科技界的各级领军人物都要把培育薯类科技双创人才队伍放在突出地位。

如何培育？首先，最重要的是保持足够的项目经费支持。按照技术创新链的五级价值增值原理，科技创新的第一级价值增值就是技术创新项目化，及时将技术创新的构想、创意、方案、设计等处于技术创新过程中的阶段性进展及成果以项目资金的形式支持[2]。试想，如果连科研项目经费和技术创新链的一级价值增值都无法实现，哪里还有科技创新成果的产生？正如瑞士洛桑国际管理学院Vijay K. Jolly教授所讲，许多技术的失败主要是因为不能适时获得适当的投资支持[3]。作为薯类技术创新的各位课题组主持人，首要的任务就是长期不断地为薯类创新争取大量的科研项目经费支持，这是促进现代绿色薯业持续稳定发展的基础。实践证明，各级科技和产业主管部门应该像现代农业产业技术体系创新团队项目那样，主动为科技双创人才提供长期稳定的项目经费支撑[4]。要使广大科技人员能够把主要精力放在科研和成果转化上。

2. 大力培养科技双创人才

科技创新和成果转化是农业科研机构永恒的主题。在产业技术创新领域，其科研课题组的任务、组织机构、人才机构、运行机制等都与应用研究和基础研究领域有诸多的不同[5]。为什么要反复强调大力培养科技双创人才，这是现代绿色薯业技术创新和产业创新的规律及现状所决定的。现代绿色薯业技术创新的目的是为产业创新服务，属于试验发展研究项目。试验发展研究在项目目的、性质、内容、成果、成功率、管理原则和人才需求等诸多方面与应用研究和基础研究有所不同（详见表21-1）[6]。从科研布局看，应用研究和基础研究主要应放在国家级科研院校，试验发展研究主要应由国家级和省地市级专业科研院所承担。现代农业产业技术体系及省级创新团队属于试验发展研究转化项目，主要应由科技双创人才承担。从产业发展现状看，现代绿色薯业尚处在初级发展阶段，产业发展急需大量的科技成果应用转化，有大量的技术问题需要科技人员研发攻关，因此，现代绿色薯业对科技双创人才的需求量很大。国家现代农业产业技术体系创新团队属于产业技术链项目，与以往传统的试验发展研究项目在设计思维方式、选题来源、研究范围、评价方式、团队组织、实施主体、经费支撑、考核重点等诸多方面有很大的不同（详见表21-2）。

第二十一章　现代绿色薯业与双创人才培养

表 21-1　三种类型科研的比较表[6]

类比项目	基础研究	应用研究	试验发展
目的	寻求真理，扩大知识，实现体系化	以工程为目标，探讨新的知识应用的可能性	把研究成果应用于生产和工程上
性质	探求发现新事实、新规律	发明新事物	完成新产品、新工艺，使它商品化、实用化
内容	发现新现象、新事物，寻求内在联系，预测新发现的作用和意义	探求基础研究应用的可能性，追求最佳条件系统的新工艺、新产品、新发明	用基础研究、应用研究成果从事产品设计、产品试制、工艺改进
成果	论文	论文或专利	专利、专有知识、设计书、图纸、样品
成功率	成功率小，约 5%~10%	风险大，成功率 50%~60%	风险较小，成功率最大，一般超过 80%~90%
人员	理论水平高，基础雄厚的科学家	创造能力强、应用能力好的发明家	有广泛知识和经验、动手能力强的技术专家
经费	一般较少	费用较大，控制松	费用最大，控制严
管理原则	尊重科学家意见，支持科学家成就，采用同行评议的评价方法	尊重集体意见，支持整个研究组织在适当时作出评价	尊重和支持集体参加活动
计划	自由度较大，没有确定的指标，没有严格的期限	弹性，可能有很大变化，有战略方向，有期限，期限较长	硬性，有明确目标，有明确期限，期限较短

表 21-2　创新团队产业技术链项目与传统试验发展研究转化项目差异比较

类比项目	传统试验发展研究转化项目	创新团队产业技术创新链项目
研究导向	计划为主，科技推动	市场为主，科技推动与市场拉动相结合，双创互动
思维方式	点式思维和线性思维	链式思维和系统思维
研究范围	解决一个点或某方面的问题，不考虑全产业链	全产业链设计，按照构建技术创新链、延伸产业创新链和提升科技价值链的要求，明确技术创新链各关键节点及其相互链接
评价方式考核重点	完成计划任务书内容，论文、报告、成果、专利所占考核分数比例 80%以上	以推动产业发展和技术支撑的实际效果为重，创新系列优质产品，提升产业竞争力，促进产业结构优化和高级化，论文、报告、成果、专利所占考核分数比例 20%以下
团队组织	小课题组及课题组合作	大系统，大项目，大团队，组建产业技术创新联盟
实施主体	院校小课题组即可	产学研用各方面参与，协同创新，组成科技创新产业链网络体系
经费支撑	小规模短时期支持即可	大规模高强度长期稳定经费支撑

从事试验发展研究的科技双创人才与从事应用研究和基础研究的科技人才在诸多方面要求和评价标准不同。现阶段中国农业科研院校培养的研究生更适应从事应用研究，科技双创人才如何培养还是比较新的课题。在高科技领域，国际上

有很好的科技双创人才培养典型，如美国的斯坦福大学、硅谷科学城和北京的中关村[7]。但在农业科技领域，还没有公认的经典案例。

根据科技工作的岗位能级原理，科技双创人才可以分为领军人才、高层级、中层级、基层级科技双创人才。科技双创领军人才要求有战略眼光和国际视野，对本科技领域的前沿研究、基础研究、应用研究及试验发展研究进展有比较全面的把握，对所服务的现代产业领域的重大技术进展和重大技术难题有比较深刻的了解，善于将技术创新链与产业创新链有效链接，懂得科技项目运筹和科技人才管理，知识结构和能力结构属于复合型高级人才，也就是战略科学家[8]。对于国家级和省级的重大双创项目首席专家一般应具备这种能力。高层级、中层级和基层级科技双创人才主要在技术创新链的不同层级上承担某一个或几个关键节点的技术创新和转化工作，他们共同的特性是能够将技术创新与产业创新紧密结合，能够在科技成果转化的双创互动中发挥主动积极作用并取得一定成效。不同层级科技双创人才一般具备三个共同特点：一是懂专业技术，在技术创新的某一些方面有创新成果；二是懂产业需求，善于将技术创新与产业需求结合起来；三是有实际成果，在双创实践中有实际成效和双创成果。对科技双创人才的考核标准与应用研究项目的要求明显不同，对科技双创人才的目标任务考核更加关注推动产业发展和技术支撑的实际效果、在示范区开展产业技术集成研发与示范推广的实际效果、为推动本产业发展做出的实际业绩；在开展产业指导、技术服务、培育新型经营主体和精准扶贫、示范基地建设、技术培训等方面情况和取得的实际效果；在本产业技术集成创新与熟化取得的代表性成果等。而对于论文、专利、成果等一般不做过高的要求。

二、培育三位一体的双创团队

1. 培育双创团队

大力培育三位一体的科研双创团队是从科技体制改革实践中总结出来的科技管理创新成果。所谓三位一体的科研双创团队是指以科技双创人才为主体成员，以课题组或科技型企业为核算实体，具备科技创新和产业创新双重能力的集科技创新、成果转化和产业服务多功能于一体的科技创新利益共同体[9]。在科研双创团队中，应加强培养熟悉科技创新和产业技术开发，具备丰富管理经验的双创团队领军人物。应搭建适合双创团队的科学合理的人才结构，包括高素质的科研人才、技术转化的技能型人才和产业链管理人才等。应制定改革政策，鼓励科研双创团队以知识、技术、成果、专利、管理等要素入股创办企业，鼓励双创团队科技人员在完成科研任务的前提下到合作企业开展产业技术服务。四川薯类创新团队的多数课题组都是按照科研双创团队的结构组织的。在科研双创团队中，有专门从事科研创新的研究人才，也有专门从事科技成果转化和产业服务的技能型人才。科研双创团队的多数成员常年活跃在薯类科技成果转化的广阔天地，兢兢业业，任劳任怨。各级政府应该多关心长期奔波在科技创新和成果转化第一线的科技人才。大力培育科研双创团队，必须坚决贯彻党中央深化科技体制改革的方针，必须坚决按照习总书记"四个自信"的思想坚定不移地探索有利于科技创新与产业创新更加紧密结合的中国道路、中国方案、中国智慧，必须坚决突破和清除所有阻碍科技生产力发展的体制性障碍。

2. 打造双创项目

双创项目是指既有重大技术创新价值，又有重要的产业创新前景，既可以得到政府财政资助，又可以从企业等多渠道获得经费支持，其科研成果具有市场开发前景的试验发展型科技创新项目。要按照"加强一批，建设一批，储备一批"的思路，搞好薯类产业双创项目的培育。要加大薯类品种权、专利权、技术秘密等可转让的经营性知识产权研发力度；积极开展面向市场的现代绿色薯业技术咨询、技术检测、技术转让、技术承包、技术培训等高附加值的智力服务。

3. 构建双创平台

双创平台是指可以为技术创新和产业创新兼容并用的操作环境或物质条件，包括重点实验室、科技服务机构、实验中试基地、专家大院、区域创新中心、创客空间和产业示范园区等。应以国家薯类科技产业重大项目为依托，整合资源，建成技术创新和产业创新相结合的现代绿色薯业双创平台。着力培育以双创团队为实施主体的科研、开发、示范转化一体化的现代绿色薯业双创园区。充分利用国家激励创新创业的各种优惠措施和农用土地经营权流转等政策，把双创园区建成集薯业科研、示范推广、产业服务、人才培养、科普教育、智慧农业、创意农业、旅游康养等为一体的现代绿色薯业科技产业化示范基地。

三、打造跨单位科技双创团队

1. 找准产业发展技术难点

现代产业技术体系与传统的科研和推广项目的根本区别在于研发导向不同。产业技术体系创新团队项目是按照现代产业链指导下的市场导向原则，其技术创新的目标建立在充分满足产业发展和提高核心竞争力的重大产业技术需求上。产业技术选题的来源不是来自论文、实验室和实验地，而是来自餐桌、市场、企业和农田，对其业绩的评价主要不是看论文和成果奖励，而是看其对产业发展的实际贡献[10]。

在科技创新价值链系统创新理论的指导下，四川薯类创新团队启动后的首要工作是从提升四川省薯类产业核心竞争力的目标出发，通过深入市场、企业和农村调研，找出制约薯类产业发展的技术难点。在明确四川省薯类产业发展主要制约因素的基础上，结合国际薯类现代产业发展的先进经验，按照"构建技术创新链—延伸产业创新链—提升科技价值链"的三链联动转型升级机制，根据市场需求和四川省产业发展规划，创新团队开展了从技术研发到大规模产业化集成示范的薯类科技创新价值链的系统顶层设计，重点抓专用新品种筛选、脱毒种薯良繁体系建设、简化高效耕作栽培技术体系研究示范、植物保护工程应用、贮藏加工能力建设、市场营销网络构建等产业发展关键节点的技术创新与成果转化。同时，系统顶层设计还重视薯类产业技术体系项目与全省农业技术推广部门的科技培训、示范和推广计划项目的有效链接，重视创新团队项目与多渠道相关薯类产业项目的有效链接，以促进薯类创新团队最新科研成果能够高效快速地进入农业科技推广的直通车[11]。

2. 加强农科教紧密结合

农科教紧密结合，是建立中国特色农业科技创新体系的制度保障。这既适应我国现有的农科教体系，又可打破阻碍农业科技创新的体制性障碍。农科教紧密结合的关键是农业主管部门的领导作用和实实在在的项目支撑。现代产业技术体系四川薯类创新团队项目启动以来，四川省农业厅高度重视薯类创新团队项目运作中的农科教紧密结合的联动机制创新。一是从项目经费上保证了农科教结合的物质基础；二是在创新团队的组织管理方面形成了一整套强化农科教紧密结合的管理制度；三是主动将创新团队项目与农业厅、财政厅支持的马铃薯良繁体系建设等相关项目紧密结合，大大提高了创新团队的资金使用效率和项目资金整合效益；四是积极支持创新团队与农业部薯类现代产业技术体系、国际马铃薯中心、薯类科技攻关等项目紧密结合，大大提升了四川薯类产业的科技水平。

薯类创新团队在工作中高度重视产业技术体系的集成示范和培训工作。创新团队要求每位岗位专家组必须在四川省优势产业重点示范县按照"点、片、面"结合的原则，亲手搞好集科研试验、成果展示、技术示范、技术培训、人才培养为一体的多功能核心示范基地。核心示范基地一般以一个行政村为单位成建制建设。核心示范基地的创新转化成果通过"示范点→辐射片→推广面"的技术扩散渠道，为当地农技推广部门示范推广提供样板。创新团队的首席科学家在总体方案设计中，对各岗位专家组在核心示范基地的试验、示范、培训等多方面的内容都做了全面的严格要求。同时，创新团队要求各岗位专家组要做出技术培训年度计划，以先进实用技术为培训重点内容，在核心示范基地加强对专业大户和农技骨干的培训，将各岗位专家的培训教材汇集成册提供给推广部门，将创新团队的最新研究成果尽快融入全省薯类产业的快速发展中。

3. 高效整合科技项目资源

四川省科研院校从事薯类研究的科技历史虽然悠久，但研究力量分散，低水平重复研究多，仅仅依靠少数科研单位的科研力量难以支撑四川省薯类产业大发展的紧迫需求。因此，必须高效整合科技资源，打造高素质科技创新团队。实践证明，大科技项目管理与大型创新团队建设相结合，是破解妨碍科技创新转化的体制性障碍的有效途径[12]。在发展薯类优势产业的过程中，四川薯类创新团队主要从科技人才资源整合、双创项目投资整合和创新团队打造三个方面推进工作。

一是加强四川薯类人才资源整合：针对马铃薯、甘薯产业创新链条长、关键技术节点多、科技人才资源分散、研究课题难以适应现代薯类产业技术创新链构建的紧迫需要等问题，以增强农业产业竞争力为目标，按照农业科技创新价值链的增值规律系统设计技术创新方案，把分散的薯类科技力量整合到技术创新链上，大力促进技术创新链与产业创新链的有机结合，形成薯类技术创新与产业创新的双创互动和有序推进。薯类创新团队以提升四川省薯类产业核心竞争力为目标，组织和培育跨部门、跨单位、跨学科的高素质科技创新团队，围绕薯类产业发展的重大关键技术问题开展协同创新，集中了全省从事薯类科研的12家科研院（所）校和5个核心基地示范县的科技人员，围绕全省薯类产业发展的重大技术需求，在薯类技术创新链的各个关键节点开展协同攻关。建立严格的目标管理责任制，加强首席专家与岗位专家的互动交流，首席专家每年至少对每一位岗位专家工作情况进行3次工作交流考察。加强创新团队的集体活动和学术交流，每年全体成员参加的团队集体活动5次以上，小组活动至少10次以上。

二是加强科技项目投资整合：针对薯类产业投资渠道多、投资分散、多数项目运行期短、低效或重复劳动比例较高等问题，以项目实施单位为平台加强对薯类科技项目投资的整合，将薯类创新团队项目与各类财政经费支持的薯类项目紧密结合，提高科技双创人才的双创效能和科技投入的产出效率。四川薯类创新团队主动与国家马铃薯、甘薯现代产业技术体系专家和各类薯类产业项目加强工作衔接，共同设计试验，共建试验示范基地，联合开展科技双创行动。四川薯类创新团队每次组织重要活动，都主动邀请国家产业技术体系的专家参加，开展常态化的技术交流和工作互动。同时，加强全省薯类科技人员、新型农业经营主体、示范县之间多单位多部门的合作，共同推动四川薯类产业的发展，有效实现了薯类科技项目投资的系统整合。十年来，通过四川省农业厅粮油系统实施的马铃薯项目资金近5亿元，使同期国家马铃薯产业技术体系和四川马铃薯创新团队项目投资放大了18倍以上。

三是打造高素质科技创新团队：现代薯类产业快速发展对科技力量的系统整合提出了紧迫需求。通过薯类创新团队工作的实施，加强薯类科技双创人才的培养，凝聚了一支从事薯类产业技术研发与推广的队伍，包括来自高等院校、科研院所、基层农业部门和薯类企业的科技人员，以及一大批基层农民技术员。与创新团队成立之初相比，团队科技人员增加3.6倍，有高级职称的研究人员增加3.3倍，正高级职称增加3倍，中级职称增加4.8倍，博士增加3倍，硕士增加4.5倍。先后有136人次荣获部省科技成果奖励。十年来，四川省薯类科技人员获部省科技进步奖级奖励13项，部省一等奖成果3项，品种审定52个，获得授权专利37项，其中发明专利17项，获批技术标准6项，获批农业部农产品地理标志7项，发表论文173篇，出版著作5部，撰写生产建议和调研报告142份。

第二节　磨炼产业创新人才

发展薯类产业，需要成千上万的产业创新人才活跃在薯类产业链各个环节，需要大批从事薯类种业、种植业、储藏业、物流业、加工业、批发业、零售业、互联网业、餐饮业的管理、技能和实际操作人才。

一、在双创沃土上培植产业人才

青年是现代绿色薯业的未来。现代绿色薯业为实施双创战略开辟了潜力巨大的市场发展空间，从成千上万的青年大学生和科技人员中培养薯类产业双创人才将为未来中国现代绿色薯业乃至现代农业源源不断地输送高素质的充满活力的人才资源。中国现代绿色薯业正在日益壮大成为富有创新活力、市场潜力和国际竞争力的高新技术产业，尤其是在脱毒种薯生物技术产业、绿色薯农场、有机薯农场标准化生产、绿色薯业互联网营销、薯类高附加值加工产业等领域为吸纳大学生就业和培育双创人才展示了巨大的成长空间。坚定不移地按照党中央国务院要求实施双创战略，制定有利于双创的产业政策措施，创造有利于双创的产业生态环境，在营养丰厚的双创沃土上培植产业人才，是各地发展薯类产业的成功经验。四川薯类创新团队高度重视青年科技创新人才培养，近年来一大批青年人才在现代绿色薯业双创沃土上茁壮成长。一是一批年轻科技双创人才成为创新团队骨干力量。40岁以下的青年科技骨干已占创新团队岗位专家的60%，77%晋升高级职称；青年团队成员占团队科技双创人才的75%。一批青年岗位专家还成为国家自然科学基金项目或部省级重大项目主持人。二是一批大学生、研究生成为现代绿色薯业科技双创人才的重要后备骨干。创新团队指导大学生利用薯类产业新技术积极开展创新创业工作，获得20项创新创业奖励，其中获国际创业奖1项，团中央和教育部颁发的全国创业奖3项,省级创业奖16项。团队成员彭洁博士创建的土豆传奇创业团队,2013年荣获美国加州大学举办的全球社会创业大赛(GSVC)中国赛区第二名,并代表中国赴美参加全球总决赛获优秀奖,2016年荣获"成都市最年轻特聘专家"称号,2017年她又雄心勃勃地启动了马铃薯美食产品"薯不胜薯"连锁推广新模式。团队成员刘一盛打造了以创意农业为主业的"万春智汇·创客空间",2017年荣获四川省众创空间等多项荣誉。团队成员、在读博士生詹小旭创立了专门开发薯业农机的成都旭志峰农业机械有限公司,立志将薯业农机梦作为她毕生的追求。

二、在做强产业中发掘企业英才

企业家是引领现代绿色薯业的先锋。当前中国现代绿色薯业正在进入一个难得的新的历史发展机遇期。在世界新技术革命迅猛发展的冲击下,全球性农业产业结构加快调整,现代绿色薯业发展势头强劲。在新经济发展常态下,中国薯类企业发展的根本目标,就是要致力于用现代高新技术改造传统薯业,发展有中国特色的技术密集和资金密集的科技型现代绿色薯业,使中国由薯业大国转变为薯业强国。

当前我国薯类企业普遍存在着诸多的不适应。首先是思想观念不适应,企业家是企业成败的关键,我国薯类企业领办人多数尚未具备现代企业发展的理念、思想和管理知识。二是产权制度不适应,多数企业属于一人业主制或家族制,没有建立现代公司法人治理结构,难与现代化国际薯业跨国公司竞争。三是战略思路不适应,缺乏双创发展的战略思路与基本对策。现代绿色薯类企业的未来在于创新。提出"创新"这一概念的著名经济学家熊彼特早就指出,"创新"是"新的生产函数的建立",是"企业家对生产要素的新的组合","创新包括技术创新和组织管理创新"[13]。可以肯定地讲,将技术创新链与产业创新链紧密结合的双创互动战略是现代绿色薯业的不二选择。企业家的理念和观念是决定企业未来的核心要素[14]。四是经营管理不适应,薯业产品市场是一个完全开放的国际化市场,在完全竞争市场结构条件下,在成千上万企业的国际化充分竞争中,对中国现代绿色薯类企业的经营者们提出了更高的要求。企业间的竞争,不仅是科技经济实力的比拼,更是经营管理水平的博弈,如对企业的发展战略谋划、核心竞争力的培育、企业制度创新、管理机制创新、核心团队打造、技术知识管理、供应链管理、营销网络建设、赢利模式策划、资本高效运营、企业文化建设、学习型组织培育、人力资源开发、生产流程再造、品牌战略实施等都提出了更高的要求[15, 16]。与国内其他竞争性行业的经营管理水平相比,中国薯类企业的经营管理水平是比较落后的,受农耕文化的浓厚影响,大批薯类企业经营者对现代企业经营管理的理念、方法、技术知之甚少。多数中国薯类企业还处在步履艰难的创业阶段，尚未渡过婴儿学步的企业生存期。为此，应加快农业科技企业职业经理队伍的建设。

薯类产业的创新创业是艰难困苦而光荣伟大的事业。能够在商海大浪淘沙中顽强崛起、造福人类的企业家堪称企业英才，各级政府应该倍加关心、爱护和支持，尽量为企业家提供良好的产业生态环境。山东省泗水利丰食品有限公司是中国薯业界名至实归的农业产业化龙头企业。公司董事长兼总经理、党委书记孔宪奎是一个高度重视技术创新与产业创新紧密结合的具有战略眼光的优秀企业家，自1978年公司创立以来，在他的领导下，按照"做百年企业，创世界名牌"的奋斗目标和"专业经营甘薯食品，专注发展甘薯产业"的发展战略，经过37年奋斗，现已建成全国最大的甘薯食品加工企业。公司与国家甘薯产业技术体系签订长期战略合作协议，与中国农科院、山东农科院长期开展全面科技合作，并建立企业博士工作站。公司现有甘薯传统食品加工和甘薯高科技产品加工两大生产基地，占地面积2000亩，拥有28个生产加工单位，年综合加工能力40余万t，带动甘薯种植面积60万亩，安置就业3000人，每人年均收入4万元。公司围绕甘薯全利用，形成了鲜食甘薯、甘薯淀粉、甘薯粉条、甘薯粉皮、油炸薯块、精制薯丁、美味薯仔、甘薯全粉、甘薯薯泥、甘薯高档糕点、甘薯膳食纤维、甘薯蛋白、甘薯多糖及马铃薯全粉十四大系列六十余个规格品种。同时，建立了甘薯优良品种培育推广中心。形成了涵盖甘薯新品种培育推广、甘薯传统食品、新型食品及高科技产品生产经营、甘薯新产品研发检测、甘薯原料基地建设于一体的全产业链大型甘薯食品综合加工企业。公司生产的"柳絮"牌甘薯系列产品畅销日本、韩国、新加坡、美国、加拿大、中东、欧盟及港澳台等国家和地区及全国二十多个省、市，深受国内外消费者的青睐，产品出口国际市场30多年来，从未发生任何质量追溯事件和质量纠纷问题。公司被农业部命名为全国农产品加工出口示范企业，被国家质检总局命名为出入境检验检疫信用管理AA级企业，是目前全国出入境检验检疫最高企业信用等级，同时获得了国家有机食品认证和绿色食品认证及韩国政府的食品质量和有机食品认证。

第三节 培育新型经营主体

一、科技双创人才对新型经营主体的转化功能

新型农业经营主体是现代绿色薯业的根基。广阔农村的金山银山是现代绿色薯业取之不尽的"绿色金矿"，广大的新型经营主体的领办人是现代绿色薯业基层的技能型双创人才。十年来，四川薯类创新团队科技人员长期奔波在薯类主产县丘陵山区，在培育薯业新型经营主体方面付出了辛勤的汗水，"把论文写在大地上，

成果留在农民家"。同时，创新了"专家+新型经营主体+农户"的科技成果转化模式。四川薯类创新团队的实践表明，这是一种农业科技成果转化的机制创新，这一模式在农业科技成果转化中的主要功能表现在五个方面。一是开拓发展思路。科技人员帮助新型经营主体掌握薯类产业科技发展动态，结合市场需求和自身实际情况，在延伸现代绿色薯业产业创新链中找准自身的产业生态位，确立新型经营主体的发展战略、定位主导产品和市场开拓新渠道等。二是加快成果转化。专家向新型经营主体业主和农民推广科技成果，通过示范带动业主和农民采用先进适用的新品种、新技术，促进了农业科技成果的快速转化，缩短了科技成果转化为生产力的时间和空间距离。三是加强技术服务。专家向业主和广大农户推广先进适用技术，在新品种、肥料、农药、机具等农业生产资料供应方面实行配套技术服务，技物结合。业主和农户在生产过程中遇到的各种技术问题，也可通过多种渠道向专家咨询，及时解决技术问题。四是推进人才培养。培育薯业新型经营主体的关键是培育业主，包括家庭农场主、合作社主任、农业产业化企业经理等，创新团队经常对新型职业农民开展薯类新技术培训班，在实用技术、产业动态、发展理念、项目申报、经营管理等多方面及时向新型经营主体提供服务。五是协助整合资源。专家一头联系科研院校，将科技成果输送给新型经营主体，另一头联系市场，将富含科技成果的薯类农产品输出到大市场中，通过科技→生产→市场的薯类产业链的价值转换和升值，实现互惠多赢。专家在科研、教学、推广单位之间，在农工商各经济组织之间，以及各地区、各部门之间，按照市场机制组织广泛的经济交流与协作，可以促进生产要素的流动和合理配置，实现科技、资金、劳力、土地和农产品原料等生产要素的优化组合，使有限的生产资源发挥最大的经济效用。

二、培育以科技为支撑的新型薯业经营主体

在培育新型经营主体过程中，积极发挥广大科技人员的作用，鼓励广大科技人员直接深入薯类企业、合作社、家庭农场和种植大户中去，大力培育以科技为支撑的多种新型薯类产业经营主体，对于转变薯类产业生产经营方式，提高农民组织化程度，推进薯类新型经营主体专业化、标准化、规模化、集约化、产业化，具有十分重要的意义[17]。

一是转变薯类产业经营方式的需要。近十年来，我国农村新型薯类产业经营主体有了较快的发展。但从总体上看，以科技为支撑的新型薯类产业经营主体比例还比较低，多数属于薯类生产型、贸易型等合作组织。二是推进科技创新要素向农村流动的需要。必须培育一大批愿意采纳现代绿色薯业新技术，并且有能力将新技术转变为新生产力的现代绿色薯业的微观经济组织，有利于薯类产业新品

种、新技术加快推广，促进薯类产业科技创新要素向农村流动。三是组建现代绿色薯业科技产业链的需要。现代绿色薯业科技产业链的运行涉及农业科技价值链的多种要素，包括农业科技成果从技术创新源到大规模化生产应用的全过程，在现代绿色薯业生产中整合上中下游各节点资源，有利于产前、产中、产后及薯类产品的运输、贮存、销售和加工等薯类产业内部分工的专业化、规模化经营和科学化管理，降低生产和流通成本，同时通过延伸现代绿色薯业产业链，拓展薯类产业在生产、生态、生活多方面的多功能作用，提升薯类产品的附加值，增加农民收入。

三、以科技为支撑的新型薯业经营主体先进典型

近五年来，在党和政府大力推进薯类主食化发展的方针指引下，四川省薯业新型经营主体蓬勃发展，日新月异，涌现出大批新型经营主体的先进典型。本书第一、二章已提到凉山州宁南县白鹤滩马铃薯专业合作社、安岳县周礼镇鸿安红薯专业合作社、宁南县邱洋种植家庭农场、三台县旭日升家庭农场、遂宁市安居永丰绿色五二四红苕专业合作社、安县益昌薯类种植专业合作社、通江县空山马铃薯专业合作社、西充薯宝宝专业合作社等都是科技型合作社先进典型，不再赘述。这里再举两个科技型合作社先进典型。

一是盐源县华刚马铃薯专业合作社，位于盐源县下海乡上海村，2016年10月被评为省级示范社，现有社员62户，法人代表陈华是凉山州粮食生产大户。7年来，在原有社员承包土地基础上，流转土地60hm^2，在国家马铃薯产业技术体系和四川薯类创新团队专家指导下采取"企业＋专业合作社＋基地＋农户"的模式建设马铃薯原种基地，常年生产马铃薯原种100万kg以上，种薯销售收入250万元以上，为盐源县成功申报创建全国绿色食品原料马铃薯标准化生产基地做出了积极贡献。该社严格按国家种薯生产规程开展马铃薯原种生产，积极探索马铃薯生产及种薯质量控制技术，与四川薯类创新团队合作研究创新集成了低纬度高海拔春旱地区大春马铃薯覆膜集雨保墒高效栽培技术，该技术比传统栽培技术增产5400kg/hm^2，增产幅度27.50%，新增收4500元/hm^2，增效18%。

二是三台县争胜乡胜丰农业种植专业合作社。成立于2014年3月，位于绵阳市三台县争胜乡，种植面积55hm^2，主要从事高淀粉甘薯种植、淀粉加工与销售。该合作社以国家甘薯产业技术体系绵阳综合试验站、四川薯类创新团队为技术依托，开展了甘薯丘陵一季薯干亩产超吨技术的示范，早育早栽、蘸根免浇栽培技术，肥料的高效利用技术，机械化起垄、施肥一体机的利用、甘薯机械化栽插、机械化收获等新技术的试验示范。创新集成了一套适宜丘陵一季薯干超吨技术的早育早栽高产栽培技术，筛选组装了一套适宜丘陵地区的机械化起垄、施肥一体

机,开展了甘薯机械化栽插的试验与摸索。2015 年 10 月 27 日,专家组对该合作社示范基地进行现场测产验收,'绵薯 6 号'实测产量 44.11t/hm², 比绵阳市甘薯鲜薯平均产量翻一番,薯干产量 15.53t/hm², 成功实现了甘薯一季薯干亩产超吨。

第四节 孵化青年双创人才

事业传承靠青年,薯业发展靠青年,创新团队要日益壮大,必须加强对青年科技双创人才的培养。十年来,一大批青年科技骨干在薯类创新团队中茁壮成长,已成长为四川薯类创新团队的主力军。本节以四川薯类创新团队部分青年科技骨干自述的心路历程,反映其在创新创业和科技扶贫中一些真实感人的故事,分享他(她)们的梦想和情怀。

薯道上的攀登

屈会娟

(四川省农业科学院生物技术核技术研究所)

从小就喜欢吃"红薯""土豆",可没想到,我们夫妻远离家乡和父母,转瞬间已在天府之国崎岖的薯道上艰难跋涉了整整七年!2010 年博士毕业后,我们来到四川省农业科学院,从我们熟悉的小麦转向"红薯""土豆",虽然在餐桌上我们从小就爱吃这两种健康生态食品,但在工作上,这对我们来说却是完全陌生的科研领域。我们艰难而充实的薯道之旅就从来川的第一天启程,我想,我们可能会用一生去跋涉,去攀登!

一来到新的工作岗位,就有幸在四川薯类创新团队首席专家手下工作。第一天上班谈话,老师就对我们俩人说,"现在中央和省委都非常重视薯类产业,我们的任务很重,你们两博做好两薯,男主土豆女主红薯!"就这样,我们被迅速地推上了四川薯业大发展的快车道,开始在凹凸不平的薯道上马拉松式地长跑。这七年,没日没夜地工作,就像是一路狂奔,通宵达旦加班熬夜是常态,能有半天的周末休息,那简直就是极大的奢侈享受。

记得我们第一次来到大凉山昭觉县洒拉地坡乡尔打火村的马铃薯扶贫示范基地,当我看到那一片片盛开着洁白的马铃薯花的田野,看到那些在地里辛勤劳作的彝族同胞,我体验到了薯道的崎岖,感受到了操着当地方言的农民的质朴,深深感到了这个科研转化任务的分量。近七年,我们到过大小凉山、阿坝、攀枝花、通江、万源、北川等马铃薯主产区,也是四川省精准扶贫的主战场,一方面我们薯类创新团队向农户推广新品种、新技术,另一方面,我们也更加明确薯类产业发展方向。

作为女博士，家庭和事业缺一不可，互为支撑。很幸运遇到了同为作物栽培专业的先生，在工作上我们互相帮助，共同发展，在家庭里我们互相理解，共同扶持，"家庭事业双丰收"是我们共同的目标。我和先生都不是四川人，常常会想念家乡的父母亲人。我们博士毕业时，第一个孩子已经一岁多了，在我们共同为融入工作奋斗的日子里，经常要让孩子长时间待在老家。直到幼儿园大班，才开始让孩子长期跟着我们。对孩子来说，我们没有像其他的父母那样给他足够的陪伴。一次，我们有个同事对他说："你的爸爸妈妈都是博士，多好啊！"他随口说："好什么好，都没时间陪我！"，一言道出他的心声。随着二胎政策的放开，很快我们又有了第二个孩子，为了工作家庭两不误，在孩子没出生的时候，就怀着他一起出差、调研、熬夜，有一次出差颠簸还被医生勒令卧床，孩子出生后，我仍然坚持工作，为了兼顾孩子，也会带他到基地和试验点，就像他哥哥当初常常跟我们到田间一样，体验父母的坚守，感受父母的努力。

路漫漫其修远兮，薯道上的攀登，我们永远执着！

山高路远薯道难，砥砺前行不惧险

丁 凡

（四川省绵阳市农业科学院）

北川羌族自治县历史悠久，人杰地灵，建县至今，已有1400多年历史，是全国唯一的羌族自治县，也是绵阳市仅有的两个贫困县之一。"5·12"汶川特大地震之后，按照四川薯类创新团队的安排，我们的科技扶贫重点定在北川县。

马铃薯是北川人民重要的口粮与经济作物，常年种植面积在10万亩以上，但是由于品种退化、病虫害防控不到位等多方面原因，单产低而不稳。作为一名从事马铃薯科研的青年科技人员，我积极投身到为北川马铃薯产业服务中去。十年来，北川的8镇15乡几乎都有我匆忙的脚印，并做出了一个个成功的示范现场。2012年，我引进60多个优良的品种在漩坪乡元安村进行试验示范，筛选出'中薯5号'、'中薯901'等优良品种在当地推广。2013年以来，在禹里乡建立示范基地开展新品种高产栽培示范。2016年，在贫困村三坪村发展了马铃薯近400亩，从播种、出苗、病害防控到收获，我率团队30余次进村指导。2017年，在北川县坝地乡、白泥乡和都坝乡开展了脱毒种薯的高产示范推广，均喜获丰收。多年来，我们团队一直为北川当地的种薯企业——北川县兴羌农业科技开发有限公司开展技术服务，见证了一个马铃薯种薯企业的成长。

在北川扶贫中记忆最深刻的是2012年2月的一天，下着小雪，我们一行3人到北川县漩坪乡为农户送种薯，指导农户播种。经过满目疮痍的北川老县城时，看到一栋栋倒塌的楼房，我深感悲痛，也深深地感受到中华民族自强不息的民族精神，鼓舞着我要更好地为北川人民做点什么。在邓家场镇到漩坪的路上，一边是山坡，一边是悬崖，当时道路尚未完全修通，山上随时都有石块往下掉，随处可见滑坡印迹，路上十分湿滑，我们冒着生命危险，毫不退缩，20多公里的山路，我们颠簸了1个多小时，为农户免费送去了2吨多马铃薯脱毒种薯。记得到达时，开车的李师傅说我一路上一直紧握把手，脸色苍白，一句话都没说！他哪里知道，这是我人生经历的最危险的一次薯道之行。自古都说蜀道难，如今已是换了人间！但我感到，脚下科研的薯道仍然山高路远，我要毕生砥砺前行。

北川马铃薯的朴实 重新定位我的人生路标

刘丽芳

（四川省绵阳市农业科学院）

"5·12"地震后，中央电视台主持人深情地说："今夜，我们都是北川人！"那一刻，我才知道，这个星球上，还有一个多民族聚居的羌族自治县。几年之后，是马铃薯带我走进北川，走进了那片神秘的大山。

2014年6月的一天，突然接到院里通知，让我去会议室开会。会上，我见到了北川兴羌生态农业科技技术开发有限公司的负责人高飞。高飞首先讲述了他为什么要办马铃薯种薯公司。"5·12"特大地震不仅让他的几千万企业资产顷刻间化为乌有，还把他埋在废墟里三天三夜！是共产党和解放军给了他第二次生命。自他重见光明那一刻，他就发愿，一定要为北川老百姓办一件民生大事。在灾后重建中他投资三千万，在北川高山上建起了马铃薯种薯公司和高山马铃薯研究所。他讲到当前企业存在的一些技术难题，需要科研院所帮助。从此，我与北川马铃薯结缘，频繁走进那片美丽又曾苦难的大山。2015年5月12日，四川薯类创新团队30多位专家云集北川高山马铃薯研究所，在那里又建立了四川薯类创新团队北川工作站。我和十位科技人员都是工作站的兼职科技人员。与企业合作前，我一度对自己的事业前程充满质疑。自从走进了北川，我才知道小小马铃薯对山区农民有多么大的意义，脱毒种薯的应用对农户，特别是种植大户的增产增收又有多么大的作用！

马铃薯是北川重要的农作物之一。目前全县冬马铃薯面积 $5400hm^2$，已占到全县小春作物的85%，总产量约14万吨。北川生产的商品薯无污染，无农残，个头大，表皮光滑，耐储运，是天然优质的绿色食品。北川山区，因为海拔高，气候凉爽，生产的种薯退化较慢，几乎没有病虫害，且产量高，品质好。北川县已成为四川重要的马铃薯脱毒种薯生产基地县之一。

在与北川种薯企业合作之前,我不知道技术的出路在哪里,不知道是否该坚持下去。企业在遇到我们之前,也一直处于亏损状态,种薯需求量大,可产量远远供应不上,生产成本居高不下,效益很低。当科技和企业相遇,让一切开始变得那么美好。我们工作站的科技人员着手改变企业马铃薯原原种生产过程中组培快繁的培养基、种苗的移栽方式,加强苗期管理,帮助企业人员学习高效的接种技术,服务原种生产,指导全生育期田间管理和病害防治。慢慢地,企业基地上需要的工人越来越少,种薯产量和效益越来越高,我们自己的工作也越来越有成就感,工作劲头十足,学有所用让我有了前进的动力。

如今,我从刚进单位时的小职工,成长为四川薯类创新团队岗位专家,主持多个项目,申请专利,发表论文……一切开始变得蛮有兴趣,不那么困难了。企业也逐步扭亏为赢,规模越做越大,声誉越来越好,产品越销越远,成为省里著名的种薯企业。我们的合作也愈加紧密、融洽。我们开始在北川有了多个试验基地,从种薯生产研究,延伸到商品薯栽培、优良品种选育,在贫困村开展马铃薯产业扶贫,帮助乡亲们走上致富路。

感谢北川马铃薯的朴实,让我重新定位自己的人生路标!

科技带给回族乡脱贫致富新曙光

周全卢

(四川省南充市农业科学院)

博树乡是南充市唯一的回族自治乡,地处偏僻,发展滞后,属典型的高山丘陵地形,自然生产条件差,物产匮乏。2015年12月,按照四川薯类创新团队安排,我作为"五个一"的驻村农技员被派到阆中市博树回族自治乡清真村定点帮扶。

博树乡地势高差较大,地块较小,土质瘠薄,作物单一。当地回族以牛羊养殖为主要经济收入,见效慢。在乡党委和扶贫专家组的规划下,在清真村建立了350亩的川佛手奔康产业园,但川佛手处于幼苗期,行间大,地力浪费较大。如何发挥其空带利用效率,增加贫困户的收入,加快脱贫致富,是脱贫专家组一直寻求解决的问题。我提出利用佛手行间的空带种植甘薯:一是种植特色甘薯。结合阆中的旅游产业进行鲜销,鲜食甘薯5~6元/kg,紫色烤薯16~20元/kg,红心烤薯10~12元/kg,经济效益显著。二是种植高淀粉甘薯。阆中市有一家"四川阆中昌凌薯业有限公司",主要以甘薯全粉为原料生产重庆手工酸辣粉,具有"耐煮、滑爽、劲道、口感好"的特点,产品热销全国各地。公司2016年新建成的厂房和生产线对高淀粉甘薯的消耗量大,现有的种植面积已远不能满足加工需要,我们可以利用奔康产业园的空带进行高淀粉甘薯种植,一方面为昌凌公司提供原料,另一方面可作为昌凌公司高淀粉种薯生产基地,为周边乡镇提供高质量的高淀粉甘薯种薯,为其扩大淀粉薯的生产面积。原料薯 0.8 元/kg,种薯 5~6 元/kg,经济效益显著。三是种植饲料专用型甘薯。种植茎叶生长快、薯块产量高的品种,为牛羊提供充足的青饲料,促进牛羊养殖业的发展,保持其在回族乡特色产业的有利地位。

2016 年 3 月,我们薯类创新团队为清真村提供了'南紫薯 008'、'南薯 88'、'香薯'、'绵紫薯 9 号'、'渝薯 17'等各类型甘薯种薯 1000 余千克。同时我作为驻村农技员对农户进行甘薯的高产、优质、高效栽培技术培训和指导,充分发挥甘薯的种植效益。2017 年,该村在自留种的基础上,为彭城镇、江南镇、河溪镇等周边乡镇提供了大量的种薯,促进了甘薯产业在本地区的发展。

清真村 2016 年有贫困户 95 户,在乡党委、驻村工作组和贫困户的共同努力下环境条件和经济收入有了很大的改善。2017 年贫困户下降到 62 户,计划 2018 年全村脱贫。回族老乡高兴地说,科技给我们带来了脱贫致富的新曙光。

无人机飞越大凉山,小土豆击溃晚疫病

李洪浩

(四川省农业科学院植物保护研究所)

我作为四川薯类创新团队的成员,在大凉山开展科技扶贫的主要任务是提高凉山州马铃薯病害防控能力。在调研中,我发现喜德县贫困户基本上没有马铃薯病害防治意识,马铃薯晚疫病在喜德县常年流行,马铃薯产量低、种薯自留种严重,极大影响当地马铃薯产业发展。为此,我购进马铃薯脱毒原种 2000kg,在贺波洛乡塔普村建立马铃薯晚疫病监测预警防控示范基地 10 亩,设立田间马铃薯晚疫病监测预警观测站,通过无线数据传输接入互联网,实时监测田间马铃薯晚疫病侵染情况,指导当地马铃薯晚疫病的防治。

但是,在实际操作中,千家万户高度分散,防治晚疫病统一行动基本做不到,防治效果总是不理想,而且用工用药成本也很高。为此,薯类创新团队专家商量,决定把植保无人机引进到凉山州用于马铃薯晚疫病监测预警防控,先在贺波洛乡塔普村做示范。在四川省农科院植保所的大力支持下,我们把植保无人机运到了大凉山。彝族乡亲们看到无人机在马铃薯田野上低空喷药,高兴得欢呼雀跃!我们的植保无人机示范,科学精准用药,节本增效,提高了马铃薯产量,保证马铃薯安全生产,大大提高了彝族乡亲们对防治马铃薯晚疫病的信心。我们以马铃薯晚疫病植保无人机监测预警防控示范基地为核心,通过加

大马铃薯病虫防控培训力度，大大提高贫困户马铃薯病虫防控能力。这三年，我在喜德县、昭觉县、雷波县和木里县等地开展科技扶贫培训十余次，培训贫困农户近千人次，发放马铃薯主要病虫防治技术明白纸千余份，并为贫困户提供2000余亩马铃薯病虫防治药剂。我期待着，更多的植保无人机为大凉山小土豆保驾护航。

空山马铃薯　传承红色基因的光荣

李昕昀

（四川农业大学农学院　2015级植物学硕士研究生）

　　一想那巍然屹立在秦巴山区崇山峻岭中神奇的空山天盆，不禁浮想联翩！那是我中学时代就家喻户晓的红军故事。1933年5月红军在空山坝打了一个漂亮的大胜仗，歼灭了前来围剿的国民党军5000余人，取得了粉碎敌人"三路围攻"的决定性胜利。多少次，我梦游空山，怀念先辈们在艰难岁月中建立的不朽功勋。

　　这一天，终于梦想成真。去年9月的一天，按照四川薯类创新团队安排的任务，王西瑶老师率我们师生一行组成扶贫小组前往空山进行马铃薯贮藏现状的调研。这次调研，对我的研究方向产生了深远的影响，我决定调整研究方向，将硕士论文重点转为空山马铃薯安全贮藏方法研究。

　　空山调研有三点震撼了我。首先是"空山马铃薯"这张名片。当地老乡给我讲红军的故事，当年红军取得空山坝战役的胜利，吃的就是"空山马铃薯"！国家主席李先念在空山战役时任红11师政委，生前留下遗嘱，将他的骨灰撒在空山的崇山峻岭中。革命先辈对老区父老乡亲的深爱使我彻夜难眠。空山乡地处川东北秦巴山区，属喀斯特地貌下的高原盆地景观，地势险要，交通不便，是国家级贫困地区。劣势的自然条件并没有阻挡空山人勤劳致富。空山马铃薯由于其独特的生态条件，产量高、抗病性强、口感佳，当地政府决定打好这张特色农产品优势牌，成立了空山马铃薯合作社、空山马铃薯研究所，积极招商引资，建立了产学研用结合的空山马铃薯产业链，并获得了"空山马铃薯"国家地理标志，四川薯类创新团队还在空山建立了马铃薯工作站，空山已成为省内优质马铃薯的产业基地。其次是空山马铃薯有效带动了当地薯农脱贫致富。正是因为空山马铃薯的品牌化，带来了巨大的需求量。当地科学布置，合理规划，让低海拔区农户种植短生育期品种的商品薯，中海拔地区农户种植中长生育期品种的商品薯，而高海拔地区则用来进行种薯栽培，涵盖了空山绝大多数农户。调研走访中，一位外地打工归来的山里小伙告诉我，他承包了十几亩地，除去请人打工等支出外，每年有4～5万元收入，这个孤儿靠种马铃薯修了新房，还娶了媳妇，生了两个娃。最后，是当地马铃薯贮藏的问题,这是我最担忧的,同时也是下决心要投入到空山马铃薯安全贮藏研究的原因。散贮于农户家中的马铃薯,因条件简陋,造成严重的烂薯,提前发芽,损失极大。为减轻薯农贮藏马铃薯亏损的负担,空山乡建设了万吨级的贮藏库,但贮藏库电费等运营费用极高,投入产出存在矛盾。这是空山马铃薯产业发展的一个瓶颈,也是一个技术难点。调研完成后,我重新确定了自己的研究方向——空山马铃薯安全贮藏技术体系的合理构建,力争为空山马铃薯产业健康发展贡献力量。此项技术也可以在相似生态地区大面积推广,成千上万的薯农会因此受益,造福千家万户,这正是传承红色基因的光荣。一想到这些,我的心就飞向了空山。

借薯还薯 大美凉山的扶贫感动

杨兰渐

(四川农业大学 2015级植物学硕士研究生)

2016年7月初,我接到通知,由四川薯类创新团队岗位专家王西瑶教授领队的扶贫小组将赴国家级贫困县凉山彝族自治州美姑县开展科技扶贫工作,我的重任是为当地老百姓讲解马铃薯贮藏的相关知识。

接到任务时,我正好从新闻中看到凉山州正值雨季,多处山区公路都遭遇泥石流、塌方的灾害,当时心里很发怵,很没底,但是一想,既然选择了农业,注定就要敬畏天地,而且薯类创新团队中的许多老师长年累月奋战在山区生产一线,他们都不怕,我怕什么呢?

说来也巧,怕什么,来什么——我们快要抵达美姑县时,遇到了山体塌方!巨石飞滚而下,大大小小的车被堵在唯一的进城道路上,面面相觑。王老师站在道路尽头,眺望前方。没过多久,她轻言细语但又态度坚定地说:"今天我们一路走来,山区的贫困状况你们也看到了,美姑县的人民真的很需要我们帮助,现在又是高温高湿季节,如果我们不尽快赶过去指导他们,马铃薯晚疫病一旦流行,老百姓可能今年都没有收成。走,下车,我们翻山过去!"就这样,我们一行十余人,背着大小包,提着行李箱,开始向山里进发。脚下本无路,是不久前和我们一样弃车翻山的人爬出来的。有的地方,简直就是在爬行!这时,如有滚石飞来,后果不堪设想!

人在山上走,脚下滚石头。同行的一位女研究生来自北方,从未爬过山。薯道如此坎坷,还没走一会,她的鞋子就已经坏了,让她走两步就一个趔趄。没想到的是,身边素不相识的一位彝族阿姨,看到小女生走得如此艰难,一路上主动扶着她,还一直念着,小心啊小心!我也是城里长大的女孩,爬山也很艰难,半路遇到的几位彝族同胞热情地说，你先走，我们在后面看着你。我走在前面，他们还不断提醒我，你抓着树，抓着那些藤！

彝族同胞的淳朴和热情十分打动我，让我觉得这一趟没有白来，而肩上的重任，我也要漂亮地完成，才能对得起脚下这片虽然贫穷却充满真善美的土地。

抵达美姑县后，我们实地考察了美姑县农作乡依色村 800 亩马铃薯良种基地，听取了美姑县农牧局曲比拉坡局长、苏茂科副局长等的情况介绍。他们创新地对薯农实施了"借薯还薯"模式，即免费向薯农提供足够量优质种薯，薯农收获后等量返回农牧局种薯，既解决了薯农无钱购买优质种薯的问题，又可以持续支持薯农种薯。这真是个好经验啊！

在接下来的"美姑县马铃薯产业技术培训会"上，我负责讲解"马铃薯贮藏技术"。参加培训的人来自美姑县各乡镇。让我印象最深刻的有两个人。

一位是某个乡的大学生村官，他在人群中辨识度很高，所以整个培训会我都在观察他。他听得非常认真，一直在记笔记，每位培训员讲完之后，他都举手提问。我从他的眼睛中看到了想学习的渴望，让家乡人民尽快脱离贫困的热切期盼。他的眼神是那么地炙热，甚至让我有些害怕，害怕我的所知所学帮不了他，害怕他会失望——对，我深受他的感染，也想来帮助这片土地上的人。

第二位是美姑县农业局的工作人员，他岁数比我大很多，但是一直称我为杨老师。培训结束后，他一直不断地向我咨询马铃薯贮藏技术相关信息，整个过程表现得非常谦逊、好学。我能感受到他对技术、知识的渴望，我竭尽所能地回答他的问题。这一次扶贫工作，不论是现场指导还是培训会都十分成功，受到了老百姓的极大欢迎。

这次美姑扶贫实践虽短，但感念永存。薯类扶贫故事也将不断地延伸下去。美姑县是一片神奇的土地，我与这里的人素不相识，但他们的爱与友善，纯真与质朴在我心中永存。希望在科技成果转化中，美姑脱贫致富梦早日实现。

薯业农机梦　一生一世去追求

詹小旭

（四川农业大学 2017 级　作物栽培与耕作学专业博士研究生）

我在川农大求学八年学的不是农机专业，却与薯业农机结下了不解之缘。这还得从 2012 年，那个令人难忘的全国创业大赛说起。

那年我大三，我和一帮不同年级不同专业的 12 位大学生一起，以"一个小型农机研发推广"项目组队参加第八届全国大学生创业计划大赛。在薯类创新团队专家的指导下，通过院赛、校赛、省赛层层选拔，最终进入了国赛。虽说是进入国赛，但我作为团队带头人，既不是农机专业出身，也不懂财务，国赛准备过程中困难重重，也遭到很多老师和同学的非议。虽然项目不错，但很多人并不看好我们团队，觉得这个项目肯定走不远，最多走到国赛就结束了，不可能被孵化，不可能真的按照计划书那样去创业。在那次大赛现场答辩时，一个评委直接尖锐地指出：我们那个创业计划书不是自己做出来的，有抄袭的嫌疑，原因是我们不是学机械的，也不是学财务的，怎么可能写出设计如此周密、财务如此细致的计划书呢？他不信！提完问，现场一片哗然。那一刻，我很无助，因为只有我和伙伴们知道，这个计划书能以现在的面貌呈现，是经历了多少个日日夜夜修改，多少个通宵达旦查阅，多少位导师心血浇灌！可那一刻，我明白，无论怎么说，都无济于事，因为显然大家已被这位评委镇服，我多说一词都是辩解。所以那一刻，我只说了一句，专利不可能造假，网上可以查。至此，评委噎住，不再追问，但是这事却深深地印在了我的心里。

也许，正是这位评委坚定的否定成就了我坚定的理想！

国赛结束后几天几夜，我的脑海里始终浮现着那些在马铃薯地里辛勤劳作的阿爸阿妈，那些头发花白还弯着腰在地里种马铃薯的父老乡亲。每想到此，禁不住热泪盈眶，一种我不下地狱谁下地狱的坚强决心油然而生！我意识到，这不仅是一个让评委都不敢相信的非常优秀的创业项目，还是一个关系到未来谁来种薯的重大问题。作为新农时代的创业人，我们有责任也有义务把这个项目做好。在我人生犹豫徘徊的关键时刻，是四川薯类创新团队的导师开导我，鼓励我，使我最终决定自主创业，一定要把薯业农机项目做起来，并且还要做大做强，甚至用一生一世的时间来追求这个梦想。

"皇天不负有心人"，终于赶上"大众创业、万众创新"大好时光，我们团队凭着那份敢拼敢闯、坚持到底的韧劲，在双创大潮中慢慢崭露头角，站稳脚跟。现在我们创办的成都旭志峰农业机械有限公司日益发展壮大，在四川现代农机产业园有自己的销售中心，主要研发、销售多功能薯类中小型农机并提供农机农艺服务，拥有自主研发农机产品 4 项，已授权国家发明专利 1 项，代理农机产品 40 余款，在重庆垫江自建 100hm^2 马铃薯、甘薯农业机械化示范基地，进行农机手培训和薯类农产品种植，业务还拓展到农机农艺综合服务方向，薯业农机大道越走越宽阔。

我的中国梦就是薯业农机梦，我要用一生一世去追求！

第五节　打造创客空间平台

为贯彻落实党和国家"大众创业、万众创新"政策方针，在成都市温江区党委政府支持下，在国家现代农业产业技术体系四川薯类创新团队的指导下，由四川薯类创新团队成员刘一盛牵头的"万春智汇·创客空间"(简称"创客空间")2015年在温江区万春镇大学生创新创业实践基地成立。

创客空间位于温江区万春镇天乡路社区天乡后街,毗邻于国色天乡乐园,房产面积1200m^2。创客空间利用四川薯类创新团队学科和人才优势,以薯类技术创新链与产业创新链双创互动为机制,以现代绿色薯业与现代农业融合发展为主体产业方向,将薯类产业发展与种薯种苗、紫薯产品、薯类加工产品、薯类主题餐饮连锁业紧密结合,同时,将现代绿色薯业与创意农业、文化农业、都市农业、循环农业、科普农业、休闲农业、旅游产品研发等创业项目进行产业融合孵化,致力于把创新创业实践基地打造成多功能双创平台。

一、创客空间运营模式

创客空间以公司作为组织形式,刘一盛总经理负责公司业务拓展和管理。在模式构建上,万春智汇平台致力搭建包括创客、万春镇政府、科研机构、投资机构及个人、咨询机构及创新创业中心在内的六位合一的联动模式。创客空间通过"6+1"主体运作模式(即万春镇人民政府、创客团队、科研高校等6大服务载体,1个创客空间实体),吸纳更多的大学生就业,促进当地特色产业发展,提高当地经济水平,让"创新创业"与"创意农业"成为当地一道独特的风景线。

二、创客空间平台对接的六大主体功能

1. 创客入驻

"创客"在这里将享受信息、资源共享带来的好处,以及拥有便捷的法律、融资等方面的咨询渠道。同时众多"创客"的项目入驻也为平台带来新鲜血液。

2. 政府支持

万春镇政府为公司提供场地和资金支持,在平台建立并完善的基础上,创客空间为当地提供多种信息渠道服务,引进新型人才,不断探索促进群众就业和增收的新思路、新办法和新模式,推进社区资源与市场对接,吸引商家进行投资,带动万春镇经济发展。

3. 科研机构

在技术方面,依托四川农业大学、四川省农科院与四川省林业科学研究院等科研单位为平台创客提供技术支持。校内老师及团队可与创客形成合作伙伴关系。创客空间可为学校提供创业学习基地,欢迎有创意的同学来公司实习。

4. 投资机构及个人

公司有相关的准入制度，进入公司的团队和企业需经过筛选，投资者在这里会看到较高质量的项目。在互惠合作的基础上，利用龙头企业建立的基金进行资金融通。并且公司还提供相对宽松舒适的环境，方便各方交流协商合作项目。

5. 咨询机构

创客空间为创业者提供专业咨询导师，实时公布国家及地方创业扶持政策，免费提供政策指导及法律、投资等咨询服务，帮助创业青年规避创业风险，少走弯路，助力项目更快更好实施。

6. 创新创业中心

定期举办专业导师培训，对新的创业热点进行分析指导，帮助创客理性选择项目，合理规划发展战略，降低投资风险。对运行中的项目适时考评，对其问题查漏补缺，维持其良好发展状况。在农业双创领域，带动新锐力量迸发新活力。

三、拼盘式立体循环生态模式创意农业

创客空间以目前先进的拼盘式立体循环生态模式创意农业为主题，从拼盘式企业为辅助的内循环系统，从线上平台入驻企业为载体的外循环系统，打造创新创意农业聚焦综合体。

拼盘式管理模块集中体现在企业的发展环节及领域，主要包含：企业入驻等工商注册服务模式、财务法律咨询模块、培训交流学习模块、品牌推广模块等。结合企业入驻结构性资源优势，提供拼盘式专项培训和行业垂直培训、拼盘式企业配套服务、拼盘式创业培训服务、拼盘式企业互助资源、拼盘式企业发展资源。

四、创客空间发展愿景

1. 实现 200 家企业入驻目标

立足于温江区产业发展实际，着力扩大发展规模，提高发展质量，依托四川薯类创新团队优势资源，结合四川农业大学良好的学生创业氛围，将继续接纳和挖掘优质创业企业入驻空间。创客空间将结合成都市文创产业发展方向，形成一、二、三产业联动发展，预计在 2018 年年底，实现入驻创业团队达 200 家。

2. 成为国家级众创空间

创客空间将进一步提高专业化服务水平，加强网络化手段，为广大创新创业者提供更好的工作空间、网络空间、社交空间和资源共享空间，做好企业、资金、技术的对接，让他们通过这个平台碰撞出火花，以创新推动创业，以创业拉动就业，打造真正有影响力和知名度的公司品牌，成为国家级众创空间。

3. 打造为全国知名农业众创空间

依托四川农业大学科研教育资源，汇聚四川薯类创新团队专家资源，强化成果转化能力，为创新创业人员提供基础平台，进行专业的创业管理实践咨询，坚持服务三农的原则，带领农民创收、增收，打造全国知名的农业众创空间。

4. 成为全国知名的农业垂直创业孵化园、国家级创业孵化园

全面提升双创青年的创业质量，帮助青年顺利实现从创业到成功的蜕变，使他们依托创客空间的品牌优势和科教优势，开发更多的特色农业新技术和新品种，最终打造成全国知名的农业垂直创业孵化园、国家级创业孵化园。

5. 实现创客空间连锁品牌推广

21世纪是一个品牌主导竞争的世纪，谁能够抓住市场的脉搏，谁就能创造出市场。创客空间继续把握服务产品的特点，通过特色农产品和农业新技术的研发，独树一帜，建立创客空间知名品牌，并进行连锁经营，达到最少投入最大产出。

五、创客空间所孵化的创业典型和所获荣誉

创客空间一路走来，在提高整体发展建设水平的同时，本着以人为本的原则，积极培育优秀的创业者，支持创业企业做大做强，做成全川创业发展的典型企业。2015年，创客空间创业者刘一盛、彭洁的土豆传奇创业事迹被《人民日报》等多家媒体相继报道，成都千盛惠禾农业科技有限公司董事长彭洁入选成都高层次创新创业人才计划，被授予"成都市特聘专家"称号；2017年，刘一盛、彭洁、李川川、罗苑鹭四名优秀创业者被评为"成都市创业新星"称号等。

创客空间先后被评为四川农业大学学生创新创业俱乐部校外基地、成都市温江区共创共建创新创业平台示范点、温江区标准化创新创业平台、成都市温江区"新市民"培训学用转化培训基地、温江区青年创客学院农业创客空间、温江区青年（大学生）创新创业联盟万春站、成都市温江区科普示范基地、成都市温江区

巾帼创新创业示范基地、温江区女大学生创业就业实践基地；2016年12月，获得温江区创新创业载体——创业苗圃；获温江区已建创新创业载体资助；2017年先后获"省级众创空间"认定、成都市科普基地称号、国家众创空间备案等。

（本章作者：王　平　黄　钢　王西瑶　黄静玮　刘一盛　黄雪丽）

参 考 文 献

[1] Barbara H W. 马铃薯在全球粮食安全中的作用. 2015年北京世界马铃薯大会论文集，2015：20-26.
[2] 黄钢. 技术创新五级价值增值原理及应用. 农业科技管理，2012，31（1）：1-6.
[3] Jolly V K. Getting From Mind to the Market——The Commercialization of New Technology. Cambridge: Harvard Business School Press，1997.
[4] 张鸿，张熙，龚万灼，等. 国家现代农业产业技术体系四川创新团队运行机制. 科技管理研究，2010，30（9）：70-72，84.
[5] 张鸿，刘宗敏，郑林用，等. 农业科研单位科技创新与成果转化的问题与对策研究. 农业科技管理，2011，30（1）：58-62，150.
[6] 许庆瑞. 研究、发展与技术创新管理. 北京：高等教育出版社，2002.
[7] 赵玉林. 高技术产业经济学. 北京：中国经济出版社，2004.
[8] 程源，雷家骕，杨湘玉. 技术创新：战略与管理. 北京：高等教育出版社，2005.
[9] 黄钢. 农业科技成果转化的双创理论与实践. 农业科技管理，2011，30（1）：1-5.
[10] 沈学善，黄钢，等. 马铃薯产业周年生产供给体系的构建与管理. 成都：四川科学技术出版社，2017.
[11] 沈学善，屈会娟，黄钢，等. 四川马铃薯创新团队的合作机制与技术推广模式. 农业科技管理，2014，33（2）：69-72.
[12] 周寄中. 科学技术创新管理. 北京：经济科学出版社，2004.
[13] 傅家骥. 技术创新学. 北京：清华大学出版社，1998.
[14] 王同律，王季云. 企业技术创新管理. 北京：中国标准出版社，2003.
[15] 赵玉林. 创新经济学. 北京：中国经济出版社，2006.
[16] 赵新军. 技术创新理论（TRIZ）及应用. 北京：化学工业出版社，2004.
[17] 黄钢. 发展以科技为支撑的新型农民组织化模式. 西南农业学报，2011，24（2）：794-798.

第二十二章 现代绿色薯业与薯类品牌建设

第一节 薯类产业品牌建设的背景

农业部"关于2017年农业品牌推进年工作的通知"中指出,全面贯彻党中央、国务院决策部署,积极践行创新、协调、绿色、开放、共享的发展理念,紧紧围绕推进农业供给侧结构性改革这个主线,以创新为动力,以市场需求为导向,以提高农业质量效益和竞争力为中心,着力强化农业品牌顶层设计和制度创设,加快培育一批具有较高知名度、美誉度和较强市场竞争力的农业品牌。

四川省在推进薯类产业发展的进程中,一直坚持做优基地,做活市场,做强品牌,做长链条,做大产业,大力培育薯类知名品牌,推动薯类产业健康快速发展。十年来,四川省在马铃薯、甘薯的鲜薯及加工制品方面都有一些全国知名品牌,也有一些初见成效的薯类区域品牌、企业品牌和产品品牌,但薯类产业品牌建设与现代绿色薯业发展的需求还差之甚远。品牌是现代产业产品价值、品质和文化的综合标志,品牌凝聚了技术、品质、历史、文化、美誉和竞争力,发展现代绿色薯业必须把知名品牌建设放在突出位置[1]。品牌化是现代绿色薯业的重要标志,是建设薯业强省的重要驱动力。加强现代绿色薯业品牌建设,有利于促进传统薯业向现代绿色薯业转型,有利于提高现代绿色薯业质量安全水平和市场竞争力,有利于实现薯业增效和薯民增收。深化薯业供给侧结构性改革,必须高度重视品牌农业的引领作用,提升现代绿色薯业效益和核心竞争力。

马铃薯、甘薯的主产区多数分布在丘陵山区高原绿水青山之中。薯类作物既是贫困地区、民族地区和革命老区广大农民的主粮,往往又是极其珍贵的、生态的、健康的绿色农产品,是贫困地区农民脱贫奔康的重要支柱产业之一。四川省划定的四大连片贫困地区,包括高原藏区、秦巴山区、乌蒙山区和大小凉山彝区都是薯类农产品的主产区,马铃薯、甘薯在这些地区均拥有悠久的种植历史和主食传统。立足市场,以品牌为导向,科技为支撑,在这些区域发展薯类产业,建设薯类特色品牌,营销当地薯类特色农产品,有利于实现现代绿色薯业带动脱贫攻坚的目标。

第二节 薯类产业品牌建设的现状

一、薯类品牌的概念界定

1. 品牌的概念

专门从事马铃薯经济学研究的美国约瑟夫·冈瑟教授（Joseph Guenthner）在论述马铃薯品牌作用时曾指出，"英国消费者食用马铃薯是美国消费者的一倍。这其中的一个原因就是在英国马铃薯产业的产品是按品种划分，都有品牌，它给了消费者更多的选择机会，从而也就促进了需求。在还没有这样做的国家，给品种制定品牌有利于鲜马铃薯业跳出低价商品的圈子，进入品牌产品的行列"[2]。中国现代绿色薯业已经发展到必须跳出低价商品圈子、跨入品牌产品行列的产业转型新阶段。

什么是品牌？品牌是商业产品和服务的特定组合，其目的是识别某个销售者或某群销售者的产品或服务，并使之同竞争对手的产品和服务区别开来；品牌最持久的含义和实质是其内含的技术、价值、文化和个性；品牌具有商标独占性，品牌注册后形成商标，即获得法律保护拥有其专用权；品牌是企业长期努力经营的结果，是企业珍贵的无形资产。品牌的表现形式为：品牌＝名称+标志+商标，它包括商标、商号、共用品牌、借用品牌、载体品牌。品牌本质上是营销运动在大众心理上打下的深刻烙印，它是消费者在茫茫沙海中的灯塔，它引导着大众的消费指向。品牌就是商海中的灯塔，它给了消费者购买它的理由，它赋予了产品被购买的价值[3]。

2. 农产品区域品牌

农产品区域品牌，即区域性的公共品牌，在拥有独特的自然资源、悠久的种植（养殖）方式和精湛的加工工艺的基础上，形成的被消费者所认可的、具有较高知名度和影响力的名称与标识。能产生良好的品牌效应，能够带动区域经济的发展。农产品区域品牌是现代农业专业化、规模化、特色化、区域化发展的必然结果，成功的区域品牌是农产品创"全国第一"、"世界闻名"的基础。农产品区域品牌与一般农产品品牌不同，既有一般农产品品牌的特点，又有自身显著的区域品牌特性，即农产品区域品牌具有广泛性、持久性、公共性和外部性[4]。

截止到2017年9月，四川共申请6个马铃薯相关的农产品地理标志（表22-1）。这些农产品地理标志都来自四川省精准扶贫的主战场。

表 22-1 四川省已申请获批的马铃薯相关的农产品地理标志

产品名称	产地	产品编号	证书持有者	登记年份
凉山马铃薯	四川省凉山彝族自治州	AGI00134	凉山州马铃薯产业协会	2009 年
万源马铃薯	四川省达州市	AGI00137	万源市农业技术推广站	2009 年
曾家山马铃薯	四川省广元市	AGI00733	广元市朝天区农技推广中心	2011 年
峨边马铃薯	四川省乐山市	AGI01036	峨边惠民脱毒马铃薯专业合作社	2012 年
空山马铃薯	四川省巴中市	AGI01166	通江县农技站	2013 年
宁南冬季马铃薯	四川省凉山彝族自治州	AGI01867	宁南县农业技术推广站	2016 年

3. 农产品地理标志及其与农产品区域品牌的关系

农产品地理标志是指一个国家、地区以特定地域名称冠名的特定农产品的标志性名称，该农产品的质量特征或风味完全或主要取决于地理环境、自然条件、人文背景等因素，是该农产品的品质特征和地域特征的标志与证明[5]。

比较农产品区域公用品牌和农产品地理标志的概念与特征可以看出：两者都是基于特定区域的自然环境和历史人文发展起来的，其产品的特性都与产地有高度的相关性，但是农产品地理标志是一个地理证明商标，它是一种受法律监督、接受法律保护的特殊的农产品区域公用品牌，它对地理的界定更加清晰且严格，对产品品质的要求也更加苛刻，同时也更具地方特色。农产品地理标志是最规范化的农产品区域公用品牌，也是农产品区域公用品牌最主要的表现形式[6]。

4. 农产品区域品牌与农业企业品牌的关系

农产品区域品牌的建设是一种集体行为，它的建设需要区域内企业和农户的共同努力，整合资源，在目标上达成一致，也共同分享品牌利益；而农产品企业品牌的建设是一种个体行为，它只涉及单个企业的决策，由企业或合作社、家庭农场单独申请，不涉及其他企业的参与，且企业自身独享品牌利益。可以看出，农产品区域品牌比单个企业品牌具有更大的品牌溢出效应和外部性，而且凭借着特定区域的自然环境和历史文化所形成的独特性，使得农产品区域品牌在竞争中更容易获得竞争优势[7]。

二、薯类品牌的发展特点

目前，四川省已经形成了"薯类区域品牌+薯类龙头企业品牌+薯类农产品知名品牌"的立体化薯类品牌格局，有力推动着薯类现代产业建设发展，薯类品牌已成为四川省薯类现代农业发展的重要引擎，影响力、竞争力、知名度不断扩大。

1. 大品牌格局正在形成

形成了以"大凉山马铃薯""万源马铃薯""空山马铃薯"等为代表的区域品牌；在产业链的各个关节，建立了"光友薯业""524红苕""千盛惠禾""空山农场"等薯类的生产、加工、营销企业品牌，并推广了系列明星产品。品牌建设逐步成为农产品生产、加工企业核心价值取向，传统的"企业品牌+产品品牌"模式已逐步转换成"区域品牌+企业品牌+产品品牌"三牌共建大格局，正有力推动着四川现代绿色薯业的健康发展。

2. 全产业链条逐步拉长

随着四川省薯类品牌建设的全面深入，在薯类的育种、生产、加工、销售各个环节，正在逐步成长一批有实力的、有知名度、有品牌发展的企业。在此基础上，随着产品加工的不断深入和市场营销的逐步发展，四川薯类的产业链条逐步拉长，从绿色、有机鲜薯产品如524红苕、大凉山马铃薯，到一系列薯类深加工产品如"光友"全薯粉丝、土豆方便面、土豆冒菜、"紫金"全粉面条、面包、馒头、"天伦"紫薯糕点、月饼等面向市场销售，产品的营销也从传统的渠道转变为"线上+线下+展会+会员制"的综合性营销模式。

3. 综合效益初步显现

随着四川省"薯类区域品牌+薯类龙头企业品牌+薯类农产品知名品牌"的品牌格局的形成，品牌建设对于薯类产业发展的综合效益初步显现。薯类区域品牌的持续建设和投入，对企业和产品的吸附能力大大增强。如凉山州政府发布《关于抓好2017年马铃薯产业发展的意见》，强调强化品牌建设，突出地域品牌和企业商品品牌建设，推进加工产品申报绿色、有机食品认证和著名商标、驰名商标。经包装外销的马铃薯、马铃薯加工制品必须印制"大凉山马铃薯""大凉山马铃薯淀粉"等标识标牌，将马铃薯由"温饱薯"升级为"增收致富产业薯"。

三、薯类品牌建设的市场前景

从四川省薯类品牌建设的历程来看，建设发展薯类品牌可以显著促进薯类产业发展，具备很好的市场前景。主要表现在以下三点。

1. 社会关注愈加强烈

四川省薯类品牌建设工作的不断推进，特别是薯类区域品牌的建设发展，引发了社会舆论的广泛关注，区域品牌如"大凉山马铃薯""空山马铃薯"受到媒体的广泛报道,在消费者中的讨论热度进一步高涨。2017年9月,在北京农展馆召开的中国农业领域规模最大、规格最高、最具影响力的品牌展会——第十五届中国国际农产品交易会上,四川红苕卖出肉价钱!代表四川省遂宁市"遂宁鲜"亮相的遂宁市五二四红苕专业合作社带去了绿色和有机两款产品,绿色的524红苕12元一千克,有机的524红苕24元一千克!在农业展会中,四川省薯类的深加工产品因其新颖、美味的特色,吸引了众多关注的目光;而在备受瞩目的扶贫工作中,薯类品牌建设通过对薯类产业发展的促进作用,从而带动地区脱贫致富的独特优势也得到了社会的广泛认同。强烈的薯类需求犹如互联网中的流量般上升,推动着薯类品牌的茁壮成长,驰名四川,走向全国。

2017年1月,四川省人民政府在都江堰组织召开"四川省农产品质量安全暨品牌建设工作现场会",来自各地市、州、县的行业领导和农产品加工龙头企业代表共200余人出席此次盛会。四川光友薯业有限公司董事长邹光友先生应邀作了"坚持技术创新,确保食品安全,提升核心竞争力"的主题演讲。四川省副省长王铭晖在会上赞扬光友薯业:"25年创业进步大,使红薯、马铃薯加工方便食品实现五次技术革命,以食品安全为核心,让产品不断升级,在国内外均有一定的品牌知名度,光友薯业品牌建设搞得好!光友80多种产品不同的口味和包装很好,下一步还可以将产品风味系列化。口味是小区域、小市场,风味是大区域、大市场,从消费者的角度找到产品的文化内涵,做好食品的风味,做好品牌。"

2. 薯类产业基础增强

四川省薯类主产区各地党委政府出台了不少扶持现代绿色薯业的优惠政策。十年来,通过政府推动、项目带动、企业主体和科技支撑,四川薯类产业形成发展合力,为建设薯类产业强省夯实了基础,马铃薯、甘薯面积和总产量均位居全国第一,成为区域优势特色产业。在薯类加工方面,四川经过多年发展已形成了从精制淀粉、粉条、特色方便小食品到薯类全营养粉及其系列食品的产业化加工体系,加工产品和成套加工设备还成功走出了国门。薯类产业基础增强,加工产业蓬勃发展,为薯类品牌建设奠定了坚实的产业基础。

在第十五届中国国际农产品交易会上,红苕卖出肉价钱的遂宁524红苕是合作社品牌建设的先进典型。多年来,五二四红苕专业合作社坚持实施农业品牌战略、以高标准创新性构建524品牌,走出了以质量铸造品牌、以品牌、名牌谋发展的持之以恒的品牌、名牌创建之路。2009年,遂宁524红苕获农业部"绿色食品"认证;遂宁524红苕2009~2010年连续两年获西博会"最畅销产品奖";2011年合作社通过ISO9001质量管理体系认证,遂宁524红苕、黄豆获中国质量认证中心"有机食品"认证。合作社被省农业厅评为"农民专业合作社省级示范社"。2012年合作社受到农业部表彰并授予"全国农民专业合作社示范社"光荣称号。五二四红苕专业合作社理事长李远林经常强调：做农产品就是做良心！524 人在遵循自然规律的基础上，坚持原生态、集约化、标准化生产，在传承中国五千年农耕文化精华的基础上融入现代农业发展理念。用"汗水、良心、人格"种植良心 524 红苕，牢固塑造"绿色、营养、美味、健康、安全"的 524 红苕品牌核心价值，真正做让老百姓买得踏实，吃得放心的农产品。

3. 农旅结合前景广阔

四川是旅游大省，有得天独厚的旅游资源，也拥有巨大的休闲消费人群，开展现代绿色薯业乡村旅游文化活动，能够促进薯类特色农产品的宣传推广。通过"旅游+农业"理念，鼓励举办农业节庆、旅游活动，建设薯家乐、休闲农业观光园区等，促进一、二、三产业融合发展，以绿色发展为引领，结合"旅游+农业"理念，突出本地旅游资源优势，挖掘特色农产品内涵，提升四川旅游的美誉度，"以文促旅、以旅惠农"，促进四川现代绿色薯业特色薯类产品的宣传推广，同时也更好地打响了四川省薯类文化旅游品牌。

位于天府之国核心地段近郊的成都久森农业科技有限公司近年来积极探索薯类产业创新链延伸的新途径，将种薯产业与农业科普、薯业文化、薯类美食、体验农业、休闲观光旅游结合起来，探索出一条薯类产业文旅结合融合发展的新路。该公司位于新都区马家镇锦城村，是以马铃薯种薯产业链全程服务为特色的高科技种业企业。公司多年来一直致力于脱毒马铃薯繁育技术改进和新品种引进及研发。2012 年公司获评农业产业化经营省级重点龙头企业。2013 年取得"农业部薯类作物遗传育种重点实验室"授牌。公司在国家马铃薯产业技术体系和四川薯类创新团队专家的建议和指导下，从 2015 年起积极探索薯类产业与文旅结合的发展新路。将公司重点实验室和脱毒种苗生产车间一部分向社会开放，成为成都市面向中小学生的科普基地，大学生科研的实习基地。同时，新建了薯类产业文化展区、餐饮娱乐设施、观光旅游景点、运动场地、婚庆场地和体验农业采摘区等，在餐饮方面积极探索各种薯类时尚健康美味主食产品，同时结合互联网营销，实现"线上+线下+展会+会员制"的综合性营销模式，销售以薯类安全健康产品为主的特色农产品及加工制品。公司融合发展项目启动两年多来，农业观光旅游全年业务繁忙，周末游客爆满，经营效益蒸蒸日上。

第三节 国内外薯类品牌建设案例

一、爱达荷土豆——品牌建设唱响全球

爱达荷土豆产自美国爱达荷州，是全美国品质最好、产量最高、名声最大的

马铃薯品牌，在全世界享有很高的声誉。在美国，爱达荷的马铃薯产量占到了美国秋季马铃薯产量的30%，市场认可度高，据统计，约有84%的美国消费者会选择爱达荷土豆。爱达荷土豆为什么会有如此高的知名度和品牌效应呢，关键还在于爱达荷土豆协会的品牌打造。

1. 助力品牌发展——爱达荷土豆协会

让马铃薯从地里的土特产，变成享誉美国的知名品牌，爱达荷土豆协会起到了主要作用。作为一个州立协会，爱达荷土豆协会的前身是爱达荷水果和蔬菜广告协会，其成立的目的就是吸引全美的消费者关注爱达荷的土豆、洋葱和苹果等农产品。在此基础上，为了进一步增强爱达荷土豆的市场竞争力，改变原来各个农场主分散经营、各自为战的情况，有效整合爱达荷的土豆种植资源，爱达荷州成立了爱达荷土豆协会，任务是营销爱达荷土豆，并确保只有在爱达荷种植的土豆可以印上"Grown in Idaho（种植在爱达荷）"联邦认证标志。让原本分散经营的土豆经营主体形成了统一的组织。爱达荷土豆协会每年通过联合广告、集中营销、共同研究、严格质量标准等方式，让爱达荷的土豆产生了极大的聚合效应，受益面辐射到每一个协会成员，让爱达荷土豆在市场中更占据优势。

2. 区域品牌建设——带动产业链共同繁荣

爱达荷土豆协会通过整合区域内的马铃薯产业链相关资源，形成了基于爱达荷区域资源的爱达荷土豆区域品牌。通过爱达荷土豆这个区域品牌的打造，让区域内的土豆经营主体共建共享品牌，既肩负起公用品牌的建设责任，又受益于公用品牌带来的规模效应。爱达荷土豆协会在区域品牌建设中打造品牌的方式主要为以下三点。

1）地理标志与商标的注册和保护

爱达荷土豆协会对其商标的控制与规范投入了巨大的精力。他们在全国范围内积极保护认证标志，通过各种各样的测试和措施来确定包装在某盒子或袋子中的土豆是否是真正的爱达荷土豆。其品牌保护的措施不仅通过线下活动进行，更利用官方网站实施。除了日常的商标使用，协会还对广告和各种促销活动中使用的商标制定了统一标准，这些标志没有经过爱达荷土豆协会的书面同意不能做任何形式的改动。

2）活动营销实现品牌与受众互动

活动营销是爱达荷土豆推广的重头戏。每年，爱达荷土豆协会都会在不同的月份举办各种类型的活动，如土豆爱好者日、爱达荷土豆日、爱达荷土豆食谱竞赛等，吸引零售商和消费者的热情参与，以达到品牌和受众的良好互动效果。除了每年进行的常规活动，土豆协会每年还根据市场情况开展丰富的活动，以获得更有针对性的效果。这些丰富多彩的活动在产品、品牌特质与消费者的欲望之间建立起有效链接，帮助企业或产品树立良好的品牌形象，并最终促成产品销售。

3) 品牌传播与广告沟通

广告是爱达荷土豆品牌管控与传播的重要方面。土豆协会每年通过全国性的电视媒体和其他的印刷媒体向消费者发布广告。这些广告贯穿于协会的各类活动过程中，而且针对不同的目标市场会采取不同的广告沟通策略。爱达荷土豆的广告主要面向三类组织或人群：零售贸易活动印刷广告针对零售商，食品服务贸易活动印刷广告针对食品服务部门，电视商业广告针对消费者。为了将教育知识宣传到消费者，协会还发放免费食谱，让小学生做填色本、书籍和食品小册子等。

二、甘薯世界驰名品牌——中国连城红心地瓜干

1. 悠久厚重的历史沉积

"连城红心地瓜干"是著名的"闽西八大干"之一，已有三百年历史，清朝时，作为贡品进贡皇宫，是宫廷宴席上的珍贵小点，美名"金薯片"，连城也成为中外闻名的"红心地瓜干之乡"。连城乡村土质松软，酸碱适中，气候适宜，很适合这种红心地瓜生长。这种地瓜干保留着自然的色泽和品质，颜色黄中透红，味道清香甜美，质地松软，营养丰富，深受广大消费者青睐。

2. 红心地瓜干区域品牌打造

近十年来，连城县着力发展红心地瓜干产业，通过建设红心食品加工区等，全力打造"连城红心地瓜干"品牌，走出一条标准化栽培和加工的新路子。全县26万农民中有一半农民直接从事地瓜产业，直接从地瓜产业中取得纯收入2亿元，年人均收入1500元，占全年人均纯收入1/3。为进一步壮大地瓜干产业，连城县将加工区扩大到2000亩，打造全国性高标准的红心地瓜制品加工中心。加工区坚持高起点、高标准建设，采用新工艺、开发新产品，确保区内产品全部达到无公害或绿色食品标准。

福建连城被农业部授予"中国红心番薯干之乡"，红薯种植面积10万亩，红薯加工营销产值超过20亿元，红薯干销售量占全国消费量的70%以上。连城县有红薯产业加工销售骨干企业50余家，其中规模以上企业28家，省级农业产业化重点龙头企业6家，市级农业产业化重点龙头企业11家，是福建地区农产品加工省级龙头企业和市级龙头企业最多的县份之一。连城番薯干产品形成蜜饯、香酥、重组三大类型60多个品种，产品内销全国600多个大中城市。目前连城红心地瓜通过国家质检总局原产地标志认证、中国地理标志保护产品认证。连城红心地瓜干集体商标被认定为中国驰名商标。在中国农产品区域公用品牌价值百强中名列

前茅。连城红心地瓜干远销日本、韩国和欧美等国家和地区，已成为中国农产品中难得的世界驰名品牌。

3. "打造中国薯类食品第一品牌"——紫心薯业 80 后管理层的战略定位

在福建连城红薯产业集群中，福建紫心生物薯业有限公司（简称紫心薯业）属于冉冉升起的明星企业。紫心薯业专注于以甘薯为原料的食品深度研发、生产和现代营销，产品主要是丰富多样的红薯加工制品，包括各类地瓜干、薯条、薯片系列、薯糖系列、粗粮糕点系列、薯类点心系列、薯脯系列及其他休闲点心等系列数百种产品，旗下拥有星派、紫老虎、德丽佳、乐第、薯之物语等多个知名品牌。公司生产基地坐落在连城县国家首批 AAAA 级旅游区冠豸山脚下，冠豸，周边环境优越，气候适宜，成就了连城地瓜的优良品质。

公司注册资金 8000 万元，总投资 3 亿元，基地占地面积 78 300m^2，建筑面积 111400m^2，拥有 13.33hm^2 优质薯苗栽培基地和 666.67hm^2 无公害地瓜种植基地。现有员工 500 余人。紫心薯业引进国际先进设备和台湾生产工艺。目前，企业拥有地瓜干生产线 5 条，均采用国际先进的蒸气均衡脱水技术；低温真空油炸红薯生产线 3 条；果糖、果糕生产线 10 条；天然烤红薯生产线 3 条；日加工地瓜达 100t，日成品产量达 40t。紫心薯业已建立多样化的销售网络和良好的售后服务体系，形成了从源头到成品可追溯式的产业链溯源体系。紫心薯业，始终秉承"健康薯生活"的理念，专注于薯类食品的研发、生产和销售，基于互联网技术，从源头开始，全面构建薯产品健康产业链，为消费者提供安全、健康的薯类食品，成为健康薯文化的传播者和薯生活方式的倡导者。

紫心薯业高度重视与国内科研院所深入合作，聘请国内知名农业大学的专家担任企业新品研发部顾问，为新品研发及推广提供专业技术指导，加快研发人才储备，并与龙岩市农业科学研究所签约，开展产学研深度合作，加快新薯种的研究及市场推广种植。紫心薯业拥有九项专利，其中，两项发明专利。

紫心薯业以"打造中国薯类食品第一品牌"为战略定位，致力于创新型企业的建设。公司管理团队以 80 后为主力，品牌意识强烈，营销经验丰富，生产工艺精通，为公司可持续发展提供强大的智力支持，为品牌愿景打下扎实的基础。公司董事长梁承旺表示，紫心薯业不仅要成为国内规模最大、综合实力最强的薯类休闲食品制造商，更要以自身的不断发展推动中国薯类行业产业化、品牌化的进程。

三、定西马铃薯——"中国薯都"是如何炼成的

定西在中国甘肃省，气候干旱，日照丰富，昼夜温差大，气候温凉，为种植

马铃薯提供了得天独厚的自然条件,这里生产的马铃薯品质优、产量高、口味独特,深受市场的欢迎,马铃薯产业的蓬勃发展,为定西市赢得了"中国薯都"的称号。质量是生存之本,品牌是竞争之基,定西市实施品牌战略打造"薯都"名片,成功实现了从"马铃薯之乡"到"中国薯都"的递进提升,是品牌效应带动全产业链健全发展从而做大做强薯业的典型案例。

1. 注重品牌优势 实施品牌战略

定西市牢固树立品牌意识,发挥品牌优势,打造品牌战略,着力培育引导企业树立品牌发展理念,不断提升马铃薯产品的综合竞争力。

"定西马铃薯"商标被国家工商行政管理总局认定为"中国驰名商标"。国家质检总局认定了"定西马铃薯脱毒种薯"为中华人民共和国地理标志保护产品。定西马铃薯脱毒种薯及其制品进行了原产地标记注册证登记。此外,定西市把宣传推介作为成功打造品牌战略的有效举措,全方位、立体式、多层次打造品牌工程。2015年成功举办了定西马铃薯品牌创意设计大赛,面向全国征集体现马铃薯内涵的宣传口号和形象标识,并通过报纸、广播、网络、制作路牌等形式进行广泛宣传。通过宣传推介,进一步提升了定西马铃薯的影响力和知名度,扩大了知名品牌建设效应。

2. 强化文化建设 弘扬薯业文化

为了提升马铃薯产业的竞争软实力,定西市通过举办马铃薯节会、开展马铃薯文化讲座、设立马铃薯文化论坛、创作马铃薯文学艺术作品等多种形式,大力传播马铃薯文化,不断提升定西马铃薯的知名度和影响力。2008~2014年连续7年举办全国马铃薯博览会,2015年举办了全国马铃薯主食加工产业联盟成立大会暨全国主食加工业示范企业发布活动,对国家马铃薯主粮化战略的实施起到了推动作用。还投资1600万元建设了马铃薯产业博物馆。

同时,积极鼓励引导专业人员和全社会力量深入挖掘马铃薯品牌文化,每年举办有关马铃薯产业的文艺演出12场(次)以上、专题展览4场(次)以上,先后出版全景式反映定西马铃薯产业发展的各类文学专著6套(本)、摄影集10多套(本)、剧本20多本、新闻媒体宣传报道800多篇。

值得一提的是,为加大马铃薯产业链宣传,定西市邀请中央电视台七频道对马铃薯主粮化及饮食文化进行专题采访拍摄,并在中央电视台以《舌尖上的马铃薯——洋芋人生》进行了专题报道。同时全力配合新华社《中国在行动》栏目组围绕马铃薯主粮化战略,顺利完成了马铃薯产业从种薯研发、良种繁育、种植基地建设、窖藏到加工营销全产业链工艺的采访拍摄,起到了广泛宣传的作用。

第四节 薯类品牌建设存在的问题

1. 品牌影响力不强

部分薯业企业已经开发出品质上乘、深受市场欢迎的薯类产品,但行业标准、产品标准、会员标准等制度建设的缺失,导致部分企业鱼目混珠、以次充好,出现产品良莠不齐,严重影响品牌公信力的情况。部分企业家存在"小富即安"思想,对品牌认识不到位,缺乏长远战略规划,管理落后,产品单一,价格偏高,难以做大做强。

2. 品牌保护不力

在薯类区域品牌建设过程中,由于制度的不健全和管理执行不到位。标识使用把关不严,部分薯类区域品牌标识仍然只是停留在概念上,尚未形成统一标准的内外视觉识别系统,对标识使用缺乏系统监管,侵权行为时有发生。这些问题直接导致部分企业对区域品牌缺乏信任感、认同感、归属感。

3. 管理体制不顺

部分薯类区域品牌建设发展过程中,政府与市场、品牌与销售、国企与民企关系不顺、体制不明,未充分整合政府资源,合力推动区域品牌建设。政府部门间缺乏统筹协调,"各唱各的调、各吹各的号";各区县对主推的区域品牌建设重视程度、支持力度不一,在品牌建设和产业发展上过度关注本辖区产品和产业,缺乏战略眼光和大局意识。

4. 经营现状不理想

现阶段薯类产业规模企业不多,经营规模普遍较小,一些企业产能不足(或产能过剩)、开工不够、设备闲置现象较为严重。经营理念参差不齐,多数企业存在小农意识、自满意识、自我保护,缺乏完备的战略规划、品牌意识和专业团队,甚至停留在作坊式、家庭式的管理,导致企业发展脚步缓慢,难以做大做强。

5. 营销策划不到位

一是企业缺少抱团协作意识,一些地方薯类区域品牌主要受理念落后影响,难以做成驰名品牌,难以实现规模经营拉动经济发展的总要求;二是缺乏整体规划布局,产品种类繁多,无批量。小企业遍布林立,无集团规模。三是缺乏全面包装策划,薯类产品种类繁多,但对于产品销售群体、主攻市场却存在定位不明确、思路不清晰、策划不到位，产品包装也缺乏统一规范，没有形成一个整体的形象面世，缺乏从生产到销售全产业链的营销策划。

6. 品牌投入不足

部分地方政府对品牌的投入不足，部分区域品牌仅停留在纸面上，运行、展示展销、广告宣传、标准建立等均未列专项资金，导致区域品牌建设相关工作开展遇到困难，对企业的奖励政策也未能兑现，品牌整体营销策划缺乏系统性、科学性、长效性，区域品牌市场价值未能充分显现。部分企业缺乏品牌投入意识，将品牌建设简单地理解为三品一标认证、商标注册，导致企业品牌建设的缺位。

由于上述种种原因，现代绿色薯业薯类品牌建设现状与目标期望值差距甚远，区域品牌建设未能形成像"涪陵榨菜""烟台苹果"那样上百亿的品牌价值和品牌带动力。

第五节　品牌建设与文旅融合发展

牢固树立创新、协调、绿色、开放、共享的发展理念，深入推进农业供给侧结构性改革，着力构建现代绿色薯业与第三产业交叉融合的现代产业体系，将薯业品牌建设与薯类产业文化、旅游、创意农业等深度融合，是现代绿色薯业发展的一个重要方向[8]。

一、发展特色薯业

现代绿色薯业不仅是绿色食品产业、高科技健康功能食品产业，还可以形成很有特色的乡村文化旅游产业[9]。目前中国一些省市已有一批薯类企业在已有薯类产业基础上着力打造现代绿色薯业文旅融合特色薯业，如海南"天下第一地瓜村"，福建连城紫心薯业产业园，山东省泗水利丰薯类高科技产业园，四川省光友薯业博览园，甘肃省定西马铃薯产业博物馆等。在开发现代绿色薯业文旅融合产业规划中，最重要的是形成地方特色，不要千篇一律，防止产业同质化。薯类品种多，加工方法多，地方风味丰富多彩，加之生长环境多数是风景秀丽的绿水青山，非常有利于形成各具特色的文旅融合产业。要打造区域薯类主题产品，围绕"一村一薯品""一乡一薯业"发展区域特色薯类产业；利用地域内地形、水文、林木等自然资源优势及旅游业基础发展现代绿色薯业文旅融合产业，形成组团式发展布局；利用乡村建设、民居文化等人文资源优势，将现代绿色薯业与生态文化、农耕文化、饮食文化和民俗文化紧密结合，发展文旅融合休闲"薯道农业"；

利用有利的区位资源优势推进现代绿色薯业农产品流通服务体系建设，支持生产基地批发市场建设，形成现代绿色薯业农产品商贸物流集聚区。

二、增加薯农收益

依托现代绿色薯业产业，在尊重农民意愿的前提下，强化利益联结机制，保障农民获得合理的薯类产业链增值收益。薯类龙头企业带动周边农民按照加工流通、电子商务、休闲观光等需求组织薯类生产，发展薯类适度规模经营。围绕订单合同、服务协作、股份合作等利益联结模式使农民分享更多薯类产业增值收益。在这方面，山东省柳絮集团泗水利丰食品有限公司的经验值得学习。山东柳絮集团党委书记、董事长兼总经理的孔宪奎同志，1977年6月任杨柳镇孔家村党支部书记。近四十年来，孔宪奎同志不仅从无到有把一个村办红薯淀粉厂做成了固定资产10亿以上的企业集团，为农村安排2140人就业，同时还带动运输、餐饮等行业的发展。公司一方面以"公司+农户"基本模式发展地瓜种植基地，积极引导农民利用科技致富，公司始终以高于市场价10%～20%的收购价确保基地薯农年年增收。公司董事长始终铭记自己的社会责任，关爱弱势群体，对伤残人员、贫困家庭子女入学等进行援助，为了鼓励学生学习，给每个考上大学的学生2000元奖励；每年对老弱病残户给予1000元补助；帮助解决农民吃水、住房、行路难题，积极帮助附近村进行旧村改造、新村规划，先后投资2688万元，在泗水县率先建设小康楼36400m^2，使孔家村的280户村民住上了二层楼房，入户率达90%，人均住房面积56m^2；帮助解决了农田灌溉问题，公司投资400余万元开挖利用废弃的旧河道，建设蓄水300000m^{3}的拦蓄工程，使杨柳镇扩大水灌面积近200hm^2，受到农民的欢迎。孔宪奎同志荣获"山东省劳动模范""山东省优秀企业家"等光荣称号。

三、明确薯类文旅产业发展的主要任务

1. 落实文旅融合新理念，适应经济发展新常态

从"创新、协调、绿色、开放、共享"五大理念出发，主动适应经济发展新常态，深化农业供给侧改革，促进现代绿色薯业文旅融合互动。创新现代绿色薯业经营理念和经营方式，发展薯类规模化种植，形成区域优势，突破薯类产业传统理念瓶颈，适应消费者需求，进一步开发薯类产业多功能，探索将现代绿色薯业与农庄经济、休闲观光、有机生态和创意农业有机结合，促进现代绿色薯业发展走向高端化，实现创新发展；加强现代绿色薯业产业链各主体紧密联结，探索构建以国家级龙头企业为主导的现代绿色薯业产业化联合体，搭建薯类产业化发展信息平台，运用互联网思维，实现信息交流和沟通，实现共享发展。

2. 促进薯类产业集群发展,完善文旅融合总布局

针对当前薯类企业分散、规模小,产业联动性较差的特点,应以双创互动融合为重点,集中薯类优势产业,扩大产业规模,进一步完善薯类产业布局,促进薯类产业集群发展。在形成现代绿色薯业主题公园基础上,集中连片发展绿色薯类产业种植基地;依托区域内优势资源,建设连片发展的现代绿色薯业文旅融合休闲观光农业,挖掘薯道旅游线路新亮点,增强薯类产业优势区综合发展能力,打造可持续的现代绿色薯业休闲观光点。完善融合总布局,选择大凉山、秦巴山区等在连片集群发展的基础上,建设形成现代绿色薯业文旅产业观光圈。

3. 推进一三产业纵横融合,发展文旅融合新模式

加快发展现代绿色薯业农产品加工业,构建加工技术创新链,延长薯类加工产业创新链,提升薯类产业科技价值链。积极引导薯业龙头企业向前延伸发展自身规模化、标准化绿色原料基地,借助基地发展以观光、采摘为主的薯类休闲农业,配备发展流通业、餐饮业,实现产业链前后延伸。在规模较大的薯类生产基地形成围绕优势加工企业的薯类科技园区,配套研发、仓储、物流等服务组织,实现原料基地、物流配送和市场营销相结合的体系。

发展循环经济,推广设施栽培等优良模式,推广"猪—沼—薯(菜、果、油)"等循环模式,建立"资源—产品—废弃物—再生资源"循环产业链,使畜牧业与种植业紧密结合。依靠科技,发展薯类循环利用资源的作用,推进薯类资源循环综合利用,通过优化产业结构,推广应用现代科技成果,注重现代绿色薯业产业休闲生态功能发挥,让游客在休闲中观光,在观光中体验,推进一产接三产,切实拓宽农民增收渠道。

发展农业新型业态。以中高端消费者需求为导向,将"互联网+"为代表的先进理念融入现代绿色薯业产业区及其他休闲农业体验区等产业发展领域,借助信息化实现网络连接,积极推进现代绿色薯业智慧农业项目建设,在特色种养殖区内,创建"互联网+"种植养殖基地等,实现薯类生产标准化、管理监测精准化、产品质量可追溯、销售流通便利化及生态环境有效改善[10]。

4. 探索农业联盟发展

积极鼓励各经营主体组成现代绿色薯业特色联盟,建立高标准准入制度,由联盟提供薯类生产服务,通过销售、生产、运输渠道共享,统一本优势产区薯类统一品牌销售,形成品牌优势。鼓励由现代绿色薯业联盟牵头开展"百万乡村旅游创客行动",推动新型经营主体以创业方式进入市场,以农业联盟方式增强核心竞争力。

5. 推进重点工程

一是实施"纵横发展",打造"文旅融合"示范工程。纵向拓展要着力延伸现代绿色薯类产业链。充分发挥龙头企业带动作用,实现薯类产业标准化和高端化,促使"以产定销"向"以销定产"方式转变,纵向打通薯类育种育苗、标准化生产、产品加工、商品销售、售后服务等环节。横向延伸要着力打造薯类产业集群发展。利用现有资源,带动发展健康薯家乐乡村旅游产业,发展文化创意薯家乐、规模园林薯家乐、童年记忆薯家乐、健康养生薯家乐、盆景园林薯家乐、古蜀农耕、乡村度假等特色旅游项目,依靠丰富山水田林资源,拓展薯类农业观光、农耕体验、农居住宿、农玩休闲等功能,实现农工、农旅深度融合。

二是着眼"农业公园",打造"产景融合"示范工程。促进落实产景结合的现代绿色薯业公园项目,引入吃、住、行、游、购、娱等六要素,以现代绿色薯业主题农业公园项目带动第三产业发展。

三是借力"他山之石",打造"交流融合"示范工程。一方面要加强与科研院校的合作,促进本地项目的布局、优化和实施,促进现代绿色薯业向中高端消费发展;另一方面要加强与国外高科技薯类企业的对接,充分发挥本土优势,引进、推广新品种、新技术、新机具、新农药和新肥料,引入国外先进的农业理念、技术和人才。

(本章作者:饶天琳　黄　钢　王西瑶　彭　洁　黄静玮　宣　朴)

参 考 文 献

[1] 白光,马国忠. 中国要走农业品牌化之路. 北京:中国经济出版社,2006.
[2] Guenthner J. 马铃薯. 吕博等译. 北京:中国海关出版社,2004.
[3] 路长全. 品牌背后的伟大两极. 北京:机械工业出版社,2010.
[4] 陈文胜. 论中国农业供给侧结构性改革的着力点——以区域地标品牌为战略调整农业结构. 农村经济,2016,(11):3-7.
[5] 王文龙. 中国地理标志农产品品牌竞争力提升研究. 财经问题研究,2016,(8):80-86.
[6] 徐明,盛亚军. 产业集群区域品牌培育研究. 经济纵横,2015,(5):102-105.
[7] 刘海微,李泳君. 马铃薯的品牌之路. 走向世界,2017,(10):29-31.
[8] 钱杭园,杨小微,孙文清. 农产品品牌传播模式及其创新. 河北农业科学,2010,14(10):122-125.
[9] 王越. "农旅结合"视野下的西部地区特色农产品品牌构建研究. 农业经济,2015,(6):123-124.
[10] 魏彬. 面向"互联网+"时代的农产品品牌营销策略研究. 农业经济,2016,(4):125-127.

附　录

附录一　四川省薯类主要科研人员简介

蔡光泽　男，1963年10月生，博士，西昌学院教授。《西昌学院学报》（自然科学版）编委会副主任，四川省作物学会副理事长、凉山州决策咨询委员会农业农村组组长、凉山州科学技术协会副主席。主持或主研四川省科技厅、四川省教育厅、凉山州科技局等重点或攻关项目多项，独著、主编或副主编专著、科普12部，发表论文50多篇。获州级以上科技成果奖17项。2007年被凉山州委州政府授予"有重大贡献的科技工作者"称号，凉山州学术和技术带头人。2013年获凉山州政府"科学技术杰出贡献奖"。

陈　涛　男，1968年12月生，高级农艺师，国家马铃薯产业技术体系成都综合试验站站长。成都市农林科学院作物研究所从事马铃薯育种、栽培、脱毒种薯组培快繁研究和技术推广工作。承担多项农业部、四川省马铃薯相关项目，获科技成果奖6项，育成马铃薯新品种2个，获国家发明专利1项、实用新型专利1项。发表论文20余篇。

淳　俊　女，1983年11月生，博士。成都市农林科学院作物研究所工作，主要从事生物技术、马铃薯品种选育、脱毒马铃薯种薯繁育、马铃薯标准化生产及试验示范推广工作。主研国家级科研项目6项、省级科研项目1项、市级科研项目1项，获成都市科技进步奖三等奖1项，国家发明专利1项，实用新型专利1项，发表论文13篇，其中SCI收录2篇。

邓金贵　男，高级农艺师，万源市植保植检站站长。在多年的粮油高产创建工作中，不断刷新万源市马铃薯高产记录，使得万源市马铃薯产量从常年产量30000kg/hm^2，逐步提高到接近75000kg/hm^2，多次刷新四川省马铃薯高产记录。2013年获得农业部全国农牧渔业丰收奖之农业技术推广合作奖。

丁大杰　男，高级农艺师。达州市农业科学研究院工作，主要从事马铃薯新品种选育及栽培技术应用研究，承担四川省、达州市科技项目多项。获农业部全国农牧渔业丰收奖之农业技术推广成果二等奖1项，四川省科技进步奖二等奖1项，达州市科技进步奖三等奖2项；选育马铃薯新品种"达薯1号"、"达芋2号"。

丁　凡　男，1981年7月生，高级农艺师。绵阳市农业科学研究院薯类研究所副所长，绵阳市有突出贡献的中青年拔尖人才，四川薯类创新团队岗位专家。

主要从事薯类遗传育种、栽培技术研究及示范推广工作。主持省、市级项目 10 余项，选育甘薯品种 4 个。获全国农牧渔业丰收奖之农业技术推广成果奖 1 项，四川省科技进步奖 1 项，绵阳市科技进步奖 1 项，发表论文 30 余篇。

　　董红平　女，1968 年 11 月生，高级农艺师，凉山州西昌农业科学研究所工作，凉山州学术和技术带头人。主持和主研选（引）育成 6 个马铃薯新品种。获四川省科技进步奖三等奖 1 项，二等奖 1 项，凉山州科技进步奖一等奖 1 项，二等奖 1 项。发表论文 25 篇。

　　冯俊彦　男，1985 年 6 月生，农学博士。2011 年 11 月～2013 年 11 月，联合培养于美国农业部/华盛顿州立大学联合实验室。四川省农业科学院生物技术核技术研究所工作，主要从事作物分子标记开发、应用，新种质资源收集、创制和利用等研究工作。发表学术论文 10 篇，其中 SCI 收录论文 4 篇。参与选育四川省审定甘薯新品种 4 个。

　　冯　焱　女，1981 年 7 月生，硕士，高级农艺师。成都市农林科学院作物研究所工作，从事马铃薯品种选育、脱毒马铃薯种薯繁育及试验示范推广等工作。主研国家级科研项目 3 项、省级科研项目 3 项，育成马铃薯新品种 1 个，获得成都市科技进步奖二等奖 1 项，获国家发明专利 1 项，实用新型专利 1 项，发表论文 20 余篇。

　　何　强　男，1971 年生，博士，教授，博士生导师，四川大学轻纺与食品学院副院长，食品系系主任。从事食品质量与安全、农产品加工与贮藏、农副产物资源化利用领域的教学和科研工作。主持和承担国家公益性行业科研专项、新世纪优秀人才支持计划、国家自然科学基金、国家 863 项目、博士点基金、四川省青年基金和四川省应用基础研究等项目 19 项。获国家发明专利 6 项，发表论文 85 篇，SCI 收录 35 篇，EI 收录 14 篇。

　　何素兰　女，1967 年 7 月生，本科，中共党员，研究员。南充市农业科学院甘薯研究所副所长，国家甘薯产业技术体系南充综合试验站站长。主要从事甘薯育种、栽培与推广工作，先后承担了国家"863 计划"、国家科技支撑计划、国家甘薯产业技术体系、公益性行业（农业）科研专项等农业科研项目。获得省（部）级、市级科技成果奖励 6 项，育成甘薯新品种 14 个。荣获全国"三八"红旗手、"全国先进工作者"称号。

　　何　卫　男，1960 年 1 月生，九三学社社员，二级研究员，博士，四川省学术技术带头人。1983 年到四川省农业科学院作物研究所从事薯类研究工作至今。1989 年获菲律宾大学园艺学硕士学位，1997 年获荷兰瓦赫宁根大学农学与环境博士学位。现任四川省农业科学院作物研究所薯作中心主任、农业部薯类专家组成员、国家马铃薯产业技术体系岗位专家、四川省"十三五"薯类育种攻关组首席专家、中国作物学会马铃薯专业委员会栽培生理学部主任、《中国马铃薯》杂志和

《欧洲马铃薯》杂志编委。先后主持和完成多项国际合作和部省科技项目，发表论文 60 余篇（3 篇 SCI），获国家专利 7 项，育成品种 2 个，获四川省科技进步奖一等奖 2 项，农业部全国农牧渔业丰收奖之农业技术推广合作奖 1 项。

胡建军 男，1969 年 10 月生，研究员。四川省农业科学院作物研究所工作。从事马铃薯育种、高产高效栽培技术研究与示范推广工作。主持、承担多项国际合作和部省级项目。获四川省科技进步奖一等奖 2 项，获授权国家发明（实用新型）专利 7 项，育成马铃薯新品种 2 个，发表文章 14 篇，参与专著编写 2 部。

胡振兴 男，本科，高级农艺师，达州市农业科学研究院化验分析与生物技术应用研究所所长。从事马铃薯脱毒及种薯繁育研究。承担国家、省、市科研项目 16 项；获达州市科技进步奖 2 项；获国家发明专利 1 项；选育马铃薯新品种 2 个；发表论文 18 篇。

黄承建 女，博士，达州市农业科学研究院工作，农业技术推广研究员。从事马铃薯/玉米间套作光合生理机制研究。发表学术论文 28 篇，6 篇被 SCI 收录。

黄　钢 1955 年 3 月生，中共党员，二级研究员，博士，四川省农业科学院原副院长。长期从事作物耕作栽培和现代农业研究，1995 年以来，从事薯类作物耕作栽培、加工及产业经济研究。四川省有突出贡献的优秀专家，四川省学术技术带头人，国务院政府特别津贴获得者。2001 年以来，主持国家、部、省重大科研项目 12 项，主持重大国际合作项目 2 项。2005 年以来，先后任四川省农作物育种攻关突破性作物新品种栽培项目首席专家、国家现代农业产业技术体系四川薯类创新团队首席专家、四川省甘薯产业链关键技术研究与示范项目首席专家、国家"十二五"科技支撑计划甘薯主食工业化项目首席专家。获部省级科技成果奖 21 项，其中，国家科技进步奖二等奖 1 项，部、省一等奖 7 项，二等奖 7 项，三等奖 6 项。在国内外刊物发表论文 140 余篇，出版《农业科技价值链系统创新论》等专著 5 部，获授权专利 15 项。

黄维藻 男，1974 年生，四川大学博士，副研究员，美国爱达荷大学博士后。从事植物抗逆分子机理研究，主要研究方向为叶斑病的抗性分子机理。发表 SCI 论文 5 篇。

黄雪丽 女，1983 年生，硕士，讲师。从事植物组织培养、薯类种薯繁育及贮藏技术研究。获国家发明专利 5 项、实用新型专利 6 项，发表文章 15 篇。

黄静玮 女，1985 年生，博士。2012 年-2013 年在美国农业部农业研究中心食品质量安全与食品实验室从事蔬果品质安全研究。现就职成都大学，在"农业部杂粮加工重点实验室"从事薯类作物营养与人类健康研究。发表论文 2 篇，SCI 论文 1 篇。获国家发明专利 3 项，获四川省科技进步奖三等奖 1 项，神农中华农业科技进步奖三等奖 1 项。

李洪浩 男，1986 年生，博士。四川省农业科学院植物保护研究所工作，从事马铃薯品种抗性评价与利用、马铃薯晚疫病菌生理小种监测、马铃薯晚疫病致病机制、发生规律、监测预警和绿色防控等方面的工作。主研各类项目7项。获农业部全国农牧渔业丰收奖之农业技术推广合作奖1项,参与育成省级审定的马铃薯新品种2个,编写四川省地方标准1项,授权实用新型专利4项,发表论文10余篇。

李华鹏 男,1979年10月生,理学博士,四川薯类创新团队岗位专家。四川省农业科学院作物研究所从事马铃薯育种研究工作。主持选育马铃薯新品种4个,参与选育马铃薯新品种3个,其中国审品种1个;主持科研课题10项。发表文章12篇,SCI收录1篇。获专利3项。获农业部全国农牧渔业丰收奖之农业技术推广合作奖1项。

李立芹 女,1974年生,博士,四川农业大学农学院副教授。从事马铃薯钾和磷营养的高效利用,克隆参与马铃薯营养的2个转录因子WRKY2和WRKY6,对磷营养高效品种大西洋进行转录组测序研究。发表SCI论文10篇,中文核心期刊论文20余篇,获发明专利3项,实用新型专利20余项,参编教材2部。

李 明 男,1981年11月生,博士。四川省农业科学院生物技术核技术研究所生物技术育种工程中心副主任,从事甘薯近缘野生资源和遗传育种、源库关系、生物信息学等方面的研究工作。主持国家自然科学基金2项,承担国家甘薯产业技术体系、四川省育种攻关等科研项目10余项。在《Scientia Horticulturae》、《Molecular Genetics and Genomics》等刊物发表论文20余篇;获发明专利2项、实用新型专利1项;育成甘薯品种品种7个,获得植物新品种权1个。

李佩华 男,1975年生,硕士,西昌学院副研究员。在川西南山区开展马铃薯种质资源特征性状评价、遗传多样性系统研究。主持选育马铃薯新品种4个,主研选育马铃薯新品种2个。获四川省科技进步三等奖1项,凉山州科技进步奖4项,发表论文30篇,SCI收录1篇。主编、副主编专著2部。主持科研项目20余项。

李 倩 女,1970年6月生,高级农艺师,成都市农林科学院作物研究所薯类研究室工作。从事马铃薯品种选育、脱毒马铃薯种薯繁育及示范推广。参与国家、省级科研项目6项。获得成都市科技进步奖二等奖1项、三等奖1项,选育马铃薯新品种1个,获国家实用新型专利1项,发表论文5篇。

李 艳 女,1960年12月生,农业技术推广研究员。凉山州西昌农业科学研究所经济作物研究室主任,凉山州第十、十二届有突出贡献拔尖人才、四川马铃薯创新团队岗位专家。从事马铃薯栽培工作。主持或参加科研项目6项。获国家发明专利1项。发表论文36篇。获农业部全国农牧渔业丰收奖农业技术推广合作奖1项,四川省科技进步奖三等奖1项;获凉山州科技进步奖一等奖1项、二等奖2项,三等奖1项。

李育明 男，1965年1月生，博士，研究员。南充市农业科学院甘薯研究所所长，国家甘薯改良中心南充分中心主任，农业部川渝薯类与大豆科学观测实验站站长，国家甘薯产业技术体系岗位科学家，中国作物学会甘薯专业委员会副理事长。南充市"有突出贡献的中青年拔尖人才"，南充市学术技术带头人及四川省第四批学术和技术带头人后备人选，荣获"全国五一劳动奖章"。承担国家、省（市）甘薯、马铃薯科研项目10余项。获得省部级科技进步奖4项，选育14个"南薯"系列甘薯新品种。

梁南山 1970年9月生，农业技术推广研究员，硕士，四川省种子站副站长（原四川省农业技术推广总站副站长），从事薯类等旱粮作物生产技术推广和种子管理工作，四川省有突出贡献的优秀专家、农业部防灾减灾专家指导组成员、四川省学术和技术带头人后备人选。主持马铃薯多熟种植模式的研究和推广。获省部级科技进步奖一等奖2项、二等奖4项、三等奖4项。主持参与制定8个行业及地方技术标准，在核心期刊发表文章10篇，参与出版专著5部。

梁远发 男，1951年生，研究员。原四川省农业科学院作物研究所薯作室副主任，中国作物学会马铃薯专业委员会委员。从事马铃薯遗传育种、种质资源、脱毒种薯生产、病害防治及栽培推广等工作，主持科研项目20余项。主持选育马铃薯川芋系列品种16个。获四川省科技进步将一等奖1项，三等奖4项，获中国科学院科技进步奖一等奖1项。出版专著4部，发表论文40余篇。

刘波微 女，1960年生，研究员。四川省农业科学院植物保护研究所工作，四川薯类创新团队岗位专家，从事马铃薯品种抗性评价与利用、马铃薯晚疫病监测预警和绿色防控等工作。主持省级项目4项，参加省部级项目20余项，建立四川省马铃薯晚疫病监测预警系统1套，获四川省科技进步奖一等奖1项，二等奖1项，三等奖1项。发表论文30余篇。

刘丽芳 女，汉族，1983年7月生，硕士，农艺师，四川薯类创新团队岗位专家。绵阳市农业科学研究院薯类研究所工作，从事薯类作物良种繁育及栽培技术研究。主持省、市级项目4项，选育甘薯品种4个。获农业部全国农牧渔业丰收奖农业技术推广成果奖1项，四川省科技进步奖三等奖1项，绵阳市科技进步奖二等奖1项。发表论文10余篇，制定市级技术规程1项。

刘莉莎 女，1983年4月生，博士，副研究员，四川薯类创新团队岗位专家。南充市农业科学院甘薯研究所工作。从事甘薯遗传育种、机械化栽培等工作。参加各类项目10余项目。参与育成甘薯新品种6个，发表论文24篇，获得发明专利7项。获得南充市科技进步奖二等奖1项。

刘绍文 男，1967年10月生，农业技术推广研究员。凉山州西昌农业科学研究所副所长，国家马铃薯产业技术体系凉山综合试验站站长，四川省作物学会薯类专业委员会副主任，凉山州人民政府决策咨询委员会农业组专家。从事马铃薯育种与栽培研究及示范推广工作，主持部、厅、州多个马铃薯科研项目，育成马铃薯新品种9个。获四川省科技进步奖一等奖1项、三等奖1项，农业部全国农牧渔业丰收奖农技推广推广合作奖1项，凉山州科技进步奖一等奖1项、二等奖1项。发表论文28篇。2015年获凉山州科技进步杰出贡献奖，2016年获四川省农业系统先进个人表彰。

刘小谭 男，1972年3月生，高级工程师。四川薯类创新团队岗位专家，农业部全国粮食增产模式攻关专家指导组专家。四川省农业机械研究设计院工作，从事农业工程、农业机械、农副产品加工等农业装备新技术、新产品研发。参加国家、省级科研项目10余项。发表论文22篇。获国家发明专利1项，实用新型专利16项，获神农中华农业科技奖三等奖1项。

卢学兰 1964年8月生，农业技术推广研究员，硕士，四川省农业技术推广总站旱粮科科长。从事旱作粮食生产管理和技术推广工作，参与薯类等多个国家和省级项目的组织和实施以及有关规划、方案、地方标准和农业志等的编制。主编、参编出版专著、教材9部，发表论文30篇。获省部级一等奖5项、三等奖3项，被评为全国粮食生产先进工作者。

倪 苏 女，1962年生，四川农业大学副教授。从事马铃薯茎尖脱毒、脱毒种薯繁育及种质资源离体保存等工作。主研完成四川省各类项目8项，发表文章30多篇。获国家发明专利5项。

蒲志刚 男，1977年10月生，博士，副研究员，四川省农业科学院生物技术核技术研究所副所长，四川省学术技术带头人后备人选，四川省细胞生物学会副理事长。从事农作物分子标记辅助育种和基因定位和克隆工作。2007年赴国际马铃薯中心学习薯类病毒分子检测和基因克隆方法。主持省级科研项目10项，参加国家、省、部级科研项目11项，主持、参与选育农作物新品种9个，发表科技论文39篇，获得国家发明专利和实用新型专利各1项，获四川省科学进步奖二等奖2项。

清 源 女，博士，西昌学院工作，多年来结合凉山地区特色食品资源进行科学研究，主研省级厅级科研课题5项；发表论文10余篇；主编、参编教材和专著4部；获国家发明专利3项；获凉山州科技进步奖二等奖1项。

屈会娟 女，1982年1月生，农学博士，副研究员。在四川省农业科学院生物技术核技术研究所从事甘薯、马铃薯高产高效栽培、生理生态研究工作。主持国家自然科学基金，公益性行业（农业）科研专项，四川省应用基础项目10余项。发表论文21篇，出版专著1部，编写科普读物3部。制定四川省（区域性）地方标准1项。获授权专利5项。获全国农牧渔业丰收奖农业技术推广合作奖1项，神农中华农业科技奖三等奖1项。

任丹华 女，1969年11月生，四川省农机化技术推广总站农业技术推广研究员，四川薯类创新团队岗位专家。长期从事水稻、油菜、马铃薯等南方主要农作物全程机械化生产的技术集成与推广。获农业部全国农牧渔业丰收奖农业技术推广成果奖三等奖 1 项，成都市科技进步奖二等奖 1 项。2016 年被聘为农业部主要农作物生产全程机械化推进行动专家指导组成员。

桑有顺 男，1963 年 4 月生，农业技术推广研究员。成都市农林科学院作物研究所薯类研究室主任，四川薯类创新团队岗位专家。从事马铃薯品种选育、脱毒马铃薯种薯繁育及试验示范推广工作。主持国家、省级科研项目 6 项，主研科研项目 4 项。获省部级科技成果奖 3 项、成都市科技成果奖 4 项。发表论文 20 余篇。获国家发明专利 2 项、实用新型专利 1 项。选育马铃薯新品种 2 个。

沈学善 男，1981 年 2 月生，农学博士，管理科学博士后，副研究员。四川薯类创新团队岗位专家。在四川省农业科学院土壤肥料研究所从事马铃薯、甘薯高产高效栽培、生理生态研究。主持国家自然科学基金、公益性行业（农业）科研专项、四川省科技支撑计划、四川省软科学项目 10 余项。发表论文 102 篇。出版专著 1 部，编写科普读物 3 部。制定四川省（区域性）地方标准 2 项，获国家发明专利 8 项。获农业部全国农牧渔业丰收奖农业技术推广合作奖 1 项，神农中华农业科技奖三等奖 1 项，四川省科技进步奖三等奖 1 项。

谭文芳 女，1968 年 11 月生，研究员。四川省农业科学院作物研究所薯作中心副主任，国家甘薯产业技术体系岗位科学家。从事甘薯遗传育种与栽培等方面的研究工作。获四川省科技进步奖二等奖 1 项，育成国家鉴定甘薯新品种 3 个、省级审定的甘薯新品种 17 个，获品种权 1 项，发表论文 40 余篇，编著专著 1 部。

唐铭霞 女，1982 年 6 月生，助理研究员。四川省农业科学院作物研究所工作。从事马铃薯育种、种薯良繁技术及栽培生理研究。主研多项国家和省部级科研项目。审定品种 2 个，发表论文 15 篇，SCI 1 篇。

汤云川 男，1984 年生，硕士，农艺师。成都市农林科学院作物研究所科技成果推广与管理办公室主任。主研各类项目 10 余项。育成彩色马铃薯新品种 1 个。发表文章 6 篇，EI 收录 2 篇。获成都市科技进步奖二等奖 1 项，国家发明专利 1 项、实用新型专利 1 项。

陶　向 男，1985 年生，遗传学博士，四川省植物病理学会理事。中国科学院成都生物研究所工作。主要研究方向为马铃薯疮痂病、青枯病病理与病害防控。主持国家自然科学基金、中国科学院科技服务网络计划（STS）项目子课题、中国科学院"西部之光"人才培养计划项目 3 项。在 Biotechnology for Biofuels、BMC Genomics、Frontiers in Plant Sciences 等期刊发表论文 30 余篇，其中 SCI 论文 26 篇。

王大一 女，1960 年 3 月生，研究员。四川省农业科学院作物研究所薯作中心原主任，国家甘薯产业技术体系岗位科学家，国家甘薯品种鉴定委员会委员。

获四川省科技进步奖二等奖 1 项，三等奖 1 项，育成国家鉴定甘薯新品种 3 个、省级审定甘薯新品种 18 个，获品种权 1 项，发表论文 20 余篇，编著专著 1 部。

王　宏　男，1958 年 3 月生，研究员，四川省农业科学院培训中心主任。从事薯类农业科研、薯类科技成果转化、科技培训工作。主持、参与科技项目 22 项，发表学术论文 36 篇、编著科普专著 4 部、获品种权 3 项、国家发明专利和实用新型专利 6 项。

王克秀　女，1979 年 7 月生，博士，副研究员。四川省农业科学院作物研究所工作，从事马铃薯种薯良繁技术及栽培生理研究。主研国家和省部级科研项目 10 项。获四川省科技进步奖一等奖 1 项。获专利授权 7 项，审定品种 2 个，发表论文 16 篇，SCI 4 篇。

王　梅　女，1976 年 10 月生，硕士，副研究员。在南充市农业科学院从事薯类生物技术育种工作。主持南充市科技局项目 1 项，参加各类项目 9 项。获四川省科技进步奖三等奖 1 项，发表文章 10 余篇，主研育成 12 个甘薯新品种通过国家鉴定或四川省审定。

王　平　男，1967 年 2 月生，中共党员，在职研究生学历，曾任国家开发银行规划局副局长。现任四川省农业科学院副院长，高级农艺师，国家马铃薯产业科技创新联盟副理事长，四川省农业工程学会副理事长。从事薯类栽培技术研究与示范推广工作。四川省农业科学院科技成果中试示范与转化能力提升工程"薯类两熟新模式推广示范"项目首席专家，四川薯类创新团队顾问。发表论文 30 余篇，获国家发明专利 1 项，实用新型专利 4 项，出版《马铃薯产业周年生产供给体系的构建与管理》等专著 3 部。获部省级科技成果奖二等奖 1 项、三等奖 1 项。

王西瑶　女，1964 年生，博士，教授，博士生导师，四川农业大学农学院党委副书记兼副院长，四川省作物学会理事及薯类专业委员会副主任，四川薯类创新团队岗位专家。四川省学术和技术带头人，国务院特殊津贴获得者，美国爱达荷大学访问学者。从事薯类种薯繁育、贮藏与营养等研究。主持国家级、省级项目 10 余项。获国家发明专利 10 项、实用新型专利 18 项。在 SCI、CSCD 等刊物发表文章 80 余篇。获农业部全国农牧渔业丰收奖农业技术推广合作奖 1 项、四川省科技进步奖一等奖 1 项。指导大学生创新创业团队，获国际奖 1 项、国家奖 2 项，省级奖 14 项。主编教材 1 部，参编教材、专著 6 部。获四川省教学成果奖特等奖 1 项，一等奖 1 项、三等奖 2 项。培养博士、硕士研究生 38 名。

王晓黎　女，1982 年 8 月生，博士，副研究员。在四川省农业科学院植物保护研究所从事薯类安全生产和病虫害防治等研究工作。主持、参加科研项目 6 项。在《Russian Journal of Plant Physiology》等期刊发表论文 27 篇，SCI 收录论文 3 篇；参编科普读物 3 部；制定地方标准 1 项；获授权实用新型专利 2 项。

汪松虎 男，1979年生，博士，研究员，美国肯塔基大学和美国加利福利亚大学戴维斯分校博士后，博士生导师，中国科学院"百人计划"引进人才，四川省"千人计划"特聘教授。从事植物非生物胁迫应答机制研究。主持国家自然科学基金1项、中国科学院"百人计划"择优资助项目1项、中国科学院区域性国际合作项目1项、四川省"千人计划"人才项目1项、四川省科技厅国际合作项目1项。获美国发明专利1项。发表SCI论文13篇。

韦献雅 女，1980年生，博士，副研究员，成都农业科技职业学院工作。从事薯类遗传育种、脱毒快繁、良种繁育等研究工作。2014年获得"成都市创新人才"，主持、参加各类项目10余项。获农业部全国农林牧渔业丰收奖农业技术推广合作奖1项，四川省科技进步奖2项。发表文章10余篇，获国家发明专利1项，实用新型专利2项。

吴洁 女，1968年10月出生，副研究员。四川省农业科学院生物技术核技术研究所工作。从事薯类组织培养、脱毒快繁、病毒检测、外源基因的遗传转化、植物分子标记方面工作。主持四川省应用基础项目1项，参与部省级科研项目多项，发表论文34篇。

夏江文 男，1974年5月生，高级农艺师。凉山州西昌农业科学研究所工作，主研选（引）育成7个马铃薯新品种。获凉山州科技进步奖一等奖1项、三等奖1项，发表论文15篇。

谢江 男，1958年生，研究员，四川省农业科学院农产品加工研究所粮油加工研究室主任。从事甘薯、马铃薯贮藏加工研究和推广工作，完成农业部、科技部、四川省和国际马铃薯中心等项目13项，获得部省级科技成果奖7项。制定国家行业标准1个、四川省地方标准2个。获国家专利10项，发表论文21篇，参编专著3部。获农业部全国农牧渔业丰收奖农业技术推广合作奖1项，四川省科技进步奖三等奖1项。

徐成勇 男，1965年4月生，农业技术推广研究员，高级农艺师，凉山州西昌农业科学研究所高山作物研究站副站长，凉山州学术和技术带头人。四川薯类创新团队岗位专家，从事马铃薯遗传育种及栽培技术研究工作。主持和参加部、省、州级马铃薯科研项目16项，育成马铃薯新品种17个；获国家发明专利、实用新型专利各1项。获农业部全国农牧渔业丰收奖农业技术推广合作奖1项，四川省科技进步奖一等奖1项、三等奖1项，凉山州科技进步奖一等奖2项、二等奖1项，巴中市科技进步奖三等奖1项，参编专著1部，发表论文29篇。

阎文昭 男，1956年11月生，博士，研究员。四川省农业科学院生物技术核技术研究所原副所长。从事薯类病毒检测、脱毒种苗种薯繁育以及甘薯分子生物学研究。主持国家自然科学基金、国家863计划、国家科技支撑计划、国际合作和四川省重点攻关项目30余项。主编专著3部，发表论文70余篇，培养硕士生15人。获国家教委科技进步奖一等奖1项，国家自然科学奖三等奖1项，四川省科技进步奖二等奖1项，成都市科技进步奖二等奖1项。

颜　朗　女，博士。西昌学院马铃薯功能基因组与应用联合实验室副主任，2016年9月至2017年9月前往美国内布拉斯加林肯大学进行合作研究。近三年在《Molecular Plant》、《The Plant Journal》等国际期刊发表学术论文6篇。现主要研究方向为马铃薯基因组学、重要功能基因鉴定、基因调控网络构建等，马铃薯驯化选择及高山适应性研究，生物信息学等。

杨翠芹　女，1977年生，博士，四川农业大学副教授，硕士生导师。主要从事甘薯脱毒苗及种薯繁育、贮藏与营养等研究。主研完成国家级、省级项目5项。获国家发明专利1项。在SCI、CSCD等刊物发表文章30余篇。

杨松涛　男，1984年10月生，硕士，助理研究员。在四川省农业科学院作物研究所从事薯类遗传育种研究。育成通过国家鉴定甘薯品种2个、省级审定的甘薯新品种6个，获品种权1项。发表论文10余篇。

杨锡波　男，1969年11月生，高级农艺师。达州市农业科学院工作，从事马铃薯新品种选育及栽培技术应用研究，承担四川省马铃薯育种攻关、成果转化、市科技项目多项。获国家发明专利1项，四川省科技进步奖二等奖1项，达州市科技进步奖二等奖1项，三等奖3项；选育马铃薯新品种2个，发表论文8篇。

尹福强　男，1977年3月生，博士，副教授，西昌学院农业科学学院副院长。主持和主研国家自然科学基金等科研项目13项，获四川省高等教育教学成果奖一等奖1项，凉山州科技进步奖二等奖1项，三等奖1项，主编或副主编4部专著和教材，参编专著教材3部，发表论文近40篇，其中SCI论文5篇，获国家实用新型专利4项。

余韩开宗　男，1986年10月生，助理研究员。绵阳市农业科学研究院薯类研究所工作，从事薯类遗传育种、栽培技术研究及示范推广工作。选育甘薯品种4个，获农业部全国农牧渔业丰收奖1项，四川省科技进步奖1项，绵阳市科技进步奖1项，发表论文10余篇。

余金龙　男，1962年1月生，研究员。绵阳市农业科学研究院副院长。从事甘薯遗传育种及栽培研究，国家甘薯产业技术体系绵阳综合试验站站长，四川省农作物品种审定委员会薯类专委会委员。主持科研课题8项，其中国家级2项，省级6项，市级1项。选育甘薯品种11个。发表论文32篇。获农业部全国农牧渔业丰收奖农业技术推广合作奖1项，农业技术推广贡献奖1项、四川省科技进步奖三等奖2项。

余显荣　女，1964年7月生，高级农艺师。四川薯类创新团队岗位专家。在凉山州西昌农业科学研究所从事作物栽培育种工作。获农业部全国农牧渔业丰收奖农业技术推广合作奖1项，四川省科技进步奖三等奖2项，凉山州科技进步奖二等奖 2 项、三等奖 1 项。选育马铃薯新品种 5 个。发表论文 35 篇。2017 年被评为优秀驻村农技员，受到四川省委、省政府通报表彰。

袁继超 男，1963 年 2 月生，四川农业大学农学院教授，博士生导师，国务院政府特殊津贴获得者，四川省学术和技术带头人。从事作物生理生态与高产栽培技术、旱地耕作改制方面的教学和科研工作，获四川省科技进步奖一等奖 2 项、二等奖 1 项、三等奖 4 项，神农中华农业科技奖二等奖和三等奖各 1 项，国家发明专利 3 项，实用新型专利 3 项，制定地方标准 2 项；发表论文 150 余篇，参编专著 6 部、教材 4 部；培养博士和硕士研究生 50 余名。

张　聪 女，1984 年 10 月生，硕士，助理研究员。在四川省农业科学院生物技术核技术研究所从事甘薯遗传育种研究。主持院青年基金 2 项，参与国家、部、省级项目 10 余项，发表论文 20 篇。

张　玲 女，高级农艺师。达州市农业科学研究院工作，从事马铃薯育种和高产栽培工作。选育新品种 4 个，获国家发明专利 1 项。发表论文 6 篇。

张千友 男，1979 年 5 月生，经济学博士，四川大学博士后，西昌学院副教授。研究方向为农业经济学和薯类产业经济学。主持省部级课题 1 项，厅州级课题 6 项，主研国家社科基金项目 2 项，国家自然科学基金 1 项，教育部人文社会科学研究项目 1 项。出版学术专著 3 部，主编教材 1 部，副主编教材 2 部；发表学术论文 30 余篇，其中 CSSCI 源期刊 7 篇。获四川省科技进步奖三等奖 1 项，凉山州科技进步奖一等奖 1 项，二等奖 4 项。

张　忠 硕士，西昌学院教授。长期从事食品科学与工程、食品质量与安全专业的教学、科研工作。发表论文 30 余篇，其中 SCI 收录 3 篇；主编、副主编教材、专著 5 部，获国家发明专利 3 项，新型实用专利 8 项。

赵思毅 男，推广研究员，达州市农业科学研究院副院长，达州市学术技术带头人。主持国省市项目 22 项。获得国、省、市科技进步奖 11 项。主持或参与选育的达薯 1 号为四川省农业主导品种之一。发表论文 39 篇。

郑光跃 男，1965 年生，高级农艺师，巴中市空山马铃薯研究所所长。获巴中市科技进步奖二等奖 1 项，国家发明专利 1 项，参与选育马铃薯新品种 1 个；2012 年被评为四川省粮食生产先进个人，2013 年被评为全国粮食生产突出贡献农业科技人员，巴中市第二批优秀高层次人才、享受市政府特殊津贴，2015 年被评为四川省最美农技员。

郑顺林 男，1974 年生，博士，教授，硕士生导师。从事马铃薯高产优质栽培理论及技术研究。主持（研）国家科技支撑计划，四川省科技支撑计划等项目 10 余项。获四川省科技进步奖一等奖、二等奖、三等奖，农业部全国农牧渔业丰收奖农业推广技术合作奖，雅安市科技进步奖二等奖各 1 项。主持参与育成马铃薯新品种 3 个，获国家发明专利 6 项。参编教材 3 部，副主编 2 部，发表论文 60 余篇。

周全卢 男，1979年10月生，硕士，副研究员。南充市农业科学院甘薯研究所工作，从事薯类育种、栽培生理及推广工作。四川薯类创新团队岗位专家，主持薯类科研项目4项，参与各类项目8项。获农业部全国农林牧渔业丰收奖农业技术推广合作奖1项、四川省科技进步奖三等奖和南充市科技进步奖二等奖各1项，发表文章10余篇，主研育成12个薯类农作物新品种通过国家鉴定或四川省审定。

邹　雪 女，1984年生，博士后。绵阳市农业科学研究院薯类研究所工作，从事薯类脱毒良种繁育、特色品种选育、薯类萌芽调控等研究。参与省级项目6项。在《作物学报》、《园艺学报》、《American Journal of Potato Research》等期刊发表文章11篇，获授权发明专利2项，实用新型专利3项。

邹光友 男，1960年12月生，硕士，高级工程师，高级经济师。四川光友实业集团有限公司董事长、总裁，四川光友薯业有限公司董事长、总裁，中国食品工业协会常务理事，中国食品工业协会粉丝行业工业委员会副会长，中国食品工业协会马铃薯食品专业委员会常务理事，中国淀粉工业协会常务理事，全国方便食品标准化技术委员会（SACTC496）委员。1992年10月创建四川光友薯业有限公司。获53项中国专利，其中发明专利13项。获"全国创业之星"、"全国食品行业质量管理优秀领导者"、"全国食品工业先进科技进步管理工作者"、"发明创业奖"、"全国星火计划先进个人"、"中国农经产业领军人物"、"中国食品行业方便粉丝专家"、"四川省优秀民营企业家"、"四川省优秀创业企业家"等称号。

附录二　四川省薯类获部省科技成果奖统计表（2008～2017年）

奖励种类	获奖项目名称	等级	主要完成人	年度
四川省科技进步奖	马铃薯多熟高效种植模式及关键技术研究与推广	一等	梁南山、黄钢、梁远发、卢学兰、袁继超、刘波微、陈学才、徐成勇、乔善宝	2011
	马铃薯脱毒种薯生产关键技术创新与应用	一等	何卫、王西瑶、谢开云、卢学兰、胡建军、刘绍文、谢力、刘帆、王克秀	2013
	甘薯分子标记辅助育种体系创建与高淀粉加工专用新品种川薯34选育及应用	二等	阎文昭、王大一、黄钢、谭文芳、蒲志刚、乔善宝、杨勤	2010
	高干多抗高产马铃薯新品种及优质高效保种繁育技术研究与应用	三等	梁远发、卢学兰、李式昭、梁南山、熊应华	2008
	马铃薯抗病优质高产凉薯系列新品种选育与应用	三等	刘绍文、徐成勇、董红平、李艳、陈学才、张荣	2013
	基于集团杂交基因聚合的紫色甘薯选育与应用	三等	何素兰、苏春华、王宏、李育明、周全卢	2013

续表

奖励种类	获奖项目名称	等级	主要完成人	年度
四川省科技进步奖	甘薯全粉加工新技术研究与应用	三等	谢江、黄钢、朱永清、雷激、朱宇、王宏	2013
	优质专用型绵薯系列甘薯的选育与应用	三等	余金龙、丁凡、刘丽芳、彭慧儒、文启金	2014
	马铃薯专用新品种西薯1号、西芋2号的选育与推广	三等	李佩华、夏明忠、蔡光泽、陈学才、袁颖、陈从顺	2015
	马铃薯不同世代脱毒种薯生长发育特性与高效扩繁关键技术	三等	郑顺林、袁继超、沈学善、刘金丹、孔凡磊、杨世民	2016
	马铃薯主食化关键技术创新与示范	三等	桑有顺、陈涛、淳俊、冯焱、汤云川、郑光跃	2017
	甘薯高β-胡萝卜素生物强化育种与应用	三等	李育明、刘莉莎、曾果、唐明双、何素兰、周全卢	2017
全国农牧渔业丰收奖农业技术推广合作奖	马铃薯周年生产技术体系构建与推广	一等	黄钢、何卫、谢开云、蒋凡、王西瑶、李艳、桑有顺、沈学善、余金龙、喻春莲、卢学兰、周全卢、王宏、刘绍文、陈涛、徐成勇、谢江、郑顺林、屈会娟、曹晋福、李华鹏、邓金贵、冯琳、胡巧娟、李春荣、何松、张雪、付洪、刘帆、韦献雅	2013
全国农牧渔业丰收奖农业技术推广成果奖	优质专用甘薯绵薯系列品种的选育与推广	二等	丁凡、彭慧儒、冯泊润、余韩开宗、刘丽芳、陈刚、张思林、邓先志、罗华友、刘跃富、钟思成、唐琼英、陈凯、何成杰、刘军国、何大旭、杨尧、宋罡、雷天才、向奉友、胡学勇、赵华林、罗在旭、张洪、唐长春	2016
中华农业科技奖	马铃薯高效种植模式与周年生产关键技术	三等	黄钢、袁继超、沈学善、郑顺林、王平、屈会娟、戴杰帆、王宏、孔凡磊、王金华	2017

附录三　四川省薯类授权专利统计表（2008～2017年）

发明专利

[1] 雷激，黄钢，陈祥贵，等. 一种速溶紫甘薯微胶囊全粉的制备方法[P]. ZL201010240916.6

[2] 雷激，黄钢，陈祥贵，等. 一种紫甘薯泥固态饮料的制备方法[P]. ZL201010240996.5

[3] 黄钢，雷激，李鹤，等. 一种方便即食紫薯食品的制备方法[P]. ZL201110249840.8

[4] 黄钢，雷激，李鹤，等. 一种紫薯糕及其制备方法[P]. ZL201110249838.0

[5] 何俊蓉，黄钢，蒋彧，等. 一种生产马铃薯原原种的方法[P]. ZL201110457621.9

[6] 谢江，黄钢，朱永清，等. 薯类全营养粉的加工方法[P]. ZL201210140461.X

[7] 谢江，朱永清，徐杰，等. 多功能农产品贮藏保鲜库[P]. ZL201610402009.4

[8] 谢江, 宣朴, 田世龙, 等. 薯类贮藏的方法[P]. ZL201610399995.2
[9] 廖建民, 黄钢, 姚万春, 等. 一种紫薯白兰地酒的生产方法[P]. ZL201210225490.6
[10] 李治华, 朱永清, 王东, 等. 一种紫薯发酵产品的制备方法[P]. ZL201310009222.5
[11] 沈学善, 屈会娟, 黄钢, 等. 旱地紫色作物的轮作方法[P]. ZL201410484663.5
[12] 桑有顺, 于莉娟, 冯焱, 等. 一种植物营养液及其在植物栽培中的应用[P]. ZL200710049202.5
[13] 何卫, 胡建军, 梁南山, 等. 一种马铃薯种薯的调控及处理方法[P]. ZL200810044691.X
[14] 何卫, 胡建军, 车兴壁, 等. 一种马铃薯晚疫病的防治方法[P]. ZL201210060453.4
[15] 何卫, 王克秀, 胡建军, 等. 一种水培方式培育马铃薯脱毒试管苗的方法[P]. 201210130410.9
[16] 何卫, 王克秀, 胡建军, 等. 雾培生产马铃薯原原种的营养液及方法[P]. ZL201310080696.9
[17] 王西瑶, 倪苏, 黄雪丽, 等. 马铃薯离体培养一步成苗培养基及其优化方法及成苗方法[P]. ZL201010140092.5
[18] 韦献雅, 周丹, 施琴, 等. 一种马铃薯种薯休眠延长剂及其使用方法[P]. ZL201310283993.3
[19] 徐成勇, 李艳, 等. 一种马铃薯实生籽设施育苗方法[P]. ZL201310002580.8
[20] 王西瑶, 刘帆, 倪苏, 等. 一种马铃薯种薯贮藏方法[P]. ZL201010200853.1
[21] 王西瑶, 刘帆, 倪苏, 等. 一种紫茎泽兰延长马铃薯贮藏期的方法[P]. ZL201010200874.3
[22] 王西瑶, 等. 马铃薯离体培养一步成苗培养基及其优化方法及成苗方法[P]. ZL201010140092.5
[23] 王西瑶, 徐正君, 廖兴举, 等. 一种抑芽活性物质及其制备方法和在植物抑芽中的应用[P]. ZL201310639933.0
[24] 刘帆, 王西瑶, 黄雪丽, 等. 用于马铃薯种薯贮藏的混合物及其马铃薯种薯贮藏方法[P]. ZL201210353264.6
[25] 李明, 王大一, 彭梅芳, 等. 一种实现块根植物根系功能分离的栽培方法[P]. ZL201010136704.3

实用新型专利

[1] 李明, 谭文芳, 彭梅芳, 等. 一种用于植物空中倒立栽培的培养基[P]. ZL201120037083.3
[2] 谢江, 黄钢, 朱宇, 等. 连续螺旋挤压机[P]. ZL201220203777.4
[3] 谢江, 田世龙, 李守强, 等. 农产品通风保温贮藏库[P]. ZL201620549292.9
[4] 屈会娟, 王晓黎, 沈学善, 等. 一种早春甘薯简易育苗装置[P]. ZL201520870568.9
[5] 吴翠平, 屈会娟, 黄钢, 等. 一种三维可调式培养架[P]. ZL201521106348.5
[6] 桑有顺, 冯焱, 陈涛, 等. 一种冬季苗床繁育脱毒种苗的温度调控装置[P]. ZL201420861687.3
[7] 何卫, 胡建军, 王余明, 等. 马铃薯散射光贮藏架[P]. ZL201320067152.4
[8] 何卫, 胡建军, 谢开云, 等. 一种马铃薯原原种立体雾培生产装置[P]. ZL201320047254.X
[9] 胡建军, 何卫, 王余明, 等. 一种自动调节营养液温度的雾培装置[P]. ZL201320150284.3
[10] 韦献雅, 左戈飞. 培育袋[P]. ZL201220010107.0
[11] 韦献雅, 唐娅梅, 刘兴成, 等. 打孔器[P]. ZL201220526142.8
[12] 杨先泉, 王西瑶, 刘帆, 等. 块根、块茎类植物种薯贮运箱[P]. ZL201120207818.2
[13] 倪甦, 王西瑶, 李昕昀, 等. 培养罐、间歇浸没培养装置及系统[P]. ZL201420168562.2
[14] 黄雪丽, 李昕昀, 王西瑶, 等. 马铃薯存储装置及马铃薯熏蒸装置[P]. ZL201621279832.2
[15] 李昕昀, 王西瑶, 刘帆, 等. 马铃薯控芽剂加热熏蒸装置[P]. ZL201621061931.3
[16] 李洪浩, 张鸿, 徐成勇, 等. 一种花粉分离装置[P]. ZL201620737881.X
[17] 李洪浩, 张鸿, 席亚东, 等. 一种喷雾器雾化喷头[P]. ZL201520698478.6
[18] 李洪浩, 张鸿, 席亚东, 等. 一种马铃薯晚疫病采样装置[P]. ZL201620461662.3
[19] 李洪浩, 张鸿, 李华鹏, 等. 一种新鲜马铃薯薯片专用切刀[P]. ZL201620461664.2

[20] 王晓黎，王宏，黄钢，等. 一种适于叶菜类蔬菜栽培的 A 字形栽培装置[P]. ZL201520354081.5
[21] 王晓黎，王宏，黄涛，等. 一种适于蔬菜栽培的 A 字形雾培装置[P]. ZL201520621485.6
[22] 李华鹏. 一种马铃薯无土培养箱[P]. ZL201620277900.5
[23] 周全卢，张玉娟，李育明，等. 一种甘薯脱毒种薯繁殖方法[P]. ZL201610963786.6